中国循环经济年鉴

2017

总第 10 卷

孟赤兵 主编

北 京
冶 金 工 业 出 版 社
2018

内容简介

为全面记载我国循环经济的发展历程，促进经济发展方式的转变，建设资源节约型和环境友好型社会，由国务院有关部委局、行业协会和各省、区、市发改委、工信委共同参与编辑出版大型典籍《中国循环经济年鉴》。

《中国循环经济年鉴 2017》主要载述2016年有关我国循环经济发展的重要论述，国家相关法律法规、政策文件、规划方案，科技支撑、试点示范，国务院各部委局、重点行业与各省（区、市）、试点单位循环经济发展状况、经验、成效，专题报告、大事记以及有关数据资料，内容丰富、详实，图文并茂，具有权威性、可靠性和较高的实用价值。

《中国循环经济年鉴 2017》可作为各级党政机关、企事业单位、高等院校、科研院所专家学者及有关人员在进行决策与规划制定、科研、教学、管理等的重要依据和查考、借鉴。

图书在版编目（CIP）数据

中国循环经济年鉴. 2017 / 孟赤兵主编. — 北京 ：冶金工业出版社，2018.4

ISBN 978-7-5024-7673-1

Ⅰ. ①中… Ⅱ. ①孟… Ⅲ. ①循环经济－中国－2017－年鉴 Ⅳ. ①F124.5-54

中国版本图书馆CIP数据核字(2017)第285567号

出 版 人 谭学余
地　　址 北京市东城区嵩祝院北巷39号 邮编 100009 电话 (010)64027926
网　　址 www.cnmip.com.cn 电子信箱 yjcbs@cnmip.com.cn
责任编辑 曾 媛 美术编辑 孔令刚 版式设计 孔令刚
责任校对 张 之
ISBN 978-7-5024-7673-1
冶金工业出版社出版发行；各地新华书店经销；廊坊市长岭印务有限公司印刷
2018年4月第1版，2018年4月第1次印刷
210mm×297mm；37印张；28彩页；1548千字；516页
380.00元
冶金工业出版社 投稿电话 (010)64027932 投稿信箱 tougao@cnmip.com.cn
冶金工业出版社营销中心 电话 (010)64044283 传真 (010)64027893
冶金书店 地址 北京市东四西大街46号（100010） 电话 (010)65289081（兼传真）
冶金工业出版社天猫旗舰店 yjgycbs.tmall.com

（本书如有印装质量问题，本社发行部负责退换）

必须坚定不移贯彻创新、协调、绿色、开放、共享的发展理念。

必须坚持节约优先、保护优先、自然恢复为主的方针，形成节约资源和保护环境的空间格局、产业结构、生产方式、生活方式，还自然以宁静、和谐、美丽。

推进绿色发展。加快建立绿色生产和消费的法律制度和政策导向，建立健全绿色低碳循环发展的经济体系。构建市场导向的绿色技术创新体系，发展绿色金融，壮大节能环保产业、清洁生产产业、清洁能源产业。推进能源生产和消费革命，构建清洁低碳、安全高效的能源体系。推进资源全面节约和循环利用，实施国家节水行动，降低能耗、物耗，实现生产系统和生活系统循环链接。倡导简约适度、绿色低碳的生活方式，反对奢侈浪费和不合理消费，开展创建节约型机关、绿色家庭、绿色学校、绿色社区和绿色出行等行动。

——习近平在中国共产党第十九次全国代表大会上的报告

中国共产党第十九次全国代表大会确立习近平新时代中国特色社会主义思想，引领中国生态文明建设和绿色低碳循环发展进入新时代

2017年4月，国家发展改革委等14个部委联合印发《关于印发循环发展引领行动的通知》，对“十三五”期间我国循环经济发展工作做出统一安排和整体部署

2016年2月，国家发展改革委、农业部、国家林业局印发《关于加快发展农业循环经济的指导意见》，全面推进农业领域的资源利用节约化；推进生产过程清洁化；推进产业链接循环化；推进农林废弃物处理资源化

2017中国循环经济发展论坛：新时代开启循环发展新征程

青海海西探索循环经济发展新模式

主题为“创新驱动循环经济发展”2016年中国国际循环经济展览会（CCE）在北京举办

宁夏灵武市再生资源循环经济示范区报废汽车拆解现场

兰州市餐厨垃圾统一回收

中国单体最大的沼气集中供气工程——北京德青源沼气联供工程竣工

铜陵循环经济展示馆

《中国循环经济年鉴》编辑委员会

田国栋 天津市发展和改革委员会环资气候处处长
黄建梅 河北省发展和改革委员会环资处调研员
王红亚 山西省发展和改革委员会资源节约和环境保护处处长
迟瑞平 内蒙古自治区发展和改革委员会资源节约和环境保护处处长
吕继辉 吉林省发展和改革委员会资源节约和环境保护处处长
孙力扬 黑龙江省发展和改革委员会资源节约和环境保护处处长
开　恳 上海市发展和改革委员会资源节约和环境保护处副处长
韩兵祥 江苏省经济和信息化委员会节能与综合利用处副调研员
史沛钊 山东省经济和信息化委员会循环经济与清洁生产处处长
洪小波 江西省发展和改革委员会资源节约和环境保护处处长
谭怀生 湖南省发展和改革委员会资源节约和环境保护处处长
吴万洲 广西壮族自治区发展和改革委员会资源节约和环境保护处处长
王秀好 海南省工业和信息化厅节能与资源综合利用处处长
曾义平 四川省发展和改革委员会资源节约和环境保护处处长
王代良 贵州省发展和改革委员会资源节约和环境保护处处长
索朗卓嘎 西藏自治区发展和改革委员会资源节约和环境保护处处长
王社宁 甘肃省发展和改革委员会资源节约和环境保护处处长
黄建雄 青海省发展和改革委员会资源节约和环境保护处处长
麦欣甫 宁夏回族自治区经济和信息化委员会节能与综合利用处处长
马　缨 新疆维吾尔自治区发展和改革委员会资源节约和环境保护处处长
金　华 新疆建设兵团发展和改革委员会资源节约和环境保护处处长
李文杰 深圳市发展和改革委员会能源与循环经济处副处长
成英俊 大连市发展和改革委员会资源节约和环境保护处处长
韩　冰 北京现代循环经济研究院副院长
芶在坪 北京现代循环经济研究院副院长
刘兴利 北京现代循环经济研究院原院长
王林森 北京现代循环经济研究院原副院长
侯　静 北京现代循环经济研究院院长助理
徐怡珊 中国环境监测总站高级工程师

《中国循环经济年鉴》编辑部

编辑部地址：北京市东城区北三环东路37号华世隆国际公寓B座410室

邮　　　编：100029

电　　　话：（010）84119310（兼传真）

电 子 邮 箱：gzp1616@126.com

编辑说明

一、《中国循环经济年鉴》是全面记载我国循环经济发展历程的大型典籍工具书，坚持以习近平总书记为核心的党中央提出的绿色发展理念，推动绿色发展、循环发展、低碳发展，建设生态文明和美丽中国。

二、《中国循环经济年鉴》从2008年出版发行以来，受到了各方面的欢迎和赞许，给了我们继续努力编辑出版《中国循环经济年鉴》以巨大鼓舞和鞭策。

三、《中国循环经济年鉴 2017》内容是2016年度中国循环经济的发展状况，采用文章、条目、报表和图片相结合的体例。

四、《中国循环经济年鉴 2017》具有一些明显特点，如载入的事件、信息、数据、资料、图片等都来自官方和公开出版物，具有权威性、真实性；内容比较全面、系统、完整，从中央到地方，以至企业、园区、各个行业、领域，言论、重大活动和事件、法规、政策、科技、典型案例，多层次、全方位，涉及循环经济的方方面面，丰富、翔实；收录了反映我国循环经济的图片，具有较强的可视性、生动性和可读性。

五、《中国循环经济年鉴 2017》载入了循环经济试点单位实践经验，从而增加了交流和借鉴的价值。

六、《中国循环经济年鉴 2017》在编辑出版过程中，得到了国务院有关部委（局），各省、市、自治区、计划单列市，国家各重点行业及其协会、循环经济试点单位的大力支持，在此深表感谢！

七、《中国循环经济年鉴》编辑部设在北京现代循环经济研究院。

八、由于缺乏经验和水平所限，存在的疏漏乃至错误，敬请不吝指正。

Preface

The Chinese Circular Economy Yearbook is a large-sized reference book to comprehensively record recycle economy history in our country. It adheres to the philosphy of green growth proposed by the general secretary of the CPC Central Committee Xi Jinping and promotes green growth, circular economy, low carbon economy, the consrtuction of ecological civilization and bertuful China.

Since Chinese Circular Economy Yearbook is published for the first time in 2008, it is always welcomed and praised. Those compliments strongly encourage us to keep making endeavors to edit Chinese Circular Economy Yearbook.

The Chinese Circular Economy Yearbook 2017 records the development of Chinese Circular Economy in 2016 with the text mode combining with articles, entries, forms and pictures.

The Chinese Circular Economy Yearbook 2017 has some distinct characteristics, such as all the affairs, information, data, materials and pictures inside coming from official resources or publications with authority and reality; It is comprehensive, systematic and full content covers from the central government to local government and enterprises, industrial parks, every industries, areas, speeches, important events and affairs, laws, policies, sciences and typical cases; It involves in every aspects of the recycle economy from different levels and all orientations; It collects nearly portraying the recycle economy in our country and hence it is interesting to see and read.

The Chinese Circular Economy Yearbook 2017 records experiences from recycle economy experimental units which enhances its reference value.

During the edition of the Yearbook, it is highly appreciated for the strong support from the ministries and commissions of the State Department, every province, cities, municipalities and cities specifically designated in the state plan, Guiyang City, the Development and Reform Commission of Xinjiang Production and Construction Corps of CPLA, every national important industries and their associations, recycle economy experimental units.

The newsroom of the Yearbook is located in Beijing Modern Recycle Economy Academy (010-84119310, gzp1616@126.com).

Due to limited experiences and level, please don't hesitate to let us know if there's any omission and error.

目 录

试点示范单位展示

重要论述

习近平重要论述

十二届全国人大四次会议参加青海代表团审议时的讲话

一定要生态保护优先，扎扎实实推进生态环境保护，像保护眼睛一样保护生态环境，像对待生命一样对待生态环境，推动形成绿色发展方式和生活方式，保护好三江源，保护好“中华水塔”，确保“一江清水向东流”。

（2016年3月10日）

在中南海主持召开会议专题听取北京冬奥会和冬残奥会筹办工作情况汇报时的讲话

筹办好北京冬奥会、冬残奥会，意义重大，责任重大。要增强使命感、责任感，认真落实创新、协调、绿色、开放、共享的发展理念，坚持绿色办奥、共享办奥、开放办奥、廉洁办奥，高标准、高质量完成各项筹办任务，把北京冬奥会、冬残奥会办成一届精彩、非凡、卓越的奥运盛会，向祖国人民、向国际社会交上一份满意答卷。

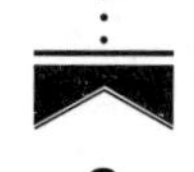

（2016年3月18日）

参加首都义务植树活动时的谈话

从党的十八大到十八届五中全会，包括今年通过的“十三五”规划纲要，都强调要加强生态文明建设。现在，生态文明建设已经深入人心。义务植树是全民参与生态文明建设的一项重要活动。不仅要把全民义务植树抓好，生态文明建设各项工作都要抓好，动员全社会参与。

建设绿色家园是人类的共同梦想。我们要着力推进国土绿化、建设美丽中国，还要通过“一带一路”建设等多边合作机制，互助合作开展造林绿化，共同改善环境，积极应对气候变化等全球性生态挑战，为维护全球生态安全作出应有贡献。

（2015年4月5日）

在全国科技创新大会、两院院士大会、中国科协第九次全国代表大会上的讲话

绿色发展是生态文明建设的必然要求，代表了当今科技和产业变革方向，是最有前途的发展领

域。人类发展活动必须尊重自然、顺应自然、保护自然，否则就会受到大自然的报复。这个规律谁也无法抗拒。要加深对自然规律的认识，自觉以对规律的认识指导行动。不仅要研究生态恢复治理防护的措施，而且要加深对生物多样性等科学规律的认识；不仅要从政策上加强管理和保护，而且要从全球变化、碳循环机理等方面加深认识，依靠科技创新破解绿色发展难题，形成人与自然和谐发展新格局。

（2016年5月30日）

在青海考察时的谈话

生态环境保护和生态文明建设，是我国持续发展最为重要的基础。青海最大的价值在生态、最大的责任在生态、最大的潜力也在生态，必须把生态文明建设放在突出位置来抓，尊重自然、顺应自然、保护自然，筑牢国家生态安全屏障，实现经济效益、社会效益、生态效益相统一。

盐湖资源是青海的第一大资源，也是全国的战略性资源，务必处理好资源开发利用和生态环境保护的关系。发展循环经济是提高资源利用效率的必由之路，要牢固树立绿色发展理念，积极推动区内相关产业流程、技术、工艺创新，努力做到低消耗、低排放、高效益，让盐湖这一宝贵资源永续造福人民。

希望大家在国家政策支持下，齐心协力管护好湖泊、草原、河流、野生动物等生态资源，生产生活都越来越好。习近平指出，保护生态环境首先要摸清家底、掌握动态，要把建好用好生态环境监测网络这项基础工作做好。

（2016年8月22日至24日）

在二十国集团工商峰会开幕式上的主旨演讲

在新的起点上，我们将坚定不移推动绿色发展，谋求更佳质量效益。我多次说过，绿水青山就是金山银山，保护环境就是保护生产力，改善环境就是发展生产力。这个朴素的道理正得到越来越多人们的认同。

我们将毫不动摇实施可持续发展战略，坚持绿色低碳循环发展，坚持节约资源和保护环境的基本国策。我们推动绿色发展，也是为了主动应对气候变化和产能过剩问题。今后5年，中国单位国内生产总值用水量、能耗、二氧化碳排放量将分别下降23%、15%、18%。我们要建设天蓝、地绿、水清的美丽中国，让老百姓在宜居的环境中享受生活，切实感受到经济发展带来的生态效益。

从2016年开始，我们正大力推进供给侧结构性改革，主动调节供求关系，要用5年时间再压减粗钢产能1亿至1.5亿吨，用3至5年时间再退出煤炭产能5亿吨左右、减量重组5亿吨左右。这是我们从自身长远发展出发，从去产能、调结构、稳增长出发，自主采取的行动。中国在去产能方面，力度最大，举措最实，说到就会做到。

（2016年9月3日杭州）

同美国总统奥巴马、联合国秘书长潘基文在杭州共同出席气候变化《巴黎协定》批准文书交存仪式上的讲话

气候变化关乎人民福祉和人类未来。《巴黎协定》为2020年后的全球合作应对气候变化明确了方向，标志着合作共赢、公正合理的全球气候治理体系正在形成。中国为应对气候变化作出了重要贡献。中国倡议二十国集团发表了首份气候变化问题主席声明，率先签署了《巴黎协定》。中国向联合国交存批准文书是中国政府作出的新的庄严承诺。

中国是最大的发展中国家，美国是最大的发达国家，两国在气候变化领域开展了卓有成效的对话和合作。两国共同交存参加《巴黎协定》法律文书，展示了共同应对全球性问题的雄心和决心。国际社会应该以落实《巴黎协定》为契机，加倍努力，不断加强和完善全球治理体系，创新应对气候变化路径，推动《巴黎协定》早日生效和全面落实。我们要坚持共同但有区别的责任原则、公平原则、各自能力原则，按照巴黎大会授权，稳步推进后续谈判，有效应对气候变化挑战。发达国家要履行承诺，提供资金技术支持，增强发展中国家应对气候变化能力。

中国是负责任的发展中大国，是全球气候治理的积极参与者。中国将落实创新、协调、绿色、开放、共享的发展理念，全面推进节能减排和低碳发展，迈向生态文明新时代。

（2016年9月3日•杭州）

致信联合国秘书长潘基文祝贺应对气候变化《巴黎协定》正式生效

自2015年12月《巴黎协定》达成以来，国际社会致力于推动协定尽快生效。中国于今年4月22日《巴黎协定》开放签署首日签署协定，并于9月3日批准协定。作为主席国，中国推动二十国集团首次发表关于气候变化问题的主席声明，为推动签署《巴黎协定》提供政治支持。

《巴黎协定》开启了全球合作应对气候变化新阶段。中国坚持创新、协调、绿色、开放、共享的发展理念，将大力推进绿色低碳循环发展，采取有力行动应对气候变化。中方对下阶段全球气候治理进程充满信心，愿同各方加强沟通合作，为构建合作共赢、公正合理的全球气候治理机制作出贡献。

（2016年11月4日）

在亚太经合组织工商领导人峰会上的主旨演讲

绿水青山就是金山银山，我们将坚持可持续发展战略，推动绿色低碳循环发展，建设天蓝、地绿、水清的美丽中国，让人民切实感受到发展带来的生态效益。

（2016年11月19日，利马）

对生态文明建设作出重要指示

要深化生态文明体制改革，尽快把生态文明制度的“四梁八柱”建立起来，把生态文明建设纳入制度化、法治化轨道。要结合推进供给侧结构性改革，加快推动绿色、循环、低碳发展，形成节约资源、保护环境的生产生活方式。要加大环境督查工作力度，严肃查处违纪违法行为，着力解决生态环境方面突出问题，让人民群众不断感受到生态环境的改善。各级党委、政府及各有关方面要把生态文明建设作为一项重要任务，扎实工作、合力攻坚，坚持不懈、务求实效，切实把党中央关于生态文明建设的决策部署落到实处，为建设美丽中国、维护全球生态安全作出更大贡献。

（2016年12月2日）

李克强重要论述

在第十二届全国人民代表大会第四次会议上的政府工作报告

推动形成绿色生产生活方式，加快改善生态环境。坚持在发展中保护、在保护中发展，持续推进生态文明建设。深入实施大气、水、土壤污染防治行动计划，加强生态保护和修复。今后五年，单位国内生产总值用水量、能耗、二氧化碳排放量分别下降23%、15%、18%，森林覆盖率达到23.04%，能源资源开发利用效率大幅提高，生态环境质量总体改善。特别是治理大气雾霾取得明显进展，地级及以上城市空气质量优良天数比率超过80%。我们要持之以恒，建设天蓝、地绿、水清的美丽中国。

加大环境治理力度，推动绿色发展取得新突破。治理污染、保护环境，事关人民群众健康和可持续发展，必须强力推进，下决心走出一条经济发展与环境改善双赢之路。

重拳治理大气雾霾和水污染。今年化学需氧量、氨氮排放量要分别下降2%，二氧化硫、氮氧化物排放量分别下降3%，重点地区细颗粒物(PM2.5)浓度继续下降。着力抓好减少燃煤排放和机动车排放。加强煤炭清洁高效利用，减少散煤使用，推进以电代煤、以气代煤。全面实施燃煤电厂超低排放和节能改造。加快淘汰不符合强制性标准的燃煤锅炉。增加天然气供应，完善风能、太阳能、生物质能等发展扶持政策，提高清洁能源比重。鼓励秸秆资源化利用，减少直接焚烧。全面推广车用燃油国五标准，淘汰黄标车和老旧车380万辆。在重点区域实行大气污染联防联控。全面推进城镇污水处理设施建设与改造，加强农业面源污染和流域水环境综合治理。加大工业污染源治理力度，对排污企业全面实行在线监测。强化环境保护督察。新修订的环境保护法必须严格执行，对超排偷排者必须严厉打击，对姑息纵容者必须严肃追究。

大力发展节能环保产业。扩大绿色环保标准覆盖面。支持推广节能环保先进技术装备，广泛开展合同能源管理和环境污染第三方治理。加大建筑节能改造力度，加快传统制造业绿色改造。开展全民节能、节水行动，推进垃圾分类处理，健全再生资源回收利用网络，把节能环保产业培育成我国发展的一大支柱产业。

加强生态安全屏障建设。健全生态保护补偿机制。停止天然林商业性采伐，实行新一轮草原生态保护补助奖励政策。推进地下水超采区综合治理试点，实施湿地保护与恢复工程，继续治理荒漠化、石漠化和水土流失。保护环境，人人有责。每一个社会成员都要自觉行动起来，为建设美丽中国贡献力量。

（2016年3月5日）

关于生态文明建设的批示

生态文明建设事关经济社会发展全局和人民群众切身利益，是实现可持续发展的重要基石。近年来，各地区各部门按照党中央、国务院决策部署，采取有效措施，在推动改善生态环境方面做了大量工作，取得积极进展。希望牢固树立新发展理念，以供给侧结构性改革为主线，坚持把生态文明建设放在更加突出的位置。着力调整优化产业结构，积极发展生态环境友好型的发展新动能，坚决淘汰落后产能。着力通过深化改革完善激励约束制度体系，建立保护生态环境的长效机制。着力依法督察问责，严惩环境违法违规行为。着力推进污染防治，切实抓好大气、水、土壤等重点领域污染治理。依靠全社会的共同努力，促进生态环境质量不断改善，加快建设生态文明的现代化中国。

李克强批示（2016年12月）

综合报告

推进我国循环经济发展 助力生态文明建设

一、循环经济发展成效显著

党中央、国务院高度重视循环经济发展工作。党的十八大以来，以习近平同志为核心的党中央，把绿色循环低碳发展作为生态文明建设的重要任务，不断加大推进力度，在过去工作的基础上，取得了重大进展，开创了新的局面。

一是顶层设计基本形成。党的十八大明确要求，到2020年要初步建立资源循环利用体系，更多依靠节约资源和循环经济推动经济发展方式转变。党的十八届五中全会把绿色发展作为新的发展理念，进一步赋予了循环经济重要历史使命。党中央、国务院先后印发实施《关于加快推进生态文明建设的意见》和《生态文明体制改革总体方案》，把发展循环经济摆到了突出重要位置，强调在生产、流通、消费各环节大力发展循环经济。国务院印发实施《循环经济发展战略及近期行动计划》，首次以国家级规划的方式，明确了发展循环经济的总体思路、主要目标、重点任务和保障措施。这些要求形成了循环经济发展的总体部署和顶层设计。

二是制度框架不断健全。围绕建立健全发展循环经济的制度体系，出台了一系列重要法律法规和政策举措。

在法律法规层面，全国人大颁布实施《中华人民共和国循环经济促进法》，构建了由发展规划制度，总量控制制度，评价考核制度，生产者责任延伸制度，重点企业监管制度，激励政策制度等六大制度组成的循环经济法律体系。国务院发布实施《废弃电器电子产品回收处理管理条例》，将发展循环经济有关制度在具体领域予以明确。有关部门出台了《再生资源回收管理办法》，修订了《粉煤灰综合利用管理办法》、《煤矸石综合利用管理办法》。

在政策措施层面，印发了《循环发展引领行动》，设立了循环经济专项补助资金和废弃电子电器产品拆解处理基金，实行了差别电价，惩罚性电价，阶梯水价举措，出台了煤矸石、余热余压、垃圾和沼气发电的优惠政策，制定了资源综合利用产品和劳务的税收优惠政策。这些法规政策为推进循环经济发展提供了有力支撑。

三是绿色经济体系加快建立。按照新的发展理念，着眼于优化经济结构，形成绿色循环发展体系，开展了一系列工作并取得积极成效。开展了园区循环化改造，城市矿产示范基地建设，餐厨废弃物资源化利用，再制造产业化，大宗固废综合利用，再生资源回收体系建设等试点，形成了一批可复制可推广的重要经验。开展多种发展模式探索，产生了北京德青源、安徽铜陵、青海柴达木等一批行业区域代表性强、创新特色突出的循环经济典型模式。产业集聚效应逐渐凸显，形成了一批循环经济龙头企业和产业集聚区，以此为依托，企业循环式生产、园区循环式发展、产业循环式组合的循环型工业体系，以及绿色化和清洁化的循环型服务业体系初步建立。

四是资源、环境、社会效益初步显现。发展循环经济带来了多方面的效益，尤其在资源利用、环境保护及促进就业等方面十分明显。在资源利用效率上，资源产出率提高20%以上，回收利用各类再生资源近2.6亿吨，相当于节能近2亿吨标准煤，减少废水排放90亿吨，减少固体废物排放12亿吨。在能源消耗强度上，单位国内生产总值能耗降低20.9%。在经济总量和就业上，2016年我国资源循环利用产业产值2.3万亿元，从业人员达到2000多万人。

二、发展循环经济迎来新机遇

不久前召开的党的十九大，对新时期推进中国特色社会主义伟大事业，决胜全面建成小康社会、开启全面建设社会主义现代化国家新征程做了全面部署，也对发展循环经济提出了新要求，这为大力发展循环经济带来了新的重大机遇。

第一，发展循环经济是建设生态文明的重要抓手。十九大报告强调，建设生态文明是中华民族永续发展的千年大计。要建设生态文明，必须推进绿色发展，而要推进绿色发展，就必须发展循环经济。循环经济的基本理念就是高效节约和利用资源，降低废物排放，搭建“资源—产品—废弃物—资源”的闭合式循环，实现资源永续利用，是资源节约、环境保护、经济增长有机统一的经济发展模式。因此，十九大报告提出要推进绿色发展，建立健全绿色低碳循环发展的经济体系，壮大节能环保产业，推进资源全面节约和循环利用。无疑，推进绿色发展、建设生态文明，必须紧紧把握发展循环经济这一抓手。

第二，发展循环经济是全面建成小康社会的关键环节。十九大报告指出，从现在到2020年，是全面建成小康社会的决胜期。当前全面建成小康社会面临许多短板制约，其中一个重要方面就是资源约束和环境污染。因此，十九大报告强调要坚决打赢包括污染防治在内的一系列攻坚战，使全面建成小康社会得到人民认可、经得起历史检验。发展循环经济，既能直接治理污染，也能从源头上控制污染，是打赢这一攻坚战的关键举措。

第三，发展循环经济是构建现代经济体系的重要内容。十九大报告指出，我国经济正处在转变发展方式、优化经济结构、转换增长动力的攻关期，建立现代化经济体系是跨越关口的迫切要求和我国发展的战略目标。发展循环经济，在区域层面优化产业组织形态，在园区层面实施循环化链接，在企业层面进行绿色生态全流程设计，可以全方位推动经济发展质量变革、效率变革、动力变革，提高全要素生产率，是现代化经济体系的重要组成部分，从而是建立现代经济体系的直接推手。

总之，发展循环经济高度契合了党中央治国理政的理念，契合了人民群众对美好生活的向往，契合了经济社会发展的需求，前景广阔、大有可为，应当奋力推进。

三、着力关键环节实现循环经济新发展

贯彻落实好中央部署，深入推进循环经济发展，需要我们在明晰思路的基础上在关键环节着力。下一步，应着力抓好这样五个方面的工作：

一是进一步完善循环经济制度体系。

落实生产者责任延伸制度。率先在复合包装物、报废汽车、动力电池、铅蓄电池等领域开展制度设计，合理界定生产商、进口商、销售商、消费者等各类主体责任，选择部分城市进行试点探索。

推动建立区域循环经济评价指标体系。以资源产出率，循环利用率为核心指标，以物质流分析为基础方法，发布不同区域层面的循环经济发展水平评价指标。

加快构建循环经济信用评价制度。将企业履行生产者延伸责任信息、资源循环利用信息、再生产品质量信息等纳入全国统一信息共享平台，实行企业绿色信用评价。

二是持续加大政策扶持力度。

强化财政支持。整合现有资金渠道，提高财政资金使用效率和使用效益；落实废弃电器电子产品回收处理基金；强化财政资金与社会融资的联动，探索在再生资源回收等领域引入PPP模式，引

导社会资本投入循环经济。

创新融资方式。积极提供包括银行信贷、外国政府转贷款、债券承销、保理、融资租赁等多重融资方式；落实绿色信贷指引，促进银行业金融机构大力发展绿色信贷；鼓励社会资本成立各类绿色产业基金。

严格信用奖惩。对信用良好的企业，在循环经济相关补贴、优惠政策等方面优先支持，对失信企业依法依规进行联合惩戒。

三是充分发挥市场机制作用。

深化价格改革。完善资源价格形成机制，全面推行居民用电、用水、用气阶梯价格；制定供热按用热量计量收费，落实污水处理收费政策，完善垃圾处理收费管理办法。

加强税收调节。全面实施资源税从价计征改革；开展水资源税改革试点工作，逐步扩大征税范围；落实资源综合利用产品及劳务增值税政策，资源综合利用和环境保护节能节水专用设备企业所得税优惠政策。

四是构建产学研用融合的技术转化体系。

提升核心技术攻坚能力。将市场亟需的循环经济关键共性技术纳入国家“十三五”科技支撑计划；鼓励支持建设循环经济国家工程研究中心，组建优秀科研团队加强技术攻坚。

加大技术工艺推广力度。及时推广电力、钢铁、有色金属、石化、建材等重点行业循环经济先进支撑技术，加快推动先进技术装备的推广应用，通过技术创新打通产业间链接的运行效率。

五是选择重点领域全力突破。

以城市为重点，启动资源循环利用基地建设行动。推动实现废旧金属、轮胎、建筑垃圾、生物质废弃物等各类城市废弃物统一回收、自动分类和高值利用。

以园区为重点，推进园区循环化改造行动。制定实施《园区循环化改造行动》，加强对长江经济带的涉水类园区、京津冀地区的涉气类园区，珠三角地区的石化、轻工、建材等园区的循环化改造。

以京津冀为重点，开展区域循环经济协同发展行动。统筹规划京津冀地区再生资源、工业固废、生活垃圾资源化利用和无害化处置设施，建设一批跨区域资源综合利用协同发展重大示范工程。

以商业模式为重点，实施“互联网+”资源循环行动。制定实施《“互联网+”资源循环行动方案》，支持回收行业建设线上线下融合的回收网络，建立重点品种的全生命周期追溯机制。

发展循环经济，关乎绿色发展、系着生态文明建设，是一项浩大而富有挑战性的系统工程，需要社会各界一起行动。让我们团结一心，在各自的岗位上以不同的方式为发展循环经济献策出力！国家发改委将履行好自身职能，进一步创造性地做好政策制定、部署推进与协调服务等各项工作，为实现更高质量、更有效率、更加公平、更可持续的发展做出新的贡献。

（本文摘自国家发展改革委副秘书长范恒山在“2017中国循环经济发展论坛”上的讲话）

工业领域节能与综合利用

2016年，工业和信息化部认真落实“中国制造2025”，全面推行绿色制造，大力实施绿色制造工程，加强工业节能监察，推动工业能效提升，推广先进清洁生产技术工艺，推进工业资源综合利用，着力加强工业节能与绿色发展法规标准建设，工业绿色发展呈现新局面。全年规模以上工业增加值能耗同比下降5.47%、单位工业增加值用水量同比下降6%，节能环保产业同比增长10%，工业生产清洁化水平、大宗工业固废利用率进一步提高，再生资源行业规范条件逐步健全，节能环保技术创新成果不断涌现，绿色发展理念逐步增强，圆满完成了年度目标任务。

我国经济发展进入新常态，各行业、各领域正在发生一系列重大变化，要把思想和行动统一到党中央对我国经济社会发展形势的判断和决策部署上来，科学分析当前我国工业绿色发展面临的形势，用新发展理念统领工业绿色发展工作全局，用制造强国战略引领绿色制造全面实施，着力推动绿色、智能转型，优化产业结构，提高发展的质量和效益。要围绕破解资源环境瓶颈，坚定不移落实生态文明建设对工业绿色发展的根本要求；围绕实施制造强国建设战略，坚持把绿色制造作为落实“中国制造2025”的重要目标和任务；围绕供给侧结构性改革，坚持把绿色制造作为促进绿色增长和补短板的重要举措；围绕国家区域发展战略，坚持把传统制造业绿色改造作为推进工业领域污染防治的重要抓手。

2017年工业节能与综合利用系统要坚持把推进工业绿色发展作为落实生态文明建设和“中国制造2025”要求的硬任务，把工业节能减排作为转方式调结构的重要抓手，以全面推行绿色制造为主线，认真贯彻落实《工业绿色发展规划(2016-2020年)》和《绿色制造工程实施指南(2016-2020年)》，深化试点示范，完善法规标准和政策，加强监督执法，大力发展绿色制造产业，实现全年规模以上工业增加值能耗同比下降4%、单位工业增加值用水量同比下降4.5%等目标，确保完成各项工作任务，以优异成绩迎接党的十九大胜利召开。重点抓好六项工作：

一是加快推动绿色制造体系构建。围绕解决工业发展中的资源环境问题，全面落实绿色制造工程各项任务，完善绿色制造标准，推动绿色产品、绿色工厂、绿色园区和绿色供应链等绿色制造体系建设，加快推行绿色制造。组织实施好绿色制造专项，继续利用绿色信贷支持工业节能与绿色发展项目，积极探索绿色债券、绿色产业基金等市场化新机制。

二是持续推进工业能效提升。继续实施能效“领跑者”制度，促进配电变压器、电机能效提升。狠抓工业节能监察，继续开展国家重大工业专项节能监察，进一步加强工业节能监察体制机制建设，促进节能监察工作更加公平、科学、高效，加快营造公平竞争的市场环境。持续推动唐山等重点用煤城市工业领域煤炭高效清洁利用。推进绿色数据中心试点，推广先进绿色数据中心技术。

三是深入推行清洁生产。制定涉重金属重点行业清洁生产技术推行方案，落实重点行业挥发性有机物削减行动计划、水污染防治重点行业清洁生产技术推行方案，发布长江经济带工业绿色发展指导意见。实施重点用水企业水效“领跑者”引领行动，推动用水企业水效对标达标。加强有毒有害污染控制，推进实施《电器电子产品有害物质限制使用管理办法》。

四是积极推动工业资源综合利用。组织建设一批工业资源综合利用示范基地，深入组织实施京津冀及周边地区工业资源综合利用产业协同发展行动计划。推进电器电子产品生产者责任延伸，推动再生资源行业规范管理，加快建立新能源汽车动力蓄电池回收利用管理机制，推进水泥窑协同处

置固体废物试点。完成部分甲醇汽车试点城市验收，加强甲醇汽车标准体系建设，推动甲醇汽车技术水平提升，积极探索甲醇汽车市场化运行模式。

五是大力发展绿色制造产业。发布符合大气治理环保装备制造行业规范条件的企业名单，制定工业资源综合利用技术装备目录。继续开展“节能服务进企业”活动。组织在区域工业转型发展试点城市开展节能环保产业对接活动。深化机电产品再制造试点，推动高端智能再制造，加强再制造集聚区及示范园建设。

六是加大宣传培训力度。加强绿色制造宣传，利用主流媒体、网络平台对绿色制造典型企业和模式进行专题报道，组织节能宣传周、低碳日等专题活动。围绕绿色制造、节能监察、清洁生产等，开展专题、在线和境外培训。加强工业绿色发展国际合作，组织开展工业绿色发展政策对话及技术交流。

农业领域循环经济2016年度发展报告

农业部科技教育司

2016年，农业部继续以推广农业清洁生产技术、促进农业废弃物资源化利用、保护农业生物资源为重点，大力推进农业发展方式转变，促进农业绿色发展，为生态文明建设作出积极贡献。

一、推广应用清洁型农业生产技术

（一）持续开展渔业节能减排技术试验示范

2016年，农业部持续推进渔业节能减排工作。重点在辽宁、江苏、山东、广东、湖北、重庆、四川、青海等8省市开展池塘和工厂化生态养殖减排技术、网箱养殖底排污技术以及鱼菜共生等多模式水产养殖节能减排技术示范，示范面积达到2万亩以上，推广辐射面积超过15万亩，节能率超过40%，节水率平均超过50%，降低了养殖用药量，节约了饲料，降低生产成本10%以上。组织开展沿海和内陆水域机动渔船大气污染情况调查，对主要类型渔船柴油机排放尾气进行抽样检测，为制定渔船废气排放污染大气防治方案提供基础支持。收集整理国内外渔业节能减排技术发展信息，编印《渔业节能减排通讯》4期，传播渔业节能减排相关信息和知识。全年举办节能减排知识科普宣传、现场技术交流活动40余次，累计发放宣传资料2000余份，接待相关咨询5000余次，提高广大渔业管理者和从业人员对节能减排政策措施的了解和参与度。

（二）大力发展农村清洁能源

2016年，全国农村能源建设成效显著，农村沼气建设认真贯彻中央关于生态文明建设和“三农”工作的总体部署，继续由户用沼气向规模化大型沼气和生物天然气工程转型升级，中央投资20亿元，重点支持全国各地552处规模化大型沼气工程和22处规模化生物天然气试点项目建设。目前，全国沼气用户4381.08万户，沼气工程11.34万处，年总产气量144.85亿立方米；农村太阳能热水器推广面积达到8623.69万平方米、太阳房2564万平方米，太阳灶227.94万台；推广省柴节煤炉灶炕1.6亿台，还开展了秸秆沼气集中供气、秸秆气化和秸秆固化成型示范。据估算，通过技术推广，年节能0.9亿吨标准煤当量，可减排二氧化碳2.19亿吨。

二、促进农业废弃物资源化利用

（一）推进畜禽养殖废弃物资源化利用

2016年，农业部印发《全国生猪生产发展规划（2016-2020年）》，调整优化生猪区域布局，引导生猪生产向东北三省和内蒙古等环境容量大的地区转移。联合环保部印发《关于进一步加强畜禽养殖污染防治工作的通知》《畜禽养殖禁养区划定技术指南》，指导各地科学划定禁养区。继续开展畜禽养殖标准化示范创建活动，新创建示范场552家。组织召开全国畜禽标准化规模养殖暨粪便综合利用现场会，总结推广种养结合、循环利用、集中处理、达标排放等畜禽粪污资源化利用典型模式。组织开展畜牧业绿色发展示范县创建活动，“十三五”期间计划创建200个示范县，树立畜牧业绿色发展标杆。继续组织实施畜禽标准化养殖、畜禽粪污资源化利用试点等项目，支持规模养殖场改善基础设施条件，提升畜禽粪污处理和利用能力。

（二）推进农用地膜回收利用

推动地膜标准修订，解决残膜易破碎、回收难的问题。研究编制《废旧农膜回收利用管理办

法》，推动地膜销用收加全程监管。对加厚地膜使用、回收加工利用给予补贴，逐步健全废旧地膜回收加工网络，扶持建设废旧地膜回收加工网点，鼓励残膜加工企业回收废旧地膜。推进甘肃、新疆构建“5个1”（出台地方条例、推行地方标准、落实以旧换新补贴、实施综合利用项目、构建监管体系）的地膜综合利用机制。在全国13个省（市、区）的典型用膜区域，针对不同种植作物开展可降解地膜应用对比试验，分析可降解地膜田间应用效果。

（三）推进农作物秸秆综合利用

为积极推进农作物秸秆资源化利用，2016年，国家发展改革委办公厅会同农业部办公厅印发了《关于印发编制“十三五”秸秆综合利用实施方案指导意见的通知》（发改办环资〔2016〕2504号），提出坚持“农业优先、多元利用，统筹规划、合理布局，市场导向、政策扶持，科技推动、试点先行”的原则，围绕秸秆“五料化”利用和收储运体系建设等领域，推动秸秆综合利用工作。2016年，农业部会同财政部围绕构建环京津冀生态一体化屏障，投入10亿元，在河北、山西、内蒙古、辽宁、吉林、黑龙江、江苏、安徽、山东、河南等10省（区）90个县，按照“整县推进、多元利用、政府扶持、市场运作”的原则，开展了秸秆综合利用试点。同时，积极推广秸秆成型燃料、秸秆气化、秸秆炭化、秸秆液化和秸秆发电等技术，不仅产生了大量的可再生能源，减少了对环境的影响，而且提高了农作物秸秆的综合利用水平。截至2016年底，我国建有秸秆固化成型燃料厂1362处，年产量490.28多万吨；秸秆热解气化集中供气工程766处、秸秆沼气集中供气工程454处；秸秆炭化工程106处，年产秸秆炭28.76万吨。

三、加强农业生物资源保护

（一）推进农业野生植物保护

2016年，农业部继续做好农业野生植物原生境保护工作，对已建成的190个原生境保护区（点）进行日常管护与资源监测。组织重点省份对野生稻、野生大豆、小麦野生近缘植物等国家重点保护农业野生植物进行资源调查，补充更新GPS/GIS数据，组织编印《农业野生植物资源调查与保护系列丛书（云南卷）》。强化优异资源和基因的鉴定评价与利用，筛选出抗稻瘟病野生稻、抗重金属污染野生苎麻、野生大豆、小麦野生近缘植物、野生茶树、新疆野苹果等优异资源，对收集到的带叶兜兰、野生芥菜等资源进行基因测序和人工培育，取得积极进展。

（二）深入开展草原生态保护建设

2016年，国家继续加大草原生态保护建设力度。中央财政投入187.6亿元，在河北、山西、内蒙古等13个省区启动实施新一轮草原生态保护补助奖励政策，取消牧民生产资料综合补贴和牧草良种补贴，提高禁牧和草畜平衡补贴标准，扩大了实施范围，调整半农半牧区政策实施方式。投入20亿元在内蒙古、辽宁、西藏、甘肃等地继续实施退牧还草工程；投入5.03亿元在河北、内蒙等5省（区）实施京津风沙源草地治理工程；投入17.5亿元资金在内蒙、湖北等7省（区）实施退耕还林还草工程；投入3.6亿元，在河北、内蒙古等6省（区）实施农牧交错带已垦草原治理工程。国家投入3亿元继续在湖北、湖南等10省（区、市）实施南方现代草地畜牧业推进行动，在保护生态环境的前提下，合理开发利用南方草山草地资源。全国落实禁牧草原面积1.05亿公顷，草畜平衡面积1.73亿公顷，划定基本草原2.35亿公顷；全国草原综合植被盖度达到54.6%，全国天然草原鲜草总产量10.4亿吨，较上年增加1.03%，全国重点天然草原的平均牲畜超载率为12.4%，较上年下降1.1个百分点；草原工程区植被盖度比非工程区平均高出21个百分点，高度平均增加46.1%，其中退牧还草工程区草原植被盖度较非工程区高出10个百分点，高度、鲜草产量分别增加36.0%、33.6%。

附：典型案例

典型案例一：浙江构建六大体系　推进绿色农业发展

为深入推进农业供给侧结构性改革，加快建设绿色农业强省，实现农业绿色增产增效增收，推动农业绿化、农村美化、农民转化，浙江省印发了《浙江省绿色农业行动计划》的通知。提出通过四年（2017-2020年）努力，产业生态布局、生产清洁可控、废物循环利用、产品优质高效、田园整洁优美的现代农业发展新格局基本形成，绿色农业发展走在全国前列、成为标杆省份。到2020年，化肥和农药使用持续减量，畜禽养殖排泄物及死亡动物、农作物秸秆、农药废弃包装物及废弃农膜基本得到资源化利用或无害化处理，农业“两区”率先实现绿色发展，成为全国绿色农业发展先行区和绿色农产品主产区。围绕绿色农业发展目标，《行动计划》提出了构建六大体系的重点任务。

一是全面构建绿色产业体系。推进布局生态化，落实农业主体功能区划，明确发展性空间和约束性空间，加快农业“两区”“一区一镇”和26县绿色发展。推进产业生态化，大力推广清洁化生产技术及生态循环模式，推行生态养殖、绿色增产，促进产业循环、农旅互动、一二三产业融合，实现全产业链绿色化发展。

二是全面构建控源治污体系。全面落实养殖主体治污责任，扎密规模养殖场网格化防控、在线监控监测和死亡动物无害化处理“三张网”，实现养殖粪污全收集、全处理、全达标。以农业“两区”为主平台、以粮油和主导产业为重点，集成推广应用肥药减量技术与模式，提高肥药利用率。全面推行农药废弃包装物回收处置机制，建立完善废弃农膜和肥料包装物回收处理体系。建立农田土壤污染监测预警评价体系，提高土壤污染防控能力，基本消除农业“两区”土壤环境安全隐患。

三是全面构建循环利用体系。立足县域统筹，根据农业废弃物总量、分布及环境容量，合理布局，培育提升农业废弃物收集、利用、处理主体和社会化服务组织，整体构建“主体小循环、园区中循环、县域大循环”的循环利用体系。加强养殖主体、种植主体、农业废弃物利用与处理主体、社会化服务组织之间的循环对接，建立健全政府推动、主体运行、财政补贴、监督管理有机结合的链接机制。

四是全面构建技术支撑体系。充分发挥“三农六方”科研单位和产业技术团队作用，加快减量化、清洁化、资源化生产技术的集成和攻关。传承创新传统自然生态的耕作制度模式，加快推广绿色生产、生态养殖、废弃物利用、肥药减量增效和集约化、智能化生产技术，并成为生产习惯。加快布局建立农业面源污染监测体系，实现监测评价的科学化、规范化、常态化。

五是全面构建质量管控体系。健全省市县农产品质量安全检测、追溯、监管“三平台”，健康发展“三品一标”农产品，推动规模农产品生产主体全面实行食用农产品合格证管理。加强农产品质量安全防控管控，强化特色农产品质量安全风险评估预警，加大农产品和农业投入品执法检查力度，确保不发生重大农产品质量安全事件。

六是全面构建政策制度体系。坚持目标和问题导向，建立完善法律约束、责任明确、上下联动、示范引领、监管有力、主体自觉的治理体系和推进机制。完善绿色生态为导向的补贴政策和农业资源环境突出问题治理支持政策，形成项目补助、生态补偿、技术补贴相叠加的组合政策。探索农业绿色生产的准入评价体系，建立完善底数清楚、指标明确的生态化生产标准、评价指标和环境

准入机制。

典型案例二：安徽多措并举，推进秸秆综合利用

安徽省是农业大省，农作物秸秆资源丰富，秸秆可收集资源量常年在4800万吨左右，以玉米、小麦和水稻秸秆为主。近年来，安徽省出台了一系列政策支持秸秆综合利用，2016年全省农作物秸秆利用率达到83.4%，比2012年的58.4%提高25个百分点，全省秸秆机械化还田面积在6000万亩以上，形成了稻-油、稻-麦、麦-玉等三种种植制度条件下的秸秆机械化还田技术体系；形成了饲料化、基料化、燃料化、原料化等多元利用的产业格局；形成了以格义“三级分离”为代表的秸秆深度利用模式。安徽的主要做法有以下几个方面。

一、政策支持

省委省政府高度重视秸秆综合利用工作，出台了一系列政策支持秸秆综合利用。2013年，安徽省委办公厅、省政府办公厅出台了《关于推进农作物秸秆禁烧和综合利用工作的意见》，要求2015年全省秸秆综合利用率达到80%，各地要根据农业生产实际，针对性地推广秸秆综合利用实用技术，重点支持秸秆机械化还田、秸秆发电、秸秆饲料化和基料化、秸秆沼气工程、秸秆成型燃料生产和炉具推广、玉米免耕直播技术、秸秆收储体系建设等七个重点工作领域；意见明确了省直各部门分工，要求各负其责，共同推进秸秆综合利用工作。2017年，安徽省人民政府又下发了《关于推进以农作物秸秆资源利用为基础的现代环保产业实施意见》，提出到2020年全省秸秆综合利用率提高到90%以上；秸秆产业化利用量（包括饲料化、基料化、能源化、工业原料化利用）占利用总量的比例提高到42%左右，其中能源化、工业原料化利用量占利用总量的比例提高到35%左右；《意见》要求以秸秆资源综合利用市场化、产业化为主线，建立健全还田利用、收储运销、产业增值、政策扶持四大支撑体系，在不断改进农业方面利用途径的同时，大幅提升能源化、工业原料化利用水平。与此同时，安徽省将秸秆综合利用列入省政府重点工作，并首次列入民生工程。

二、财政保障

自2014年起，安徽省开始设立秸秆禁烧和综合利用专项奖补资金，按照小麦、玉米、油菜每亩20元，水稻每亩10元的标准，对秸秆机械化还田及其他利用方式给予奖补。2014年，省财政拨付秸秆禁烧和综合利用奖补资金15.61亿元；2015年为16.28亿元；2016年为16.12亿元。今年安徽省出台政策，在继续安排秸秆禁烧和综合利用奖补资金的基础上，省财政每年安排不少于2亿元，支持秸秆综合利用规模企业发展和秸秆示范园区建设。对秸秆综合利用量千吨以上的企业，按照企业实际利用量安排奖补资金，水稻、小麦、其他农作物的奖补标准分别为50元/吨、40元/吨，30元/吨。另外，安徽省将通过整合相关专项资金和社会募资，设立省环保产业基金，主要投向秸秆综合利用及其他节能环保产业，采取股权投资等方式，促进龙头企业和示范园区发展。

三、部门配合

秸秆综合利用是一项系统工程，需要各部门之间的密切配合。根据职能分工，由省发改委负责秸秆发电及重大项目建设；省环保厅负责秸秆禁烧及燃煤锅炉淘汰工作；省财政厅负责筹集和优化秸秆禁烧和综合利用奖补资金；省交通厅负责秸秆运输绿色通道等。除此之外，宣传、纪检、组织等部门都有明确的分工要求。省农委作为秸秆综合利用的主力军，负责牵头抓好秸秆农业领域利用，包括肥料化、饲料化、基料化利用，以及能源化利用中的秸秆固化和秸秆制气等。省农委每年制定技术方案、举办培训班，召开全省农业系统秸秆综合利用工作视频会，全面部署秸秆农业方面的综合利用工作，由农机部门负责秸秆机械化还田，畜牧、农村能源、菜办、农技等部门各司其职。省农机局用活购机补贴政策，把秸秆还田相关机具作为重点补贴对象，实行敞开补贴。2017年6月5日，省环保厅、省农委、省发改委等部门联合举办了2017秸秆综合利用产业博览会，系国内首个由政府主导的秸秆产业专业博览会，参展企业200多家，签约项目78个，总投资额268亿元，涵盖秸秆产业化利用的各个领域。部门之间的通力合作，有效促进了秸秆综合利用的顺利开展。

四、督查到位

省政府每年下发文件，组织秸秆禁烧和综合利用工作督查，根据督查情况，对各市采取奖惩措施。省农委每年成立督查组，在督查同时，对全省秸秆农业方面利用工作进行技术指导。今年省农委会同省环保厅、省财政厅专门出台了《关于做好秸秆综合利用提升工程监督检查工作的通知》，建立县级自查、市级复查、省级重点抽查的监督考核机制，并将督查结果作为评价各市秸秆综合利用民生工程实施成效的重要依据。

典型案例三：湖南开展有机肥替代化肥　加快推进农业绿色发展

湘楚大地，稻作之源，农耕文明源远流长。近年来，湖南省大力发展精细农业、深入推进农业供给侧结构性改革，按照“一控两减三基本”要求，深入开展农作物化肥使用量零增长行动，积极落实有机肥替代化肥行动，大力发展循环农业、绿色农业、两型农业，农业质量效益加快提升，可持续发展能力明显增强。

（一）构建种养结合循环。作为农业种养大省，湖南有机肥资源约2亿吨，其中畜禽粪便8900万吨。近年来，湖南抓住“资源化利用”这个关键，大力推进种养平衡，把粪污变粪肥，把秸秆作肥料，加快畜禽粪便和农作物秸秆循环利用。重点抓好了三个环节：一是结构上主动调。以环境承载力为基准，深层次谋划种养结构调整，推动粮经饲统筹、农牧渔结合。2016年调减水稻种植面积50万亩，改造老橘园、低产茶园36万亩，高效经济作物面积达5000多万亩。新增人工草地75万亩，规划建设了草食牧业优势产区。102个县市区完成畜禽规模养殖“三区”划定。二是模式上重点推。改造升级3.2万个规模养殖场粪污综合利用设施。加快转变农业生产方式，大力发展“养殖—沼气—种植”三位一体生态循环农业，积极开展种养结合循环农业试点示范，推广“稻—鱼”共生模式及稻鱼轮养轮种等综合种养204万亩。三是主体上着力培。养殖业规模化程度提高，种植业还是以一家一户为主的生产经营单元，种养就会不平衡。湖南鼓励发展标准化的适度规模养殖，一个猪场原则上不超过一万头。大力培育新型农业经营主体，累计认定家庭农场15749家、农民合作社55919个，新型职业农民累计发证人数达到30352人。

（二）突出恢复绿肥重点。绿肥是纯天然的优质有机肥源。1000万亩紫云英可提供5万吨氮、1.5万吨磷和4万吨钾。上世纪70年代湖南省绿肥种植最高峰近3000万亩，之后逐年减少。近年来，湖南省把发展绿肥列为头等大事，绿肥生产呈现企稳恢复、加快发展的态势，2016年播种绿肥980万亩。一是凝聚必须恢复绿肥的共识。省委、省政府高度重视，将绿肥生产列为秋冬种主要任务。坚持“政府引导、政策支持、农户自愿、示范带动”，省财政安排1000万专项，实施“百千万”示范工程。借力部省项目资金，加上市县配套，拿出6800万元用于冬种绿肥。二是探索绿肥高效生产的模式。优化生产布局，全省绿肥以紫云英为主，重点在果茶园进行突破。突出扶持对象，新型经

营主体绿肥种植占比7成以上。推动全程机械化、轻简化、高效化，加快建立现代绿肥生产技术体系；与美丽乡村建设、休闲农业相结合，不断拓展绿肥生产功能。三是构建恢复发展绿肥的机制。省政府将绿肥生产纳入粮食生产考核，考核分值占10%。部分地方将绿肥生产纳入耕地保护和农业农村工作考核重要内容。一些县市区出台了鼓励绿肥种植的财政补贴和激励政策。

（三）做强商品有机肥产业。运用市场办法，从供给端发力，推进产业发展，促进有机肥使用。2016年全省推广商品有机肥38万吨，施用460万亩，替代化肥2万多吨。一是以生产企业为龙头。鼓励支持有机肥生产企业加强畜禽粪便的收集、转运、加工，利用畜禽粪便作原料生产商品有机肥。2016年全省新增有机肥生产企业10家，商品有机肥企业增加到51家，设计产能82.5万吨，实际产量46.5万吨。二是以政府采购作引导。发挥政府采购的导向作用，把增施商品有机肥列为湖南省重金属污染耕地修复试点的一项重要技术措施，2014—2015年在试点区域增施商品有机肥160万亩，补贴资金2.24亿元，政府采购商品有机肥19万吨。三是以规范管理强保障。按照农业部《肥料登记管理办法》，当前登记产品91个。加强事后监管，每年组织对有机肥登记企业开展专项质量抽查，一年分两次用肥高峰期进行，2014—2016年连续3年抽检情况表明，有机肥产品质量合格率提高到90%以上。

（四）强化项目建设引领。湖南省具有农家肥积制、保存和施用的优良传统，上世纪50年代总结出“四勤”（勤扫、勤垫、勤出、勤积）、“八有”（牛有栏、猪有圈、灰有屋、粪有池、人有厕所、鸡鸭有窝、四季有粪凼、田里有绿肥）经验，在全国推广。新时期，湖南省通过一批项目建设与试验示范，“做给农民看，带着农民干”，营造了有机肥下田的良好氛围。重点做好了“三个推广”：一是推广秸秆还田。实施耕地保护与质量提升补贴项目，大力推广秸秆快速腐熟还田。2016年全省秸秆还田面积达到6831万亩，秸秆还田率56.9%，每亩减少化肥用量2.5公斤。二是推广积制有机肥。在土壤酸化地区，“就地取材、就近生产、就近施用”，对农业种植企业、专业合作社、种植大户、家庭农场积制有机肥进行补助，每亩补助30元，施用量不低于500公斤。三是推广水肥一体化。在葡萄、蔬菜等高效经济作物上，在增施有机肥的同时，推广水肥一体化技术，全省高标准水肥一体化应用面积达到20万亩。

典型案例四：江苏省池塘工程化生态养殖技术模式

一、技术概述

池塘工程化生态养殖系统是江苏省水产科技工作者在引进美国技术基础上改进而成的一种池塘养殖新模式。与传统池塘养殖模式相比较，新模式在工艺理念、技术装备和养殖方式等方面都具有了重大的革新。该模式适宜多品种、多规格养殖，具有均衡上市、易捕捞、降低生产成本，利于收集代谢物和残饵，保证水产品质量安全等优点。该养殖模式主要通过池塘改造，按一定比例建设“养鱼区”、“养水区”、“集污区”，利用推水、微孔增氧、集排污及智能化操作等现代化设备在池塘中开展工程化养殖，使产量、效益、品种得到根本性提高，有效收集代谢物和残饵并加以合理利用，是一种环境友好型生态养殖模式。

二、技术原理

池塘工程化生态养殖系统是利用占池塘面积2%—5%的水面建设具有气提推水充气和集排污装备的系列水槽作为养殖区进行类似于“工厂化”的高密度养殖，其余95%—98%的水面进行适当改造后作为净化区对残留在池塘的养殖尾水进行生物净化处理，并可以收获一定量水产品和水生经济植物，实现养殖周期内养殖尾水的零排放或达标排放。

三、增产增效情况

区域试验和生产试验情况表明，在同等养殖条件下，大多数养殖品种折算后比普通池塘单位产量提高20%-30%。绝大多数试验品种养殖产量每平方米达100公斤以上，按大塘计算亩效益5000元以上。随着废弃物回收技术的提高和循环利用，池塘工程化生态养殖模式将进一步升级，单位产量、经济效益、生态效益将进一步提升。

四、应用情况

2014年至2016年江苏省海洋与渔业局连续三年立项支持该养殖系统研究与建设，水科院淡水渔业研究中心等8家科研单位、江苏省渔业技术推广中心及13家省辖市渔业技术推广单位、46家重点县（市、区）渔业技术推广单位、85家企业参与了该系统的研发与推广应用工作。三年累计投入财政资金4800余万元，目前已建成投产的池塘工程化生态养殖系统面积11.7万m2（2017年全省计划建设16万m2），在系统建设、动力配置与设置、净化区生态系统构建与品种搭配、养殖运行管理等方面均取得了一定成效。

典型案例五： 重庆鱼菜共生综合种养技术模式

一、技术概述

鱼菜共生技术由重庆市水产技术推广站于2010年研发，已经连续六年被推荐为全国农业主推技术，指导渔民增产增收。该项技术基于共生原理，有效利用同一水体实现种、养有机结合，实现养鱼不换水或少换水、种菜不施肥的资源循环利用，促进池塘高效、持续健康运转。

鱼菜共生技术获全国农业技术推广成果奖二等奖和全国农牧渔业丰收奖二等奖，完成四项鱼菜共生相关发明专利，已获国家知识产权局授权，重庆日报农村版连续三周专刊报道鱼菜共生技术。该技术成果符合低碳、健康、高效的现代渔业发展理念，被列入全国“十三五”渔业发展规划重点工程和全国农业主推技术、水产养殖节能减排首选技术，以及重庆市“十三五”渔业发展规划重点工程和重庆百亿级生态渔产业链建设主推项目。

二、技术原理

生物调控是当前池塘水质调控最安全的方法。鱼菜共生是基于池塘生态学原理，将渔业和种植业有机结合，进行池塘鱼菜生态系统内物质循环，互惠互利，是可持续发展生态型农业新技术。通过池塘养殖废弃物（N、P）的原位减控与消纳利用，应用代谢过程的理念来调控和修饰氮、磷代谢流，以提高氮、磷等营养盐的利用率，修复和保育池塘生态环境，提高养殖池塘综合效益。

三、增产增效情况

2016年，全市推广鱼菜共生综合种养技术8.1万亩， 平均亩产水产品1318kg，亩产各类蔬菜891.4kg，亩均产值16974.8元，亩纯收益4666元；亩均新增水产品447.4kg，亩均新增产值6527.6元，亩均新增纯收益2658元，亩产值和纯收益比技术应用前分别增加62.5%和132.4%。亩均节约水电等支出60%以上，约190.2元，亩减少废水排放1000.5立方米，总节支4736万元。

通过技术攻关和试验示范，实现了亩产1吨鱼，亩收入1万元的“吨鱼万元”目标，推广投资年均纯收益率达到3.13。亩均投入方面，除了物价因素导致饲料、塘租等投入上涨外，全年节约水电

投入约30.6%、药物投入约49.4%，间接增加渔民收入190.2元/亩.年。

四、生态效益分析

池塘鱼菜共生技术创新了富营养化水体的生态操纵和治理模式，实现了老旧池塘治理与社会、经济、生态效益的有机统一。在老旧鱼塘水面种植蔬菜、浆果等喜水植物，以消纳减控池塘废弃营养物和收获绿色蔬菜，形成植物与水产动物间互利共生和良性循环的生态环境，既充分利用了水域资源，又净化了水质，有效缓解池塘水体富营养化，是控制水产养殖面源污染的重要手段，保障渔业生态安全的措施。通过池塘水体营养物质再利用，减少废水排放，将治理与效益紧密结合起来，对水产养殖和环境保护都具有重要意义。

（撰稿：曹子祎、强少杰、习斌、尹建锋、李垚奎、郭薇、闫敏、陈明全、马猛，农业部科技教育司资源环境处）

中国再生资源回收行业发展报告2017（摘要）

商务部

一、行业发展基本状况

2016年是我国“十三五”开局之年，是全面建成小康社会的决胜年，更是推进供给侧结构性改革的攻坚之年。再生资源回收行业作为循环经济的重要组成部分，注重贯彻落实绿色发展理念，从源头上减少能源消耗和环境污染，再生资源回收率和利用水平不断提高。

(一)总体分析

2016年初，长期疲软低迷的国际大宗商品价格开始反弹，国际期货市场铁矿石、钢铁等原料价格回暖上升，钢铁企业经营逐步向好，采购废钢铁数量较往年增长，推动了废钢价格大幅上涨。废钢回收企业纷纷恢复业务，建立新的回收站点和加工配送中心。此外，废有色金属、废纸的价格也一路上升，回收企业和利用企业的市场交易变得频繁活跃，打破了近年来再生资源回收量小幅下降或增长缓慢的趋势，从业人员锐减的态势得到扭转，回收行业正在逐步摆脱效益低迷的发展态势。全国再生资源回收企业数量约为10万多家，回收行业从业人员约为1500多万人，虽然专职回收人员数量有所下降，但兼职回收人员数量呈上升趋势。

1. 回收总量基本情况

截至2016年底，我国废钢铁、废有色金属、废塑料、废轮胎、废纸、废弃电器电子产品、报废汽车、废旧纺织品、废玻璃、废电池十大类别的再生资源回收总量约为2.56亿吨，同比增长3.7%。其中，增幅最大的是废电池，同比增长20%。

2. 回收总值基本情况

2016年，我国十大品种再生资源回收总值为5902.8亿元，受大宗商品价格上涨影响，主要再生资源品种价格持续走高，同比增长14.7%。其中废电池增幅最大，同比增长34.1%;只有报废汽车出现了下降，同比下降11.4%。

3. 主要品种进口基本情况

2016年，我国废钢铁、废有色金属、废塑料、废纸四大类别的再生资源共进口3990.4万吨，同比下降2.8%。其中降幅最大的是废有色金属，同比下降8.5%。

2、我国进口废有色金属实物量按36%的比例折算。

(二)行业发展特点

1. 龙头企业竞争力逐步增强

近年来，互联网介入再生资源回收领域，装备技术升级改造加快，新环保法颁布实施，对再生资源回收行业的要求不断提高，中小型企业原有的渠道优势逐渐削弱，经营成本压力越来越大，为行业提供了大量并购机会。在兼并重组浪潮中，葛洲坝、格力电器、格林美等行业龙头企业主营业务范围逐渐丰富，经营范围拓展到了废弃电器电子产品、废塑料、废钢铁、报废汽车、废电池等品种的回收利用，处理方式由分拣、初加工向深加工方向延伸。在开拓国内市场的同时，格林美、启迪桑德等上市公司将目光投向海外，越来越关注国际知识产权的保护，重视专利技术的研发和标准的制定，进一步增强企业的核心竞争力，如启迪桑德拥有国内规模最大的企业设计研发团队;格林美已经拥有300余项专利，并参与制定了100多项国家和行业标准。

2. 以两网协同为代表的回收制度改革稳步推进

国民经济“十三五”规划纲要中明确，健全再生资源回收利用网络，加强生活垃圾分类回收与再生资源回收的衔接。商务部积极配合城乡住房建设部推动生活垃圾清运网络和再生资源回收网络两网衔接工作，支持部分省市开展两网衔接试点工作，探索上游分类、中游运输、下游处理的系统工程，完善垃圾回收处理设施，减少垃圾二次分类，在提高再生资源回收利用效率的同时，达到建立生活垃圾减量化、资源化、无害化处理体系的目的。如北京市大胆改革，将再生资源回收职能由北京市商务委划归北京市市政市容委，由北京环卫集团整合全市再生资源回收网络，进一步提高回收效率。上海市在长宁区试点垃圾房改造，将垃圾分类点与再生资源回收站同步建设，广州则制定低值回收物的补贴政策，促进两网协同发展。

3. 回收行业创新步伐加快

随着互联网、物联网、大数据、云计算等现代信息技术与传统回收行业的结合，回收行业创新步伐加快。一是具有代表性强、示范推广性好的回收模式应运而生，如厦门废品大叔搭建微信、APP、PC端等再生资源回收交易平台，服务于企业和居民端客户，提高了再生资源回收交易的便捷性;深圳淘绿自主研发的互联网回收服务平台，推动了传统回收方式向线上交易服务+线下分拣的“互联网+回收”方式的转变，极大地提高了废旧手机的回收效率;二是高效自动化分拣加工技术及设施被回收行业普遍应用。如上海燕龙基引进废玻璃自动分拣设备，大幅提高了分拣效率，实现了废玻璃的分拣精细化;江苏华宏自主研发的自动化废金属破碎分选系统，提高了加工分选效率，提升了熔炼炉的使用效率，达到了节约能源和生产成本的目的。

4. 生产者责任延伸制度向多品种拓展

生产者责任延伸制度的核心是通过引导产品生产者承担产品废弃后的回收和资源化利用责任，激励生产者推行产品源头控制、绿色生产，从而在产品全生命周期中最大限度提升资源利用效率。我国自建立了由电器电子产品生产者缴纳处理基金以来，共有5批109家处理企业年处理“四机一脑”的能力达到1.5亿台，回收拆解总量接近3亿台，年均处理量增速达到58%。为进一步推行生产者责任延伸制度，2016年，国务院办公厅印发《生产者责任延伸制度推行方案》，明确生产者承担其产品全生命周期的资源环境责任，支持电器电子产品、汽车产品、铅酸蓄电池、饮料纸基复合包装等4类产品骨干生产企业通过开展产品生态设计、使用再生原料、保障废弃产品规范回收利用和安全处置、加强信息公开等方式积极推进生产者责任延伸制度。相关管理部门要不断完善配套政策法规体系，逐步形成责任明确、规范有序、监管有力的激励约束机制，推动生产企业切实落实资源环境责任，提高产品的综合竞争力和资源环境效益。

5. 包装废弃物回收日益成为热点

随着人民生活水平不断提高和网络购物迅速发展，各种包装使用量呈井喷式增长，我国每年包装废弃物产生量约为4000万吨。2016年，关于《推进快递业绿色包装工作实施方案》、《关于加快我国包装产业转型发展的指导意见》等政策陆续出台，明确指出要在绿色化、减量化、可循环等方面取得明显效果，推动我国包装产业供给侧改革，加大研发投入，提升关键技术，提高产业的信息化、自动化和智能化水平，建立和形成绿色生产体系，增强标准管理水平和国际对标率，解决制约包装产业发展的“瓶颈”。企业层面也陆续开展了实质性的行动，菜鸟绿色联盟公益基金作为我国首个物流环保基金，专注于解决日趋严重的物流污染现状，推动快递包装创新改良，减少快递包装的浪费和污染。

(三)各主要品种回收情况分析

1.废钢铁回收情况分析

2016年，我国粗钢产量80837万吨，同比增长1.2%;生铁产量70074万吨，同比增长0.7%;钢材产量113801万吨，同比增长2.3%。由于世界经济增长乏力，全球贸易走势低迷，铁矿石进口价格维持小幅调整上涨趋势，钢铁企业进口铁矿石102412万吨，同比增长7.5%。

2016年，我国回收废钢铁为15130万吨，同比增长5.2%。其中，重点大型钢铁企业回收废钢铁9010万吨，同比增长8.2%;其他行业回收废钢铁6120万吨，同比增长1.2%。废钢铁价格在年初触底反弹后，全年基本保持小幅增长的走势。我国进口废钢216万吨，同比下降7%。全国炼钢废钢铁综合单耗111千克/吨钢，同比增长7千克/吨钢。废钢铁消耗的增长，反映出重点钢铁企业原料结构发生变化，对节能减排，改善生态环境是非常有利的。

2.废有色金属回收情况分析

2016年，面对复杂的国内外环境，有色金属行业积极推进供给侧改革，去库存、去杠杆、降成本取得一定成效，有色金属企业效益明显好于预期，产业总体呈稳定运行趋势。我国十种有色金属产量为5283.2万吨，同比增长2.5%，增幅比上年收窄了4.7个百分点;再生有色金属工业主要品种(铜、铝、铅、锌)总产量约为1245万吨，同比增长6.7%。其中再生铜产量300万吨，同比下降1.6%;再生铝产量630万吨，同比增长9.5%;再生铅产量165万吨，同比增长10.0%;再生锌产量150万吨，同比增长9.5%。

2016年，国内主要废有色金属回收量约为937万吨，其中废铜回收量约为179万吨，废铝回收量约为443万吨，废铅回收量约为165万吨，废锌回收量约为150万吨。

2016年，中国进口含铜、含铝、含锌废料共计527.53万吨，进口金额84.21亿美元。其中，进口含铜废料334.79万吨，同比下降8.5%;进口含铝废料191.8万吨，同比下降8.1%;进口含锌废料0.988万吨，同比下降54.5%。

3.废塑料回收情况分析

2016年，塑料制品行业的运行走势与中国宏观经济走势高度吻合。据国家统计局数据统计，2016年，我国塑料制品总产量为7717.2万吨，同比增长2.7%，较2015年增速扩大。中国出口塑料制品1038万吨，同比增长6.7%;出口金额为2351.7亿元，同比增长0.5%。出口增长率由负转正，塑料制品行业在下行压力下走向良好，对全年走势的趋稳将起到重要的支撑作用。

2016年，国内废塑料回收量约在1878万吨左右，同比增长4.3%。自2013年以来，伴随国内环保意识的增加，国内废塑料回收量的增长幅度逐渐放缓，但废塑料质量在同步提高，符合国内循环经济的发展方向。由于我国废塑料回收体系仍不健全，市场毛料回收仍以散户走街串巷回收为主，原料供应主体依然以小家庭作坊为主，这种回收模式具有回收利用率偏低、不能保证再生料的持续稳定供应等弊端，难以提升到发达国家水平。

4.废纸回收情况分析

2016年我国造纸行业生产运行整体情况会基本保持平稳态势，产销基本保持平衡，大中型企业生产运行基本正常、良好，部分中小型企业生产运行困难增多。全年纸及纸板生产总量约为10820万吨，同比增长约1%。纸及纸板表观消费量约为10400万吨，同比增长约0.5%。制浆造纸及纸制品业企业数量6677家。其中：纸浆制造业52家，造纸业2730家，纸制品制造业3895家。

2016年，由于电子媒体的发展及其对平面媒体的冲击，使得传统书写印刷类用纸品种需求增长放缓，尤其是报刊新闻纸回收量下降幅度明显。网购和新兴物流兴起，国内废纸包装的废弃量显著增长。我国废纸回收量呈缓慢上涨趋势，全年回收总量为4963万吨，同比增长2.7%。

5.废弃电器电子产品回收情况分析

2016年我国家电行业整体保持平稳增长，在生产方面，家用电冰箱累计生产9238.3万台，同比增长4.6%;房间空气调节器累计生产16049.3万台，同比增长4.5%;家用洗衣机累计生产7620.9万台，同比增长4.9%。彩色电视机累计生产15770万台，同比增长8.9%，其中液晶电视机15714万台，增长9.2%;智能电视9310万台，增长11.1%，占彩电产量比重为59.0%。通信设备行业生产保持较快增长。计算机行业生产延续萎缩态势。全年生产微型计算机设备29009万台，下降7.7%。

2016年，电视机、电冰箱、洗衣机、房间空气调节器、电脑的回收量约为16055万台，约合366万吨。截至2016年年底，全国共有29个省(区、市)的109家废弃电器电子产品拆解处理企业纳入废弃电器电子产品处理基金补贴企业名单，随着《弃电器电子产品处理目录(2014年版)》的发布，很多企业开始着手准备新纳入目录的废弃电器电子产品的处理工作。商务部发布的《再生资源回收体系建设中长期规划(2015-2020年)》，工信部开展的生产者责任延伸试点工作，越来越多的生产企业、销售企业、维修企业、处理企业等开始进入回收行业，多元化的回收模式开始显现。如绿色消费+绿色回收、互联网+分类回收回收、两网融合回收、EPR回收等回收模式开始出现，但以个体回收者为主的回收模式并未出现根本性变化。

6.报废汽车回收情况分析

截至2016年底，全国民用汽车保有量达1.94亿辆，同比增长12.8%;新注册登记的汽车达2752万辆，同比增长15.4%;保有量净增2212万辆，同比增长24.2%。

2016年我国报废汽车回收拆解行业发展缓慢，全国获得拆解资质的企业数量635家，同比增长5.3%;隶属回收网点维持在2300个左右。报废汽车回收网点已覆盖全国80%以上的县级行政区域。2016年全国回收拆解报废机动车合计300.56万辆，同比增长8.3%，其中报废汽车回收量280万辆，同比增长7.7%，摩托车回收量20.56万辆，同比增长17.3%。拆解再生资源总量合计721.29万吨，同比下降17.3%。

7.废旧纺织品回收情况分析

2016年，我国纺织行业纤维加工总量为5380万吨，同比增长1.5%。其中，衣着类纺织纤维消费应用量达2480万吨，占纺织行业纤维消费应用总量的46.1%;家用纺织品纺织纤维消费应用量达1510万吨，占纺织行业纤维消费应用总量的28.1%;产业用纺织品纺织纤维消费应用量达1390万吨，占纺织行业纤维消费应用总量的25.8%。规模以上企业工业增加值同比增长4.9%，低于上年同期增速1.4个百分点;实现主营业务收入73302.3亿元，同比增长4.1%，增速较上年同期放缓0.9个百分点;实现利润总额4003.6亿元，同比增长4.5%，增速较上年同期放缓0.9个百分点;固定资产投资完成额12838.7亿元，同比增长7.8%，增速较上年同期降低7.2个百分点。

2016年，我国废旧纺织品回收量约为270万吨，同比增长3.8%。废旧纺织品回收、分拣和综合利用产业链建设启动，“旧衣零抛弃”活动推动了旧服装家纺规范回收和再利用进程。

8.废轮胎回收情况分析

2016年，我国轮胎工业经济运行情况总体平稳，橡胶轮胎外胎产量94697.7万条，同比增长8.6%。但形势还是异常严峻和复杂，国内经济下行压力不减，国际贸易保护主义抬头，轮胎产能结构性过剩问题突出，橡胶等基础原材料价格波动，轮胎市场需求不旺，轮胎价格欲涨不能。

2016年，我国废旧轮胎产生量约3亿条，重量合1000万吨以上，再生橡胶产量达到440万吨，橡胶粉产量达到36万吨。胶粉及再生胶市场呈现探底回升后震荡盘整整固走势，8月份之前市场均处于震荡走低局势，7-8月份，在部分地区由于毒跑道影响，部分颗粒产品甚至处于无人问津的尴尬局面，河北、山东地区价格甚至一度跌到860-880元/吨。后期市场逐步回暖，截至2016年12月末，河北、山东地区胶粉价格反弹至1200元/吨左右，毛丝价格为1380元/吨左右。

9. 废电池回收情况分析

2016年我国电池总产量约508亿只，其中：锂离子电池产量78.42亿只，同比增长35.81%;原电池产量423.03亿只，同比增长8.13%。我国电池产量约超过世界电池总产量的一半。电池进口总量为44.78亿只，同比下降1.42%;进口总额52.10亿美元，同比下降15.03%。受消费税影响，电池出口总量301.39亿只，同比下降0.64%;出口总额233.05亿美元，同比下降8.84%。规模以上企业约1343家，主营收入5501.17亿元，同比增长18.79%。其中锂离子电池主营业务收入2823.96亿元，同比增长33.28%。

2016年新能源乘用车和客车电池搭载量累计分别达90亿瓦时和159亿瓦时，占比为32%和57%，而产出相对较少的纯电动专用车累计电池搭载量仅30亿瓦时，占比11%。

2016年，废电池(铅酸电池除外)回收量约为12万吨，其中：废一次电池回收量约为3万吨，废二次电池回收量约为9万吨。根据测算，从废旧动力锂电池中回收钴、镍、锰、锂及铁和铝等金属所创造的市场规模将会在2018年开始爆发，达到52亿元;2020年达到136亿元。

10. 废玻璃回收情况分析

2016年，我国平板玻璃产量77402.8万重量箱，同比增长5.8%，浮法玻璃产能增至12.72亿重箱，增幅3.2%。随着人民生活水平的提高和生活质量的改善，酿酒、食品、饮料、医药等行业的发展对玻璃包装瓶罐的需求以及人们对各类玻璃器器皿、玻璃工艺品、玻璃艺术品的需求稳步增长，2016年，日用玻璃制品及玻璃包装容器产量2963.85万吨，同比增长3.93%，全国玻璃制品行业完成累计出口额同比下降1.06%。

在平板玻璃产量上涨和日用玻璃及玻璃包装容器产业快速发展的作用下，2016年我国废玻璃回收量约为860万吨，同比增长1.2%。

二、行业发展存在的问题

(一)互联网+回收盈利模式尚未形成

在“互联网+”的浪潮下，再生资源回收利用产业格局正在发生变化，尤其在回收环节，国内众多企业对“互联网+再生资源回收”的探索接连不断，如搭建再生资源020交易平台，在社区、地铁等公共区域大量设置回收箱或智能回收机等，企业同质化现象严重，行业利润水平较低，多靠融资生存，一旦资本遇冷，企业将陷入难以为继的状态。萌芽中的互联网+回收企业规模较小，回收成本高，产业链短，向再生利用环节渗透不够，而生活类再生资源除电脑、二手手机等电器电子和废金属外，大多是低价值生活废品，再加上居民和回收者在再生资源价格、回收成本等关键问题上存在较大分歧，互联网+回收企业盈利模式尚未形成。

(二)增值税优惠政策落实难度较大

为降低企业税收负担，促进行业良性运行，财政部和国家税务总局下发了《关于印发<资源综合利用产品和劳务增值税优惠目录>的通知》(财税〔2015〕78号)，从2016年全年实施情况看，总体存在返还比例低、品种覆盖范围有限，且未能惠及回收行业。此外，各个品种落实情况不一，废钢铁增值税优惠比例只有30%，加之没有减免企业所得税，与依靠两头不开票的散户相比，大中型废钢加工企业竞争压力依然很大，对缓解废钢铁加工企业的困境极其有限;废旧电池回收利用企业可以享受优惠的产品范围为金、镍、钴、锰、氢氧化物、氯化钴等，生产硫酸钴、硫酸锰等产品的企业对资源综合利用和节能减排也有不同程度的贡献，但并未享受退税政策;废玻璃利用企业的产品原料应符合95%以上为再生资源，产品必须符合《废玻璃分类》(SB/T 10900-2012)和《废玻璃回收分拣技术规范》(SB/T 11108-2014)，据不完全调查，截至目前没有废玻璃回收利用企业享受到此优惠政策。

(三)行业标准规范缺失

我国再生资源回收行业标准化滞后，大部分再生资源品种都缺乏产品技术标准、质量分类标准和检测标准，特别是在废旧纺织品、废塑料、废纸、废玻璃等品种，以及在再生资源深加工环节，存在标准严重缺失的情况。此外，由于部分再生资源标准与国家产业政策结合不紧密，标准制定工作未能兼顾再生资源产业链上下游各个环节，造成企业关注度低，标准的实施范围窄、力度小，企业执行标准的积极性尚未被充分调动起来，制约了行业的规范化水平的提升。

三、行业发展趋势分析

(一)对行业发展环境及相关因素分析

1.行业发展面临的国内外经济形势不容乐观

2017年，中国将面临的是一个复杂多变的国际经济和金融环境。欧盟经济复苏相对脆弱，政治大选、难民问题等问题将给欧盟及全球经济增长及金融稳定带来不确定性;发达经济体和新兴经济体之间、新兴经济体内部的分化将进一步凸显，全球经济、金融和贸易格局面临深层次调整。

从国内情况来看，2017年稳增长、稳预期、稳市场将是经济政策的着力点。中国经济将保持缓中趋稳、稳中向好的态势，多项经济指标明显回暖。但总供给扩张能力下降，可能出现一定程度的收缩。受供需结构变化和全球货币宽松等因素推动，大宗商品价格走高使得未来再生资源价格普遍上涨的可能性增加，但由于劳动力成本和物流成本的上升，再生资源回收企业想要实现盈利仍然具有一定难度。

2.宏观调控为行业发展创造良好环境

2017年经济工作总基调是稳中求进，作为重要的宏观政策，积极财政政策的总基调不会变，但会更有力度、更有效，财政收支运行也将保持平稳态势。经济增长仍面临很多不确定性，积极财政政策能够从供给和需求两端共同发力稳增长，在供给侧，通过营改增、资源税改革、小微企业税收优惠等措施，激发新的发展活力;在需求侧，通过政府购买服务、政府与社会资本合作等方式，增强投资对经济增长的拉动作用。同时，国家相继出台了一系列扶持再生资源行业发展的方针政策，大力推进绿色发展、循环发展、低碳发展成为我国经济发展的主旋律，对符合行业规范条件的再生资源加工企业给予即征即退30%-70%增值税优惠政策。

2017年，面对严峻的国内外形势，我国经济发展继续贯彻稳中求进的总方针，把推进供给侧结构性改革作为主线，新一轮科技革命和产业变革蓄势待发，发展中国家加快谋划和布局，积极承接产业及资本转移，“一带一路”战略实施，为我国再生资源行业广泛参与国际合作提供了良好的市场机遇。

3.行业发展的政策环境将逐步优化

2016年6月，商务部、发展改革委、工业和信息化部等六部门发布的《关于推进再生资源回收行业转型升级的意见》(商流通函〔2016〕206号)中提出：顺应“互联网+”发展趋势，着力推动再生资源回收模式创新;推广“互联网+回收”的新模式;探索两网协同发展的新机制;健全完善的再生资源回收体系。2016年12月，国务院办公厅《关于印发生产者责任延伸制度推行方案的通知》(国办发〔2016〕99号)，提出到2020年，生产者责任延伸制度相关政策体系初步形成，产品生态设计取得重大进展，重点品种的废弃产品规范回收与循环利用率平均达到40%。生产者责任范围重点在于规范回收利用：生产者的责任包括开展生态设计、使用再生材料、规范回收利用、加强信息公开四个方面。2016年12月，工业和信息化部、商务部、科技部联合发布《关于加快推进再生资源产业发展的指导意见》(工信部联节〔2016〕440号)，提出到2020年，基本建成管理制度健全、技术装备先进、产业贡献突出、抵御风险能力强、健康有序发展的再生资源产业体系，再生资源回收利用量达到3.5亿吨。建立较为完善的标准规范，产业发展关键核心技术取得新的突破，培育一批具有市场竞争力的示范企业，再生资源产业进一步壮大。2017年3月，国务院办公厅转发国家发展改革委、住房城乡建设部《生活垃圾分类制度实施方案的通知》(国办发〔2017〕26号)，给出了推进我国垃圾分类的总体路线图，并确定了在部分重点城市的城区范围内先行实施生活垃圾强制分类，对于实现再生资源回收与垃圾清运“两网衔接”具有良好的推动作用。在一系列政策推动和市场引导下，我国再生资源回收行业政策环境将逐步优化，行业也将逐步向规范化、集聚化、标准化方向发展。

(二)行业发展及各品种趋势预测

2017年，再生资源行业面临的形势依然错综复杂，不确定性因素仍然很多。随着供给侧结构性改革、简政放权和创新驱动战略不断深化实施，中国经济新旧动能转换正在加快，稳定经济的有利因素逐步增多。中国经济内生增长动力仍待强化，稳定经济增长、防范资产泡沫与促进环境保护之间的平衡面临较多挑战，结构性矛盾仍较为突出。

随着经济步入“新常态”，需求增速放缓，预计2017年我国再生资源回收总量将稳中有升，再生资源价格将有所提高;再生资源企业间的兼并重组将进一步加快，对于化解行业整体产能过剩将起到积极的促进作用;再生资源回收利用企业将充分发挥互联网的驱动创新作用，向信息化、自动化、智能化方向发展，最终实现上下游企业间的智能化物流;随着国际产能合作的开展，

1.废钢铁

2017年，“去产能”和“去杠杆”是钢铁行业的两大攻坚战，关系到行业的持续健康发展。全国上下坚决清除“地条钢”的发展态势，将重组废钢铁市场配置的流向，从年初市场反馈运行情况显示，废钢铁资源量增长，规范钢铁企业废钢铁的消耗量持续增加，按此推算，炼钢废钢比将提升到12%左右。由于国内外废钢铁价格倒挂，2017年进口废钢仍维持在低水平。

2017年，废钢铁市场在触底反弹后将逐步理性回归，废钢铁加工企业的困境将缓解。在钢铁工业经济效益日趋好转的形势下，为废钢铁行业的发展提供了良好机遇。

2.废有色金属

随着经济步入“新常态”，需求增速放缓，2017年全球主要有色金属供应过剩的局面不会有太大改观，中国再生有色金属的需求量不会有显著增加，市场价格也将维持小幅上涨趋势。加之近年进口含铜、铝废料价格持续倒挂，更多采用国内回收废有色金属将是接下来几年中不可逆转的趋势，国内废有色金属回收量将继续保持稳定。

未来再生资源企业间的兼并重组将进一步加快，对于化解行业整体产能过剩将起到积极的促进作用。再生资源回收利用企业将充分发挥互联网的驱动创新作用，减少回收环节，降低回收成本，提升企业竞争力，完善再生资源回收体系。随着国际产能合作的开展，大型企业集团在全球布局的步伐加快。再生有色金属分选、熔炼、加工企业逐步摆脱粗放型发展模式，转向集约化的经营模式。

3. 废塑料

2017年终端消费市场供应过剩情况依然存在，因而下游塑料制品厂的开工率仍将受到国内销售和出口订单的影响。预计2017年以废塑料为原料的下游制品企业的开工率低于60%。近年来对废塑料行业影响最为明显的政策就是环保整顿，这对市场的正常运行影响非常明显，2017年环保整顿影响势必与生产并存，开工势必也会深受影响。未来几年，废塑料回收利用率增速依然是走弱的。

以葛洲坝、启迪桑德、中节能等为代表的央企和上市公司纷纷进入塑料再生行业，这将为行业带来现代化资本运作和管理理念，他们的进入成为行业的领导者，通过资本运作和产业合作提升塑料再生行业的发展。

4. 废纸

2017年国内制浆造纸及纸制品行业生产和消费将会延续2016年的态势，生产和消费总量会有小幅增长，行业生产和运行整体会继续保持平稳。虽然行业多数产品市场价格还处于低位，但随着产业结构的调整和市场需求的拉动，2017年的纸张产品市场竞争依然存在，但更会趋向平淡，多数产品市场需求会呈现逐步回升态势，产品价格总体水平表现会好于2016年。“绿色发展”理念在行业已基本形成共识，随着环保政策和制度更加严格、系统、完善，倒逼企业加大环保投入、增加废纸用量，废纸回收行业总体会保持上升态势。

5. 废弃电器电子产品

2017年，在政策推动下，主动顺应“互联网+”发展趋势，生产企业、再生资源回收企业、处理企业将进一步探索“互联网+回收”、两网协同回收、逆向物流回收等创新模式，废弃电器电子产品回收体系建设将会进一步提升。

2017年纳入管理目录的14类产品废弃量继续增加，拆解仍以“四机一脑”产品为主，处理量仍保持平稳或小幅增长。处理企业间竞争日益激烈，处理企业面临资金运作压力，且行业利润持续下降，小企业难以保持可持续性发展，行业内兼并重组将持续活跃，废弃电器电子产品回收利用产业集中度将进一步提高。废弃电器电子产品处理企业已经由开始以拆解为主，向深加工方向发展，企业将继续探索深加工处理，以充分利用中间产物的附加值，提升企业的竞争能力。随着第二批目录产品的公布以及相关配套政策的完善，我国废弃电器电子产品处理企业将陆续增加第二批目录产品的拆解处理生产线及相关设备。

6. 报废汽车

2017年，我国报废汽车回收拆解行业工作重点将继续做好升级改造工作，提高企业的现代化管理水平;在营销模式上要加大供给制改革，需要大力借助“互联网+”新型模式，打造报废汽车拆解回用件销售交易平台,整合线上线下资源，完善拆解可回用件的销售体系，创新再生资源供给制新模式，提高再生资源有效利用率。

近年来，我国钢铁行业经济形势逐渐复苏，我国废钢铁市场也随之逐渐活跃，带动了报废汽车回收拆解行业的积极性。2017年，报废汽车回收拆解行业仍面临经营困难与发展机遇并存的一年，

报废机动车回收量可望达到330万辆，企业经济效益也会进一步提升。

7.废旧纺织品

2017年是推进中国纺织强国建设的关键之年。世界经济的持续好转将成为中国纺织行业发展的重要背景，2017年整个纺织行业仍将保持稳中有进的总趋势，将建立与发展废旧纺织品收利用体系，进一步扩大高附加值再生化纤及制品的比重，促进循环再利用化纤产品的消费。推进循环再利用纤维“绿色纤维”标志认证体系建设，提升“绿色纤维”产品的市场认知度。一系列利好政策推动下，预计2017年，我国废旧纺织品回收量仍将继续呈现上涨的态势。

8.废轮胎

初步预测，2017年，中国轮胎产量可达到6.35亿条，同比增长4.1%。其中，子午线轮胎产量5.91亿条，同比增长4.6%(全钢胎1.25亿条增长3.3%，半钢胎4.66亿条，增长5%)，斜交胎0.44亿条，下降2.2%，子午化率93%。

2017年，我国废旧轮胎产生量达到约3.2亿条，重量超过1000万吨。翻新轮胎受条件限制影响，预计800万标准折算条左右。再生橡胶产量达到约450万吨，橡胶粉产量达到约40万吨。

9.废电池

2017年，一次电池产量将继续保持现状，动力电池企业可能出现大范围的行业洗牌，部分动力电池企业相继倒闭的情况将开始出现。

预计2017年，废锂离子电池产生量约26万吨，其中废动力锂离子电池产生量快速增加。根据中国汽车技术中心提供的数据，估计2015年废动力电池产生量为2-4万吨，2017年废动力电池产生量达到约13万吨。

10.废玻璃

当前我国经济下行压力较大，2016年底超常规的旺季透支了2017年初的需求，地产限购限贷政策出台后，房地产销售进入收缩期，导致玻璃需求释放节奏放缓，玻璃行业面临严重的产能过剩问题，再加上环保任务的艰巨，玻璃产业转型升级压力较大。预计2017年平板玻璃产量有望在8亿重量箱左右，较2016年增长约为3%-5%左右。

预计2017年废玻璃回收量保持稳定，企业生产成本将会有一定幅度的增加，呈现先高后低的趋势。

石油和化工行业2016～2017年循环经济发展报告

中国石油和化学工业联合会

一、2016～2017年石油化工行业发展成效

随着我国经济的快速发展，我国对于原油及相关衍生品的需求不断增长。根据国家统计局数据，2016年我国原油加工量为54101万吨，比上年增长3.6%；随着我国经济结构的转型升级，成品油也出现了结构性的变化，汽油和航空煤油的需求持续增长，柴油消费同比下降。

“十五”到“十二五”期间，我国石化和化工行业年均产值绝对值都在增加，只有2015年受油价下跌影响有所下降，2016年又有所回升，产值变化趋势正常。但是我国石化和化工行业增长率和增长速度变化幅度较大，说明了行业发展存在不稳定性，尚未进入具有一定规律的阶段。在产业高速增长时期，产能增长超出市场和GDP发展需求，部分行业和产品形成过剩产能。

二、2016～2017年石油和化工行业发展循环经济所做的主要工作

2017年，作为资源较密集的石油和化工行业，这几年在发展循环经济上取得了长足的进步，硫酸、氯碱、电石、焦化等产业已经建立起了较为完整的循环经济产业链。

（一） 2017年大批行业政策规划纷纷出台

1月5日，国家发改委、国家能源局正式发布《能源发展“十三五”规划》及《可再生能源发展“十三五”规划》。

1月17日，国家发改委网站发布《国家发展改革委国家能源局关于印发能源发展“十三五”规划的通知》。在煤炭深加工方面，《能源发展“十三五”规划》明确提出，“十三五”期间，煤制油、煤制天然气生产能力达到1300万吨和170亿立方米左右。

1月19日，国家发改委印发《石油发展十三五规划》《天然气发展十三五规划》。石油十三五规划提出，“十三五”期间，年均新增探明石油地质储量10亿吨左右，2020年国内石油产量2亿吨以上。

4月20日，2017年石化产业大会发布了《中国石油和化工行业绿色发展六大行动计划》。石化联合会要求，全行业要坚持以提高发展质量和效益为中心，以推进供给侧结构性改革为主线，大力实施创新驱动和绿色可持续发展战略，加快淘汰落后产能，发展循环经济，推进绿色制造，实施清洁生产，提高资源利用率，减少“三废”排放，向社会提供高质量、高附加值、绿色低碳的石化产品，努力实现供给侧结构性改革和全行业转型升级的突破性进展。

5月11日，2017中国化工园区与产业发展论坛上中国石油和化学工业联合会会长李寿生呼吁全行业进一步增强绿色发展的责任感和紧迫感，化工园区尤其要走在全行业绿色发展的最前列：一是要走在全行业“三废”达标排放最前列；二是要走在全行业资源综合利用最前列；三是要走在全行业安全生产最前列；四是要走在全行业实施责任关怀最前列。

5月21日，中共中央、国务院印发了《关于深化石油天然气体制改革的若干意见》（以下简称《意见》），明确了深化石油天然气体制改革的指导思想、基本原则、总体思路和主要任务。

7月12日，国家发改委公布了《中长期油气管网规划》。这份由国家发改委、国家能源局制定的《规划》指出，要创新油气管网投融资机制，拓宽融资渠道，积极发展混合所有制经济，鼓励社会资本投资油气管道、LNG接收站、油气储备库等项目；拓展“一带一路”进口通道，并鼓励国内外社会资本设立油气国际合作基金。

7月下旬，工信部、国家发改委、科技部、财政部、环保部五部委发布《关于加强长江经济带

工业绿色发展的指导意见》。意见提出优化长江经济带工业布局，推动沿江城市建成区内现有钢铁、有色金属、造纸、印染、电镀、化学原料药制造、化工等污染较重的企业有序搬迁改造或依法关闭。到2020年，完成47个危险化学品搬迁改造重点项。

9月4日，国务院办公厅发布《关于推进城镇人口密集区危险化学品生产企业搬迁改造的指导意见》（国办发〔2017〕77号），提出实施城镇人口密集区危险化学品生产企业搬迁改造，要求到2025年，城镇人口密集区现有不符合安全和卫生防护距离要求的危险化学品生产企业就地改造达标、搬迁进入规范化工园区或关闭退出，企业安全和环境风险大幅降低。其中：中小型企业和存在重大风险隐患的大型企业2018年底前全部启动搬迁改造，2020年底前完成；其他大型企业和特大型企业2020年底前全部启动搬迁改造，2025年底前完成。

9月，国家安全监管总局印发了《危险化学品安全生产"十三五"规划》，提出到2020年，形成较为完善的危险化学品法律法规标准、政府安全监管、安全科技支撑、宣传教育培训体系，企业安全生产主体责任得到有效落实，较大及以上危险化学品生产安全事故和有重大影响的事故得到有效遏制。

11月24日，由农业部种植业管理司、工信部原材料工业司、中国石油和化学工业联合会指导，中国化工报社、全国农业技术推广服务中心等联合举办的主题为"大联合，大发展，共谋肥料行业转型升级"的化肥供给侧结构改革发展峰会发布了《化肥供给侧结构性改革蓝皮书》。这是我国石油和化工行业，也是工业行业、农业首份供给侧结构性改革产业调研报告。该《蓝皮书》以大量的事实和翔实的数据，反映全国化肥产业的生产经营现状、供给侧改革的最新进展、面临的难点和问题，以及业界对管理部门的意见和呼声。

12月20日，环保部发布了《中国严格限制的有毒化学品名录》（2018年）的公告，凡进口或出口上述名录所列有毒化学品的，应按本公告及附件规定向环境保护部申请办理有毒化学品进(出)口环境管理放行通知单。进出口经营者应交验有毒化学品进（出）口环境管理放行通知单，向海关办理进出口手续。公告自2018年1月1日起实施。

（二）优化产业结构，着力培育战略性新兴产业

2015年，合成材料、专用化学品、精细化学品等附加值较高的行业引领增长。其中，合成材料制造业增加值增幅达 11.6%，专用化学品制造增长11.1%，涂（颜）料制造业增长9.5%，增速明显高于其它行业。基础化学原料增速明显放缓，无机化学原料产量增幅只有1.9%。产品生产增长结构进一步优化。天津港"8.12"事故之后，在中央专项建设基金的引导下，城镇人口密集区高风险危险化学品生产企业搬迁改造加速,化工生产企业进入化工园区的比例进一步提升。

产业结构优化升级是提高我国经济综合竞争力的关键举措。要加快改造提升传统产业，深入推进信息化与工业化深度融合，着力培育战略性新兴产业，大力发展服务业特别是现代服务业，积极培育新业态和新商业模式，构建现代产业发展新体系。综合国力竞争说到底是创新的竞争。要深入实施创新驱动发展战略，推动科技创新、产业创新、企业创新、市场创新、产品创新、业态创新、管理创新等，加快形成以创新为主要引领和支撑的经济体系和发展模式。

化工新材料是国家重点扶持的低碳经济领域新兴产业之一。发展化工新材料产业对国民经济各个领域，尤其是高技术及尖端技术领域具有重要支撑作用。从产业链来看，化工新材料处于中上游，上游是化工新材料所需要的关键原料，化工新材料的总体发展趋势是高性能化、多功能化、低成本化、工艺无害化、装置大型化、创新持续化。

整合资源，加快建立以市场为导向、企业为主体的"产学研用"技术创新体系，大力发展膜材料产业，以发展碳纤维及复合材料、电子化学品、推动高端工程塑料在装备中的应用为突破口，促进化工新材料进口替代。推动水溶肥的开发和应用，引导化肥工业转型升级。

（三）大力推广石油和化工企业进园区，树立良好行业形象

“十二五”时期，“一体化”发展理念成为石化园区建设的主要指导思想，循环经济成为园区主导发展方向。各地园区从强调项目本质安全入手，秉持绿色发展理念制定产业规划，并严格准入制度，按照产业集聚、链接互补原则，大力发展循环经济，促进资源能源循环利用，减少“三废”排放，在绿色发展方面取得了优异成果，树立了良好的行业形象。主要表现有：

第一，石化园区基础配套设施逐步完善，“三废”基本上实现达标排放。水污染治理持续优化，园区设置唯一的排放口并在线监测，基本可实现达标排放。区域空气质量持续改善。各园区均加强了废气及VOCs的在线监测及重点整治工作。固废处置相关规范，固废填埋场和焚烧厂等基础设施正逐步完善。

第二，石化园区集聚发展的优势不断显现，资源、能源利用效率和结构不断优化提升。通过循环化改造，构建园区层面的基础设施、公用工程及公共服务共享与循环使用的“大循环”，企业间能量和物料循环利用的“中循环”，以及企业内节能、节水、综合利用的“小循环”。园区的资源、能源利用率尽可能最大化，废弃物的排放最小化。

第三，石化园区安全生产整体形势稳定向好，本质安全显著提高。安全发展、规划先行，不断完善安全生产准入体系建设。安全监管、制度先行，不断完善安全生产责任体系建设。安全保障，建设先行，不断完善应急救援体系建设。安全意识、文化先行，不断完善安全生产长效管理体系建设。

第四，石化园区责任关怀理念不断深化，社会形象明显改善。截至2016年底，已有10家园区加入“责任关怀工作组”，20余家园区积极签署了“责任关怀全球宪章”，承诺践行责任关怀。园区通过举办公众开放日活动，加强与周边社区的互动与交流，增进了解与互信，提升了石化行业的社会形象，为园区可持续发展奠定了坚实基础。

（四）石化企业加快技术创新步伐 增强转型支撑力

以中国石化为例，中国石化2017年获6项国家科技奖励，其中科学技术进步奖一等奖3项、技术发明奖二等奖2项，科学技术进步奖二等奖1项。

其中，“涪陵大型海相页岩气田高效勘探开发”项目获科技进步一等奖，由中国石化勘探分公司、江汉油田分公司、石油工程技术研究院、石油勘探开发研究院等19家单位共同完成。项目依靠自主创新，建成了我国首个国家级页岩气示范区，使中国成为继美国、加拿大之后第三个完全掌握页岩气开发成套技术的国家,打破了国外技术垄断，实现了中国页岩气领域的重大突破，实现了我国页岩气勘探开发从起步到引领的跨越，为我国页岩气勘探开发提供了可复制、可推广的经验。目前，涪陵页岩气田探明地质储量6008亿方，已累计产气突破150亿方，其中2017年产气60.04亿方，日销售页岩气最高达1670万方，可满足3340万户居民的生活用气需求，成为“气化长江带”的重要资源基础，对促进能源结构调整、缓解我国中东部地区天然气市场供应压力，加快节能减排和大气污染防治具有重要意义。

“高效甲醇制烯烃全流程技术(S-MTO)”获科技进步一等奖，由中国石化上海石油化工研究院、工程建设有限公司、中原石油化工有限责任公司和北京燕山分公司共同完成。该项技术的成功开发使我国成为世界上第一个掌握自主知识产权全流程MTO技术的国家，实现了我国自主研发的甲醇制乙烯、丙烯全流程工艺技术的产业化，不但为煤化工发展提供了先进、成套、可靠的技术支撑，而且为我国实施石油替代战略开辟了一条新路。

“煤制油品/烯烃大型现代煤化工成套技术开发及应用”项目获科技进步一等奖，由神华集团有限责任公司牵头，中国石化工程建设有限公司、中国石化洛阳工程有限公司、中国石化石油化工科学研究院等共同参与完成。该项目攻克了一系列世界性技术难题，整体技术达到国际领先水平。

此外，由中国石化石油勘探开发研究院牵头完成的“海相碳酸盐岩缝洞型油藏精细描述、数值模拟及高效注水开发技术”、由中国石化抚顺石油化工研究院牵头完成的“烃类分子结构导向转化的化工原料高效生产技术”获得国家技术发明二等奖。由石油大学、中国石化金陵石化分公司共同完成的“提高轻油收率的深度延迟焦化技术”获得国家科技进步二等奖。

三、石油和化工产业循环经济的发展前景与政策建议

1. 努力提高资源利用效率。努力提高资源利用效率，减少生产过程的资源和能源消耗石油作为不可再生资源将会越来越少，合理有效利用石油资源，充分发挥其使用价值是今后炼油和石化业的重要任务，要把宝贵的石油资源主要用于生产其他能源难以替代或难以大规模替代的交通运输燃料和石化原料上。要按照清洁生产的思路，从“规划、设计、生产过程、产品”的整个生命周期来分析生产过程，采用新工艺、新技术，使生产流程朝着简单化、紧凑化、大型化和连续化的方向发展，尽量减少进入生产过程中的物质和能源能量，从而减少废弃物的产生与排放。在今后技术改造中，石油企业要大力发展加氢炼油二次加工装置，使原油中的重质、劣质成分充分转化成优质的汽、柴油和石化原料，提高轻质油收率，达到80%的国际水平。同时，石油石化企业要狠抓节能降耗，从生产各个环节最大限度地挖掘资源潜力，努力减少原料自用和加工损失。

2. 延长和拓宽产品生产链条。在石化企业集中地区、石化园区发展生态工业，在企业清洁生产的基础上，使上游企业的废物成为下游企业的原料，不断延长生产链条，实现区域或企业群的资源最有效利用，废物产生量最小，甚至“零排放”。重点发展塑料深加工产业链，包括塑料汽车配件的加工、塑料建筑装潢材料、塑料小商品等产业链的延伸。

3. 加强水资源的循环利用。具体措施包括：与主体技术改造相配合，采用不用水或少用水的工艺及大型设备，做到源头用水减量化；要采用高效、安全可靠的先进水处理技术和工艺，提高水的循环利用率，进一步降低吨油耗水量；要采用先进工艺对循环水系统的排污水及其它排水进行有效处理，使工业废水资源化，实现炼油石化工业污水的“零排放”，真正实现废水资源化。

4. 加大废弃物集中回收、处理。重点解决化工废物升值利用问题。要加快发展环保产业，加强工程塑料废料以及塑料废弃物的回收再利用。同时，建立以石油化工为中心的石化生产与能源、汽车、造纸等其它工业及社会生活共享资源、互为排放物治理、互为二次资源循利用的区域生态工业园，实现区域内物质循环，废弃产品、生活垃圾和生活污水的社会大循环。

5. 建设生态企业。一要以综合利用资源为核心，以降低废弃物排放为目标，逐步建立与发展循环经济相适应的运行机制，将企业建设成为生态型企业。二要全面推进清洁生产，从源头减少污染产生。三要大力推行IS09000 质量管理体系认证、IS014000 环境管理体系认证及IS010040 环境协调性评价等一系列管理标准。

6. 构建石化产业生态工业园区。构建石化产业生态工业园区，一是要统筹考虑国内外石化工业的发展态势，科学合理地规划好我国石化工业园区的发展。注重石化产业的结构调整和优化升级。二是要进一步加大对已有石化工业园区的清理整顿力度。三是要按照基地化、大型化、一体化方向，调整石化工业布局。依托大型石化基地，重点发展上中下游一体化的大型石化工业园区，并充分利用国外的先进技术，在有资源和市场的地区适度发展若干个特色鲜明的专用化学品化工园区。

7. 大力发展技术含量高的产品。积极调整结构，大力发展技术含量高的产品。其次，要优化调整石化工业的产品结构，努力适应资源结构和市场需求的变化，

8. 提高资源及能源的利用效率。一是牢固树立节约优先、效率为本的观念，大力推进节油、节水、节能、节地、节材，提高资源的使用效率。二是通过大规模技术改造，优化现有的石油和化学工业企业的工艺、技术、装备和管理，实现优质、高效、低耗、符合环境保护要求的均衡稳定生产。三是要研发高新技术，积极引进国外先进技术，加强替代能源技术的开发利用。

（撰稿：李永亮，中国石油和化学工业联合会产业发展部处长）

橡胶行业循环经济

中国橡胶工业协会

2016年是中国橡胶行业难忘的一年。一是央视二台首次对我国轮胎行业做了两期专题节目“你所不知道的中国制造—轮胎篇”，通过对国内外十个轮胎品牌的检测，让更多的消费者关注了轮胎行业，在行业内外引起重大反响；二是盼望已久的《中国轮胎标签制度》、《轮胎分级标准》经过四年的准备终于有了具体的执行细则和监督管理办法，并且于9月15日正式上线申请，拉开了中国轮胎企业自愿张贴属于自己轮胎标签的序幕；三是四年一次的协会换届顺利进行，形成了新一届的协会领导班子，制定了行业未来四年的发展方向和目标；四是轮胎企业加强资产运作,山东玲珑、三角、江苏通用三家轮胎厂成功上市、“双钱集团股份有限公司”更名为“上海华谊集团股份有限公司”，完成37亿元资金募集，这些在很大程度上增强了中国轮胎企业的核心竞争力和抗风险能力；五是连续几年下滑的行业经济指标终于在9月份开始企稳，各个行业的专业经济指标都开始好转，行业有经济触底开始企稳的迹象。

一、2016年行业运行主要状况

据对轮胎、力车胎、胶管胶带、橡胶制品、胶鞋、乳胶、炭黑、废橡胶综合利用、橡胶机械模具、橡胶助剂、骨架材料11个分会416家重点会员企业的统计，2016年完成现价工业产值3126.97亿元，同比（下同）增长2.93%；实现销售收入2838.29亿元，增长4.43%；实现出口交货值863.95亿元，下降0.20%；出口率（值）为27.63%，下降0.87个百分点。实现利税210.19亿元，增长12.81%；实现利润123.36亿元，增长11.60%；销售收入利润率5.25%，提高0.40个百分点；出现48家亏损企业,减少4.00%；亏损额11.81亿元，下降23.28%；产成品库存259.07亿元，下降3.14%。

二、2016年行业经济运行主要特点

1、行业现价工业产值实现微幅正增长，上年度快速下滑趋势得到遏制。

根据协会对重点会员企业的统计，2016年行业现价工业产值同比增长2.93%，较上年度提高14.51个百分点。统计的细分专业中，有胶管胶带、橡胶制品、乳胶、橡胶机械模具、橡胶助剂和骨架材料6个专业的现价工业产值实现正增长；胶管胶带、橡胶制品、乳胶、橡胶机械模具、橡胶助剂5个专业同比增幅强于上年度；轮胎、力车胎、炭黑、废橡胶综合利用4个专业同比降幅较上年度收窄。

2、行业销售收入实现小幅增长，扭转了上年度快速下滑态势，企稳向好。

根据协会对重点会员企业的统计，2016年行业销售收入同比增长4.43%，较上年度提高15.73个百分点。统计的细分专业中，有轮胎、橡胶制品、胶鞋、乳胶、橡胶机械模具、橡胶助剂和骨架材料7个专业的销售收入实现正增长；轮胎、橡胶制品、胶鞋、乳胶、橡胶机械模具、橡胶助剂6个专业同比增幅强于上年度；力车胎、胶管胶带、炭黑、废橡胶综合利用4个专业同比降幅较上年度收窄。

3、行业出口交货值同比微有下降，上年度的快速下滑态势基本被遏制。

根据协会对重点会员企业的统计，2016年行业出口交货值同比下降0.20%，较上年度收窄11.89个百分点；出口率（值）为27.63%，同比下降0.87个百分点。统计的细分专业中，仅有轮胎、炭黑、废橡胶综合利用3个专业出口交货值为负增长；力车胎、胶管胶带、橡胶制品、乳胶、橡胶助剂5个专业同比增幅强于上年度；轮胎、炭黑、废橡胶综合利用3个专业同比降幅较上年度收窄。

4、行业实现利润实现正增长，运行质量有所改善。

根据协会对重点会员企业的统计，2016年行业实现利润同比（下同）增长11.60%，增速较上年提高28.59个百分点。统计细分专业中，轮胎、力车胎、胶鞋、废橡胶综合利用4个专业实现利润为负增长；炭黑专业整体扭亏为盈；胶鞋、废橡胶综合利用2个专业实现利润增幅低于上年度，轮胎、力车胎2个专业降幅收窄，其余专业增幅均强于上年度；轮胎、力车胎、胶鞋3个专业连续2年出现负增长。

三、废橡胶利用行业运行情况：

废橡胶综合利用33家重点企业2016年与2015年同期主要指标增幅对比状况见图7，2016年主要指标同比增长趋势状况见图8-1至图8-6。

2016年实现现价工业产值40.67亿元，同比（下同）下降3.76%；实现销售收入37.21亿元，下降4.98%。生产再生胶69.77万吨，增长2.28%；生产胶粉34.51万吨，增长16.02%。实现出口交货值1.18亿元，下降15.48%；出口率（值）为2.89%，下降0.40个百分点。实现利税4.40亿元，下降5.77%；实现利润3.22亿元，下降0.77%；销售收入利润率8.65%，提高0.37个百分点；无亏损企业。产成品库存2.27亿元，下降15.08%。

四、加快转型 推荐品牌

为客观真实地反映中国橡胶企业的发展状况,扶优扶强,实施名牌战略,经过推荐、遴选、复审、排序以及网上公示等程序,协会公布了2016年度推荐品牌产品，并在“2016中国橡胶年会”上进行了隆重发布。

五、废橡胶行业当好绿色发展的主角

2016年是我国“十三五”规划开局年，也是经济发展转型年，更是经济发展应对期。为橡胶工业保驾护航，承担橡胶工业循环经济的废橡胶综合利用行业，积极参与国家相关部委政策制定的建议与活动；认真面对会员企业在国家多个协会竞争引导的作用下，练好内功。加强对企业进行考察调研，宣传国家政策，加大对会员企业的服务力度，引导企业科技创新绿色发展，为“十三五”期间，废橡胶综合利用行业以转变发展方式为主线，全面提升节能减排能力，实现技术升级；以质增效；技术创新为驱动。淘汰“小三件”、淘汰煤焦油、淘汰动态脱硫罐，加快常压连续脱硫工艺转型为重点工作目标，把我国不断增长产生的废橡胶、废轮胎得以充分绿色利用，实现变废为宝。

1、召开废橡胶综合利用分会十八次第二届会员代表大会

10月26～28日，中国橡胶工业协会废橡胶综合利用分会十八次第二届会员代表大会在安徽马鞍山当涂县召开。会议顺利完成了废橡胶综合利用分会理事会换届改选工作，南通回力橡胶有限公司董事长倪雪文成为第九届废橡胶综合利用分会理事长，祁学智任分会秘书长。

会上，中国橡胶工业协会会长邓雅俐对废橡胶综合利用分会上一任理事长——京环兴宇（唐山）橡塑环保科技有限公司总经理高世兴、原秘书长曹庆鑫的工作给予了高度评价，同时希望废橡胶行业当好绿色发展的主角唱好大戏。邓雅俐对以高世兴为代表的第八届理事会的工作给予了充分肯定。她说，高世兴理事长在制定《中国橡胶工业强国发展战略研究》和《橡胶行业“十三五”发展规划》、大力推动行业转型升级和技术进步，以及行业自律等方面发挥了重要的组织作用。她代表协会对高世兴理事长所做的工作及贡献表示感谢，对第八届理事会和广大会员对协会工作的支持和参与表示感谢。同时对前任秘书长曹庆鑫10年来的工作给予了高度评价。她说，曹庆鑫秘书长一

生献给废橡胶行业，对工作兢兢业业，对行业、对企业充满激情、热情、豪情，更满是真情，不辞辛苦推动行业发展，作出了突出的成绩和贡献。邓雅俐强调，当今世界，环境和资源问题非常突出，绿色发展成为“十三五”乃至未来发展的主题，废橡胶综合利用行业担负着处理废旧轮胎、废橡胶制品，以及资源循环利用的重要使命，行业从以前经济产业链的配套行业，如今在生态文明建设和绿色发展中，已经升为主角，开始挑大梁唱大戏。行业生逢其时，迎来大显身手、健康发展的机遇，前景远大，但是责任也很重大。废橡胶综合利用行业“十三五”规划简单概括为两个“一百”：环保型再生胶100%，环保工艺装备使用达到100%。这是绿色发展的目标，也是行业和企业获得可持续发展的目标，所以任重道远。

2、完成“十三五”研发与制定项目申报评审

以做好“十三五”十六项研发与制定项目的申报工作为抓手，大力推进企业的绿色转型升级。2016年3月14日，对第一批13家企业申报的21个申报项目，组织专家在网上进行了预审。5月24-26日，组织专家在南京对安徽世界村、安徽微威、江苏中宏、湖北华亿通、河南顺昌、中胶橡胶、广州隽诺、广西远景、中海油（福建）、湖南天立、广州联冠、莱芜福泉、南通回力等13家企业，申报的“废橡胶资源化、无害化、智能化螺杆挤出再生新技术项目”、“研发不添加化学助剂的再生橡胶脱硫工艺项目”、“研发螺杆挤出智能化脱硫技术与设备示范项目”、“年处理10万吨废旧轮胎综合利用示范工程项目”、“年产11万吨废旧轮胎再生精细胶粉及后续产品项目”等21个项目进行了评审

通过评审，看到申报企业的社会责任心和环保发展理念的提高。项目申报都能够紧紧围绕《橡胶工业强国发展战略研究》、《橡胶行业“十三五”发展规划指导纲要》的废橡胶综合利用内容，为企业绿色转型进行项目规划，项目针对废橡胶、废旧轮胎的常温、冷冻粉碎、环保型助剂和不添加化学助剂的螺旋、螺杆脱硫方式、传统生产方式联动化、新型创新自动化，片状、颗粒状成型等关乎行业转型，产业升级的科技创新和工艺装备的研发以及技术完善等所采取的措施，为实现企业提质增效和达到行业“十三五”制定目标。

3、修订《再生橡胶行业清洁生产评价指标体系》（征求意见稿）

2016年4月14日，国家发改委、环保部、工信部发布第8号公告显示，《清洁生产评价指标体系制（修）订计划（第一批）》（国家发展和改革委员会、环境保护部、工业和信息化部2014年第16号公告）公布以来，相关工作进展顺利，计划任务基本完成。

2016年9月7日，参加总会技术经济委员会在桂林召开的《橡胶行业清洁生产技术研讨会》上，就国家7月8日发布《重点行业挥发性有机物削减行动计划的通知》（工信部联节〔2016〕217号）关于“再生胶行业全面推广常压连续脱硫生产工艺，彻底淘汰动态脱硫罐，采用绿色助剂替代煤焦油等有毒有害助剂。”结合新形势下《再生橡胶行业清洁生产水平评价》内容再一次提出修改意见。

4、积极参与国家产业政策制定；向国家反映企业诉求；

根据国家部委召开的“再生产品和再生原料推广使用制度座谈会”，利用各种不同的场合、方式，向国家部委介绍反映行业存在的“小三件”、“煤焦油”、“动态脱硫罐”成为直接影响行业安全、环保、绿色转型、智能发展的现实问题。

为推进废橡胶综合利用行业的健康持续发展，解决日益增多的废橡胶、废轮胎产生的黑色污染问题。国家改革委分别在11月17日、11月28-30日在北京、南通、上海等地召开了废旧轮胎回收利

用座谈会和废旧轮胎回收利用情况调研。

在总会安排下，分会秘书长祁学智参加了国家发改委调研组。同时按要求，向11月17日发改委北京座谈会提供了《我国废橡胶回收与利用方面的措施与建议》、《关于废旧橡胶回收利用问题的补充建议》的报告。2016年11月28日，国家发改委会同工信部、环保部、商务部等相关部委领导和行业协会人员组成的调研组在南通调研召开座谈会。会上，曹庆鑫就《我国废旧轮胎回收利用现状与建议》从我国废旧轮胎产生现状、废旧轮胎回收现状、废旧轮胎利用现状、废旧轮胎利用存在问题现状、再生橡胶是处理废旧轮胎的主流、源头控制、组建管理机构、政策支持等八个方面进行了介绍汇报。

5、举办二次绿色发展科技引导技术交流会

2016年6月28日，在无锡召开了“2016全国首届废橡胶绿色利用技术交流会”。会议在承办、协办单位的的支持下，在与会代表共同配合下，圆满完成会议所有议程；会议提供了最新的政策信息，交流了行业最新技术和趋势，看到了行业发展的绿色前景，为行业“十三五”期间取缔“小三件”、取缔“煤焦油”、淘汰“动态脱硫罐”奠定了基础，为行业绿色发展，产业升级转型创造了条件。一致表示废橡胶综合利用行业在国家的支持鼓励下，在中国橡胶工业协会领导下，在行业共同努力下，一定会不断提质增效，环保生产、绿色生产将逐步成为主流，为废橡胶资源的回收利用、为美丽中国做出贡献。

2016年10月27日，在马鞍山召开“全国废橡胶绿色利用信息与技术论坛”。会议组织了部分企业在废橡胶综合利用方面的先进经验，分享科技创新的成果。

6、加强与相关大专院校、相关行业协会联系，推动行业绿色发展

先后与中国社会科学院、华南理工大学；北京化工大学、北京工业大学、青岛科技大学和徐州工业职业技术学院等相关院校的院士、教授们沟通。为了配合中国工程院咨询研究“高分子废弃物高值化利用战略研究”项目，陪同项目组专家到安徽世界村、江苏中宏、天台坤荣进行调研。受邀参加中国工程院“高分子废弃物高值化利用战略研究”项目咨询研讨会；中国循环经济协会在天台、青岛召开的“一带一路”专家研讨会；中国再生资源回收利用协会召开的报废汽车回收拆解与再利用专题会；宣传中国橡胶工业协会在废橡胶综合回收利用方面的和废旧轮胎回收与循环利用发展前景理念，推动行业绿色发展。

7、提高环保为先理念

2016年4月19-28日，中国橡胶工业协会组织国内废橡胶综合利用企业赴美国、加拿大考察。通过考察，加强了中外相关企业间和行业协会之间的联系沟通。通过考察，找出我国废橡胶综合利用行业在装备、工艺、技术与世界差距。通过考察，了解发达国家相关的产业政策，结合国情拟向国家提出相关政策建议，达到废橡胶、废旧轮胎的回收和利用与国际接轨。

9、加强调研，推动行业进步

今年分别对天台坤荣、浙江菱正、海宁海橡、宁波华星、嘉兴绿能、安徽世

界村、安徽微威、江苏中宏、江阴迈森、江阴灿卓、江阴台联、无锡万丰、上海肖友、南京宁冠、南通回力、海门金轮、唐山兴宇、河北增利、衡水华瑞、莱芜福泉、山东东岳东、青岛中胶、青岛通力、青岛粤商、广州隽诺、广州联冠、广州钟南、清远结加、花都永兴、丹东富润、福建金德、昆明凤凰、云南富源、湖南天立、都江堰新时代、都江堰南方、四川宏图、重庆九龙、重庆聚益、广西远景等众多企业单位走访调研，重点企业多次往返，宣传绿色发展理念，进行观念、技术

引导。

六、贯彻落实组织实施行业绿色转型

1、中国有大量废橡胶资源

据公安部交管局公布的数字显示，截至2016年底，全国机动车保有量达2.9亿辆，其中汽车1.94亿辆。随着国民生活水平的不断提升，汽车刚性需求保持旺盛，汽车保有量保持迅猛增长趋势，为废旧轮胎的大量产生带来了必然。据协会测算，2016年全国废旧轮胎产生量达到3.5亿条，重量达1270万吨，其中还不包括大量报废产生的力车胎、胶管胶带、胶鞋和橡胶垫圈等几百万吨废橡胶制品，数量达1500万吨以上，显示中国有着大量的废橡胶、废旧轮胎资源。

2、加大再生胶应用

为弥补橡胶资源不足，充分利用再生胶高分子橡胶烃含量高达50%左右的恢复性和20%以上的炭黑含量及保留的一定助剂的含量，都成为橡胶产品减少橡胶、炭黑、橡胶助剂用量和减少填充剂使用的基础，在确保橡胶产品满足质量指标的前提下，加大再生胶应用将成为趋势。由于受天然胶、合成胶价格低迷对第三橡胶再生胶资源应用的影响，增长幅度有所降低，2016年完成再生胶产量460万吨、胶粉产量65万吨。

3、产品绿色转型

产业绿色转型力度加大和用户对协会《E系轮胎再生橡胶》自律标准的实施，以及橡胶制品用户企业对再生胶产品重新审视。橡胶制品企业承担社会责任的意识越来越强，随着工业和信息化部财政部《关于印发重点行业挥发性有机物削减行动计划的通知》（工信部联节〔2016〕217号）文件的公布，加速煤焦油等污染系列再生胶退出历史舞台，用户已经从再生胶表观的物性指标，转向再生胶内涵的橡胶烃、炭黑，多环芳烃及有毒有害含量作为再生胶产品的环保质量指标进行选择。

2016年，在中国橡胶工业协会领导下，废橡胶综合利用行业小而散、脏乱差将成为历史，行业行为规范正在落实，绿色发展、智能发展、清洁生产，推动企业转型、装备升级的步伐正在加快。京环兴宇（唐山）橡塑环保科技有限公司的资本重组、广西远景资源再生股份有限公司和广东隽诺环保科技有限公司的上市、安徽世界村新材料有限公司的规模投资、衡水华瑞工程橡胶有限公司的生产应用、江苏中宏环保科技有限公司的强强联合等等都在适应市场经济的发展。

（撰稿：曹庆鑫，中国橡胶工业协会废橡胶综合利用分会）

拆船业循环经济

中国拆船协会

一、我国拆船业发展循环经济概况

2016年是我国“十三五”规划开局之年，随着国内供给侧结构性改革的不断深入，“三去一降一补”的实施，一些涉及国计民生的重大工程建设以及房地产、货币金融信贷等政策的调整、内需的拉动，带动了包括钢铁在内的生产资料的需求，国内大宗商品价格出现回暖。国内拆船业下游——废钢铁市场一改往年的低迷走势，价格有所回升，废船拆解在数量、技术和安全环保水平方面继续位居世界前列，为我国循环利用了大量金属资源，取得了较好的社会效益。但由于国内外老旧船舶更新淘汰历时已近8年，废船上市量逐渐减少且价格持续上涨，再加上以往拆船库存量消弭有限，资金占用压力不减，拆船业总体继续呈现亏损，成交拆解量明显低于“十二五”期间年均量。

据统计，2016年国内会员拆船企业（下称：拆船企业）成交国内外各类废船174艘132.12万轻吨（约合580万载重吨或380万总吨），成交废船艘数同比减少2.8%，轻吨量同比减少18.7%。其中，成交国内废船74艘57.9万轻吨，艘数同比减少27.5%，轻吨量同比减少35.9%；成交进口废船100艘74.2万轻吨，艘数同比增加29.9%，轻吨量同比增加2.9%。废船贸易额合计近16亿元人民币；上交进口关税和进项增值税合计约1.4亿元人民币。拆船数量继续保持世界拆船国前列地位。受废船价格上涨，环保、人工、融资成本较高等因素影响，国内拆船业继续呈现亏损的状态，持续承受严峻的考验。

（一）循环利用大量废金属再生资源

据测算，2016年拆船企业回收并循环利用废钢、废有色金属等再生资源约120万吨。其中，回收利用废船板约59万吨，废钢约54万吨，各类废机电设备约6万吨，有色金属约1万吨。

（二）为节能减排做出新贡献

废船经过规范拆解，可获得大量多规格、少杂质、无放射物的优质废钢等再生资源。废钢是电炉炼钢的主要原料，按直接生产成本计算，虽然废钢炼钢成本略高于生铁炼钢，但与用铁矿石和生铁炼钢相比，用废钢铁炼1吨钢可减少近1.6吨碳排放，钢铁企业多用废钢，既有利于保护资源，又有利于节约能源、减少环境污染，社会效益和综合效益十分可观。据测算，与使用铁矿石相比，用废钢炼钢可节约能源60%、减少排放废水76%、废气86%、废渣72%。换算成实物量每用1吨废钢可减少炼铁渣0.35吨，尾矿2.6吨，加上烧结焦化产生的粉尘，约减少3吨固体废物的排放。多“吃”废钢，具有较大的节能减排效果。

2016年，我国拆船业回收再生金属资源等约120万吨。从拆船回收废钢、废有色金属材料量分析，为节能减排所做的贡献（如按中国钢铁业平均铁钢比和废钢单耗测算）是：节约约132万吨精矿粉；减少约348万吨原生铁矿石开采；节约41万吨左右标煤、约 224万吨水耗、 约21万吨溶剂（石灰石）；减少约4.9万吨废渣；节约1487万吨左右运力；减少约149万吨二氧化碳排放。可见，拆船业持续发展对我国环境保护、节能减排和资源循环再利用具有重要的现实意义。

（三）落实国务院“规范发展拆船业”指示精神

2016年，拆船行业认真贯彻落实《国务院关于印发循环经济发展

战略及近期行动计划的通知》、《国务院关于印发船舶工业加快结构调整促进转型升级实施方案（2013-2015年）的通知》、《绿色拆船通用规范》和商务部等八部委《关于规范发展拆船业的若干意见》，拆船业围绕加强行业基本建设、企业准入、废船贸易规范、企业信息管理和管理体系认证等方面开展工作。基本完成拆船国家标准项目研究编写工作；完成了《中国拆船协会拆解废船买卖标准合同》文本正式发布工作；完成了“拆船行业准入条件指导意见”初稿起草工作。截止2016年底，拆船企业通过ISO9001质量管理体系、ISO14001环境管理体系和OHSMS18001职业健康与安全管理体系认证有28家，基本覆盖大部分重点拆船企业；同时有16家企业获得不同级别“绿色拆船企业”称号。

二、拆船业积极探索发展循环经济模式和新的安全环保项目

1. 探索拆船业发展循环经济模式

历年来，拆船行业将废金属资源的循环再利用作为行业的重点工作。废船的拆解加工再利用符合“减量化、再利用、资源化”的基本原则，是发展国家循环经济的重要行业之一。

江门市新会双水拆船钢铁有限公司成立于1984年，是国内拆船历史悠久、循环利用废钢资源量较多、再制造产品种类较多、质量较好的重点拆船企业，同时是国家第一批发展循环经济试点单位。经过30多年的发展，公司从单一的拆船企业已发展为集拆船、废钢加工铸造箱角、轧制型钢、生产无缝钢管和管桩端板于一体的综合型企业。目前公司具备年拆解加工废船100万吨的能力，同时具备生产集装箱箱角120万套/年、集装箱内角柱及各类规格型材20万吨/年、各种规格的无缝钢管10万吨/年的能力。深加工利用率为35%。2016年，公司充分利用拆船废钢大力发展循环经济，提高了废钢深加工率和附加值，全年拆解国内外废船18艘20.1万轻吨，获取废船板约8.8万吨，废钢约8.1万吨，有色金属近0.18万吨，利用废钢生产了大量集装箱箱角、内柱和无缝钢管等延伸产品。该公司是业内最早通过ISO14001环境管理体系和OHSMS18001职业安全健康管理体系认证的单位；是首批三家获得AAAA级绿色拆船称号的企业之一；已通过广东省清洁生产审核验收；被授予“废钢铁加工配送中心示范基地”称号；是首批批准为符合《废钢铁加工行业准入条件》和定点拆解国内老旧船舶和单壳油轮的企业。

江门市新会双水拆船钢铁有限公司作为拆船行业在国家发展循环经济中的试验田，其开展循环经济工作的实践和经验，对拆船业研究实施循环经济发展战略和基本模式将起到积极作用。

2. 开展拆船岗位专业培训。

为规范废船拆解技术要求，做到关键岗位持证上岗。2016年4月，中国拆船协会与中国船舶工业安全生产培训中心共同举办了“安全管理和动火与测爆新技术培训班”，共有来自近13个会员企业的30人参加了培训，并取得岗位资格证书。通过教员授课、教学互动、实操训练和考试等形式，使学员系统掌握相关专业知识和安全管理技能,培训班取得良好的效果。

3. 参与全国人大环资委修法工作。

我协会应邀参加“循环经济促进法”修改领导小组会议，直接向有关领导和专家反映当前拆船业发展中亟待解决的问题。

4. 继续加大环保投入。2016年在拆船业面临较大经营困难的情况下，骨干拆船企业没有放松对安全、环保的投入，不断加强安全、环保意识，优化废钢船拆解技术和工艺，关注职工健康和劳动保障。据不完全统计，拆船企业在环保安全设施方面投入约400万元人民币。

三、拆船业发展循环经济的工作计划

1. 继续加强行业建设,实现规范发展。拆船业要认真贯彻落实国务院《防止拆船污染环境管理条例》关于拆船厂须编环评报告书及《船舶工业调整和振兴规划》中“规范发展拆船业，实行定点拆解”的指示精神，协助国家有关部门制订拆船业准入条件和相关行业标准，抓好产业定位，提升产业进步。

目前，我国《循环经济促进法》中，对电器电子产品回收拆解和再利用有“交售给具备条件的拆解企业”要求。拆船业呼吁国家有关部门按照生态文明建设和绿色发展的要求，对国内各类废船拆解实行统一的管理体系，改变政出多门局面，从源头抓起，清理检查、严厉打击非法拆解或私拆乱拆，切断利益链条，维护正规企业的合法权益，真正把国务院“规范发展拆船业，实行定点拆解”落到实处。

2.强化行业自律，倡导绿色拆船，提高管理水平。要提高拆船业的循环利用率和节能减排能力；加大人员培训力度，提高队伍整体素质；强化拆船企业建立质量管理、环境管理和职业安全健康管理体系；落实《拆船业行规公约》要求，履行社会责任，建立行业诚信体系。

3.积极推动拆船业发展循环经济。根据国家发改委《产业结构调整指导目录（2011年）》要求，研究开发拆船物资设备及零部件的深加工和再制造；确立考核拆船企业发展循环经济的指标体系；建设有利于拆船业发展的平台和网络体系；通过税收等经济杠杆，促进和鼓励拆船企业加大对下游产品的开发力度，加大国内外废船拆解物资的循环利用力度，提高废船资源的综合利用水平。

4.落实产业政策，淘汰落后拆船方式。要彻底淘汰落后的“废旧船舶滩涂拆解工艺”，抓紧技术改造，杜绝环境污染，推广绿色拆船工艺和规范，进一步提升拆船业的环保安全管理水平。

5.坚守行业准入规则，践行绿色拆解理念。拆船业要严格遵守国务院《防止拆船污染环境管理条例》关于“设置拆船厂，必须编制环境影响报告书（表），未依法进行环境影响评价的拆船厂，不得开工建设。”的规定，进一步规范绿色拆解作业，不放松国家及行业对安全生产和环保拆解的要求，牢固树立生态红线的观念，坚持诚信守法经营，真正实现我国拆船行业的绿色、可持续发展。

（撰稿：管建军，中国拆船协会）

我国循环经济发展新态势述评

《中国循环经济年鉴》编辑部

我国从国家层面推动循环经济发展，经历了“十一五”和“十二五”两个发展时期，整整十个年头。十年来，我国循环经济从理论到实践都取得了重大进展，取得了显著成效，在调整产业结构，转变发展方式，建设生态文明，促进可持续发展中发挥了重要作用。特别是在重点行业和领域取得了较好的经济和环境效益，其中，资源循环利用产业以每年约15%的速度增长，2015年末产值达2万亿元，解决就业近3000万人。综合来看，目前我国循环经济的规模占ＧＤＰ大约２％的比重。我国废弃资源的利用总量达到19亿吨，其中有色金属五分之一到三分之一的原料来自再生资源，所以再生资源已经成为我国发展不可或缺的重要来源，所以我们要创新循环经济的发展路径，要变废为宝，实现各类资源最有效的利用。纵观全球，日本通过发展循环经济，资源利用率提高了70%；德国的钢铁行业95%的固体废弃物自己加以利用，建筑废弃物里面的钢铁混凝土回收率达到90%；欧盟的各种包装纸、废旧玻璃回收率达到80%，废旧汽车再利用率超过80%，仅垃圾回收利用每年可以创造460亿欧元的效益。相比之下，我国循环经济总体资源利用率低，核心装备还需要进口，发展水平已然存在不小的差距。

我国循环经济发展经历了树立理念——实践——规模化、产业化等重要发展历史时期。目前，循环经济已进入新的历史时期，呈现新态势：在我国经济发展新常态下，发展循环经济已成为全面建成小康社会的内在要求、供给侧结构性改革的重要内容、新型城镇化建设的有力支撑，推进生态文明建设，实现经济绿色转型的必由之路。这就必须加强理念创新，把发展循环经济融入国家重大发展战略；加强改革创新，建立有利于循环经济发展的长效机制；加强模式创新，提高循环经济发展的集聚化、产业化水平；加强科技创新，突破产业共生、资源循环的技术瓶颈；加强体制机制创新，实现循环经济发展的新突破。

一、循环经济发展融入国家经济社会发展战略，成为推动生态文明建设和绿色发展的重要动力

2005年，国务院印发了《关于加快发展循环经济的若干意见》，提出我国推动循环经济发展的指导思想、基本原则、主要目标、重点任务和政策措施，这是我国循环经济发展史上第一个纲领性文件，具有里程碑意义。国家制定了一系列税收、财政、价格和产业政策以促进循环经济的发展。一个专项资金得以建立用于支持传统工业园区的循环化改造;资源综合利用企业可以享受税收优惠;国家发改委还和中央人民银行、银监会和证监会一起，出台支持循环经济相关项目贷款和在资本市场上直接融资的专门政策。

“十二五”规划将发展循环经济上升为一项国家发展战略，作为建设资源节约型、环境友好型社会的重大任务。在涵盖2006至2010年的“十一五”规划中，包含一整章关于循环经济的内容。“十二五”规划中，提出的主要目标包括，到2015年工业固体废物综合利用率达到72%，资源产出率(即每单位资源投入对应的经济产出)较2010年提高15%。“十二五规划”还提出组织实施循环经济的“十百千示范”行动。这些包括资源综合利用、产业园区循环化改造、再生资源回收体系、再制造、“城市矿产”、再生资源回收体系建设等十大示范工程;创建苏州、广州等一百个循环经济示范城市;以及培育1000个循环经济示范企业和工业园区。2012年，发改委和财政部出台文件，要求到2015年50%以上的国家级工业园区和30%以上的省级工业园区完成以主要污染物“基本实现‘零排放’”为主要目标之一的循环化改造。

党的十七大将循环经济形成较大规模作为全面建设小康社会的新要求。党的十八大将发展循环经济的地位和作用提到新的战略高度，把资源循环利用体系初步建立作为2020年全面建成小康社会目标之一，要求经济发展方式转变更多依靠节约资源和循环经济推动，要求着力推进绿色发展、循环发展、低碳发展，加快建设生态文明。党中央、国务院《关于加快推进生态文明建设的意见》，进一步明确“坚持把绿色循环低碳发展作为生态文明建设的基本途径”，发展循环经济提到了前所未有的战略高度。

为了发挥循环经济规划引领作用，强化协调配合，深入推进循环经济各项工作，确保完成循环经济发展目标任务，国家和有关部门还出台了行动计划和年度计划。2013年，国务院发布《循环经济发展战略和近期行动计划》（国发[2013]5号）明确了“十二五”发展循环经济的总体思路、主要目标、重点任务和保障措施。这是我国循环经济领域第一个国家级的专项规划，这在世界尚是首次。《行动计划》提出了发展循环经济的进一步目标，到2015年中国的能源产出率(每能源单位产出GDP)与2010年相比提高18.5%，水资源产出率提升43%，资源循环利用产业总产值从2010年的1万亿元增加到1.8万亿元。文件还提出了行业性的相关目标，比如，在煤炭工业煤矸石综合利用率达到75%，以及在电力工业粉煤灰综合利用率达到70%等。此前，国务院还先后批复了甘肃省和青海省柴达木循环经济试验区循环经济发展规划。在国家规划引领下，各地区制定了本地区循环经济发展规划，有关部门相继发布了重点领域循环经济发展规划，如发布了矿产资源综合利用、大宗工业固废综合利用、再生资源回收体系建设、海水淡化产业化等专项规划。

2014年和2015年国家发改委会同有关部门先后印发了循环经济年度推进计划，2015年工信部印发了《京津冀周边地区工业资源综合利用产业协同发展行动计划》。

进入“十三五”，生态文明建设已纳入到“五位一体”国家总体战略布局，循环经济已成为践行生态文明建设和绿色发展理念的重要路径，其重要性进一步彰显。“十三五”规划纲要的第四十三章 推进资源节约集约利用，特别强调树立节约集约循环利用的资源观，推动资源利用方式根本转变，加强全过程节约管理，大幅提高资源利用综合效益。其第五节为“ 大力发展循环经济”，要求实施循环发展引领计划，推进生产和生活系统循环链接，加快废弃物资源化利用。按照物质流和关联度统筹产业布局，推进园区循环化改造，建设工农复合型循环经济示范区，促进企业间、园区内、产业间耦合共生。推进城市矿山开发利用，做好工业固废等大宗废弃物资源化利用，加快建设城市餐厨废弃物、建筑垃圾和废旧纺织品等资源化利用和无害化处理系统，规范发展再制造。实行生产者责任延伸制度。健全再生资源回收利用网络，加强生活垃圾分类回收与再生资源回收的衔接。国务院2016年11月24日印发的《“十三五”生态环境保护规划》强调推动循环发展。实施循环发展引领计划，推进城市低值废弃物集中处置，开展资源循环利用示范基地和生态工业园区建设，建设一批循环经济领域国家新型工业化产业示范基地和循环经济示范市县。实施高端再制造、智能再制造和在役再制造示范工程。深化工业固体废物综合利用基地建设试点，建设产业固体废物综合利用和资源再生利用示范工程。依托国家“城市矿产”示范基地，培育一批回收和综合利用骨干企业、再生资源利用产业基地和园区。健全再生资源回收利用网络，规范完善废钢铁、废旧轮胎、废旧纺织品与服装、废塑料、废旧动力电池等综合利用行业管理。尝试建立逆向回收渠道，推广“互联网+回收”、智能回收等新型回收方式，实行生产者责任延伸制度。到2020年，全国工

业固体废物综合利用率提高到73%。实现化肥农药零增长，实施循环农业示范工程，推进秸秆高值化和产业化利用。到2020年，秸秆综合利用率达到85%，国家现代农业示范区和粮食主产县基本实现农业资源循环利用。

2016年1月21日，商务部、发展改革委、国土资源部、住房城乡建设部和供销合作总社，印发《再生资源回收体系建设中长期规划(2015-2020年)》提出，到2020年，在全国建成一批网点布局合理、管理规范、回收方式多元、重点品种回收率较高的回收体系示范城市，大中城市再生资源主要品种平均回收率达到75%以上，实现85%以上回收人员纳入规范化管理、85%以上社区及乡村实现回收功能的覆盖、85%以上的再生资源进行规范化的交易和集中处理。培育100家左右再生资源回收骨干企业，再生资源回收总量达到2.2亿吨左右。行业规模化经营水平大幅提升，技术水平显著提高，规范化运行机制基本形成。

2017年4月21日，国家发展改革委、科技部、工业和信息化部、财政部、国土资源部、环境保护部、住房城乡建设部、水利部、农业部、商务部、国资委、税务总局、国家统计局、国家林业局联合发布的《循环发展引领行动》，强调坚持节约资源和保护环境的基本国策，牢固树立节约集约循环利用的资源观，以资源高效和循环利用为核心，大力发展循环经济，强化制度和政策供给，加强科技创新、机制创新和模式创新，激发循环发展新动能，加快形成绿色循环低碳产业体系和城镇循环发展体系，夯实全面建成小康社会的资源基础，构筑源头减量全过程控制的污染防控体系，实现经济社会的绿色转型。提出到2020年，主要资源产出率比2015年提高15%，主要废弃物循环利用率达到54.6%左右。一般工业固体废物综合利用率达到73%，农作物秸秆综合利用率达到85%，资源循环利用产业产值达到3万亿元。75%的国家级园区和50%的省级园区开展循环化改造。

二 、循环经济法律、政策保障机制体系日臻完善

2 005年，国务院发布了《关于加快发展循环经济的若干意见》，把循环经济作为由于过度消耗自然资源而产生的经济和环境风险的重要应对措施。2008年8月，第十一届全国人大常委会第四次会议审议通过了《中华人民共和国循环经济促进法》，并于2009年1月1日起施行，该法明确了发展循环经济是国家经济社会发展的一项重大战略，确立了循环经济减量化、再利用、资源化，减量化优先的原则，并作出一系列的制度安排。2009年，国务院发布了《废弃电器电子产品回收处理管理条例》，这是循环经济促进法实施后出台的第一个行政法规。相关的法律有《清洁生产促进法》、《固体废物污染环境防治法》。2015年10月23日国家发展改革委、财政部关于印发《国家“城市矿产”示范基地中期评估及终期验收管理办法》和《园区循环化改造示范试点中期评估及终期验收管理办法》（发改环资[2015]2409号）和国家发展改革委、财政部、住房城乡建设部发出“关于印发《餐厨废弃物资源化利用和无害化处理试点中期评估及终期验收管理办法》的通知”（发改环资[2015]2408号）。

为贯彻落实《循环经济促进法》和《关于加快推进生态文明建设的意见》的要求，科学评价循环经济发展状况，推动实施循环发展引领行动，国家发展改革委会同有关部门完善了循环经济发展评价指标体系，2016年12月27日国家发展改革委、财政部、环境保护部、国家统计局发出了关于印发《循环经济发展评价指标体系（2017年版）》的通知，进一步完善了循环经济发展评价指标体系。有关部门还先后出台了《再生资源回收利用管理办法》，修订了粉煤灰、煤矸石综合利用管理办法等。

江苏、甘肃、安徽、山西、陕西以及大连、深圳等一些地方发布了循环经济促进条例。《江苏省循环经济促进条例》紧密结合工作实践和江苏省情实际，更加突出了重要领域的刚性约束，更加体现重要工作的齐头并重，注重解决发展过程中的突出问题，在总量控制、循环经济信息服务、园区循环化改造、第三方服务、绿色交通、绿色商服、再制造等领域积极开展了制度创新，彰显了江苏循环经济发展的特色和亮点。“条例”的出台，对于进一步提高资源利用效率、保护和改善环境、实现经济社会永续发展具有重要意义。北京市还出台了《推进节能低碳和循环经济标准化工作实施方案(2015—2022年)》，基本形成了由国家法律、行政法规、部门规章和地方法规构成的循环经济法律法规体系。

同时，政策体系不断完善。一是价格和收费政策，如实行了差别电价、惩罚性电价、阶梯式水价、生物质发电上网优惠电价，垃圾处理收费等。二是财政政策，国家设立了循环经济发展专项资金，累计安排136亿元，用于支持园区循环化改造、城市矿产示范基地、餐厨废弃物资源化利用等循环经济重点项目；2005-2014年十年间，中央预算内固定资产投资共安排426亿元资金，用于支持循环经济和资源节约项目；国家对列入863、973和科技支撑计划的循环经济重大科技开发项目给予补助；建立了废弃电器电子产品处理基金，对列入目录的产品回收处理给予补贴。三是税收政策，国家对资源综合利用产品和劳务实行减免增值税和企业所得税优惠，对一次性木筷增收消费税等政策。四是金融政策，循环经济列入绿色信贷、绿色证券、绿色债券、绿色保险的支持范围。五是产业政策,国家从产业布局、准入门槛、技术标准、以及投资、价格、财税、金融、进出口等方面，制定了一系列推动产业结构调整的政策，有力地促进了循环经济发展。随着改革的不断深入，推动循环经济发展的市场化机制将加快形成。

推行责任延伸制度成为新亮点。《废弃电器电子产品回收处理管理条例》在废弃电器电子产品领域建立了生产者责任延伸制，先后发布了两批实施目录，共14种产品。国务院办公厅印发的《生产者责任延伸制度推行方案》（以下简称“《推行方案》”），对我国生产者责任延伸制度体系的构建做出全面部署。

《推行方案》选择了电器电子产品、汽车产品、铅蓄电池和包装物四类产品作为试点,并明确将根据试点实施效果再适时扩大产品和领域范围。生产者责任延伸制是把生产者对其产品承担的资源环境责任从生产环节延伸到产品设计、流通消费、回收利用、废物处置等全生命周期的制度。举例来说，2015年，全球知名食品包装加工企业利乐中国有限公司向上海国际旅游度假区捐赠了由438万个饮用后牛奶饮料纸包装再生利用制成的环保装置，实际上就是承担了从产品生产到回收利用全生命周期的资源环境责任，这就是我们说的“生产者责任延伸制”。

实行生产者责任延伸制度，有助于构建完善的废弃物处置利用长效促进制度体系，补足生态文明体制中废弃物处置的制度短板。

在2011年我国率先在电器电子产品领域开始探索生产者责任延伸制，实施《废弃电器电子产品处理基金征收使用管理办法》，在“四机一脑”等五类产品上初步构建起了以基金制为核心的制度。2015年，国家有关部门调整了基金征收目录，将产品覆盖范围由5种扩大到14种，使得《推行方案》的实施具备了良好的实践基础。

实施生产者责任延伸制度是推进企业供给侧结构性改革的重要手段，主要采取鼓励生产企业与现有回收利用企业联合，规范现有体系等市场化措施实现，通过企业自我声明、第三方核证、国家公布等步骤，发挥信用评价的作用。生产者是责任主体，但生产者责任延伸制的实施，并不单单是生产者的责任，而是一个系统工程，需要全社会的支持。生产企业是新产品的生产者，消费者实际

上是新产品变为废品的废旧产品‘生产者’。谁消费了产品，谁就应该对产品报废后形成的废弃物进行安全处理，以避免其污染环境。在日本，采取的是按产品的性质由产品生产者和消费者分别分担财务责任的模式。家用电器电子类产品，由消费者承担处理费用。也就是说，消费者必须将自己报废的电器电子产品交付给政府或社会组织指定的处理机构，并按件支付处理费。例如，每台家用空调、电视机、电脑、洗衣机、电冰箱等，需支付约合人民币300～400元的处理费。而汽车等产品则由生产企业以押金方式支付一定费用。最终这些费用都用于废旧产品的处理。

《循环发展引领行动》更明确了企业的主体责任，落实生产者责任延伸制度，建立全生命周期管理制度，自觉履行企业社会责任。

三、试点示范的可复制模式、经验向全国推广与拓展

2006年开始，国家在各省市区、园区、重点行业、重点领域开展了两批国家循环经济示范试点，总结和凝练了60个可复制、可推广的循环经济典型模式案例。有关部门先后开展了资源综合利用、园区循环化改造、城市矿产示范基地建设、再制造产业化、大宗固废综合利用、再生资源回收体系建设、餐厨废弃物资源化利用、水泥窑协同处置生活垃圾、工业产品生态设计等试点。已经累计确定了五批100个园区循环化改造示范试点园区、六批49个国家“城市矿产”示范基地和五批100个餐厨废弃物资源化利用和无害化处理试点城市（区）。

2016年1月6日国家发展改革委办公厅、财政部办公厅、住房城乡建设部办公厅发出《关于将天津静海县等61个地区确定为国家循环经济示范城市（县）建设地区的通知》（发改办环资[2016]36号），至此国家循环经济示范城市（县）达到101个。为确保示范试点建设取得实效，要求各示范试点单位所在地省级或市级人民政府向国家有关部门签订承诺书，承诺采取措施确保示范试点建设目标的顺利完成。为加快推进园区循环化改造，江苏省发展改革委组织了各市（县）、有关园区开展两次专题培训，召开推进工作会议，举办技术咨询和投融资对接会等一系列工作举措，大力推进，深入调研，分析论证，各方面的积极性都很高。江苏省发展改革委还组织开展了全省园区循环化改造示范试点工作，确定了36家园区为省级循环化改造示范试点区。

通过示范试点,循环经济理念广泛传播，技术装备水平显著提高，政策机制不断完善，商业模式不断创新，引领各行业、各领域、各个层面循环经济向纵深发展，如推进企业间、相关产业间共生耦合，企业循环式生产，园区循环式发展，产业循环式组合，使资源得到循环高效利用，努力实现资源消耗最小化，环境风险最低化，经济效益最大化。

2016年年5月4日，国家发展改革委、财政部发布《关于印发国家循环经济试点示范典型经验的通知》，向全国推广一批循环经济典型经验和做法，旨在推动“十三五”时期循环经济的全面深入发展，提高生态文明建设水平。《通知》指出，通过“十一五”至“十二五”期间对包括100个园区循环化改造示范试点、100个餐厨废弃物资源化利用和无害化处理试点、49个国家“城市矿产”示范基地、42个再制造试点、28个循环经济教育示范基地和101个循环经济示范城市（县）建设地区等在内的专项试点的评估验收，从加强地方立法、循环经济的组织推动和评价、推动城市循环发展、促进园区循环发展、发展资源循环利用产业等方面总结凝练出9条典型经验向全国推广。 一是以加强地方立法，完善配套政策为核心的循环经济协同推进机制。 二是以补链招商、风险共担为关键的产业园区循环发展机制。 三是以废物联单转移、公共信息服务平台为核心的废弃物资源化精细管理机制。四是以嵌入式管理、整体解决为核心的产业废物第三方外包式服务机制 。五是以立法先行、特许经营、收运处一体化为特点的城市餐厨废弃物处理机制。六是以“互联网＋”理念规范、提升传统方式为核心的再生资源回收利用模式 。七是以定向修复、专业维护、后期承包为特点的再制造技术服务发展模式。八是以生产生活系统链接、生产过程协同处理废弃物为特点的产城融合发展模式。 九是以数据统计和测算结合、自我评价为核心的区域资源产出率统计评价机制。这9条经验为全国循环经济发展提供了借鉴和广阔拓展天地，其中，以“互联网+”理念规范、提升传统方式为核心的再生资源回收利用模式将对废橡胶综合利用行业回收环节的发展带来新的契机。

四、我国资源循环经济已经初步形成了门类较为齐全的产业体系，并上升为国家战略性新兴产业

一是初步形成门类较为齐全的产业体系。一是工业资源综合利用产业，重点是矿产资源综合利用、工业固体废物综合利用、热能及废气回收利用。二是农林废弃物资源化利用产业，重点是农作物秸秆综合利用、农田残膜和灌溉器材回收利用、畜禽粪污资源化利用、林业“三剩物”综合利用、农林牧渔加工副产物资源化利用。三是资源再生利用与再制造产业，重点是废金属、废弃电器电子产品、报废汽车、废电池、废塑料、废橡胶、废轮胎等再生利用以及汽车零部件、机电产品等再制造产业。四是垃圾资源化产业，重点是生活垃圾、建筑垃圾、餐厨垃圾资源化利用产业。五是水循环利用产业，重点是污水再生利用、海水淡化、苦咸水利用产业。这五大产业构成了资源循环利用产业体系的主体，技术、装备、管理水平不断提升，服务能力明显增强，产业规模不断扩大。

根据有关行业协会统计，2014年，我国资源循环利用产业产值达1.5万亿元，从业人员2000万人，回收和循环利用各种废弃物和再生资源近2.5亿吨，与利用原生资源相比，节能近2亿吨标准煤，减少废水排放90亿吨，减少固体废物排放11.5亿吨。2005-2014年，我国累计利用工业固体废弃物20.4亿吨，废钢7.9亿吨，再生铜、再生铝、再生铅、再生锌四种再生有色金属8085万吨，废塑料1.88亿吨，废纸6.03亿吨。“十二五”前四年，我国资源产出率提高10%左右，单位GDP能耗下降13.4%，单位工业增加值用水量下降24%。调查还显示，循环经济可以为许多部门的企业带来极大的生产率提升，幅度最高可达四倍，因此足以解决2050年前可能出现的400亿吨资源缺口。实践表明，发展循环经济对于缓解资源约束，保护生态环境，调整产业结构，促进经济增长，稳定扩大就业，推动绿色转型发展，建设生态文明发挥了重要作用。调查还显示，循环经济可以为许多部门的企业带来极大的生产率提升，幅度最高可达四倍，因此足以解决2050年前可能出现的400亿吨资源缺口。考虑到当前制造企业的材料成本往往高达总成本的40%，而人工成本一般不超过20%，因而这绝对是一种有益的竞争优势。

实践证明：循环经济是对大量生产、大量消费、大量废弃的传统粗放型发展方式的根本变革；是实现资源永续利用，确保我国资源战略安全的重要保障；是从源头预防环境污染，有效化解环境风险的有效途径；是推动绿色转型发展，建设生态文明，实现全面建成小康社会目标和中华民族伟大复兴中国梦的必然选择！

二是循环经济发展催生了新的产业。如废弃电器电子产品、报废汽车资源化利用已形成规模；我国生活垃圾发电产业已有较高的产业集中度，近几年，餐厨废弃物资源化利用产业化正在逐步形成，这些新兴产业有着广阔的发展前景，是新的经济增长点。随着技术进步和管理水平的提高，商业化模式不断创新，特别是近两年积极探索互联网+回收体系，改变了传统的经营模式，利用APP、网站、微信、400电话等，实现居民线上交投与回收人员线下回收的深度融合。重要资源循环利用工程涵盖资源循环利用产业中的城市矿产(再生资源)、再制造、产业废弃物资源化利用以及废旧商品回收体系建设四个领域。

特别是建筑垃圾资源化和再制造产业方兴未艾。

建筑垃圾资源化。中国目前约有40家建筑垃圾资源化企业，垃圾处理生产线规模50万吨起步，主流设计规模100万吨，全行业建筑垃圾处理产能4000万吨左右，2015年行业平均产能利用率10%左右，2016年达到10%~20%。

再制造产业，包括汽车发动机、变速箱、起动机、电动机等零部件再制造；工程机械、机床、煤机、盾构机、医疗器械、手机、复印和打印机耗材等机电产品再制造，目前我国再制造企业已达500家以上。“十二五”期间，内燃机再制造在产业规模、产品市场推广、表面修复工程技术开发应用和产品社会认知度提升等方面取得显著成效，初步建立了具有中国特色的内燃机再制造技术装备体系，标准体系正逐步完善，逆向物流体系正在形成，行业保持了健康、平稳向上的发展态势。

“十三五”期间，中国报废汽车量将超过4000万辆，年均超过800万辆；“十四五”报废汽车量将达到7600万辆，年均超过1500万辆。“十三五”、“十四五”期间中国汽车报废量增速不低于60%，并且呈加速态势。

《“十三五”国家战略性新兴产业发展规划》强调“发展再制造产业。加强机械产品再制造无损检测、绿色高效清洗、自动化表面与体积修复等技术攻关和装备研发，加快产业化应用。组织实施再制造技术工艺应用示范，推进再制造纳米电刷镀技术装备、电弧喷涂等成熟表面工程装备示范应用。开展发动机、盾构机等高值零部件再制造。建立再制造旧件溯源及产品追踪信息系统，促进再制造产业规范发展。”工业和信息化部2016年6月30日发布的《工业绿色发展规划（2016-2020年）》强调积极发展再制造。围绕传统机电产品、高端装备、在役装备等重点领域，实施高端、智能和在役再制造示范工程，打造若干再制造产业示范区。加强再制造技术研发与推广，研发应用再制造表面工程、疲劳检测与剩余寿命评估、增材制造等关键共性技术工艺，开发自动化高效解体、零部件绿色清洗、再制造产品服役寿命评估、基于监测诊断的个性化设计和在役再制造关键技术。引导再制造企业建立覆盖再制造全流程的产品信息化管理平台，促进再制造规范健康发展。推进产品认定，鼓励再制造产品推广应用。围绕航空发动机、燃气轮机、盾构机等大型成套设备及医疗设备、计算机服务器、复印机、打印机、模具等开展高端智能再制造示范。围绕数控机床、透平压缩机等装备实施在役再制造示范。到2020年，再制造产业规模达到2000亿元。

“十三五”期间汽车再制造平均年需求潜力300亿元左右。按照目前试点企业平均销售规模6452万元测算，中国143家再制造试点企业2015年销售规模92.3亿元，全部再制造企业销售规模超过100亿元；预计到2020年中国再制造产业市场规模将达到350亿元。

三是循环经济上升为战略性新兴产业。

随着我国工业经济的快速发展，工业固体废物的产生量也在同步增长，2005年以来，增长达到9.8%。但是“十二五”以来，综合利用量的增长率基本没变，利用率仅在60%左右。“2013年的数据显示，工业固体废物资源化利用总产值约8000多亿元。而我国台湾地区达80%；固废行业占整个环保产业的比重，德国环保产业66%是固废行业，日本是67%，美国是31%。而我们国家20%左右，我国有色金属回收率为50%，世界先进水平为70%~80%；我国尾矿综合利用率为20%，而发达国家平均水平为60%。

利用率低是差距也是机遇。国务院2016年11月29日发布的《“十三五”国家战略性新兴产业发展规划》（国发〔2016〕67号），循环经济占有重要地位和组成部分。要求“深入推进资源循环利用。树立节约集约循环利用的资源观，大力推动共伴生矿和尾矿综合利用、“城市矿产”开发、农林废弃物回收利用和新品种废弃物回收利用，发展再制造产业，完善资源循环利用基础设施，提高政策保障水平，推动资源循环利用产业发展壮大。到2020年，力争当年替代原生资源13亿吨，资源循环利用产业产值规模达到3万亿元。”

循环经济作为战略性新兴产业的重要组成部分，必将并已经成为节约资源、实现废弃物综合利用、保护环境提供物质基础和技术保障的产业。

五、技术创新成为循环经济发展的基本动力和有力支撑

多年来政府坚持鼓励企业、研发机构加大技术研发力度，全面提升循环经济产业技术水平，鼓励科研机构与企业开展产学研合作，加快技术运用与推广。同时，政府采取购买技术、设立研发专项等方式，促进高端技术在全行业的使用。2016年1月28日，国家发改委、工信部等6部委联合发布了《重要资源循环利用工程(技术推广及装备产业化)实施方案》，重要资源循环利用工程涵盖资源循环利用产业中的城市矿产(再生资源)、再制造、产业废弃物资源化利用以及废旧商品回收体系建设四个领域。《方案》提出的目标是，到2017年，基本形成适应资源循环利用产业发展的技术研发、推广和装备产业化能力，攻克一批技术障碍，技术储备能力显著增强，企业重大科技成果集成、转化能力大幅提高，掌握一批具有主导地位的关键核心技术，部分达到国际先进水平，初步形成主要资源循环利用装备的成套化生产能力。

目前技术创新已成为循环经济发展的基本动力，或者说循环经济发展主要靠的是技术创新。许多循环经济产业实现盈利或可持续发展，关键也在于重点技术实现突破和产业化应用。在清洁生产、矿产资源综合利用、固体废物综合利用、资源再生利用、再制造、垃圾资源化、农林废弃物资源化利用等领域开发了一大批具有自主知识产权的先进技术，有的获国家科技进步奖、国家技术发明奖、国家级工业大奖，一些技术填补了国内空白，并迅速实现产业化。如复杂难处理镍钴资源高效利用关键技术与应用、典型尾矿资源清洁高效利用技术、纳米复合电刷镀再制造技术、废弃钴镍材料循环再造技术、有机废物生物强化腐殖化技术，有些技术达到了国际领先水平，形成了产学研用相结合的资源循环利用技术创新体系。

山东省以高效节能产业、先进环保产业、资源循环利用产业为重点，鼓励企业加大研发投入，支持节能环保领域工程技术类研究中心、实验室、企业技术中心等创新平台建设，支持企业开发具有自主知识产权的核心技术和主导产品，从而推动节能环保产业整体水平的提升。

河北唐山“把循环经济做到极致”已经成为政府、园区和企业的共识。他们的做法是加快自主创新和借力引智相结合。通过技术创新不断引领循环经济产业升级，为企业可持续发展赢得空间。

唐山三友化工集团通过自身的国家级博士后科研工作站、特邀院士工作站、国家级技术中心等三大平台作用，建立了以市场为导向、产学研相结合的科技研发和自主创新体系，截止到2015年年底，开发了低盐纯碱等70多个新品种，184项国家专利，36项新产品填补了国内、省内空白。先后参与12项国家标准、9项行业标准的制定。有了技术的支撑，企业循环链条有了无限延伸的可能。当前，三友集团在全国首创了“两碱一化”循环经济模式（纯碱、氯碱、粘胶纤维），利用海水及海水淡化产生的浓海水生产原盐；生产出的原盐为生产纯碱、烧碱、氯气等提供原料；纯碱产生的废液生产氯化钙；氯碱产生的电石渣再用于纯碱生产；液体烧碱通过管道直供粘胶生产；粘胶副产品芒硝用于纯碱生产；利用氯气、氢气生产氯化氢，用于PVC、有机硅生产，并为开发区内生产海绵钛及三氯氢硅等提供原料支撑。构建了从企业内部的“小循环”到区域内企业之间、产业之间的“中循环”。由于技术上的优势，让三友集团成为盐化工行业的龙头，形成了以“产业链相互链

接，废弃物综合利用，资源充分节约，环境清洁友好”为特点的循环经济发展模式。三大主业核心技术水平国内领先，纯碱、粘胶短纤维产能、品种和质量均处于行业前列。

唐山市企业纷纷像三友集团这样抓关键技术，把技术突围作为发展的关键，引进先进适用技术，用循环经济理念对传统产业进行了改造提升。冶金行业普遍采用了高炉、转炉、烧结、加热炉余压余热余气发电技术，到目前，余压余热余气发电总装机容量已达3000MW，年发电能力200亿千瓦时。高炉、转炉冷却水闭路循环等技术的应用，使全市吨钢耗新水降低到了3．5吨，废水重复利用率达到97．5%以上，实现了水资源梯级利用和工业污水零排放。唐钢是河北省第一个以城市中水作为唯一生产水源的特大型钢铁企业，水资源利用水平一举跨入国内领先行列。汇鑫嘉德冶金烧结烟气净化和联产氯化钾技术及示范项目也已入选国家科技部863科技计划蓝天科技工程重点专项课题。采用现代粉磨加工和新型环保建材生产技术，实现了年平均利用钢渣、水渣、尾矿等固体废弃物5600万吨，促进了钢铁行业与建材行业的耦合链接。电力行业普遍实施了脱硫、脱硝工程，脱硫石膏和粉煤灰的利用率已经达到95%以上。曹妃甸工业区利用华润电厂温排水配套建设了阿科凌5万吨／日海水淡化工程，生产的淡水全部用于工业区内的水资源循环利用。煤化工行业重点推广了干熄焦发电和焦炉煤气回收利用技术，中润煤化工、佳华煤化工、西山焦化、达丰焦化等骨干企业能源转换副产品深加工产业链基本形成。建材行业完成了市内所有新型干法水泥生产线纯低温余热发电配套建设和陶瓷窑炉的余热回收利用改造。利用大宗固废和林业“三剩物”生产木化地板、新型墙材、干混建材、环保板材等高端建材产品的资源综合利用先进技术正在推广和应用。

浙江天能集团通过科技创新，在长兴、濮阳兴建了两个再生铅生产基地，铅回收率达到99.9%以上，污水零排放，实现了循环型发展，经济和环境效益取得双丰收；广东深圳的格林美通过互联网平台进行电子废弃物的回收利用，成为开采“城市矿山”第一股，等等。

循环经济强力推动资源型城市转型。截至2013年我国共有资源型城市262个，其中地级行政区126个，县市级62个，县级58个，市辖区16个。这些资源型城市往往因矿而建、因矿而兴，也因矿而衰。与世界大多数资源型城市差不多，大都没有摆脱“资源诅咒”的陷阱。因此，资源型城市可持续发展已引起社会各界的普遍关注。

不须赘言，资源型城市具有发展循环经济的先天优势。资源型城市走以循环经济引领为主要手段的综合转型之路在我国已取得了成功的经验，在实践中创建了一批典型。安徽省铜陵市就是其中一个典型。铜陵被誉为“中国古铜都”。自20世纪末开始，铜陵面临着资源趋于枯竭、环境污染严重的巨大压力。2005年，铜陵市和铜陵有色公司分别入列国家首批循环经济试点市和首批循环经济试点企业，成为全国唯一的“双试点”，“十二五”以来，在高质量完成国家循环经济试点建设任务的同时，铜陵开始了循环经济示范市创建的探索。2011年“铜陵模式”被国家发改委选入12个区域类循环经济典型模式；2013年铜陵市成功入列全国首批循环经济示范创建市(全国仅19个)和国家节能减排示范市，标志着铜陵循环经济实现了第三次跨越，进入了“示范”建设阶段。

铜陵循环经济主要是以资源综合利用为核心，从工业领域重点突破，打造主导产业链带动升级。首先建设以铜、硫、石灰石资源为基础的循环经济产业链，形成以铜深加工、电子材料、精细化工等制造业为主导的工业体系，促进物流、能流、信息流的交换，实现资源最大化利用，推动工业产业结构的升级；然后逐步向农业、服务业及社会各领域推进，形成一体两翼、耦合共生的循环型产业体系，进而由生产促进生活。在循环经济发展的新阶段，铜陵又利用“互联网+”创新模式，建立电商平台，使农副产品生产与消费服务业自然结合；立足铜都特色，建设铜文化博物馆；

整修河道，建设山水铜都；将循环经济与城市规划有机融合，支撑新型城镇化。

六、农业循环经济受到了前所未有的重视

农业走上绿色发展道路，发展资源节约、环境友好型农业，是推动全社会绿色发展的主战场，也是农业供给侧结构性改革的重要任务。

生态文明建设已纳入到“五位一体”国家总体战略布局，农村生态文明建设的任务也更加重要，农村生态环境向清洁化转变的要求也更加迫切。随着农业集约化程度提高和规模化种养业的快速发展，畜禽粪便随意堆弃、秸秆就地废弃焚烧等问题越来越突出，对大气、土壤和水等生产生活环境造成破坏，导致农业面源污染日趋严重。据测算，全国每年产生农作物秸秆10.4亿吨，可收集资源量约9亿吨，尚有1.8亿吨的秸秆未得到有效利用，多数被田间就地焚烧；规模化畜禽养殖场每年产生畜禽粪污20.5亿吨，仍有56%未得到有效利用。农业发展不仅要杜绝生态环境欠新账，而且要逐步还旧账，要打好农业面源污染治理攻坚战，力争到2020年农业面源污染加剧的趋势得到有效遏制，实现“一控两减三基本”的目标任务。据测算，建设1处5000立方米池容的规模化大型沼气工程，每年可消纳3万吨粪便或0.6万吨干秸秆，可减少COD排放1500吨或颗粒物排放90吨。据统计，全国每年可用于沼气生产的农业废弃物资源总量约14.04亿吨，可产生物天然气736亿立方米，可替代约8760万吨标准煤。因此，发展农村沼气，可降低煤炭消费比重、填补天然气缺口，进一步优化能源供应结构，有效处理农业农村废弃物、减少温室气体排放和雾霾产生、改善农村环境“脏、乱、差”状况等，留住绿水青山。

因此，近年来农业循环经济受到了前所未有的重视。2014年11月20-21日，国家发展改革委、农业部在安徽省阜阳市共同召开“全国农业循环经济现场会”，总结、交流、推广农业循环经济典型经验，研究探讨发展农业循环经济的措施，加快转变农业发展方式，提高农业生态文明水平。解振华副主任总结了几年来农业循环经济工作的有效模式，提出要进一步强化问题导向，总结经验，抓住重点环节全面推进，着力源头减量，推动节水、节地、减肥、减药，提高农业资源利用率；着力推动农业废弃物的资源化利用，加强畜禽粪污、林木废弃物、废旧农膜的回收利用，减少资源浪费和环境污染；着力强化产业系统集成，构建农业内部、农业与林业间、农业、工业、服务业间和区域的循环产业链，形成多功能大循环农业体系。解振华副主任还专门强调了秸秆综合利用问题，对2015年秸秆综合利用工作进行了部署，要求确保实现“十二五”秸秆综合利用规划制定的秸秆综合利用目标任务。

2015年7月30日，国务院办公厅发出《关于加快转变农业发展方式的意见》（国办发〔2015〕59号），提出到2020年，转变农业发展方式取得积极进展。多种形式的农业适度规模经营加快发展，农业综合生产能力稳步提升，产业结构逐步优化，农业资源利用和生态环境保护水平不断提高，物质技术装备条件显著改善，农民收入持续增加，为全面建成小康社会提供重要支撑。

农业循环经济写入了“十三五规划”。其第十八章 “增强农产品安全保障能力”的“第五节“促进农业可持续发展”：“大力发展生态友好型农业。实施化肥农药使用量零增长行动，全面推广测土配方施肥、农药精准高效施用。实施种养结合循环农业示范工程，推动种养业废弃物资源化利用、无害化处理。开展农业面源污染综合防治。开展耕地质量保护与提升行动，推进农产品主产区深耕深松整地，加强东北黑土地保护。重点在地下水漏斗区、重金属污染区、生态严重退化地区，探索实行耕地轮作休耕制度试点。在重点灌区全面开展规模化高效节水灌溉行动。推广旱作农业。在南疆叶尔羌河、和田河等流域，以及甘肃河西走廊、吉林白城等严重缺水区域，实施专项节水行动计划。加强气象为农服务体系建设。创建农业可持续发展试验示范区。”

在2016年中央经济工作会议顺利召开后，财政部、农业部随即联合印发了《建立以绿色生态为导向的农业补贴制度改革方案》，首次提出“到2020年，基本建成以绿色生态为导向、促进农业资源合理利用与生态环境保护的农业补贴政策体系和激励约束机制”，这正凸显了向资源节约和环境友好生产方式发力的政策取向。

2016年2月1日，国家发展改革委、农业部、国家林业局发出了《关于加快发展农业循环经济的指导意见》(发改环资[2016]203号)），强化农业供给侧生产方式创新，促进产业组织结构优化，推进农业绿色循环发展。

《指导意见》提出主要目标：到2020年，建立起适应农业循环经济发展要求的政策支撑体系，基本构建起循环型农业产业体系。生态循环农业产业不断发展，科技支撑能力不断增强，农林废弃物处理资源化程度明显提高，人居环境和生态环境显著改善，农业可持续发展能力不断提升。建设和推广一批具有示范引领作用的农业、林业和工农复合型的循环经济示范园区、示范基地、示范工程、示范企业和先进适用技术，总结凝练一批可借鉴、可复制、可推广的农业循环经济发展典型模式，推动农业发展方式转变。力争到2020年，农田灌溉水有效利用系数达到0.55，主要农作物化肥利用率达到40%以上，农膜回收率达80%以上，农作物秸秆综合利用率达到85%以上，规模化养殖场（区）畜禽粪便综合利用率达到75%，林业废弃物综合利用率达到80%以上。

《指导意见》制定了八大保障措施。一是完善制度标准。二是推进工程建设。三是加大政策扶持。四是强化科技驱动。加大科技投入，促进产学研结合，加强农业资源高效利用、废弃物减量化、资源化、农产品加工副产物综合利用等农林牧渔循环经济的共性和关键技术装备研发和转化推广力度。五是创新组织形式。完善“公司+合作社+基地+农户”的组织形式，着力构建集约化、专业化、组织化、社会化相结合的新型农林牧渔循环经济生产经营模式。六是健全服务体系。七是积极宣传推广。八是加强统筹协调。建立农业循环经济工作责任制，明确任务分工，加强沟通协调，研究出台支持政策。建立和完善农业循环经济发展的统计报告和评价制度。国家发展改革委、农业部、国家林业局将加强协调，综合指导，统筹对重点工程给予支持，加快发展农业循环经济。

2016年9月28日，农业部办公厅、国家农业综合开发办公室发出《关于印发农业综合开发区域生态循环农业项目指引（2017-2020年）的通知》（农办计〔2016〕93号）提出总体目标，2017年-2020年建设区域生态循环农业项目300个左右,积极推动资源节约型、环境友好型和生态保育型农业发展，提升农产品质量安全水平、标准化生产水平和农业可持续发展水平；绩效目标，以提高区域范围内农业资源利用效率和实现农业废弃物“零排放”和“全消纳”为目标，建立起养分综合管理计划、生态循环农业建设指标体系等管理制度，使循环模式、技术路线、运行机制和政策措施四者有机结合，区域内化肥农药不合理使用得到有效控制，努力实现“零”增长；畜禽粪便、秸秆、农产品加工剩余物等循环利用率达到90%以上，大田作物使用畜禽粪便和秸秆等有机肥氮替代化肥氮达到30%以上；农产品实现增值10%以上，农民增收10%以上，农业生产标准化和适度规模经营水平明显提升，实现资源节约、生产清洁、循环利用、产品安全。

2016年11月13日，住建部、中央农办、中央文明办、发展改革委、财政部、环保部、农业部、商务部、全国爱卫办、全国妇联十部门联合出台的《全面推进农村垃圾治理的指导意见》提出，到2020年，全国90%以上村庄的生活垃圾得到有效治理;农村畜禽粪便基本实现资源化利用，农作物秸秆综合利用率达到85%以上，农膜回收率达到80%以上;农村地区工业危险废物无害化利用处置率达到95%。

特别值得一提是秸秆综合利用和农村沼气建设发展。

——秸秆综合利用。农作物秸秆主要包括玉米、水稻、小麦、豆类、薯类等作物秸秆。2013年我国秸秆总产量为9.64亿吨，可收集量约8.19亿吨，综合利用率为76%。2015年作物秸秆的理论资源量为10.4亿吨，可收集资源量约9亿吨，主要分布在华北平原、长江中下游平原、东北平原等13个粮食主产省（自治区）。“十二五”末我国秸秆综合利用率达到80.1%，农用比重达到66%，其中肥料化利用率43.2%、饲料化利用率18.8%、基料化利用率4.0%。全国秸秆机械化还田面积达到7.2亿亩，建成秸秆固化成型燃料厂及加工点1147处、秸秆炭化加工点103处，推广省柴节能炉具7500多万台，建成秸秆沼气集中供气工程年产值60多亿元，消耗秸秆近1000万吨，相当于替代500万吨标煤，减排二氧化碳1250万吨。

2015年11月16日国家发展改革委、财政部、农业部、环境保护部《关于进一步加快推进农作物秸秆综合利用和禁烧工作的通知》提出力争到2020年，实现全国秸秆综合利用率达85%以上；秸秆焚烧火点数或过火面积较2016年下降5%；在人口集中区域、机场周边和交通干线沿线及地方政府划定的区域内，基本消除露天焚烧秸秆现象。

《通知》明确了重点任务：一是通过完善高效的收集体系、建立专业化储运网络、提高秸秆农用水平、拓宽综合利用渠道等方式推动秸秆综合利用产业化发展。二是强化秸秆禁烧监管。一方面通过强化卫星遥感、无人机等应用，提高秸秆焚烧火点监测的效率和水平，建立秸秆禁烧工作的考核评价方法及奖惩机制；另一方面，对秸秆焚烧严重和综合利用率低的地区启动问责机制。三是从硬件上积极支持秸秆还田、饲料化、能源化等新技术和秸秆粉碎还田、捡拾打捆、固化成型等新装备的研发；从软件上完善秸秆综合利用标准体系，以此推动技术进步，提高秸秆收集和利用水平。四是通过完善落实有利于秸秆利用的财政投入、税收优惠、金融信贷等经济政策，贯彻执行有利于秸秆利用的土地和用电政策来构建有效的秸秆综合利用激励机制。五是加强宣传，提高资源环境保护意识。

《关于加快发展农业循环经济的指导意见》要求进一步推进秸秆肥料化、饲料化、燃料化、基料化和原料化利用，形成布局合理、多元利用的秸秆综合利用产业化格局。

为贯彻落实2016年中央一号文件和习近平总书记在安徽小岗村农村改革座谈会上关于加强生态文明建设，解决农作物秸秆乱烧问题的有关讲话精神，2016年财政部通过整合和调整增加预算安排10亿元资金，会同农业部围绕加快构建环京津冀生态一体化屏障的重点区域，选择农作物秸秆焚烧问题较为突出的河北、山西、内蒙古、辽宁、吉林、黑龙江、江苏、安徽、山东、河南10个省（自治区，以下简称试点省）开展农作物秸秆禁烧和综合利用试点。

中央财政试点资金，采取“以奖代补”的方式，由试点省按照集中连片、整体推进，多元利用、农用优先，市场运作、政府扶持的原则，通过政策鼓励扶持，引导农民自主自觉开展秸秆综合利用，严禁秸秆露天焚烧。秸秆综合利用试点要求坚持农用为主，以肥料化、饲料化促进种养结合，推动秸秆机械粉碎还田、生物腐熟还田、养畜过腹还田，因地制宜发展以秸秆为原料的农村沼气集中供气工程、秸秆成型燃料、秸秆食用菌种植等能源化、燃料化和基料化利用。

我国秸秆综合利用技术总体上可以归纳为“肥料化、饲料化、燃料化、基料化和原料化”五大类技术。经过多年的探索实践，以农为主的综合利用格局初步形成。根据“十二五”末秸秆综合利用评估结果，我国秸秆农用比重达到66%，其中肥料化利用占比43.2%、饲料化利用占比18.8%、基

料化利用占比4.0%，形成了肥料化、饲料化利用为主，其他利用较快发展的新格局。目前，每年产生秸秆近9亿吨，未利用的约2亿吨。据统计，2015年，我国主要农作物秸秆总产量约为10.4亿吨，可收集的秸秆资源量约为9亿吨，利用量约为7.2亿吨，综合利用率为80%。5年间，全国秸秆综合利用率提升了约10个百分点。

各地各部门深入推进秸秆综合利用。2016年7月，国家发改委环资司副司长马荣带队，会同全国人大常委会办公厅、全国人大农业与农村委员会、科技部、财政部、环保部、科技部、国土资源部、农业部、银监会等8部门及国家发改委办公厅，并特邀6名提出秸秆综合利用重点建议的全国人大代表组成联合调研组，赴黑龙江省、河南省开展秸秆综合利用与禁烧工作实地调研。调研组就秸秆资源化利用现状、收储运体系、技术装备水平、共性及难点问题等，召开4次座谈会，广泛听取当地人大代表、地方有关部门、专家、企业、农村合作社、农民等对秸秆综合利用与禁烧工作的意见和建议。实地参观了秸秆造纸、秸秆制板、秸秆饲料化利用及有机肥等产业化建设工程，深入田间了解秸秆粉碎还田、过腹还田、黄腐酸肥料水稻应用试验等情况。

河南省2016年秋季秸秆焚烧情况与往年同期相比有很大改善：通过引进“蓝天卫士”电子监控系统，河南实现了对农田全天候循环扫描拍摄，全省实际火点数为6个，同比降幅约96%。江苏省太仓市东林村有水稻面积1500亩，周边村庄水稻面积约为2万亩，并建有年产3万头羊的生态养殖场。农业部会同财政部围绕加快构建环京津冀生态一体化屏障的重点区域，选择农作物秸秆焚烧问题较为突出的河北、山西、内蒙古等10省份开展秸秆综合利用试点工作。重点支持京津冀地区镇域级秸秆全量化利用示范区建设，加快推进秸秆利用的规模化、产业化发展。黑龙江尾山农场是以玉米为主的生产区，把30多万亩的玉米秸秆作为各种养殖原料，同时建设一个面积十万平方米的小区，玉米秸秆为小区居民提供集中供暖，这样一来，就节省了大量的煤炭资源，也是清洁能源的转化。此外，比如一些地方利用秸秆和粪便来栽培蘑菇等经验都是值得借鉴推广的。

2016年10月，在吉林省召开了秸秆综合利用工作现场会。吉林省近年来大力推进玉米秸秆综合利用取得阶段性成果。农安县合隆镇陈家店村金黄的玉米地里，随着搂草机把秸秆整齐堆垄，打捆机将秸秆收集成捆；留在田间的秸秆经过旋转犁翻压后被埋到土壤里……农安县陈家店村2015年实施翻压还田333公顷，今年实施67公顷，农作物秸秆综合利用率超过80%。该县开安镇新开河村利用对玉米秸秆高温高压等相关形式的处理，形成了绿色生态的秸秆饲料，用来开展养殖项目。该项目每年可利用膨化秸秆1万吨、青贮玉米3000吨。一汽动能生物质供热项目是目前国内最大的生物质成型燃料供热项目，从2015年10月开始运行至2016年10月，该项目消耗秸秆等生物质资源约10万吨，减排二氧化碳7.8万吨、二氧化硫720吨、氮氧化物210吨，改变了燃煤锅炉运行对环境造成的影响。长春市作为农业大市，秸秆实际可收集量达到1050万吨，约占全省秸秆可收集量的1/4。近年来，长春市在禁烧的同时，逐步形成了秸秆多元化综合利用格局。在秸秆肥料化利用方面，推广保护性耕作和全量还田；在秸秆能源化利用方面，发展秸秆原料发电，推广生物质锅炉，发展秸秆固化成型燃料项目；在秸秆工业原料化利用方面，推进秸秆造纸和有机肥料生产等项目；在秸秆饲料化利用方面，推广秸秆青（黄）贮、氨化等技术；在秸秆基料化利用方面，进行草腐菌的开发利用。长春市将集中利用3年时间，将秸秆综合利用率由目前的65%提高到95%以上。目前吉林秸秆多元化利用正在增挡提速。

——农村沼气建设。党中央、国务院始终高度重视发展农村沼气事业，2004年开始历年中央一号文件都对发展农村沼气提出了明确要求。2003年以来，国家发展改革委和农业部安排中央投资积极支持农村沼气建设，目前已累计投入404亿元。在中央投资带动下，农村沼气事业快速发展，并逐步由过去的以户用沼气为主向多元化发展新格局转变，取得了显著的经济、社会和生态效益。2015年农业部发出《农村沼气工程转型升级工作方案》，贯彻落实中央关于建设生态文明、做好“三农”工作的总体部署，适应农业生产方式、农村居住方式、农民用能方式的变化对农村沼气发展的新要求，积极发展规模化大型沼气工程，开展规模化生物天然气工程建设试点，推动农村沼气工程向规模发展、综合利用、科学管理、效益拉动的方向转型升级，全面发挥农村沼气工程在提供可再生清洁能源、防治农业面源污染和大气污染、改善农村人居环境、发展现代生态农业、提高农民生活水平等方面的重要作用，促进沼气事业健康持续发展。

截至2015年底，全国户用沼气达到4193万户，受益人口达2亿人；各类沼气工程超过11万处，生物天然气工程开始试点建设，在集中供气、发电上网及并入城镇天然气管网等方面取得了积极成效；乡村服务网点达到11万个，覆盖沼气用户74%以上。农村沼气的大发展带来了显著的经济、社会和生态效益，全国沼气年生产能力达到158亿立方米，约为天然气消费量的5%，每年可替代化石能源约1100万吨标准煤；年可生产沼肥7100万吨，按氮素折算可减施310万吨化肥，可为农民增收节支近500亿元；年处理畜禽养殖粪便、秸秆、有机生活垃圾近20亿吨，减排二氧化碳6300多万吨。据统计，全国每年可用于沼气生产的农业废弃物资源总量约14.04亿吨，可产生物天然气736亿立方米，可替代约8760万吨标准煤。因此，发展农村沼气，可降低煤炭消费比重、填补天然气缺口，进一步优化能源供应结构。

可见，农村沼气在增强国家能源安全保障能力、推动农业发展方式转变、促进农村生态文明发展等方面都发挥了积极作用。近年来，随着城镇化的快速推进和农业生产方式、农村居住方式、农民用能方式的变化，农村沼气发展面临着一些亟待解决的突出问题。例如，农村户用沼气使用率普遍下降，农民需求意愿越来越小，废弃现象日益突出；中小型沼气工程整体运行不佳，多数亏损，长期可持续运营能力较低，存在许多闲置现象；沼气科技创新能力不强，“三沼”（沼气沼渣沼液）综合利用水平不高，一些工程甚至存在沼气排空和沼液二次污染等严重问题；农村沼气发展尤其是规模化沼气发展还面临不少体制机制障碍，各项扶持政策还不够健全，在管理上仍存在注重项目投资建设、忽视事中事后监管服务等问题。

因此，“十三五”时期，农村沼气发展面临的形势和环境将持续发生重要变化，生态文明建设、农业供给侧结构性改革、国家能源革命、新型城镇化这些国家核心战略都将对农村沼气事业发展带来新的机遇，提出更高的要求。“十三五”期间，国家有关部门将建立多元化投入机制。创新政府投入方式，健全政府和社会资本合作机制，充分发挥政府投资放大效益。探索和完善规模化沼气工程的碳排放权交易机制。同时，完善农村沼气优惠政策。研究建立规模化养殖场废弃物强制性资源化处理制度和激励机制，完善沼气沼肥等终端产品补贴政策。比照资源循环型企业的政策，支持从事利用畜禽养殖废弃物、秸秆等生产沼气、生物天然气的企业发展。研究建立健全并落实规模化沼气和生物天然气工程项目用地、用电、税收等优惠政策。再就是，营造产品公平竞争环境。严格落实有关法律法规，推进生物天然气和沼气发电无障碍并入燃气管网及电网并享受相关补贴，对生物天然气和沼气进行全额收购或配额收购，保障生物天然气、沼气发电、沼气集中供气获得公平的市场待遇。

《关于加快发展农业循环经济的指导意见》要求利用畜禽粪便因地制宜发展集中供气沼气工程，鼓励利用畜禽粪便、秸秆等多种原料发展规模化大型沼气、生物天然气工程，推进沼渣沼液深

加工生产适合种植的有机肥。

2016年年底，习近平总书记在中央财经领导小组第十四次会议上对农村沼气发展做出重要指示，要求以沼气和生物天然气为主要处理方向，以就地就近用于农村能源和农用有机肥为主要使用方向，力争在“十三五”时期，基本解决大规模畜禽养殖场粪污处理和资源化问题。

遵照中央部署和习近平总书记的重要指示精神，为在新的历史时期科学指导农村沼气发展，开创“十三五”农村沼气事业健康发展的新局面，国家发展改革委和农业部国家发展改革委及农业部会同有关方面，经过大量调查研究和反复论证，2017年1月25日印发了《全国农村沼气发展“十三五”规划》（发改农经〔2017〕178号），系统提出了“十三五”农村沼气发展的指导思想、基本原则、目标任务、发展布局、重大工程、政策措施和组织实施要求。《规划》提出，“十三五”时期农村沼气发展的目标是：转型升级取得重大进展，产业体系基本完善，多元协调发展的格局基本形成，以沼气工程为纽带的种养循环发展模式更加普及，科技支撑与行业监管能力显著提升，服务体系与政策体系更加健全。农村沼气在处理农业废弃物、改善农村环境、供给清洁能源、助推循环农业发展和新农村建设等方面的作用更加突出。同时，《规划》还对上述发展目标进行了量化，并以专栏方式清晰地展现了这些目标。具体包括：新建规模化生物天然气工程172个、规模化大型沼气工程3150个，认定果(菜、茶)沼畜循环农业基地1000个，户用沼气和中小型沼气工程适度有序发展;新增池容2277万立方米，新增沼气生产能力49亿立方米，新增沼肥2651万吨，按氮素折算替代化肥114万吨;年新增秸秆处理能力864万吨、畜禽粪便处理能力7183万吨，替代化石能源349万吨标准煤，二氧化碳减排1762万吨，COD减排372万吨，农村地区沼气消费受益人口达2.3亿人以上。

为实现上述目标，《规划》提出了4项重点任务：一是优化农村沼气发展结构。加快建设规模化生物天然气工程和规模化大型沼气工程，巩固户用沼气和中小型沼气工程建设成果，积极促进沼气建设与生态农业发展有机结合。二是提升三沼产品利用水平。大力发展生物天然气并入天然气管网、罐装和用作车用燃料，沼气发电并网、企业自用和集中供气，推进沼气高值化利用。大力开展沼渣沼液还田，生产加工有机肥、基质、生物农药等多功能利用，推广“‘三园’+沼气工程+畜禽养殖”循环模式，实现沼肥充分高效利用。三是提高科技创新支撑水平。深化科研院所、大专院校和龙头企业之间的合作，依托优势科研团队建设沼气科研创新平台，开展关键环节的技术攻关。结合云计算、大数据、物联网和“互联网+”等新一代信息技术，建设沼气科技服务信息化平台。四是加强服务保障能力建设。创新服务体系建设运营模式和服务机制，推动沼气工程设计、施工标准化。提高沼气人才队伍的专业化和职业化水平，培育新型沼气社会化服务主体。着力提高行业监管能力，建立健全农村沼气工程、产品检测和评估体系，加强沼气生产安全管理。《规划》提出，到2020年，农村沼气转型升级取得重大进展，产业体系基本完善，多元协调发展的格局基本形成，以沼气工程为纽带的种养循环发展模式更加普及，科技支撑与行业监管能力显著提升，服务体系与政策体系更加健全，农村沼气在处理农业废弃物、改善农村环境、供给清洁能源、助推循环农业发展和新农村建设等方面的作用更加突出。生物天然气和大型沼气两项工程的总投资超过“十三五”农村沼气工程总投资的60%。

为落实重点任务，增强规划的操作性，《规划》突出加强了发展布局、重大工程、政策措施等方面的谋划。

划设了3类地区。综合考虑各地区畜禽粪便和秸秆等资源量、沼气发展基础、经济水平、清洁能源需求等因素，将全国31个省(直辖市、自治区)划分为资源量丰富地区、资源量中等地区、资源量一般地区3类地区。对每一类地区，都详细分析该类地区的气候资源特点，明确了发展建设任务，进行分类指导。

设置了4个重大工程。包括：规模化生物天然气工程、规模化大型沼气工程、户用沼气和中小型沼气工程、支撑服务能力建设工程。对每一项工程，都明确了其功能定位和建设内容。其中，生物天然气工程和大型沼气工程是支撑农村沼气转型升级发展的核心工程，这两项工程的总投资超过“十三五”农村沼气工程总投资的60%，中央将继续重点支持这两项工程建设。

提出了5项政策措施。一是建立多元化投入机制。创新政府投入方式，健全政府和社会资本合作机制，充分发挥政府投资放大效益。探索和完善规模化沼气工程的碳排放权交易机制。二是完善农村沼气优惠政策。研究建立规模化养殖场废弃物强制性资源化处理制度和激励机制，完善沼气沼肥等终端产品补贴政策。比照资源循环型企业的政策，支持从事利用畜禽养殖废弃物、秸秆等生产沼气、生物天然气的企业发展。研究建立健全并落实规模化沼气和生物天然气工程项目用地、用电、税收等优惠政策。三是营造产品公平竞争环境。严格落实有关法律法规，推进生物天然气和沼气发电无障碍并入燃气管网及电网并享受相关补贴，对生物天然气和沼气进行全额收购或配额收购，保障生物天然气、沼气发电、沼气集中供气获得公平的市场待遇。四是加快完善沼气标准体系。加快农村沼气标准的制定和修订，包括生物天然气产品标准和并入燃气管网标准、沼肥工程技术规范等，研究制定沼气(生物天然气)前期工作编制规程。五是加强国际合作与交流。学习借鉴发达国家的先进规模化沼气技术和管理经验，引进吸收关键技术设备。充分利用国际金融组赠款、贷款以及直接融资，加强同发达国家政府和企业的合作。

上述政策措施主要是为解决当前生物天然气工程和大型沼气工程建设运营中面临的行业壁垒、体制障碍、政策瓶颈、标准缺失等问题，力争为农村沼气转型升级发展创造良好的环境。

《规划》还提出了加强组织领导、强化行业监管、开展宣传评估等相关要求，以保障规划的顺利实施。

（撰稿：孟赤兵，北京现代循环经济研究院）

法律规章

生态文明建设目标评价考核办法

（中共中央办公厅、国务院办公厅2016年12月印发）

第一章 总则

第一条 为了贯彻落实党的十八大和十八届三中、四中、五中、六中全会精神，加快绿色发展，推进生态文明建设，规范生态文明建设目标评价考核工作，根据有关党内法规和国家法律法规，制定本办法。

第二条 本办法适用于对各省、自治区、直辖市党委和政府生态文明建设目标的评价考核。

第三条 生态文明建设目标评价考核实行党政同责，地方党委和政府领导成员生态文明建设一岗双责，按照客观公正、科学规范、突出重点、注重实效、奖惩并举的原则进行。

第四条 生态文明建设目标评价考核在资源环境生态领域有关专项考核的基础上综合开展，采取评价和考核相结合的方式，实行年度评价、五年考核。

评价重点评估各地区上一年度生态文明建设进展总体情况，引导各地区落实生态文明建设相关工作，每年开展1次。考核主要考查各地区生态文明建设重点目标任务完成情况，强化省级党委和政府生态文明建设的主体责任，督促各地区自觉推进生态文明建设，每个五年规划期结束后开展1次。

第二章 评价

第五条 生态文明建设年度评价（以下简称年度评价）工作由国家统计局、国家发展改革委、环境保护部会同有关部门组织实施。

第六条 年度评价按照绿色发展指标体系实施，主要评估各地区资源利用、环境治理、环境质量、生态保护、增长质量、绿色生活、公众满意程度等方面的变化趋势和动态进展，生成各地区绿色发展指数。

绿色发展指标体系由国家统计局、国家发展改革委、环境保护部会同有关部门制定，可以根据国民经济和社会发展规划纲要以及生态文明建设进展情况作相应调整。

第七条 年度评价应当在每年8月底前完成。

第八条 年度评价结果应当向社会公布，并纳入生态文明建设目标考核。

第三章 考核

第九条 生态文明建设目标考核（以下简称目标考核）工作由国家发展改革委、环境保护部、中央组织部牵头，会同财政部、国土资源部、水利部、农业部、国家统计局、国家林业局、国家海洋局等部门组织实施。

第十条 目标考核内容主要包括国民经济和社会发展规划纲要中确定的资源环境约束性指标，以及党中央、国务院部署的生态文明建设重大目标任务完成情况，突出公众的获得感。考核目标体系由国家发展改革委、环境保护部会同有关部门制定，可以根据国民经济和社会发展规划纲要以及生态文明建设进展情况作相应调整。

有关部门应当根据国家生态文明建设的总体要求，结合各地区经济社会发展水平、资源环境禀赋等因素，将考核目标科学合理分解落实到各省、自治区、直辖市。

第十一条 目标考核在五年规划期结束后的次年开展，并于9月底前完成。各省、自治区、直辖市党委和政府应当对照考核目标体系开展自查，在五年规划期结束次年的6月底前，向党中央、国务院报送生态文明建设目标任务完成情况自查报告，并抄送考核牵头部门。资源环境生态领域有关专项考核的实施部门应当在五年规划期结束次年的6月底前，将五年专项考核结果送考核牵头部门。

第十二条 目标考核采用百分制评分和约束性指标完成情况等相结合的方法，考核结果划分为优秀、良好、合格、不合格四个等级。考核牵头部门汇总各地区考核实际得分以及有关情况，提出考核等级划分、考核结果处理等建议，并结合领导干部自然资源资产离任审计、领导干部环境保护责任离任审计、环境保护督察等结果，形成考核报告。

考核等级划分规则由考核牵头部门根据实际情况另行制定。

第十三条 考核报告经党中央、国务院审定后向社会公布，考核结果作为各省、自治区、直辖市党政领导班子和领导干部综合考核评价、干部奖惩任免的重要依据。

对考核等级为优秀、生态文明建设工作成效突出的地区，给予通报表扬；对考核等级为不合格的地区，进行通报批评，并约谈其党政主要负责人，提出限期整改要求；对生态环境损害明显、责任事件多发地区的党政主要负责人和相关负责人（含已经调离、提拔、退休的），按照《党政领导干部生态环境损害责任追究办法（试行）》等规定，进行责任追究。

第四章 实施

第十四条 国家发展改革委、环境保护部、中央组织部会同国家统计局等部门建立生态文明建设目标评价考核部际协作机制，研究评价考核工作重大问题，提出考核等级划分、考核结果处理等建议，讨论形成考核报告，报请党中央、国务院审定。

第十五条 生态文明建设目标评价考核采用有关部门组织开展专项考核认定的数据、相关统计和监测数据，以及自然资源资产负债表数据成果，必要时评价考核牵头部门可以对专项考核等数据作进一步核实。

因重大自然灾害等非人为因素导致有关考核目标未完成的，经主管部门核实后，对有关地区相关考核指标得分进行综合判定。

第十六条 有关部门和各地区应当切实加强生态文明建设领域统计和监测的人员、设备、科研、信息平台等基础能力建设，加大财政支持力度，增加指标调查频率，提高数据的科学性、准确性和一致性。

第五章 监督

第十七条 参与评价考核工作的有关部门和机构应当严格执行工作纪律，坚持原则、实事求是，确保评价考核工作客观公正、依规有序开展。各省、自治区、直辖市不得篡改、伪造或者指使篡改、伪造相关统计和监测数据，对于存在上述问题并被查实的地区，考核等级确定为不合格。对徇私舞弊、瞒报谎报、篡改数据、伪造资料等造成评价考核结果失真失实的，由纪检监察机关和组织（人事）部门按照有关规定严肃追究有关单位和人员责任；涉嫌犯罪的，依法移送司法机关处理。

第十八条 有关地区对考核结果和责任追究决定有异议的，可以向作出考核结果和责任追究决定的机关和部门提出书面申诉，有关机关和部门应当依据相关规定受理并进行处理。

第六章 附则

第十九条 各省、自治区、直辖市党委和政府可以参照本办法，结合本地区实际，制定针对下

一级党委和政府的生态文明建设目标评价考核办法。

第二十条 本办法由国家发展改革委、环境保护部、中央组织部、国家统计局商有关部门负责解释。

第二十一条 本办法自2016年12月2日起施行。

水污染防治行动计划实施情况考核规定（试行）

（环水体[2016]179号 环境保护部 发展改革委 科技部 工业和信息化部 财政部 国土资源部 住房城乡建设部 交通运输部 水利部 农业部 卫计生委2016年12月6日印发）

第一条 为严格落实水污染防治工作责任，强化监督管理，加快改善水环境质量，根据《国务院关于印发水污染防治行动计划的通知》（国发〔2015〕17号）等，制定本规定。

第二条 本规定适用于对各省（区、市）人民政府《水污染防治行动计划》（以下简称《水十条》）实施情况及水环境质量管理的年度考核和终期考核。

第三条 考核工作坚持统一协调与分工负责相结合、质量优先与兼顾任务相结合、定量评价与定性评估相结合、日常检查与年终抽查相结合、行政考核与社会监督相结合的原则。

第四条 考核内容包括水环境质量目标完成情况和水污染防治重点工作完成情况两个方面。以水环境质量目标完成情况作为刚性要求，兼顾水污染防治重点工作完成情况。

水环境质量目标包括：地表水水质优良比例和劣Ⅴ类水体控制比例、地级及以上城市建成区黑臭水体控制比例、地级及以上城市集中式饮用水水源水质达到或优于Ⅲ类比例、地下水质量极差控制比例、近岸海域水质状况等五个方面。

水污染防治重点工作包括：工业污染防治、城镇污染治理、农业农村污染防治、船舶港口污染控制、水资源节约保护、水生态环境保护、强化科技支撑、各方责任及公众参与等八个方面。

考核指标见附1，指标解释及评分细则见附2。

第五条 考核采用评分法，水环境质量目标完成情况和水污染防治重点工作完成情况满分均为100分，考核结果分为优秀、良好、合格、不合格四个等级。

以水环境质量目标完成情况划分等级，评分90分及以上为优秀、80分（含）至90分为良好、60分（含）至80分为合格、60分以下为不合格（即未通过考核）。

以水污染防治重点工作完成情况进行校核，评分大于60分（含），水环境质量评分等级即为考核结果；评分小于60分，水环境质量评分等级降一档作为考核结果。日常检查情况作为重点工作完成情况考核的基本内容纳入年度考核计分。

遇重大自然灾害（如干旱、洪涝、地震等）或重大工程建设、调度等，对上下游、左右岸水环境质量产生重大影响以及其他重大特殊情形的，可结合重点工作完成情况，综合考虑后最终确定年度考核结果。

自2017年至2020年，逐年对上年度各地《水十条》实施情况进行年度考核，考核水环境质量目标完成情况和水污染防治重点工作完成情况。

2021年对2020年度进行终期考核，仅考核水环境质量目标完成情况。水环境质量目标完成情况60分以下，或地表水水质优良比例、劣Ⅴ类水体控制比例任何一项未达到目标，终期考核认定为不合格。

第六条 地方人民政府是《水十条》实施的责任主体。各省（区、市）人民政府要依据国家确定的水环境质量目标，制定本地区水污染防治工作方案，将目标、任务逐级分解到市（地）、县级人民政府，把重点任务落实到相关部门和企业，确定年度水环境质量目标，合理安排重点任务和治理项目实施进度，明确资金来源、配套政策、责任部门和保障措施等。

第七条 考核工作由环境保护部牵头、中央组织部参与。环境保护部会同国务院相关部门组成考核工作组，负责组织实施考核工作。

第八条 考核采取以下步骤：

（一）自查评分。各省（区、市）人民政府应按照考核要求，建立包括电子信息在内的工作台账，对《水十条》实施情况进行全面自查和自评打分，于每年1月底前将上年度自查报告报送环境保护部，抄送国务院办公厅和《水十条》各任务牵头单位。自查报告应包括水环境质量目标和水污染防治重点工作等完成情况。

（二）部门审查。《水十条》各任务牵头单位会同参与部门负责相应重点任务的考核，结合日常监督检查情况，对各省（区、市）人民政府自查报告进行审查，形成书面意见于每年3月底前报送环境保护部。

环境保护区域督查机构应将地方政府及其有关部门贯彻落实《水十条》的情况纳入环境保护督察或综合督查、专项督查等环境保护督政工作范畴，有关情况及时报送环境保护部。环境保护部统一汇总后抄送《水十条》各任务牵头单位及相关省级政府。

（三）组织抽查。环境保护部会同有关部门采取“双随机（随机选派人员、随机抽查部分地区）”方式，根据各省（区、市）人民政府的自查报告、各牵头部门的书面意见和环境督查情况，对被抽查的省（区、市）进行实地考核，形成抽查考核报告。

（四）综合评价。环境保护部对相关部门审查和抽查情况进行汇总，作出综合评价，于每年4月底前形成考核结果，5月底前报告国务院。

第九条 考核结果经国务院审定后，由环境保护部向各省（区、市）人民政府通报，向社会公开，并交由中央干部主管部门作为对各省（区、市）领导班子和领导干部综合考核评价的重要依据。

对未通过年度考核的地区，由环境保护部会同中央组织部约谈省（区、市）人民政府及其相关部门有关负责人，提出整改意见，予以督促，并暂停审批该地区有关责任城市新增排放重点水污染物的建设项目（民生项目与节能减排项目除外）环境影响评价文件；整改期满后仍达不到要求的，相关部门取消其环境保护模范城市、生态文明建设示范区、节水型城市、园林城市、卫生城市等荣誉称号。

对未通过2020年考核的地区，除暂停审批该地区所有新增排放重点水污染物的建设项目（民生项目与节能减排项目除外）环境影响评价文件外，要加大问责力度，必要时由国务院领导同志约谈省（区、市）人民政府主要负责人。落实《党政领导干部生态环境损害责任追究办法（试行）》等要求，依法依纪追究有关领导干部的责任。

对水质改善明显和进步较大的地区进行通报表扬。

中央财政将考核结果作为水污染防治相关资金分配的参考依据。

第十条 在考核中对干预、伪造数据和没有完成目标任务的，要依法依纪追究有关单位和人员责任。在考核过程中发现违纪问题需要追究问责的，按相关程序移送纪检监察机关办理。

第十一条 各省（区、市）人民政府可根据本规定，结合各自实际情况，对本地区《水十条》实施情况开展考核。

第十二条 本规定由环境保护部、中央组织部负责解释。

污染地块土壤环境管理办法（试 行）

（部令 第42号环境保护部 2016年12月31日印发）

第一章 总 则

第一条 为了加强污染地块环境保护监督管理，防控污染地块环境风险，根据《中华人民共和国环境保护法》等法律法规和国务院发布的《土壤污染防治行动计划》，制定本办法。

第二条 本办法所称疑似污染地块，是指从事过有色金属冶炼、石油加工、化工、焦化、电镀、制革等行业生产经营活动，以及从事过危险废物贮存、利用、处置活动的用地。

按照国家技术规范确认超过有关土壤环境标准的疑似污染地块，称为污染地块。

本办法所称疑似污染地块和污染地块相关活动，是指对疑似污染地块开展的土壤环境初步调查活动，以及对污染地块开展的土壤环境详细调查、风险评估、风险管控、治理与修复及其效果评估等活动。

第三条 拟收回土地使用权的，已收回土地使用权的，以及用途拟变更为居住用地和商业、学校、医疗、养老机构等公共设施用地的疑似污染地块和污染地块相关活动及其环境保护监督管理，适用本办法。

不具备本条第一款情形的疑似污染地块和污染地块土壤环境管理办法另行制定。

放射性污染地块环境保护监督管理，不适用本办法。

第四条 环境保护部对全国土壤环境保护工作实施统一监督管理。

地方各级环境保护主管部门负责本行政区域内的疑似污染地块和污染地块相关活动的监督管理。

按照国家有关规定，县级环境保护主管部门被调整为设区的市级环境保护主管部门派出分局的，由设区的市级环境保护主管部门组织所属派出分局开展疑似污染地块和污染地块相关活动的监督管理。

第五条 环境保护部制定疑似污染地块和污染地块相关活动方面的环境标准和技术规范。

第六条 环境保护部组织建立全国污染地块土壤环境管理信息系统（以下简称污染地块信息系统）。

县级以上地方环境保护主管部门按照环境保护部的规定，在本行政区域内组织建设和应用污染地块信息系统。

疑似污染地块和污染地块的土地使用权人应当按照环境保护部的规定，通过污染地块信息系统，在线填报并提交疑似污染地块和污染地块相关活动信息。

县级以上环境保护主管部门应当通过污染地块信息系统，与同级城乡规划、国土资源等部门实现信息共享。

第七条 任何单位或者个人有权向环境保护主管部门举报未按照本办法规定开展疑似污染地块

和污染地块相关活动的行为。

第八条 环境保护主管部门鼓励和支持社会组织，对造成土壤污染、损害社会公共利益的行为，依法提起环境公益诉讼。

第二章 各方责任

第九条 土地使用权人应当按照本办法的规定，负责开展疑似污染地块和污染地块相关活动，并对上述活动的结果负责。

第十条 按照“谁污染，谁治理”原则，造成土壤污染的单位或者个人应当承担治理与修复的主体责任。

责任主体发生变更的，由变更后继承其债权、债务的单位或者个人承担相关责任。

责任主体灭失或者责任主体不明确的，由所在地县级人民政府依法承担相关责任。

土地使用权依法转让的，由土地使用权受让人或者双方约定的责任人承担相关责任。

土地使用权终止的，由原土地使用权人对其使用该地块期间所造成的土壤污染承担相关责任。

土壤污染治理与修复实行终身责任制。

第十一条 受委托从事疑似污染地块和污染地块相关活动的专业机构，或者受委托从事治理与修复效果评估的第三方机构，应当遵守有关环境标准和技术规范，并对相关活动的调查报告、评估报告的真实性、准确性、完整性负责。

受委托从事风险管控、治理与修复的专业机构，应当遵守国家有关环境标准和技术规范，按照委托合同的约定，对风险管控、治理与修复的效果承担相应责任。

受委托从事风险管控、治理与修复的专业机构，在风险管控、治理与修复等活动中弄虚作假，造成环境污染和生态破坏，除依照有关法律法规接受处罚外，还应当依法与造成环境污染和生态破坏的其他责任者承担连带责任。

第三章 环境调查与风险评估

第十二条 县级环境保护主管部门应当根据国家有关保障工业企业场地再开发利用环境安全的规定，会同工业和信息化、城乡规划、国土资源等部门，建立本行政区域疑似污染地块名单，并及时上传污染地块信息系统。

疑似污染地块名单实行动态更新。

第十三条 对列入疑似污染地块名单的地块，所在地县级环境保护主管部门应当书面通知土地使用权人。

土地使用权人应当自接到书面通知之日起六个月内完成土壤环境初步调查，编制调查报告，及时上传污染地块信息系统，并将调查报告主要内容通过其网站等便于公众知晓的方式向社会公开。

土壤环境初步调查应当按照国家有关环境标准和技术规范开展，调查报告应当包括地块基本信息、疑似污染地块是否为污染地块的明确结论等主要内容，并附具采样信息和检测报告。

第十四条 设区的市级环境保护主管部门根据土地使用权人提交的土壤环境初步调查报告建立污染地块名录，及时上传污染地块信息系统，同时向社会公开，并通报各污染地块所在地县级人民政府。

对列入名录的污染地块，设区的市级环境保护主管部门应当按照国家有关环境标准和技术规范，确定该污染地块的风险等级。

污染地块名录实行动态更新。

第十五条 县级以上地方环境保护主管部门应当对本行政区域具有高风险的污染地块，优先开展环境保护监督管理。

第十六条 对列入污染地块名录的地块，设区的市级环境保护主管部门应当书面通知土地使用权人。

土地使用权人应当在接到书面通知后，按照国家有关环境标准和技术规范，开展土壤环境详细调查，编制调查报告，及时上传污染地块信息系统，并将调查报告主要内容通过其网站等便于公众知晓的方式向社会公开。

土壤环境详细调查报告应当包括地块基本信息，土壤污染物的分布状况及其范围，以及对土壤、地表水、地下水、空气污染的影响情况等主要内容，并附具采样信息和检测报告。

第十七条 土地使用权人应当按照国家有关环境标准和技术规范，在污染地块土壤环境详细调查的基础上开展风险评估，编制风险评估报告，及时上传污染地块信息系统，并将评估报告主要内容通过其网站等便于公众知晓的方式向社会公开。

风险评估报告应当包括地块基本信息、应当关注的污染物、主要暴露途径、风险水平、风险管控以及治理与修复建议等主要内容。

第四章 风险管控

第十八条 污染地块土地使用权人应当根据风险评估结果，并结合污染地块相关开发利用计划，有针对性地实施风险管控。

对暂不开发利用的污染地块，实施以防止污染扩散为目的的风险管控。

对拟开发利用为居住用地和商业、学校、医疗、养老机构等公共设施用地的污染地块，实施以安全利用为目的的风险管控。

第十九条 污染地块土地使用权人应当按照国家有关环境标准和技术规范，编制风险管控方案，及时上传污染地块信息系统，同时抄送所在地县级人民政府，并将方案主要内容通过其网站等便于公众知晓的方式向社会公开。

风险管控方案应当包括管控区域、目标、主要措施、环境监测计划以及应急措施等内容。

第二十条 土地使用权人应当按照风险管控方案要求，采取以下主要措施：

（一）及时移除或者清理污染源；

（二）采取污染隔离、阻断等措施，防止污染扩散；

（三）开展土壤、地表水、地下水、空气环境监测；

（四）发现污染扩散的，及时采取有效补救措施。

第二十一条 因采取风险管控措施不当等原因，造成污染地块周边的土壤、地表水、地下水或者空气污染等突发环境事件的，土地使用权人应当及时采取环境应急措施，并向所在地县级以上环境保护主管部门和其他有关部门报告。

第二十二条 对暂不开发利用的污染地块，由所在地县级环境保护主管部门配合有关部门提出划定管控区域的建议，报同级人民政府批准后设立标识、发布公告，并组织开展土壤、地表水、地下水、空气环境监测。

第五章 治理与修复

第二十三条 对拟开发利用为居住用地和商业、学校、医疗、养老机构等公共设施用地的污染地块，经风险评估确认需要治理与修复的，土地使用权人应当开展治理与修复。

第二十四条 对需要开展治理与修复的污染地块，土地使用权人应当根据土壤环境详细调查报告、风险评估报告等，按照国家有关环境标准和技术规范，编制污染地块治理与修复工程方案，并及时上传污染地块信息系统。

土地使用权人应当在工程实施期间，将治理与修复工程方案的主要内容通过其网站等便于公众知晓的方式向社会公开。

工程方案应当包括治理与修复范围和目标、技术路线和工艺参数、二次污染防范措施等内容。

第二十五条　污染地块治理与修复期间，土地使用权人或者其委托的专业机构应当采取措施，防止对地块及其周边环境造成二次污染；治理与修复过程中产生的废水、废气和固体废物，应当按照国家有关规定进行处理或者处置，并达到国家或者地方规定的环境标准和要求。

治理与修复工程原则上应当在原址进行；确需转运污染土壤的，土地使用权人或者其委托的专业机构应当将运输时间、方式、线路和污染土壤数量、去向、最终处置措施等，提前五个工作日向所在地和接收地设区的市级环境保护主管部门报告。

修复后的土壤再利用应当符合国家或者地方有关规定和标准要求。

治理与修复期间，土地使用权人或者其委托的专业机构应当设立公告牌和警示标识，公开工程基本情况、环境影响及其防范措施等。

第二十六条　治理与修复工程完工后，土地使用权人应当委托第三方机构按照国家有关环境标准和技术规范，开展治理与修复效果评估，编制治理与修复效果评估报告，及时上传污染地块信息系统，并通过其网站等便于公众知晓的方式公开，公开时间不得少于两个月。

治理与修复效果评估报告应当包括治理与修复工程概况、环境保护措施落实情况、治理与修复效果监测结果、评估结论及后续监测建议等内容。

第二十七条　污染地块未经治理与修复，或者经治理与修复但未达到相关规划用地土壤环境质量要求的，有关环境保护主管部门不予批准选址涉及该污染地块的建设项目环境影响报告书或者报告表。

第二十八条　县级以上环境保护主管部门应当会同城乡规划、国土资源等部门，建立和完善污染地块信息沟通机制，对污染地块的开发利用实行联动监管。

污染地块经治理与修复，并符合相应规划用地土壤环境质量要求后，可以进入用地程序。

第六章　监督管理

第二十九条　县级以上环境保护主管部门及其委托的环境监察机构，有权对本行政区域内的疑似污染地块和污染地块相关活动进行现场检查。被检查单位应当予以配合，如实反映情况，提供必要的资料。实施现场检查的部门、机构及其工作人员应当为被检查单位保守商业秘密。

第三十条　县级以上环境保护主管部门对疑似污染地块和污染地块相关活动进行监督检查时，有权采取下列措施：

（一）向被检查单位调查、了解疑似污染地块和污染地块的有关情况；

（二）进入被检查单位进行现场核查或者监测；

（三）查阅、复制相关文件、记录以及其他有关资料；

（四）要求被检查单位提交有关情况说明。

第三十一条　设区的市级环境保护主管部门应当于每年的12月31日前，将本年度本行政区域的污染地块环境管理工作情况报省级环境保护主管部门。

省级环境保护主管部门应当于每年的1月31日前，将上一年度本行政区域的污染地块环境管理工作情况报环境保护部。

第三十二条　违反本办法规定，受委托的专业机构在编制土壤环境初步调查报告、土壤环境详

细调查报告、风险评估报告、风险管控方案、治理与修复方案过程中，或者受委托的第三方机构在编制治理与修复效果评估报告过程中，不负责任或者弄虚作假致使报告失实的，由县级以上环境保护主管部门将该机构失信情况记入其环境信用记录，并通过企业信用信息公示系统向社会公开。

第七章 附 则

第三十三条 本办法自2017年7月1日起施行。

排污许可证管理暂行规定

（环水体[2016]186号　环境保护部2016年12月23日印发）

第一章 总则

第一条 为规范排污许可证管理，根据《中华人民共和国环境保护法》《中华人民共和国水污染防治法》《中华人民共和国大气污染防治法》《中华人民共和国行政许可法》等法律规定和《国务院办公厅关于印发控制污染物排放许可制实施方案的通知》(国办发2016〕81号)，制定本规定。

第二条 排污许可证的申请、核发、实施、监管等行为，适用本规定。

第三条 本规定所称排污许可，是指环境保护主管部门依排污单位的申请和承诺，通过发放排污许可证法律文书形式，依法依规规范和限制排污单位排污行为并明确环境管理要求，依据排污许可证对排污单位实施监管执法的环境管理制度。

本规定所称排污单位特指纳入排污许可分类管理名录的企业事业单位和其他生产经营者。

第四条 下列排污单位应当实行排污许可管理：

(一)排放工业废气或者排放国家规定的有毒有害大气污染物的企业事业单位。

(二)集中供热设施的燃煤热源生产运营单位。

(三)直接或间接向水体排放工业废水和医疗污水的企业事业单位。

(四)城镇或工业污水集中处理设施的运营单位。

(五)依法应当实行排污许可管理的其他排污单位。

环境保护部按行业制订并公布排污许可分类管理名录,分批分步骤推进排污许可证管理。排污单位应当在名录规定的时限内持证排污，禁止无证排污或不按证排污。

第五条 环境保护部根据污染物产生量、排放量和环境危害程度的不同，在排污许可分类管理名录中规定对不同行业或同一行业的不同类型排污单位实行排污许可差异化管理。对污染物产生量和排放量较小、环境危害程度较低的排污单位实行排污许可简化管理，简化管理的内容包括申请材料、信息公开、自行监测、台账记录、执行报告的具体要求。

第六条 对排污单位排放水污染物、大气污染物的各类排污行为实行综合许可管理。排污单位申请并领取一个排污许可证，同一法人单位或其他组织所有，位于不同地点的排污单位，应当分别申请和领取排污许可证;不同法人单位或其他组织所有的排污单位，应当分别申请和领取排污许可证。

第七条 环境保护部负责全国排污许可制度的统一监督管理，制订相关政策、标准、规范，指导地方实施排污许可制度。

省、自治区、直辖市环境保护主管部门负责本行政区域排污许可制度的组织实施和监督。县级环境保护主管部门负责实施简化管理的排污许可证核发工作，其余的排污许可证原则上由地(市)级环境保护主管部门负责核发。地方性法规另有规定的从其规定。

按照国家有关规定，县级环境保护主管部门被调整为市级环境保护主管部门派出分局的，由市级环境保护主管部门组织所属派出分局实施排污许可证核发管理。

第八条 环境保护部负责建设、运行、维护、管理国家排污许可证管理信息平台，各地现有的排污许可证管理信息平台应实现数据的逐步接入。环境保护部在统一社会信用代码基础上，通过国家排污许可证管理信息平台对全国的排污许可证实行统一编码。排污许可证申请、受理、审核、发放、变更、延续、注销、撤销、遗失补办应当在国家排污许可证管理信息平台上进行。排污许可证的执行、监管执法、社会监督等信息应当在国家排污许可证管理信息平台上记录。

第二章 排污许可证内容

第九条 排污许可证由正本和副本构成，正本载明基本信息，副本载明基本信息、许可事项、管理要求等信息。

第十条 下列许可事项应当在排污许可证副本中载明：

(一)排污口位置和数量、排放方式、排放去向等。

(二)排放污染物种类、许可排放浓度、许可排放量。

(三)法律法规规定的其他许可事项。

对实行排污许可简化管理的排污单位，许可事项可只包括(一)以及(二)中的排放污染物种类、许可排放浓度。

核发机关根据污染物排放标准、总量控制指标、环境影响评价文件及批复要求等，依法合理确定排放污染物种类、浓度及排放量。

对新改扩建项目的排污单位，环境保护主管部门对上述内容进行许可时应当将环境影响评价文件及批复的相关要求作为重要依据。

排污单位承诺执行更加严格的排放浓度和排放量并为此享受国家或地方优惠政策的，应当将更加严格的排放浓度和排放量在副本中载明。

地方人民政府制定的环境质量限期达标规划、重污染天气应对措施中，对排污单位污染物排放有特别要求的，应当在排污许可证副本中载明。

山东省循环经济条例

(2016年7月22日山东省第十二届人民代表大会常务委员会第二十二次会议通过)

第一章 总则

第一条 为了发展循环经济，提高资源利用效率，保护和改善环境，推进生态文明建设，根据《中华人民共和国循环经济促进法》等法律、行政法规，结合本省实际，制定本条例。

第二条 本省行政区域内生产、流通和消费等过程中进行的减量化、再利用、资源化等循环经济活动以及相关的管理与服务，适用本条例。

本条例所称减量化，是指在生产、流通和消费等过程中减少资源消耗和废物产生。

本条例所称再利用，是指将废物直接作为产品或者经修复、翻新、再制造后继续作为产品使用，或者将废物的全部或者部分作为其他产品的部件予以使用。

本条例所称资源化，是指将废物直接作为原料进行利用或者对废物进行再生利用。

第三条　发展循环经济应当坚持减量化优先，遵循市场引导、政府推动、单位实施、公众参与的原则。

第四条　县级以上人民政府应当将发展循环经济纳入国民经济和社会发展规划及年度计划，建立健全循环经济工作机制和评价指标体系，制定有利于推动循环经济发展的政策措施并组织实施，协调解决循环经济工作中的重大问题，提高循环经济发展水平。

第五条　省人民政府经济和信息化主管部门和设区的市、县(市、区)人民政府循环经济发展综合管理部门(以下统称循环经济主管部门)，负责组织协调、监督管理本行政区域的循环经济发展工作。

县级以上人民政府其他有关部门，按照各自职责做好循环经济发展的相关工作。

第六条　县级以上人民政府循环经济主管部门应当会同有关部门编制本行政区域循环经济发展规划，报本级人民政府批准后公布施行。

县级以上人民政府有关部门编制环境保护、科学技术、产业发展等相关规划，应当包括发展循环经济的内容。

第七条　县级以上人民政府应当采取措施，组织引导高等院校、科学研究机构与企业开展多种形式的产学研联合，对减量化、再利用、资源化等关键技术进行研究开发与成果转化推广，提高循环经济技术支撑能力和创新能力。

第八条　县级以上人民政府应当加强循环经济知识的宣传和普及工作，引导社会公众自觉参与循环经济活动，鼓励基层群众性自治组织、社会组织和志愿者开展循环经济法律法规知识宣传，营造发展循环经济的良好氛围。

公民应当增强节约资源和保护环境意识，合理消费，使用节能、节水、节材和有利于保护环境的产品及再生产品，减少废弃物的产生和排放。

新闻媒体应当开展循环经济法律法规知识宣传，对违法行为进行舆论监督。

第九条　省和设区的市人民政府循环经济主管部门应当推进循环经济公共服务平台建设，提供循环经济相关信息的采集、发布以及政策引导、技术推广、金融支持等服务，提升公共服务水平，促进循环经济发展。

鼓励和支持行业协会、中介机构和其他社会组织开展循环经济政策研究、推广宣传、技术指导和咨询服务。

第二章　减量化

第十条　实行区域能源消费、水资源消耗、主要污染物排放总量控制制度。

省和设区的市人民政府应当根据当地经济发展水平、产业结构、节能潜力及重大生产力布局等因素，将能源消费总量、用水总量、主要污染物排放总量控制指标分解落实到下级人民政府、重点单位。设区的市、县(市、区)人民政府及重点单位应当完成上级人民政府下达的控制指标。

县级以上人民政府相关部门应当建立健全能耗、水耗监督管理制度，对年综合能源消费量、用水量超过规定总量的重点单位，实行重点监督管理。

第十一条　省人民政府循环经济主管部门应当会同有关部门，定期发布循环经济产业发展指导目录和循环经济技术、工艺及设备导向目录，引导生产经营者应用先进适用的循环经济技术、工艺和设备。

禁止生产、进口、销售列入国家淘汰名录的设备、材料和产品，禁止使用列入国家淘汰名录的技术、工艺、设备和材料。

新建、改建和扩建项目使用国家淘汰名录所列技术、工艺、设备、材料和产品的，有关部门不得批准和办理相关手续。

第十二条 产品及其包装物设计，应当符合国家和省有关标准，优先选用生态设计方案和易回收、易拆解、易降解、少污染的材料，减少包装材料的过度使用和包装性废物的产生。禁止违反国家强制性标准对产品进行过度包装。

县级以上人民政府循环经济主管部门应当会同质量技术监督等主管部门建立产品过度包装不良记录公开制度，定期向社会公布产品过度包装的企业和其他生产经营者名单。

第十三条 企业和其他生产经营者应当采用先进适用的节能节水技术、工艺和设备，实施节能节水改造与系统优化，对生产用能用水进行全过程控制，建立用能用水定额管理制度、消耗统计和使用状况分析制度，建设节能节水型企业。

鼓励优先使用新能源、可再生能源;鼓励和支持使用雨水、海水、再生水、矿井水等非常规水资源。在有条件使用非常规水资源的地区，禁止将自来水作为城市道路清扫、城市绿化、景观用水和洗车使用，减少地下水的开采。

第十四条 县级以上人民政府水利、农业等主管部门，应当加强农田水利建设和节水灌溉技术改造，实行用水定额管理，因地制宜推广渠道防渗、暗渠、管道输水灌溉、喷灌、微灌、用水计量和智能控制技术，提高水资源利用效率。

第十五条 县级以上人民政府农业、林业等主管部门，应当依法加强对农业生产过程以及化肥、农药等生产投入品的管理，建立集约化农业和生态农业示范基地，因地制宜推广种养结合、农林废弃物资源化利用、秸秆还田技术和测土配方施肥、有机肥替代化肥、水肥一体化等节肥技术，实施物理、生物等绿色防控措施，合理控制农药、化肥使用量。

企业和其他生产经营者应当采用先进的设计、技术、工艺和设备，减少木材加工过程中能源、原材料和投入品消耗，提高木材利用效率。

第十六条 县级以上人民政府应当采取有效措施，引导并支持企业和个人开展盐碱地、土壤污染耕地改良修复，利用盐碱地、采矿塌陷区发展水产养殖等，推进土地节约集约利用。

第十七条 城镇新建建筑物应当符合建筑节能和绿色建筑标准，采用有利于资源循环利用和保护环境的建筑设计方案，使用节能、节水、节地、节材的技术、工艺、设备和材料，因地制宜利用太阳能、风能、地热能等可再生能源。

城镇新区应当按照生态、低碳、宜居的理念进行规划、建设和管理，推进绿色生态城区建设。

第十八条 县级以上人民政府应当按照国家和省有关规定，制定并组织实施既有建筑节能改造规划和年度改造计划，对不符合建筑节能标准且具有改造价值的既有建筑物进行节能改造。

建筑物和市政公用设施所有者或者使用者应当采取措施，加强维护管理，延长其使用寿命。对符合城乡规划和工程建设标准，且在合理使用寿命内的建筑物，除为了公共利益的需要外，当地人民政府不得决定拆除。

鼓励建设单位提供产业化装修一次到位的建筑物，提高建筑资源利用效率。国家机关及使用财政性资金的其他组织的办公用房装修完成十年内能够正常使用的，不得再次装修;超过十年需要再次装修的，应当按照规定程序报批。

第十九条 县级以上人民政府应当优先发展公共交通，合理规划建设公共交通体系，推广应用节能环保的交通运输工具，因地制宜建设公共自行车租赁系统，支持、引导公众利用公共交通工具和非机动车出行。

公共停车场、住宅小区和有条件的国家机关、企业事业单位应当根据需要，规划、建设电动交通运输工具充电设施。

第二十条 县级以上人民政府机关事务主管部门应当建立公共机构资源消耗计量统计制度，对能源、水等资源消耗实行定额管理。

公共机构应当节约集约利用资源，带头使用节能、节水、节地、节材产品，节约使用办公用品，推行电子化办公。

第二十一条 禁止生产不符合国家有关标准的塑料袋。超市、商场等商品零售场所不得免费提供塑料袋，倡导使用绿色环保购物袋。

餐饮、娱乐、宾馆等服务性企业，应当鼓励和引导消费者减少使用一次性用品。

第三章 再利用和资源化

第二十二条 煤炭、电力、钢铁、有色金属、石油加工、化工、建材、纺织、造纸等行业，应当积极研究开发和推广循环经济产业链接技术，推进企业间、行业间、产业间耦合共生，实现能量梯级利用、资源循环利用和废物交换利用。

企业应当按照循环经济的要求对生产技术、工艺和设备进行改造，优化经济要素和资源配置，延伸循环经济产业链条，实现资源的高效利用和循环使用。

第二十三条 高新技术产业开发区、经济开发区等园区，应当积极利用大数据、物联网等技术，实现园区内企业的废物交换利用、能量梯级利用、土地集约利用和水的分类循环利用。

第二十四条 企业应当加大科研开发力度，对生产过程中产生的赤泥、尾矿、冶炼渣、煤矸石等工业废物以及余压、余热进行综合利用;不具备综合利用条件的，应当提供给具备条件的生产经营者进行综合利用或者无害化处理。

具有市场支配地位的经营者不得以抬高售价、拒绝交易等手段，限制资源综合利用企业购买生产所必需的原材料。

鼓励和支持资源综合利用发电企业向社会供电、供热;符合国家规定条件的，享受可再生资源发电优先并网等优惠政策。

第二十五条 鼓励和支持符合国家规定条件的企业开展机动车零部件、工程机械、矿山机械、机床、办公设备等产品的再制造和废弃电器电子产品、报废机动车船、废轮胎、废铅酸电池等特定产品的再利用,并防止产生再次污染。

再制造、再利用产品应当符合国家规定的质量标准，并在显著位置标识为再制造、再利用产品。

第二十六条 新建、改建和扩建下列建设项目，建设单位应当按照再生水利用设施建设规范和标准，配套建设再生水利用设施:

(一)建筑面积超过二万平方米的宾馆、饭店、公寓、综合性服务楼;

(二)建筑面积超过三万平方米的国家机关、非企业单位和综合性文化体育设施;

(三)日均排水量超过三百立方米的工业企业。

第二十七条 新建、改建和扩建城市基础设施、建筑与小区，应当同步建造雨水收集、利用、下渗等设施，推行雨污分流，提高雨水的资源化利用效率。

第二十八条 各级人民政府应当采取措施，支持农业生产者和相关企业推进生物质发电、供热、沼气等综合利用设施建设，对农作物秸秆、畜禽粪便和农产品加工副产物进行综合利用，对废旧农业生产设施设备和农药包装废弃物、废农用薄膜等进行回收利用。

第二十九条　畜禽养殖场、养殖小区应当根据养殖规模和污染防治需要，建设相应的畜禽粪便、污水与雨水分流设施，畜禽粪便、污水、病死畜禽等贮存设施及综合利用和无害化处理设施。

集中连片的渔业养殖区应当建设配套的污水处理设施。

第三十条　建立和推行种植业、林业、畜牧业、渔业综合循环生产模式。

鼓励和支持种养大户、家庭农场、农民专业合作社和农业龙头企业等新型经营主体开展联合与协作，推进统防统治、种养循环和废弃物资源化利用。

第三十一条　新建、改建、扩建及拆除建筑物、构筑物，施工单位应当对产生的建筑废弃物进行现场分类，可以重复利用的应当进行再利用;不能再利用的，应当按照规定进行无害化处理。

第三十二条　县级以上人民政府商务主管部门应当建立再生资源回收体系，合理布局再生资源回收网点、交易市场、分拣加工中心，支持再生资源回收企业和其他相关企业开展再生资源收集、分类、初加工、储存、运输和交易。

第三十三条　县级以上人民政府应当建立和完善城乡生活垃圾分类收集、资源化利用体系，实施生活垃圾分类收集、密闭运输和资源化利用、无害化处理。

机场、港口、车站、公园、商店、学校等公共场所的经营管理单位，应当设置生活垃圾分类收集设施。

鼓励和引导公民对生活垃圾进行分类放置，实现垃圾分类回收。

第三十四条　具备条件的水泥、电力和钢铁等企业可以与政府或者产生废弃物的企业签订协议，协同处理城市及产业废弃物，实现废弃物资源化利用和无害化处理。

第三十五条　鼓励电器电子产品生产者参与实行生产者责任延伸制度，对废弃电器电子产品进行回收和资源化利用。

鼓励城乡居民对不再使用的家具、衣物、儿童玩具、家电及电子产品等物品进行交换、交易或者捐赠。

鼓励学校组织学生将不再使用或者富余的教材、学习用品进行交换、交易或者捐赠，提高利用价值。

第四章 保障措施

第三十六条　县级以上人民政府应当统筹利用环境保护、产业发展等资金，充分发挥政府节能资金或者基金的激励引导作用，支持循环经济共性和关键技术的研究开发与产业化、循环经济产品的示范与推广、循环经济基础能力建设等。

县级以上人民政府投资主管部门应当将循环经济项目列为重点投资领域，加大支持力度。

县级以上人民政府使用财政性资金进行采购的，应当优先采购节能、节水、节材和有利于保护环境的产品及再生产品。

第三十七条　县级以上人民政府应当协调、引导金融机构和地方金融组织增加对循环经济的金融支持，鼓励和支持有条件的企业通过发行债券、股票等进行直接融资。

鼓励担保机构为循环经济企业提供信用担保。鼓励产业投资基金、风险投资机构等为开展循环经济技术开发和产品研制的企业投资。

第三十八条　县级以上人民政府财政部门和税务机关，应当及时落实国家规定的资源综合利用、清洁生产等税收优惠政策。

企业使用或者生产列入国家资源综合利用、清洁生产等鼓励名录的技术、工艺、设备或者产品的，按照国家有关规定享受税收优惠。

第三十九条 县级以上人民政府应当根据节约资源、保护环境的要求和价格管理权限，合理调整用水、用电和燃气价格，对用水用能单位实行差别价格政策，对居民逐步实行阶梯价格政策，引导社会合理使用水、电、气等资源性产品。

第四十条 省人民政府科学技术主管部门及其他有关部门应当将循环经济重大科技攻关项目列入省科技发展规划和高新技术产业发展规划，组织建立示范工程，支持循环经济重大科技项目的研发和推广。

第四十一条 县级以上人民政府应当按照产业链接、资源循环利用和能量梯级利用关系等要求，统筹规划高新技术产业开发区、经济开发区等园区，对园区的产业定位、功能布局、项目选择作出安排。

已经建成的园区，当地人民政府应当组织有关部门和单位制定循环化改造方案，实施循环化改造。

第四十二条 省人民政府统计主管部门应当会同其他有关部门建立循环经济统计制度，加强资源产出、资源消耗、综合利用和废物产生的统计管理，并将主要统计指标定期向社会公布。

省人民政府质量技术监督主管部门应当会同循环经济等主管部门依法制定和完善节能、节水、节材和废物再利用、资源化等循环经济地方标准，并向社会公布。

第四十三条 省人民政府循环经济主管部门应当会同统计、环境保护等有关主管部门制定循环经济评价指标体系，报省人民政府批准后实施。

省和设区的市人民政府根据前款规定的循环经济主要评价指标，对下级人民政府发展循环经济的状况定期进行考核，并将主要评价指标完成情况作为对下级人民政府及其负责人考核评价的内容。

第五章 法律责任

第四十四条 违反本条例规定的行为，法律、行政法规已规定法律责任的，从其规定;法律、行政法规未规定法律责任的，依照本条例的规定执行。

第四十五条 违反本条例规定，重点单位未完成分解落实到本单位的能源消费总量、用水总量控制指标的，由县级以上人民政府相关主管部门责令限期治理;逾期不治理或者未达到治理要求的，由县级以上人民政府相关主管部门提出意见，报请本级人民政府按照规定的权限责令停业整顿或者关闭。

第四十六条 违反本条例规定，不符合国家强制性标准对产品进行过度包装的，由县级以上人民政府质量技术监督或者市场监管部门责令限期改正;逾期未改正的，处二千元以上二万元以下罚款。

第四十七条 违反本条例规定，在有条件使用非常规水资源的地区，将自来水作为城市道路清扫、城市绿化、景观用水或者洗车使用的，由县级以上人民政府确定的部门责令改正，处三千元以上三万元以下罚款。

第四十八条 违反本条例规定，超市、商场等商品零售场所免费提供塑料袋的，由县级以上人民政府工商行政管理部门或者市场监管部门责令限期改正;逾期未改正的，处五百元以上五千元以下罚款。

第四十九条 违反本条例规定，企业未对生产过程中产生的赤泥、尾矿、冶炼渣、煤矸石等工业废物进行综合利用的，由县级以上人民政府循环经济主管部门责令限期改正;逾期未改正的，由县级以上人民政府循环经济主管部门提出意见，报请本级人民政府按照规定的权限责令停业整顿或者关闭。

第五十条 违反本条例规定，新建、改建、扩建建设项目，建设单位未配套建设再生水利用设施的，由县级以上人民政府住房城乡建设主管部门或者其他有关部门责令限期改正;逾期未改正的，处十万元以上二十万元以下罚款。

第五十一条 违反本条例规定，集中连片的渔业养殖区未建设配套的污水处理设施的，由县级以上人民政府环境保护主管部门责令限期改正;逾期未改正的，处三万元以上十万元以下罚款;情节严重的，可以责令停止生产。

第五十二条 违反本条例规定，机场、港口、车站、公园、商店、学校等公共场所的经营管理单位，未设置生活垃圾分类收集设施的，由县级以上人民政府环境卫生主管部门责令限期改正;逾期未改正的，处五千元以上二万元以下罚款。

第五十三条 县级以上人民政府及其有关部门在发展循环经济工作中，有下列行为之一的，对直接负责的主管人员和其他直接责任人员依法给予处分;构成犯罪的，依法追究刑事责任:

(一)对装修完成十年内能够正常使用的国家机关及使用财政性资金的其他组织的办公用房进行再次装修或者超过十年未按照规定程序报批进行再次装修的;

(二)发现违法行为不予查处的;

(三)未依法履行监督管理职责的;

(四)其他滥用职权、玩忽职守、徇私舞弊的行为。

第六章 附则

第五十四条 本条例自2016年10月1日起施行。

河北省发展循环经济条例

(2016年12月2日河北省第十二届人民代表大会常务委员会第二十四次会议通过)

第一章 总 则

第一条 为了发展循环经济，节约资源和保护环境，推进生态文明建设，实现经济社会可持续发展，根据《中华人民共和国循环经济促进法》等法律、行政法规，结合本省实际，制定本条例。

第二条 本省行政区域内，在生产、流通、消费和废弃物处置等过程中从事与发展循环经济相关的活动及其管理与服务，适用本条例。

第三条 本条例所称循环经济，是指在生产、流通和消费等过程中进行减量化、再利用、资源化活动的总称。

本条例所称减量化，是指在生产、流通和消费等过程中减少资源消耗和废物产生。

本条例所称再利用，是指将废物直接作为产品或者经修复、翻新、再制造后继续作为产品使用，或者将废物的全部或者部分作为其他产品的部件予以使用。

本条例所称资源化，是指将废物直接作为原料进行利用或者对废物进行再生利用。

第四条 发展循环经济，应当落实创新、协调、绿色、开放、共享的理念，遵循政府推动、市

场引导、企业实施、公众参与的原则。

第五条 县级以上人民政府应当加强对发展循环经济工作的领导，将发展循环经济纳入国民经济和社会发展规划及年度计划，制定并落实发展循环经济的政策措施，建立联席会议制度，协调解决发展循环经济工作中的重大问题。

第六条 县级以上人民政府发展改革部门是发展循环经济的综合管理部门，负责组织协调、监督管理本行政区域的发展循环经济工作。发展改革部门可以依法委托其所属单位负责发展循环经济的日常监督管理工作。

环境保护、工业和信息化、国土资源、财政、农业、商务、住房和城乡建设、质量技术监督、食品药品监督、科学技术等有关主管部门和水行政主管部门按照各自的职责，负责发展循环经济的相关监督管理工作。

第七条 县级以上人民政府及其有关部门应当鼓励、引导有关企业加强科技自主研发，与高等学校、科研机构开展多种形式的产学研合作，开发和应用减量化、再利用、资源化等方面的先进技术，提高循环经济技术支撑能力和创新能力。

第八条 各级人民政府及其有关部门应当组织开展循环经济的宣传教育，倡导绿色、低碳、循环发展理念，鼓励、引导社会力量参与发展循环经济活动。

学前教育、中小学校、高等院校和各类职业学校、职业培训机构应当对学生和学员开展循环经济理念和知识的普及教育。

报刊、广播、电视及网络等新闻媒体应当加大公益宣传力度，向公众普及发展循环经济的法律、法规和科技知识，营造发展循环经济的良好社会环境。

第九条 国家机关、企业事业单位及其他组织应当按照国家、本省发展循环经济的有关规定，建立健全管理制度，采取措施，降低资源消耗，减少废物的产生量和排放量，提高资源循环利用水平。

公民应当自觉履行节约资源和保护环境的义务，合理消费，减少资源消耗和废弃物的产生。

第十条 任何单位和个人有权向各级人民政府有关部门举报浪费资源、破坏环境的行为。接到举报的部门应当及时调查处理，并为举报人保密。

第二章 规划和管理

第十一条 省、设区的市人民政府发展改革部门应当会同有关部门组织编制本行政区域的循环经济发展规划，报本级人民政府批准后实施。设区的市循环经济发展规划，应当报上一级人民政府发展改革部门备案。

编制循环经济发展规划应当明确规划目标、适用范围、主要内容、重点任务和保障措施等，并规定资源产出率、废弃物再利用和资源化率等指标。

第十二条 县级人民政府发展改革部门应当按照设区的市的循环经济发展规划，制定本行政区域循环经济实施方案，报本级人民政府批准后实施，并报设区的市人民政府发展改革部门备案。

省人民政府工业和信息化、农业、商务、住房和城乡建设等有关主管部门应当根据省循环经济发展规划，制定行业循环经济实施方案并组织实施。

各类产业园区应当根据当地的循环经济发展规划制定本园区的实施方案，报所在地人民政府发展改革部门和园区主管部门备案。

第十三条 县级以上人民政府及其有关部门应当建立健全固定资产投资项目的资源循环利用管理制度，将提高资源产出率和废弃物综合利用率等资源循环利用措施，作为企业事业单位固定资产投资项目申请报告和可行性研究报告的重要内容，并在项目实施中对资源循环利用情况进行监督检查。

第十四条 本省实行能源消费、碳排放、重点污染物排放、建设用地、用水的总量控制指标（以下简称总量控制指标）管理制度。设区的市、县（市、区）的总量控制指标由上一级人民政府分解下达，资源利用、碳排放和污染物排放的重点管理单位（以下简称重点管理单位）的总量控制指标由设区的市或者县（市、区）人民政府分解下达。

第十五条 县级以上人民政府发展改革部门、环境保护主管部门和水行政主管部门应当按照各自的职责，对重点管理单位的总量控制指标落实情况实施重点监督管理。

重点管理单位应当建立健全内部管理制度，确定专门机构和责任人员，采取措施，完成本单位的总量控制指标。

第十六条 省人民政府质量技术监督主管部门应当会同有关部门制定资源再生利用和再制造产品质量控制指标，以及严于国家标准、行业标准的钢铁、煤炭、电力、石油加工、化工、建材、印染等行业生产企业的单位产品资源消耗限额和污染物排放标准，并及时修订。

第十七条 工业企业应当执行国家循环经济技术规范，并在产品及包装物上标识其能源效率等资源消耗情况。

第十八条 县级以上人民政府统计主管部门应当会同有关部门，按照国家制定的发展循环经济统计制度，加强资源消耗、综合利用和废物产生、碳排放的统计管理，统计结果应当定期向社会公布。

第三章 生产领域循环经济

第十九条 生产建设项目应当实行节能、节水、节地、资源综合利用等资源消耗指标管理。对重点行业、重点项目进行资源消耗限额，并实行年度资源消耗审核；对超过资源消耗限额的应当限期达标，逾期未达标的应当停产。

第二十条 县级以上人民政府及其有关部门应当鼓励、引导企业采用先进适用的节能环保新技术、新工艺、新材料和新设备，实施锅炉窑炉改造、余热余压利用、电机系统节能、能量系统优化工程，实现能源的梯级利用和综合利用。

第二十一条 工业企业应当采用先进或者适用的节水技术、工艺和设备，制定并实施节水计划。

新建、改建、扩建建设项目和产业园区，应当按照规定配套建设节水设施和再生水管网设施，并与主体工程同时设计、同时施工、同时使用。

第二十二条 矿山企业应当编制矿产资源开发利用方案，在确定主采矿种开采方案的同时，应当提出共生、伴生矿的回收利用方案，采用先进适用的采矿新技术、新工艺和新设备，合理开发利用矿产资源。开采回采率、选矿回收率、综合利用率应当达到设计要求，矿山水循环利用率和土地复垦率应当符合国家规定。

在矿产资源开发利用过程中，矿山企业应当加强生态环境保护，依法履行矿山环境恢复治理义务。

县级以上人民政府有关主管部门对矿山企业开采回采率、选矿回收率、综合利用率和矿山水循环利用率、土地复垦率执行情况实施监督管理。

第二十三条 县级以上人民政府及其有关部门应当鼓励、引导企业对生产中产生的固体废物、废水、废气进行综合利用和循环利用。

企业应当加大科研开发力度，对生产中产生的粉煤灰、煤矸石、脱硫石膏、冶炼渣、尾矿、废气等工业废物，余热、余压和污水处理产生的污泥进行综合利用。不具备综合利用条件的，应当委托具备条件的单位进行综合利用或者无害化处理。

第二十四条 县级以上人民政府及其有关部门应当统筹建设各类产业园区，优先保障园区基础设施建设和主要污染物排放量、水资源等指标配置，引导相关企业向园区聚集。

产业园区管理机构应当按照布局优化、产业成链、企业集群、物质循环、集约发展的要求，搭建基础设施和公共服务平台，合理延伸产业链并循环链接，实现园区内资源高效循环利用、废物交换利用、能量梯级利用、土地节约集约利用、水的分类利用和循环使用。

第二十五条 县级以上人民政府及其农业、林业等主管部门应当依法加强对化肥、农药、农用薄膜等农业投入品的管理，推广资源循环利用的生态种植、养殖和节水、节肥、节药、节种、节能等技术，延长农业产品产业链，发展生态农业。

从事农业生产的单位和个人应当科学合理施用高效、低毒、低残留农药和肥料，使用标准厚度农用薄膜及可降解农用薄膜，提高有机肥施用比例、农药有效利用率和农用薄膜的回收率，减少化肥、农药、农业薄膜等农业投入品的使用量。

第二十六条 县级以上人民政府农业、林业等主管部门和水行政主管部门应当加强水利基础设施建设。逐步实行用水总量控制和定额管理。鼓励使用节水设备，支持集雨补灌设施建设，推广工程、生物、农艺、管理等节水技术，在缺水少雨地区推广旱作节水技术，推进水资源节约和高效利用。

第二十七条 各级人民政府农业主管部门应当推进农业废弃物循环利用工作，推广秸秆还田、青贮、食用菌生产等资源循环利用技术，支持单位和个人对农作物秸秆、分散养殖的畜禽粪便、农产品加工业副产品、废农用薄膜、农兽药包装等分类回收和综合利用，建立农业废弃物循环利用体系和农村清洁能源保障体系。

新建畜禽养殖场，应当同步建设畜禽粪便收集、贮运、处理、利用设施，对畜禽粪便进行沼气化、肥料化等综合利用。

第二十八条 新建建筑应当采用有利于资源循环利用和环境保护的设计方案，使用节能、节水、节地、节材的技术、工艺、设备和建筑装修材料，因地制宜利用太阳能、地热能、空气能等可再生能源。

鼓励新建建筑执行绿色建筑标准。使用财政性资金或者以财政性资金投资为主的机关办公建筑、公益性建筑、保障性住房等建筑，应当执行绿色建筑标准。

第四章 流通和消费领域循环经济

第二十九条 设区的市、县（市、区）人民政府及其有关部门应当优先发展公共交通，在交通流量较大的路段设置公交专用车道。鼓励单位和个人使用节能、环保的交通运输工具。

设区的市、县（市、区）新建、改建、扩建城市市内地面道路，应当留有充足的人行、自行车专用路面。

鼓励公共停车场、住宅小区和国家机关、企业事业单位规划和建设电动汽车充电设施。

第三十条 国家机关和其他使用财政性资金的组织应当使用节能、节水、节地、节材的产品、设备和设施，节约使用和重复利用办公用品，推行电子化办公。

使用财政性资金或者以财政性资金投资为主建设的建筑物的所有者或者使用者应当采取措施，加强建筑物维护管理，延长其使用寿命。对符合规划和工程建设标准并在合理使用寿命内的建筑物，除为了公共利益的需要外，不得拆除。

第三十一条　餐饮、住宿、娱乐、洗浴、洗车等服务性企业，应当使用节能、节水、节材和有利于保护环境的技术、设备和设施，以能够多次使用的产品替代一次性使用的产品，采取环境保护提示和费用优惠等措施，鼓励、引导消费者减少一次性产品的使用量。商品批发、零售场所的经营者应当销售或者提供可降解的塑料购物袋。

禁止生产、销售超薄型一次性塑料袋，禁止生产、采购和使用不符合国家标准的一次性发泡塑料餐具。

有固定门店的餐饮服务企业不得提供一次性木质筷子。

第三十二条　设计、生产、使用商品包装，应当按照减少资源消耗和废物产生的原则，优先选择使用易回收、易拆解、易降解、无毒无害或者低毒低害的材料，简化包装结构，减少包装材料的使用量和包装废物的产生量。

禁止违反国家标准和地方标准的强制性要求，对产品进行过度包装。

第三十三条　设区的市、县（市、区）人民政府及其有关部门应当给予资金补贴，支持建立和完善餐厨废弃物收运体系，对餐厨废弃物进行分类存放、专业收集、密闭运输、统一处置。鼓励利用餐厨废弃物生产沼气、生物柴油、工业油脂、有机肥等，实现资源化利用和无害化处理。

餐厨废弃物应当由依法设立并取得许可证书的单位收集、运输和处置。

第三十四条　省人民政府环境保护主管部门会同发展改革、工业和信息化、商务等部门制定废弃电器电子产品处理发展规划，合理布局全省范围内的废弃电器电子产品收集处置企业。

鼓励通过以旧换新、押金等方式回收废弃电器电子产品。

鼓励电器电子产品生产者参与生产者责任延伸制度，对废弃电器电子产品进行回收和资源化利用。

第三十五条　鼓励节能灯和电池的生产者使用无毒无害原料生产节能灯、电池；节能灯、电池的生产销售者应当对其生产销售的废旧节能灯、电池进行回收；销售者应当在其销售场所设置废旧节能灯、电池的回收容器。

第三十六条　设区的市、县（市、区）人民政府应当建立和完善生活垃圾分类收集系统，统筹规划并鼓励建设垃圾焚烧发电、供热、堆肥等处理设施，对生活垃圾进行资源化利用和无害化处理。

鼓励和引导公民对生活垃圾进行分类放置。

鼓励建立生活垃圾焚烧、餐厨废弃物资源化利用、再生资源回收利用、垃圾填埋的城市垃圾协同处置基地，推进垃圾收运系统与再生资源回收利用系统的衔接。

第五章　废弃物资源化利用

第三十七条　产品生产过程中应当减少废弃物产生，延长产品使用寿命，对生产过程中产生的废弃物应当进行回收或者维修后重复使用；不可回收利用或者维修再用的，应当进行再生利用；不可再生利用的，可以通过焚烧回收其热能；对无法利用的，应当进行安全清洁处置，防止造成二次污染。

第三十八条　省人民政府有关部门应当按照国家有关规定建立工业废弃物申报登记管理和限期治理制度。

产生粉煤灰、煤矸石、脱硫石膏、冶炼渣、尾矿等工业废弃物的企业，应当向所在地人民政府有关部门申报产生源、产生量和上年度废弃物处置、资源综合利用的情况。

第三十九条 设区的市、县（市、区）人民政府应当统筹规划污水处理厂再生利用设施和配套管网的建设。对工业企业使用再生水的，应当根据再生水使用量计算其重点污染物减排量。

市容环境、园林绿化、景观、公用卫生设施等公共事业用水，工业企业、建筑和洗车行业用水，应当优先使用再生水。有条件使用再生水的地方，禁止使用自来水。

第四十条 新建、改建、扩建的城市建筑、道路、广场、公园、绿地等应当同步建设雨水收集、利用、下渗等设施，实行雨污分流，推进降水就地消纳和利用，提高降水的资源化利用水平。

鼓励沿海地区进行海水淡化和海水直接利用，推行海水淡化水纳入城乡水资源的统一配置，提高海水的资源化利用率。

第四十一条 新建、改建、扩建及拆除建筑物、构筑物，建设单位应当对产生的建筑废弃物进行综合利用；不具备综合利用条件的，应当委托具备条件的生产经营者制作新型墙体材料、高性能再生混凝土、混凝土砌块等进行综合利用和无害化处理。

新建、改建、扩建道路、堤坝、港口等建设项目，在符合安全、环境保护和国家标准的前提下，应当充分利用工业废物、建筑垃圾和废旧道路材料等材料。

鼓励使用以工业废弃物作为原料生产的新型建筑材料。

第四十二条 设区的市、县（市、区）人民政府及其有关部门应当根据循环经济发展规划，统筹建设本区域的再生资源加工利用聚集区，培育再生资源加工利用示范企业，淘汰落后的再生资源加工技术、工艺和设备，推动再生资源利用产业升级。

支持再生资源利用企业延长产业链，提高产品附加值，形成包括分拣、拆解、加工、资源化利用和无害化处理等环节的完整产业体系。

第四十三条 设区的市、县（市、区）人民政府商务主管部门应当按照统一规划、合理布局的原则，鼓励各类投资主体参与建设、改造回收站点，建设符合环境保护要求的专业分拣中心、集散交易市场，建立完善再生资源回收网络。

鼓励、引导建设一批分拣技术先进、环境保护处理设施完备、劳动保护措施健全的再生资源回收分拣集聚区。

第四十四条 县级以上人民政府及其有关部门应当支持建设再制造产业基地和建立再制造产品质量保障体系，以及再制造旧件回收、产品营销和溯源查询等信息服务系统，促进再制造产业化发展；支持符合国家再制造相关标准的企业，开展机动车零部件、机床、办公设备及工程、矿山、农用机械等产品的再制造和轮胎翻新。

第四十五条 设区的市、县（市）人民政府及其有关部门应当鼓励具备条件的钢铁、水泥、电力等行业的企业协同处理垃圾、污泥等废弃物，实现废弃物的资源化利用和无害化处理。

第六章 激励和保障

第四十六条 使用国家鼓励发展循环经济技术、工艺、设备和材料的企业事业单位，适用本省发展循环经济的各项扶持政策。

第四十七条 省人民政府应当设立发展循环经济的有关专项资金，支持循环经济的科技研究开发、循环经济技术和产品的示范与推广、重大循环经济项目及园区循环化改造的实施、发展循环经济的信息服务等工作。设区的市、县（市、区）人民政府应当加大财政资金扶持力度，促进循环经济发展。

第四十八条 县级以上人民政府发展改革部门应当会同有关部门在资源综合利用、园区循环化改造、再制造产业化、餐厨废弃物资源化利用、农业循环经济、循环型服务业等领域，开展循环经济示范工作。

第四十九条　省和设区的市人民政府及其有关部门安排财政性资金支持循环经济的科技攻关、应用示范、产业化发展和创新平台建设，以及引进循环经济重大技术、装备等项目，按照《中华人民共和国循环经济促进法》第四十三条的规定执行。

第五十条　税务部门应当落实国家促进循环经济发展的各项税收优惠政策。

企业实施环境保护、节能节水项目，以国家规定的资源作为主要原材料生产资源综合利用产品，或者购置用于环境保护、节能节水的专用设备的，应当按照国家有关规定给予税收优惠。

第五十一条　县级以上人民政府及其有关部门应当制定有利于发展循环经济的产业政策，将节能、节水、节地、节材和资源综合利用等循环经济项目作为重点投资领域，并对其中的重大项目和技术示范产业化项目，采用直接投资或者资金补助、贷款贴息等方式予以支持。

鼓励和引导社会资本以独资、合资、合作、参股、联营、租赁等方式参与循环经济项目的建设和运营。

建立政府和社会资本合作机制，推动重点领域循环经济发展。

第五十二条　县级以上人民政府应当协调、引导金融机构对符合国家和本省产业政策的循环经济项目优先给予信贷支持和提供配套金融服务。

支持具备条件的资源循环利用企业发行企业债券、公司债券、中期票据、中小微企业私募债和短期融资券等直接融资。

支持符合条件的资源循环利用企业申请境内外上市、再融资，拓展发展循环经济的投资融资渠道。

鼓励依法设立循环经济创业投资、产业投资基金。

第五十三条　省人民政府应当制定具体措施，鼓励和支持企业利用垃圾、沼气、余热、余压等低热值燃料生产电力、热力。

资源综合利用发电企业符合国家规定条件的，享受可再生资源发电优先并网和环保电价等优惠政策。

电网企业应当为其提供上网服务，全额收购上网电量。

余热回收供热企业应当享受当地政府供热补贴。

第五十四条　县级以上人民政府及其有关部门应当根据节约资源、保护环境的要求和价格管理权限，合理确定用水和用电价格，对用水、用电单位实行差别价格，对居民逐步实行阶梯价格，引导全社会合理和节约用水、用电。

对低于定额的用水、用电单位和个人可以给予奖励。

第五十五条　省人民政府财政主管部门应当会同有关部门根据国家规定制定有利于循环经济发展的政府采购政策。政府采购应当优先购买有利于节能、节水、节材及再生利用等符合循环经济要求的产品和服务。

第五十六条　县级以上人民政府及其有关部门应当支持构建以企业为主体、市场为导向的循环经济第三方服务体系；鼓励企业为发展循环经济提供资源节约、废弃物管理与资源化利用等专业化服务；鼓励高等学校、科研单位和有关行业协会为发展循环经济提供技术和管理等方面的咨询服务。

第五十七条　省和设区的市人民政府发展改革部门及其他有关部门和单位应当制定循环经济信息服务公开制度。

省和设区的市人民政府发展改革部门建立循环经济信息服务平台，提供循环经济相关信息的采集、分析、处理和发布以及政策引导、技术推广、交换交易、金融支持等服务，促进资源合理配置和循环利用。

第五十八条 县级以上人民政府应当建立发展循环经济目标责任制，将发展循环经济主要评价指标完成情况纳入年度目标责任考核体系，定期对所属有关部门及其负责人和下级人民政府及其负责人进行考核，将考核结果作为对所属有关部门及其负责人和下级人民政府及其负责人评价的重要内容。考核结果应当向社会公布。

第五十九条 地方人民政府对在发展循环经济中作出突出成绩和重大贡献的单位、个人，应当给予表彰和奖励；对循环经济重点领域诚信模范单位、个人应当给予表彰和奖励。

企业事业单位对本单位在循环经济发展中做出突出贡献的集体和个人应当给予表彰和奖励。

第七章 法律责任

第六十条 违反本条例规定，国家机关工作人员和受委托单位的人员在发展循环经济管理工作中有下列行为之一的，对直接负责的主管人员和其他直接责任人员依法给予行政处分；构成犯罪的，依法追究刑事责任：

（一）对资源消耗指标和资源循环利用情况不依法监督检查的；

（二）对浪费资源、破坏环境的行为不依法调查处理的；

（三）贪污、挪用发展循环经济专项资金或者其他有关资金的；

（四）其他违反本条例规定的行为。

第六十一条 违反本条例规定，重点管理单位未完成本单位总量控制指标的，由县级以上人民政府相关主管部门责令限期治理；逾期不治理或者未达到治理要求的，由县级以上人民政府相关主管部门提出意见，报请本级人民政府依法责令停业整顿或者关闭。

第六十二条 违反本条例规定，应当标注能源效率标识而未标注的，由县级以上人民政府质量技术监督主管部门责令改正，处三万元以上五万元以下罚款。

第六十三条 违反本条例规定，新建、改建、扩建建设项目和产业园区，未按照规定建设配套节水设施和工业用水回收利用设施、再生水回用管网设施，或者没有达到国家规定的要求，擅自投入使用的，由县级以上人民政府有关部门责令停止使用，限期改正，并处五万元以上十万元以下罚款。

第六十四条 违反本条例规定，生产企业、建设单位未对废弃物进行综合利用，又不委托具备条件的单位进行综合利用的，由县级以上人民政府有关部门责令限期改正；逾期未改正的，由有关部门提出意见，报请本级人民政府按照规定的权限责令停业整顿或者关闭。

第六十五条 违反本条例规定，使用财政性资金建设公共建筑，未执行绿色建筑标准的，由县级以上人民政府有关部门或者监察机关，责令限期改正；逾期不改正的，给予直接负责的主管人员和直接责任人员行政处分。

第六十六条 违反本条例规定，以财政性资金投资建设的建筑物，在合理使用寿命内因非公共利益拆除的，由县级以上人民政府有关部门给予直接负责的主管人员和直接责任人员行政处分；情节严重的，依法追究法律责任。

第六十七条 违反本条例规定，生产、销售超薄型一次性塑料袋或者生产、采购不符合国家标准的一次性发泡餐具的，由设区的市、县（市、区）人民政府确定的主管部门，责令停止生产，处二千元以上五千元以下罚款；属于销售、采购的，责令停止销售、采购，有违法所得的，没收违法所得，并处销售额或者采购额一倍以上三倍以下罚款。

第六十八条 违反本条例规定，有固定门店的餐饮服务企业提供一次性木质筷子的，由设区的市、县（市、区）人民政府食品药品监督管理部门责令限期改正；逾期不改正的，处五百元以上一千元以下罚款。

第六十九条 违反本条例规定，不符合国家和地方标准的强制性要求，对产品进行过度包装的，由县级以上人民政府质量技术监督或者市场监管部门责令限期改正；逾期未改正的，处一万元以上三万元以下罚款。

第七十条 违反本条例规定,餐厨废弃物产生单位未将餐厨废弃物交给依法设立并取得许可证书的单位收集、运输和处置的，由设区的市、县（市、区）人民政府市容环境卫生主管部门责令改正，处三千元以上一万元以下罚款。

第七十一条 违反本条例规定，节能灯、电池的生产销售者拒绝回收废旧节能灯、废旧电池的，由县级以上人民政府有关主管部门责令改正；拒不改正的，处三千元以上一万元以下罚款。

第七十二条 违反本条例规定，企业未对生产中产生的粉煤灰、煤矸石、脱硫石膏、冶炼渣、尾矿等工业废弃物，向所在地人民政府有关部门报告处置和资源利用情况的，由县级以上人民政府有关主管部门责令改正；拒不改正的，处一万元以上三万元以下罚款。

第七十三条 违反本条例规定，有条件使用再生水而擅自使用自来水的，由县级以上人民政府确定的主管部门责令改正；拒不改正的，处三千元以上一万元以下罚款。

第七十四条 对违反本条例规定的违法行为，《中华人民共和国循环经济促进法》《中华人民共和国环境保护法》等有关法律、行政法规对行政处罚已有规定的，从其规定。

第八章 附 则

第七十五条 本条例自2017年1月1日起施行。

政策文件

中共中央国务院政策文件

关于石化产业调结构促转型增效益的指导意见（节录）

（国办发〔2016〕57号国务院办公厅印发）

一、总体要求

（一）指导思想。全面贯彻党的十八大和十八届三中、四中、五中全会以及中央经济工作会议精神，认真落实国务院决策部署，按照“五位一体”总体布局和“四个全面”战略布局，牢固树立创新、协调、绿色、开放、共享的发展理念，推进供给侧结构性改革，积极开拓市场，坚持创新驱动，改善发展环境，着力去产能、降消耗、减排放，补短板、调布局、促安全，推动石化产业提质增效、转型升级和健康发展。

（三）主要目标。

产能结构逐步优化。加快淘汰工艺技术落后、安全隐患大、环境污染严重的落后产能，有效化解产能过剩矛盾。烯烃、芳烃等基础原料的保障能力显著增强，化工新材料等高端产品的自给率明显提高，产业发展质量和核心竞争能力得到进一步提升。

产业布局趋于合理。全面启动城镇人口密集区和环境敏感区域的危险化学品生产企业搬迁入园或转产关闭工作。新建炼化项目全部进入石化基地，新建化工项目全部进入化工园区，形成一批具有国际竞争力的大型企业集团和化工园区。

绿色发展全面推进。石化行业万元工业增加值能源消耗、二氧化碳排放量、用水量分别比“十二五”末下降8%、10%和14%。企业主要污染物排放达到石油炼制工业、石油化学工业、合成树脂工业、无机化学工业污染物排放标准要求。

创新能力明显增强。科研投入占全行业主营业务收入的比例不低于1.2%，产学研用协同创新体系日益完善，突破一批关键共性技术，研制一批重大成套装备和核心零部件，建成一批综合性服务型研发平台，培育业务精湛、结构合理的创新型人才队伍。

“十三五”节能减排综合工作方案

国务院2016年12月20日印发）

一、总体要求和目标

（一）总体要求。全面贯彻党的十八大和十八届三中、四中、五中、六中全会精神，深入贯彻习近平总书记系列重要讲话精神，认真落实党中央、国务院决策部署，紧紧围绕“五位一体”总体布局和“四个全面”战略布局，牢固树立创新、协调、绿色、开放、共享的发展理念，落实节约资源和保护环境基本国策，以提高能源利用效率和改善生态环境质量为目标，以推进供给侧结构性改革和实施创新驱动发展战略为动力，坚持政府主导、企业主体、市场驱动、社会参与，加快建设资源节约型、环境友好型社会，确保完成“十三五”节能减排约束性目标，保障人民群众健康和经济社会可持续发展，促进经济转型升级，实现经济发展与环境改善双赢，为建设生态文明提供有力支撑。

（二）主要目标。到2020年，全国万元国内生产总值能耗比2015年下降15%，能源消费总量控制在50亿吨标准煤以内。全国化学需氧量、氨氮、二氧化硫、氮氧化物排放总量分别控制在2001万吨、207万吨、1580万吨、1574万吨以内，比2015年分别下降10%、10%、15%和15%。全国挥发性有机物排放总量比2015年下降10%以上。

二、优化产业和能源结构

（三）促进传统产业转型升级。深入实施“中国制造2025”，深化制造业与互联网融合发展，促进制造业高端化、智能化、绿色化、服务化。构建绿色制造体系，推进产品全生命周期绿色管理，不断优化工业产品结构。支持重点行业改造升级，鼓励企业瞄准国际同行业标杆全面提高产品技术、工艺装备、能效环保等水平。严禁以任何名义、任何方式核准或备案产能严重过剩行业的增加产能项目。强化节能环保标准约束，严格行业规范、准入管理和节能审查，对电力、钢铁、建材、有色、化工、石油石化、船舶、煤炭、印染、造纸、制革、染料、焦化、电镀等行业中，环保、能耗、安全等不达标或生产、使用淘汰类产品的企业和产能，要依法依规有序退出。（牵头单位：国家发展改革委、工业和信息化部、环境保护部、国家能源局，参加单位：科技部、财政部、国务院国资委、质检总局、国家海洋局等）

（四）加快新兴产业发展。加快发展壮大新一代信息技术、高端装备、新材料、生物、新能源、新能源汽车、节能环保、数字创意等战略性新兴产业，推动新领域、新技术、新产品、新业态、新模式蓬勃发展。进一步推广云计算技术应用，新建大型云计算数据中心能源利用效率（PUE）值优于1.5。支持技术装备和服务模式创新。鼓励发展节能环保技术咨询、系统设计、设备制造、工程施工、运营管理、计量检测认证等专业化服务。开展节能环保产业常规调查统计。打造一批节能环保产业基地，培育一批具有国际竞争力的大型节能环保企业。到2020年，战略性新兴产业增加值和服务业增加值占国内生产总值比重分别提高到15%和56%，节能环保、新能源装备、新能源汽车等绿色低碳产业总产值突破10万亿元，成为支柱产业。（牵头单位：国家发展改革委、工业和信息化部、环境保护部，参加单位：科技部、质检总局、国家统计局、国家能源局等）

（五）推动能源结构优化。加强煤炭安全绿色开发和清洁高效利用，推广使用优质煤、洁净型煤，推进煤改气、煤改电，鼓励利用可再生能源、天然气、电力等优质能源替代燃煤使用。因地制宜发展海岛太阳能、海上风能、潮汐能、波浪能等可再生能源。安全发展核电，有序发展水电和天然气发电，协调推进风电开发，推动太阳能大规模发展和多元化利用，增加清洁低碳电力供应。对超出规划部分可再生能源消费量，不纳入能耗总量和强度目标考核。在居民采暖、工业与农业生产、港口码头等领域推进天然气、电能替代，减少散烧煤和燃油消费。到2020年，煤炭占能源消费总量比重下降到58%以下，电煤占煤炭消费量比重提高到55%以上，非化石能源占能源消费总量比重达到15%，天然气消费比重提高到10%左右。（牵头单位：国家发展改革委、环境保护部、国家能源局，参加单位：工业和信息化部、住房城乡建设部、交通运输部、水利部、质检总局、国家统计

局、国管局、国家海洋局等）

三、加强重点领域节能

（六）加强工业节能。实施工业能效赶超行动，加强高能耗行业能耗管控，在重点耗能行业全面推行能效对标，推进工业企业能源管控中心建设，推广工业智能化用能监测和诊断技术。到2020年，工业能源利用效率和清洁化水平显著提高，规模以上工业企业单位增加值能耗比2015年降低18%以上，电力、钢铁、有色、建材、石油石化、化工等重点耗能行业能源利用效率达到或接近世界先进水平。推进新一代信息技术与制造技术融合发展，提升工业生产效率和能耗效率。开展工业领域电力需求侧管理专项行动，推动可再生能源在工业园区的应用，将可再生能源占比指标纳入工业园区考核体系。（牵头单位：工业和信息化部、国家发展改革委、国家能源局，参加单位：科技部、环境保护部、质检总局等）

（七）强化建筑节能。实施建筑节能先进标准领跑行动，开展超低能耗及近零能耗建筑建设试点，推广建筑屋顶分布式光伏发电。编制绿色建筑建设标准，开展绿色生态城区建设示范，到2020年，城镇绿色建筑面积占新建建筑面积比重提高到50%。实施绿色建筑全产业链发展计划，推行绿色施工方式，推广节能绿色建材、装配式和钢结构建筑。强化既有居住建筑节能改造，实施改造面积5亿平方米以上，2020年前基本完成北方采暖地区有改造价值城镇居住建筑的节能改造。推动建筑节能宜居综合改造试点城市建设，鼓励老旧住宅节能改造与抗震加固改造、加装电梯等适老化改造同步实施，完成公共建筑节能改造面积1亿平方米以上。推进利用太阳能、浅层地热能、空气热能、工业余热等解决建筑用能需求。（牵头单位：住房城乡建设部，参加单位：国家发展改革委、工业和信息化部、国家林业局、国管局、中直管理局等）

（八）促进交通运输节能。加快推进综合交通运输体系建设，发挥不同运输方式的比较优势和组合效率，推广甩挂运输等先进组织模式，提高多式联运比重。大力发展公共交通，推进“公交都市”创建活动，到2020年大城市公共交通分担率达到30%。促进交通用能清洁化，大力推广节能环保汽车、新能源汽车、天然气（CNG/LNG）清洁能源汽车、液化天然气动力船舶等，并支持相关配套设施建设。提高交通运输工具能效水平，到2020年新增乘用车平均燃料消耗量降至5.0升/百公里。推进飞机辅助动力装置（APU）替代、机场地面车辆“油改电”、新能源应用等绿色民航项目实施。推动铁路编组站制冷/供暖系统的节能和燃煤替代改造。推动交通运输智能化，建立公众出行和物流平台信息服务系统，引导培育“共享型”交通运输模式。（牵头单位：交通运输部、国家发展改革委、国家能源局，参加单位：科技部、工业和信息化部、环境保护部、国管局、中国民航局、中直管理局、中国铁路总公司等）

（九）推动商贸流通领域节能。推动零售、批发、餐饮、住宿、物流等企业建设能源管理体系，建立绿色节能低碳运营管理流程和机制，加快淘汰落后用能设备，推动照明、制冷和供热系统节能改造。贯彻绿色商场标准，开展绿色商场示范，鼓励商贸流通企业设置绿色产品专柜，推动大型商贸企业实施绿色供应链管理。完善绿色饭店标准体系，推进绿色饭店建设。加快绿色仓储建设，支持仓储设施利用太阳能等清洁能源，鼓励建设绿色物流园区。（牵头单位：商务部，参加单位：国家发展改革委、工业和信息化部、住房城乡建设部、质检总局、国家旅游局等）

（十）推进农业农村节能。加快淘汰老旧农业机械，推广农用节能机械、设备和渔船，发展节能农业大棚。推进节能及绿色农房建设，结合农村危房改造稳步推进农房节能及绿色化改造，推动城镇燃气管网向农村延伸和省柴节煤灶更新换代，因地制宜采用生物质能、太阳能、空气热能、浅层地热能等解决农房采暖、炊事、生活热水等用能需求，提升农村能源利用的清洁化水平。鼓励使用生物质可再生能源，推广液化石油气等商品能源。到2020年，全国农村地区基本实现稳定可靠的供电服务全覆盖，鼓励农村居民使用高效节能电器。（牵头单位：农业部、国家发展改革委、工业和信息化部、国家能源局，参加单位：科技部、住房城乡建设部等）

（十一）加强公共机构节能。公共机构率先执行绿色建筑标准，新建建筑全部达到绿色建筑标准。推进公共机构以合同能源管理方式实施节能改造，积极推进政府购买合同能源管理服务，探索用能托管模式。2020年公共机构单位建筑面积能耗和人均能耗分别比2015年降低10%和11%。推动公共机构建立能耗基准和公开能源资源消费信息。实施公共机构节能试点示范，创建3000家节约型公共机构示范单位，遴选200家能效领跑者。公共机构率先淘汰老旧车，率先采购使用节能和新能源汽车，中央国家机关、新能源汽车推广应用城市的政府部门及公共机构购买新能源汽车占当年配备更新车辆总量的比例提高到50%以上，新建和既有停车场要配备电动汽车充电设施或预留充电设施安装条件。公共机构率先淘汰采暖锅炉、茶浴炉、食堂大灶等燃煤设施，实施以电代煤、以气代煤，率先使用太阳能、地热能、空气能等清洁能源提供供电、供热/制冷服务。（牵头单位：国管局、国家发展改革委，参加单位：工业和信息化部、环境保护部、住房城乡建设部、交通运输部、国家能源局、中直管理局等）

（十二）强化重点用能单位节能管理。开展重点用能单位“百千万”行动，按照属地管理和分级管理相结合原则，国家、省、地市分别对“百家”、“千家”、“万家”重点用能单位进行目标责任评价考核。重点用能单位要围绕能耗总量控制和能效目标，对用能实行年度预算管理。推动重点用能单位建设能源管理体系并开展效果评价，健全能源消费台账。按标准要求配备能源计量器具，进一步完善能源计量体系。依法开展能源审计，组织实施能源绩效评价，开展达标对标和节能自愿活动，采取企业节能自愿承诺和政府适当引导相结合的方式，大力提升重点用能单位能效水平。严格执行能源统计、能源利用状况报告、能源管理岗位和能源管理负责人等制度。（牵头单位：国家发展改革委，参加单位：教育部、工业和信息化部、住房城乡建设部、交通运输部、国务院国资委、质检总局、国家统计局、国管局、国家能源局、中直管理局等）

（十三）强化重点用能设备节能管理。加强高耗能特种设备节能审查和监管，构建安全、节能、环保三位一体的监管体系。组织开展燃煤锅炉节能减排攻坚战，推进锅炉生产、经营、使用等全过程节能环保监督标准化管理。“十三五”期间燃煤工业锅炉实际运行效率提高5个百分点，到2020年新生产燃煤锅炉效率不低于80%，燃气锅炉效率不低于92%。普及锅炉能效和环保测试，强化锅炉运行及管理人员节能环保专项培训。开展锅炉节能环保普查整治，建设覆盖安全、节能、环保信息的数据平台，开展节能环保在线监测试点并实现信息共享。开展电梯能效测试与评价，在确保安全的前提下，鼓励永磁同步电机、变频调速、能量反馈等节能技术的集成应用，开展老旧电梯安全节能改造工程试点。推广高效换热器，提升热交换系统能效水平。加快高效电机、配电变压器等用能设备开发和推广应用，淘汰低效电机、变压器、风机、水泵、压缩机等用能设备，全面提升重点用能设备能效水平。（牵头单位：质检总局、国家发展改革委、工业和信息化部、环境保护部，参加单位：住房城乡建设部、国管局、国家能源局、中直管理局等）

四、强化主要污染物减排

（十四）控制重点区域流域排放。推进京津冀及周边地区、长三角、珠三角、东北等重点地区，以及大气污染防治重点城市煤炭消费总量控制，新增耗煤项目实行煤炭消耗等量或减量替代；

实施重点区域大气污染传输通道气化工程，加快推进以气代煤。加快发展热电联产和集中供热，利用城市和工业园区周边现有热电联产机组、纯凝发电机组及低品位余热实施供热改造，淘汰供热供气范围内的燃煤锅炉（窑炉）。结合环境质量改善要求，实施行业、区域、流域重点污染物总量减排，在重点行业、重点区域推进挥发性有机物排放总量控制，在长江经济带范围内的部分省市实施总磷排放总量控制，在沿海地级及以上城市实施总氮排放总量控制，对重点行业的重点重金属排放实施总量控制。加强我国境内重点跨国河流水污染防治。严格控制长江、黄河、珠江、松花江、淮河、海河、辽河等七大重点流域干流沿岸的石油加工、化学原料和化学制品制造、医药制造、化学纤维制造、有色金属冶炼、纺织印染等项目。分区域、分流域制定实施钢铁、水泥、平板玻璃、锅炉、造纸、印染、化工、焦化、农副食品加工、原料药制造、制革、电镀等重点行业、领域限期整治方案，升级改造环保设施，确保稳定达标。实施重点区域、重点流域清洁生产水平提升行动。城市建成区内的现有钢铁、建材、有色金属、造纸、印染、原料药制造、化工等污染较重的企业应有序搬迁改造或依法关闭。（牵头单位：环境保护部、国家发展改革委、工业和信息化部、质检总局、国家能源局，参加单位：财政部、住房城乡建设部、国管局、国家海洋局等）

（十五）推进工业污染物减排。实施工业污染源全面达标排放计划。加强工业企业无组织排放管理。严格执行环境影响评价制度。实行建设项目主要污染物排放总量指标等量或减量替代。建立以排污许可制为核心的工业企业环境管理体系。继续推行重点行业主要污染物总量减排制度，逐步扩大总量减排行业范围。以削减挥发性有机物、持久性有机物、重金属等污染物为重点，实施重点行业、重点领域工业特征污染物削减计划。全面实施燃煤电厂超低排放和节能改造，加快燃煤锅炉综合整治，大力推进石化、化工、印刷、工业涂装、电子信息等行业挥发性有机物综合治理。全面推进现有企业达标排放，研究制修订农药、制药、汽车、家具、印刷、集装箱制造等行业排放标准，出台涂料、油墨、胶黏剂、清洗剂等有机溶剂产品挥发性有机物含量限值强制性环保标准，控制集装箱、汽车、船舶制造等重点行业挥发性有机物排放，推动有关企业实施原料替代和清洁生产技术改造。强化经济技术开发区、高新技术产业开发区、出口加工区等工业聚集区规划环境影响评价及污染治理。加强工业企业环境信息公开，推动企业环境信用评价。建立企业排放红黄牌制度。（牵头单位：环境保护部，参加单位：国家发展改革委、工业和信息化部、财政部、质检总局、国家能源局等）

（十六）促进移动源污染物减排。实施清洁柴油机行动，全面推进移动源排放控制。提高新机动车船和非道路移动机械环保标准，发布实施机动车国Ⅵ排放标准。加速淘汰黄标车、老旧机动车、船舶以及高排放工程机械、农业机械。逐步淘汰高油耗、高排放民航特种车辆与设备。2016年淘汰黄标车及老旧车380万辆，2017年基本淘汰全国范围内黄标车。加快船舶和港口污染物减排，在珠三角、长三角、环渤海京津冀水域设立船舶排放控制区，主要港口90%的港作船舶、公务船舶靠港使用岸电，50%的集装箱、客滚和邮轮专业化码头具备向船舶供应岸电的能力；主要港口大型煤炭、矿石码头堆场全面建设防风抑尘设施或实现煤炭、矿石封闭储存。加快油品质量升级，2017年1月1日起全国全面供应国Ⅴ标准的车用汽油、柴油；2018年1月1日起全国全面供应与国Ⅴ标准柴油相同硫含量的普通柴油；抓紧发布实施第六阶段汽、柴油国家（国Ⅵ）标准，2020年实现车用柴油、普通柴油和部分船舶用油并轨，柴油车、非道路移动机械、内河和江海直达船舶均统一使用相同标准的柴油。车用汽柴油应加入符合要求的清净剂。修订《储油库大气污染物排放标准》、《加油站大气污染物排放标准》，推进储油储气库、加油加气站、原油成品油码头、原油成品油运输船舶和油罐车、气罐车等油气回收治理工作。加强机动车、非道路移动机械环保达标和油品质量监督执法，严厉打击违法行为。（牵头单位：环境保护部、公安部、交通运输部、农业部、质检总局、国家能源局，参加单位：国家发展改革委、财政部、工商总局等）

（十七）强化生活源污染综合整治。对城镇污水处理设施建设发展进行填平补齐、升级改造，完善配套管网，提升污水收集处理能力。合理确定污水排放标准，加强运行监管，实现污水处理厂全面达标排放。加大对雨污合流、清污混流管网的改造力度，优先推进城中村、老旧城区和城乡结合部污水截流、收集、纳管。强化农村生活污染源排放控制，采取城镇管网延伸、集中处理和分散处理等多种形式，加快农村生活污水治理和改厕。促进再生水利用，完善再生水利用设施。注重污水处理厂污泥安全处理处置，杜绝二次污染。到2020年，全国所有县城和重点镇具备污水处理能力，地级及以上城市建成区污水基本实现全收集、全处理，城市、县城污水处理率分别达到95%、85%左右。加强生活垃圾回收处理设施建设，强化对生活垃圾分类、收运、处理的管理和督导，提升城市生活垃圾回收处理水平，全面推进农村垃圾治理，普遍建立村庄保洁制度，推广垃圾分类和就近资源化利用，到2020年，90%以上行政村的生活垃圾得到处理。加大民用散煤清洁化治理力度，推进以电代煤、以气代煤，推广使用洁净煤、先进民用炉具，制定散煤质量标准，加强民用散煤管理，力争2017年底前基本解决京津冀区域民用散煤清洁化利用问题，到2020年底前北方地区散煤治理取得明显进展。加快治理公共机构食堂、餐饮服务企业油烟污染，推进餐厨废弃物资源化利用。家具、印刷、汽车维修等政府定点招标采购企业要使用低挥发性原辅材料。严格执行有机溶剂产品有害物质限量标准，推进建筑装饰、汽修、干洗、餐饮等行业挥发性有机物治理。（牵头单位：环境保护部、国家发展改革委、住房城乡建设部、国家能源局，参加单位：工业和信息化部、财政部、农业部、质检总局、国管局、中直管理局等）

（十八）重视农业污染排放治理。大力推广节约型农业技术，推进农业清洁生产。促进畜禽养殖场粪便收集处理和资源化利用，建设秸秆、粪便等有机废弃物处理设施，加强分区分类管理，依法关闭或搬迁禁养区内的畜禽养殖场（小区）和养殖专业户并给予合理补偿。开展农膜回收利用，到2020年农膜回收率达到80%以上，率先实现东北黑土地大田生产地膜零增长。深入推广测土配方施肥技术，提倡增施有机肥，开展农作物病虫害绿色防控和统防统治，推广高效低毒低残留农药使用，到2020年实现主要农作物化肥农药使用量零增长，化肥利用率提高到40%以上，京津冀、长三角、珠三角等区域提前一年完成。研究建立农药使用环境影响后评估制度，推进农药包装废弃物回收处理。建立逐级监督落实机制，疏堵结合、以疏为主，加强重点区域和重点时段秸秆禁烧。（牵头单位：农业部、环境保护部、国家能源局，参加单位：国家发展改革委、财政部、住房城乡建设部、质检总局等）

五、大力发展循环经济

（十九）全面推动园区循环化改造。按照空间布局合理化、产业结构最优化、产业链接循环化、资源利用高效化、污染治理集中化、基础设施绿色化、运行管理规范化的要求，加快对现有园区的循环化改造升级，延伸产业链，提高产业关联度，建设公共服务平台，实现土地集约利用、资源能源高效利用、废弃物资源化利用。对综合性开发区、重化工产业开发区、高新技术开发区等不同性质的园区，加强分类指导，强化效果评估和工作考核。到2020年，75%的国家级园区和50%的省级园区实施循环化改造，长江经济带超过90%的省级以上（含省级）重化工园区实施循环化改造。（牵头单位：国家发展改革委、财政部，参加单位：科技部、工业和信息化部、环境保护部、商务

部等）

（二十）加强城市废弃物规范有序处理。推动餐厨废弃物、建筑垃圾、园林废弃物、城市污泥和废旧纺织品等城市典型废弃物集中处理和资源化利用，推进燃煤耦合污泥等城市废弃物发电。选择50个左右地级及以上城市规划布局低值废弃物协同处理基地，完善城市废弃物回收利用体系，到2020年，餐厨废弃物资源化率达到30%。（牵头单位：国家发展改革委、住房城乡建设部，参加单位：环境保护部、农业部、民政部、国管局、中直管理局等）

（二十一）促进资源循环利用产业提质升级。依托国家“城市矿产”示范基地，促进资源再生利用企业集聚化、园区化、区域协同化布局，提升再生资源利用行业清洁化、高值化水平。实行生产者责任延伸制度。推动太阳能光伏组件、碳纤维材料、生物基纤维、复合材料和节能灯等新品种废弃物的回收利用，推进动力蓄电池梯级利用和规范回收处理。加强再生资源规范管理，发布重点品种规范利用条件。大力发展再制造产业，推动汽车零部件及大型工业装备、办公设备等产品再制造。规范再制造服务体系，建立健全再生产品、再制造产品的推广应用机制。鼓励专业化再制造服务公司与钢铁、冶金、化工、机械等生产制造企业合作，开展设备寿命评估与检测、清洗与强化延寿等再制造专业技术服务。继续开展再制造产业示范基地建设和机电产品再制造试点示范工作。到2020年，再生资源回收利用产业产值达到1.5万亿元，再制造产业产值超过1000亿元。（牵头单位：国家发展改革委，参加单位：科技部、工业和信息化部、环境保护部、住房城乡建设部、商务部等）

（二十二）统筹推进大宗固体废弃物综合利用。加强共伴生矿产资源及尾矿综合利用。推动煤矸石、粉煤灰、工业副产石膏、冶炼和化工废渣等工业固体废弃物综合利用。开展大宗产业废弃物综合利用示范基地建设。推进水泥窑协同处置城市生活垃圾。大力推动农作物秸秆、林业“三剩物”（采伐、造材和加工剩余物）、规模化养殖场粪便的资源化利用，因地制宜发展各类沼气工程和燃煤耦合秸秆发电工程。到2020年，工业固体废物综合利用率达到73%以上，农作物秸秆综合利用率达到85%。（牵头单位：国家发展改革委，参加单位：工业和信息化部、国土资源部、环境保护部、住房城乡建设部、农业部、国家林业局、国家能源局等）

（二十三）加快互联网与资源循环利用融合发展。支持再生资源企业利用大数据、云计算等技术优化逆向物流网点布局，建立线上线下融合的回收网络，在地级及以上城市逐步建设废弃物在线回收、交易等平台，推广“互联网+”回收新模式。建立重点品种的全生命周期追溯机制。在开展循环化改造的园区建设产业共生平台。鼓励相关行业协会、企业逐步构建行业性、区域性、全国性的产业废弃物和再生资源在线交易系统，发布交易价格指数。支持汽车维修、汽车保险、旧件回收、再制造、报废拆解等汽车产品售后全生命周期信息的互通共享。到2020年，初步形成废弃电器电子产品等高值废弃物在线回收利用体系。（牵头单位：国家发展改革委，参加单位：科技部、工业和信息化部、环境保护部、交通运输部、商务部、保监会等）

六、实施节能减排工程

（二十四）节能重点工程。组织实施燃煤锅炉节能环保综合提升、电机系统能效提升、余热暖民、绿色照明、节能技术装备产业化示范、能量系统优化、煤炭消费减量替代、重点用能单位综合能效提升、合同能源管理推进、城镇化节能升级改造、天然气分布式能源示范工程等节能重点工程，推进能源综合梯级利用，形成3亿吨标准煤左右的节能能力，到2020年节能服务产业产值比2015年翻一番。（牵头单位：国家发展改革委，参加单位：科技部、工业和信息化部、财政部、住

房城乡建设部、国务院国资委、质检总局、国管局、国家能源局、中直管理局等）

（二十五）主要大气污染物重点减排工程。实施燃煤电厂超低排放和节能改造工程，到2020年累计完成5.8亿千瓦机组超低排放改造任务，限期淘汰2000万千瓦落后产能和不符合相关强制性标准要求的机组。实施电力、钢铁、水泥、石化、平板玻璃、有色等重点行业全面达标排放治理工程。实施京津冀、长三角、珠三角等区域“煤改气”和“煤改电”工程，扩大城市禁煤区范围，建设完善区域天然气输送管道、城市燃气管网、农村配套电网，加快建设天然气储气库、城市调峰站储气罐等基础工程，新增“煤改气”工程用气450亿立方米以上，替代燃煤锅炉18.9万蒸吨。实施石化、化工、工业涂装、包装印刷等重点行业挥发性有机物治理工程，到2020年石化企业基本完成挥发性有机物治理。（牵头单位：环境保护部、国家能源局，参加单位：国家发展改革委、工业和信息化部、财政部、国务院国资委、质检总局等）

（二十六）主要水污染物重点减排工程。加强城市、县城和其他建制镇生活污染减排设施建设。加快污水收集管网建设，实施城镇污水、工业园区废水、污泥处理设施建设与提标改造工程，推进再生水回用设施建设。加快畜禽规模养殖场（小区）污染治理，75%以上的养殖场（小区）配套建设固体废弃物和污水贮存处理设施。（牵头单位：环境保护部、国家发展改革委、住房城乡建设部，参加单位：工业和信息化部、财政部、农业部、国家海洋局等）

（二十七）循环经济重点工程。组织实施园区循环化改造、资源循环利用产业示范基地建设、工农复合型循环经济示范区建设、京津冀固体废弃物协同处理、“互联网+”资源循环、再生产品与再制造产品推广等专项行动，建设100个资源循环利用产业示范基地、50个工业废弃物综合利用产业基地、20个工农复合型循环经济示范区，推进生产和生活系统循环链接，构建绿色低碳循环的产业体系。到2020年，再生资源替代原生资源量达到13亿吨，资源循环利用产业产值达到3万亿元。（牵头单位：国家发展改革委、财政部，参加单位：科技部、工业和信息化部、环境保护部、住房城乡建设部、农业部、商务部等）

七、强化节能减排技术支撑和服务体系建设

（二十八）加快节能减排共性关键技术研发示范推广。启动“十三五”节能减排科技战略研究和专项规划编制工作，加快节能减排科技资源集成和统筹部署，继续组织实施节能减排重大科技产业化工程。加快高超超临界发电、低品位余热发电、小型燃气轮机、煤炭清洁高效利用、细颗粒物治理、挥发性有机物治理、汽车尾气净化、原油和成品油码头油气回收、垃圾渗滤液处理、多污染协同处理等新型技术装备研发和产业化。推广高效烟气除尘和余热回收一体化、高效热泵、半导体照明、废弃物循环利用等成熟适用技术。遴选一批节能减排协同效益突出、产业化前景好的先进技术，推广系统性技术解决方案。（牵头单位：科技部、国家发展改革委，参加单位：工业和信息化部、环境保护部、住房城乡建设部、交通运输部、国家能源局等）

（二十九）推进节能减排技术系统集成应用。推进区域、城镇、园区、用能单位等系统用能和节能。选择具有示范作用、辐射效应的园区和城市，统筹整合钢铁、水泥、电力等高耗能企业的余热余能资源和区域用能需求，实现能源梯级利用。大力发展“互联网+”智慧能源，支持基于互联网的能源创新，推动建立城市智慧能源系统，鼓励发展智能家居、智能楼宇、智能小区和智能工厂，推动智能电网、储能设施、分布式能源、智能用电终端协同发展。综合采取节能减排系统集成技术，推动锅炉系统、供热/制冷系统、电机系统、照明系统等优化升级。（牵头单位：国家发展改革委、工业和信息化部、国家能源局，参加单位：科技部、财政部、住房城乡建设部、质检总局等）

（三十）完善节能减排创新平台和服务体系。建立完善节能减排技术评估体系和科技创新创业综合服务平台，建设绿色技术服务平台，推动建立节能减排技术和产品的检测认证服务机制。培育一批具有核心竞争力的节能减排科技企业和服务基地，建立一批节能科技成果转移促进中心和交流转化平台，组建一批节能减排产业技术创新战略联盟、研究基地（平台）等。继续发布国家重点节能低碳技术推广目录，建立节能减排技术遴选、评定及推广机制。加快引进国外节能环保新技术、新装备，推动国内节能减排先进技术装备“走出去”。（牵头单位：科技部、国家发展改革委、工业和信息化部、环境保护部，参加单位：住房城乡建设部、交通运输部、质检总局等）

八、完善节能减排支持政策

（三十一）完善价格收费政策。加快资源环境价格改革，健全价格形成机制。督促各地落实差别电价和惩罚性电价政策，严格清理地方违规出台的高耗能企业优惠电价政策。实行超定额用水累进加价制度。督促各地严格落实水泥、电解铝等行业阶梯电价政策，促进节能降耗。研究完善天然气价格政策。完善居民阶梯电价（煤改电除外）制度，全面推行居民阶梯气价（煤改气除外）、水价制度。深化供热计量收费改革，完善脱硫、脱硝、除尘和超低排放环保电价政策，加强运行监管，严肃查处不执行环保电价政策的行为。鼓励各地制定差别化排污收费政策。研究扩大挥发性有机物排放行业排污费征收范围。实施环境保护费改税，推进开征环境保护税。落实污水处理费政策，完善排污权交易价格体系。加大垃圾处理费收缴力度，提高收缴率。（牵头单位：国家发展改革委、财政部，参加单位：工业和信息化部、环境保护部、住房城乡建设部、水利部、国家能源局等）

（三十二）完善财政税收激励政策。加大对节能减排工作的资金支持力度，统筹安排相关专项资金，支持节能减排重点工程、能力建设和公益宣传。创新财政资金支持节能减排重点工程、项目的方式，发挥财政资金的杠杆作用。推广节能环保服务政府采购，推行政府绿色采购，完善节能环保产品政府强制采购和优先采购制度。清理取消不合理化石能源补贴。对节能减排工作任务完成较好的地区和企业予以奖励。落实支持节能减排的企业所得税、增值税等优惠政策，修订完善《环境保护专用设备企业所得税优惠目录》和《节能节水专用设备企业所得税优惠目录》。全面推进资源税改革，逐步扩大征收范围。继续落实资源综合利用税收优惠政策。从事国家鼓励类项目的企业进口自用节能减排技术装备且符合政策规定的，免征进口关税。（牵头单位：财政部、税务总局，参加单位：国家发展改革委、工业和信息化部、环境保护部、住房城乡建设部、国务院国资委、国管局等）

（三十三）健全绿色金融体系。加强绿色金融体系的顶层设计，推进绿色金融业务创新。鼓励银行业金融机构对节能减排重点工程给予多元化融资支持。健全市场化绿色信贷担保机制，对于使用绿色信贷的项目单位，可按规定申请财政贴息支持。对银行机构实施绿色评级，鼓励金融机构进一步完善绿色信贷机制，支持以用能权、碳排放权、排污权和节能项目收益权等为抵（质）押的绿色信贷。推进绿色债券市场发展，积极推动金融机构发行绿色金融债券，鼓励企业发行绿色债券。研究设立绿色发展基金，鼓励社会资本按市场化原则设立节能环保产业投资基金。支持符合条件的节能减排项目通过资本市场融资，鼓励绿色信贷资产、节能减排项目应收账款证券化。在环境高风险领域建立环境污染强制责任保险制度。积极推动绿色金融领域国际合作。（牵头单位：人民银行、财政部、国家发展改革委、环境保护部、银监会、证监会、保监会）

九、建立和完善节能减排市场化机制

（三十四）建立市场化交易机制。健全用能权、排污权、碳排放权交易机制，创新有偿使用、预算管理、投融资等机制，培育和发展交易市场。推进碳排放权交易，2017年启动全国碳排放权交易市场。建立用能权有偿使用和交易制度，选择若干地区开展用能权交易试点。加快实施排污许可制，建立企事业单位污染物排放总量控制制度，继续推进排污权交易试点，试点地区到2017年底基本建立排污权交易制度，研究扩大试点范围，发展跨区域排污权交易市场。（牵头单位：国家发展改革委、财政部、环境保护部）

（三十五）推行合同能源管理模式。实施合同能源管理推广工程，鼓励节能服务公司创新服务模式，为用户提供节能咨询、诊断、设计、融资、改造、托管等“一站式”合同能源管理综合服务。取消节能服务公司审核备案制度，任何地方和单位不得以是否具备节能服务公司审核备案资格限制企业开展业务。建立节能服务公司、用能单位、第三方机构失信黑名单制度，将失信行为纳入全国信用信息共享平台。落实节能服务公司税收优惠政策，鼓励各级政府加大对合同能源管理的支持力度。政府机构按照合同能源管理合同支付给节能服务公司的支出，视同能源费用支出。培育以合同能源管理资产交易为特色的资产交易平台。鼓励社会资本建立节能服务产业投资基金。支持节能服务公司发行绿色债券。创新投债贷结合促进合同能源管理业务发展。（牵头单位：国家发展改革委、财政部、税务总局，参加单位：工业和信息化部、住房城乡建设部、人民银行、国管局、银监会、证监会、中直管理局等）

（三十六）健全绿色标识认证体系。强化能效标识管理制度，扩大实施范围。推行节能低碳环保产品认证。完善绿色建筑、绿色建材标识和认证制度，建立可追溯的绿色建材评价和信息管理系统。推进能源管理体系认证。制修订绿色商场、绿色宾馆、绿色饭店、绿色景区等绿色服务评价办法，积极开展第三方认证评价。逐步将目前分头设立的环保、节能、节水、循环、低碳、再生、有机等产品统一整合为绿色产品，建立统一的绿色产品标准、认证、标识体系。加强节能低碳环保标识监督检查，依法查处虚标企业。开展能效、水效、环保领跑者引领行动。（牵头单位：国家发展改革委、工业和信息化部、环境保护部、质检总局，参加单位：财政部、住房城乡建设部、水利部、商务部等）

（三十七）推进环境污染第三方治理。鼓励在环境监测与风险评估、环境公用设施建设与运行、重点区域和重点行业污染防治、生态环境综合整治等领域推行第三方治理。研究制定第三方治理项目增值税即征即退政策，加大财政对第三方治理项目的补助和奖励力度。鼓励各地积极设立第三方治理项目引导基金，解决第三方治理企业融资难、融资贵问题。引导地方政府开展第三方治理试点，建立以效付费机制。提升环境服务供给水平与质量。到2020年，环境公用设施建设与运营、工业园区第三方治理取得显著进展，污染治理效率和专业化水平明显提高，环境公用设施投资运营体制改革基本完成，涌现出一批技术能力强、运营管理水平高、综合信用好、具有国际竞争力的环境服务公司。（牵头单位：国家发展改革委、环境保护部，参加单位：工业和信息化部、财政部、住房城乡建设部等）

（三十八）加强电力需求侧管理。推行节能低碳、环保电力调度，建设国家电力需求侧管理平台，推广电能服务，总结电力需求侧管理城市综合试点经验，实施工业领域电力需求侧管理专项行动，引导电网企业支持和配合平台建设及试点工作，鼓励电力用户积极采用节电技术产品，优化用电方式。深化电力体制改革，扩大峰谷电价、分时电价、可中断电价实施范围。加强储能和智能电网建设，增强电网调峰和需求侧响应能力。（牵头单位：国家发展改革委，参加单位：工业和信息化部、财政部、国家能源局等）

十、落实节能减排目标责任

（三十九）健全节能减排计量、统计、监测和预警体系。健全能源计量体系和消费统计指标体系，完善企业联网直报系统，加大统计数据审核与执法力度，强化统计数据质量管理，确保统计数据基本衔接。完善环境统计体系，补充调整工业、城镇生活、农业等重要污染源调查范围。建立健全能耗在线监测系统和污染源自动在线监测系统，对重点用能单位能源消耗实现实时监测，强化企业污染物排放自行监测和环境信息公开，2020年污染源自动监控数据有效传输率、企业自行监测结果公布率保持在90%以上，污染源监督性监测结果公布率保持在95%以上。定期公布各地区、重点行业、重点单位节能减排目标完成情况，发布预警信息，及时提醒高预警等级地区和单位的相关负责人，强化督促指导和帮扶。完善生态环境质量监测评价，建立地市报告、省级核查、国家审查的减排管理机制，鼓励引入第三方评估；加强重点减排工程调度管理，对环境质量改善达不到进度要求、重点减排工程建设滞后或运行不稳定、政策措施落实不到位的地区及时预警。（牵头单位：国家发展改革委、环境保护部、国家统计局，参加单位：工业和信息化部、住房城乡建设部、交通运输部、国务院国资委、质检总局、国管局等）

（四十）合理分解节能减排指标。实施能源消耗总量和强度双控行动，改革完善主要污染物总量减排制度。强化约束性指标管理，健全目标责任分解机制，将全国能耗总量控制和节能目标分解到各地区、主要行业和重点用能单位。各地区要根据国家下达的任务明确年度工作目标并层层分解落实，明确下一级政府、有关部门、重点用能单位责任，逐步建立省、市、县三级用能预算管理体系，编制用能预算管理方案；以改善环境质量为核心，突出重点工程减排，实行分区分类差别化管理，科学确定减排指标，环境质量改善任务重的地区承担更多的减排任务。（牵头单位：国家发展改革委、环境保护部，参加单位：工业和信息化部、住房城乡建设部、交通运输部、国管局、国家能源局等）

（四十一）加强目标责任评价考核。强化节能减排约束性指标考核，坚持总量减排和环境质量考核相结合，建立以环境质量考核为导向的减排考核制度。国务院每年组织开展省级人民政府节能减排目标责任评价考核，将考核结果作为领导班子和领导干部考核的重要内容，继续深入开展领导干部自然资源资产离任审计试点。对未完成能耗强度降低目标的省级人民政府实行问责，对未完成国家下达能耗总量控制目标任务的予以通报批评和约谈，实行高耗能项目缓批限批。对环境质量改善、总量减排目标均未完成的地区，暂停新增排放重点污染物建设项目的环评审批，暂停或减少中央财政资金支持，必要时列入环境保护督查范围。对重点单位节能减排考核结果进行公告并纳入社会信用记录系统，对未完成目标任务的暂停审批或核准新建扩建高耗能项目。落实国有企业节能减排目标责任制，将节能减排指标完成情况作为企业绩效和负责人业绩考核的重要内容。对节能减排贡献突出的地区、单位和个人以适当方式给予表彰奖励。（牵头单位：国家发展改革委、环境保护部、中央组织部，参加单位：工业和信息化部、财政部、住房城乡建设部、交通运输部、国务院国资委、质检总局、国家统计局、国管局、国家海洋局等）

十一、强化节能减排监督检查

（四十二）健全节能环保法律法规标准。加快修订完善节能环保方面的法律制度，推动制修订环境保护税法、水污染防治法、土壤污染防治法、能源法、固体废弃物污染环境防治法等。制修订建设项目环境保护管理条例、环境监测管理条例、重点用能单位节能管理办法、锅炉节能环保监督管理办法、节能服务机构管理暂行办法、污染地块土壤环境管理暂行办法、环境影响登记表备案管理办法等。健全节能标准体系，提高建筑节能标准，实现重点行业、设备节能标准全覆盖，继续实施百项能效标准推进工程。开展节能标准化和循环经济标准化试点示范建设。制定完善环境保护综合名录。制修订环保产品、环保设施运行效果评估、环境质量、污染物排放、环境监测方法等相关标准。鼓励地方依法制定更加严格的节能环保标准，鼓励制定节能减排团体标准。（牵头单位：国家发展改革委、工业和信息化部、环境保护部、质检总局、国务院法制办，参加单位：住房城乡建设部、交通运输部、商务部、国家统计局、国管局、国家海洋局、国家能源局、中直管理局等）

（四十三）严格节能减排监督检查。组织开展节能减排专项检查，督促各项措施落实。强化节能环保执法监察，加强节能审查，强化事中事后监管，加大对重点用能单位和重点污染源的执法检查力度，严厉查处各类违法违规用能和环境违法违规行为，依法公布违法单位名单，发布重点企业污染物排放信息，对严重违法违规行为进行公开通报或挂牌督办，确保节能环保法律、法规、规章和强制性标准有效落实。强化执法问责，对行政不作为、执法不严等行为，严肃追究有关主管部门和执法机构负责人的责任。（牵头单位：国家发展改革委、工业和信息化部、环境保护部，参加单位：住房城乡建设部、质检总局、国家海洋局等）

（四十四）提高节能减排管理服务水平。建立健全节能管理、监察、服务“三位一体”的节能管理体系。建立节能服务和监管平台，加强政府管理和服务能力建设。继续推进能源统计能力建设，加强工作力量。加强节能监察能力建设，进一步完善省、市、县三级节能监察体系。健全环保监管体制，开展省以下环保机构监测监察执法垂直管理制度试点，推进环境监察机构标准化建设，全面加强挥发性有机物环境空气质量和污染排放自动在线监测工作。开展污染源排放清单编制工作，出台主要污染物减排核查核算办法（细则）。进一步健全能源计量体系，深入推进城市能源计量建设示范，开展计量检测、能效计量比对等节能服务活动，加强能源计量技术服务和能源计量审查。建立能源消耗数据核查机制，建立健全统一的用能量和节能量审核方法、标准、操作规范和流程，加强核查机构管理，依法严厉打击核查工作中的弄虚作假行为。推动大数据在节能减排领域的应用。创新节能管理和服务模式，开展能效服务网络体系建设试点，促进用能单位经验分享。制定节能减排培训纲要，实施培训计划，依托专业技术人才知识更新工程等国家重大人才工程项目，加强对各级领导干部和政府节能管理部门、节能监察机构、用能单位相关人员的培训。（牵头单位：国家发展改革委、工业和信息化部、财政部、环境保护部，参加单位：人力资源社会保障部、住房城乡建设部、质检总局、国家统计局、国管局、国家海洋局、中直管理局等）

十二、动员全社会参与节能减排

（四十五）推行绿色消费。倡导绿色生活，推动全民在衣、食、住、行等方面更加勤俭节约、绿色低碳、文明健康，坚决抵制和反对各种形式的奢侈浪费。开展旧衣“零抛弃”活动，方便闲置旧物交换。积极引导绿色金融支持绿色消费，积极引导消费者购买节能与新能源汽车、高效家电、节水型器具等节能环保低碳产品，减少一次性用品的使用，限制过度包装，尽可能选用低挥发性水性涂料和环境友好型材料。加快畅通绿色产品流通渠道，鼓励建立绿色批发市场、节能超市等绿色流通主体。大力推广绿色低碳出行，倡导绿色生活和休闲模式。到2020年，能效标识2级以上的空调、冰箱、热水器等节能家电市场占有率达到50%以上。（牵头单位：国家发展改革委、环境保护部，参加单位：工业和信息化部、财政部、住房城乡建设部、交通运输部、商务部、中央军委后勤保障部、全国总工会、共青团中央、全国妇联等）

（四十六）倡导全民参与。推动全社会树立节能是第一能源、节约就是增加资源的理念，深入

开展全民节约行动和节能“进机关、进单位、进企业、进军营、进商超、进宾馆、进学校、进家庭、进社区、进农村”等“十进”活动。制播节能减排公益广告，鼓励建设节能减排博物馆、展示馆，创建一批节能减排宣传教育示范基地，形成人人、事事、时时参与节能减排的社会氛围。发展节能减排公益事业，鼓励公众参与节能减排公益活动。加强节能减排、应对气候变化等领域国际合作，推动落实《二十国集团能效引领计划》。（牵头单位：中央宣传部、国家发展改革委、环境保护部，参加单位：外交部、教育部、工业和信息化部、财政部、住房城乡建设部、国务院国资委、质检总局、新闻出版广电总局、国管局、中直管理局、中央军委后勤保障部、全国总工会、共青团中央、全国妇联等）

（四十七）强化社会监督。充分发挥各种媒体作用，报道先进典型、经验和做法，曝光违规用能和各种浪费行为。完善公众参与制度，及时准确披露各类环境信息，扩大公开范围，保障公众知情权，维护公众环境权益。依法实施环境公益诉讼制度，对污染环境、破坏生态的行为可依法提起公益诉讼。（牵头单位：中央宣传部、国家发展改革委、环境保护部，参加单位：全国总工会、共青团中央、全国妇联等）

附件：1.“十三五”各地区能耗总量和强度“双控”目标

2.“十三五”主要行业和部门节能指标

3.“十三五”各地区化学需氧量排放总量控制计划

4.“十三五”各地区氨氮排放总量控制计划

5.“十三五”各地区二氧化硫排放总量控制计划

6.“十三五”各地区氮氧化物排放总量控制计划

7.“十三五”重点地区挥发性有机物排放总量控制计划

附件1“十三五”各地区能耗总量和强度“双控”目标

地区	“十三五”能耗强度降低目标（%）	2015年能源消费总量（万吨标准煤）	“十三五”能耗增量控制目标（万吨标准煤）
北　京	17	6853	800
天　津	17	8260	1040
河　北	17	29395	3390
山　西	15	19384	3010
内蒙古	14	18927	3570
辽　宁	15	21667	3550
吉　林	15	8142	1360
黑龙江	15	12126	1880
上　海	17	11387	970
江　苏	17	30235	3480
浙　江	17	19610	2380
安　徽	16	12332	1870
福　建	16	12180	2320
江　西	16	8440	1510

地区	“十三五”能耗强度降低目标（%）	2015年能源消费总量（万吨标准煤）	“十三五”能耗增量控制目标（万吨标准煤）
山 东	17	37945	4070
河 南	16	23161	3540
湖 北	16	16404	2500
湖 南	16	15469	2380
广 东	17	30145	3650
广 西	14	9761	1840
海 南	10	1938	660
重 庆	16	8934	1660
四 川	16	19888	3020
贵 州	14	9948	1850
云 南	14	10357	1940
西 藏	10	—	—
陕 西	15	11716	2170
甘 肃	14	7523	1430
青 海	10	4134	1120
宁 夏	14	5405	1500
新 疆	10	15651	3540

注：西藏自治区相关数据暂缺。

附件2“十三五”主要行业和部门节能指标

指 标	单 位	2015年实际值	2020年	
			目标值	变化幅度/变化率
工业：				
单位工业增加值（规模以上）能耗				[-18%]
火电供电煤耗	克标准煤/千瓦时	315	306	-9
吨钢综合能耗	千克标准煤	572	560	-12
水泥熟料综合能耗	千克标准煤/吨	112	105	-7
电解铝液交流电耗	千瓦时/吨	13350	13200	-150
炼油综合能耗	千克标准油/吨	65	63	-2
乙烯综合能耗	千克标准煤/吨	816	790	-26
合成氨综合能耗	千克标准煤/吨	1331	1300	-31
纸及纸板综合能耗	千克标准煤/吨	530	480	-50
建筑：				
城镇既有居住建筑节能改造累计面积	亿平方米	12.5	17.5	+5
城镇公共建筑节能改造累计面积	亿平方米	1	2	+1

指　　标	单　位	2015年实际值	2020年	
			目标值	变化幅度/变化率
城镇新建绿色建筑标准执行率	%	20	50	+30
交通运输：				
铁路单位运输工作量综合能耗	吨标准煤/百万换算吨公里	4.71	4.47	[-5%]
营运车辆单位运输周转量能耗下降率				[-6.5%]
营运船舶单位运输周转量能耗下降率				[-6%]
民航业单位运输周转量能耗	千克标准煤/吨公里	0.433	<0.415	>[-4%]
新生产乘用车平均油耗	升/百公里	6.9	5	-1.9
公共机构：				
公共机构单位建筑面积能耗	千克标准煤/平方米	20.6	18.5	[-10%]
公共机构人均能耗	千克标准煤/人	370.7	330.0	[-11%]
终端用能设备：				
燃煤工业锅炉（运行）效率	%	70	75	+5
电动机系统效率	%	70	75	+5
一级能效容积式空气压缩机市场占有率　小于55kW	%	15	30	+15
一级能效容积式空气压缩机市场占有率　55kW至220kW	%	8	13	+5
一级能效容积式空气压缩机市场占有率　大于220kW	%	5	8	+3
一级能效电力变压器市场占有率	%	0.1	10	+9.9
二级以上能效房间空调器市场占有率	%	22.6	50	+27.4
二级以上能效电冰箱市场占有率	%	98.3	99	+0.7
二级以上能效家用燃气热水器市场占有率	%	93.7	98	+4.3

注：[ ] 内为变化率。

附件3“十三五”各地区化学需氧量排放总量控制计划

地区	2015年排放量（万吨）	2020年减排比例（%）	2020年重点工程减排量（万吨）
北京	16.2	14.4	2.33
天津	20.9	14.4	2.47
河北	120.8	19.0	16.14
山西	40.5	17.6	4.75
内蒙古	83.6	7.1	5.19
辽宁	116.7	13.4	8.41
吉林	72.4	4.8	2.32
黑龙江	139.3	6.0	7.33
上海	19.9	14.5	2.72

地区	2015年排放量（万吨）	2020年减排比例（%）	2020年重点工程减排量（万吨）
江苏	105.5	13.5	10.39
浙江	68.3	19.2	7.64
安徽	87.1	9.9	7.70
福建	60.9	4.1	2.14
江西	71.6	4.3	2.73
山东	175.8	11.7	13.30
河南	128.7	18.4	16.98
湖北	98.6	9.9	8.25
湖南	120.8	10.1	10.49
广东	160.7	10.4	11.06
广西	71.1	1.0	0.35
海南	18.8	1.2	0.16
重庆	38.0	7.4	2.36
四川	118.6	12.8	14.09
贵州	31.8	8.5	2.77
云南	51.0	14.1	5.85
西藏	2.9	—	—
陕西	48.9	10.0	2.63
甘肃	36.6	8.2	2.40
青海	10.4	1.1	0.07
宁夏	21.1	1.2	0.10
新疆	56.0	1.6	0.71
新疆生产建设兵团	10.0	1.6	0.04

注：2020年减排比例根据各地区地表水质量改善任务确定，重点工程减排量根据“十三五”规划纲要、《水污染防治行动计划》及相关规划提出的环境治理保护重点工程确定。

附件4“十三五”各地区氨氮排放总量控制计划

地　区	2015年排放量（万吨）	2020年减排比例（%）	2020年重点工程减排量（万吨）
北　京	1.6	16.1	0.24
天　津	2.4	16.1	0.38
河　北	9.7	20.0	1.59
山　西	5.0	18.0	0.61
内蒙古	4.7	7.0	0.28
辽　宁	9.6	8.8	0.85
吉　林	5.1	6.4	0.20

地　区	2015年排放量（万吨）	2020年减排比例（%）	2020年重点工程减排量（万吨）
黑龙江	8.1	7.0	0.48
上　海	4.3	13.4	0.53
江　苏	13.8	13.4	1.25
浙　江	9.8	17.6	0.85
安　徽	9.7	14.3	1.07
福　建	8.5	3.5	0.30
江　西	8.5	3.8	0.32
山　东	15.3	13.4	1.49
河　南	13.4	16.6	1.93
湖　北	11.4	10.2	1.02
湖　南	15.1	10.1	1.41
广　东	20.0	11.3	1.54
广　西	7.7	1.0	0.08
海　南	2.1	1.9	0.04
重　庆	5.0	6.3	0.32
四　川	13.1	13.9	1.74
贵　州	3.6	11.2	0.41
云　南	5.5	12.9	0.67
西　藏	0.3	—	—
陕　西	5.6	10.0	0.38
甘　肃	3.7	8.0	0.28
青　海	1.0	1.4	0.01
宁　夏	1.6	0.7	0.01
新　疆	4.0	2.8	0.09
新疆生产建设兵团	0.5	2.8	—

注：2020年减排比例根据各地区地表水质量改善任务确定，重点工程减排量根据“十三五”规划纲要、《水污染防治行动计划》及相关规划提出的环境治理保护重点工程确定。

附件5“十三五”各地区二氧化硫排放总量控制计划

地　区	2015年排放量（万吨）	2020年减排比例（%）	2020年重点工程减排量（万吨）
北　京	7.1	35	1.8
天　津	18.6	25	2.8
河　北	110.8	28	18.4
山　西	112.1	20	22.4
内蒙古	123.1	11	13.5

地　区	2015年排放量（万吨）	2020年减排比例（%）	2020年重点工程减排量（万吨）
辽　宁	96.9	20	14.4
吉　林	36.3	18	5.2
黑龙江	45.6	11	4.3
上　海	17.1	20	3.4
江　苏	83.5	20	13.3
浙　江	53.8	17	9.1
安　徽	48.0	16	5.2
福　建	33.8	—	3.5
江　西	52.8	12	6.3
山　东	152.6	27	35.0
河　南	114.4	28	20.5
湖　北	55.1	20	10.9
湖　南	59.6	21	8.5
广　东	67.8	3	2.0
广　西	42.1	13	4.5
海　南	3.2	—	0.4
重　庆	49.6	18	8.1
四　川	71.8	16	11.2
贵　州	85.3	7	6.0
云　南	58.4	1	0.6
西　藏	0.5	—	—
陕　西	73.5	15	11.0
甘　肃	57.1	8	4.6
青　海	15.1	6	0.9
宁　夏	35.8	12	4.3
新　疆	66.8	3	2.0
新疆生产建设兵团	11.0	13	0.9

注：2020年减排比例根据各地区空气质量改善任务确定，重点工程减排量根据“十三五”规划纲要、《大气污染防治行动计划》及相关规划提出的环境治理保护重点工程确定。

附件6“十三五”各地区氮氧化物排放总量控制计划

地　区	2015年排放量（万吨）	2020年减排比例（%）	2020年重点工程减排量（万吨）
北　京	13.8	25	0.7
天　津	24.7	25	3.5
河　北	135.1	28	19.9

地　区	2015年排放量（万吨）	2020年减排比例（%）	2020年重点工程减排量（万吨）
山　西	93.1	20	16.3
内蒙古	113.9	11	12.5
辽　宁	82.8	20	14.9
吉　林	50.2	18	9.0
黑龙江	64.5	11	7.1
上　海	30.1	20	5.2
江　苏	106.8	20	18.7
浙　江	60.7	17	10.3
安　徽	72.1	16	9.0
福　建	37.9	—	4.6
江　西	49.3	12	5.9
山　东	142.4	27	31.0
河　南	126.2	28	15.8
湖　北	51.5	20	5.9
湖　南	49.7	15	6.3
广　东	99.7	3	3.0
广　西	37.3	13	3.3
海　南	9.0	—	1.2
重　庆	32.1	18	2.8
四　川	53.4	16	3.7
贵　州	41.9	7	2.9
云　南	44.9	1	0.4
西　藏	5.3	—	—
陕　西	62.7	15	9.4
甘　肃	38.7	8	3.1
青　海	11.8	6	0.7
宁　夏	36.8	12	4.4
新　疆	63.7	3	1.9
新疆生产建设兵团	9.9	13	1.3

注：2020年减排比例根据各地区空气质量改善任务确定，重点工程减排量根据“十三五”规划纲要、《大气污染防治行动计划》及相关规划提出的环境治理保护重点工程确定。

附件7“十三五”重点地区挥发性有机物排放总量控制计划

地区	2015年排放量（万吨）	2020年减排比例（%）	2020年重点工程减排量（万吨）
北　京	23.4	25	3.5

地区	2015年排放量（万吨）	2020年减排比例（%）	2020年重点工程减排量（万吨）
天　津	33.9	20	4.6
河　北	154.6	20	19.5
辽　宁	105.4	10	10.5
上　海	42.1	20	8.4
江　苏	187.0	20	31.2
浙　江	139.2	20	25.5
安　徽	95.9	10	9.2
山　东	192.1	20	38.4
河　南	167.5	10	16.6
湖　北	98.7	10	9.9
湖　南	98.3	10	7.9
广　东	137.8	18	20.7
重　庆	40.2	10	4.0
四　川	111.3	5	5.6
陕　西	67.5	5	3.4

注：“十三五”期间主要推进石化、化工、包装印刷和工业涂装等重点行业挥发性有机物减排，相关指标根据重点行业减排潜力、环境质量改善需求等因素分解落实到各有关省份。

国务院办公厅关于建立统一的绿色产品标准、认证、标识体系的意见

国办发〔2016〕86号

各省、自治区、直辖市人民政府，国务院各部委、各直属机构：

健全绿色市场体系，增加绿色产品供给，是生态文明体制改革的重要组成部分。建立统一的绿色产品标准、认证、标识体系，是推动绿色低碳循环发展、培育绿色市场的必然要求，是加强供给侧结构性改革、提升绿色产品供给质量和效率的重要举措，是引导产业转型升级、提升中国制造竞争力的紧迫任务，是引领绿色消费、保障和改善民生的有效途径，是履行国际减排承诺、提升我国参与全球治理制度性话语权的现实需要。为贯彻落实《生态文明体制改革总体方案》，建立统一的绿色产品标准、认证、标识体系，经国务院同意，现提出以下意见。

一、总体要求

（一）指导思想。以党的十八大和十八届三中、四中、五中、六中全会精神为指导，按照“五位一体”总体布局、“四个全面”战略布局和党中央、国务院决策部署，牢固树立创新、协调、绿色、开放、共享的发展理念，以供给侧结构性改革为战略基点，充分发挥标准与认证的战略性、基础性、引领性作用，创新生态文明体制机制，增加绿色产品有效供给，引导绿色生产和绿色消费，全面提升绿色发展质量和效益，增强社会公众的获得感。

（二）基本原则。

坚持统筹兼顾，完善顶层设计。着眼生态文明建设总体目标，统筹考虑资源环境、产业基础、消费需求、国际贸易等因素，兼顾资源节约、环境友好、消费友好等特性，制定基于产品全生命周期的绿色产品标准、认证、标识体系建设一揽子解决方案。

坚持市场导向，激发内生动力。坚持市场化的改革方向，处理好政府与市场的关系，充分发挥标准化和认证认可对于规范市场秩序、提高市场效率的有效作用，通过统一和完善绿色产品标准、认证、标识体系，建立并传递信任，激发市场活力，促进供需有效对接和结构升级。

坚持继承创新，实现平稳过渡。立足现有基础，分步实施，有序推进，合理确定市场过渡期，通过政府引导和市场选择，逐步淘汰不适宜的制度，实现绿色产品标准、认证、标识整合目标。

坚持共建共享，推动社会共治。发挥各行业主管部门的职能作用，推动政、产、学、研、用各相关方广泛参与，分工协作，多元共治，建立健全行业采信、信息公开、社会监督等机制，完善相关法律法规和配套政策，推动绿色产品标准、认证、标识在全社会使用和采信，共享绿色发展成果。

坚持开放合作，加强国际接轨。立足国情实际，遵循国际规则，充分借鉴国外先进经验，深化国际合作交流，维护我国在绿色产品领域的发展权和话语权，促进我国绿色产品标准、认证、标识的国际接轨、互认，便利国际贸易和合作交往。

（三）主要目标。按照统一目录、统一标准、统一评价、统一标识的方针，将现有环保、节能、节水、循环、低碳、再生、有机等产品整合为绿色产品，到2020年，初步建立系统科学、开放融合、指标先进、权威统一的绿色产品标准、认证、标识体系，健全法律法规和配套政策，实现一类产品、一个标准、一个清单、一次认证、一个标识的体系整合目标。绿色产品评价范围逐步覆盖生态环境影响大、消费需求旺、产业关联性强、社会关注度高、国际贸易量大的产品领域及类别，绿色产品市场认可度和国际影响力不断扩大，绿色产品市场份额和质量效益大幅提升，绿色产品供给与需求失衡现状有效扭转，消费者的获得感显著增强。

二、重点任务

（四）统一绿色产品内涵和评价方法。基于全生命周期理念，在资源获取、生产、销售、使用、处置等产品生命周期各阶段中，绿色产品内涵应兼顾资源能源消耗少、污染物排放低、低毒少害、易回收处理和再利用、健康安全和质量品质高等特征。采用定量与定性评价相结合、产品与组织评价相结合的方法，统筹考虑资源、能源、环境、品质等属性，科学确定绿色产品评价的关键阶段和关键指标，建立评价方法与指标体系。

（五）构建统一的绿色产品标准、认证、标识体系。开展绿色产品标准体系顶层设计和系统规划，充分发挥各行业主管部门的职能作用，共同编制绿色产品标准体系框架和标准明细表，统一构建以绿色产品评价标准子体系为牵引、以绿色产品的产业支撑标准子体系为辅助的绿色产品标准体系。参考国际实践，建立符合中国国情的绿色产品认证与标识体系，统一制定认证实施规则和认证标识，并发布认证标识使用管理办法。

（六）实施统一的绿色产品评价标准清单和认证目录。质检总局会同有关部门统一发布绿色产品标识、标准清单和认证目录，依据标准清单中的标准组织开展绿色产品认证。组织相关方对有关国家标准、行业标准、团体标准等进行评估，适时纳入绿色产品评价标准清单。会同有关部门建立绿色产品认证目录的定期评估和动态调整机制，避免重复评价。

（七）创新绿色产品评价标准供给机制。优先选取与消费者吃、穿、住、用、行密切相关的生活资料、终端消费品、食品等产品，研究制定绿色产品评价标准。充分利用市场资源，鼓励学会、协会、商会等社会团体制定技术领先、市场成熟度高的绿色产品评价团体标准，增加绿色产品评价标准的市场供给。

（八）健全绿色产品认证有效性评估与监督机制。推进绿色产品信用体系建设，严格落实生产者对产品质量的主体责任、认证实施机构对检测认证结果的连带责任，对严重失信者建立联合惩戒机制，对违法违规行为的责任主体建立黑名单制度。运用大数据技术完善绿色产品监管方式，建立绿色产品评价标准和认证实施效果的指标量化评估机制，加强认证全过程信息采集和信息公开，使认证评价结果及产品公开接受市场检验和社会监督。

（九）加强技术机构能力和信息平台建设。建立健全绿色产品技术支撑体系，加强标准和合格评定能力建设，开展绿色产品认证检测机构能力评估和资质管理，培育一批绿色产品标准、认证、检测专业服务机构，提升技术能力、工作质量和服务水平。建立统一的绿色产品信息平台，公开发布绿色产品相关政策法规、标准清单、规则程序、产品目录、实施机构、认证结果及采信状况等信息。

（十）推动国际合作和互认。围绕服务对外开放和“一带一路”建设战略，推进绿色产品标准、认证认可、检验检测的国际交流与合作，开展国内外绿色产品标准比对分析，积极参与制定国际标准和合格评定规则，提高标准一致性，推动绿色产品认证与标识的国际互认。合理运用绿色产品技术贸易措施，积极应对国外绿色壁垒，推动我国绿色产品标准、认证、标识制度走出去，提升我国参与相关国际事务的制度性话语权。

三、保障措施

（十一）加强部门联动配合。建立绿色产品标准、认证与标识部际协调机制，成员单位包括质检、发展改革、工业和信息化、财政、环境保护、住房城乡建设、交通运输、水利、农业、商务等有关部门，统筹协调绿色产品标准、认证、标识相关政策措施，形成工作合力。

（十二）健全配套政策。落实对绿色产品研发生产、运输配送、消费采购等环节的财税金融支持政策，加强绿色产品重要标准研制，建立绿色产品标准推广和认证采信机制，支持绿色金融、绿色制造、绿色消费、绿色采购等政策实施。实行绿色产品领跑者计划。研究推行政府绿色采购制度，扩大政府采购规模。鼓励商品交易市场扩大绿色产品交易、集团采购商扩大绿色产品采购，推动绿色市场建设。推行生产者责任延伸制度，促进产品回收和循环利用。

（十三）营造绿色产品发展环境。加强市场诚信和行业自律机制建设，各职能部门协同加强事中事后监管，营造公平竞争的市场环境，进一步降低制度性交易成本，切实减轻绿色产品生产企业负担。各有关部门、地方各级政府应结合实际，加快转变职能和管理方式，改进服务和工作作风，优化市场环境，引导加强行业自律，扩大社会参与，促进绿色产品标准实施、认证结果使用与效果评价，推动绿色产品发展。

（十四）加强绿色产品宣传推广。通过新闻媒体和互联网等渠道，大力开展绿色产品公益宣传，加强绿色产品标准、认证、标识相关政策解读和宣传推广，推广绿色产品优秀案例，传播绿色发展理念，引导绿色生活方式，维护公众的绿色消费知情权、参与权、选择权和监督权。

国务院办公厅

2016年11月22日

关于全面推行河长制的意见

（中共中央办公厅、国务院办公厅12月印发）

河湖管理保护是一项复杂的系统工程，涉及上下游、左右岸、不同行政区域和行业。近年来，一些地区积极探索河长制，由党政领导担任河长，依法依规落实地方主体责任，协调整合各方力量，有力促进了水资源保护、水域岸线管理、水污染防治、水环境治理等工作。全面推行河长制是落实绿色发展理念、推进生态文明建设的内在要求，是解决我国复杂水问题、维护河湖健康生命的有效举措，是完善水治理体系、保障国家水安全的制度创新。为进一步加强河湖管理保护工作，落实属地责任，健全长效机制，现就全面推行河长制提出以下意见。

一、总体要求

（一）指导思想。全面贯彻党的十八大和十八届三中、四中、五中、六中全会精神，深入学习贯彻习近平总书记系列重要讲话精神，紧紧围绕统筹推进“五位一体”总体布局和协调推进“四个全面”战略布局，牢固树立新发展理念，认真落实党中央、国务院决策部署，坚持节水优先、空间均衡、系统治理、两手发力，以保护水资源、防治水污染、改善水环境、修复水生态为主要任务，在全国江河湖泊全面推行河长制，构建责任明确、协调有序、监管严格、保护有力的河湖管理保护机制，为维护河湖健康生命、实现河湖功能永续利用提供制度保障。

（二）基本原则

——坚持生态优先、绿色发展。牢固树立尊重自然、顺应自然、保护自然的理念，处理好河湖管理保护与开发利用的关系，强化规划约束，促进河湖休养生息、维护河湖生态功能。

——坚持党政领导、部门联动。建立健全以党政领导负责制为核心的责任体系，明确各级河长职责，强化工作措施，协调各方力量，形成一级抓一级、层层抓落实的工作格局。

——坚持问题导向、因地制宜。立足不同地区不同河湖实际，统筹上下游、左右岸，实行一河一策、一湖一策，解决好河湖管理保护的突出问题。

——坚持强化监督、严格考核。依法治水管水，建立健全河湖管理保护监督考核和责任追究制度，拓展公众参与渠道，营造全社会共同关心和保护河湖的良好氛围。

（三）组织形式。全面建立省、市、县、乡四级河长体系。各省（自治区、直辖市）设立总河长，由党委或政府主要负责同志担任；各省（自治区、直辖市）行政区域内主要河湖设立河长，由省级负责同志担任；各河湖所在市、县、乡均分级分段设立河长，由同级负责同志担任。县级及以上河长设置相应的河长制办公室，具体组成由各地根据实际确定。

（四）工作职责。各级河长负责组织领导相应河湖的管理和保护工作，包括水资源保护、水域岸线管理、水污染防治、水环境治理等，牵头组织对侵占河道、围垦湖泊、超标排污、非法采砂、破坏航道、电毒炸鱼等突出问题依法进行清理整治，协调解决重大问题；对跨行政区域的河湖明晰管理责任，协调上下游、左右岸实行联防联控；对相关部门和下一级河长履职情况进行督导，对目标任务完成情况进行考核，强化激励问责。河长制办公室承担河长制组织实施具体工作，落实河长确定的事项。各有关部门和单位按照职责分工，协同推进各项工作。

二、主要任务

（五）加强水资源保护。落实最严格水资源管理制度，严守水资源开发利用控制、用水效率控制、水功能区限制纳污三条红线，强化地方各级政府责任，严格考核评估和监督。实行水资源消耗总量和强度双控行动，防止不合理新增取水，切实做到以水定需、量水而行、因水制宜。坚持节水优先，全面提高用水效率，水资源短缺地区、生态脆弱地区要严格限制发展高耗水项目，加快实施农业、工业和城乡节水技术改造，坚决遏制用水浪费。严格水功能区管理监督，根据水功能区划确定的河流水域纳污容量和限制排污总量，落实污染物达标排放要求，切实监管入河湖排污口，严格控制入河湖排污总量。

（六）加强河湖水域岸线管理保护。严格水域岸线等水生态空间管控，依法划定河湖管理范围。落实规划岸线分区管理要求，强化岸线保护和节约集约利用。严禁以各种名义侵占河道、围垦湖泊、非法采砂，对岸线乱占滥用、多占少用、占而不用等突出问题开展清理整治，恢复河湖水域岸线生态功能。

（七）加强水污染防治。落实《水污染防治行动计划》，明确河湖水污染防治目标和任务，统筹水上、岸上污染治理，完善入河湖排污管控机制和考核体系。排查入河湖污染源，加强综合防治，严格治理工矿企业污染、城镇生活污染、畜禽养殖污染、水产养殖污染、农业面源污染、船舶港口污染，改善水环境质量。优化入河湖排污口布局，实施入河湖排污口整治。

（八）加强水环境治理。强化水环境质量目标管理，按照水功能区确定各类水体的水质保护目标。切实保障饮用水水源安全，开展饮用水水源规范化建设，依法清理饮用水水源保护区内违法建筑和排污口。加强河湖水环境综合整治，推进水环境治理网格化和信息化建设，建立健全水环境风险评估排查、预警预报与响应机制。结合城市总体规划，因地制宜建设亲水生态岸线，加大黑臭水体治理力度，实现河湖环境整洁优美、水清岸绿。以生活污水处理、生活垃圾处理为重点，综合整治农村水环境，推进美丽乡村建设。

（九）加强水生态修复。推进河湖生态修复和保护，禁止侵占自然河湖、湿地等水源涵养空间。在规划的基础上稳步实施退田还湖还湿、退渔还湖，恢复河湖水系的自然连通，加强水生生物资源养护，提高水生生物多样性。开展河湖健康评估。强化山水林田湖系统治理，加大江河源头区、水源涵养区、生态敏感区保护力度，对三江源区、南水北调水源区等重要生态保护区实行更严格的保护。积极推进建立生态保护补偿机制，加强水土流失预防监督和综合整治，建设生态清洁型小流域，维护河湖生态环境。

（十）加强执法监管。建立健全法规制度，加大河湖管理保护监管力度，建立健全部门联合执法机制，完善行政执法与刑事司法衔接机制。建立河湖日常监管巡查制度，实行河湖动态监管。落实河湖管理保护执法监管责任主体、人员、设备和经费。严厉打击涉河湖违法行为，坚决清理整治非法排污、设障、捕捞、养殖、采砂、采矿、围垦、侵占水域岸线等活动。

三、保障措施

（十一）加强组织领导。地方各级党委和政府要把推行河长制作为推进生态文明建设的重要举措，切实加强组织领导，狠抓责任落实，抓紧制定出台工作方案，明确工作进度安排，到2018年年底前全面建立河长制。

（十二）健全工作机制。建立河长会议制度、信息共享制度、工作督察制度，协调解决河湖管理保护的重点难点问题，定期通报河湖管理保护情况，对河长制实施情况和河长履职情况进行督

察。各级河长制办公室要加强组织协调，督促相关部门单位按照职责分工，落实责任，密切配合，协调联动，共同推进河湖管理保护工作。

（十三）强化考核问责。根据不同河湖存在的主要问题，实行差异化绩效评价考核，将领导干部自然资源资产离任审计结果及整改情况作为考核的重要参考。县级及以上河长负责组织对相应河湖下一级河长进行考核，考核结果作为地方党政领导干部综合考核评价的重要依据。实行生态环境损害责任终身追究制，对造成生态环境损害的，严格按照有关规定追究责任。

（十四）加强社会监督。建立河湖管理保护信息发布平台，通过主要媒体向社会公告河长名单，在河湖岸边显著位置竖立河长公示牌，标明河长职责、河湖概况、管护目标、监督电话等内容，接受社会监督。聘请社会监督员对河湖管理保护效果进行监督和评价。进一步做好宣传舆论引导，提高全社会对河湖保护工作的责任意识和参与意识。

各省（自治区、直辖市）党委和政府要在每年1月底前将上年度贯彻落实情况报党中央、国务院。

关于划定并严守生态保护红线的若干意见

（中共中央办公厅　国务院办公厅2017月2日7印发）

生态空间是指具有自然属性、以提供生态服务或生态产品为主体功能的国土空间，包括森林、草原、湿地、河流、湖泊、滩涂、岸线、海洋、荒地、荒漠、戈壁、冰川、高山冻原、无居民海岛等。生态保护红线是指在生态空间范围内具有特殊重要生态功能、必须强制性严格保护的区域，是保障和维护国家生态安全的底线和生命线，通常包括具有重要水源涵养、生物多样性维护、水土保持、防风固沙、海岸生态稳定等功能的生态功能重要区域，以及水土流失、土地沙化、石漠化、盐渍化等生态环境敏感脆弱区域。党中央、国务院高度重视生态环境保护，作出一系列重大决策部署，推动生态环境保护工作取得明显进展。但是，我国生态环境总体仍比较脆弱，生态安全形势十分严峻。划定并严守生态保护红线，是贯彻落实主体功能区制度、实施生态空间用途管制的重要举措，是提高生态产品供给能力和生态系统服务功能、构建国家生态安全格局的有效手段，是健全生态文明制度体系、推动绿色发展的有力保障。现就划定并严守生态保护红线提出以下意见。、

一、总体要求

（一）指导思想。全面贯彻党的十八大和十八届三中、四中、五中、六中全会精神，深入贯彻习近平总书记系列重要讲话精神和治国理政新理念新思想新战略，紧紧围绕统筹推进“五位一体”总体布局和协调推进“四个全面”战略布局，牢固树立新发展理念，认真落实党中央、国务院决策部署，以改善生态环境质量为核心，以保障和维护生态功能为主线，按照山水林田湖系统保护的要求，划定并严守生态保护红线，实现一条红线管控重要生态空间，确保生态功能不降低、面积不减少、性质不改变，维护国家生态安全，促进经济社会可持续发展。

（二）基本原则

——科学划定，切实落地。落实环境保护法等相关法律法规，统筹考虑自然生态整体性和系统性，开展科学评估，按生态功能重要性、生态环境敏感性与脆弱性划定生态保护红线，并落实到国

土空间，系统构建国家生态安全格局。

——坚守底线，严格保护。牢固树立底线意识，将生态保护红线作为编制空间规划的基础。强化用途管制，严禁任意改变用途，杜绝不合理开发建设活动对生态保护红线的破坏。

——部门协调，上下联动。加强部门间沟通协调，国家层面做好顶层设计，出台技术规范和政策措施，地方党委和政府落实划定并严守生态保护红线的主体责任，上下联动、形成合力，确保划得实、守得住。

（三）总体目标。2017年年底前，京津冀区域、长江经济带沿线各省（直辖市）划定生态保护红线；2018年年底前，其他省（自治区、直辖市）划定生态保护红线；2020年年底前，全面完成全国生态保护红线划定，勘界定标，基本建立生态保护红线制度，国土生态空间得到优化和有效保护，生态功能保持稳定，国家生态安全格局更加完善。到2030年，生态保护红线布局进一步优化，生态保护红线制度有效实施，生态功能显著提升，国家生态安全得到全面保障。

二、划定生态保护红线

依托“两屏三带”为主体的陆地生态安全格局和“一带一链多点”的海洋生态安全格局，采取国家指导、地方组织，自上而下和自下而上相结合，科学划定生态保护红线。

（四）明确划定范围。环境保护部、国家发展改革委会同有关部门，于2017年6月底前制定并发布生态保护红线划定技术规范，明确水源涵养、生物多样性维护、水土保持、防风固沙等生态功能重要区域，以及水土流失、土地沙化、石漠化、盐渍化等生态环境敏感脆弱区域的评价方法，识别生态功能重要区域和生态环境敏感脆弱区域的空间分布。将上述两类区域进行空间叠加，划入生态保护红线，涵盖所有国家级、省级禁止开发区域，以及有必要严格保护的其他各类保护地等。

（五）落实生态保护红线边界。按照保护需要和开发利用现状，主要结合以下几类界线将生态保护红线边界落地：自然边界，主要是依据地形地貌或生态系统完整性确定的边界，如林线、雪线、流域分界线，以及生态系统分布界线等；自然保护区、风景名胜区等各类保护地边界；江河、湖库，以及海岸等向陆域（或向海）延伸一定距离的边界；全国土地调查、地理国情普查等明确的地块边界。将生态保护红线落实到地块，明确生态系统类型、主要生态功能，通过自然资源统一确权登记明确用地性质与土地权属，形成生态保护红线全国“一张图”。在勘界基础上设立统一规范的标识标牌，确保生态保护红线落地准确、边界清晰。

（六）有序推进划定工作。环境保护部、国家发展改革委会同有关部门提出各省（自治区、直辖市）生态保护红线空间格局和分布意见，做好跨省域的衔接与协调，指导各地划定生态保护红线；明确生态保护红线可保护的湿地、草原、森林等生态系统数量，并与生态安全预警监测体系做好衔接。各省（自治区、直辖市）要按照相关要求，建立划定生态保护红线责任制和协调机制，明确责任部门，组织专门力量，制定工作方案，全面论证、广泛征求意见，有序推进划定工作，形成生态保护红线。环境保护部、国家发展改革委会同有关部门组织对各省（自治区、直辖市）生态保护红线进行技术审核并提出意见，报国务院批准后由各省（自治区、直辖市）政府发布实施。在各省（自治区、直辖市）生态保护红线基础上，环境保护部、国家发展改革委会同有关部门进行衔接、汇总，形成全国生态保护红线，并向社会发布。鉴于海洋国土空间的特殊性，国家海洋局根据本意见制定相关技术规范，组织划定并审核海洋国土空间的生态保护红线，纳入全国生态保护红线。

三、严守生态保护红线

落实地方各级党委和政府主体责任，强化生态保护红线刚性约束，形成一整套生态保护红线管

控和激励措施。

（七）明确属地管理责任。地方各级党委和政府是严守生态保护红线的责任主体，要将生态保护红线作为相关综合决策的重要依据和前提条件，履行好保护责任。各有关部门要按照职责分工，加强监督管理，做好指导协调、日常巡护和执法监督，共守生态保护红线。建立目标责任制，把保护目标、任务和要求层层分解，落到实处。创新激励约束机制，对生态保护红线保护成效突出的单位和个人予以奖励；对造成破坏的，依法依规予以严肃处理。根据需要设置生态保护红线管护岗位，提高居民参与生态保护积极性。

（八）确立生态保护红线优先地位。生态保护红线划定后，相关规划要符合生态保护红线空间管控要求，不符合的要及时进行调整。空间规划编制要将生态保护红线作为重要基础，发挥生态保护红线对于国土空间开发的底线作用。

（九）实行严格管控。生态保护红线原则上按禁止开发区域的要求进行管理。严禁不符合主体功能定位的各类开发活动，严禁任意改变用途。生态保护红线划定后，只能增加、不能减少，因国家重大基础设施、重大民生保障项目建设等需要调整的，由省级政府组织论证，提出调整方案，经环境保护部、国家发展改革委会同有关部门提出审核意见后，报国务院批准。因国家重大战略资源勘查需要，在不影响主体功能定位的前提下，经依法批准后予以安排勘查项目。

（十）加大生态保护补偿力度。财政部会同有关部门加大对生态保护红线的支持力度，加快健全生态保护补偿制度，完善国家重点生态功能区转移支付政策。推动生态保护红线所在地区和受益地区探索建立横向生态保护补偿机制，共同分担生态保护任务。

（十一）加强生态保护与修复。实施生态保护红线保护与修复，作为山水林田湖生态保护和修复工程的重要内容。以县级行政区为基本单元建立生态保护红线台账系统，制定实施生态系统保护与修复方案。优先保护良好生态系统和重要物种栖息地，建立和完善生态廊道，提高生态系统完整性和连通性。分区分类开展受损生态系统修复，采取以封禁为主的自然恢复措施，辅以人工修复，改善和提升生态功能。选择水源涵养和生物多样性维护为主导生态功能的生态保护红线，开展保护与修复示范。有条件的地区，可逐步推进生态移民，有序推动人口适度集中安置，降低人类活动强度，减小生态压力。按照陆海统筹、综合治理的原则，开展海洋国土空间生态保护红线的生态整治修复，切实强化生态保护红线及周边区域污染联防联治，重点加强生态保护红线内入海河流综合整治。

（十二）建立监测网络和监管平台。环境保护部、国家发展改革委、国土资源部会同有关部门建设和完善生态保护红线综合监测网络体系，充分发挥地面生态系统、环境、气象、水文水资源、水土保持、海洋等监测站点和卫星的生态监测能力，布设相对固定的生态保护红线监控点位，及时获取生态保护红线监测数据。建立国家生态保护红线监管平台。依托国务院有关部门生态环境监管平台和大数据，运用云计算、物联网等信息化手段，加强监测数据集成分析和综合应用，强化生态气象灾害监测预警能力建设，全面掌握生态系统构成、分布与动态变化，及时评估和预警生态风险，提高生态保护红线管理决策科学化水平。实时监控人类干扰活动，及时发现破坏生态保护红线的行为，对监控发现的问题，通报当地政府，由有关部门依据各自职能组织开展现场核查，依法依规进行处理。2017年年底前完成国家生态保护红线监管平台试运行。各省（自治区、直辖市）应依托国家生态保护红线监管平台，加强能力建设，建立本行政区监管体系，实施分层级监管，及时接收和反馈信息，核查和处理违法行为。

（十三）开展定期评价。环境保护部、国家发展改革委会同有关部门建立生态保护红线评价机制。从生态系统格局、质量和功能等方面，建立生态保护红线生态功能评价指标体系和方法。定期组织开展评价，及时掌握全国、重点区域、县域生态保护红线生态功能状况及动态变化，评价结果作为优化生态保护红线布局、安排县域生态保护补偿资金和实行领导干部生态环境损害责任追究的依据，并向社会公布。

（十四）强化执法监督。各级环境保护部门和有关部门要按照职责分工加强生态保护红线执法监督。建立生态保护红线常态化执法机制，定期开展执法督查，不断提高执法规范化水平。及时发现和依法处罚破坏生态保护红线的违法行为，切实做到有案必查、违法必究。有关部门要加强与司法机关的沟通协调，健全行政执法与刑事司法联动机制。

（十五）建立考核机制。环境保护部、国家发展改革委会同有关部门，根据评价结果和目标任务完成情况，对各省（自治区、直辖市）党委和政府开展生态保护红线保护成效考核，并将考核结果纳入生态文明建设目标评价考核体系，作为党政领导班子和领导干部综合评价及责任追究、离任审计的重要参考。

（十六）严格责任追究。对违反生态保护红线管控要求、造成生态破坏的部门、地方、单位和有关责任人员，按照有关法律法规和《党政领导干部生态环境损害责任追究办法（试行）》等规定实行责任追究。对推动生态保护红线工作不力的，区分情节轻重，予以诫勉、责令公开道歉、组织处理或党纪政纪处分，构成犯罪的依法追究刑事责任。对造成生态环境和资源严重破坏的，要实行终身追责，责任人不论是否已调离、提拔或者退休，都必须严格追责。

四、强化组织保障

（十七）加强组织协调。建立由环境保护部、国家发展改革委牵头的生态保护红线管理协调机制，明确地方和部门责任。各地要加强组织协调，强化监督执行，形成加快划定并严守生态保护红线的工作格局。

（十八）完善政策机制。加快制定有利于提升和保障生态功能的土地、产业、投资等配套政策。推动生态保护红线有关立法，各地要因地制宜，出台相应的生态保护红线管理地方性法规。研究市场化、社会化投融资机制，多渠道筹集保护资金，发挥资金合力。

（十九）促进共同保护。环境保护部、国家发展改革委会同有关部门定期发布生态保护红线监控、评价、处罚和考核信息，各地及时准确发布生态保护红线分布、调整、保护状况等信息，保障公众知情权、参与权和监督权。加大政策宣传力度，发挥媒体、公益组织和志愿者作用，畅通监督举报渠道。

本意见实施后，其他有关生态保护红线的政策规定要按照本意见要求进行调整或废止。各地要抓紧制定实施方案，明确目标任务、责任分工和时间要求，确保各项要求落到实处。

国务院关于落实《政府工作报告》重点工作部门分工的意见（节录）

国发〔2017〕22号

八、加大生态环境保护治理力度

（三十五）坚决打好蓝天保卫战。今年二氧化硫、氮氧化物排放量要分别下降3%，重点地区细颗粒物（PM2.5）浓度明显下降。（环境保护部牵头，有关部门按职责分工负责）一要加快解决燃煤污染问题。全面实施散煤综合治理，推进北方地区冬季清洁取暖，完成以电代煤、以气代煤300万户以上，全部淘汰地级以上城市建成区燃煤小锅炉。加大燃煤电厂超低排放和节能改造力度，东中部地区要分别于今明两年完成，西部地区于2020年完成。抓紧解决机制和技术问题，优先保障清洁能源发电上网，有效缓解弃水、弃风、弃光状况。安全高效发展核电。加快秸秆综合利用。（环境保护部、国家能源局、国家发展改革委、科技部、工业和信息化部、公安部、财政部、住房城乡建设部、交通运输部、农业部、工商总局、质检总局等按职责分工负责）二要全面推进污染源治理。开展重点行业污染治理专项行动。对所有重点工业污染源实行24小时在线监控，确保监控质量。明确排放不达标企业最后达标时限，到期不达标的坚决依法关停。三要强化机动车尾气治理。基本淘汰黄标车，加快淘汰老旧机动车，对高排放机动车进行专项整治，鼓励使用清洁能源汽车。提高燃油品质，在重点区域加快推广使用国六标准燃油。四要有效应对重污染天气。加强对大气污染的源解析和雾霾形成机理研究，提高应对的科学性和精准性。扩大重点区域联防联控范围，强化预警和应急措施。安排专项资金，跨部门组织相关学科优秀科学家集中攻关，深入研究雾霾形成机理和治理问题。五要严格环境执法和督查问责。对偷排、造假的，必须依法惩治；对执法不力、姑息纵容的，必须严肃追究；对空气质量恶化、应对不力的，必须严格问责。（环境保护部牵头，国家发展改革委、科技部、工业和信息化部、公安部、监察部、财政部、交通运输部、商务部、国家卫生计生委、工商总局、质检总局、中国气象局、国家能源局等按职责分工负责）

（三十六）强化水、土壤污染防治。今年化学需氧量、氨氮排放量要分别下降2%。抓好重点流域、区域、海域水污染和农业面源污染防治。开展土壤污染详查，分类制定实施治理措施。加强城乡环境综合整治，倡导绿色生活方式，普遍推行垃圾分类制度。培育壮大节能环保产业，发展绿色再制造和资源循环利用产业，使环境改善与经济发展实现双赢。（环境保护部、国家发展改革委、住房城乡建设部、工业和信息化部、财政部、国土资源部、水利部、农业部、国家卫生计生委、国家海洋局等按职责分工负责）

（三十七）推进生态保护和建设。抓紧划定并严守生态保护红线。积极应对气候变化。启动森林质量提升、长江经济带重大生态修复、第二批山水林田湖生态保护工程试点，完成退耕还林还草1200万亩以上，加强荒漠化、石漠化治理，积累更多生态财富，构筑可持续发展的绿色长城。（国家发展改革委、财政部、国土资源部、环境保护部、住房城乡建设部、水利部、农业部、国家林业局、国家海洋局等按职责分工负责）

国务院

2017年3月22日

国务院办公厅关于进一步加强“地沟油”治理工作的意见

国办发〔2017〕30号

各省、自治区、直辖市人民政府，国务院各部委、各直属机构：

“地沟油”一般是指用餐厨废弃物、肉类加工废弃物和检验检疫不合格畜禽产品等非食品原料生产、加工的油脂。近年来，各地区、各有关部门按照《国务院办公厅关于加强地沟油整治和餐厨废弃物管理的意见》（国办发〔2010〕36号）要求，不断加大打击力度、强化源头治理，以餐厨废弃物为原料制售“地沟油”的违法犯罪活动得到遏制。但“地沟油”综合整治长效机制尚未完全建立，制售“地沟油”的违法犯罪问题仍时有发生。经国务院同意，现就进一步加强“地沟油”治理工作提出如下意见。

一、高度重视“地沟油”治理工作

各地区、各有关部门要认真贯彻落实《中华人民共和国食品安全法》、《中华人民共和国农产品质量安全法》、《中华人民共和国动物防疫法》、《生猪屠宰管理条例》、《城市生活垃圾管理办法》等要求，以原料来源控制和油脂加工监管为重点，既要从严监管执法，加强源头治理，杜绝“地沟油”流向餐桌；也要加大政策扶持力度，建立长效机制，合力推动餐厨废弃物、肉类加工废弃物和检验检疫不合格畜禽产品的无害化处理和资源化利用。要把“地沟油”治理作为“十三五”期间食品安全重点工作任务，力争取得突破。（各省级人民政府、各有关部门按照职责分工负责）

二、强化企业主体责任

餐饮企业、行政企事业单位食堂以及屠宰企业、肉类加工企业等单位应当按照规定单独收集、存放本单位产生的餐厨废弃物、肉类加工废弃物或检验检疫不合格畜禽产品，建立相关制度及台账。有条件的单位要自建无害化处理设施，按照处理规范进行无害化处理并如实记录。不具备条件的单位，其产生的餐厨废弃物，由符合要求的城市生活垃圾收集、运输企业运至规定的城市生活垃圾处理场所处理；对肉类加工废弃物、检验检疫不合格畜禽产品，要委托防疫条件合格的无害化处理企业处理，签订委托处理协议，明确双方权利义务，建立健全无害化处理台账，无害化处理记录和凭证保存期限不得少于两年。（农业部、国家发展改革委、住房城乡建设部、食品药品监管总局负责）

三、培育无害化处理和资源化利用企业

总结餐厨废弃物资源化利用试点经验，推动培育与城市规模相适应的废弃物无害化处理和资源化利用企业。（国家发展改革委、住房城乡建设部、农业部负责）引导废弃物无害化处理和资源化利用企业适度规模经营，符合条件的按规定享受税收优惠政策。（财政部、国家发展改革委、工业和信息化部、住房城乡建设部、农业部、税务总局负责）兴办动物和动物产品无害化处理场所应当取得动物防疫条件合格证，从事城市生活垃圾经营性处置服务应当取得城市生活垃圾经营性处置服务许可证。（农业部、住房城乡建设部负责）

四、进一步完善配套政策措施

健全餐厨废弃物、肉类加工废弃物和检验检疫不合格畜禽产品处理办法，指导地方做好屠宰环

节病害猪无害化处理工作，推广无害化处理技术，规范处置行为，防止环境污染。（农业部、环境保护部负责）鼓励企业探索在餐饮企业厨房、屠宰车间、肉类加工车间和无害化处理车间等关键环节安装摄像装备，追溯废弃物流向，试点在居民家庭厨房开展厨余垃圾粉碎处理。（农业部、食品药品监管总局、住房城乡建设部负责）抓紧研究无害化处理和资源化利用实用技术，加快制定“地沟油”的科学鉴定方法。（科技部、食品药品监管总局、国家卫生计生委负责）合理布局无害化处理和资源化利用体系，组织建设无害化处理场所。（各省级人民政府负责）

五、落实监督管理责任

加大对农村地区、城乡结合部以及农贸市场、小餐饮、小作坊等的巡查力度，加强对屠宰企业、肉类加工企业、食用油生产经营企业、餐饮企业的监管，督促企业建立健全追溯体系，严格执行索证索票和进货查验制度。（农业部、质检总局、食品药品监管总局负责）查处利用网络销售假冒品牌食用油的违法行为，对监管部门认定的境内制假售假网站依法进行处置。（食品药品监管总局、工商总局、工业和信息化部负责）落实有奖举报制度，动员社会力量进行监督。（各省级人民政府负责）

六、严厉打击“地沟油”违法犯罪

进一步加强行政执法和刑事司法的衔接，健全涉嫌犯罪案件的移送通报机制，加大对制售“地沟油”违法犯罪行为的打击力度。（公安部、农业部、食品药品监管总局、住房城乡建设部、工业和信息化部、国务院食品安全办负责）

七、落实地方属地管理责任

各地区要坚持统筹规划与属地负责相结合、政府监管与市场运作相结合、集中处理与分散处理相结合，加强对“地沟油”治理工作的组织领导，进一步健全工作机制，加大督查力度，落实各方面责任和各项政策措施。县级以上地方人民政府要对本地区餐厨废弃物、肉类加工废弃物和检验检疫不合格畜禽产品的处理负总责。（各省级人民政府负责）

国务院办公厅

2017年4月15日

国家发改委政策文件

关于加快发展农业循环经济的指导意见

发改环资[2016]203号

各省、自治区、直辖市及计划单列市、新疆生产建设兵团发展改革委(经信委、工信厅)，农业（农牧、农村经济）厅（委、办、局），林业局（厅），有关单位：

农业是国民经济的基础，是发展循环经济的重要领域。加快发展农业循环经济是转变农业发展方式、保障食品和木材安全、建设生态文明的必然选择。为贯彻落实党的十八届五中全会精神，根据《关于加快推进生态文明建设的意见》、《关于进一步深化农村改革加快推进农业现代化的若干意见》、《循环经济发展战略及近期行动计划》和《生态文明体制改革总体方案》等要求，现就加快发展农业循环经济，促进农业绿色发展，提出以下意见：

一、总体要求

（一）指导思想

全面贯彻落实党中央、国务院关于大力推进生态文明建设的战略部署，加快发展农业循环经济，以提高农业资源利用效率和改善农村生态环境为目标，以促进农业绿色发展为主线，以示范引领为抓手，切实发挥龙头企业带动作用，优化产业组织结构，促进农林牧渔与二、三产业融合发展，全面推动资源利用节约化、生产过程清洁化、产业链接循环化、废弃物处理资源化，增强农业可持续发展能力，加快转变农业发展方式。

（二）遵循原则

一是坚持减量化优先和资源化利用。强化源头减量化，提高资源利用效率，减少生产、加工、流通、消费等各环节能源资源消耗和废弃物产生。促进废弃物资源化、规模化、产业化、高值化利用，提升农业综合效益。

二是坚持重点突破和示范推广。在农作物秸秆、农林产品加工副产物、林业废弃物、废旧农膜、畜禽粪便、水体富营养化等重点领域，组织实施示范工程。培育、总结、凝练一批农业循环经济典型模式，加大推广力度。

三是坚持因地制宜和产业融合。各地根据资源禀赋、环境承载力、产业基础、主体功能定位等实际，合理规划布局，选择不同的技术路线，形成各具特色的农业循环经济发展模式。推进多种形式的产业循环链接和集成发展，构建一、二、三产业联动发展的现代工农复合型循环经济产业体系。

四是坚持政府推动和市场化导向。强化政府的有序引导、技术支撑、政策扶持和公共服务，充分发挥市场配置资源的决定性作用，提升龙头企业、农垦、牧区、渔区、林区的带动效应，引导企业、新型农业经营主体、农户广泛参与，加快农业循环经济社会化服务体系建设。

（三）主要目标

到2020年，建立起适应农业循环经济发展要求的政策支撑体系，基本构建起循环型农业产业体

系。生态循环农业产业不断发展，科技支撑能力不断增强，农林废弃物处理资源化程度明显提高，人居环境和生态环境显著改善，农业可持续发展能力不断提升。建设和推广一批具有示范引领作用的农业、林业和工农复合型的循环经济示范园区、示范基地、示范工程、示范企业和先进适用技术，总结凝练一批可借鉴、可复制、可推广的农业循环经济发展典型模式，推动农业发展方式转变。

力争到2020年，农田灌溉水有效利用系数达到0.55，主要农作物化肥利用率达到40%以上，农膜回收率达80%以上，农作物秸秆综合利用率达到85%以上，规模化养殖场（区）畜禽粪便综合利用率达到75%，林业废弃物综合利用率达到80%以上。

二、重点领域和主要任务

（一）推进资源利用节约化

推进土地节约集约利用。推进传统耕作制度改革，合理确定复种指数，充分挖掘土、水、光、热等资源的利用潜力，提高耕地、草地、水面、林地综合产出效率；加强农田基础设施和耕地质量建设，实施“耕地质量保护与提升行动”；支持盐碱地和土壤污染耕地等改良修复，因地制宜调整种植结构；鼓励合理利用盐碱地、采矿塌陷区发展水产养殖等；与新型城镇化建设紧密结合，集中整理、规划农村居民点用地。科学制定造林和森林经营方案，推广林地立体开发产业模式，发展林下经济。

推进水资源节约高效利用。在干旱半干旱地区，大力发展节水农业，建设集雨补灌设施，推广保墒固土、生物节水、沟播种植、农田护坡拦蓄保水、膜下滴灌等旱作节水技术。在非旱作农业区，推广防渗渠、低压管道、水肥一体化等节水技术；推广抗旱品种，发展保护性耕作，实行免耕或少耕、深松覆盖，增强抗旱节水能力。发展循环水节水养殖、研发并推广养殖废水处理技术，提高养殖用水利用率；鼓励开展屠宰废水等农产品加工废水无害化处理和循环利用。

引导农业投入品科学施用。实施“到2020年化肥使用量零增长行动”，优化配置肥料资源，合理调整施肥结构，大力推进有机肥生产和使用，扩大测土配方施肥规模，推广化肥机械深施、种肥同播、适期施肥、水肥一体化等技术，提高化肥利用率；科学配制饲料，提高饲料利用效率，规范饲料添加剂使用，加强饲用抗生素替代品的研发和使用，逐步减少饲用抗生素用量；鼓励采用先进的创意、设计、工艺、技术和装备，减少木材加工、林产化工生产过程中能源、原材料和投入品消耗，提高木材利用效率。

促进农业领域节能降耗。加快淘汰高耗能老旧农业机械和渔船，有效开展农机和渔船更新改造；大力发展农、林、牧、渔节能、节水技术，逐步淘汰高耗能落后工艺和技术装备；推动省柴节煤炉灶的升级换代；鼓励农业生产生活使用生物质能、太阳能、风能、微水电等可再生能源。

（二）推进生产过程清洁化

加强农业面源污染防治。实施“到2020年农药使用量零增长行动”，大力推进统防统治和绿色防控，全面推广高效低毒低残留农药、现代施药机械，科学精准用药；合理使用化肥、农药、地膜，严禁使用国家禁止的高毒、高残留农药，减少农业面源污染和内源性污染；推广雨污分流、干湿分离和设施化处理技术，推广应用有益微生物生态养殖技术，控制畜禽养殖污染物无序排放；支持在重点富营养化水域，因地制宜开展水上经济植物规模化种植、采收和资源化利用。

推进农产品加工和林业清洁生产。农产品加工，特别是食品加工企业要加大推广清洁生产力度，确保食品安全。提高林业生态功能，推动木竹藤材加工、人造板、木地板、防腐木材、木家具、木门窗、木楼梯、木质装饰材料等木材加工和林产化学加工企业清洁生产，推广林业生物防治、环保型木材防腐防虫、木材改性、木材漂白和染色、制浆造纸、林产化学产品制造技术，减少木材化学处理的化学药剂用量，降低环境污染。

（三）推进产业链接循环化

构建农业循环经济产业链。推进种养结合，农牧结合，养殖场建设与农田建设有机结合，按照生态承载容量，合理布局畜禽养殖场（小区），推广农牧结合型生态养殖模式；鼓励发展设施渔业及浅海立体生态养殖，推进水产养殖业与种植业有效对接；重点推广农林牧渔复合型模式，实现畜（禽）、鱼、粮、菜、果、茶协同发展。培育构建“种植业-秸秆-畜禽养殖-粪便-沼肥还田、养殖业-畜禽粪便-沼渣/沼液-种植业”等循环利用模式。

构建林业循环经济产业链。推广林上、林间、林下立体开发产业模式。鼓励利用木、竹、藤在采伐、抚育、造材、加工过程中产生的废弃物和次小薪材，生产人造板、纸、活性炭、木炭、竹炭、酒精等产品和生物质能源，鼓励对废弃的食用菌培养基进行再利用；鼓励利用城市园林绿地废弃物进行堆肥、生产园林有机覆盖物、生产生物质固体成型燃料、人造板、制作食用菌棒等；鼓励经济林和果树修剪枝桠材、林产品加工副产品等资源化利用。发展城市屋顶绿化、建筑墙体垂直绿化、阳台菜园等，增强吸附空气污染物、缓解城市“热岛效应”的生态功能，拓展绿色空间。

构建复合型循环经济产业链。大力推进农产品精深加工和高效物流冷链等现代物流体系建设。支持集成养殖深加工模式，发展饲料生产、畜禽水产养殖、畜禽和水产品加工及精深加工一体化复合型产业链。推进种植、养殖、农产品加工、生物质能、旅游等循环链接，形成跨企业、跨农户的工农复合型循环经济联合体。发展林板一体化、林纸一体化、林能一体化和森林生态旅游。构建粮、菜、果、茶、畜、鱼、林、加工、能源、物流、旅游一体化和一、二、三产业联动发展的现代复合型循环经济产业体系。

（四）推进农林废弃物处理资源化

推进农村生活废弃物循环利用。鼓励因地制宜建设人畜粪便、生活污水、垃圾等有机废弃物分类回收、利用和无害化处理体系；鼓励有条件地区建立完善“村收集、镇中转、区域集中处理”的农村垃圾回收、循环利用与无害化处理系统。

推进秸秆综合利用。各地要根据当地农用地分布情况、种植制度、秸秆产生和利用现状，鼓励农户、新型农业经营主体在购买农作物收获机械时，配备秸秆粉碎还田或捡拾打捆设备；鼓励有条件的企业和社会组织组建专业化秸秆收储运机构，健全服务网络。重点推进秸秆过腹还田、腐熟还田和机械化还田。进一步推进秸秆肥料化、饲料化、燃料化、基料化和原料化利用，形成布局合理、多元利用的秸秆综合利用产业化格局。

推进畜禽粪便资源化利用。推动规模化养殖业循环发展，切实加强饲料管理，支持规模化养殖场、养殖小区建设粪便收集、贮运、处理、利用设施；积极探索建立分散养殖粪便储存、回收和利用体系，在有条件的地区，鼓励分散储存、统一运输、集中处理；推广工厂化堆肥处理、商品化有机肥生产技术；利用畜禽粪便因地制宜发展集中供气沼气工程，鼓励利用畜禽粪便、秸秆等多种原料发展规模化大型沼气、生物天然气工程，推进沼渣沼液深加工生产适合种植的有机肥。

推进农产品加工副产物综合利用。鼓励综合利用企业与合作社、家庭农场、农户有机结合，促进种养业主体调整生产方式，使副产物更加符合循环利用要求和加工原料标准，把副产物制作成饲料、肥料、微生物菌、草毯、酒精和沼气等，构建资源—产品—副产物—资源的闭合式循环模式，

实现综合利用、转化增值、改良土壤和治理环境。推进加工副产物的高值化利用，支持企业进行技术改造，充分开发加工副产物的营养成分，提高产品附加值。建立副产物收集、处理和运输的绿色通道，推进加工副产物向高值、梯次利用升级，提高加工副产物的有效供给和资源化利用水平，减少废弃物排放。

推进废旧农膜、灌溉器材、农药包装物回收利用。建立政府引导、企业实施、农户参与的农膜、灌溉器材、农药包装物生产、使用、回收、再利用各个环节相互配套的回收利用体系。推广应用标准地膜，引导农民回收废旧地膜和使用可降解地膜；支持建设废旧地膜、灌溉器材回收初加工网点及深加工利用项目。建立农药包装物回收、处理处置机制和体系，减少农药包装废弃物中农药残留，防止污染环境。推进水产加工副产品、废旧网具、渔船等废弃物的资源化利用。

推进林业废弃物资源化利用。推动建立废旧木质家具、废纸、木质包装、园林废弃物的回收利用体系，推进废弃竹木的综合利用；鼓励利用森林经营、采伐、造材、加工等过程中的剩余物，建设热、电、油、药等生物质联产项目。

三、保障措施

（一）完善制度标准

建立农业和林业节能减排政策制度，完善农业和林业生产的节能减排相关规范和标准体系。制订耕地质量国家标准，修订土壤环境质量标准、农用地膜国家标准。制订完善农药、肥料、饲料、兽药等农业投入品管理和废弃物处理的法律法规。加快制订种植业、畜禽养殖业、水产养殖业污染物排放控制标准。建立农业循环经济评价指标体系和评价考核制度，推动农业循环经济规范化、标准化发展。

（二）推进工程建设

推进农业循环经济示范工程建设。在农业基础较好的地区，选择一批具有明确实施主体的农业循环经济产业园区（基地）和企业，在减量化、再利用、资源化、清洁生产等农业循环经济的关键环节和领域开展示范工程建设。支持农场及林场循环化改造、耕地质量保护与提升，农作物病虫专业统防统治与绿色防控融合。推进示范基地建设、促进关键技术推广应用，支持农林产品加工副产物资源化利用示范工程、农业清洁生产示范项目等。省级相关部门根据实际，针对薄弱环节和突出问题，组织实施本地区的重点工程，探索具有各地特色的农业循环经济发展模式。国家和地方相关资金要加大对农业循环经济发展的支持。

（三）加大政策扶持

充分利用现有政策，支持各类农业经营主体回收废旧农膜，开展农作物秸秆、畜禽废弃物资源化利用、农产品加工副产物综合利用，推动以县（市、区）为单位开展农业废弃物资源化利用试点。使用有机肥、秸秆综合利用机械、节能农机、灌溉器材，实施循环水养殖、稻田综合种养、农药包装物、农产品加工研发及技改等，鼓励建设回收体系和初加工网点。加大对秸秆还田、高效低毒低残留农药、现代施药机械、绿色防控产品、增施有机肥和高标准农膜使用补贴力度。研究完善促进农业循环经济发展的引导和扶持政策，特别是农业废弃物制备燃料、肥料等产品的支持力度。鼓励金融机构对农林循环经济重点项目和示范工程给予多元化信贷支持，拓宽抵押担保范围，创新融资方式。

（四）强化科技驱动

加大科技投入，促进产学研结合，加强农业资源高效利用、废弃物减量化、资源化、农产品加工副产物综合利用等农林牧渔循环经济的共性和关键技术装备研发和转化推广力度；组织专家队伍，对实践中应用效果好的技术进行论证比选，筛选一批成熟技术进行推广扩散。对现有的单项成熟技术进行集成配套并转化推广；加大农业面源污染治理和废弃物高值化利用等先进适用、便捷的技术示范推广力度。发布生态种植养殖和秸秆综合利用等农业循环经济应用技术和产品名录。

（五）创新组织形式

鼓励农业循环经济产业链中的种养大户、家庭农场（林场）、农民专业合作社和农业、林业龙头企业等新型经营主体开展多种形式的联合和协作，共同推进统防统治、种养循环、农林牧渔结合和废弃物资源化利用，实现规模化、产业化、标准化、生态化、品牌化和设施化。发展新型农村生产经营组织，发挥龙头企业的带动作用，完善“公司+合作社+基地+农户”的组织形式，着力构建集约化、专业化、组织化、社会化相结合的新型农林牧渔循环经济生产经营模式。

（六）健全服务体系

培育和扶持一批为农业循环经济发展提供规划、设计、建设、改造、运行、技术咨询、推广、市场开发等服务的专业化机构。利用物联网、互联网+等现代化信息手段发展农业循环经济信息服务业。依托和发挥现有农技、植保、土肥、畜牧、渔业、兽医、农机化等农业推广服务机构和种子、农资等经营机构的作用，为农业循环经济发展提供专业化技术服务，推广循环农业标准和技术规范。重点推进农林废弃物处理利用、病虫草害统防统治、外来物种综合防控体系、农林产品加工副产物综合利用等市场化、社会化服务体系建设。加大对农业污染第三方治理机构的扶持力度。

（七）积极宣传推广

创新宣传方式，普及推广循环经济理念、技术和模式。组织开展形式多样、喜闻乐见的农业循环经济宣传教育活动，建设农业循环经济教育示范基地，重点宣传农林废弃物资源化利用、农产品加工副产物综合利用、农林生产节能减排等技术模式和农业循环经济发展典型经验及成果。从种植、养殖、渔业、林业等不同行业，总结凝练一批典型模式，加大示范推广力度。充分利用各地党校、行政学院、高等学校、职业技术学校及行业协会等力量，加强对管理部门、龙头企业、农民专业合作社、家庭农场（林场）等相关人员的农业循环经济知识和技术培训。

（八）加强统筹协调

各级循环经济发展综合管理部门、农业部门、林业部门要根据本意见和国家出台的相关规划，结合实际，科学谋划本区域农业循环经济发展，制定专项规划或纳入地方相关规划，明确重点任务、重点工程和推进措施。建立农业循环经济工作责任制，明确任务分工，加强沟通协调，研究出台支持政策。建立和完善农业循环经济发展的统计报告和评价制度。

国家发展改革委、农业部、国家林业局将加强协调，综合指导，统筹对重点工程给予支持，加快发展农业循环经济。

国家发展改革委农业部国家林业局

2016年2月1日

关于加强长江黄金水道环境污染防控治理的指导意见

（国家发展改革委环境保护部2016年2月23日印发）

依托长江黄金水道推动长江经济带发展，是党中央、国务院作出的重大战略决策。长江流域是我国人口最多、经济活动强度最大的流域，也是水环境问题最为突出的流域之一。当前长江干流总体水质较好，但部分支流污染严重，涉危涉重企业数量多、布局不合理、污染事故多发频发，部分饮用水水源地存在安全隐患，废水排放量逐年增加，部分河段总磷、氨氮超标，船舶污染没有得到有效控制，江湖关系紧张，部分地区生态问题突出。加强长江黄金水道环境污染防控治理，坚持走生态优先、绿色发展之路，不仅事关长江经济带发展，也关系到经济社会持续健康发展的大局和中华民族的伟大复兴。为加强长江黄金水道环境污染防控治理，特制定本意见。

一、总体要求

(一)总体思路

将修复长江生态环境摆在压倒性位置，以改善水环境质量为核心，强化空间管控，优化产业结构，加强源头治理，注重风险防范，全面推进长江水污染防治和生态保护与修复。坚持质量改善要求，改革完善总量控制制度，更加注重断面水环境质量管理和考核；坚持责任导向，严格落实目标责任追究；坚持突出干流，兼顾重要湖库、主要支流和重点区域；坚持改革创新，探索建立流域联防联控、协同治理新机制，加快形成“目标明确、责任清晰、监管到位、全民参与”的长江水污染防控格局，确保“一江清水”永续利用，促进长江经济带可持续发展。

(二)主要目标

到2017年，长江经济带水环境质量不降低并力争有所改善，主要污染物排放总量继续减少，涉危企业环境风险防控体系基本建立。

到2020年，长江经济带水环境质量持续改善，水质优良(达到或优于III类)比例总体稳定保持在75%以上，干流水质稳定保持在优良水平；饮水安全保障水平持续提升，地级及以上城市集中式饮用水源水质达到或优于III类比例总体高于97%；主要污染物排放总量大幅削减；三峡库区水质进一步改善；太湖等主要湖泊富营养化得到

二、切实加强水环境质量管理

(三)强化跨界断面考核

2016年6月底前，建成布局合理、功能完善的跨省界考核断面监测网络，省界断面实时自动监测能力显著增强。国家上收跨省界断面水环境质量监测及考核事权，由环境保护部统一负责。2017年起实施跨界断面考核，实行按月监测评估、按季度预警通报、按年度进行考核，把水质“只能更好，不能变坏”作为各级、各地政府水环境质量的责任底线。考核结果作为财政转移支付、区域限批、地方党政领导问责的重要依据。

(四)严控污染物排放总量

做好水功能区纳污能力核定工作，2016年底前完成长江经济带重要江河湖泊流域水体纳污能力核定和提出限制排污总量意见，作为总量控制的重要依据。2016年6月底前，明确所有控制断面的

水质目标，对于不达标地区要制定实施水污染物排放总量控制计划，通过核发排污许可证确定排污单位排放限值，强化监督检查，推进落实工程减排、结构减排、监管减排措施。对总磷超标的区域开展研究，建立磷总量控制的指标体系。

(五)加强饮用水水源地保护

严格执行水源地保护管理条例及相关法律法规，优化沿江取水口和排污口布局，科学划定水源保护区，加快应急备用水源建设。

2016年底前，全面取缔水源保护区、自然保护区、风景名胜区等禁设区域内的排污口；对没有满足水功能区管理要求和影响取水安全的排污口限期整改，整改不到位的一律取消。加强水源地水质监测能力建设，提升水质安全监测预警能力。

三、推动沿江产业调整优化

(六)优化沿江产业空间布局

落实主体功能区战略，实施差别化的区域产业政策。科学划定岸线功能分区边界，严格分区管理和用途管制。坚持“以水定发展”，统筹规划沿江岸线资源，严控下游高污染、高排放企业向上游转移。

除在建项目外，严禁在干流及主要支流岸线1公里范围内新建布局重化工园区，严控在中上游沿岸地区新建石油化工和煤化工项目。

(七)加快沿江产业结构调整

实施创新驱动发展战略，推动战略性新兴产业和先进制造业健康发展，发展壮大服务业，有序开发沿江旅游资源。大力发展低耗水、低排放、低污染、无毒无害产业，推进传统产业清洁生产和循环化改造。制定实施分年度落后产能淘汰方案，2016年底前，全面取缔“十小”企业。在三峡库区等重点水功能区，加快淘汰潜在环境风险大、升级改造困难的企业。

(八)严格沿江产业准入

加强沿江各类开发建设规划和规划环评工作，完善空间准入、产业准入和环境准入的负面清单管理模式，建立健全准入标准，从严审批产生有毒有害污染物的新建和改扩建项目。强化环评管理，新建、改建、扩建重点行业项目实行主要水污染物排放减量置换，严控新增污染物排放。加强高耗水行业用水定额管理，严格控制高耗水项目建设。

(九)推进沿江产业水循环利用

加大火电、钢铁、造纸、化工、纺织等行业节水改造力度，开展园区废水循环综合利用试点。到2020年，长江经济带万元增加值用水量比2015年下降30%以上。建设雨水收集利用加大再生水利用力度。推广节水灌溉技术，提高农业灌溉用水开展设施渔业养殖废水综合利用。

四、深化重点领域污染防治

(十)狠抓工业污染防治

全面排查沿江工业污染源，对不能达标排放的企业一律停产整顿，限期治理后仍不能达到要求的，依法关闭。2016年底前，完成造纸、制革、电镀、印染、有色金属等重点行业专项治理任务。强化工业集聚区污染治理，引导工业企业向产业园区集中。2017年底前，长江经济带全部工业集聚(园)区必须建成污水集中处理设施及自动在线监控装置，并稳定运行，长三角区域提前一年完成。2018年底前，完成沿江已有工业集聚(园)区环境影响核查和跟踪评价，以及省级以上园区循环化改造。

(十一)提高城镇污水垃圾收集处理水平

加快城镇污水处理设施和配套管网建设，2017年底前，干流及主要支流沿线县级以上城市(区)污水处理设施全部达到一级A排放标准，实现稳定运行。2020年，长江经济带所有县城和建制镇具备污水收集处理能力，县城、城市污水处理率分别达到85%、95%左右，地级以上城市污泥无害化处理处置率达到90%以上，长三角区域提前一年完成。加快城镇垃圾接收、转运及处理处置设施建设，2020年，长江经济带所有县城和建制镇具备垃圾收集处理能力，长三角区域提前一年完成。

(十二)打好农业农村污染防治攻坚战

大力实施农村清洁工程和农村环境连片整治。加大畜禽养殖污染防治力度，2017年底前，完成禁养区内的畜禽养殖场(小区)关闭搬迁任务，长三角区域提前一年完成。落实农业面源污染综合防治方案，积极开展农作物病虫害绿色防控和统防统治。2020年，11省市测土配方施肥技术推广覆盖率达到93%以上，化肥利用率提高到40%以上，长三角区域提前一年完成。

(十三)控制船舶港口污染

强化船舶流动污染的源头控制，分级分类修订相关环保标准，按照标准要求安装配备船舶污水和垃圾的收集储存设施。完善船舶污染物的接收处理，提高含油污水、化学品洗舱水等接收处置能力，重点推进港口、船舶修造厂污染物接收处理设施建设，2020年底前全部建成并实现与市政环卫设施的衔接。推广使用LNG等清洁燃料，2018年底前启动相关设施建设，积极推进码头岸电设施建设和油气回收工作。

五、抓好重点区域污染防治

(十四)加强重点库区水体保护

保持三峡库区、丹江口库区总体水质优良水平。加大三峡库区及上游流域水污染防治力度，改善重要支流水质，强化库区消落区分类管理，推进库区生态屏障带建设。加强丹江口库区及上游地区水源保护，开展农村环境连片整治，提升库区重点县市的城镇生活污水、垃圾收集与处理能力，建设环库生态隔离带，确保南水北调水质。

(十五)加大重点湖泊生态保护与修复力度

有效减轻太湖、巢湖、滇池富营养化水平。深入实施太湖流域水环境综合治理总体方案。加强巢湖流域西北区域污染治理，显著削减流域主要污染物排放量。统筹推进滇池流域截污、调水、节水与再生利用，开展湖体水生态修复。强化洞庭湖和鄱阳湖生态安全体系建设，完善水生态保护和水资源调度。坚持以重点湖泊水质改善为指向，建立水污染防治和生态保护综合防控体系。

(十六)实施重点支流综合治理

加快汉江干流城市河段水污染治理，加强上游湿地和中下游水生资源保护。加大湘江重金属污染综合防治力度，涉重企业数量和重金属排放量显著减少，重金属污染防治取得重大进展。加强嘉陵江干流城市饮用水水源地保护，完善沿江排污口布局和整治。强化岷江上游生态流量管理，保障生态需水，逐步恢复生态功能。切实加强沱江流域重污染企业整治，完善水污染环境风险防控体系，杜绝重大水污染事件的发生。

(十七)抓好重点城市污染防治

严格控制占全流域水污染物排放总量一半的上海、南京、武汉、宜昌、重庆、攀枝花等重点城市污染物排放量。实施城镇生活污水处理提标工程，加快推动重污染企业搬迁改造，实施水污染物特别排放限值。上海重点推进长江口综合整治，南京、武汉、宜昌、重庆重点优化高风险、高排放产业布局和结构调整，攀枝花重点抓好工矿企业污染减排。

(十八)加快重点江段总磷污染防治

针对长江流域总磷超标等突出环境问题，梳理排查总磷超标原因，加大对三峡库区及上游、长江干流湖南段和湖北段等重点江段的总磷污染防治。

六、加强突发环境事件风险防控

(十九)防控涉危涉重企业污染风险

落实企业环境安全主体责任，2017年底前，所有沿江涉危涉重企业完成突发环境事件风险评估，编制评估报告，完善环境应急预案并备案，定期排查环境安全隐患，落实环境风险防控措施。环保部门要将突发环境事件风险评估作为新建涉危涉重项目环评文件的重要内容。逐步推广企业环境污染强制责任保险。

(二十)强化危险货物运输风险管理

严格船运危险货物运输管理，运输船舶要符合适航适装条件，利用先进技术实施全程跟踪监管。定期开展危险货物运输整治，对装卸作业码头、水上加油站点等设施进行重点排查。严厉打击未取得资质运输《内河禁运危险化学品目录》中的危险化学品等违法违规行为。

(二十一)加强应急体系建设

2017年底前，沿江各级政府及相关部门要在评估辖区内流域环境风险和开展应急资源调查的基础上，编制、完善突发环境事件应急预案，明确指挥机构和负责人员，细化应急监测、污染处置、人员转移等措施，定期开展应急人员培训与演练，提高突发环境事件应急处置能力。加强监测预警和信息公开，强化应急响应，建立流域区域应急联动机制，发生突发环境事件要第一时间向上级政府报告并通报下游有关地区。

七、实施生态保护与修复

(二十二)提高重点生态区域生态功能

划定生态保护红线，加强重要生态保护区、水源涵养区、生态环境敏感区和脆弱区等区域生态保护与修复、江河源头区保护，重点加强皖南—浙西南、大别山—罗霄山、秦巴山—武陵山、川滇高原四大生态功能区建设。强化生物多样性保护优先区域、自然保护区、风景名胜区、森林公园、湿地保护与建设，探索建立沿江国家公园。开展珍稀濒危水生生物和重要水产种质资源跟踪观测和科学研究，根据需要采取就地和迁地保护措施，加强水生生物多样性保护。

(二十三)大力推进重大生态环保工程建设

深入实施好长江防护林建设、水土流失及石漠化治理、退耕还林还草、天然林保护、河湖和湿地保护修复等国家重点生态工程。

实施生物多样性保护重大工程，优先开展长江经济带本底调查与评估。中上游重点实施山地丘陵地区坡耕地治理、退耕还林还草和岩溶地区石漠化治理，中下游重点实施生态清洁小流域综合治理及退田还草还湖还湿。着力构建沿江生态隔离带，积极开展河湖滨岸带拦污截污工程和长江河道崩岸治理工程。

(二十四)积极开展生态调度

以三峡枢纽作为节点，开展长江经济带的生态调度工作。充分利用生态环境和水文预测预报，将生态流量(水位)作为流域水量调度的重要参考，主动开展长江经济带水库群生态调度。加强江河湖库水量调度管理，合理安排闸坝下泄水量和泄流时段，维持河湖基本生态用水需求，重点保障枯

水期生态基流，及时解决生态环境、生产生活用水以及泥沙等方面出现的问题，满足长江经济带生态系统健康完整的需求。

八、充分发挥市场机制作用

(二十五)建立长江经济带生态保护补偿机制

加大对重点生态功能区转移支付力度，逐步提高转移支付系数和生态保护支出标准。建立以干流跨界断面水质为主、向中上游地区倾斜的补偿资金分配标准，形成长江干流补偿制度。支持重要支流上下游采取资金补助、产业扶持、人才培训、共建园区等方式开展横向生态保护补偿试点。

(二十六)完善价格和收费政策

建立健全水资源价格形成机制，全面推行城市居民生活用水阶梯式价格和非居民用水超定额累进加价制度。合理制定和调整污水处理收费标准，目前尚未征收污水处理费的市、县和重点建制镇应及时开征污水处理费；2016年底前，设市城市和县城、重点建制镇居民收费标准每吨应分别调整至不低于0.95元和0.85元，非居民收费标准每吨分别调整至不低于1.4元和1.2元。制定、完善垃圾收费管理办法，加大收缴力度，积极研究开展垃圾计量收费试点。提高排污收费标准，加强排污企业的申报审核工作。积极推动排污权有偿使用和交易试点。

(二十七)健全多渠道投融资机制

完善财政、金融等政策。通过特许经营、投资补助、政府购买服务等途径，积极引导社会资本以PPP等形式参与污染防控治理。研究设立长江水环境保护基金，通过多种方式支持长江水环境和水生生态保护。推行绿色信贷，鼓励银行等金融机构创新环境金融产品；支持发行各类绿色债券。

(二十八)推行环境污染第三方治理

在环保基础设施领域，鼓励采取BTO、TOT、股权转让、委托经营等多种方式，将已建、新建污染治理设施交由第三方治理企业运行和管理。鼓励企业污染物采取外包方式进行处置并加强监管。

对被环境保护主管部门责令限制生产、停产整治且拒不自行治理污染的企业，探索实施限期第三方治理。加快实施环境污染第三方治理试点，2016年底前，贵州、湖北、湖南、江西、江苏、浙江完成环境污染第三方治理试点任务。

九、构建长江黄金水道污染防控保障体系

(二十九)严格责任考核追究

各级地方人民政府是长江经济带水环境质量的责任主体，应按要求制定并公布工作方案，逐年确定分流域、分区域、分行业水污染防治的重点任务和年度目标。严格落实《党政领导干部生态环境损害责任追究办法(试行)》，对因工作不力、履职缺位等导致任期内出境断面水环境质量恶化、水污染问题突出、发生严重水污染事件的，要依规追究党委和政府主要领导责任；对未能有效应对水环境污染事件的，以及干预、伪造数据和没有完成年度目标任务的，要依法依纪追究有关单位和人员责任。

(三十)推动信息公开与公众参与

环境保护部定期公开跨省断面水质考核结果，省级人民政府定期公布本行政区域内各地级市(州)水环境质量状况。各级环境保护部门要按规定公开新建项目环境影响评价信息；重点污染企业要及时准确在当地主流媒体上公开污染物排放、治污设施运行情况等环境信息，接受社会监督。地方政府和建设单位要通过公开听证、网络征集等形式，充分听取公众对重大决策和建设项目的意见。健全举报制度，建立环境公益诉讼制度。

(三十一)建立流域环境协同保护治理机制

在长江经济带省际协商合作机制下，由环境保护部牵头，有关部门、地方参加，成立长江黄金水道水环境污染防控治理协调小组，定期研究解决重大问题。建立长江经济带水环境联合执法监督机制，协同打击跨区域环境违法行为；研究建立规划环评会商机制，上游地区重大开发利用规划环境影响评价，应征求下游地区会商意见，作为规划环评审查和规划审批的重要依据；推动建立水生态环境保护与流域水资源调度联动机制，统筹水质水量的关系。

(三十二)强化科技和政府投入支撑

加快实施国家水体污染控制与治理科技重大专项，加强水污染防治共性、关键、前瞻技术的攻关研发，推广成熟先进适用的水污染防治、节水、循环再利用、生态修复等技术，培育一批具有国际竞争力的大型环保企业，壮大环保产业。各级政府要加大对水污染防治投入力度。中央财政重点支持城镇环境基础设施建设、节能减排重点工程、畜禽规模化养殖污染治理、农村环境连片整治、生态保护与修复工程、跨界断面水质自动监测站建设运行、应急体系建设、执法能力建设等领域。

关于促进绿色消费的指导意见

(发改环资[2016]353号 国家发展改革委 中宣部 科技部 财政部 环境保护部 住房城乡建设部 商务部 质检总局 旅游局 国管局 2016年2月17日1印发)

为全面贯彻党的十八大和十八届三中、四中、五中全会精神，深入贯彻习近平总书记系列重要讲话精神，落实绿色发展理念，根据《中共中央国务院关于加快推进生态文明建设的意见》、《生态文明体制改革总体方案》、《国务院关于积极发挥新消费引领作用加快培育形成新供给新动力的指导意见》等文件要求，促进绿色消费，加快生态文明建设，推动经济社会绿色发展，提出如下意见。

一、充分认识绿色消费的重要意义

绿色消费，是指以节约资源和保护环境为特征的消费行为，主要表现为崇尚勤俭节约，减少损失浪费，选择高效、环保的产品和服务，降低消费过程中的资源消耗和污染排放。我国人口众多，资源禀赋不足，环境承载力有限。近年来，随着经济较快发展、人民生活水平不断提高，我国已进入消费需求持续增长、消费拉动经济作用明显增强的重要阶段，绿色消费等新型消费具有巨大发展空间和潜力。与此同时，过度消费、奢侈浪费等现象依然存在，绿色的生活方式和消费模式还未形成，加剧了资源环境瓶颈约束。促进绿色消费，既是传承中华民族勤俭节约传统美德、弘扬社会主义核心价值观的重要体现，也是顺应消费升级趋势、推动供给侧改革、培育新的经济增长点的重要手段，更是缓解资源环境压力、建设生态文明的现实需要。

二、总体要求和主要目标

全面贯彻党的十八大和十八届三中、四中、五中全会精神，深入贯彻习近平总书记系列重要讲话精神，按照绿色发展理念和社会主义核心价值观要求，加快推动消费向绿色转型。加强宣传教育，在全社会厚植崇尚勤俭节约的社会风尚，大力推动消费理念绿色化；规范消费行为，引导消费者自觉践行绿色消费，打造绿色消费主体；严格市场准入，增加生产和有效供给，推广绿色消费产

品；完善政策体系，构建有利于促进绿色消费的长效机制，营造绿色消费环境。

到2020年，绿色消费理念成为社会共识，长效机制基本建立，奢侈浪费行为得到有效遏制，绿色产品市场占有率大幅提高，勤俭节约、绿色低碳、文明健康的生活方式和消费模式基本形成。

三、着力培育绿色消费理念

（一）深入开展全民教育。加强资源环境基本国情教育，大力弘扬中华民族勤俭节约传统美德和党的艰苦奋斗优良作风，开展全民绿色消费教育。从娃娃抓起，将勤俭节约、绿色低碳的理念融入家庭教育、学前教育、中小学教育、未成年人思想道德建设教学体系，组织开展第二课堂等社会实践。把绿色消费作为妇女和家庭思想道德教育、学生思想政治教育、职工继续教育和公务员培训的重要内容，纳入文明城市、文明村镇、文明单位、文明家庭、文明校园创建及有关教育示范基地建设要求。

（二）广泛推进主题宣传。深入实施节能减排全民行动、节俭养德全民节约行动，组织开展绿色家庭、绿色商场、绿色景区、绿色饭店、绿色食堂、节约型机关、节约型校园、节约型医院等创建活动，表彰一批先进单位和个人。把绿色消费纳入全国节能宣传周、科普活动周、全国低碳日、环境日等主题宣传活动，充分发挥工会、共青团、妇联以及有关行业协会、环保组织的作用，强化宣传推广。各主要新闻媒体和网络媒体要积极宣传绿色消费的重要性和紧迫性，在黄金时段、重要版面制作发布公益广告，及时宣传报道绿色消费的理念经验和做法，加强舆论监督，曝光奢侈浪费行为，营造良好社会氛围。

四、积极引导居民践行绿色Th活方式和消费模式

（三）倡导绿色生活方式。合理控制室内空调温度，推行夏季公务活动着便装。开展旧衣“零抛弃”活动，完善居民社区再生资源回收体系，有序推进二手服装再利用。抵制珍稀动物皮毛制品。推广绿色居住，减少无效照明，减少电器设备待机能耗，提倡家庭节约用水用电。鼓励步行、自行车和公共交通等低碳出行。鼓励消费者旅行自带洗漱用品，提倡重拎布袋子、重提菜篮子、重复使用环保购物袋，减少使用一次性日用品。制定发布绿色旅游消费公约和消费指南。支持发展共享经济，鼓励个人闲置资源有效利用，有序发展网络预约拼车、自有车辆租赁、民宿出租、旧物交换利用等，创新监管方式，完善信用体系。在中小学校试点校服、课本循环利用。

（四）鼓励绿色产品消费。继续推广高效节能电机、节能环保汽车、高效照明产品等节能产品，到2020年，能效标识2级以上的空调、冰箱、热水器等节能家电市场占有率达到以上。加大新能源汽车推广力度，加快电动汽车充电基础设施建设。组织实施“以旧换再”试点，推广再制造发动机、变速箱，建立健全对消费者的激励机制。实施绿色建材生产和应用行动计划，推广使用节能门窗、建筑垃圾再生产品等绿色建材和环保装修材料。推广环境标志产品，鼓励使用低挥发性有机物含量的涂料、干洗剂，引导使用低氨、低挥发性有机污染物排放的农药、化肥。鼓励选购节水龙头、节水马桶、节水洗衣机等节水产品。

（五）扩大绿色消费市场。加快畅通绿色产品流通渠道，鼓励建立绿色批发市场、绿色商场、节能超市、节水超市、慈善超市等绿色流通主体。支持市场、商场、超市、旅游商品专卖店等流通企业在显著位置开设绿色产品销售专区。组织流通企业与绿色产品提供商开展对接，促进绿色产品销售。鼓励大中城市利用群众性休闲场所、公益场地开设跳蚤市场，方便居民交换闲置旧物。完善农村消费基础设施和销售网络，通过电商平台提供面向农村地区的绿色产品，丰富产品服务种类，拓展绿色产品农村消费市场。

五、全面推进公共机构带头绿色消费

（六）全面推行绿色办公。提高办公设备和资产使用效率，鼓励纸张双面打印。推进信息系统建设和数据共享共用，积极推行无纸化办公。完善节约型公共机构评价标准，合理制定用水、用电、用油指标，建立健全定额管理制度。使用政府资金建设的公共建筑全面执行绿色建筑标准，凡具备条件的办公区要安装雨水回收系统和中水利用设施。到2020年，新增创建3000家节约型公共机构示范单位，全部省级机关和以上的省级事业单位建成节水型单位。

（七）完善绿色采购制度。严格执行政府对节能环保产品的优先采购和强制采购制度，扩大政府绿色采购范围，健全标准体系和执行机制，提高政府绿色采购规模。具备条件的公共机构要利用内部停车场资源规划建设电动汽车专用停车位，比例不低于，引进社会资本利用既有停车位参与充电桩建设和提供新能源汽车应用服务。2016年，公共机构配备更新公务用车总量中新能源汽车的比例达到以上，到2020年实现新能源汽车广泛应用。

六、大力推动企业增加绿色产品和服务供给

（八）积极实施创新驱动。引导和支持企业利用大众创业、万众创新平台，加大对绿色产品研发、设计和制造的投入，增加绿色产品和服务有效供给，不断提高产品和服务的资源环境效益。做好绿色技术储备，加快先进技术成果转化应用。大力推广利用“互联网+”促进绿色消费，推动电子商务企业直销或与实体企业合作经营绿色产品和服务，鼓励利用网络销售绿色产品，推动开展二手产品在线交易，满足不同主体多样化的绿色消费需求。鼓励电子商务企业积极开展网购商品包装物减量化和再利用。

（九）强化企业社会责任。健全生产者责任延伸制，推动生产企业减少有毒、有害、难降解、难处理、挥发性强物质的使用，主动披露产品和服务的能效、水效、环境绩效、碳排放等信息，推动实施企业产品标准自我声明公开和监督制度。推动企业能源管理体系建设。鼓励企业推行绿色供应链建设，开展清洁生产审核，降低产品全生命周期的环境影响。鼓励批发市场、大型商业综合体等消费场所进行节能、节水改造。鼓励旅游饭店、景区等推出绿色旅游消费奖励措施。星级宾馆、连锁酒店要逐步减少“六小件”等一次性用品的免费提供，试行按需提供。商场、超市、集贸市场等商品零售场所要严格执行“限塑令”，减少包装物的消耗，鼓励使用生物基材料的环保包装制品。

七、深入开展全社会反对浪费行动

（十）开展反过度包装行动。着力整治以奢华包装为代表的奢靡之风，在端午、中秋、春节等重要节日期间，以粽子、月饼、红酒、茶叶、杂粮、化妆品等商品为重点，开展定期专项检查，加大市场监管和打击力度，严厉整治过度包装行为，坚决制止商家在销售奢华包装产品中存在的价格欺诈、不按规定明码标价等违法行为。加强限制商品过度包装标准制修订工作，明确包装空隙率、包装层数和包装成本等方面要求。

（十一）开展反食品浪费行动。贯彻落实关于厉行节约反对食品浪费的意见，杜绝公务活动用餐浪费，在政府机关和国有企事业单位食堂实行健康科学营养配餐，条件具备的地方推进自助点餐计量收费，减少餐厨垃圾产生量。餐饮企业应提示顾客适当点餐，鼓励餐后打包，合理设定自助餐浪费收费标准。倡导婚丧嫁娶等红白喜事从简操办，推行科学文明的餐饮消费模式，提倡家庭按实际需要采购加工食品，争做“光盘族”。加强粮食生产、收购、储存、运输、加工、消费等环节管理，减少粮食损失浪费。

（十二）开展反过度消费行动。严格执行党政机关厉行节约反对浪费条例，严禁超标准配车、超标准接待和高消费娱乐等行为，细化明确各类公务活动标准，严禁浪费。以各级党政机关及党员领导干部为带动，坚决抵制生活奢靡、贪图享乐等不正之风，大力破除讲排场、比阔气等陋习，抵制过度消费，改变“自己掏钱、丰俭由我”的错误观念，形成“节约光荣，浪费可耻”的社会氛围。

八、建立健全绿色消费长效机制

（十三）健全法律法规。抓紧修订节能法、循环经济促进法等法律，研究制定节约用水条例、餐厨废弃物管理与资源化利用条例、限制商品过度包装条例、报废机动车回收管理办法、强制回收产品和包装物管理办法等专项法规，增加绿色消费有关要求，明确生产企业、零售企业、消费者、政府机构等主体应依法履行的责任义务。

（十四）完善标准体系。健全绿色产品和服务的标准体系，扩大标准覆盖范围，加快制修订产品生产过程的能耗、水耗、物耗以及终端产品的能效、水效等标准，动态调整并不断提高产品的资源环境准入门槛，做好计量检测、应用评价、对标提升等工作。加快实施能效“领跑者”制度、环保“领跑者”制度，研究建立水效“领跑者”制度。

（十五）健全标识认证体系。修订能效标识管理办法，扩大能效标识范围。落实节能低碳产品认证管理办法，做好认证目录发布和认证结果采信等工作，加快推行低碳、有机产品认证。推进中国环境标志认证。完善绿色建筑和绿色建材标识制度。制修订绿色市场、绿色宾馆、绿色饭店、绿色旅游等绿色服务评价办法。逐步将目前分头设立的环保、节能、节水、循环、低碳、再生、有机等产品统一整合为绿色产品，建立统一的绿色产品认证、标识等体系，加强绿色产品质量监管。

（十六）完善经济政策。对符合条件的节能、节水、环保、资源综合利用项目或产品，可以按规定享受相关税收优惠。把高耗能、高污染产品及部分高档消费品纳入消费税征收范围。落实好新能源汽车充电设施的奖补政策和电动汽车用电价格政策。全面实行保基本、促节约，更好反映市场供求、资源稀缺程度、生态环境损害成本和修复效益的资源阶梯价格政策，完善居民用电、用水、用气阶梯价格。

（十七）加强金融扶持。银行金融业机构要认真落实绿色信贷指引，创新金融产品和服务，积极开展绿色消费信贷业务。研究出台支持节能与新能源汽车、绿色建筑、新能源与可再生能源产品、设施等绿色消费信贷的激励政策，促进金融机构加大信贷支持力度。鼓励开发新能源汽车保险产品，鼓励保险公司为绿色建筑提供保险保障。研究建立绿色消费积分制。

2016年2月24日

关于印发国家循环经济试点示范典型经验的通知

发改环资[2016]965号

各省、自治区、直辖市及计划单列市、新疆生产建设兵团发展改革委（经信委）、财政厅（局）：

为深入贯彻落实党的十八大、十八届三中、四中、五中全会精神，切实发挥国家循环经济试点示范工作在推进绿色循环低碳发展、建设生态文明中的作用，国家发展改革委、财政部综合国家循环经济试点示范验收评估意见，总结了若干可推广的典型经验和做法，现就有关事项通知如下。

一、准确把握推广国家循环经济试点示范典型经验的意义

2005年以来，经国务院批准，国家发展改革委等6部委开展了两批国家循环经济试点示范工作，范围涉及重点行业（企业）、产业园区、重点领域以及省市，共计178家单位。2010年以来，发展改革委、财政部等部门又组织开展了园区循环化改造、“城市矿产”示范基地、餐厨废弃物资源化利用等方面的试点示范工作。各地及各试点单位高度重视，编制了试点实施方案和规划，在各领域各层面探索循环经济发展路径和模式，推动了技术进步和节能减排，促进了生产方式由粗放型向资源节约型和环境友好型转变，支持了节能环保、新能源等战略性新兴产业的发展，取得了良好的经济、社会和环境效益。2013年以来，国家发展改革委等7部委开展了验收及评估工作，近期，发展改革委、财政部等部门对部分重点领域工作开展中期评估，并对试点示范中的探索和做法进行了总结分析，形成了一批有益的典型经验。

“十三五”时期，是实现全面建成小康社会战略目标的决胜期，转变经济发展方式、提高发展质量和效益的任务更加艰巨，全球绿色竞争的挑战更加激烈。加快推动循环经济发展，是全面贯彻落实创新、协调、绿色、开放、共享发展理念的必然要求，推广循环经济试点示范中形成的典型经验，有利于推动循环经济的全面深入发展，提高生态文明建设水平。各有关方面要充分认识推广国家循环经济试点示范典型经验的重要意义，采取切实有效措施，因地制宜，积极推广。

二、国家循环经济试点示范的典型经验做法

经过对试点示范单位的总结评估，并根据循环经济发展面临的主要问题和形势，决定率先推广以下经验做法。

（一）以加强地方立法，完善配套政策为核心的循环经济协同推进机制

要点：针对地方循环经济发展中的政策机制不完善、配套政策不协调等问题，地方应在循环经济促进法规定的原则下，制定省级条例或实施办法，结合国家整体战略、地方经济发展水平和产业特点提出差异性政策；推动设立循环经济发展专项资金、产业投资基金、股权投资基金，形成“投、贷、债”组合的多渠道资金投入模式，支持循环经济重大示范工程建设；建立跨部门的协调机制，加强顶层设计，统筹解决发展循环经济中的问题。

（二）以补链招商、风险共担为关键的产业园区循环发展机制

要点：针对园区产业之间关联度和耦合性不强的问题，依托园区主导产业，加强物质流分析，实行补链招商，增强产业关联度和耦合性。针对产业链运行保障机制不完善、抗风险能力弱的问题，因地制宜建立产业共生耦合发展的风险分担机制。建立由担保公司、银行、企业、中介机构和相关政府部门组成的多元化风险分担体系；推动上下游关联企业采取相互参股或合资等方式，形成循环发展的利益共同体，协商解决企业发展中遇到的价格波动、技术变化、产品质量、安全生产等问题，增强企业抵御市场风险的能力，构建较为稳定的循环经济产业链。

（三）以废物联单转移、公共信息服务平台为核心的废弃物资源化精细管理机制

要点：针对在物质交换利用、废物循环利用的过程中，企业间由于信息不对称导致的废弃物流通环节多、成本高、监管难度大等问题，分析废弃物产生利用现状，优化产业共生路径。利用互联网、大数据分析共生企业间工业副产物和废弃物产生利用情况，诊断废弃物资源化利用的有效途径，绘制产业共生图，完善废弃物资源化利用交换路径。建立废物转移追溯管理制度，制定废弃物交易分级标准，对参与者进行评级，建立废弃物产生、流通和处置的各环节信息追溯制度，实现对

废弃物全过程管理。支持搭建废弃物交换利用信息平台，推动产业共生企业间通过信息平台开展标准化交易，提高废弃物流通转移效率，降低监管成本。

（四）以嵌入式管理、整体解决为核心的产业废物第三方外包式服务机制

要点：针对企业废弃物处理不规范、不专业、形不成规模经济等问题，积极培育和壮大产业废物第三方外包式服务企业，提供废弃物回收、再生加工和循环利用的整体解决方案。在产业园区或集聚区引入专业服务企业，为园区内企业提供点对点服务，与企业生产流程实现无缝对接，对各个环节及终端产生的废物进行回收处理，形成的资源化产品再返回企业作为生产原料，并对难以回收利用的废物进行安全处置，构建形成循环经济产业链。

（五）以立法先行、特许经营、收运处一体化为特点的城市餐厨废弃物处理机制

要点：为斩断餐厨废弃物灰色利益链，解决餐厨废弃物收运难、收运品质差等问题，推动建立行之有效的餐厨废弃物处理机制。先行制定相关法规，推行特许经营和招标制度，由地方政府通过招标方式选择运营主体，建立餐厨废弃物的“收集—运输—处置”一体化运行模式。运营主体统一购置收运车辆，统一管理，同时属地各部门联动配合，协同负责，借助现代化的管控手段，建立完善保障机制，规范原有地沟油收运队伍，加强对非法回收地沟油的打击力度。

（六）以“互联网＋”理念规范、提升传统方式为核心的再生资源回收利用模式

要点：针对再生资源回收难、收集分散、利用水平低等问题，推动行业龙头企业引入“互联网+”理念，建立互联网平台和移动互联网APP，创新回收模式，搭建科学高效的逆向物流体系；利用物联网、大数据开展信息采集、数据分析、流向监测，优化网点布局，在充分利用再生资源的同时，深度挖掘数据资源的价值；推动产业废物、再生资源、再制造产品的在线交易，拓展供给信息渠道，开展在线竞价，发布价格交易指数，降低交易成本，提高资源稳定供给能力。

（七）以定向修复、专业维护、后期承包为特点的再制造技术服务发展模式

要点：为解决大型工业装备再制造过程中的运输难，专业化、定向化特点不突出的问题，支持再制造服务企业对设备使用状况进行全程跟踪，开展智能检测与故障诊断，定期回访收集信息，建立信息服务体系数据库，把设备的相关设计、制造（包含再制造）、销售（包括售后服务）、用户档案纳入信息服务体系，促进资源管理和优化配置；积极发展移动式修复设备，由集中再制造向现场再制造发展；通过出租再制造产品使用权、承包产品后期维护维修等创新商业模式，降低产品使用成本，提高再制造的便利性和操作性，拓展再制造空间。

（八）以生产生活系统链接、生产过程协同处理废弃物为特点的产城融合发展模式

要点：为解决城镇化过程中的能源资源消耗大、废弃物处理处置难等问题，将城市发展和周边企业进行产城一体化规划布局，将生产企业的余热余能引入城市生产和生活用能体系；利用企业高温作业装置，协同处理城市危险废物、污水处理厂污泥、含能有机废弃物等；将城市生活污水经过处理后引入用水企业的生产系统，实现水资源循环利用和城市水资源消耗减量化；利用城市周边农业废弃物和城市内部的园林废弃物等生物质资源，生产菌类食品、清洁能源或建筑装饰材料。使生产和生活之间实现资源、能源和废弃物统筹利用，降低城市能源与资源消耗和废弃物处理成本，实现城市功能与产业发展协调融合。

（九）以数据统计和测算结合、自我评价为核心的区域资源产出率统计评价机制

要点：针对区域层面资源消耗数据尚未纳入日常统计、资源产出率核算难、资源产出率提升路径不清等问题，具备条件的地区以物质流分析为基础，构建统测结合、可操作的资源产出率测算方

式，建立主要资源的物质流账户，摸清资源生产和消耗底数，鼓励具备条件的地区建立完善资源消耗数据的直报系统，支持社会科研机构和第三方系统分析评价资源产出率指标，分析不同情景下的变化趋势，研究资源产出效率的提升路径和具体措施。

三、加强经验推广的组织协调

为帮助各地准确理解典型经验的内涵，我们组织编写了《国家循环经济试点示范典型经验及推广指南》（详见附件）。各地要结合实际，因地制宜做好典型经验推广的组织实施工作，根据经验适用和推广范围，明确责任分工、工作进度和时间安排。要将经验推广工作作为推动绿色发展、建设生态文明的重要举措。各地循环经济发展综合管理部门、财政部门要切实发挥好协调指导的作用，为经验推广提供良好的保障条件，积极支持和指导各地推广经验，开展相关制度探索。各类循环经济示范试点单位，特别是循环经济示范城市（县）建设地区要发挥先行先试作用，在经验推广和总结方面走在前列，发挥示范带动作用。

国家发展改革委、财政部将认真做好综合协调，会同有关部门及时研究解决经验推广过程中出现的新情况和新问题，并将继续对各地发展循环经济中的新经验、新做法及时总结梳理，适时发布。

附件：国家循环经济试点示范典型经验及推广指南（略）

国家发展改革委财政部
2016年5月4日

关于开展“十二五”单位国内生产总值二氧化碳排放降低目标责任考核评估的通知

发改办气候[2016]1238号

各省、自治区、直辖市人民政府办公厅，中组部、工业和信息化部、监察部、财政部、环境保护部、住房城乡建设部、交通运输部、农业部、国家统计局、国家林业局、气象局、国家能源局、认监委、标准委办公厅（办公室、综合司）：

根据国务院印发的《“十二五”控制温室气体排放工作方案》（国发[2011]41号）、《国务院办公厅关于印发“十二五”控制温室气体排放工作方案重点工作部门分工的通知》（国办函〔2012〕68号）和《国家发展改革委关于印发<单位国内生产总值二氧化碳排放降低目标责任考核评估办法>的通知》（发改气候[2014]1828号）要求，我们将对省级人民政府开展“十二五”单位国内生产总值二氧化碳排放降低目标责任考核评估。根据《国家发展改革委办公厅关于组织总结评估低碳省区和城市试点经验的通知》（发改办气候[2016]440号），对广东、辽宁、湖北、陕西、云南、天津、重庆、北京、上海和海南等10个省市的低碳试点经验现场总结评估将与本次现场考核评估工作结合进行。现将相关工作方案、评估指标及评分细则等文件印发你们，并将有关事项通知如下：

一、“十二五”单位国内生产总值二氧化碳排放降低目标责任考核评估相关工作将于2016年6月开始。请各省（自治区、直辖市）人民政府于6月20日前将本地区单位国内生产总值二氧化碳排

放降低目标完成情况和措施落实情况自评估报告以及数据核查表（含电子版）报我委。

二、6月下旬—7月上旬我委将会同国务院有关部门，根据各地区自评估报告以及数据核查表和相关支撑材料，对各省（自治区、直辖市）单位国内生产总值二氧化碳排放降低目标完成情况和措施落实情况进行书面审核。

三、7月中下旬我委将组织开展现场考核评估。现场考核评估工作由十二个工作组同期分别开展。第一组：北京、天津、辽宁；第二组：上海、广东、海南；第三组：湖北、重庆、云南、陕西；第四组：内蒙古、吉林、黑龙江；第五组：西藏；第六组：江西、四川、贵州；第七组：浙江、福建；第八组：河北、山东、河南；第九组：甘肃、青海、宁夏；第十组：湖南、广西；第十一组：山西、江苏、安徽；第十二组：新疆。其中第一至三组为低碳试点省（市），由我委气候司相关负责同志带队开展碳强度现场考核评估工作和低碳试点地区现场总结评估工作。第四至十二组按常规开展碳强度现场考核评估工作，分别由国家发展改革委、工业和信息化部、住房城乡建设部、统计局、林业局和能源局等部门相关司局级领导担任组长。工作组成员由上述相关部门工作人员和国家气候战略中心等有关单位专家组成。

四、请将本地区负责考核评估工作的单位及联系人、联系电话于5月30日前报至我委。有关具体事项另行通知。

附件：1.“十二五”单位国内生产总值二氧化碳排放降低目标责任考核评估工作方案（略）

2.“十二五”单位国内生产总值二氧化碳排放降低目标责任现场考核评估工作分组表（略）

3.“十二五”单位国内生产总值二氧化碳排放降低目标责任考核评估指标及评分细则（略）

4.二氧化碳排放核算方法及数据核查表（略）

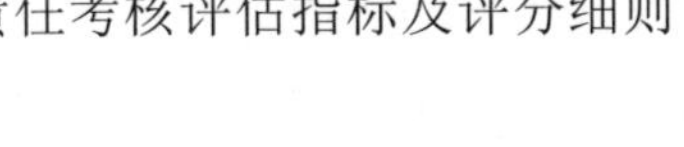

国家发展改革委办公厅

2016年5月15日

关于加强资源环境生态红线管控的指导意见

（发改环资〔2016〕1162号2016年5月30日印发）

（国家发展改革委 财政部 国土资源部 环境保护部 水利部 农业部 林业局 能源局 海洋局 2016年5月30日印发）

为贯彻落实《中共中央、国务院关于加快推进生态文明建设的意见》中严守资源环境生态红线的有关要求，指导红线划定工作，推动建立红线管控制度，加快建设生态文明，提出本意见。

一、总体要求和基本原则

（一）总体要求

统筹考虑资源禀赋、环境容量、生态状况等基本国情，根据我国发展的阶段性特征及全面建成小康社会目标的需要，合理设置红线管控指标，构建红线管控体系，健全红线管控制度，保障国家能源资源和生态环境安全，倒逼发展质量和效益提升，构建人与自然和谐发展的现代化建设新格局。

（二）基本原则

——严格管控、保障发展。树立底线思维和红线意识，设定并严守资源环境生态红线，并与空间开发保护管理相衔接，实行最严格的管控和保护措施。推动资源环境生态红线管控与经济社会发展相适应，预留必要的发展空间。

——分类管理、因地制宜。根据红线管控不同类型和要素特征，制定科学合理的红线管控政策措施。结合不同地区经济社会发展情况、资源环境现状和主体功能定位等因素，提出差别化、针对性强的管控要求。

——部门协调、上下联动。有关主管部门在红线管控目标设置、政策制定、制度建设等方面，要加强与相关部门的沟通协调，做好与有关法规标准、战略规划、政策措施的衔接。明确部门和地方责任，上下联动、形成合力。

——立足当前、着眼长远。把对当前经济社会发展制约性强的要素优先纳入红线管控，尽快遏制资源无节制消耗、生态环境退化的趋势。根据经济社会发展长远目标，超前研究其他相关红线管控要素，适时纳入管控范围。

二、管控内涵及指标设置

资源环境生态红线管控是指划定并严守资源消耗上限、环境质量底线、生态保护红线，强化资源环境生态红线指标约束，将各类经济社会活动限定在红线管控范围以内。

（一）设定资源消耗上限。合理设定全国及各地区资源消耗“天花板”，对能源、水、土地等战略性资源消耗总量实施管控，强化资源消耗总量管控与消耗强度管理的协同。

1. 能源消耗。依据经济社会发展水平、产业结构和布局、资源禀赋、环境容量、总量减排和环境质量改善要求等因素，确定能源消费总量控制目标。京津冀、长三角、珠三角和山东省等大气污染治理重点地区及城市，要明确煤炭占能源消费比重、煤炭消费减量控制等指标要求。

2. 水资源消耗。依据水资源禀赋、生态用水需求、经济社会发展合理需要等因素，确定用水总量控制目标。严重缺水以及地下水超采地区，要严格设定地下水开采总量指标。

3. 土地资源消耗。依据粮食和生态安全、主体功能定位、开发强度、城乡人口规模、人均建设用地标准等因素，划定永久基本农田，严格实施永久保护，对新增建设用地占用耕地规模实行总量控制，落实耕地占补平衡，确保耕地数量不下降、质量不降低。用地供需矛盾特别突出地区，要严格设定城乡建设用地总量控制目标。

（二）严守环境质量底线。以改善环境质量为核心，以保障人民群众身体健康为根本，综合考虑环境质量现状、经济社会发展需要、污染预防和治理技术等因素，与地方限期达标规划充分衔接，分阶段、分区域设置大气、水和土壤环境质量目标，强化区域、行业污染物排放总量控制，严防突发环境事件。环境质量达标地区要努力实现环境质量向更高水平迈进，不达标地区要尽快制定达标规划，实现环境质量达标。

1. 大气环境质量。以达到《环境空气质量标准》（GB3095-2012）为主要目标，与《大气污染防治行动计划》相衔接，地区和区域大气环境质量不低于现状，向更好转变。

2. 水环境质量。以水环境质量持续改善为目标，与《水污染防治行动计划》、《国务院关于实行最严格水资源管理制度的意见》相衔接，各地区、各流域水质优良比例不低于现状，向更好转变。

3. 土壤环境质量。以农用地土壤镉（Cd）、汞（Hg）、砷（As）、铅（Pb）、铬（Cr）等重金属和多环芳烃、石油烃等有机污染物含量为主要指标，设置农用地土壤环境质量底线指标，与国家有关土壤污染防治计划规划相衔接，各地区农用地土壤环境质量达标率不低于现状，向更好转变。条件成熟地区，应将城市、工矿等污染地块环境质量纳入底线管理。

（三）划定生态保护红线。根据涵养水源、保持水土、防风固沙、调蓄洪水、保护生物多样性，以及保持自然本底、保障生态系统完整和稳定性等要求，兼顾经济社会发展需要，划定并严守生态保护红线。

依法在重点生态功能区、生态环境敏感区和脆弱区等区域划定生态保护红线，实行严格保护，确保生态功能不降低、面积不减少、性质不改变；科学划定森林、草原、湿地、海洋等领域生态红线，严格自然生态空间征（占）用管理，有效遏制生态系统退化的趋势。

三、管控制度

加快建立体现资源环境生态红线管控要求的政策机制，形成源头严防、过程严管、责任追究的红线管控制度体系。

（一）建立红线管控目标确定及分解落实机制。根据部门职责

和地方实际，国务院主管部门要会同相关部门和地方，在摸清全国资源环境生态现状的基础上，分别确定资源环境生态红线管控目标、分解方案，报经国务院批准后实施。资源环境生态红线确定后原则上不得调整，根据实际情况确需进行调整的，要按程序报批。

（二）完善与红线管控相适应的准入制度。有关部门和各地区要把资源环境生态红线管控要求纳入经济社会发展规划及相关专项规划，鼓励地方出台严于国家要求的红线管控办法。在环境影响评价、排污许可、节能评估审查、用地预审、水土保持方案、入河（湖、海）排污口设置、水资源论证和取水许可等制度完善和实施过程中，强化细化红线管控要求。

（三）加强资源环境生态红线实施监管。加强环评、排污许可、能评、用地许可、水土保持方案审批、入河（湖、海）排污口设置、水资源论证和取水许可等后评估和监督检查，加大违法违规行为的查处力度。强化规划实施期中、期末评估和环境影响跟踪评价，严格落实红线管控要求和规划环境影响评价结论及审查意见。建立资源环境生态红线管控落实情况日常巡查、现场核查等制度，强化红线管控落实情况的执法监督。在节能减排目标责任考核、土地和环保督察、最严格水资源管理制度考核、水资源督察等考核监督中，强化红线管控要求。

（四）加强统计监测能力建设。加快推进资源消耗、环境质量、生态保护红线管控的统计监测核算制度建设，确保国家与地方核算方法、标准、点位等衔接统一，提高数据的准确性、科学性、一致性，加强部门间数据共享。利用信息化、大数据、卫星遥感与无人机等技术手段，建立红线监测网络体系，覆盖管控重点领域。研究建立红线管控第三方评估机制。

（五）建立资源环境承载能力监测预警机制。在资源环境承载能力监测预警机制中充分考虑资源环境生态红线因素，对水土资源、环境容量和海洋资源超载区域，研究提出具有针对性的限制性措施。完善能源消耗晴雨表发布等制度。红线管控事项涉及多个地区的，相关地区要建立区域、流域红线管控预警和联动机制。

（六）建立红线管控责任制。将资源环境生态红线管控纳入地方政府和领导干部政绩考核体系，并作为党政领导干部生态环境损害责任追究的重要内容，对任期内突破红线管控要求并造成资源浪费和生态环境破坏的，按照情节轻重，从决策、实施、监管等环节追究有关人员的责任。

四、组织实施

（一）加强组织领导。国务院有关主管部门要根据工作职责，会同相关部门研究制定具体要素的红线管控实施方案，明确红线管控的主要目标、重点任务、制度机制等，加强对各地区的工作指导和监督，重大问题及时向国务院报告。地方有关部门要严格目标管理，明确任务分工，建立协调机制，切实将红线管控要求落到实处。

（二）明确部门工作重点。发展改革部门牵头负责管控能源消耗上限，划定森林、草原、湿地、海洋等领域生态红线；国土资源部门牵头负责管控土地资源消耗上限、划定永久基本农田、自然生态空间征（占）用管理工作；环境保护部门牵头负责管控环境质量底线，依法在重点生态功能区、生态环境敏感区和脆弱区等区域划定生态保护红线；水利部门牵头负责管控水资源消耗上限；海洋部门负责划定海洋生态红线。其他相关部门根据工作职责，参与资源环境生态红线管控方面的政策制定、制度设计、监督管理、考核问责、信息公开等工作。

（三）鼓励公众参与。各部门、各地区要及时准确发布资源环境生态红线有关信息，有效保障公众知情权和参与权。健全公众举报、听证和监督等制度，发挥好民间组织和志愿者的积极作用，形成政府、企业、社会齐抓共管的良好工作局面。

关于2016年全国节能宣传周和全国低碳日活动的通知

发改环资[2016]1179号

为深入贯彻落实党的十八大和十八届三中、四中、五中全会精神，牢固树立创新、协调、绿色、开放、共享五大发展理念，广泛宣传生态文明主流价值观，培育和践行节约集约循环利用的资源观，加快改善生态环境，提高资源利用效率，努力建设资源节约型和环境友好型社会，深入进行全民节能低碳宣传教育，大力倡导勤俭节约的社会风尚，在全社会营造节能降碳的浓厚氛围，决定今年6月12日至18日为全国节能宣传周，6月14日为全国低碳日。为做好2016年全国节能宣传周和全国低碳日活动安排，现将有关事项通知如下。

一、今年全国节能宣传周活动的主题是“节能领跑绿色发展”。全国低碳日活动主题为“绿色发展低碳创新”。

二、节能宣传周期间，要认真落实《关于加快推进生态文明建设的意见》和《国民经济和社会发展第十三个五年规划》的相关要求。要以建设生态文明为主线，以动员社会各界参与节能降碳为重点，普及生态文明、绿色发展理念和知识，形成崇尚节约、合理消费与低碳环保的社会风尚，推动形成绿色化生产生活方式。通过群众喜闻乐见的各种宣传形式，广泛动员全社会参与节能降碳。充分发挥电视、广播、报纸等传统媒体优势，积极运用网络、微信、微博等新兴媒体并加大宣传力度。加强与网络、通讯、城管等部门的衔接，妥善做好相关宣传材料的推送、发布及张贴工作。

三、全国低碳日期间，国家发展改革委将会同有关单位围绕低碳日主题，组织举办形式多样的宣传活动，普及应对气候变化知识，宣传低碳发展理念。鼓励各部门、各地方结合工作实际开展各具特色的低碳宣传活动，动员全社会广泛参与低碳行动，培育引领低碳新风尚。

四、各地节能宣传周和低碳日活动牵头部门要切实发挥牵头作用，加强沟通协作，会同联合主

办部门做好本地区节能宣传周和低碳日的组织工作。国家节能中心、中国节能协会、中国质量认证中心、中国标准化研究院、国家气候变化战略研究和国际合作中心、各级节能监察机构和节能技术服务中心等单位要积极配合开展宣传活动，相关民间组织、社会团体、企事业单位要积极参与宣传活动。鼓励天猫、京东、国美、苏宁等企业围绕全国节能宣传周，积极组织开展能效“领跑者”、能效等级2级以上及获得中国节能产品认证的高效节能产品展示和推广活动。要坚决贯彻执行中央八项规定有关要求，既要保证宣传活动有声势有影响，又要坚持节俭办活动。

五、活动结束后，各联合主办部门、各省级节能宣传周和低碳日活动牵头部门要对本年度节能宣传周和低碳日活动情况进行总结，并于7月31日前将书面总结材料报送国家发展改革委（环资司、气候司）。

附件：2016年全国节能宣传周和全国低碳日宣传重点（略）

国家发展改革委 教育部 科技部 工业和信息化部环保部
住房城乡建设部 交通运输部 农业部 商务部 国资委
新闻出版广电总局 国管局 全国总工会共青团中央
2016年6月1日

关于做好2016年度煤炭消费减量替代有关工作的通知

发改办环资[2016]1623号

北京市、天津市、河北省、辽宁省、上海市、江苏省、浙江省、山东省、河南省、广东省人民政府办公厅：

2013年以来，有关地区和部门认真贯彻落实党中央、国务院决策部署，采取一系列有力的政策措施，煤炭消费减量替代工作取得了阶段性成效。2014年和2015年，全国煤炭消费量同比分别下降2.9%和3.7%，实现了负增长，但部分重点地区新建高耗煤项目较多，煤炭消费减量目标完成进度滞后，全面完成煤炭消费减量目标任务压力仍然较大。为进一步落实《国务院关于印发大气污染防治行动计划的通知》(国发[2013]37号)以及《重点地区煤炭消费减量替代管理暂行办法》(发改环资[2014]2984号)和《加强大气污染治理重点城市煤炭消费总量控制工作方案》(发改环资[2015]1015号)，做好2016年度煤炭消费减量替代工作，保障实现2013-2017年煤炭消费减量目标，现将有关事项通知如下：

一、切实重视煤炭消费减量替代工作

严格煤炭消费量控制，实行煤炭消费减量替代，是推进大气污染治理、落实能源消耗总量和强度“双控”、建设生态文明、实现绿色发展的重要举措。重点地区和城市一定要从战略和全局高度，充分认识做好这项工作的重要性和紧迫性，增强忧患意识和责任意识，将思想行动统一到中央的决策部署上来，把煤炭消费减量替代工作作为加强宏观调控、调整经济结构、转变发展方式的重要抓手，摆在更加突出位置，加强领导、综合施策、狠抓落实，下更大气力，确保完成2016年和2013-2017年煤炭消费减量替代目标。

二、完善煤炭消费减量替代工作方案

重点地区和城市要进一步完善和细化煤炭消费减量替代工作方案，量化任务、明确措施，提出重点项目清单，要将减量替代目标分解落实到下一级政府和重点用煤企业。新建耗煤项目要明确煤炭消费减量替代明细，新增用煤应纳入替代工作方案，作为新增量统筹平衡；煤炭削减量不能按照压减的过剩行业或落后产能规模进行估算，要根据压减的实际产量进行科学测算。要结合“十三五”能耗总量和强度“双控”目标任务、大气污染防治要求以及本地区实际，研究制定2020年煤炭消费减量目标，谋划好“十三五”及中长期煤炭消费减量工作。重点地区应于今年7月底前将2016年煤炭消费减量目标报国家发展改革委(环资司)，并抄送环境保护部、国家能源局。

三、严控高耗煤项目新增产能

重点地区和城市要严格落实国务院《关于化解产能严重过剩矛盾的指导意见》(国发[2013]41号)、《关于钢铁行业化解过剩产能实现脱困发展的意见》(国发[2016]6号)、《关于煤炭行业化解过剩产能实现脱困发展的意见》(国发[2016]7号)、《关于促进建材工业稳增长调结构增效益的指导意见》(国办[2016]34号)，以及《关于促进我国煤电有序发展的通知》(发改能源[2016]565号)等文件要求，对钢铁、煤炭、水泥熟料、平板玻璃等产能过剩产业和面临潜在过剩风险的煤电行业，要严控(严禁)新增产能，加快淘汰落后产能和化解过剩产能，严格执法，显著减少产能过剩行业的煤炭消费量。

四、加快推进煤炭消费减量工程和措施

重点地区、重点城市要围绕重点领域、重点企业，加快实施燃煤电厂超低排放和节能改造、余热余压利用、能量系统优化、电机系统节能等节能改造工程；积极推进燃煤锅炉节能环保综合提升工程，加快淘汰落后燃煤锅炉，加大高效锅炉推广力度，全面推进燃煤锅炉和燃煤工业窑炉节能环保改造，加强节能环保监管；加快推进产城融合，实施余热暖民工程，充分利用低品位余热进行供热，发展高效清洁背压热电联产代替分散燃煤供热。落实《商品煤质量管理暂行办法》、《关于促进煤炭安全绿色开发和清洁高效利用的意见》、《煤炭清洁高效利用行动计划(2015-2020)》、《工业领域煤炭清洁高效利用行动计划》要求，促进煤炭高效清洁利用；强化燃煤锅炉整治、农村散煤治理；推进“煤改气”、“煤改电”，大力发展可再生能源，大幅削减散煤使用；推进用能预算管理体系建设，推动用能用煤管理精细化、科学化，实现用能用煤的高效配置。

五、做好2015年度煤炭消费减量替代工作的监督考核

重点地区应按照《重点地区煤炭消费减量替代管理暂行办法》要求，于今年7月底前编制完成2015年度煤炭消费减量替代工作自查报告，并报国家煤炭消费减量替代工作协调小组办公室。协调小组办公室将会同协调小组其他成员单位，对重点地区2015年度煤炭消费减量替代工作进行实地抽查，结果报告国务院，并向社会公告。重点地区和城市要加大对本行政区域的监督检查力度，检查结果要向社会公告，对未完成煤炭减量目标的地市要给予通报批评，暂缓审批其新建高耗煤项目，并定期向协调小组办公室报送工作进展情况。

六、加强形势分析和预警调控

重点地区要做好煤炭消费形势分析，对减量目标完成进度滞后的地市，要制定并及时启动针对高耗能企业、落后企业、过剩产能的预警调控。同时要切实保障民生领域用能用煤和用电，供暖季来临要切实保障供暖用煤，坚决防止煤炭消费减量工作前松后紧、年底突击“控煤限煤”的现象。

依据环境保护部发布的74个城市空气质量状况，我们对2016年度大气污染治理重点城市和预警

城市名单进行了调整，具体名单见附件。

附件：2016年度大气污染治理重点城市和预警城市名单（略）

国家发展改革委办公厅 工业和信息化部办公厅 财政部办公厅
环境保护部办公厅 国家统计局办公室 国家能源局综合司
2016年7月11日

循环发展引领行动

（国家发展改革委2016年8月发布）

循环发展是我国经济社会发展的一项重大战略，是建设生态文明、推动绿色发展的重要途径。“十三五”时期是全面建成小康社会的战略决胜期，经济增长换挡降速、发展方式粗放、结构性矛盾凸显、资源环境约束强化等问题相互交织，提高发展质量和效益、推动绿色循环低碳发展的任务更加迫切。

为全面贯彻落实创新、协调、绿色、开放、共享发展理念，推动发展方式转变，提升发展的质量和效益，引领形成绿色生产方式和生活方式，促进经济绿色转型，根据党的十八届五中全会精神和《国民经济和社会发展“十三五”规划纲要》，制定本引领行动。

一、总体要求

（一）指导思想

以邓小平理论、“三个代表”重要思想、科学发展观为指导，全面贯彻落实党的十八大和十八届三中、四中、五中全会精神，深入贯彻习近平总书记系列重要讲话精神，坚持节约资源和保护环境的基本国策，牢固树立节约集约循环利用的资源观，以资源高效和循环利用为核心，大力发展循环经济，强化制度和政策供给，加强科技创新、机制创新和模式创新，激发循环发展新动能，加快形成绿色循环低碳产业体系和城镇循环发展体系，夯实全面建成小康社会的资源基础，构筑源头减量全过程控制的污染防控体系，实现经济社会的绿色转型。

（二）基本原则

——坚持以绿色转型为方向。落实绿色发展理念，把循环发展作为生产生活方式绿色化的基本途径，推进供给侧结构性改革，加快构建低消耗、少排放、能循环的现代产业体系，推动实现生产、流通、消费各环节绿色化、低碳化、循环化。

——坚持以制度建设为关键。健全促进循环发展的法规、标准、政策等制度体系，理清政府与市场的关系，发挥市场机制在资源配置中的决定性作用，明确政府、企业、个人、社会团体在循环发展中的责任义务，建立激励与约束相结合的长效推进机制。

——坚持以创新开放为驱动。加快先进技术在循环经济领域的应用，创新机制模式，支持资源循环利用产业“走出去”，推动产业转型升级，提高质量和效益。

——坚持以协调共享为支撑。注重不同区域发展的特殊性，落实重大区域战略，着力构建区域资源循环体系。以解决社会生活中资源利用和环境保护方面的突出问题为突破口，为人民提供更多的绿色产品，增强人民群众的获得感。

（三）主要目标

——绿色循环低碳产业体系初步形成。循环型生产方式得到全面推行，实现企业循环式生产、园区循环式发展、产业循环式组合，单位产出物质消耗、废物排放明显减少，循环发展对污染防控的作用明显增强。

——城镇循环发展体系基本建立。城市典型废弃物资源化利用水平显著提高，生产系统和生活系统循环链接的共生体系基本建立，生活垃圾分类和再生资源回收实现有效衔接，绿色基础设施、绿色建筑水平明显提升。

——新的资源战略保障体系基本构建。节约集约循环利用的新资源观全面树立，资源循环利用制度体系基本形成，资源循环利用产业成为国民经济发展资源安全的重要保障之一。

——绿色生活方式基本形成。绿色消费理念在全社会初步树立，绿色产品使用比例明显提高，节约资源、垃圾分类、绿色出行等行为蔚然成风。

主要指标。到2020年，主要资源产出率比2015年提高15%，主要废弃物循环利用率达到54.6%左右。一般工业固体废物综合利用率达到73%，农作物秸秆综合利用率达到85%，资源循环利用产业产值达到3万亿元。75%的国家级园区和50%的省级园区开展循环化改造。

表1：“十三五”时期循环发展主要指标

分类	指标	单位	2015年	2020年	2020年比2015年提高（%）
综合指标	主要资源产出率	元/吨	5994	6893	15
	主要废弃物循环利用率	%	47.6	54.6	7
专项指标	能源产出率	元/吨标煤	14028	16511	17.7
	水资源产出率	元/立方米	97.6	126.8	29.9
	建设用地产出率	万元/公顷	154.6	200.4	29.6
	农作物秸秆综合利用率	%	80.1	85	4.9个百分点
	一般工业固体废物综合利用率	%	65	73	8个百分点
	规模以上工业企业重复用水率	%	89	91	2个百分点
	主要再生资源回收率	%	78	82	4个百分点
	城市餐厨废弃物资源化处理率	%	10	20	10个百分点
	城市再生水利用率	%	—	20	—
	资源循环利用产业总产值	亿元	1.8万	3万	67

二、构建循环型产业体系

（四）推行企业循环式生产

推行产品生态设计。研究制定生态设计指引，推动企业实施全生命周期管理，在产品设计开发阶段系统考虑原材料选用、生产、销售、使用、回收、处理等各个环节对资源环境造成的影响。选择重点产品开展“设计机构+生产企业+使用单位＋处置企业”协同试点。

推广“3R”生产法。发布重点行业循环型企业评价体系，把减量化、再利用、资源化原则贯穿到企业生产的各环节和全流程。加大清洁生产审核力度，继续推进重点行业清洁生产审核。实施绿

色制造工程，促进制造业绿色化升级改造。

（五）推进园区循环化发展

按照“空间布局合理化、产业结构最优化、产业链接循环化、资源利用高效化、污染治理集中化、基础设施绿色化、运行管理规范化”的要求，对新设园区和拟升级园区要制定循环经济发展专项规划或者在总体规划中设置循环经济篇章，按产业链、价值链“两链”集聚项目、招商选资、优化布局；对存量园区实施循环化改造，构建循环经济产业链，实现企业、产业间的循环链接，提高产业关联度和循环化程度，增强能源资源等物质流管理和环境管理的精细化程度。对综合性开发区、重化工产业开发区、高新技术开发区等不同性质的园区，加强分类施策和指导，强化效果评估和工作考核。

（六）推动产业循环式组合

推动行业间循环链接。组织实施产业绿色融合专项，在冶金、化工、石化、建材等流程制造业间开展横向链接。推动不同行业的企业以物质流、能量流为媒介进行链接共生，实现原料互供、资源共享，建立跨行业的循环经济产业链。总结推广跨行业循环经济发展模式，发布重点行业循环发展指南。

推动农村一二三产业融合发展。大力推动农业循环经济发展，以农牧渔结合、农林结合为导向，优化农业种植、养殖结构，积极发展林下经济，推进稻渔综合种养等养殖业与种植业有效对接模式；推进农产品、林产品加工废弃物综合利用，延伸产业链，提高附加值；拓展农业林业多功能性，推进农业与旅游、教育、文化、健康养老等产业深度融合，发挥促进扶贫攻坚的积极作用。建立完善全产业链资源循环利用体系，选择国家现代农业示范区、农业可持续发展试验示范区等具备条件的地区开展工农复合型循环经济示范区和种养加结合循环农业示范工程建设。

三、完善城市循环发展体系

（七）加强城市低值废弃物资源化利用

推动餐厨废弃物资源化利用和无害化处理制度化和规范化。总结餐厨废弃物资源化利用和无害化处理试点经验，出台《餐厨废弃物资源化利用技术指南》，在全国设区城市推广。加强监管，建立餐厨废弃物产生登记、定点回收、集中处理、资源化产品评估制度，加大对非法回收处理餐厨废弃物行为的处罚力度。

加快建筑垃圾资源化利用。发布加强建筑垃圾管理及资源化利用工作的指导意见，制定建筑垃圾资源化利用行业规范条件。开展建筑垃圾管理和资源化利用试点省建设工作。完善建筑垃圾回收网络，制定建筑垃圾分类标准，加强分类回收和分选。探索建立建筑垃圾资源化利用的技术模式和商业模式。继续推进利用建筑垃圾生产粗细骨料和再生填料，规模化运用于路基填充、路面底基层等建设。提高建筑垃圾资源化利用的技术装备水平，将建筑垃圾生产的建材产品纳入新型墙材推广目录。把建筑垃圾资源化利用的要求列入绿色建筑、生态建筑评价体系。到2020年，城市建筑垃圾资源化处理率达到13%。

推动园林废弃物资源化利用。建立园林废弃物回收利用体系，探索园林废弃物资源化利用技术路线，鼓励利用园林绿地废弃物进行堆肥、生产园林有机覆盖物、生产生物质固体成型燃料、人造板、制作食用菌棒等。推动园林废弃物与餐厨废弃物、粪便等有机质协同处理。鼓励市政园林、花圃、苗圃、果园等使用有机肥、基质、土壤调理剂等园林废弃物资源化利用产品。

加强城镇污泥无害化处置与资源化利用。按照“绿色、循环、低碳”的技术路线，建设污泥无

害化、资源化处置设施；推动城镇污水处理厂污泥与餐厨废弃物、粪便、园林废弃物等协同处理；推动河湖清淤淤泥的无害化处理处置及资源化。完善污泥无害化处置标准，鼓励将污泥处理处置达标的产物用于移动式绿化、绿色建材等。

（八）促进生产系统和生活系统的循环链接

推动生产系统和生活系统能源共享。积极发展热电联产、热电冷三联供，推动钢铁、化工等企业余热用于城市集中供暖，鼓励利用化工企业产生的可燃废气生产天然气、二甲醚等燃料供应城乡居民，鼓励城市生活垃圾和污水处理厂污泥能源化利用。

推动生产系统和生活系统的水循环链接。鼓励城市污水处理后的再生水用于城市生态补水、景观及钢铁、电力、化工等工业生产系统，开展再生水用于农业浇灌的示范应用。推动矿井水用作生产、生活、生态用水。在沿海缺水地区、海岛积极发展海水直接利用和海水淡化，因地制宜推动海水淡化水进入生产和生活系统。到2020年，缺水城市再生水利用率达到20%以上，京津冀区域达到30%以上。

推动生产系统协同处理城市及产业废弃物。因地制宜推进水泥行业利用现有水泥窑协同处理危险废物、污泥、生活垃圾等，因地制宜推进火电厂协同资源化处理污水处理厂污泥，推进钢铁企业消纳铬渣等危险废物。鼓励将生活废弃物作为生产的原料、燃料进行资源化利用，加强环境监管，确保安全处置。稳步推进有关试点示范，建立长效机制。

（九）推进循环经济示范城市建设

深化循环经济示范城市（县）建设，对101个循环经济示范城市（县）建设地区开展评估和验收。研究制定循环型城市建设指导意见，统筹规划布局城市生产、生活、生态和废弃物处理空间，加强绿色基础设施建设，深入推进制度创新，促进产业绿色转型升级。制定循环型公共机构评价标准，引导公共机构开展节水型、节能型单位建设。完善政府绿色采购制度，制定政府绿色采购产品清单。建立城市循环发展指数核算、发布和评价制度。

四、壮大资源循环利用产业

（十）推动产业废弃物循环利用

推动共伴生矿和尾矿综合利用。在储量大、共伴生的铁矿、铝土矿、铜矿、铅锌矿、金矿、钨锡矿等矿区，开展金属矿产综合开发利用试点示范。继续推进煤矿、高岭土、铝矾土、磷矿等共伴生非金属矿产资源综合利用。推进尾矿有价金属的高效分离提取和高值高效利用，开展尾矿多元素回收整体利用。支持利用尾矿和废石生产建筑材料和道路工程材料。鼓励资源枯竭矿区开展尾矿回填和尾矿库复垦。

推动大宗工业固废综合利用。重点推动冶金渣、化工渣、赤泥、磷石膏、电解锰渣等产业废物综合利用，培育一批骨干企业。进一步加强钢渣、矿渣、煤矸石、粉煤灰和脱硫石膏综合利用。落实《新型墙材推广应用行动方案》。着力推进工业固废中战略性稀贵金属回收利用。建设工业固体废物综合利用产业基地。大力推进多种工业固体废物协同利用。

加强农林废弃物资源化利用。开展农业废弃物资源化利用试点。推动农作物秸秆肥料化、饲料化、燃料化、基料化和原料化利用。鼓励利用林业剩余物生产板材、纸张、活性炭及颗粒、液体燃料生物质能源等。支持规模养殖场建设粪污收集、贮运、处理、利用设施。支持建设病死畜禽、水生生物、屠宰废弃物处理设施，因地制宜发展各类沼气工程、有机肥设施，支持在种养大县开展种养结合整县推进及规模化、专业化的生物天然气示范，推动实施果菜茶有机肥代化肥行动。推进农

林加工副产物综合利用。推进废旧农膜、灌溉器材、农药兽药疫苗容器、渔具渔船等回收利用。到2020年，农作物秸秆综合利用率达到85%，林业剩余物综合利用率达到60%。

（十一）促进再生资源回收利用提质升级

完善再生资源回收体系。推动传统销售企业、电商、物流公司等利用销售配送网络，建立逆向物流回收体系。支持再生资源企业利用互联网、物联网技术，建立线上线下融合的回收网络。鼓励再生资源企业与各类产废企业合作，建立适合产业特点的回收模式。因地制宜推广回收机、回收超市等回收方式。加强生活垃圾分类回收体系和再生资源回收的衔接。

提升“城市矿产”开发利用水平。推动现有国家“城市矿产”示范基地提质增效，引导园区（基地）外的规范废弃电器电子拆解企业、报废汽车拆解企业入园发展，促进集聚化规模化发展。出台促进再生资源利用水平提质升级的指导意见，提高企业技术装备和高值利用水平。推进实施再生资源行业规范条件，引导再生资源产业规范发展。开展国家资源再生利用重大示范工程建设，培育骨干企业。

开展新品种废弃物回收利用示范。推动太阳能光伏组件、动力蓄电池、碳纤维材料、生物基纤维、复合材料和节能灯等新品种废弃物的回收利用。推进废旧纺织品资源化利用，建立废旧纺织品分级利用机制，在慈善机构、社区、学校、商场等场所设置旧衣物回收箱，建立多种回收渠道，推动军警制服、职业工装、校服等废旧制服的回收和资源化利用，鼓励服装品牌商回收本品牌的废旧衣物。推动建立废旧木质家具、木质包装等废弃竹木产品的回收利用体系。选择快递业为切入点，开展物流业包装标准化和分类回收利用试点，推广使用可降解的胶带、环保填充物、可再生纸张和环保油墨印刷的封装物品等物料辅料，鼓励企业对包装箱、总包袋进行循环利用，提高循环利用率。

（十二）支持再制造产业化规范化规模化发展

推动重点品种再制造。严格质量和标识管理，推进汽车零部件、工程机械、大型工业装备、办公设备等的再制造。继续推进大型轮胎翻新。继续开展机电产品再制造试点，支持再制造企业技术升级改造。研究再制造的负面清单管理制度。清理制约再制造产品流通的规定，鼓励再制造产品销售和使用。

规范再制造服务体系。针对不同产品特点，建立以售后维修体系为核心的旧件回收体系，规范发展专业化再制造旧件回收企业。支持废弃电器电子产品回收企业探索将硒鼓、墨盒等可再制造旧件交售给再制造企业的具体方式。建立再制造产品质量保障体系，将再制造产品纳入汽车维修备件体系。鼓励专业化再制造服务公司与钢铁、冶金、化工、机械等制造企业合作，开展设备寿命评估与检测、清洗与强化延寿等再制造专业技术服务。推进“军促民”再制造技术转化，提升产业的技术水平与规模。

推动再制造业集聚发展。长沙、张家港、临港等国家再制造产业示范基地（示范园）建设取得突破性进展。继续选择一批产业基础好的地区开展再制造产业示范基地建设。条件成熟时，选择部分区域探索开展技术附加值高、环境污染小、有利于技术引进的可再制造件进口。

（十三）构建区域资源循环利用体系

以京津冀、长三角、珠三角、成渝、哈长经济区等城市群为重点，统筹规划和建设区域内工业固废、再生资源、生活垃圾资源化和无害化处置设施，建设跨行政区域的资源循环利用产业基地。建立跨行政区域的废弃物协同处置信息平台，促进废弃物协同利用和处置。促进报废汽车拆解、危废处理等跨行政区域流动，实现资质互认、政策协同、体系协同。

五、强化制度供给

（十四）推行生产者责任延伸制度

完善生产者责任延伸制度相关法律、法规，落实《生产者责任延伸制度推行方案》，率先在电器电子产品、汽车、铅蓄电池、饮料纸基复合包装等领域推行。在部分地区和电器电子产品、汽车产品等领域开展生产者责任延伸试点。完善废弃电器电子产品处理基金制度。选择重点品种试点实行目标回收制，建立第三方管理制度。选择适宜的工业产品、消费品，推行生态设计。建立重点行业生产者责任延伸信用评价制度，适时发布我国生产者责任延伸制度实施情况年度报告。

（十五）建立再生产品和再生原料推广使用制度

实施原料替代战略，引导生产企业加大再生原料的使用比例。分类发布再生产品和再生原料标准和目录，建立再生产品（再制造产品）政府优先采购制度。率先推动电器电子产品生产企业提高再生原料使用比例。推广建筑垃圾再生产品，在政府投资的公共建筑或道路中，支持使用一定比例的建筑垃圾再生产品。推进大宗固体废物替代建材原料，限制同类天然建材原料开采。

（十六）完善一次性消费品限制使用制度

制定发布限制生产和销售的一次性消费品名录及管理办法，对纳入目录的产品实行分类管理，制定完善限制一次性消费品的相关政策。支持研发可重复使用的替代产品。研究制定一次性产品的生态设计标准，提高回收利用率。

（十七）深化循环经济评价制度

建立以主要资源产出率、主要废弃物循环利用率为核心的循环经济评价指标体系，将循环经济主要指标完成情况作为对地方政府评价的内容。建立国家层面资源产出率指标的定期发布制度，发布不同区域层面的循环经济发展水平评价指标。建立完善循环经济发展指数、城市循环发展指数等综合性评价方法，适时发布区域循环发展指数。对国家确定的循环经济示范城市（县）、园区循环化改造等试点示范单位进行评价考核。各级政府应开展资源利用效率、资源循环水平评估评价工作，支持和鼓励科研院所、高等学校、社会组织等第三方机构参与评估评价工作，并向社会公布。

（十八）强化循环经济标准和认证制度

健全循环经济标准制度。建立完善产品生态设计标准，推动重点行业循环型生产方式技术管理标准化，健全行业循环经济实践技术指南和行业循环经济绩效评价标准。完善产业废弃物综合利用、再生资源回收利用、再制造等标准，加快健全再生原料及产品、餐厨废弃物资源化产品、利废建材等产品标准。深化循环经济标准化试点工作，开展不同行业、领域的循环经济标准化试点示范工作。支持社会团体制定资源循环利用领域的团体标准。

建立规范的循环经济认证认可、检验检测和计量保障制度。开展再制造企业的生产质量体系认证，推进再制造产品认定，支持第三方认证机构开展再生产品、再制造产品等绿色产品认证，并作为政府采购、政府投资、社会推广的优先选择范围。建立循环经济检验检测技术支撑体系，进一步健全能源计量体系，督促用能单位提高能源计量器具配备率和能源计量数据分析利用水平，加强能源计量技术服务和能源计量审查。

（十九）推进绿色信用管理制度

通过“信用中国”和企业信用信息公示系统，依法公示企业行政许可、行政处罚、“黑名单”等信息。建立企业循环经济信用评价制度，将企业履行生产者责任延伸制度信息、资源循环利用企业安全环保信息、再生产品和再制造产品质量信息等纳入全国信用信息共享平台。支持开展企业绿

色（环境）信用评价，评价结果向社会公开，并作为信贷审批、贷后监管的重要依据。对信用记录良好的企业，在循环经济相关补贴、优惠政策等方面优先支持，对失信企业建立“黑名单”制度，依法依规采取联合惩戒措施。

六、激发循环发展新动能

（二十）增强科技创新驱动力

通过国家科技计划（专项、基金等）统筹支持符合条件的循环经济共性关键技术研发，加快减量化、再利用与再制造、废物资源化利用、产业共生与链接等领域的关键技术、工艺和设备的研发制造。支持资源循环利用企业与科研院所、高等院校组建产学研技术创新联盟。发布国家鼓励的循环经济技术、工艺和设备名录，健全循环经济技术、装备的遴选及推广机制，建立应用推广的信息平台。

（二十一）发展分享经济

创新消费理念，大力发展分享经济，把分享经济作为优化供给结构、引导绿色消费的新领域，延长产品生命周期，提高资源利用效率。探索闲置房屋、闲置车辆、闲置物品的分享使用方式和分时租赁的新型商业业态。发展分享办公、分享存储、分享信息，提高闲置资产的利用效率。创新商业模式，大力发展设备租赁产业，推动外包式服务发展，培育专业的循环型生产服务企业，改变传统产品提供模式，提高产品维护专业化水平。鼓励专业分享平台建设，完善信息安全保障措施和信用评价机制，实现分享商品、信息、服务的在线交易。

（二十二）扩大绿色消费

鼓励绿色产品消费，大力推动节能、节水、环保、资源综合利用、再制造、再生产品使用，加大新能源汽车推广力度，加快电动汽车充电基础设施建设，实施绿色建材生产和应用行动。推广使用生物饲料、生物肥料、生物农药、生物地膜等绿色农业生产资料。扩大绿色消费市场，完善绿色产品统一标识、认证制度，畅通绿色产品流通渠道，鼓励建设各类绿色流通主体。建设一批集门店节能低碳改造、绿色产品销售、废弃物回收于一体的绿色商场。推动企业实施绿色采购，构建绿色供应链。引导和支持企业利用大众创业、万众创新平台，加大对绿色产品研发、设计和制造的投入。在政府投资的公益性建筑、大型公共建筑和保障性住房建设中全面执行绿色建筑标准，推广使用新型墙体材料。完善城市交通系统，推进不同公共交通体系之间以及市内公交系统与跨区域交通系统的无缝链接，引导居民选择公共交通和自行车出行。

（二十三）创新服务机制和模式

积极推动资源循环利用第三方服务体系建设，培育发展龙头企业，发挥市场机制作用。鼓励通过合同管理和特许经营等方式，为产业园区和企业提供废弃物管理、回收、再生加工和循环利用的整体解决方案，与居民社区和医院、学校等公共机构开展生活垃圾资源化、无害化处理合作，促进生活垃圾与再生资源回收处理利用两个网络系统衔接发展。推广绿色产品质量责任险、环境污染强制责任保险。建立循环经济信息系统和技术咨询服务体系，培育和扶持一批为循环经济发展提供规划、设计、建设、改造、运营等服务的专业化公司。

（二十四）支持资源循环产业“走出去”

贯彻开放发展理念，落实“一带一路”战略，加强循环经济理念模式的国际交流，扩大关键技术和装备的进出口贸易规模。配合国际产能合作、对外承包工程，支持国内资源循环利用企业到海外投资，增强境外资源就地转化加工能力，把海外再生资源作为资源安全保障的来源之一。推动再

制造产品进入国际市场，实施对标行动，保障再制造产品的性能稳定性、质量可靠性等达到欧美国家标准，培育以增材再制造技术为特点的装备现场修复技术，提高运营维护水平。

七、实施重大专项行动

（二十五）园区循环化改造行动

制定实施《园区循环化改造行动》，各地要制定本地区园区循环化改造推进方案，明确改造任务、实施路径和保障措施。其中，长江经济带的化工、轻工等涉水类园区，京津冀地区的冶金、建材和石化等涉气类园区和工业集聚区，珠三角地区的石化、轻工、建材等园区要全部实施循环化改造，园区外企业逐步“退城入园”。鼓励国家生态工业示范园区率先开展循环化改造。发布实施园区循环化改造指南和评价体系，将评价结果纳入园区考核体系。利用现有资金渠道，对园区循环化改造予以支持。到2020年，国家重点支持100家园区进行循环化改造，推动75%的国家级园区和50%的省级园区开展循环化改造。

（二十六）工农复合型循环经济示范区建设行动

选择粮食主产区等具备基础的地区建设20个工农复合型循环经济示范区。以农业生产为基础，以龙头企业为核心，发挥农业专业合作组织作用，按现代产业组织方式，汇集资金、技术、农田等生产要素，向产前投入、产后加工、贮藏、运输、销售以及农业废弃物综合利用环节延伸，推进农业与工业、旅游、教育、文化、健康养老等产业横向链接，形成种、养、加、游等深度融合的工农复合型循环经济产业链。

（二十七）资源循环利用产业示范基地建设行动

在100个地级及以上城市布局城市资源循环利用产业示范基地。建设城市低值废弃物协同处理基地，对餐厨废弃物、建筑垃圾、城市污泥、园林废弃物、废旧纺织品等进行集中资源化回收和规范化处理，完善统一收运体系，建立餐厨废弃物、建筑垃圾等收运处理企业的规范管理制度，推动典型废弃物的集中规模化处理、利用。发挥各类固体废弃物资源化利用和处理设施的协同效应，实现不同类别废弃物的分类回收利用和无害化处理，加强能源、水资源和固废处理设施的一体化建设。建设以城市为载体的产业废弃物循环利用产业基地，推动共伴生矿、工业固废、危险废弃物、农林废弃物等的综合利用，制定区域整体解决方案，建设区域性大宗产业废弃物信息交易平台，实现产业废弃物多途径、多层次、协同化利用。

（二十八）工业资源综合利用产业基地建设行动

以企业和行业为载体，建设50个工业资源综合利用产业基地，开展工业资源综合利用重大示范工程建设。发布工业资源综合利用先进适用技术装备目录，加快大宗工业固体废物综合利用先进技术装备和产品的推广应用。推动尾矿、煤矸石、粉煤灰、冶金渣、工业副产石膏、化工废渣、赤泥等大宗固废的综合利用，拓宽利用途径，提升利用水平。

（二十九）“互联网＋”资源循环行动

制定发布《“互联网＋”资源循环行动方案》，支持回收行业建设线上线下融合的回收网络，推广“互联网+回收”新模式。建立重点品种的全生命周期追溯机制。支持互联网企业参与各类产业园区废弃物信息平台建设，推动园区产业共生平台建设。逐步形成行业性、区域性、全国性的产业废弃物和再生资源在线交易系统和价格指数。支持汽车维修、汽车保险、旧件回收、再制造、报废拆解等汽车产品售后全生命周期信息的互通共享。在30%的地级以上城市建设再生资源在线回收平台，再生资源、产业废弃物年在线交易规模超过5000亿元。

（三十）京津冀区域循环经济协同发展行动

统筹规划京津冀地区的再生资源、工业固废、生活垃圾资源化利用和无害化处置设施，建设一批跨区域资源综合利用协同发展重大示范工程，在北京、天津等城市率先建成资源循环利用体系。以京津地区为核心推进再生资源专业化规范化回收体系建设；在京津冀地区探索建立污泥无害化处理处置和跨区域资源化消纳利用的综合体系试点；依托国家“城市矿产”示范基地改造提升现有回收、拆解和再利用基地和园区；依托河北现有产业基础，建设再制造产业示范基地；结合滨海新区、渤海新区、曹妃甸等国家级新区、园区建设，构建跨城市、跨地区产业链接，推动生产生活系统循环链接。

（三十一）再生产品再制造产品推广行动

建设30个左右再生产品再制造产品推广平台和示范应用基地，选择电子电器生产企业、汽车生产企业、纺织企业等在生产环节推广使用再生材料。选择商贸物流、金融保险、维修销售等产品营销渠道和煤炭、石油等采掘企业开展再制造产品推广应用，支持中央企业应用再制造产品，并与再制造企业合作。选择建筑施工企业开展建筑垃圾再生产品推广应用。到2020年，骨干电器电子生产企业再生材料使用率达到20%，主要再制造产品市场覆盖率达到10%左右。

（三十二）资源循环利用技术创新行动

以提高资源利用效率、资源循环水平为核心，开展循环发展宏观战略、制度创新、政策机制和重大共性或瓶颈式技术装备研发，推进资源利用效率与循环水平的基础理论和评价机制研究，加强赤泥、碱渣等大宗固废减量与循环利用技术及产业化、生物质废物高效利用成套技术与大型装备产业化、新兴城市矿产高值利用关键技术及产业化应用等的研究，深化固废循环利用管理与决策共性技术创新，加强典型区域循环发展集成示范模式示范。

（三十三）循环经济典型经验模式推广行动

总结凝练循环经济试点示范典型经验、重点行业循环经济发展模式及典型模式案例，结合工作实施向全社会推广发布。分领域、分行业制定循环经济发展指南。通过广播电视、报刊杂志、互联网、移动客户端等途径，宣传循环经济典型案例和试点示范经验。采取组织现场推广会、经验交流会、成果展示会等方式，加大对典型经验的推广力度。发挥各级党校、行政学院、高等学校及科研院所的力量，面向各级领导干部、政府及企业管理人员进行推广。

（三十四）循环经济创新试验区建设行动

选择若干地区、行业开展循环经济创新实验区建设，探索形成循环经济核心制度和模式，逐步在全国范围内推广。选择部分行业试点推行产品生态设计、开展目标回收制和企业回收联盟试点；开展限制一次性用品使用制度试点，探索限制一次性用品使用的具体措施；选择部分区域、部分行业开展产品分享、服务分享、信息分享试点。

八、完善保障措施

（三十五）健全法规规章体系

推动循环经济促进法修订，增强法律约束力，完善循环经济促进法配套法规规章，支持各地结合实际制定循环经济促进条例或实施办法。修订报废汽车回收管理办法。加快制定汽车零部件再制造、餐厨废弃物资源化利用和无害化处理、限制商品过度包装、铅蓄电池回收利用等领域的管理办法。研究出台强制回收的产品和包装物名录及管理办法、建筑垃圾回收与资源化利用管理办法、电动汽车动力蓄电池回收利用管理办法。

（三十六）理顺价格税费政策

深化价格改革。全面推行居民用电、用水、用气阶梯价格，推行供热按用热计量收费。全面落实燃煤发电机组脱硫、脱硝、除尘电价政策。完善鼓励煤矸石、垃圾和沼气发电的价格政策。落实污水处理收费政策，完善垃圾处理收费管理办法，提高收缴率。

加强税收调节。全面实施资源税从价计征改革，开展水资源税改革试点工作，逐步扩大征税范围，促进资源节约集约利用。落实资源综合利用产品及劳务增值税政策，落实资源综合利用和环境保护节能节水专用设备企业所得税优惠政策，对企业为生产国家支持发展的大型环保及资源综合利用设备而进口的关键零部件及原材料，在现行政策规定范围内，免征关税和进口环节增值税。落实废弃电器电子产品回收处理基金。

（三十七）优化财政金融政策

创新财政资金支持方式。利用现有资金渠道对循环经济予以支持，提高资金利用效率和使用效益。强化财政资金与社会融资的联动，探索在餐厨废弃物、建筑垃圾、再生资源回收等领域引入PPP模式，通过PPP和第三方服务方式引导社会资本投入循环经济。

创新融资方式。积极提供包括银行信贷、外国政府转贷款、债券承销、保理、融资租赁等多重融资方式。落实绿色信贷指引，促进银行业金融机构大力发展绿色信贷。支持符合条件的资源循环利用企业通过境内外上市、在全国股转系统和区域性股权交易市场挂牌等方式融资。积极落实绿色债券指引，健全绿色评级体系。支持保险资金支持资源循环利用项目建设。鼓励社会资本成立各类绿色产业基金。

（三十八）加强统计能力建设

逐步建立重要资源消耗情况的统计监测机制。各地要对循环经济统计工作给予相应支持，明确责任，保障工作经费，推动区域、行业、园区、企业建立资源消耗、污染排放等的动态台账，提高精细化管理水平，提高统计的准确性和及时性。

（三十九）强化监督管理

持续打击非法改装、拼装报废车、非法拆解电器电子产品的企业和集散地。坚决关停无证无照经营、达不到环境标准和安全标准的小企业、黑作坊。加强进口固体废物管理，严厉打击“洋垃圾”走私。

加强重点领域规范管理。完善对报废汽车、废弃电器电子产品拆解企业的资质管理，严格铅酸蓄电池等特殊品种的管理。加强废船监管，实行定点拆解。加强对再制造产品标识使用的监督检查，强化产品质量的监督抽查。加大对生产超薄塑料购物袋的查处力度，巩固“限塑”成果。加大限制商品过度包装监督检查力度。

九、加强组织实施

（四十）落实地方工作责任

地方各级政府相关部门要加强对循环发展的组织领导和统筹协调，制定本地区的循环发展规划或引领行动，明确目标任务，制定和完善本地区促进循环发展的配套政策，建立本地区的工作协调机制，做好部门分工，加强相关统计和评价工作，逐级落实工作责任。

（四十一）明确企业主体责任

推动企业按照循环型生产方式组织企业生产，提高利用效率、减少废弃物排放。支持企业积极开展循环经济评价对标工作，落实生产者责任延伸制度，建立全生命周期管理制度，自觉履行企业

社会责任。

（四十二）动员全社会广泛参与

加强宣传引导，把循环发展作为可持续发展教育的重要内容纳入国民教育体系和党政领导干部培训计划，引导全社会树立节约集约循环利用的资源观，营造促进循环发展的舆论氛围，引导社会各界积极参与，继续建设一批循环经济教育示范基地。加强国际交流与合作，加强循环经济理论、政策、技术、模式的交流，强化我国循环经济发展成效的宣传，加快循环经济先进技术的引进、吸收和再创新。推进中日韩循环经济示范基地建设。

（四十三）加强组织协调

进一步发挥发展循环经济工作部际联席会议机制的作用，加强组织协调，研究重大问题，统筹推进引领行动的实施。发展改革委将会同有关部门按照任务分工，制定重点任务的实施方案，同时加强对实施情况的跟踪评估，评估结果适时向社会发布。

关于培育环境治理和生态保护市场主体的意见

（国家发展改革委环境保护部2016年9月22日印发）

培育环境治理和生态保护市场主体是适应引领经济发展新常态，发展壮大绿色环保产业，培育新的经济增长点的现实选择，也是环境治理由过去的政府推动为主转变为政府推动与市场驱动相结合的客观需要。近年来，环境治理领域市场化进程明显加快，市场主体不断壮大，但综合服务能力偏弱，创新驱动力不足，恶性竞争频发，加之执法监督不到位、政策机制不完善、市场不规范等原因，影响了市场主体的积极性，巨大的市场潜力未能得到有效释放；生态保护领域公益性、外部性较强，交易机制不明晰，市场体系仅处于起步探索阶段。为加快培育环境治理和生态保护市场主体，形成统一、公平、透明、规范的市场环境，推进供给侧结构性改革，提供更多优质生态环境产品，根据《中共中央国务院关于加快推进生态文明建设的意见》和《生态文明体制改革总体方案》，提出以下意见。

一、总体要求

(一) 指导思想全面贯彻党的十八大和十八届三中、四中、五中全会精神，牢固树立和贯彻落实创新、协调、绿色、开放、共享的发展理念，以改善生态环境质量为核心，以壮大绿色环保产业为目标，以激发市场主体活力为重点，以培育规范市场为手段，推动体制机制改革创新，塑造政府、企业、社会三元共治新格局，为推进生态文明建设打下坚实基础。

(二) 基本原则

——政府引导，企业主体。充分发挥市场配置资源的决定性作用，培育和壮大企业市场主体，提高环境公共服务效率，形成多元化的环境治理体系。

——法规约束，政策激励。健全法律法规，强化执法监督，规范和净化市场环境，发挥规划引导、政策激励和工程牵引作用，调动各类市场主体参与环境治理和生态保护的积极性。

——创新驱动，能力提升。推行环境污染第三方治理、政府和社会资本合作，引导和鼓励技术与模式创新，提高区域化、一体化服务能力，不断挖掘新的市场潜力。

——示范引领，逐步深化。结合自然资源资产产权制度改革，推进生态保护领域市场化试点，

鼓励国有资本加大生态保护修复投入，探索建立吸引社会资本参与生态保护的机制。

（三）主要目标

市场供给能力增强。环保技术装备、产品和服务基本满足环境治理需要，生态环保市场空间有效释放，绿色环保产业不断增长，产值年均增长15%以上。到2020年，环保产业产值超过2.8万亿元。

市场主体逐步壮大。培育50家以上产值过百亿的环保企业，打造一批技术领先、管理精细、综合服务能力强、品牌影响力大的国际化的环保公司，建设一批聚集度高、优势特征明显的环保产业示范基地和科技转化平台。

市场更加开放。到2020年，环境治理市场全面开放，政策体系更加完善，环境信用体系基本建立，监管更加有效，市场更加规范公平，生态保护市场化稳步推进。

二、推行市场化环境治理模式

（四）创新企业运营模式。在市政公用领域，大力推行特许经营等PPP模式，加快特许经营立法。在工业园区和重点行业，推行环境污染第三方治理模式，积极推广燃煤电厂第三方治理经验，研究发布第三方治理合同范本。创新林权模式，采取政府购买服务、混合所有制等多种方式，鼓励和引导各方面资金投入植树造林。

（五）推行综合服务模式。实施环保领域供给侧改革，推广基于环境绩效的整体解决方案、区域一体化服务模式。推动政府由过去购买单一治理项目服务向购买整体环境质量改善服务方式转变。鼓励企业为流域、城镇、园区、大型企业等提供定制化的综合性整体解决方案。在生态保护领域，探索实施政府购买必要的设施运行、维修养护、监测等服务。发展环境风险与损害评价、绿色认证等新兴环保服务业，深入推动环境污染责任保险。

（六）实施“互联网+”绿色生态行动。针对水、大气、土壤、森林、草原、湿地、海洋等各类生态要素，依托互联网、云计算平台，开展环境和生态监测、设施运营与监管、风险监控与预警。支持环保智能运营管理平台系统研发，推动污染治理设施的远程管控和低成本运营维护。构建跨地域、跨部门的开放式环保数据平台，开展环境大数据分析。扶持城市智慧环卫软硬件系统的研发及规模应用，加快垃圾收运系统与再生资源回收系统的结合。

（七）加快建设市场交易体系。在试点示范的基础上，建立完善排污权、碳排放权、用能权、水权、林权的交易制度。鼓励金融机构开发基于环境权益抵（质）押融资产品。充分发挥国家公共资源交易平台作用，统筹自然资源、环境资源、公共资源的管理，规范市场交易行为。探索实行公共资源的公开竞价及拍卖方式，形成价格水平随供求关系波动的市场化定价机制。

三、构建市场化多元投融资体系

（八）鼓励多元投资。环境治理和生态保护的公共产品和服务，能由市场提供的，都可以吸引各类资本参与投资、建设和运营，推动投资主体多元化。加大林业、草原、河湖、水土保持等生态工程带动力度，在以政府投资为主的生态建设项目中，积极支持符合条件的企业、农民合作社、家庭农场（牧场）、民营林场、专业大户等经营主体参与投资生态建设项目。

（九）拓宽融资渠道。发展绿色信贷，推进银企合作，积极支持排污权、收费权、集体林权、集体土地承包经营权质押贷款等担保创新类贷款业务。发挥政策性、开发性金融机构的作用，加大对符合条件的环境治理和生态保护建设项目支持力度。鼓励企业发行绿色债券，通过债券市场筹措投资资金。大力发展股权投资基金和创业投资基金，鼓励社会资本设立各类环境治理和生态保护产业

基金。支持符合条件的市场主体发行上市。

(十)发挥政府资金引导带动作用。在划清政府与市场边界的基础上，将环境治理和生态保护列为各级财政保障范畴。发挥政府资金的杠杆作用，采取投资奖励、补助、担保补贴、贷款贴息等多种方式，调动社会资本参与环境治理和生态保护领域项目建设积极性。推行环保领跑者制度，加大推广绿色产品。四、实施有效的激励机制

(十一)完善收费和价格机制。2016年底前，设市城市、县城和重点建制镇，原则上应将污水处理费收费标准调整至不低于国家规定的最低标准。在总结试点经验的基础上，抓紧建立完善城镇生活垃圾收费制度，提高收缴率。完善环境服务市场化价格形成机制，垃圾焚烧处理服务价格应覆盖飞灰处理与渗滤液处置成本，污水处理服务价格应包括污泥处理与处置成本。根据国家关于煤电机组实施超低排放改造的要求，完善环保电价政策，合理补偿环保改造成本。

(十二)实施税收和土地优惠政策。落实并完善鼓励绿色环保产业发展的税收政策。研究修订环境保护专用设备企业所得税优惠目录。研究制定对治理修复的污染场地以及荒漠化、沙化整治的土地，给予增加用地指标或合理置换等优惠政策。

(十三)制定支持科技创新的政策。鼓励企业开展环保科技创新，支持环保企业技术研发和产业化示范，推动建设一批以企业为主导的环保产业技术创新战略联盟及技术研发基地。落实企业研发费用税前加计扣除优惠政策。加快自主知识产权环境技术的产业化规模化应用，不断提升市场主体技术研发、融资、综合服务等自我能力。

五、建立有效监管和执法体系

(十四)强化环境执法监管。加大环保督政约谈工作力度，落实环保党政同责制、生态环境损害责任终身追究制，提高地方政府领导环保责任意识。全面推动行政执法与刑事司法联动，实现立案移交、行政刑事处罚无缝衔接。加强重点排污企业和工业园区环保执法监察，对故意编造、篡改环境数据的违法企业，依法加大处罚力度。建立随机抽查工作机制。

(十五)加快环境信用体系建设。推进实施《企业环境信用评价办法(试行)》，建立排污企业和环保企业的环境信用记录，纳入全国信用信息共享平台，作为相关部门实施协调监管和联合惩戒的依据。相关信用记录按照有关规定在“信用中国”网站公开，其中涉及企业的行政许可和行政处罚信息通过企业信用信息公示系统公示。对存在严重环境违法失信行为的主体，由发展改革、环境保护部门联合有关部门和单位实施跨部门联合惩戒，探索对诚实守信的主体实施跨部门联合激励，推动环境信用体系与其他信用体系的有机融合。

(十六)推动环境信息公开。地方政府应依照有关规定，及时准确公布本辖区内水、空气等环境质量数据。排污单位应按照排污许可制的规定，及时公开排污许可证执行情况。重点排污单位应依法向社会公开主要污染物名称、排放方式、排放浓度和总量、超标排放情况，以及污染防治设施的建设和运行情况。

六、规范市场秩序

(十七)清理有悖于市场统一的规定和做法。市政公用领域的环境治理设施和服务，其设计、施工、运营等全过程应严格采用竞争方式，不得以招商等名义回避竞争性采购要求。竞标资格不得设置与保障项目功能实现无关的竞标企业和单位注册地、所有制、项目经验和注册资本等限制条件。地方性法规、规范性文件不得设置优先购买、使用本地产品等规定。加快推进简政放权，简化注册审批流程。

（十八）完善招投标管理。重点加强环境基础设施项目招投标市场监管，研究制定环境基础设施PPP项目的强制信息公开制度。建立招投标阶段引入外部第三方咨询机制，识别公共服务项目全生命周期中的风险，平衡各方风险分担比例，推动风险承担程度与收益对等。加强从项目遴选、设计、投资、建设、运营、维护的全生命周期整体优化，提升环境服务质量和降低成本。

（十九）建立多元付费机制。建立健全环境治理和生态保护项目绩效评价体系，强化环保项目全周期绩效管理。研究制定环境PPP项目按效付费办法，建立受益者付费、政府付费、政府和受益者混合付费机制。地方政府应及时、足额支付环境服务费用。

（二十）强化监督和行业自律。在市政公用基础设施领域，进一步完善行业监管机制，重点对运营成本、服务效率、产品质量进行监审，研究探索中标价格跟踪披露机制。推动行业商（协）会开展行业自律，建立行业内企业黑红名单制度，鼓励行业内企业依法相互监督。开展同业信用等级评价，发布建设投资和运营成本参考标准，有效遏制恶性竞争。

七、强化体制机制改革和创新

（二十一）改革资源产权制度和环境管理体制。深化集体林权制度改革，放活林地经营权，采取财政奖补等措施，示范和引导林地适度规模经营，推进农户承包林地集中连片经营。加快国有林场和国有林区改革，推进政、事、企分开，完善以购买服务为主的公益林管护机制。加强草原和湿地保护，防沙治沙，水土保持，加快建立生态保护补偿机制。积极探索生态建设和保护与资源开发、旅游景观开发、生态养殖、林下经济、乳品产业、沙产业等融合发展模式。改革环境管理体制，建立环境质量分级管理体制，探索建立跨地区环保机构。整合完善现有环境管理制度，加快建立统一公平、覆盖所有固定污染源的企业排放许可制。

（二十二）实施污水垃圾处理设施运营体制改革。事业性经营单位要加快事转企改制步伐，在清产核资、明晰产权的基础上，按《公司法》逐步改制成独立的企业法人。现有国有污水垃圾处理企业要加强内部管理，严控运营成本，提高服务效率。2020年底前，县以上污水垃圾处理设施运营管理单位的企业化改革基本完成，全面形成市场化的污水垃圾处理设施运营管理体制。在县域范围内，探索对城乡污水垃圾处理和供水项目进行捆绑，实施统一招标、建设和运营。

八、开展国有资本投资公司试点

（二十三）改组成立环境治理和生态保护领域的国有资本投资公司。以现有环境治理和生态保护领域的优势中央企业为基础，探索改组设立具有核心竞争力的国有资本投资公司。以国有资本投资公司为平台，推进国有资产重组整合、股权多元化，发挥国有企业技术优势，提高国有资本的整体功能和效率。

（二十四）推进国有资本开展混合所有制改革。按业务属性和市场竞争程度，分类推进国有资本和各类资本股权合作，广泛吸引各类非国有资本进入。鼓励在项目层面开展混合所有制，在确保国家对战略性资源具有控制力的基础上，引导非国有资本参与环境治理和生态保护项目建设，增强国有资本的带动力和放大功能。对于新兴治理领域、人才资本和技术要素贡献高的混合所有制企业，稳妥推进员工持股试点工作。

（二十五）完善国有资本经营预算制度和国企考核制度。将环境治理和生态保护作为国有资本经营预算支持的重点领域，稳步提高投入比例。差别化设置国有资本投资公司上缴收益比例。完善国有企业分类考核，加大对企业节能、环保的考核力度，构建社会效益与经济效益相结合的考核体系。

九、加强宣传教育，推进国际合作

(二十六)提高全民意识，强化公众舆论监督。把生态文明教育作为素质教育的重要内容，纳入国民教育体系和干部教育培训体系。开展形式多样的宣传活动，提高全民生态环保意识。充分发挥新闻媒体、民间组织和志愿者作用，报道先进典型，曝光反面事例，推动市场主体履行环境治理和生态保护责任和义务。对污染环境、破坏生态的行为，鼓励有关组织提起环境公益诉讼。

(二十七)推进国际交流与合作。加强与各国在环境治理和生态保护领域的对话交流，鼓励国外先进环保企业来华投资，鼓励环保企业参加各类双边或多边环保论坛、展览及贸易投资促进活动，跟踪引进先进环保技术，借鉴国际先进管理经验，不断提高自身实力和水平。

(二十八)推动环保企业走出去。培育国际化的环保企业，鼓励有实力的企业抓住机遇，通过海外并购实现跨越式发展。实施绿色援助，结合受援国需要和我国援助能力，积极安排公共环境基础设施、污染防治设施建设等环保项目，支持有条件的企业出口成套环保设备，承揽境外各类环保工程和服务项目。结合“一带一路”建设，鼓励环保企业参与沿线国家的环境基础设施建设，努力打造中国的绿色名片。

各地区、各部门要按照本意见的要求，进一步深化对培育环境治理和生态保护市场主体重要意义的认识，切实加强组织领导和协调配合，明确任务分工，落实工作责任，扎实开展工作，确保各项任务措施落到实处，务求尽快取得实效。

关于印发《循环经济发展评价指标体系（2017年版）》的通知

(发改环资[2016]2749号)

各省、自治区、直辖市及计划单列市、新疆生产建设兵团发展改革委（经信委）、财政厅（局）、环境保护厅（局）、统计局：

为贯彻落实《循环经济促进法》和《关于加快推进生态文明建设的意见》的要求，科学评价循环经济发展状况，推动实施循环发展引领行动，国家发展改革委会同有关部门完善了循环经济发展评价指标体系，现印发你们，并就有关事项通知如下：

一、各省级循环经济发展综合管理部门、财政部门、环保部门、统计部门要高度重视循环经济发展评价指标体系的测算和评价工作，抓紧制定细化工作方案，健全工作机制，层层落实责任，抓好跟踪督促。

二、各地要根据此次印发的评价指标体系，结合本地实际和工作重点，制定市县级循环经济发展评价指标体系，并逐步将相关指标纳入评价内容。

三、各地要加强本地指标的归口管理，由统计部门会同循环经济发展综合管理部门牵头对相关数据指标进行收集、汇总和梳理分析，财政部门、环保部门要给予必要的支持和配合。支持各地通过建立调查分析制度，完善相关数据的核算基础。

四、国家发展改革委、国家统计局将适时会同有关部门，适时委托第三方机构对各省循环经济发展水平开展独立评价，评价结果将作为今后申请相关资金、政策支持的重要参考，并向社会公布。

五、各地要在使用循环经济评价指标体系的基础上，将本地应用中出现的问题和建议及时报送国家发展改革委、财政部、环境保护部、国家统计局。国家有关部门将根据实际情况对指标体系进行补充完善。

本指标体系自2017年1月1日起施行，国家发展改革委、原国家环保总局、国家统计局发布的《循环经济评价指标体系》（发改环资[2007]1815号）同时废止。

附件：1、循环经济评价指标体系（略）

2、循环经济评价指标解释及计算方法

3、关于指标体系的说明

国家发展改革委财政部
环境保护部国家统计局
2016年12月27日

附件2　循环经济评价指标解释及核算方式

一、主要资源产出率

1、指标解释：国内生产总值与主要资源实物消费量的比值。主要资源包括：化石能源（煤、石油、天然气）、钢铁资源、有色金属资源（铜、铝、铅、锌、镍）、非金属资源（石灰石、磷、硫）、生物质资源（木材、谷物）。

2、计算方法：主要资源产出率（元/吨）＝国内生产总值（亿元，不变价）÷主要资源实物消费量（亿吨）主要资源实物消费量＝化石能源＋钢铁资源＋有色金属资源＋非金属资源＋生物质资源。具体到每项资源实物消费量的测算，国家层面主要是采用表观消费法测算。省域层面的资源实物消费量可采用统计或测算的方法获得，具体统计报表和测算方法适时加载。

3、数据来源：统计部门

二、主要废弃物循环利用率

1、指标解释：主要废弃物（农作物秸秆、一般工业固体废物、主要再生资源、建筑垃圾、餐厨废弃物）资源化利用率相关指标的赋权平均值。

2、计算方法：该指标是一个集成加权指标，主要废弃物循环利用率（%）=农作物秸秆综合利用率（%）×1/5＋一般工业固体废物综合利用率（%）×1/5＋主要再生资源回收率（%）×1/5+城市建筑垃圾资源化处理率（%）×1/5+城市餐厨废弃物资源化处理率（%）×1/5

3、数据来源：发展改革部门、统计部门

三、能源产出率

1、指标解释：国内生产总值与能源消费量的比值

2、计算方法：能源产出率（万元/吨标煤）＝国内生产总值（亿元，不变价）÷能源消费量（万吨标煤）

3、数据来源：统计部门

四、水资源产出率

1、指标解释：国内生产总值与总用水量之比

2、计算方法：水资源产出率（元/吨）=国内生产总值（亿元，不变价）÷总用水量（亿吨）

3、数据来源：统计部门、水利部门

五、建设用地产出率

1、指标解释：国内生产总值与建设用地总面积之比

2、计算方法：建设用地产出率（万元/公顷）=国内生产总值（亿元，不变价）÷建设用地面积（万公顷）

3、数据来源：统计部门、国土资源部门

六、农作物秸秆综合利用率

1、指标解释：秸秆肥料化（含还田）、饲料化、食用菌基料化、燃料化、工业原料化利用总量与秸秆产生量的比值。

2、计算方法：农作物秸秆综合利用率（%）=秸秆综合利用重量÷秸秆产生总重量×100%

3、数据来源：资源综合利用主管部门、农业部门

七、一般工业固体废物综合利用率

1、指标解释：一般工业固体废物综合利用量占工业固体废物产生量(包括综合利用往年贮存量)的百分率。

2、计算方法：一般工业固体废物综合利用率（%）=一般工业固体废物综合利用量÷（当年工业固体废物产生量+综合利用往年贮存量）×100%

3、数据来源：环境保护部门、工业部门、统计部门

八、规模以上工业企业重复用水率

1、指标解释：规模以上工业企业重复用水量占企业用水总量的比率。规模以上工业企业是年主营业务收入达到2000万元及以上的工业企业。重复用水量是指在确定的用水单元或系统内，所有未经处理和处理后又重复使用的水量总量，包括循环水、串联水、回用水，重复用水量不包括北方地区城镇热力网内循环的热水、火力发电设备内进行汽水循环的除盐水。

2、计算方法：规模以上工业企业重复用水率（%）=规模以上工业企业重复用水量÷（规模以上工业企业重复用水量＋用新水量）×100%

3、数据来源：统计部门

九、主要再生资源回收率

1、指标解释：废钢铁、废有色金属（铜、铝、铅、锌）、废纸、废塑料、废橡胶、报废汽车、废弃电器电子产品等七类主要再生资源回收量与产生量的比值。

2、计算方法：主要再生资源回收率（%）=各类再生资源回收量÷各类再生资源产生量（权重均为1/7）×100%如缺乏个别品种的产生量数据，可对统计品种和权重做相应调整。国家已委托有关行业协会对各省域的主要再生资源产生量进行统一测算，各地也可用公式自行估算，相关计算公式适时加载。

3、数据来源：商务部门或相关行业协会

十、城市餐厨废弃物资源化处理率

1、指标解释：城市建成区餐厨废弃物资源化处理总量占产生量的比率。

2、计算方法：餐厨废弃物资源化处理率（%）=餐厨废弃物资源化处理总量÷餐厨废弃物产生量×100%餐厨废弃物产生量可用城市建成区常住人口×0.14千克/日进行估算。

3、数据来源：住房城乡建设部门或相关行业协会

十一、城市建筑垃圾资源化处理率

1、指标解释：城市建成区建筑垃圾资源化处理总量占产生量的比率。建筑垃圾是指建设、施工单位或个人对各类建筑物、构筑物、管网等进行建设、铺设或拆除、修缮过程中所产生的渣土、弃料及其他废弃物（不含弃土）。

2、计算方法：城市建筑垃圾资源化处理率（%）=建筑垃圾回收利用量÷建筑垃圾产生总量×100%建筑垃圾产生量可用源头产生统计量或建筑垃圾清运量表示。如缺乏统计，可用公式估算，相关计算公式将适时加载。

3、数据来源：住房城乡建设部门或相关行业协会

十二、城市再生水利用率

1、指标解释：城市再生水利用量占城市污水处理总量的比率。城市再生水利用量指城市生活污水和工业废水，经过污水处理厂（或污水处理装置）净化处理，达到再生水水质标准和水量要求，并用于农业、绿地浇灌和城市杂用（洗涤、冲渣和生活冲厕、洗车、景观等）等方面的水量。

2、计算方法：城市再生利用率（%）=城市再生水利用量÷城市污水处理量×100%

3、数据来源：住房城乡建设部门

十三、资源循环利用产业总产值

1、指标解释：开展资源循环利用活动所产生的总产值。包括资源综合利用、再生资源回收利用、再制造、城市低值废弃物（餐厨废弃物、建筑垃圾等）回收利用和海水淡化等。

2、数据来源：发展改革部门

十四、工业固体废物处置量

1、指标解释：指调查年度企业将工业固体废物焚烧和用于其他改变工业固体废物的物理、化学、生物特性的方法，达到减少或消除其危险成分的活动，或者将工业固体废物最终置于符合环境保护规定要求的填埋场的活动中，所消纳固体废物的量。处置方法如：填埋、焚烧、专业贮存场（库）封场处理、深层灌注、回填矿井及海洋处置（经海洋管理部门同意投海处置）等。处置量包括本单位处置或委托给外单位处置的量，还包括当年处置的往年工业固体废物贮存量。

2、数据来源：环境保护部门

十五、工业废水排放量

1、指标解释：经过企业厂区所有排放口排到企业外部的工业废水量。包括生产废水、外排的直接冷却水、超标排放的矿井地下水和与工业废水混排的厂区生活污水，不包括外排的间接冷却水(清污不分流的间接冷却水应计算在内)。

2、数据来源：环境保护部门

十六、城镇生活垃圾填埋处理量

1、指标解释：采用卫生填埋方式处置生活垃圾的总量。

2、数据来源：环境保护部门、住房城乡建设部门

十七、重点污染物排放量

1、指标解释：化学需氧量、氨氮、二氧化硫、氮氧化物及区环境质量超标污染物的排放量，分别统计。

2、数据来源：环境保护部门

附件3：《循环经济发展评价指标体系（2017年版）》制定说明

为贯彻落实《循环经济促进法》和《关于加快推进生态文明建设的意见》的要求，科学评价循环经济发展状况，推动实施循环发展引领计划，发展改革委会同有关部门完善了循环经济评价指标体系，现就有关问题说明如下：

一、建立完善循环经济发展评价指标体系的重要意义

发展循环经济是我国经济社会发展的一项重大战略，是加快转变经济发展方式、建设生态文明、推动绿色发展的主要依靠路径。党的十八大做出了建设生态文明的战略部署，要求着力推进绿色发展、循环发展、低碳发展。《国民经济和社会发展第十三个五年规划纲要》提出要“大力发展循环经济”，“实施循环发展引领计划，推行循环型生产方式，构建绿色低碳循环的产业体系”。

发展循环经济涉及面广、综合性强。为了科学评价循环经济发展进展和成效，建立一套科学合理、操作性强的循环经济评价指标体系非常必要。《循环经济促进法》明确要求，国务院循环经济发展综合管理部门会同国务院统计、环境保护等有关主管部门建立和完善循环经济评价指标体系，同时提出，上级人民政府要根据主要评价指标，对下级政府发展循环经济的状况定期进行考核，并将主要评价指标完成情况作为对地方人民政府及其负责人考核评价的内容。中共中央、国务院印发的《关于加快推进生态文明建设的意见》也提出“建立循环经济统计指标体系”。

2007年，发展改革委会同原环境保护总局、国家统计局印发了《循环经济评价指标体系》（发改环资[2007]1815号），对宏观、园区层面评价循环经济发展起到了重要的促进作用，对指导各地开展循环经济实践发挥了不可替代的作用。10年来，随着循环经济实践的不断深入，循环经济的领域不断拓展，特别是党的十八大把绿色循环低碳发展作为建设生态文明的基本路径，对循环经济提出了新的更高的要求。有必要根据生态文明建设最新要求，并结合发展循环经济现实需要，对评价指标体系进行修正。本次修正的指标体系，完善了具体的评价指标，明确了具体的统计及测算方法。

二、循环经济发展评价指标体系的设置考虑

（一）指标体例

本指标体系从体例上分为综合指标、专项指标和参考指标。综合指标包括“主要资源产出率”和“主要废弃物循环利用率”，主要从资源利用水平和资源循环水平方面进行考虑。专项指标包括11个具体指标，主要分为资源产出效率指标、资源循环利用（综合利用）指标和资源循环产业指标。参考指标主要是废弃物末端处理处置指标，主要用于描述工业固体废物、工业废水、城市垃圾和污染物的最终排放量。参考指标不作为评价指标。

（二）具体指标的选择

在专项指标的选择上，资源产出效率指标主要从能源资源、水资源、建设用地等方面进行考察，包括：能源产出率、水资源产出率和建设用地产出率。

资源循环利用（综合利用）指标的选择，兼顾了农业、工业、城市生产生活等，在农业方面，重点从大宗废弃物方面进行考察，包括：农作物秸秆综合利用率；在工业方面，重点从工业固体废物处理和水循环利用方面进行考察，包括：一般工业固体废物综合利用率和规模以上工业企业重复用水率等指标；在城市指标方面，重点从再生资源回收、城市典型废弃物处理、城市污水资源化等方面进行考察，包括：主要再生资源回收率、城市餐厨废弃物资源化处理率、城市建筑垃圾资源化处理率、城市再生水利用率等指标。

资源循环产业指标，主要是从产业规模方面进行考察，包括：资源循环利用产业总产值指标。

（三）指标适用范围

本次修正的指标体系，适用于国家、省域等两个层面。

各省级单位应当根据本指标体系原则制定本省级单位的市县级层面的循环经济评价指标体系。各产业园区和行业企业可针对本园区或行业特点，从能源资源减量、过程及末端废弃物利用等角度制定本园区或企业的特色指标。

三、关于具体核算方法

本次选择的指标尽可能选用现有统计口径和统计范围的成熟指标，对部分新增指标，也列出了具体的计算方法和数据来源。对几个特殊数据说明如下：

一是关于区域主要资源产出率核算方法。国家统计局提出了省域层面的资源实物消费量统计参考表式，发展改革委等部门组织专家提出了省域层面的资源产出率核算方法，均将适时加载在国家统计局、国家发展改革委网站，供各地试用。请各地在试用过程中，将发现的问题及时反馈国家统计局、国家发展改革委。

二是城市主要废弃物循环利用率的核算方法。这一指标是加权指标，由一般工业固体废物综合利用率、农作物秸秆综合利用率、主要再生资源回收率、城市餐厨废弃物资源化处理率、城市建筑垃圾资源化处理率等五个指标加权而得。需要在取得上述指标后计算得出。

三是部分需要推算的数据，如各地的主要再生资源废弃量、餐厨废弃物产生量、建筑垃圾产生量等。这些数据主要为估算数据，国家提供了相应的测算方法，各地如缺乏相应的统计口径，可结合本地实际调整后使用。

关于开展2017年国家园区循环化改造示范试点、“城市矿产”示范基地终期验收和资金清算的通知

发改办环资〔2017〕256号

各省、自治区、直辖市及计划单列市、新疆生产建设兵团发展改革委（经信委、工信厅）、财政厅（局），相关国家园区循环化改造示范试点、“城市矿产”示范基地：

根据《国家发展改革委财政部关于印发<国家“城市矿产”示范基地中期评估及终期验收管理办法>和<园区循环化改造示范试点中期评估及终期验收管理办法>的通知》（发改环资〔2015〕2409号，以下简称《管理办法》）规定，国家发展改革委、财政部（以下简称两部委）决定开展2017年国家园区循环化改造示范试点（以下简称园区）、“城市矿产”示范基地（以下简称基地）终期验收和资金清算工作。现将有关事项通知如下：

一、验收范围

本次终期验收范围为2010年至2012年期间获两部委同意实施方案且尚未验收的园区和基地（已

获两部委同意延期验收的基地按复函明确的延期时限验收）。方案实施未满5年的园区和基地，如满足验收条件，也可按本通知要求申请验收。

列入此次验收范围但未达到验收条件的园区和基地，所在地省级循环经济综合管理部门、财政部门应于3月31日前向两部委提交推迟终期验收申请，说明逾期原因、拟采取措施和计划验收时间等，延迟时间不得超过1年（已获两部委复函同意延期的，不得再次申请延期）。未按期提交验收申请或延期验收申请的园区和基地，按不通过验收处理。

二、验收标准

验收以两部委同意的实施方案（或复函同意调整的实施方案）为依据。实施方案确定的主要目标应达到设定目标的90%以上，主要任务、重点支撑项目基本完成，配套政策基本落实，中央财政补助资金使用规范（标准详见附件1和附件2）。

三、验收方式和程序

（一）验收方式

验收采取自评估和第三方机构审核相结合，书面验收和现场验收相结合的方式开展。

（二）验收程序

1.园区和基地自评估。各园区和基地对实施方案任务完成情况和中央财政补助资金规范使用情况进行全面自评估，对重点支撑项目进行工程验收，根据中央财政补助项目工程决算、实施方案主要目标完成情况等材料对示范试点或示范基地建设提出清算资金申请，撰写自评估报告（大纲详见附件3和附件4），汇总相关支撑材料，尽快报送至省级循环经济综合管理部门、财政部门。

2.省级主管部门审核。省级循环经济综合管理部门、财政部门应根据相关规定，对园区和基地报送的自评估报告、清算申请额度、支撑材料的真实性和合理性进行审查，出具对验收和清算的审查意见，于3月31日前报送两部委。

3.第三方复核。两部委委托第三方机构，组织专家对各地循环经济发展综合管理部门、财政部门报送的材料进行复核，并视情况进行现场抽查。第三方机构依据材料审核和抽查情况向两部委提交验收和清算报告。

4.发文确认。两部委根据第三方复核情况，印发正式文件对园区和基地的验收结果予以确认。

5.结算资金。中央财政根据清算情况，对通过验收的园区和基地按核定清算额拨付剩余补助资金，核定清算额不超过原方案补助资金总额；对未通过验收的园区和基地，按照发改环资〔2015〕2409号文规定，收回已拨付中央财政资金的50%，取消示范园区或示范基地称号，不再拨付剩余补助资金。

各园区和基地要抓紧开展验收工作，尽快将验收和清算材料报送至省级循环经济综合管理部门和财政部门。省级循环经济综合管理部门和财政部门要及时对园区和基地报送材料进行审核，按时将审核意见和验收材料报送至两部委。验收工作要严格遵守中央“八项规定”，保证廉洁公正。

附件：（略）

国家发展改革委办公厅财政部办公厅

2017年2月14日

关于开展2017年餐厨废弃物资源化利用和无害化处理试点城市终期验收和资金清算的通知

发改办环资〔2017〕431号

有关省、自治区、直辖市及计划单列市发展改革委（经信委）、财政厅（局）、住房城乡建设厅（市政市容委、绿化市容局、市容园林委、市改委），相关试点城市：

根据《餐厨废弃物资源化利用和无害化处理试点城市中期评估及终期验收管理办法》（发改环资〔2015〕2408号，以下简称《管理办法》）规定，国家发展改革委、财政部、住房城乡建设部（以下简称三部委）决定开展2017年餐厨废弃物资源化利用和无害化处理试点城市（以下简称试点城市）终期验收和资金清算工作。现将有关事项通知如下：

一、验收范围

本次终期验收范围包括2011年至2012年获得三部委同意实施方案且尚未验收的试点城市（已获三部委同意延期验收的试点城市按复函明确的延期时限验收）。已获得三部委同意，方案实施未满5年的试点城市，如满足验收条件，也可按本通知要求申请验收。

列入此次验收范围但未达到验收条件的试点城市，所在地省级循环经济综合管理部门、财政部门、住房城乡建设（市容环卫）部门应于3月31日前向三部委提交推迟终期验收申请，说明逾期原因、拟采取措施和计划验收时间等，延迟时间不得超过1年（已获三部委复函同意延期的，不得再次申请延期）。未按期提交验收或延期验收申请的试点城市，按不通过验收处理。

二、验收标准

验收以三部委批复的实施方案（或批复同意调整的实施方案）为依据。试点城市新增餐厨废弃物资源化利用能力应达到实施方案设定目标的90%以上，中央财政补助项目基本完成，配套政策基本落实，中央财政补助资金使用规范。（标准详见附件1）

三、验收方式和程序

（一）验收方式

验收采取自评估和第三方机构审核相结合，书面验收和现场验收相结合的方式开展。

（二）验收程序

1. 试点城市自评估：各试点城市对项目建设运营情况和目标完成情况进行全面自评估，对基地建设项目进行工程验收，根据项目工程决算等材料对项目建设总投资提出清算资金申请，撰写自评估报告（大纲详见附件2），汇总相关支撑材料，尽快报送至省级循环经济综合管理部门、财政部门、住房城乡建设（市容环卫）部门。

2. 省级主管部门审核：省级循环经济综合管理部门、财政部门、住房城乡建设（市容环卫）部门应根据相关规定，对试点城市报送的自评估报告、清算申请额度、支撑材料的真实性和合理性进行审查，并联合出具验收和清算审查意见，于3月31日前报送三部委。

3. 第三方复核：三部委委托第三方机构，组织专家对各地循环经济综合管理部门、财政部门、住房城乡建设（市容环卫）部门报送的材料进行复核，并视情况进行现场抽查。第三方机构依据材料审核和抽查情况向三部委提交验收和清算报告。

4. 发文确认：三部委根据第三方复核情况，印发正式文件对试点城市验收结果予以确认。

5. 结算资金：中央财政根据清算情况，对通过验收的试点城市按核定清算额拨付剩余补助资金，核定清算额不超过原方案补助资金总额；对未通过验收的试点城市，按照发改环资〔2015〕2408号文规定，收回部分已拨付中央财政资金（没有开展实质建设工作的，全部收回中央财政补助资金），取消餐厨废弃物资源化利用和无害化处理试点城市称号，不再拨付剩余补助资金。

各试点城市要抓紧开展验收工作，尽快将验收和清算材料报送至省级循环经济综合管理部门、财政部门、住房城乡建设（市容环卫）部门。省级循环经济综合管理部门、财政部门、住房城乡建设（市容环卫）部门要及时对试点城市报送材料进行审核，按时将审核意见和验收材料报送至三部委。验收工作要严格遵守中央“八项规定”，保证廉洁公正。

附件：1、餐厨废弃物资源化利用和无害化处理试点城市终期验收表（略）

2、餐厨废弃物资源化利用和无害化处理试点城市终期验收自评估报告大纲（略）

国家发展改革委办公厅　财政部办公厅　住房城乡建设部办公厅

2017年3月13日

关于请组织推荐2017年国家园区循环化改造重点支持备选园区的通知

发改办环资〔2017〕565号

各省、自治区、直辖市及计划单列市、新疆生产建设兵团发展改革委（经信委、工信厅）、财政厅（局）：

产业园区是我国产业发展的集聚区和国民经济绿色转型的重要载体。“十三五”规划纲要明确提出：“按照物质流和关联度统筹产业布局，推进园区循环化改造，建设工农复合型循环经济示范区，促进企业间、园区内、产业间耦合共生”，要求推动75%的国家级园区和50%的省级园区开展循环化改造。为落实“十三五”规划纲要要求，国家发展改革委、财政部将继续支持园区循环化改造，引领各地加快推进园区循环发展。现就有关事项通知如下。

一、总体要求

深入贯彻党的十八大和十八届三中、四中、五中、六中全会精神，紧密结合“一带一路”建设、京津冀协同发展、长江经济带建设三大战略实施，按照分类指导、重点推进的原则，加快推动园区实施循环化改造，促进园区绿色循环低碳发展，引领周边经济绿色转型。

（一）京津冀地区。重点围绕大幅降低园区大气污染物排放，支持一批以钢铁、化工、建材等重化工产业为主导的园区实施循环化改造，支持河北位于城市建成区的钢铁、化工、建材等重化工企业“退城入园”。

（二）长江经济带相关地区。重点围绕修复长江生态环境，支持一批以化工、轻工为主导产业的园区实施循环化改造，减少水污染物排放。

（三）其他地区。重点选择一批产业特色鲜明、改造潜力较大的园区实施循环化改造，打造一批园区循环发展的典范。

二、组织推荐

（一）基本条件

1. 已按《国家发展改革委办公厅关于开展园区循环化改造需求调查的通知》（发改办环资〔2016〕513号）要求，报送“十三五”循环化改造需求；

2. 各地区推荐的园区均应列入《中国开发区审核公告目录》（2007年第18号）或2007年以来经国务院批准的各类开发区、通过验收的国家循环经济试点园区；

3. 园区符合土地利用总体规划和城市总体规划；

4. 园区内的项目符合国家产业政策；

5. 具有明确的园区边界以及园区组织管理机构或投资运营主体；

6. 园区具备一定的产业基础和产业规模；

7. 园区土地开发利用潜力较大；

8. 园区废弃物产生量大，减量化、再利用、资源化和循环化改造潜力较大；

9. 园区基础设施较为完善，具备符合国家标准的各项环保设施，近三年未出现重大环境污染事故和群体事件；

10. 园区具备循环化改造基础，已开展相关工作；

11. 节能减排财政政策综合示范城市、国家循环经济示范城市（县）的园区优先，列入国家或省级循环经济试点的园区优先。

（二）推荐材料

1. 省级循环经济发展综合管理部门、财政部门联合推荐文件。

2. 园区循环化改造实施方案。各申报园区要结合本地区资源环境、产业发展现状及园区特点，按照《国家发展改革委财政部关于推进园区循环化改造的意见》（发改环资〔2012〕765号）要求，参照《园区循环化改造实施方案编制指南》（见附件），组织编报园区循环化改造实施方案。实施方案要在开展园区物质流分析的基础上，明确提出园区循环化改造的主要目标和重点任务，提出拟建设完成的循环经济重点支撑项目。

3. 相关支撑材料。包括园区的批复文件，符合土地利用、城市规划、环境保护规划的相关文件以及国土资源部门确定的四至范围等材料。

三、有关要求

（一）各地要按照“十三五”规划纲要、《国务院办公厅关于完善国家级经济技术开发区考核制度促进创新驱动发展的指导意见》（国办发〔2016〕14号）和《国务院办公厅关于促进开发区改革和创新发展的若干意见》（国办发〔2017〕7号）要求，切实把园区循环化改造作为推动开发区（园区）实现绿色发展的主要途径，纳入考核评价体系。各省（区、市）要结合本地区实际，制定并组织实施本地区整体推进园区循环化改造的方案，有条件的地区安排专项资金予以引导支持。

（二）各地区要认真做好组织推荐工作，省级循环经济发展综合管理部门、财政部门共同组织专家对园区循环化改造实施方案进行评估审核，择优推荐基础条件好、改造潜力大、实施方案扎实的园区列入国家重点支持范围。京津冀、长江经济带地区符合条件的省份限报2个备选园区，其他省份限报1个备选园区，对于超报省份，两部门对其报送的全部实施方案不予组织论证。

（三）国家发展改革委、财政部将组织专家对各地报送的实施方案及相关材料进行论证，按照“成熟一批、推进一批”的原则，依据相关程序予以批复。财政部、国家发展改革委将根据当年财政预算情况，安排中央财政资金予以适当支持。

各地区应高度重视园区循环化改造工作，加强组织领导，认真做好备选园区的论证和推荐工作，确保申报材料的真实性、准确性和实施方案的科学性、可行性。请各地于2017年4月30日前，将推荐材料一式两份（附1张光盘）分别报送国家发展改革委（环资司）、财政部（经建司）。

附件：园区循环化改造实施方案编制指南（略）

国家发展改革委办公厅财政部办公厅

2017年3月29日

工业和信息化部政策文件

关于开展绿色制造体系建设的通知

工信厅节函〔2016〕586号

各省、自治区、直辖市及计划单列市、新疆生产建设兵团工业和信息化主管部门：

为贯彻落实《中国制造2025》、《绿色制造工程实施指南（2016-2020年）》，加快推进绿色制造，我部决定开展绿色制造体系建设。现将有关事项通知如下：

一、总体思路

按照党中央、国务院关于生态文明建设的决策部署，牢固树立创新、协调、绿色、开放、共享的发展理念，落实供给侧结构性改革要求，以促进全产业链和产品全生命周期绿色发展为目的，以企业为建设主体，以公开透明的第三方评价机制和标准体系为基础，保障绿色制造体系建设的规范和统一，以绿色工厂、绿色产品、绿色园区、绿色供应链为绿色制造体系的主要内容。加强政府引导和公众监督，发挥地方的积极性和主动性，优化政策环境，发挥财政奖励政策的推动作用和试点示范的引领作用，发挥绿色制造服务平台的支撑作用，提升绿色制造专业化、市场化公共服务能力，促进形成市场化机制，建立高效、清洁、低碳、循环的绿色制造体系，把绿色制造体系打造成为制造业绿色转型升级的示范标杆、参与国际竞争的领军力量。

二、建设原则

市场驱动，政府引导。以市场化驱动为主，提高先进示范的知名度和影响力，激发企业绿色发展的内生动力，降低企业绿色发展的成本，带动行业自律管理。发挥政府引导作用，优化企业绿色发展的政策环境，加强公共服务资源建设，在实施监管的同时做好服务。

标准引领，评价保障。发挥标准体系在绿色制造体系建设中的引领作用，加快制定绿色工厂、绿色产品、绿色园区、绿色供应链、绿色企业以及绿色评价与服务等标准。以公平、公正、公开的绿色制造评价体系为保障，规范和促进绿色制造体系建设。

多方参与，协作共享。按照平等、开放、协作、共赢的工作思路，鼓励科研院所、行业协会、生产企业、服务机构、金融机构等共同参与绿色制造体系建设工作，实现信息共享和优势互补，加强先进绿色制造技术研发与应用，分享绿色制造体系建设的成果。

重点突破，协同推进。优先选择重点区域、行业及产品等开展绿色制造体系建设，积极应用管理平台和大数据等手段，提升政府、园区、企业对绿色制造的管理水平，及时总结并推广先进示范的建设经验，协同推进绿色制造体系建设的各项工作。

三、建设目标

全面统筹推进绿色制造体系建设，到2020年，绿色制造体系初步建立，绿色制造相关标准体系和评价体系基本建成，在重点行业出台100项绿色设计产品评价标准、10-20项绿色工厂标准，建立绿色园区、绿色供应链标准，发布绿色制造第三方评价实施规则、程序，制定第三方评价机构管理办法，遴选一批第三方评价机构，建设百家绿色园区和千家绿色工厂，开发万种绿色产品，创建绿色供应链，绿色制造市场化推进机制基本完成，逐步建立集信息交流传递、示范案例宣传等为一体的线上绿色制造公共服务平台，培育一批具有特色的专业化绿色制造服务机构。

四、建设内容

（一）绿色工厂。

绿色工厂是制造业的生产单元，是绿色制造的实施主体，属于绿色制造体系的核心支撑单元，侧重于生产过程的绿色化。加快创建具备用地集约化、生产洁净化、废物资源化、能源低碳化等特点的绿色工厂。优先在钢铁、有色金属、化工、建材、机械、汽车、轻工、食品、纺织、医药、电子信息等重点行业选择一批工作基础好、代表性强的企业开展绿色工厂创建，通过采用绿色建筑技术建设改造厂房，预留可再生能源应用场所和设计负荷，合理布局厂区内能量流、物质流路径，推广绿色设计和绿色采购，开发生产绿色产品，采用先进适用的清洁生产工艺技术和高效末端治理装备，淘汰落后设备，建立资源回收循环利用机制，推动用能结构优化，实现工厂的绿色发展。绿色工厂评价要求见附件1。

（二）绿色产品。

绿色产品是以绿色制造实现供给侧结构性改革的最终体现，侧重于产品全生命周期的绿色化。积极开展绿色设计示范试点，按照全生命周期的理念，在产品设计开发阶段系统考虑原材料选用、生产、销售、使用、回收、处理等各个环节对资源环境造成的影响，实现产品对能源资源消耗最低化、生态环境影响最小化、可再生率最大化。选择量大面广、与消费者紧密相关、条件成熟的产品，应用产品轻量化、模块化、集成化、智能化等绿色设计共性技术，采用高性能、轻量化、绿色环保的新材料，开发具有无害化、节能、环保、高可靠性、长寿命和易回收等特性的绿色产品。关于绿色产品的通用评价方法见《生态设计产品评价通则》（GB/T32611），评价要求见生态设计产品评价规范系列国家标准（GB/T32163）。

（三）绿色园区。

绿色园区是突出绿色理念和要求的生产企业和基础设施集聚的平台，侧重于园区内工厂之间的统筹管理和协同链接。推动园区绿色化，要在园区规划、空间布局、产业链设计、能源利用、资源利用、基础设施、生态环境、运行管理等方面贯彻资源节约和环境友好理念，从而实现具备布局集聚化、结构绿色化、链接生态化等特色的绿色园区。从国家级和省级产业园区中选择一批工业基础好、基础设施完善、绿色水平高的园区，加强土地节约集约化利用水平，推动基础设施的共建共享，在园区层级加强余热余压废热资源的回收利用和水资源循环利用，建设园区智能微电网，促进园区内企业废物资源交换利用，补全完善园区内产业的绿色链条，推进园区信息、技术服务平台建设，推动园区内企业开发绿色产品、主导产业创建绿色工厂，龙头企业建设绿色供应链，实现园区整体的绿色发展。绿色园区评价要求见附件2。

（四）绿色供应链。

绿色供应链是绿色制造理论与供应链管理技术结合的产物，侧重于供应链节点上企业的协调与协作。打造绿色供应链，企业要建立以资源节约、环境友好为导向的采购、生产、营销、回收及物流体系，推动上下游企业共同提升资源利用效率，改善环境绩效，达到资源利用高效化、环境影响最小化，链上企业绿色化的目标。在汽车、电子电器、通信、机械、大型成套装备等行业选择一批代表性强、行业影响力大、经营实力雄厚、管理水平高的龙头企业，按照产品全生命周期理念，加强供应链上下游企业间的协调与协作，发挥核心龙头企业的引领带动作用，确立企业可持续的绿色

供应链管理战略，实施绿色伙伴式供应商管理，优先纳入绿色工厂为合格供应商和采购绿色产品，强化绿色生产，建设绿色回收体系，搭建供应链绿色信息管理平台，带动上下游企业实现绿色发展。绿色供应链评价要求见附件3。

五、程序安排

（一）实施方案制定。各省、自治区、直辖市及计划单列市、新疆生产建设兵团工业和信息化主管部门（以下统称省级主管部门）根据本地区产业基础和特点、发展规划等实际情况，于2016年10月底前制定出台本地区的绿色制造体系建设实施方案，提出本地区绿色制造体系建设的5-8个重点领域、年度计划以及政策支持措施等，并报我部（节能与综合利用司）。

（二）评价创建效果。满足申请条件的企业（含央企）、园区按照绿色制造体系的相关标准开展创建工作并进行自评价。企业、园区达到绿色工厂、产品、园区、供应链标准时，委托第三方评价机构（由我部在符合资质要求的评价机构中遴选发布）按相应的评价标准开展现场评价，评价合格的可按所在地区绿色制造体系实施方案的要求和程序，向省级主管部门提交绿色制造体系示范的总结报告。

（三）地方评估确认。省级主管部门负责组织对报送总结报告的企业、园区进行评估确认，评估工作对照省级主管部门制定的绿色制造体系建设实施方案提出的有关要求，重点关注绿色制造标准指标的完成情况、评价机构编写的评价报告等内容。具体评估要求和程序由各省级主管部门结合本地情况在实施方案中提出。

（四）确定示范名单。各省级主管部门每年11月底前向我部推荐评估合格、在本地区成绩突出且具有代表性的绿色产品、工厂、园区、供应链管理企业名单，并提交相关材料。我部将通过组织专家论证、公示、现场抽查等环节确定国家级绿色产品、工厂、园区、供应链管理企业名单。

（五）加强监督管理。利用绿色制造公共服务平台定期公布列入绿色制造示范企业、园区的绿色制造水平指标及先进经验等信息。不定期对自我声明信息开展抽查，对抽查不符合绿色制造示范要求的，从示范名单中除名，连续三次抽查无问题的，在五年内免于抽查。

六、保障措施

（一）加强组织协调。工业和信息化部会同有关部门负责绿色制造体系建设统筹部署、工作指导、组织协调和监督检查。各地省级主管部门要加强组织协调和指导，积极组织企业、园区按照相关要求提出建设方案，做好日常监督管理和服务。充分发挥科研机构、行业协会，服务机构、金融机构等在绿色制造体系建设过程的支撑作用。

（二）加大支持力度。我部将利用工业转型升级资金、专项建设基金、绿色信贷等相关政策扶持绿色制造体系建设工作，推动政府优先采购。各地要积极争取协调地方配套资金，将绿色制造体系建设项目列入现有财政资金支持重点。鼓励金融机构为绿色制造示范企业、园区提供便捷、优惠的担保服务和信贷支持。

（三）建立评价机制。工业和信息化部会同国务院相关部门统筹建立公平、公正、公开的绿色制造第三方评价机制，设立评价工作推进小组，制定完善第三方评价实施规则、程序等，加强对评价机构的管理，建设绿色制造评价数据库，充分发挥评价机制作用，保障绿色制造体系建设的规范化和统一化。

（四）完善标准体系。我部将发布《绿色制造标准体系建设指南》，组织行业协会、重点企业、服务机构等共同制定完善由综合基础、绿色产品、绿色工厂、绿色企业、绿色园区、绿色供应

链及绿色评价与服务等七个部分构建的绿色制造标准体系，发挥标准引领作用。

（五）提升服务能力。依托现有技术实体培育一批提供标准创制、计量检测、评价咨询、技术创新、绿色金融等服务内容的专业化线下绿色制造服务平台。充分利用现有资源，协同建设统一的线上绿色制造云服务平台，提供政策法规宣贯、信息交流传递、示范案例宣传、云资源中心、评价工作平台等线上服务，形成线上线下结合互补的服务体系，满足绿色制造体系构建的需求。

附件：1. 绿色工厂评价要求（略）

2. 绿色园区评价要求（略）

3. 绿色供应链管理评价要求（略）

绿色制造工程实施指南（2016-2020年）

工业和信息化部办公厅2016年9月3日

2016年9月20日

为贯彻落实《中国制造2025》，组织实施好绿色制造工程，特制订本指南。

一、背景

绿色发展是国际大趋势。资源与环境问题是人类面临的共同挑战，可持续发展日益成为全球共识。特别是在应对国际金融危机和气候变化背景下，推动绿色增长、实施绿色新政是全球主要经济体的共同选择，发展绿色经济、抢占未来全球竞争的制高点已成为国家重要战略。发达国家纷纷实施“再工业化”战略，重塑制造业竞争新优势，清洁、高效、低碳、循环等绿色理念、政策和法规的影响力不断提升，资源能源利用效率成为衡量国家制造业竞争力的重要因素，绿色贸易壁垒也成为一些国家谋求竞争优势的重要手段。

绿色制造是生态文明建设的重要内容。工业化为社会创造了巨大财富，提高了人民的物质生活水平，同时也消耗了大量资源，给生态环境带来了巨大压力，影响了人民生活质量的进一步提高。推进生态文明建设，要求构建科技含量高、资源消耗低、环境污染少的绿色制造体系，加快推动生产方式绿色化，积极培育节能环保等战略性新兴产业，大幅增加绿色产品供给，倡导绿色消费，有效降低发展的资源环境代价。

绿色制造是工业转型升级的必由之路。我国作为制造大国，尚未摆脱高投入、高消耗、高排放的发展方式，资源能源消耗和污染排放与国际先进水平仍存在较大差距，工业排放的二氧化硫、氮氧化物和粉尘分别占排放总量的90%、70%和85%，资源环境承载能力已近极限，加快推进制造业绿色发展刻不容缓。以实施绿色制造工程为牵引，全面推行绿色制造，不仅对缓解当前资源环境瓶颈约束、加快培育新的经济增长点具有重要现实作用，而且对加快转变经济发展方式、推动工业转型升级、提升制造业国际竞争力具有深远历史意义。

二、总体要求

按照党的十八大及十八届三中、四中、五中全会精神，全面落实制造强国建设战略，强化绿色发展理念，紧紧围绕制造业资源能源利用效率和清洁生产水平提升，以制造业绿色改造升级为重点，以科技创新为支撑，以法规标准绿色监管制度为保障，以示范试点为抓手，加大政策支持力

度，加快构建绿色制造体系，推动绿色产品、绿色工厂、绿色园区和绿色供应链全面发展，壮大绿色产业，增强国际竞争新优势，实现制造业高效清洁低碳循环和可持续发展，促进工业文明与生态文明和谐共融。

（一）基本原则

坚持重点突破和全面协调推进。着力解决重点区域、重点行业和重点企业发展中的资源环境问题，开展试点示范、专项行动和重大项目建设。同时，按照产品全生命周期绿色管理要求，强化生产制造全过程控制和生产者责任延伸，积极应用信息网络技术和大数据等先进手段，在各行业、大中小企业全面推行绿色制造，加快构建绿色制造体系。

坚持企业主体和践行社会责任。绿色发展是企业提质增效的重要途径，更是企业应当承担的社会责任。进一步突出企业绿色制造主体作用，强化高效清洁低碳循环发展理念，落实节能环保社会责任，加大绿色改造，淘汰落后产能，大力推动绿色技术创新，不断提高绿色制造管理水平，实现经济、社会和生态效益共赢。

坚持政策引导和强化绿色监管。充分发挥政府在推进制造业绿色发展中的引导作用，进一步转变发展理念，加大绿色制造政策支持力度；切实转变政府职能，强化资源节约、环境保护等法规标准约束，严格节能评估审查、节能监察和环境监管执法，为企业推进绿色制造创造公平竞争环境和制度保障。

（二）主要目标

到2020年，绿色制造水平明显提升，绿色制造体系初步建立。企业和各级政府的绿色发展理念显著增强，与2015年相比，传统制造业物耗、能耗、水耗、污染物和碳排放强度显著下降，重点行业主要污染物排放强度下降20%，工业固体废物综合利用率达到73%，部分重化工业资源消耗和排放达到峰值。规模以上单位工业增加值能耗下降18%，吨钢综合能耗降到0.57吨标准煤，吨氧化铝综合能耗降到0.38吨标准煤，吨合成氨综合能耗降到1300千克标准煤，吨水泥综合能耗降到85千克标准煤，电机、锅炉系统运行效率提高5个百分点，高效配电变压器在网运行比例提高20%。单位工业增加值二氧化碳排放量、用水量分别下降22%、23%。节能环保产业大幅增长，初步形成经济增长新引擎和国民经济新支柱。绿色制造能力稳步提高，一大批绿色制造关键共性技术实现产业化应用，形成一批具有核心竞争力的骨干企业，初步建成较为完善的绿色制造相关评价标准体系和认证机制，创建百家绿色工业园区、千家绿色示范工厂，推广万种绿色产品，绿色制造市场化推进机制基本形成。制造业发展对资源环境的影响初步缓解。

三、重点任务

（一）传统制造业绿色化改造示范推广

实施生产过程清洁化改造。以源头削减污染物产生为切入点，革新传统生产工艺装备，鼓励企业采用先进适用清洁生产工艺技术实施升级改造。加快提升重点区域和重点流域清洁生产水平，实施工业领域煤炭清洁高效利用行动计划，推进京津冀、长三角等重点区域和淮河、海河等重点流域企业实施清洁生产改造，从源头削减二氧化硫、氮氧化物、烟（粉）尘、化学需氧量、氨氮等污染物。积极推动有色金属、化工、皮革、铅酸蓄电池、电镀等行业重金属、挥发性有机物、持久性有机物等非常规污染物削减，加快重点行业有毒有害原料（产品）替代品的推广应用，完成汞、铅、高毒农药等高风险污染物削减目标。进一步淘汰落后产能。

实施能源利用高效低碳化改造。加快应用先进节能低碳技术装备，提升能源利用效率，扩大新能源应用比例。重点实施高耗能设备系统节能改造，力争使在用的工业锅炉（窑炉）、电机（水泵、风机、空压机）系统、变压器等通用设备运行能效指标达到国内先进标准。深入推进流程工业系统节能改造，重点推广原料优化、能源梯级利用、可循环、流程再造等系统优化工艺技术，普及中低品位余热余压发电、制冷、供热及循环利用。推进工业用能低碳化，积极使用新能源，开展电力需求侧管理，大力建设厂区、园区新能源、分布式能源和智能微电网。到2020年，形成1.5亿吨标准煤节能能力。

专栏2 能源利用高效低碳化改造

流程工业系统改造专项。建设完善企业能源管控中心；钢铁行业实施副产煤气高值利用；有色行业实施新型阴极结构铝电解槽、高效强化拜耳法氧化铝生产、粗铜连续吹炼等技术改造；铁合金行业实施“回转窑-矿热炉”工艺等改造；石化行业实施丙烷脱氢、百万吨级精对苯二甲酸装置（PTA）等改造；化工行业实施航天炉粉煤加压气化、硝酸综合处理等改造；水泥行业实施高固气比熟料煅烧、无球化粉磨等改造；造纸行业应用高效双盘磨浆机等低能耗制浆改造；食品加工行业实施机械式蒸汽再压缩、全自动连续煮糖等改造；纺织行业实施合成纤维熔纺长丝环吹冷却、高效烘干定型等改造。

高耗能通用设备改造专项。电机系统实施永磁同步伺服电机、高压变频调速、冷却塔用混流式水轮机等技术改造；配电变压器系统应用非晶合金变压器、有载调容调压等技术；炉窑系统应用富氧助燃、蓄热式燃烧、循环水系统防垢提效等技术；内燃机系统实施工程机械、农机、船舶等非道路移动机械用低效柴油机改造。到2020年，锅炉、电机、内燃机系统平均运行效率提高5个百分点，高效配电变压器在网运行比例提高20%。

余热余压高效回收专项。自备电厂实施烟气系统余热深度回收利用、循环水余热回收利用、超临界混合工质高参数一体化循环发电、冶金余热余压能量回收同轴机组应用等技术改造。推广矿热炉高温烟气净化回收利用、蒸汽余热梯级利用、聚酯化纤酯化工艺余热回收制冷、螺杆膨胀动力驱动等技术。到2020年，中低品位余热余压利用率达到30%。

低碳化改造专项。在工厂、园区建设光伏、光热、热泵和智能微电网，提高生产过程中可再生能源使用比例。在水泥、钢铁、石灰、电石、己二酸、硝酸、化肥、制冷剂等领域，推广示范一批原料替代、工艺流程优化等温室气体排放控制技术，推广利用二氧化碳驱油及制备塑料、干冰等。到2020年，低碳能源装机达到500万千瓦。

实施水资源利用高效化改造。以控制工业用水总量、提高用水效率、保护水环境为目标，采用水系统平衡优化整体解决方案等节水技术，对化工、钢铁、造纸、印染、食品、医药等高耗水行业实施改造。推广应用非常规水资源，支持工业企业采用电吸附、膜处理、海水淡化等技术，利用城市中水、矿井水、高浓盐水、海水等。

专栏3 高耗水行业节水改造

化工节水专项。实施干式蒸馏、含硫废水汽提净化回用、凝液回收、尿素工艺冷凝液水解解析、聚合母液处理及回用、真空滤碱机洗水添加剂、酸洗废水净化等技术改造。到2020年，年节水量约6亿立方米。

钢铁节水专项。实施焦化酚氰废水处理及回用、冷轧废水处理及回用、清污分流分质、高效循

环、串级、综合污水处理及回用、管网智能检测漏及更新等技术改造，推广利用城市中水、海水等。到2020年，年节水量约5亿立方米。

造纸节水专项。实施多段逆流洗涤封闭筛选、置换蒸煮、氧脱木素、纸浆中高浓筛选与漂白、污冷凝水分级汽提及回用、纸机白水多圆盘分级与回用、透平机真空系统节水等技术改造。到2020年，年节水量约4亿立方米。

印染节水专项。实施逆流漂洗、冷轧堆一步法、小浴比汽液染色、数码喷墨印花、印染废水处理及回用、针织物高效平幅连续染色、化纤原液染色等技术改造。到2020年，年节水量约3亿立方米。

食品药品节水专项。实施中低温蒸煮糊化、高浓糖化醪高温发酵、味精高浓度母液提取、发酵废母液综合利用、制药工艺用水重复利用等技术改造。到2020年，年节水量约2亿立方米。

实施基础制造工艺绿色化改造。加快应用清洁铸造、锻压、焊接、表面处理、切削等加工工艺，推动传统基础制造工艺绿色化、智能化发展，建设一批基础制造工艺绿色化示范工程。到2020年，传统机械制造节能15%以上，节约原辅材料20%以上，减少废弃物排放20%以上。

专栏4 基础制造工艺绿色化改造

铸锻焊切削制造工艺改造专项。重点推广数字化无模铸造岛、清洁高效铸锻组合及零件轧制精密成形、铸造砂再生利用、激光-电弧复合高效清洁焊接、高效节材摩擦焊、少烟尘及无害化绿色焊接材料制备、少无切削液绿色加工等技术。到2020年，节能30%以上，节材、减少废弃物20%以上。

热表处理清洁化专项。重点推广合金钢无氧化清洁热处理、热处理气氛减量化、真空低压渗碳热处理、替代电镀铬绿色表面处理等技术装备。到2020年，减少废弃物排放30%以上。

（二）资源循环利用绿色发展示范应用

强化工业资源综合利用。重点针对冶炼渣及尘泥、化工废渣、尾矿、煤电固废等难利用工业固体废物，推广一批先进适用技术与装备，培育一批骨干企业，扩大资源综合利用基地试点。以再生资源规范企业为依托，加快再生资源技术装备改造升级，深化城市矿产示范基地建设，推动再生资源产业集聚发展，实现再生资源产业集约化、专业化、规模化发展。到2020年，资源循环利用产业产值达到3万亿元。

专栏5 工业资源综合利用产业升级

大宗工业固体废物综合利用专项。重点开展冶炼渣及尘泥、化工废渣、尾矿、煤电废渣等综合利用，推广冶炼废渣提取高值组分及整体利用，副产石膏规模化制备水泥缓凝剂、高强石膏、尾矿生产干混砂浆、加气混凝土、保温矿棉、装饰材料、墙材、人工鱼礁等，中西部地区煤电基地煤矸石和粉煤灰生产建材、提取有价组分、生产家居装饰材料等技术。到2020年，钢铁冶炼固废综合利用率达到95%，磷石膏利用率50%，尾矿利用率25%，粉煤灰利用率75%。

再生资源产业专项。重点开展废旧材料、废旧机电产品等资源化利用，实施废钢加工配送系统，废有色金属、稀贵金属清洁分质高值化利用，废塑料自动分选及高值利用，废旧瓶片制高档纤维，废油除杂重整，废弃电器电子产品整体拆解与多组分资源化利用，报废汽车、船舶、工业设备绿色智能精细拆解与高效分选回收，建筑垃圾生产再生骨料等技术改造升级。到2020年，主要再生资源利用率达到75%。

推进产业绿色协同链接。推行循环生产方式，促进企业、园区、行业间链接共生、原料互供、资源共享，拓展不同产业固废协同、能源转换、废弃物再资源化等功能，创新工业行业间及与社会间的生态链接模式。结合区域资源环境特点，促进工业资源综合利用产业区域间协调发展。

专栏6 产业绿色协同发展

产业绿色融合专项。强化煤电、冶金、化工、建材等流程工业间的横向耦合生态链接，促进行业融合；推进工业余热用于城镇供暖制冷、水泥窑协同处理生活垃圾、污泥和飞灰等，促进产城融合；利用工业余热发展设施农业、生态旅游业，推进工业使用生物质能示范项目，促进产业融合。

资源综合利用区域协同专项。针对京津冀及周边、长江经济带、珠三角、西部、东北地区资源环境特点，建立一批冶炼渣与矿业废弃物、煤电废弃物、报废机电设备等协同利用示范基地，建设一批共伴生钒钛、稀土、盐湖等资源深度利用示范项目。

培育再制造产业。积极推广应用再制造表面工程、增材制造、疲劳检测与剩余寿命评估等技术工艺，建立再制造逆向智能物流体系，完善再制造产品认定制度，实施高端再制造、智能再制造和在役再制造示范工程。到2020年，再制造技术工艺达到国际先进水平，再制造产业规模达到2000亿元。

专栏7 再制造产业培育

高端智能再制造专项。面向航空发动机、燃气轮机、盾构机等大型成套设备及复印机、医疗设备、模具等，推广高效无损拆解、绿色清洗、毛坯快速智能检测、纳米复合成形、等离子喷涂、三维体积损伤零部件成形等技术。

在役再制造专项。面向服役期内透平压缩机、数控机床等装备，推广基于工业互联网的设备全生命周期健康监测诊断系统和在线校准，早期故障智能诊断与预警及故障自愈化，在役设备个性化再设计和改造升级等技术。

（三）绿色制造技术创新及产业化示范应用

突破节能关键技术装备。围绕制约节能产业发展的重大关键技术和装备，在节煤、节电、余能回收利用、高效储能、智能控制等领域加大研发和示范力度，培育一批有核心竞争力的骨干企业，突破40项重大节能技术装备。到2020年，节能产业产值达到1.7万亿元。提升重大环保技术装备。在大气、水、土壤污染防治等领域，加大多污染协同处置、环境污染防治专用材料和药剂、环境监测计量专用仪器仪表、环境应急等先进环保技术装备研发，建设100项先进环保技术装备应用示范工程，打造20个节能环保装备制造基地，力争突破50项环保技术装备，环保产业产值达到2万亿元。

开发资源综合利用适用技术装备。以提升工业资源综合利用技术装备水平、推进产业化应用为目标，突破100项重大资源综合利用技术装备，培育100家资源综合利用产业创新中心，基本形成适应工业资源循环利用产业发展的技术研发和装备产业化能力。

专栏8 绿色制造技术产业化

环保技术产业化专项。组织开发燃煤烟气多污染物超低排放、湿式静电除尘等大气治理技术装备，高浓度氨氮废水处理、超临界水氧化处理、动态膜过滤等节水减污技术，车船废气净化技术，污泥高速流体喷射破碎干化等固废处理技术，高效低阻长寿命除尘滤料等环保专用材料，PM2.5便携式监测仪、挥发性有机物（VOCs）在线分析仪等环境监测仪器，溢油应急回收、移动式三废应急处理等环境污染应急技术。

节能技术产业化专项。组织开发高效节能锅炉、膜法富氧燃烧等煤炭高效清洁利用及生物质、污泥燃烧锅炉技术，电气驱动过程中的能量转换、高效空压机及节能控制器、全矾液流储能电池等节电技术，大型高炉用鼓风与汽轮发电同轴、朗肯循环等余热高效利用技术，“洁净钢”平台和“一包到底”、蓄热式燃气高温熔融电石生产、锑富氧熔炼等高载能行业节能新工艺及智能化控制技术。

资源综合利用技术产业化专项。组织开发低品位共伴生矿产资源高效利用、赤泥和电解锰渣资源化利用、废旧动力电池梯级利用、建筑垃圾资源化、废旧高分子产品再生与多途径协同利用、百万吨级超低能耗尾矿微粉等技术装备。

（四）绿色制造体系构建试点

以企业为主体，以标准为引领，以绿色产品、绿色工厂、绿色工业园区、绿色供应链为重点，以绿色制造服务平台为支撑，推行绿色管理和认证，加强示范引导，全面推进绿色制造体系建设。

建立健全绿色标准。制修订能耗、水耗、物耗、污染控制、资源综合利用及绿色制造管理体系等标准规范，完善产品从设计、制造、使用、回收到再制造的全生命周期绿色标准，制定绿色工厂、园区、供应链标准。搭建开放的绿色标准创制公共平台，支持行业协会和联盟等共同参与标准制订，加强与国际标准对接互认。强化标准实施，建立企业绿色制造标准自我声明制度，开展对标达标和领跑者活动，推进标准实施效果评价。

开发绿色产品。按照产品全生命周期绿色管理理念，遵循能源资源消耗最低化、生态环境影响最小化、可再生率最大化原则，大力开展绿色设计试点示范，优先以家用洗涤剂、可降解塑料、动力电池、绿色建材等为突破口，以点带面，开发推广绿色产品，积极推进绿色产品第三方评价和认证，建立各方协作机制，发布绿色产品目录，引导绿色生产，提升绿色产品国际化水平，推动国际合作。到2020年，开发推广万种绿色产品。

创建绿色工厂。按照用地集约化、生产洁净化、废物资源化、能源低碳化原则，结合行业特点，分类创建绿色工厂。优化制造流程，应用绿色低碳技术建设改造厂房，集约利用厂区。选用先进适用的清洁生产工艺技术和高效末端治理装备，减少生产过程中资源消耗和环境影响，营造良好职业卫生环境，实行清污分流、废水循环利用、固体废物资源化和无害化利用。采用先进节能技术与装备，建设厂区光伏电站、智能微电网和能管中心，优化工厂用能结构。推行资源能源环境数字化、智能化管控系统，实现资源能源及污染物动态监控和管理。到2020年，创建1000家绿色示范工厂。

建设绿色工业园区。选择一批基础条件好、代表性强的工业园区，推进绿色工业园区创建示范，深化国家低碳工业园区试点。以企业集聚、产业生态化链接和服务平台建设为重点，推行园区综合能源资源一体化解决方案，深化园区循环化改造，实现园区能源梯级利用、水资源循环利用、废物交换利用、土地节约集约利用，提升园区资源能源利用效率，优化空间布局，培育一批创新能力强、示范

意义大的示范园区。到2020年，创建100家绿色工业园区。

打造绿色供应链。以汽车、电子电器、通信、大型成套装备等行业龙头企业为依托，以绿色供应标准和生产者责任延伸制度为支撑，加快建立以资源节约、环境友好为导向的采购、生产、营销、回收及物流体系。积极应用物联网、大数据和云计算等信息技术，建立绿色供应链管理体系。完善采购、供应商、物流等绿色供应链规范，开展绿色供应链管理试点。到2020年，在重点行业初步建立绿色供应链管理体系，生产者责任延伸制度取得实质性进展。

建设绿色制造服务平台。建立产品全生命周期基础数据库及重点行业绿色制造生产过程物质流和能量流数据库，加大信息公开力度。建立绿色制造评价机制，制定分行业、分领域绿色评价指标和评估方法。建设绿色制造技术专利池，推动知识产权保护和共享。创新服务模式，建设绿色制造创新中心和绿色制造产业联盟，积极开展第三方服务机构绿色制造咨询、认定、培训等服务，提供绿色制造整体解决方案，推进合同能源管理和环保服务，到2020年节能环保服务业产值达到1.8万亿元。

四、保障措施

（一）加强组织领导。建立绿色制造工程实施统筹协调机制，形成职责明晰、协同推进的工作格局。绿色制造工程由工业和信息化部、发展改革委会同科技部、财政部、环境保护部、商务部、质检总局、中国工程院等有关部门共同组织实施。设立专家组，为指南实施提供技术支撑，开展阶段性考核评估。各地区要根据本地实际制定具体落实方案，纳入本地区发展规划，并做好与国家指南的衔接，认真组织落实。

（二）加大财税支持。进一步加大财政资金支持力度，充分利用现有资金渠道，发挥中央财政资金的引导激励作用，集中力量支持实施指南中先导性、公益性试点示范和公共服务平台、基础能力建设等薄弱环节。充分利用各级工业转型升级、技术改造、节能减排、科技计划（专项、基金）等资金渠道及政府和社会资本合作（PPP）模式，加大绿色制造相关专项支持力度。完善绿色产品政府采购和财政支持政策，落实资源综合利用税收优惠政策、节能节水环保专用设备所得税优惠政策。

（三）拓宽融资渠道。加强产融衔接，构建绿色金融体系，拓宽绿色制造融资渠道，进一步发展绿色信贷、绿色债券市场，推动绿色信贷资产证券化，引导和鼓励社会资本按市场化原则设立和运营绿色产业基金，支持绿色企业上市融资，充分利用专项建设基金、融资租赁、股权投资基金、新三板挂牌融资等金融手段，引导社会资本参与绿色制造重大工程建设，加大对传统制造业绿色改造升级、绿色新技术和新产品产业化应用、绿色制造体系建设等重点领域的支持力度。

（四）强化监督管理。积极推进完善绿色制造相关法律法规，依法构建绿色制造管理体系。强化环保执法监督、节能监察、清洁生产审核和生产者责任延伸，完善各级节能监察等执法队伍建设，加强事中事后监管，严格惩处各类违法违规行为。严格节能执法，制定并全面实施强制性能耗限额标准和差别化电价，推动用能权、用水权、排污权、碳排放权交易，形成绿色发展长效激励约束机制。定期开展绿色制造发展状况调查和评估。加强企业社会责任建设，推动大中型企业、上市公司发布年度社会责任报告，披露资源能源消耗、污染物排放、职工责任关怀等信息，提高中小企业绿色责任意识，充分发挥社会监督、舆论监督作用。

（五）加强国际合作。积极引进国外先进适用绿色制造发展理念、技术和管理经验，利用多渠道资金，加强与国外政府、企业、科研机构、国际组织在绿色制造方面的交流与合作。落实国家

"一带一路"战略，鼓励绿色制造技术、装备和服务"走出去"，实现可持续发展。

（六）传播绿色理念。充分发挥教育培训、媒体、绿色公益组织、行业协会、产业联盟等机构的作用，加强舆论宣传，增强绿色理念，倡导绿色消费，进一步提升全社会绿色意识、参与度和积极性，为绿色制造创造良好消费文化和社会氛围。

化纤工业"十三五"发展指导意见（节录）

（工业和信息化部国家发展和改革委员会2016年11月25日印发）

化纤工业是我国具有国际竞争优势的产业，是纺织工业整体竞争力提升的重要支柱产业，也是战略性新兴产业的重要组成部分。近年来，我国化纤工业持续快速发展，化纤产量占全球三分之二以上。常规化纤产品生产技术居世界先进水平，但产能结构性过剩，行业盈利能力下降。行业自主创新能力较弱，高附加值、高技术含量产品比重低，不能很好适应功能性、绿色化、差异化、个性化消费升级需求。高性能纤维制造成本高，质量不稳定，难以满足航空航天等领域发展需求。化纤是纺织工业的主要原料，也是纺织工业创新发展的基础，为落实《中国制造2025》，引导化纤工业加快转型升级，建设纺织强国，特编制《化纤工业"十三五"发展指导意见》（以下简称《指导意见》）。

一、总体要求

（一）指导思想

全面贯彻落实党的十八大和十八届三中、四中、五中、六中全会精神，深入贯彻习近平总书记系列重要讲话精神，牢固树立创新、协调、绿色、开放、共享的发展理念，着力推进供给侧结构性改革，落实《中国制造2025》，以提升创新能力为着力点，加强重点领域关键技术攻关；以推动转型升级为出发点，积极推广智能制造和绿色制造；以实施提质增效为落脚点，大力实施"三品"战略。坚持市场导向，需求引领，创新驱动，协调发展，构建竞争新优势，为基本建成化纤强国奠定坚实基础。

（二）发展原则

……

绿色制造，持续发展。坚持低能耗、循环再利用，加快推广应用先进节能减排技术和装备，完善绿色制造的技术支撑体系。积极推广绿色纤维标志产品，全面推进行业清洁生产认证和低碳认证体系建设，提高资源综合利用水平，加快制造方式的绿色转型。

……

（三）发展目标

"十三五"期间，化纤工业继续保持稳步健康增长，化纤差别化率每年提高1个百分点，高性能纤维、生物基化学纤维有效产能进一步扩大。自主创新能力明显提升，到2020年，大中型企业研发经费支出占主营业务收入比重由目前的1%提高到1.2%，发明专利授权量年均增长15%，涤纶、锦纶、再生纤维素纤维等常规纤维品种技术水平继续保持世界领先地位，碳纤维、芳纶、超高分子量聚乙烯纤维等高性能纤维以及生物基化学纤维基本达到国际先进水平，形成一批具有国际竞争力的大型企业集团。绿色制造水平进一步提升，单位增加值能耗、用水量、主要污染物排放等达到国家约束性指标和相关标准要求，循环再利用纤维总量继续保持增长，循环再利用体系进一步完善。

二、主要任务

……

(三)发展绿色制造，推进循环利用

推广绿色技术，提高节能减排水平。推动绿色设计、绿色制造、回收再利用等技术的开发和应用。重点开发锦纶熔体直纺、再生丙纶直纺等新技术。推广绿色制浆技术，提升原液着色技术生产水平，拓展应用领域，发展纤维绿色后加工工艺技术。编制节能低碳技术目录，积极推广节能环保技术装备，持续推动清洁生产，深化污染治理，确保稳定达标排放，培育行业内能效领跑者企业。

推进再生循环体系建设，促进绿色消费。建立与发展废旧纺织品、废弃聚酯瓶等资源回收和产品梯度循环利用体系，进一步扩大高附加值再生化纤及制品的比重。研究制定行业绿色采购标准，规范采购、生产和销售，提升产品质量、行业信誉和品牌度，促进循环再利用化纤产品的消费。推进生物基化学纤维、循环再利用纤维、原液着色纤维等“绿色纤维”标志认证体系建设，提升“绿色纤维”产品的市场认知度。设立以化纤企业和协会为主体的行业绿色发展基金，鼓励和引导绿色消费，实现绿色转型。

完善行业规范和评价体系建设，提高绿色制造水平。继续做好再生纤维素纤维、循环再利用纤维等行业规范条件宣传和符合规范条件企业名单公告管理工作，适时进行规范条件修订。进一步完善清洁生产评价指标体系，建立健全评价制度和标准，加强清洁生产审核和绩效评估，扩大适用领域。

三、发展的重点领域和方向

……

(二)绿色制造

开发推广纺前原液着色、绿色制浆、高效绿色催化等先进绿色制造技术，研发废旧瓶片和废旧纺织品高效分选回收技术，建立高水平循环再利用体系，提高化纤行业绿色化生产水平。

专栏4　绿色制造和循环利用

1.绿色制造技术和装备。推广和发展绿色制浆、酸站闪蒸一步提硝等再生纤维素纤维生产技术，聚酯装置乙醛回收利用技术、聚酯无锑催化剂聚合技术，大型锦纶聚合装置己内酰胺回收利用技术，公用工程节能增效技术、挥发性有机物处理技术等，推广大容量高效浸渍设备、催化调聚脱色设备、低温连续滞留设备和高效脱水设备，研究和攻克非重金属绿色催化剂技术。

2.废旧瓶片和废旧纺织品的高效分选回收技术。研发快速高效的废瓶或瓶片的分选、清洗技术和装备，研究开发废旧纺织品的预处理与组分分离技术。

3.高值化循环再利用纤维生产技术及装备。开发醇解、杂质分离、聚合、纺丝连续化再生纤维制备的产业化技术及装备；提升大容量物理法循环再利用纤维生产技术水平，开发具有高附加值的产品，拓展应用范围。

4.原液着色产业化关键技术。完善原液着色功能性纤维的产业化纺丝技术，开发高性能、高浓缩功能性色母粒的清洁生产技术，完善原液着色纤维标准和色标体系。

关于加快我国包装产业转型发展的指导意见

工信部联消费[2016]397号

各省、自治区、直辖市及计划单列市、新疆生产建设兵团工业和信息化、商务主管部门，中国包装联合会，中国轻工业联合会：

包装产业是与国计民生密切相关的服务型制造业，在国民经济与社会发展中具有举足轻重的地位。为进一步提升我国包装产业的核心竞争力，巩固世界包装大国地位，推动包装强国建设进程，依据《中华人民共和国国民经济和社会发展第十三个五年规划纲要》、《中国制造2025》（国发[2015]28号）和《关于开展消费品工业“三品”专项行动营造良好市场环境的若干意见》（国办发[2016]40号）等文件，制定本指导意见。

一、重要意义

经过30多年的建设发展，我国包装产业已建成涵盖设计、生产、检测、流通、回收循环利用等产品全生命周期的较为完善的体系，分为包装材料、包装制品、包装装备三大类别和纸包装、塑料包装、金属包装、玻璃包装、竹木包装五大子行业。2015年，全国包装企业25万余家，包装产业主营业务收入突破1.8万亿元。“十二五”期间，包装产业规模稳步扩大，结构日趋优化，实力不断增强，地位持续跃升，在服务国家战略、适应民生需求、建设制造强国、推动经济发展中的贡献能力显著提升，我国作为世界第二包装大国的地位进一步巩固。目前，包装工业已位列我国38个主要工业门类的第14位，成为中国制造体系的重要组成部分。

但在快速发展的同时，包装产业仍存在大而不强的问题。行业自主创新能力弱，重大科技创新投入和企业技术研发投入严重不足，高新技术难以实现重大突破，先进装备和关键技术进口依赖度高；企业高投入、高消耗、高排放的粗放生产模式仍然较为普遍，绿色化生产方式与体系尚未有效形成；包装制造过程自动化、信息化、智能化水平有待提高；产业区域发展不平衡、不协调；低档次、同质化产品生产企业重复建设问题突出，无序竞争现象未能得到遏制。

立足现有基础，补齐发展短板，提升品质品牌，必须加强转型发展的全面引导和系统设计。加快推进转型发展，是促进包装产业适应现代制造业发展要求，强化对国民经济支撑地位的必然选择；是解决制约产业发展“瓶颈”，有效增强核心竞争力的根本出路；是引领产业由被动适应向主动服务、要素驱动向创新驱动、传统生产向绿色生产转变，全面提升产业整体发展水平，推进包装强国建设进程的重大举措。

二、总体要求

（一）指导思想

深入贯彻落实党的十八大和十八届三中、四中、五中、六中全会精神，牢固树立“创新、协调、绿色、开放、共享”的发展理念，以提高发展质量和效益为中心，以推进供给侧结构性改革为主线，以科技创新为动力，对接消费品工业“三品”专项行动，推动生产方式转变和供给结构优化。实施军民融合发展战略，构建军民包装标准通用、产品共用、技术互通的发展格局。产业保持中高速发展，迈向中高端水平，逐步实现由包装大国向包装强国转变。

（二）基本原则

坚持市场主导，政府引导。强化企业市场主体地位，充分发挥市场在配置资源中的决定性作用，更好发挥政府规划和政策支持作用，优化市场秩序，完善监管体系。

坚持创新驱动，品牌引领。加快科技创新体系与服务平台建设，提升关键技术的创新能力。加快传统产品升级换代，大力培育包装品牌。

坚持协调发展，重点突破。构建包装产业与制造业、包装上下游产业、军用包装与民用包装、包装企业与科研院所以及包装各子行业之间的协同发展机制。加强要素优化配置、发展模式转变和产业集群建设，持续促进产业提质增效。

坚持绿色发展，适度包装。构建覆盖生产、流通、消费、回收与资源循环再利用的包装全生命周期绿色化网络体系。反对过度包装，采用设计合理、用材节约、回收便利、经济适用的包装整体解决方案，引导全社会树立适度包装理念。

（三）发展目标

保持产业发展增速与国民经济增速同步，产业发展规模与配套服务需求相适应。到2020年，实现以下目标：

产业规模。包装产业年主营业务收入达到2.5万亿元，形成15家以上年产值超过50亿元的企业或集团，上市公司和高新技术企业大幅增加。积极培育包装产业特色突出的新型工业化产业示范基地，形成一批具有较强影响力的知名品牌。

自主创新。行业研发投入不断增大，规模以上企业科技研发经费支出明显增加。着力推动集成创新、协同创新和创新成果产业化，部分包装材料达到国际先进水平。

两化融合。大中型包装企业两化融合水平处于集成提升阶段以上的超过80%，中小企业应用信息技术开展研发、管理和生产控制的比例由目前30%提高到55%以上。数字化、网络化设计制造模式广泛推广，以数字化、柔性化及系统集成技术为核心的智能制造装备取得较大突破。

节能减排。全行业单位工业增加值能源消耗、二氧化碳排放强度、单位工业增加值用水量均下降20%以上，主要污染物排放总量明显下降。初步建立包装废弃物循环再利用体系。

军民融合。军民通用包装数量和质量显著提升，标准达到国际先进水平，逐步形成体系完善、创新引领、高端聚集、高效增长的发展态势。建成一批军民融合包装基地，包装技术军民通用水平显著提升。

标准建设。深入开展包装基础标准、包装专业标准以及产品包装标准的研究，形成相关性、集合性、操作性强的包装标准体系。建设全国包装标准推进联盟和包装标准信息化专业网站，建成5个以上包装标准创新研究基地，遴选一批标准化示范试点企业。

三、主要任务

（一）实施“三品”战略，集聚产业发展优势

增加包装产品品种。围绕包装产业供给侧结构性改革，在优化传统产品结构、扩大主导产品优势的基础上，主动适应智能制造模式和消费多样化需求，增强为消费升级配套服务的能力。通过创新设计方式、生产工艺以及技术手段等，大力研发包装新材料、新产品、新装备，推动产品品种增加和供给服务能力提升。重点发展绿色化、可复用、高性能包装材料，加快发展网络化、智能化、柔性化成套包装装备，大力发展功能化、个性化、定制化的中高端产品，通过丰富产品品种、优化产品结构拉动需求、驱动消费。

提升包装产品品质。引导企业从设计、选材、生产、检测、管理等各环节全面提升包装产品品

质。积极采用低成本和绿色生产技术，发展低克重、高强度、功能化纸包装制品，增强纸制品防水、防潮、抗菌、阻燃等性能，拓展纸包装的应用范围；鼓励采用环保型原料和助剂发展可定制的环境友好型塑料包装制品，应用高阻隔、选择透过、环境感知以及宽幅制备等新技术，增强塑料包装制品防护、保质和智能属性；倡导以薄壁金属和覆膜铁、覆膜铝等新型材料生产金属包装制品，提升金属包装材料的利用率和抗腐蚀性能；创新包装计量、检验与检测技术，加快发展各类先进检测设备，不断完善质量检测体系与手段，有效强化包装产品的品质保障。

培育包装产品品牌。以绿色包装材料、智能包装装备、高端包装制品的研发为重点，加强品牌培育、评价、服务与引导，构建定位、设计、生产、营销、传播、保护一体化的品牌发展格局，打造一批具有较高国内市场占有率和较强国际市场竞争力的包装材料、包装装备和包装制品品牌。推进包装企业国际化战略的实施，支持有条件的企业推动装备、技术、标准以及服务走出国门，在境外设立研发、生产基地和营销网络，深度融入全球产业链、价值链和物流链，重点培植一批具有较强创新能力和国际竞争力的品牌企业。

（二）加强技术创新，增强核心竞争能力

构建创新体系。围绕国家战略，重点实施包装产业创新能力提升计划，引导企业建立研发资金投入机制，加强技术中心、创新团队和众创空间建设，着力落实“双创”行动，鼓励包装企业构建创新创业融合孵化的平台与机制，切实提高企业的原始创新、集成创新、引进消化吸收再创新能力。优化科技资源配置，积极培育包装行业的国家级技术创新中心，重点建设一批面向产业前沿共性技术的技术创新联盟、协同创新中心、科技成果孵化基地以及成果推广与应用、公共技术服务、技术和知识产权交易等平台，形成系列具有自主知识产权和较强国际竞争力的核心技术群。加大领军人才和国家级创新团队的协同培养，强化创新人才的成长扶持，通过建立产业链上下游科技协作体、产业协同创新中心以及产学研合作示范基地，形成创新人才共育、共享机制。

突破关键技术。围绕绿色包装、安全包装、智能包装领域的关键技术，制定系统性技术解决方案，促进重大科技成果的孵化、应用与推广。加快建立包装云设计数据库，重点推行减量和生态设计，着力加强包装废弃物综合循环利用技术的研发与应用，全面提升绿色包装应用与创新水平。积极发展新型保质保鲜、包装防伪以及生产过程在线检测与监控等技术，重点突破食品药品包装中有害物质识别和迁移检测等技术瓶颈，显著提升食品、药品及军品包装安全保障能力。注重包装设计与信息技术的结合，积极应用环境感应新材料，实现包装微环境的智能调控，推进生产过程智能化，重点开展前瞻性的计量测试技术研究，满足包装产业全产业链、全寿命周期、全溯源链的计量测试需求。

强化示范应用。采取项目投入、应用示范、绩效奖励等方式，支持行业组织开展重大示范工程建设，主要包括：实施食品药品包装安全化工程，启动食品药品包装清洁安全生产和质量检测监管等重大专项，大力提升现有食品药品包装检测机构的技术水平，创建一批食品药品包装质量检测中心，建设食品药品质量包装安全追溯管理网络信息平台。实施包装制品高端化工程，在适度包装理念的指导下，组织一批包装制品设计创新、工艺优化和产业化重大专项，积极发展轻质高强纸、生物基高阻隔塑料、抗腐蚀超薄金属、轻量节能玻璃等材料，重点开发个性化、定制化、精细化、智能化的高端包装制品。实施包装印刷数字化工程，构建先进包装印刷数字化体系，利用互联网、大数据和人工智能等技术，发展云印刷、合版印刷、网络印刷及个性化印刷等新型包装印刷方式。实施包装产业信息化工程，启动包装大数据和工业云等重大专项，推广智能标签和智能终端等包装信息化关键技术，开展新一代包装信息化与工业化深度融合的集成创新和工程应用示范。实施包装装备智能化工程，组织开展高端包装装备关键技术及集成技术攻关，重点开发食品药品自动包装生产线、包装印刷集成制造装备以及现代物流全自动包装系统等重大智能制造成套装备，着力推动包装智能工厂/数字化车间应用示范。

（三）推动两化融合，提升智能制造水平

加快信息化建设进程。加强包装企业两化融合管理体系系列标准建设和推广，推进信息技术向设计、生产、流通以及回收循环利用等环节渗透。依托互联网和物联网技术，加强包装电子商务、工业云和大数据等平台的构建，发展基于互联网的数据驱动、网络化协同制造、个性化定制、服务型制造、众包设计、云制造等包装生产服务模式，推动形成基于消费需求动态感知的产业经营方式，促进包装企业形成新的生产、制造、服务及商业模式。推广商品包装的箱码，推动全球统一编码标识（GS1）作为商品生产和流通的“身份证”与“通行证”，实现与国际信息数据的接轨。

提升包装智能化水平。以互联网和物联网技术为核心，建立设计、制造、技术与标准的开放共享机制，推动生产方式向柔性、智能、精细转变，大力推广集协同制造、虚拟制造及网络化制造等为一体的先进制造模式，构造智能包装生态链。大力开发网络化、智能化、柔性化成套装备和高性能包装机械手、包装机器人等智能装备，加快智能化包装设备及生产线技术标准研制，自主攻克优化设计、智能检测、在线计量和协同控制等包装成套装备共性技术，积极应用具有传感、判断与执行动作的智能端，研发包装专业软件和嵌入式系统，着力提高主要包装工序自动化程度和高速包装生产线及各类先进检测设备的制造水平。重点开发具有商品真伪鉴别、食品变质预警、居家用药提醒及儿童安全保障等功能的智慧型包装制品。

（四）加强标准建设，推动国际对标管理

促进包装标准体系建设。深入研究标准规范，完善国家、行业、企业等多层次包装标准体系，推广包装基础模数（600×400mm）系列，以包装标准化推动包装的减量化和循环利用。支持行业建设标准推进联盟和标准创新研究基地，围绕反过度包装行动，对现已制定的建材、机械、电工、轻工、医疗机械、仪器仪表、中西药、食品、农畜水产、邮电、军工等14大类包装标准进行系统优化和水平提升，解决标准体系不完整、标准互相矛盾、标准水平滞后、可操作性不强等突出问题。

推动包装标准国际接轨。支持企业、高校和科研院所参与国际标准的制定，增强我国在国际包装界的话语权和在规则制定中的参与权。着力提高国际标准的采标率和转化率，完善包装标准推广应用机制，支持行业开展标准化试点示范，推进包装标准在产业发展中的应用与实施。加强标准化重大政策和重点工作的普及性宣传，有效强化包装企业的标准管理意识以及通过标准化建设实现降本增效的能力。

（五）优化产业结构，形成协调发展格局

调整产业组织结构。大力拓展包装工业与国民经济各产业融合发展的广度和深度，推动技术、模式、产品、业态以及管理等各领域的创新，增强产业跨界融合发展能力。支持混合所有制经济发展，推动大中型企业的股权分置改革和细分市场的产业链整合，推动龙头企业采取联合、并购、控股等方式实施企业间、企业与科研院所间的资产重组，形成一批上下游一体发展的企业集团。组建以大型企业为龙头、中型企业为骨干、小微企业为重要补充的产业发展联盟，建立产业联盟示范区，逐步解决包装企业小、散、乱问题。发挥中小企业特色鲜明、机制灵活等特点，重点培育包装工业领域主导产品突出、专项服务卓越、竞争优势明显的专业化“小巨人”企业，形成大中小企业

分工协作、互利共赢的产业组织结构。鼓励包装工业单项冠军企业树立“十年磨一剑”精神，长期专注于企业擅长领域，走“专特优精”发展道路。

促进产业协调发展。适应国家制定的东部地区率先发展战略，进一步发挥包装产业在本区域集聚度高、发展步伐快、辐射带动作用强的先发优势，遴选一批科技型、创新型中小企业和龙头骨干企业（集团），建设具有示范性的国际化研发中心、总部基地和包装制造产业园区。利用中部地区崛起、东北地区振兴和西部地区大开发契机，立足区位优势和区域发展需要，引导包装企业根据区域资源环境承载能力，合理承接转移产能，优化市场配置，设立一批产业转移示范区。扶持包装企业深度融入“一带一路”战略和国家开放发展格局，搭建国际产能和装备制造合作服务平台，加强国际市场拓展和产能国际合作。

（六）培育新型业态，拓展产业发展空间

促进新型业态生长。大力发展服务型制造，利用现代信息网络技术，引导企业重塑生产方式与制造模式，重构与用户、市场之间的关系，拓展产业领域，延伸服务链条。对接上下游产业与终端需求，引导企业由传统包装制造商向包装整体解决方案提供商转型，推动企业由生产型制造向服务型制造转变。加快推动包装产业与生态农业、快速消费品业以及远程物流配送业等领域的跨界融合，发展现代物流包装产业。创新企业经营模式，构建网络营销平台和系统解决方案，积极发展包装电子商务产业。积极推进产业集聚，着力打造包装创意文化等特色产业集群，增强集群的资源集约效应、产业品牌效应、资本溢出效应以及技术共享效应，拉长产业链。

促进军民包装融合。统筹考虑产业发展需要和国防建设需求，从顶层设计、力量布局、技术创新、标准体系、监督评估等方面构建军民融合包装产业发展格局，提升包装产业军民通用化水平。加快军地协调、需求对接、信息互通、资源共享以及技术共用等体系建设，实现包装产业军民融合发展体制机制上的横向衔接和纵向贯通。促进军民融合的科研、生产与服务保障体系建设，重点推进包装产业军民信息与资源共享、技术开发与成果转化、知识产权保护与技术交易等工作。加强军地协同创新，增强军民通用技术转换能力，重点解决联合投送、多式联运等大型装备防护包装、应急物资软包装和特殊功能性包装的关键技术问题。开展包装装备及其运输网络的创新研究和军民融合包装示范工程建设，引领军民融合包装技术核心能力聚集，显著提升遂行多样化军事任务的防护包装保障水平。

（七）开展绿色生产，构建循环发展体系

强化绿色发展理念。充分发挥包装企业在推广适度包装、倡行理性消费中的桥梁、纽带和引导作用，促进设计、生产及使用者在包装全生命周期主动践行绿色发展理念，选择合适品种率先落实生产者责任延伸制度。落实国家循环发展引领计划和能源、资源消耗等总量与强度双控行动，完善计量、监测、统计等节能减排的基本手段，从原材料来源、生产、废弃物回收处理等全生命周期的资源消耗、能耗、排放等方面开展对包装品的环保综合评估。研究制定包装废弃物回收利用促进政策，依托再生资源回收体系，利用互联网、大数据和云计算等现代信息技术和手段，优化包装废弃物回收利用产业链。鼓励有条件的企业与上游生产商、销售商合作，利用现有物流体系，尝试构建包装废弃物逆向物流体系。

发展绿色包装材料。加速推进绿色化、高性能包装材料的自主研发进程，研发一批填补国内空白的关键材料，突破绿色和高性能包装材料的应用及产业化瓶颈。研究制定绿色包装材料相关标准，建立包装材料选用的环保评价体系，重视包装材料研发、制备和使役全过程的环境友好性，推动绿色包装材料科技成果转化，推行使用低（无）VOCs含量的包装原辅材料，逐步推进包装全生命周期无毒无害。倡导包装品采用相同材质的材料，减少使用难以分类回收的复合材料。以可降解、可循环等材料为基材，发展系列与内装物相容性好的食品药品环保包装材料，提高食品药品包装安全性。突破工业品包装材料低碳制备技术，推广综合防护性能优异、可再生复用的包装新材料，增强工业品包装可靠性。促进包装材料产业军民深度融合，推动特殊领域包装材料绿色化提升。

推广绿色包装技术。推行简约化、减量化、复用化及精细化包装设计技术，扶持包装企业开展生态（绿色）设计，积极应用生产质量品质高、资源能源消耗低、对人体健康和环境影响小、便于回收利用的绿色包装材料，提升覆盖包装全生命周期的科学设计能力。加大绿色包装关键材料、技术、装备、工艺及产品的研发力度，支持企业围绕包装废弃物的再次高效利用开展技术攻关。大力推广应用无溶剂、水性胶等环境友好型复合技术，倡导使用柔板印刷等低（无）VOCs排放的先进印刷工艺。重点开发和推广废塑料改性再造、废（碎）玻璃回收再利用、纸铝塑等复合材料分离，以及废纸（金属、塑料等）自动识别、分拣、脱墨等包装废弃物循环利用技术，采用先进节能和低碳环保技术改造传统产业，加强节能环保技术、工艺及装备的推广应用，推行企业循环式生产、产业循环式组合、园区循环式改造，推动企业生产方式绿色化。加强包装绿色制造企业与园区示范工程建设，建设一批绿色转型示范基地，形成一批引领性强、辐射作用大、竞争优势明显的重点企业、大型企业集团和产业集群。

四、保障措施

（一）完善包装管理体系

完善包装法律制度，从市场秩序、技术标准、信用体系等方面规范包装企业的生产经营行为，健全商品包装的生产、流通、销售、回收、利用等体系。推进以“节能减排，环境友好”为核心的绿色包装制度与法规建设，制定《包装行业清洁生产评价指标体系》，开展包装企业清洁生产水平的系统评价，推行包装绿色评估和绿色认证制度。加强包装企业和包装产品市场规范管理。加大包装知识产权的保护力度，加强对假冒伪劣产品、侵权行为的打击，协同上下游产业完善市场治理体系、优化产业发展环境，确保包装产业稳定、健康、可持续发展。

（二）加大政策支持力度

研究制定包装分类回收利用支持政策，支持将绿色包装产业列为国家重点鼓励发展的产业目录，加大对取得绿色包装认证的企业、创新型企业以及低成本、低能耗、近零排污包装工艺与设备研发的政策扶持力度，强化对核心技术的支持和品牌产品的推广，提高包装循环利用率。采取奖励、补助等方式，支持公共服务平台和应用示范项目建设。引导产业投资、风险投资等基金，支持创新产品研发和创新成果产业化，促进技术研发和成果孵化。支持行业组织搭建包装企业信用平台和金融服务平台，开展多种类型、多种形式的规范融资活动。

（三）强化教育科技支撑

推动包装教育体系的不断完善，加快包装产学研合作战略联盟建设，分类引导包装高等教育、职业教育、终身教育的有序发展，不断创新校企合作人才培养模式，扩大具有国际视野的高层次、复合型创新人才培养规模，加大应用型、军地两用型人才培养力度，加快技能型人才培养步伐，实现人才培养与行业发展的对接与匹配。支持建设包装产业技术研发中心、协同创新中心、产学研示范中心（基地）和科技成果孵化中心（基地）等，促进重大科技成果培育、产出与转化，为包装产业的转型发展提供强劲支撑。

（四）发挥行业组织作用

推动行业组织建设网络信息服务、科技创新服务、人才培养综合服务、面向政府的服务、国际交流合作等多元化、全链式的服务平台，建立包装行业数据库和信息共享机制，引导包装产业信息化示范区建设，提升行业组织的综合服务效能。加快构建以行业组织为主体、第三方机构为支撑、企业广泛参与、政府指导推动、社会监督协作的“五位一体”行业信用体系，建立包装企业诚信档案、行业信用数据库和企业信用等级评价制度，不断完善行业信用监管体制，创新行业信用评价模式。支持行业组织实施品牌战略，加快包装品牌的培育与推广。

五、组织实施

各地工业和信息化主管部门、商务部门要加强组织协调，可依据本指导意见，研究制定适合当地包装产业转型发展的具体实施方案或配套政策措施。各地行业组织要按照本指导意见，加强调查研究、协调沟通，围绕转型发展，编制包装产业发展规划，并加强规划的组织领导和有效实施，确保任务落实、措施到位。各企业要切实承担起落实本指导意见确定的各项任务的主体责任，结合企业实际细化落实，增强改善供给责任意识和主体作用，激发活力和创造力，推动包装产业转型升级、健康发展。

工业和信息化部　商务部

2016年12月6日

三部关于加快推进再生资源产业发展的指导意见

工信部联节〔2016〕440号

各省、自治区、直辖市及计划单列市、新疆生产建设兵团工业和信息化、商务、科技主管部门，有关行业协会，有关单位：

为贯彻落实《中华人民共和国国民经济和社会发展第十三个五年规划纲要》、《中国制造2025》（国发〔2015〕28号），引导和推进“十三五”时期再生资源产业持续健康快速发展，提出如下意见：

一、充分认识发展再生资源产业的重要性

“十二五”以来，我国再生资源产业规模不断扩大，2015年，我国主要再生资源回收利用量约为2.46亿吨，产业规模约1.3万亿元。一大批再生资源企业发展壮大，在一些地区已形成了初具规模的产业集聚园区。再生资源产业技术和装备水平大幅提升，发展模式不断创新。再生资源的开发利用，已成为国家资源供给的重要来源，在缓解资源约束、减少环境污染、促进就业、改善民生等方面发挥了积极作用。但与此同时，也面临着一些突出问题，主要表现为循环利用理念尚未在全社会普及，回收利用体系有待健全，产业集约化程度偏低，技术装备水平总体不高，再生产品社会认知度低，配套政策不完善，服务体系尚未建立，标准、统计、人才等基础能力薄弱。

“十三五”时期，我国发展仍处于可以大有作为的重要战略机遇期，经济发展进入新常态，提质增效、转型升级对绿色发展的要求更加紧迫。随着钢材、有色金属等原材料社会消费积蓄量及电器电子产品、塑料、橡胶制品等报废量持续增加，再生资源数量和种类也随之大幅度增长，再生资源产业发展潜力巨大。

再生资源产业发展是生态文明建设的重要内容，是实现绿色发展的重要手段，也是应对气候变化、保障生态安全的重要途径。推动再生资源产业健康持续发展，对转变发展方式，实现资源循环利用，将起到积极的促进作用。大力发展再生资源产业，对全面推进绿色制造、实现绿色增长、引导绿色消费也具有重要意义。

二、总体要求

（一）指导思想

全面贯彻党的十八大和十八届三中、四中、五中、六中全会精神，牢固树立并贯彻创新、协调、绿色、开放、共享的发展理念，着力推进供给侧结构性改革，以再生资源产业转型升级为主线，以创新体制机制为保障，加强法规标准建设，提升产业技术装备水平，提高再生资源产品附加值，加快推动再生资源产业绿色化、循环化、协同化、高值化、专业化、集群化发展，推动再生资源产业发展成为绿色环保产业的重要支柱和新的经济增长点，形成适应我国国情的再生资源产业发展模式，为加快工业绿色发展和生态文明建设做出贡献。

（二）基本原则

市场主导、政府引导。充分发挥市场在资源配置中的决定性作用，以企业为主体，完善相关支持政策，激发企业活力和创造力。加强政府在制度建设、政策制定及行业发展等方面的引导作用，为企业发展创造良好环境。

突出重点、分类施策。以产生量大、战略性强、易于回收利用的再生资源品种为重点，分类指导，精准施策，完善技术规范，实行分重点、分品种、分领域的定制化管理。

创新驱动、转型升级。加强产学研用相结合，推广先进适用关键技术，推动商业模式创新和制度创新，促进再生资源产业结构转型升级、跨越发展。

试点示范、模式推广。组织实施试点示范工程，鼓励优秀企业先行先试，因地制宜，形成可复制、可推广、可借鉴的经验，促进再生资源产业向集聚化、专业化方向发展。

（三）主要目标

到2020年，基本建成管理制度健全、技术装备先进、产业贡献突出、抵御风险能力强、健康有序发展的再生资源产业体系，再生资源回收利用量达到3.5亿吨。建立较为完善的标准规范，产业发展关键核心技术取得新的突破，培育一批具有市场竞争力的示范企业，再生资源产业进一步壮大。

三、主要任务

（一）绿色化发展，保障生态环境安全。将绿色化理念贯穿到再生资源产业链的各环节和全过程，从回收、分拣、运输，到加工、循环化利用、再制造以及废物处理处置，严格执行环保、安全、卫生、劳动保护、质量标准，推动再生资源综合利用企业完善环保制度，加强环保设施建设和运营管理，推进清洁生产，实现达标排放，防止二次污染，保障生态环境安全。

（二）循环化发展，推进产业循环组合。结合“一带一路”建设、京津冀协同发展、长江经济带发展，科学规划，统筹产业带、产业园区的空间布局，鼓励企业之间和产业之间建立物质流、信息流、资金流、产品链紧密结合的循环经济联合体，延伸再生资源产业链条，提升再生资源产品附加值，实现资源跨企业、跨行业、跨产业、跨区域循环利用。

（三）协同化发展，提升产业创新能力。强化企业技术创新主体地位，鼓励企业加大研发投入，加强企业与高等院校、科研院所的紧密结合，鼓励和支持建立产学研用创新联盟，协同开展关

键共性技术攻关。积累一批核心技术知识产权，加快技术成果转化应用。以物联网和大数据为依托，围绕重点领域，瞄准未来技术发展制高点，建设一批产业集聚、优势突出、产学研用有机结合、引领示范作用显著的再生资源产业示范基地，提升成套装备制造的科技创新能力。

（四）高值化发展，促进产品结构升级。提高资源利用效率，推动向高值化利用转变，确保再生产品质量安全。提高再生产品附加值，避免低水平利用和“只循环不经济”。修订完善再生资源产品相关标准体系，鼓励使用经过认定后的再生资源产品。采用再制造新品抵押，实施再制造工程。着力加强再生资源的深加工，提高产品附加值。

（五）专业化发展，提高资源利用效率。推动废旧机电产品、汽车、电器电子产品、电池等再生资源利用规模化和精细化发展。根据分行业、分品种的再生资源特征，开展行业规范条件及生产者责任延伸制度等分类指导管理。依托电信运营商的服务网点，探索建立废旧手机、电池、充电器等通信产品回收利用新模式。依托“互联网+”，建立线上线下融合的回收模式，不断提高重点品种特别是低值再生资源回收率。

（六）集群化发展，实现产业集聚配套。鼓励再生资源综合利用企业集聚发展。鼓励通过兼并、重组、联营等方式，提高行业集中度。在废有色金属、废塑料、废弃电器电子产品资源化利用等重点领域，依靠技术创新驱动，实现规模化发展。促进再生资源回收体系、国家“城市矿产”示范基地、资源循环利用基地产业链有效衔接，建立产业良性发展环境，探索符合产业发展规律的商业模式，培育再生资源龙头企业。

四、重点领域

（一）废钢铁。结合各地区钢铁产能和废钢资源量，合理规划废钢加工配送企业布局，保障区域市场稳定和资源供应。继续加强废钢铁加工行业规范管理，健全废钢铁产品标准体系，推动完善废钢利用产业政策和税收政策，促进钢铁企业多用废钢。鼓励废钢铁供给企业与钢铁利用企业深度合作，促进废钢铁“回收—加工—利用”产业链有效衔接，形成可推广的产业创新模式。到2020年，引导废钢铁加工企业规范发展，废钢消耗量达到1.5亿吨。

（二）废有色金属。推进以龙头企业、试点示范企业为主体的废有色金属回收利用体系建设，利用信息化提升废有色金属交易智能化水平。引导企业进入园区，推进清洁生产，实现集中生产、废水集中处理，防止二次污染。到2020年，废有色金属利用规模达到1800万吨，其中再生铜440万吨，再生铝900万吨，再生铅250万吨，再生锌210万吨。

（三）废塑料。大力推进废塑料回收利用体系建设，支持不同品质废塑料的多元化、高值化利用。以当前资源量大、再生利用率高的品种为重点，鼓励开展废塑料重点品种再生利用示范，推广规模化的废塑料破碎-分选-改性-造粒先进高效生产线，培育一批龙头企业。积极推动低品质、易污染环境的废塑料资源化利用，鼓励对生活垃圾塑料进行无污染的能源化利用，逐步减少废塑料填埋。到2020年，国内产生的废塑料回收利用规模达2300万吨。

（四）废纸。加快推进废纸分拣加工中心规范建设，在重点区域建立大型废纸仓储物流交易中心，有效降低废纸区域间流动成本。提升废纸分拣加工自动化水平和标准化程度，推广废纸自动分选技术和装备，提高废纸回收利用率和高值化利用水平。推动废纸利用过程中的废弃物资源化利用和无害化处置，降低废纸加工利用过程中的环境影响。到2020年，国内废纸回收利用规模达到5500万吨，国内废纸回收利用率达到50%。

（五）废旧轮胎。开发轮胎翻新再制造先进技术，推行轮胎翻新先进技术保障体系建设，实施产品质量监控管理，确保翻新轮胎的产品质量。研发和推广高效、低耗废轮胎橡胶粉、新型环保再生橡胶及热裂解生产技术与装备，实现废轮胎的环保达标利用。到2020年，废轮胎回收环保达标利用规模达到850万吨，轮胎翻新率达到8～10%。

（六）废弃电器电子产品。积极落实《废弃电器电子产品回收处理管理条例》，推进废弃电器电子产品处理目录产品的回收利用。加强废弃电器电子产品资源化利用，大力开发资源化利用技术装备，研究制定废弃电器电子产品资源化利用评价指标体系，建立废弃电器电子产品资源化利用“领跑者”制度。开展电器电子产品生产者责任延伸试点，探索形成适合不同品种特点的生产者责任延伸模式。到2020年，废弃电器电子产品回收利用量达到6.9亿台。

（七）报废机动车。推动报废汽车拆解资源化利用装备制造，积极推进发动机及主要零部件再制造，实施再制造产品认定，发布再制造产品技术目录，制定汽车零部件循环使用标准规范，实现报废机动车零部件高值化利用。开展新能源汽车动力电池回收利用试点，建立完善废旧动力电池资源化利用标准体系，推进废旧动力电池梯级利用。通过创新回收机制、探索建立生产者责任延伸制度、提升资源化利用技术水平，打造完善的报废汽车资源化产业链。到2020年，报废机动车再生利用率达到95%。

（八）废旧纺织品。推动建设废旧纺织品回收利用体系，规范废旧纺织品回收、分拣、分级利用机制。开发废旧瓶片物理法、化学法兼备的高效连续生产关键技术，突破废旧纺织品预处理与分离技术、纤维高值化再利用及制品生产技术。支持利用废旧纺织品、废旧瓶片生产再生纱线、再生长丝、再生短纤、建筑材料、市政材料、汽车内饰材料、建材产品等，提高废旧纺织品在土工建筑、建材、汽车、家居装潢等领域的再利用水平。到2020年，废旧纺织品综合利用总量达到900万吨。

五、重大试点示范

（一）废钢铁精选炉料示范

围绕废钢铁中含有铜、铝等有色金属及塑料、橡胶等夹杂物，开发推广废钢铁自动高效分选技术与装备，提高废钢铁炉料品质，实现精料入炉。到2020年，全国钢铁生产利用废钢比例达到15%。

（二）废有色金属高值化利用示范

开发原料处理、火法冶炼、湿法分离、有价金属提炼等先进工艺，开展废铜直接制杆生产高导电铜、黄杂铜生产高精度板带等高值化利用，提高铜、镍、金、银、铂、钯等金属利用效率，建设再生高温合金万吨级，再生硬质合金、钛及钛合金、钼及钼合金千吨级，再生贵金属吨级以上战略稀贵金属资源化示范企业。

（三）废塑料高值高质利用示范

重点研发废塑料自动识别及分选技术，纸塑、铝塑、钢塑复合材料等分离技术，开发废塑料改性等高值化利用技术、废塑料回收利用二次污染控制技术及专用设备，建设一批生产规模不低于20万吨/年的龙头企业，重点支持一批高效再生利用、有效促进环境保护的废塑料回收利用示范企业，大幅提升塑料再生产品品质，提高市场竞争力。

（四）废纸再生利用示范

以废纸产生量大、利用量大的区域为重点，完善收运、分选、打包等物流体系，建设电子交易平台，提供资金、交易、信息等综合服务，培育3-5家经营量在30万吨以上大型废纸加工交易示范基地，在区域废纸供应链中发挥重要集聚功能。

（五）废橡胶清洁化利用示范

开发再生橡胶绿色化、智能化、连续化成套设备，研发工业连续化整胎热裂解技术装备，推广连续密闭再生胶生产、负压裂解等技术，扩大改性沥青、高强力再生胶、高品质炭黑等产品推广应用，培育10家左右废橡胶清洁化和高值化利用示范企业。

（六）电器电子产品生产者责任延伸试点示范

围绕履行电器电子产品回收和资源化利用为重点，建成一批生产者责任延伸标杆企业，培育一批包括行业组织在内的第三方机构，扶持若干技术、检测认证及信息服务等支撑机构，形成适合不同电器电子产品特点的生产者责任延伸模式。

（七）新能源动力电池回收利用示范

重点围绕京津冀、长三角、珠三角等新能源汽车发展集聚区域，选择若干城市开展新能源汽车动力蓄电池回收利用试点示范，通过物联网、大数据等信息化手段，建立可追溯管理系统，支持建立普适性强、经济性好的回收利用模式，开展梯级利用和再利用技术研究、产品开发及示范应用。

（八）废旧纺织品综合利用示范

推动废旧纺织品及废旧瓶片分离、利用技术产业化，研发推广适合国情的废旧纺织品及废旧瓶片快速检测、分拆、破碎设备，物理法、化学法兼备的高效连续生产关键技术，废旧涤纶、涤棉纺织品、纯棉纺织品再利用技术，开发一批高附加值产品。围绕回收箱等社会回收方式与高校、社区等合作共建回收体系，形成废旧纺织品回收、分类、利用全流程规范化示范。建设10家废旧纺织品及废旧瓶片综合利用规范化示范项目。

（九）再生资源产业创新发展中心示范

以企业为主体，推动再生资源上下游产业链协同创新，加强政、产、学、研、用深度融合，探索技术创新、制度创新、商业模式创新的全过程创新发展模式，推动再生资源产业发展壮大。到2020年，围绕再生资源主要领域，形成20家左右再生资源产业创新发展中心。

（十）再生资源产业国际合作示范

鼓励和支持有实力的企业积极参与国际合作，利用我国再生资源综合利用产业的产能、技术与资金优势，促进我国再生资源产业从传统的“原料进口+产品输出”转向“投资+贸易”方式。到2020年，力争培育一批具有国际影响力的企业，推动一批国际合作重点项目，探索共建再生资源国际合作示范园区。

六、保障措施

（一）完善法规制度。推动相关法律制度建设，加快再生资源产业发展法制化进程。探索生产者责任延伸新模式，建立健全生产者责任延伸制度。研究建立再生资源材料使用制度，将再生资源产品纳入政府采购目录，鼓励再生材料和产品应用。完善再生资源综合利用行业规范条件制度，发布符合行业规范条件的企业名单。

（二）强化技术支撑。完善再生资源产业发展创新驱动机制，将资源循环利用共性关键技术研发列入国家科技计划。研究设立再生资源产业发展专项基金，加大对再生资源技术装备产业化和公共平台建设的支持力度。支持企业与高校、科研机构等开展产学研联合，加快新技术、新工艺、新材料、新产品和新设备的推广应用。鼓励企业研发综合利用先进技术装备及促进成果转化。

（三）创新管理模式。研究制定企业负面清单。依托“互联网+”，建立再生资源产业服务平台和信用评估系统，促进规范化再生资源利用企业发布环境保护和企业社会责任报告；以再生资源品种、产业规模、技术规范、产品标准等为重点，建立以促进资源化为目标的再生资源标准体系。

（四）加大政策支持力度。发挥财政资金对产业发展的引导作用，加大工业转型升级、节能减排等专项财政资金支持力度。落实资源综合利用税收优惠政策，加快再生产品、再制造等绿色产品的推广应用。发展绿色信贷，支持符合条件的再生资源企业，通过上市、发行企业债券、票据等多渠道筹措资金，破解企业融资难题。

（五）加强基础能力建设。加强再生资源产业相关指标信息监测，通过大数据，实现再生资源数据监测、统计分析、产品交易等技术服务。培养建立再生资源产业发展人才队伍，开展行业骨干技术人员培训，发挥产业发展专业人才带动作用。

(六)加强舆论宣传。加强舆论宣传引导，开展多层次、多形式的宣传活动，提高公众对再生资源产业发展在生态文明建设中重要作用的认识。对实施效果好的资源再生利用典型项目进行交流推广，组织发布资源再生利用典型模式案例，通过现场推介会、电视、报刊、网络等各种媒介进行宣传推广。

工业和信息化部 商务部 科技部

2016年12月21日

工业和信息化部关于加强“十三五”信息通信业节能减排工作的指导意见

工信部节[2017]77号

各省、自治区、直辖市及计划单列市、新疆生产建设兵团工业和信息化主管部门，各省、自治区、直辖市通信管理局，中国通信企业协会，中国电信集团公司、中国移动通信集团公司、中国联合网络通信集团有限公司，中国铁塔股份有限公司，相关单位：

为贯彻落实《信息通信行业发展规划(2016-2020年)》(工信部规〔2016〕424号)，引导和推进“十三五”信息通信业节能减排工作，提出如下意见：

一、充分认识信息通信业节能减排的重要性

“十二五”期间，信息通信业按照国家节能减排总体部署，深入推进节能减排技术进步和科技创新，深化节能减排管理体系建设，大力推进节能减排新技术应用，积极开展老旧高耗能设备退网，深入实施电信基础设施共建共享，着力推动国家绿色数据中心试点建设，深入推进网络光纤化改造，推动构建绿色信息通信网络。新建大型数据中心的能耗效率(PUE)值普遍低于1.5，单位电信业务总量综合能耗从2010年的52.1千克标准煤/万元下降到2015年的31.5千克标准煤/万元，累计下降39.7%，提前并超额完成了“十二五”节能减排目标，节能减排工作取得显著成效。

“十三五”是建设网络强国、构建新一代信息基础设施的关键期，《信息通信行业发展规划(2016-2020年)》提出“十三五”行业内节能技术广泛应用，高耗能网络设备大规模减少，形成完善的绿色评价体系和机制，达到与生态文明建设相适应的行业绿色发展水平。这些都对信息通信业的绿色发展提出了更高要求。提升绿色化水平是推动信息通信网络发展的必然途径，全行业必须充分认识开展节能减排的重要性和紧迫性，加大科技创新和研发力度，大力推进节能减排工作，为国家生态文明建设作出积极贡献。

二、总体要求

(一)指导思想

全面贯彻落实党的十八大和十八届三中、四中、五中、六中全会精神，牢固树立和贯彻落实创新、协调、绿色、开放、共享的发展理念，着力推进供给侧结构性改革，以信息化应用促进全社会节能减排为重点，以提升信息通信业资源能源利用效率为主线，以绿色科技创新为支撑，以政策法规标准制度建设为保障，大力推进信息通信产业升级，建立健全信息通信业绿色发展长效机制，走高效、清洁、低碳、循环的绿色发展道路，促进行业健康和可持续发展。

(三)主要目标

到2020年，信息通信网络全面应用节能减排技术，高能耗老旧通信设备基本淘汰；电信基础设施共建共享全面推进；通信业能耗基本可比国际先进水平，实现单位电信业务总量综合能耗较2015年底下降10%；新建大型、超大型数据中心的能耗效率(PUE)值达到1.4以下；新能源和可再生能源应用比例大幅提升。

三、重点任务

(一)以信息通信技术应用带动全社会节能减排

通过促进“互联网+”、共享经济发展推动传统行业转型升级，推动能源管理信息化系统在重点行业中的应用，对企业能源输配和消耗情况实施动态监测、控制和优化管理，不断加强企业对能源的平衡、调度、分析和预测能力，实现企业用能的精细化和数字化管理。

(二)加强行业节能减排技术创新推广

1.创新推广绿色网络技术。全面推进信息通信业节能减排改造及技术创新，强化技术节能，积极构建先进绿色网络。新建通信网络全面采用节能减排新技术和设备，推进通信网络结构性和系统性节能减排创新；积极推进现网老旧高耗能传统设备退网，加快传统交换设备和高耗能设备的升级改造；加快电信用户向光纤网络迁移，深入推进光网城市建设。

2.创新推广绿色数据中心技术。推广绿色智能服务器、自然冷源、余热利用、分布式供能等先进技术和产品的应用，以及现有老旧数据中心节能改造典型应用，加快绿色数据中心建设；认真执行绿色数据中心相关标准，优化机房的油机配备、冷热气流布局，从机房建设、主设备选型等方面进一步降低能耗。

3.创新推广云计算等新一代信息节能技术。鼓励互联网企业开放平台资源，加强行业云服务平台建设，支持行业信息系统向云平台迁移。加速软件定义网络(SDN)/网络功能虚拟化(NFV)技术在信息通信网络结构优化升级中的应用，提升网络资源的利用率，降低运营成本。加强信息系统(IT)服务器的节能管理，通过资源虚拟化、云化等科技手段提高服务器资源利用率。

4.创新推广能源高效利用和新能源技术。推进电力能源高效使用，推广高压直流供电和高效模块化不间断电源等节能技术和设备，提高风能、太阳能、新型蓄电池等新能源占比。

(三)积极推进行业结构性节能减排

1.深化基础资源共建共享。做好城市通信基础设施专项规划编制工作，加大电信管道、杆路、铁塔、基站机房、光缆、住宅小区电信设施的共建共享力度，实现电信基础设施集约建设；扩展基础设施共建共享的深度和广度，探索跨行业的共建共享，扩大共建共享带来的节能效应。

2.推动绿色供应链建设。积极推动行业设备研发、制造、运输、回收等全生命周期节能减排，加快构建信息通信业供应链绿色标准体系，提高节能、节水、节地、节材指标及计量要求。加强联

合研发，共同推动无线、信息系统和传输网等设备降低功耗，推广绿色包装应用，加强废旧设备管理，不断完善对信息通信废弃设备的回收管理，减少对环境的影响，推动绿色循环发展。

(四)推动企业节能减排管理体系与平台建设

1.加强企业节能减排管理制度建设。推动信息通信行业企业逐步完善节能减排目标责任制，逐级落实节能减排目标、责任单位和责任人，健全节能减排各项规章制度，完善节能减排组织管理体系、能耗统计体系、绩效考核管理体系等。

2.深化节能减排统计监测平台建设。运用物联网、大数据、云计算技术，对信息通信行业企业能源消耗情况实施动态监测、控制和优化管理，提高分析、预测和平衡调度能力，实现节能减排的精准化管控。

(五)完善行业节能减排政策标准体系建设

进一步完善信息通信设备节能分级标准及绿色数据中心相关标准，充分发挥标准的引导和约束作用，加快构建信息通信业绿色供应链，有效支撑行业节能减排工作。

(六)探索与创新市场推动机制

1.建立健全第三方节能服务机制。创新合同能源管理，健全利益分享机制，推广能源费用托管、节能量保证、节能设备租赁等商业模式，满足用能单位的个性化需求。充分发挥第三方服务机构的作用，为企业提供检测、认证、培训等服务，为节能减排新技术、新政策、新标准的研究制定和应用建言献策，共同推进节能减排工作。

2.建立健全节能金融服务模式。加强产融衔接，探索建立绿色信贷、绿色债券、绿色产业基金支持信息通信业节能减排项目建设的服务模式，推动企业落实节能减排技术改造和新技术新产品推广，实现行业绿色发展。

四、保障措施

(一)加强行业指导与监管

积极开展信息通信业节能减排政策、标准、规范的研究制定工作，编制信息通信业节能减排新技术指导目录及老旧高耗能通信设备淘汰指导目录，提升行业重点环节、重点领域节能减排工作。

(二)加大政策支持力度

加大工业转型升级、节能减排等专项财政资金对信息通信行业节能减排的支持力度。落实节能减排税收优惠和政府采购政策，加快绿色产品的推广应用。鼓励金融机构为信息通信业企业节能减排项目提供便捷、优惠的担保服务和信贷支持。

(三)强化企业主体责任

基础电信企业应进一步加强节能减排管理，健全企业节能减排相关制度。鼓励互联网企业落实节能减排责任，针对数据中心、云计算平台、内容分发网络(CDN)设施等高耗能环节开展技术创新和推广工作。各单位应积极落实相关法律法规，执行节能减排相关标准，定期开展节能教育及岗位培训。

(四)加强宣传交流

充分利用基础电信企业和互联网企业信息平台优势，运用多种渠道开展节能减排宣传，发挥好引导作用。持续提升行业人员对节能减排工作的认识，营造行业节能减排氛围。积极开展国际合作和交流，借鉴国外先进经验和做法，创新工作思路，不断提高行业节能减排水平。

工业和信息化部

2017年4月19日

环境保护部政策文件

关于发布重点流域水污染防治专项规划2015年度考核结果的公告

公告2016年第57号

根据国务院办公厅转发的《重点流域水污染防治专项规划实施情况考核暂行办法》（国办发〔2009〕38号），环境保护部会同发展改革委、财政部、住房城乡建设部、水利部、三峡办、南水北调办等国务院有关部门对淮河、海河、辽河、松花江、巢湖、滇池、黄河中上游、三峡库区及其上游、长江中下游等重点流域25个省（区、市）人民政府2015年度实施《重点流域水污染防治规划（2011-2015年）》和《长江中下游流域水污染防治规划（2011-2015年）》（以下合并简称《规划》）情况进行了考核。

2015年，《规划》共确定428个考核断面，有13个断面因断流不计入考核，实际考核断面415个，其中达标313个，占实际考核断面总数的75.4%，与上年同口径相比提高2.9个百分点。辽河、淮河、松花江、长江中下游、三峡库区及其上游、黄河中上游、海河、滇池和巢湖流域达标断面比例分别为96.0%、84.1%、82.9%、78.7%、75.5%、72.5%、64.0%、63.6%和50.0%。《规划》共安排6844个水污染防治项目，截至2015年底，完成（含调试）4985个，占项目总数的72.8%。淮河、巢湖、海河流域项目进展较快，松花江、三峡库区及其上游流域项目进展较慢。

总的来看，《规划》确定的各项目标任务基本完成，各省份均通过重点流域水污染防治专项规划2015年度实施情况考核。其中，山东省、江苏省、贵州省、上海市、辽宁省、宁夏回族自治区、广西壮族自治区、湖南省、黑龙江省、内蒙古自治区、青海省、江西省、安徽省、四川省、重庆市、山西省、河南省等17个省（区、市）考核结果为好，甘肃省、陕西省、云南省、湖北省、吉林省考核结果为较好，河北省、天津市、北京市考核结果为一般。

请各省（区、市）认真贯彻落实《水污染防治行动计划》，根据本地区《水污染防治目标责任书》确定的环境质量目标，细化任务，明确责任，加强协调，推动落实，确保水环境质量持续改善。

特此公告。

附件：1. 各省份重点流域水污染防治专项规划完成情况（略）

2. 重点流域水污染防治专项规划2015年度实施情况汇总表（略）

3. 各流域水污染防治专项规划2015年度实施情况考核结果（略）

环境保护部

2016年9月7日

国家污染物排放标准实施评估工作指南（试行）（节录）

（环境保护部办公厅2016年9月29日）

1目的和适用范围

1.1目的

全面了解国家污染物排放标准执行情况，掌握标准实施的环境效益、经济成本、达标技术和达标率，规范标准实施评估工作方法，为修订标准和完善环境管理、持续提升标准的科学性和可操作性提供依据。

1.2适用范围

本指南适用于指导国家污染物排放标准实施评估工作地方污染物排放标准实施评估工作可参照执行。

2工作原则

2.1完整性原则

评估工作应覆盖污染物排放标准的全部内容，包括适用范围、规范性引用文件、术语和定义、污染物项目和限值、基准排水量、基准排气量（或基准氧含量）、污染物监测要求、实施与监督等。

2.2重点突出原则

评估工作应重点关注标准制定过程中与标准实施后管理部门、企业和公众普遍反映的问题，重点评估标准执行情况，分析标准实施的环境效益、经济成本、达标技术和达标率。

2.3客观性原则

标准制订单位不能作为标准评估工作的主承担单位。评估工作过程应公开、公正、公平，分析所用数据和资料客观、有代表性，分析方法科学合理，论据充分。

2.4广泛参与原则

评估工作应广泛听取环境保护管理部门、行业主管部门或行业协会、排污企业、污染治理公司以及行业专家等各方面的意见。

3工作过程

标准实施评估工作大体分为三个阶段。第一阶段主要工作为收集有关文件和资料，筛选调研地区、企业以及现场监测企业，编制调查问卷，确定收集监测数据的内容与渠道，明确评估内容、评估重点、工作步骤与计划，编制实施方案；第二阶段主要工作为开展重点地区与企业调研，召开座谈会、发放调查问卷、收集监测数据，必要时对典型企业开展污染物排放现场监测，初步分析环境效益、经济成本、达标技术和达标率；第三阶段主要工作为汇总、分析收集到的各种资料、数据，对有疑问的部分进行补充调研，完成标准实施评估报告的编制，给出结论及相应建议。（略）

关于扎实做好今冬明春大气污染防治工作的通知

环办大气[2016]101号

各省、自治区、直辖市人民政府办公厅：

为贯彻落实《大气污染防治行动计划》（以下简称《大气十条》），做好今冬明春大气污染防治工作，不断改善环境空气质量，切实保障人民群众身体健康，现将有关事项通知如下：

一、充分认识做好今冬明春大气污染防治工作的紧迫性

冬春季节是我国大气污染最为突出的时期。中国工程院发布的《〈大气污染防治行动计划〉实施情况中期评估报告》显示，冬季重污染对全年细颗粒物（PM2.5）平均浓度有明显的拉升作用。京津冀、长三角和珠三角区域内所有重点城市PM2.5冬季高值对全年均值的贡献达35%左右；2013-2015年，PM2.5重污染天气对北京和石家庄PM2.5年均值的贡献分别高达38.7%和65.3%。

根据气象数据显示，2016年冬季可能发生弱的拉尼娜事件，导致湿度偏大，静稳天气增多，特别是华北地区将可能发生持续多日的静稳天气。这些气候特征不利于空气扩散，容易形成污染积聚，极易形成重污染天气。2016年9月下旬以来，受不利气象条件影响，京津冀及周边地区已经出现多次重污染天气过程，发生时间早、频次高、范围大，对人民群众生产生活造成不利影响，引起社会各界的广泛关注。

最新空气质量监测数据显示，一些省份完成2016年度《大气十条》目标和环境空气质量约束性指标压力巨大。截至2016年9月，个别省份颗粒物浓度同比上升、优良天数比例同比下降，另有个别省份环境空气质量虽有所改善，但改善幅度低于年度目标要求。今冬明春的工作成效不仅决定能否完成年度任务，也对《大气十条》能否圆满收官起到关键作用。因此必须正确认识当前大气污染防治工作面临的严峻形势，进一步统一思想，提高认识，坚持问题导向，早作部署，狠抓落实，切实做好今冬明春大气污染防治工作和重污染天气应对工作。

二、坚决打好今冬明春大气污染防治攻坚战

为加强今冬明春大气污染治理工作，确保完成环境空气质量改善目标，各地要严格落实大气污染防治措施，着力做好以下几项工作：

（一）加强督查督办。各地要结合本地空气质量现状，根据2016年度《大气十条》颗粒物浓度下降任务和“十三五”未达标城市PM2.5平均浓度下降、空气优良天数比例提高等环境空气质量约束性指标任务完成情况，逐月调度每个地市环境空气质量变化情况。对于改善幅度低于年度目标的城市和地区，要加大督查督办力度，采取约谈、社会公开等方式，督促采取针对性更强的措施，提高治理效果，切实降低大气污染物平均浓度，提高优良天数比例。

（二）确保工业企业达标排放。按照火电、钢铁、水泥、平板玻璃等重点行业限期治理方案要求，加快重点行业环保提标改造步伐。尽量将设备检修维护时间安排在供暖期，减少冬季污染排放。加大涉气企业排查力度，强化对火电、钢铁等重点排污企业的监管，督促企业达标排放。

（三）加快燃煤污染治理进度。加大煤质管控力度，坚决取缔非法售煤网点，严厉打击销售劣质煤的行为。加大燃煤锅炉治理力度，加快集中供热工程建设，对列入2016年计划燃煤机组超低排放改造和燃煤锅炉改燃气关停任务的，力争在供暖季前完成。加大燃煤设施监管力度，确保环保设施高效运行。科学合理设置冬季居民集中供热启动方案，避免集中供热启动和不利气象条件叠加形成重污染天气。京津冀及周边地区要加快散煤清洁能源替代工作进度，对没有完成散煤清洁能源替代的地区，要落实优质燃煤替代工作。

（四）实行工业错峰生产。积极组织北方地区开展水泥行业错峰生产，严格按照工业和信息化部、环境保护部印发的《关于进一步做好水泥错峰生产的通知》（工信部联原〔2016〕351号）要求的错峰生产时间执行。京津冀传输通道各城市对电力、铸造、砖瓦窑行业实施错峰生产调控：对于铸造行业，纳入工业和信息化部铸造企业准入公告的企业，原则上于2017年1月1日至2月28日错峰停产，其他铸造企业于2016年11月15日至2017年3月15日错峰停产；对于煤电行业，未达到超低排放水平的煤电机组，原则上于2016年11月15日至2017年3月15日错峰停产；焦化、锅炉等行业达不到排放标准要求的，一律停产整治。

（五）强化机动车等移动源污染防治。积极采取鼓励和限制性措施，推进黄标车和老旧车加快淘汰，确保完成国务院2016年确定的380万辆淘汰任务。加大重型柴油车和非道路移动机械、船舶污染治理力度，开展重型载货车辆联合执法检查，推进城市依法划定并公布禁止使用高排放非道路移动机械区域，严厉查处违法超标排放行为。对在道路上行驶的机动车，加大监督抽测力度，依法处罚超标车辆并督促及时维修。加快机动车排污监控平台联网建设，2016年底前，京津冀及周边地区、长三角、珠三角等重点区域要率先实现国家、省、市三级联网。

（六）提高面源管理精细化水平。严格执行施工工地和道路扬尘控制措施，做好工业渣场扬尘监管，防止风蚀起尘。加强渣土运输车辆管理，确保物料运输车辆遮盖封闭，严查道路遗撒和乱倾乱倒行为。严查露天烧烤，流动烧烤摊要入店经营或集中经营，室内烧烤需配备油烟净化设施，并进行清理维护以确保正常运行。严控焚烧垃圾及面源污染，控制焚烧生活垃圾、枯枝烂叶及燃煤“冒黑烟”等行为。倡导减少烟花爆竹燃放，节日期间用好临时性限制燃放措施，减轻燃放造成的污染影响。

（七）强化环境执法监管。组织开展冬季大气污染防治执法检查，对集中供热企业达标排放、扬尘污染管控、燃煤小锅炉淘汰、散乱污企业聚集群整治等情况进行重点督查，每月公布一批不能达标的企业名单。对仍不能达标的企业，要立即责令停产整治，依法按上限处罚。重污染天气应急响应启动时，对本行政区域内城市应急预案启动、预警发布及各项响应措施落实情况进行督查。

三、妥善应对重污染天气

重污染天气对全年空气质量改善影响巨大，要把重污染天气应对作为大气污染防治工作的重中之重，切实减轻重污染影响。

（一）着力提高预测预报的准确性。各地要全面加强环境监测人员业务培训和基础能力建设，规范预报程序，减少系统性误差，提高预报准确性。细化空气质量应急预警程序的启动和结束条件、信息发布方式和途径，做好24小时、48小时预报和未来3天或一周空气质量变化趋势预报，预报等级统一按照上限执行。重污染天气发生时，及时准确地发布预警信息。同时，要做好新闻宣传工作，组织好专家解读，提醒公众做好卫生防护，及时回应舆论热点。

（二）着力提高应急预案的可操作性。做好应急预案修订工作，突出应急预案的针对性和可操作性。明确污染物应急减排比例，制定各级别预警减排力度底线，大幅提高结构减排的比重，通过依法实施重污染企业停产的方式将污染峰值降下来。细化减排措施，明确各级别减排措施的具体工艺流程和停限产设备，同时实施动态更新。企业要按照应急预案要求，明确停产的具体流程。各省

（区、市）要在供暖季前，对本行政区域内城市应急预案进行评估检查，确保应急措施可操作、可核查、可计量。

（三）着力提高应急联动的同步性。重点区域要强化重污染天气预警会商及应急联动机制，提高区域联合应对能力。2016年率先在京津冀及周边地区启动应急联动工作，我部将组织有关专家和地方集中开展空气质量预测预报会商，并根据会商结果向各地推送差异化的重污染天气预警建议，明确地方政府应急启动时间和级别，加强区域联动，精准指导各地启动减排措施，取得环境效益的最大化。

（四）着力提高应急管控的针对性。强化重污染天气应对的实时评估，实现精确打击，推动应对工作由过去“大水漫灌式”的减排方式转变为精准减排。供暖季期间，各地对每一次重污染天气同步开展保障效果评估，追因溯源，科学评价措施实施效果，根据污染组分和气象变化，及时提出防控建议，调整污染防控重点，优化督查方向。

我部将组织开展2016年冬季大气污染防治专项督查，重点督查各地落实《大气十条》情况和涉气排污单位贯彻执行《大气污染防治法》情况。重污染天气发生时，选取重点城市重点督查预警发布、应急预案的启动及各项响应措施的落实情况。对大气污染防治工作落实不到位、未能有效应对重污染天气、空气质量恶化趋势明显的，将采取约谈、区域限批、挂牌督办等措施。已发布冬季大气污染防治有关文件的省（区、市），请于2016年11月15日前将有关文件报我部。

环境保护部办公厅

2016年10月28日

住房城乡建设部政策文件

住房城乡建设部建筑节能与科技司2017年工作要点

2017年3月1日

2017年建筑节能与科技工作思路是，全面贯彻党的十八大和十八届三中、四中、五中、六中全会精神，深入贯彻习近平总书记系列重要讲话精神，认真落实中央城市工作会议、全国科技创新大会要求，按照《中共中央国务院关于进一步加强城市规划建设管理工作的若干意见》任务分工，根据全国住房城乡建设工作会议部署，遵循创新、协调、绿色、开放、共享理念，强化责任担当，开拓创新、整合资源、提高效率，重点抓好提升建筑节能与绿色建筑发展水平、全面推进装配式建筑、积极推动重大科技创新以及应对气候变化、务实推进智慧城建等工作。工作要点如下：

一、全面推进装配式建筑

（一）制定发展规划。出台《装配式建筑行动方案》，明确行动目标和工作任务，指导重点推进地区、积极推进地区和鼓励推进地区制定省级发展规划、年度计划和实施方案。建立装配式建筑统计信息系统，加强监督考核，定期通报各省装配式建筑进展情况。

（二）完善技术标准体系。开展装配式建筑技术体系和产品评估推广工作，研究梳理并重点推广成熟先进可靠的技术体系。制定装配式建筑相关技术标准，编制部品部件标准及图集，完善装配式建筑标准规范。

（三）提升装配式建筑产业配套能力。开展装配式建筑设计、部品部件生产、装配施工和全装修专项调研，推动设计、生产、施工、装修等全产业链发展。制定装配式建筑示范城市和产业基地管理办法，创建一批国家级装配式建筑示范城市、产业基地和工程项目。编制《木结构建筑发展专项规划》，推动木结构建筑试点示范和钢结构建筑推广工作取得进展。

（四）加强装配式建筑队伍建设。指导各地结合建筑业改革和产业结构调整，发展具有装配式建筑能力的企业集团。加大装配式建筑技术培训和宣传推广力度，广泛开展国际交流合作，促进人才队伍建设。推动与装配式建筑相适应的设计、生产、施工、验收和招投标等监管制度创新，合力推进装配式建筑工程总承包和装配式建筑全装修。

二、提升建筑节能与绿色建筑发展水平

（一）提高建筑节能标准。印发《“十三五”建筑节能与绿色建筑发展专项规划》。组织开展建筑节能、绿色建筑与装配式建筑实施情况专项检查。开展建筑节能与可再生能源应用、建筑环境全文强制标准研编及严寒、寒冷地区城镇新建居住建筑节能设计标准修订。推动重点区域城市及建筑门窗等关键部位提高建筑节能标准。推进超低能耗建筑试点。

（二）推进既有建筑节能改造。落实北方地区冬季清洁取暖要求，对既有居住建筑进行节能改造，并探索以建筑节能改造为重点，适老化改造、建筑功能提升及居住环境整治同步实施的综合改造模式。加强公共建筑能耗动态监测平台建设，加大城市级平台建设力度。推动一批城市制定发布公共建筑能耗限额标准。推进公共建筑节能改造重点城市建设，开展公共建筑电力需求侧管理试

点。会同有关部门制定绿色校园建设指导意见并开展试点。

（三）推广绿色建筑及绿色建材。会同有关部门制定绿色信贷支持建筑节能与绿色建筑发展实施意见。推动有条件地区城镇新建建筑全面执行绿色建筑标准。强化绿色建筑评价标识项目质量管理，研究建立绿色建筑第三方评价机构诚信体系。研究制（修）订绿色建筑施工图审查技术要点及施工质量验收规范。开展年度绿色建筑创新奖评审。加快推进绿色建材评价工作，编制《绿色建材评价分类目录》和以装配式建筑部品部件为重点的绿色建材评价技术导则。研究制定绿色建筑、装配式建筑应用绿色建材的相关要求和政策措施，提高绿色建材应用比例。

（四）深化可再生能源建筑应用。积极利用太阳能、浅层地热能、空气热能等解决建筑取暖需求，推行可再生能源清洁取暖。配合做好“余热暖民”工程。加快中央财政支持的可再生能源建筑应用示范项目验收，强化相关政策、标准、技术、产品等方面的示范成果总结。推动农村地区被动式太阳能房建设。

三、积极推进建设科技创新

（一）发布实施住房城乡建设“十三五”科技创新专项规划。研究制订《规划》落实方案、工作分工和考核办法，推动部省联动和工作协同。跟踪先进技术发展趋势，加大行业应用的前瞻性研究。

（二）组织实施重点科研项目。深入实施国家科技重大专项和重点研发计划项目，在城镇水污染治理、城乡规划遥感监测与评估、绿色建筑及建筑工业化等方面突破和集成一批标志性科技成果。提炼部门和行业重点领域的科技需求，积极争取国家重点研发计划支持立项攻关。

（三）构建科技创新平台。建立部、省协同推进机制，制订住房城乡建设科技创新平台管理办法。研究制定行业科技创新平台规划，分类组建一批重点领域科技创新基地，完善行业专家智库，增强行业科技创新能力。

（四）推进科技成果转化。加强部科技计划项目实施的全过程管理。研究编制住房城乡建设领域“十三五”重点推广技术领域，编制与发布一批重点领域技术公告，推广一批先进适用技术。

四、积极推进国际科技合作和应对气候变化工作

（一）推进住房城乡建设领域应对气候变化工作。制定印发《住房城乡建设领域应对气候变化中长期发展规划纲要》，确定2030年住房城乡建设领域应对气候变化目标、任务和具体措施。推进气候适应型城市建设试点，组织编制相关技术导则，指导各地开展气候适应型城市建设试点，督促试点城市完善落实工作方案。推动实施中国城市生活垃圾处理领域国家适当减缓行动项目，与亚行合作开展气候适应型城市技术与政策研究。

（二）加强低碳生态城市国际科技交流与合作。组织实施好中欧低碳生态城市合作项目、中英繁荣战略基金“绿色低碳小城镇试点项目”和“城乡生活垃圾处理政策与技术研究项目”、中德城镇化伙伴关系项目、世界银行/全球环境基金六期“可持续城市综合方式项目”中国子项目。继续推进中美、中加、中德、中芬低碳生态城市合作试点工作。

（三）深化建筑节能和绿色建筑国际科技交流与合作。推动实施中美“净零能耗建筑关键技术研究与示范”国家重点研发计划项目。继续组织实施好全球环境基金五期“中国城市建筑节能和可再生能源应用项目”。深化中德被动式超低能耗绿色建筑技术合作和中加、中欧现代木结构建筑技术合作。

五、务实推进智慧城建工作

（一）制定加强大数据应用推动智慧城建发展指导意见。明确智慧城建指导思想、任务、目标

和保障措施，提出城市规划建设管理领域智慧化应用发展方向，统筹推进智慧城建工作。

（二）开展智慧城建评价。按照国家新型智慧城市建设工作要求，引导支持各地智慧城市试点参加国家新型智慧城市评价工作。从住房城乡建设领域特点和需求出发，编制智慧城建指标体系，促进住房城乡建设领域智慧城市评价工作。

（三）编制住房城乡建设领域信息技术推广应用公告。加强城市规划建设管理领域智慧化技术研究，深入开展应用示范，编制住房城乡建设领域信息技术推广应用公告，发布行业信息化发展报告，推广应用一批先进适用技术。

六、强化党风廉政建设不放松

（一）落实全面从严治党主体责任和监督责任。强化责任担当，坚定理想信念，严守政治纪律、政治规矩，做合格党员，确保廉政建设工作落实到人、落实到工作每个环节，为建筑节能与科技工作保驾护航。

（二）强化“四个意识”加强队伍建设。深入开展“两学一做”，加强党员干部的政治素质和业务素质学习，牢固树立和不断强化政治意识、大局意识、核心意识、看齐意识，自觉把思想和行动统一到党中央的要求上来，使每一个党员都能做到政治思想过硬，业务素质过硬。

（三）严肃党内政治生活加强党的建设。认真落实《关于新形势下党内政治生活的若干准则》、《中国共产党党内监督条例》，加强党性观念，认真执行“三会一课”制度，严肃党内政治生活，提高党内生活质量。不折不扣严格执行党中央和部党组关于廉政建设的各项规章制度要求，认真落实司内党风廉政建设风险防控办法，把廉政要求落实到日常业务工作的各个环节，做到两手抓、两不误、两促进、两提高。

关于做好2016年全国城市节约用水宣传周工作的通知

建办城函[2016]351号

各省、自治区住房城乡建设厅，直辖市建委（市政管委、水务局），海南省水务厅，新疆生产建设兵团建设局：

为贯彻落实《中共中央国务院关于进一步加强城市规划建设管理工作的若干意见》（中发〔2016〕6号）、《国务院关于进一步推进新型城镇化发展的意见》（国发〔2016〕8号）、《国务院办公厅关于推进海绵城市建设的指导意见》（国办发〔2015〕75号）及《水污染防治行动计划》（国发[2015]17号），深入开展城镇节水工作，推进海绵城市建设，改善城市水生态，全面建设节水型城市，2016年全国城市节约用水宣传周（5月15日至21日）的主题是“坚持节水优先，建设海绵城市”。现就做好有关工作通知如下：

一、提高认识，提升城市节水理念

推进城镇节水，建设海绵城市，一方面可以减少水资源消耗，有效缓解供水压力，另一方面可以从源头减少污染排放，有效增加城市河湖水系雨水及再生水补水，对于改善城市水生态、提高人居环境质量具有重要意义。各地要高度重视，将城市节水理念提升到关乎城市可持续发展的高度，全面建设节水型城市。

二、全面部署，加大宣传力度

举办启动仪式。各地要至少选择1-2个城市在5月15日举行全国城市节约用水宣传周启动仪式，营造宣传周活动的热烈气氛，提升社会各界的关注度，引导人民群众积极参与，促进宣传活动深入开展。

有序推进节水宣传工作。利用各种媒介大力宣传节水与城市生态环境保护、可持续发展的关系，营造全社会节水氛围，普及节水知识，倡导科学用水，鼓励公众参与海绵城市建设。突出宣传节水型企事业单位、小区，通过典型示范带动全市节水工作。

强化宣传工作组织领导。各省级住房城乡建设（城市节水）主管部门要指导城市抓紧组织开展主题鲜明、形式多样、内容丰富、覆盖面广的宣传活动。城市节水管理部门要发挥好行业协会等社会组织的作用，落实好节水宣传周各项活动。

三、深入推进城市节水工作

各地要以宣传周为契机，深入推进城市节水工作。指导地级及以上缺水城市对照《国家节水型城市考核标准》《城市节水评价标准》（GB/T51083-2015）I级开展对标自查，并在城市自查基础上，有针对性地制定本省（区、市）的城市节水工作推进计划。一是强化规划对节水工作的引导，通过城市总体规划合理规划布局市政公用设施，落实节水要求，做好城市节水专项规划的编制和实施。二是加快城市节水相关市政公用设施建设，推进城市节水综合改造，严格控制供水管网漏损，推动建筑中水回用和污水再生利用，加快城市黑臭水体整治。三是按照国家节水型城市考核标准要求，全面开展节水型居民小区、节水型单位、节水型企业建设活动。四是要充分发挥节水管理机构的作用，抓好计划用水与定额管理、“三同时”制度等城市节水制度和措施落实，强化日常管理。五是全面推进海绵城市建设，抓好海绵型建筑与小区、海绵型道路与广场、海绵型公园绿地，加快推进河湖水系保护与生态修复，让老百姓切实感受海绵城市建设成效。六是创新工作机制，积极推广应用合同节水管理、政府与社会资本合作等机制，吸引社会资本参与城市节水及海绵城市建设工作。

我部将组织中国建设报等媒体进行宣传。请各地将有关节水及海绵城市建设工作典型事迹和先进经验审核汇总，及时发到指定邮箱，我部将择优组织进行宣传推广。

中华人民共和国住房和城乡建设部办公厅

2016年4月15日

关于进一步鼓励和引导民间资本进入城市供水、燃气、供热、污水和垃圾处理行业的意见

建城[2016]208号

各省、自治区、直辖市、新疆生产建设兵团住房城乡建设厅（建委、建设局）、发展改革委、财政厅（局）、国土资源主管部门，北京市城管委、水务局，天津市市容园林委、水务局，上海市绿化和市容管理局、水务局，重庆市市政委，海南省水务厅，中国人民银行上海总部、各分行、营业管

理部，各省会（首府）城市中心支行，各副省级城市中心支行：

为进一步贯彻落实《国务院关于创新重点领域投融资机制鼓励社会投资的指导意见》（国发[2014]60号），鼓励和引导民间资本进入城市供水、燃气、供热、污水和垃圾处理等市政公用行业，按照《国务院办公厅关于进一步做好民间投资有关工作的通知》（国办发明电[2016]12号）要求，现提出以下意见：

一、进一步认识民间资本进入市政公用行业的重要意义

党中央、国务院高度重视促进非公有制经济和民间投资健康发展。近年来，国务院有关部门陆续出台了多项政策措施，积极推进市政公用行业向民间资本开放。民间资本的进入，对促进市政基础设施建设、提高市政公用行业服务和供应保障水平发挥了重要作用。但当前民间资本进入城市供水、燃气、供热、污水和垃圾处理等市政公用行业，仍不同程度地存在一些壁垒和体制机制障碍。

鼓励和引导民间资本进入市政公用行业既利当前又惠长远，对稳增长、保就业具有重要意义，也是推进供给侧结构性改革的重要内容。各地要进一步提高认识，采取有效措施，破除民间资本进入市政公用行业的各种显性和隐性壁垒，完善促进民间投资的各项政策，深化投融资体制改革，促进市政公用行业健康发展。

二、拓宽民间资本投资渠道

（一）规范直接投资。民间资本可以采取独资、合资等方式直接投资城镇燃气、供热、垃圾处理设施建设和运营。可以采取合作、参股等方式参与供水、污水处理设施建设和经营。具备条件的民营企业可作为专业运营商，受托运营供水、燃气、供热、污水和垃圾处理设施。鼓励民间资本通过政府和社会资本合作（PPP）模式参与市政公用设施建设运营。

（二）鼓励间接投资。鼓励民间资本通过依法合规投资产业投资基金等方式，参与城市供水、燃气、供热、污水和垃圾处理设施建设和运营。鼓励民间资本通过参与国有企业改制重组、股权认购等进入市政公用行业，政府可根据行业特点和不同地区实际，采取控股或委派公益董事等方法，保持必要的调控能力。

（三）提高产业集中度。鼓励市县、乡镇和村级污水收集处理、垃圾处理项目“打包”投资和运营，实施统一招标、建设和运行，探索市政公用设施建设运营以城带乡模式。鼓励大型、专业化城市供水、燃气、供热、污水和垃圾处理企业，通过资产兼并、企业重组，打破区域和行业等限制，形成专业化、规模化的大型企业集团，解决企业“小”“散”“弱”等问题。鼓励有实力、有规模的专业化民营供热企业参与改造、兼并不符合环境要求的小锅炉，扩大集中供热面积。鼓励优先使用工业余热提供供热服务。鼓励地方政府、热用户通过合同能源管理模式委托专业化供热公司负责锅炉运行、维护。鼓励燃气供应商参加天然气市场交易、竞价供气，为更多民营企业参与燃气供应提供更大的空间。

三、改善民间资本投资环境

（一）落实土地供应政策。在遵守相关规划的前提下，对符合《划拨用地目录》的供水、燃气、供热、污水和垃圾处理项目用地，经依法批准可以划拨方式供应。支持实行土地有偿使用，土地出让底价按照国家有关土地政策的规定执行；不符合《划拨用地目录》且只有一个意向投资者的，可依法以协议方式供应土地，有两个以上意向投资者、需要通过竞争方式确定项目投资者的，可在市、县人民政府土地管理部门拟订土地出让方案的基础上，将竞争确定投资者的环节和竞争确定用地者的环节合并进行。

（二）完善行业用电政策。完善峰谷分时电价政策和两部制电价用户基本电价执行方式，支持供水、燃气、供热、排水、污水和垃圾处理企业参与电力直接交易，降低企业用电成本。

（三）完善金融服务政策。充分发挥开发性、政策性金融机构作用，加大对城市供水、燃气、供热、污水和垃圾处理等市政公用行业的信贷支持力度。鼓励银行业金融机构在风险可控、商业可持续的前提下，加快创新金融产品和服务方式，积极开展特许经营权、购买服务协议预期收益、地下管廊有偿使用收费权等担保创新类贷款业务，做好在市政公用行业推广PPP模式的配套金融服务。支持相关企业和项目发行短期融资券、中期票据、资产支持票据、项目收益票据等非金融企业债务融资工具及可续期债券、项目收益债券，拓宽市场化资金来源。

（四）加快推进社会诚信建设。按照《国务院关于建立完善守信联合激励和失信联合惩戒制度加快推进社会诚信建设的指导意见》（国发[2016]33号）要求，建立健全全国范围的城市供水、燃气、供热、污水和垃圾处理行业信用信息归集共享和使用机制，将有关信息纳入全国信用信息共享平台，并对相关主体实行守信联合激励和失信联合惩戒。积极引导中央、地方媒体、互联网等加强垃圾处理行业的正面宣传，客观认识垃圾处理问题。

四、完善价费财税政策

（一）完善价格政策。加快改进城市供水、燃气、供热价格形成、调整和补偿机制，稳定民间投资合理收益预期。价格调整不到位时，地方政府可根据实际情况对企业运营进行合理补偿。推进天然气价格市场化改革，建立完善天然气价格上下游联动机制，完善居民阶梯气价制度，鼓励推行非居民用气季节性差价政策。督促各地贯彻落实煤热价格联动机制，推动供热项目市场化运作和供热企业良性发展。

（二）完善收费制度。严格落实《污水处理费征收使用管理办法》（财税[2014]151号）、《关于制定和调整污水处理收费标准等有关问题的通知》（发改价格[2015]119号）的相关要求，没有建立收费制度的要尽快建立，收费标准调整不到位的要尽快调整到位。完善垃圾处理收费办法，按照补偿垃圾收集、运输、处理成本和合理盈利的原则，加强收费工作，提高收缴率。污水和垃圾处理费要纳入政府预算管理，按照政府购买服务合同约定的期限及时、足额拨付。供水、燃气、供热等企业运营管线进入城市地下综合管廊的，可根据实际成本变化情况，适时适当调整供水、燃气、供热等价格。

（三）完善财税政策。落实对供水、燃气、污水和垃圾处理、污泥处置及再生水利用等市政公用行业的财税支持政策，对民间资本给予公平待遇。对北方采暖地区供热企业增值税、房产税、城镇土地使用税继续执行减免税收优惠政策。

（四）确保政府必要投入。发挥政府资金引导作用，加强政府对城镇供水、燃气、供热、污水处理管网等设施建设改造的投入。政府资金投入形成的资产可以通过特许经营等PPP模式引入民间资本经营。

五、加强组织领导

住房城乡建设部负责鼓励和引导民间资本进入城市供水、燃气、供热、污水和垃圾处理等市政公用行业的指导、协调和监督。住房城乡建设部、国家发展改革委、财政部、国土资源部、中国人民银行等部门负责完善相关配套措施，进一步稳定市场预期，充分调动民间投资的积极性，切实发挥好民间投资对经济增长的拉动作用。各省、自治区、直辖市有关主管部门负责本行政区域内相关工作的指导和监管。各城市人民政府及其有关管理部门应依据有关法律法规，加强对民间资本进入市政公用行业的管理，抓好有关扶持政策的落实。

住房和城乡建设部国家发展和改革委员会
财政部国土资源部中国人民银行
2016年9月22日

关于印发城镇节水工作指南的通知

（建城函[2016]251号住房和城乡建设部环境保护部2016年11月18日印发）

各省、自治区住房城乡建设厅、发展改革委，直辖市建委（市政管委、水务局）、发展改革委，海南省水务厅，新疆生产建设兵团建设局、发展改革委：

为贯彻落实《国务院关于印发水污染防治行动计划的通知》（国发[2015]17号，以下简称“水十条”）、《国务院关于加强城市基础设施建设的意见》（国发[2013]36号），全面推进城镇节水工作，住房城乡建设部会同国家发展改革委制定了《城镇节水工作指南》（以下简称《指南》），现印发给你们，并就有关事项通知如下。

一、推进节水型城市建设。省级住房城乡建设、发展改革部门要对照“水十条”确定的“到2020年，地级及以上缺水城市全部达到国家节水型城市标准要求，京津冀、长三角、珠三角等区域提前一年完成”的目标要求，明确本省（区、市）地级及以上缺水城市名单（原则上多年平均降雨量小于200毫米、年人均水资源量不足600立方米应视为缺水城市），督导有关城市对照《国家节水型城市考核标准》或《城市节水评价标准》（GB/T51083-2015）I级开展自查和对标分析。参照《指南》，制定本省（区、市）节水工作计划，明确尚未达到国家节水型城市标准城市的完成期限和责任人，加快推进。请省级住房城乡建设部门于2016年12月10日前将本地区地级及以上缺水城市名单、完成期限和责任人请报住房城乡建设部城市建设司。

二、加快城镇节水改造。省级住房城乡建设、发展改革部门要督促本省（区、市）城市对照《指南》要求，制定城镇节水改造实施方案，尽快梳理节流工程、开源工程、循环循序利用工程等建设任务，建立项目储备库。

住房和城乡建设部　发展和改革委员会
2016年11月18日

国土资源部政策文件

关于加强矿山地质环境恢复和综合治理的指导意见（节录）

（国土资发〔2016〕63号国土资源部工业和信息化部财政部环境保护部国家能源局2016年7月1日印发）

各省、自治区、直辖市国土资源、工业和信息化、财政、环境保护、能源主管部门：

矿山地质环境是生态环境的重要组成部分。在党中央、国务院正确领导和各有关方面共同努力下，我国矿山地质环境恢复和综合治理取得积极成效。2001年以来，相继采取一系列措施，组织开展摸底调查，颁布《矿山地质环境保护规定》，实施《矿山地质环境保护与治理规划》，推进专项治理，开展矿山复绿行动，建设国家矿山公园；建立矿山地质环境治理恢复保证金制度，初步构建起开发补偿保护的经济机制。截至2015年，中央和地方及企业投入超过900亿元，治理矿山地质环境面积超过80万公顷，一批资源枯竭型城市的矿山地质环境得到有效恢复。但总体上看，我国矿山地质环境恢复和综合治理仍不适应新形势要求，粗放开发方式对矿山地质环境造成的影响仍然严重，地面塌陷、土地损毁、植被和地形地貌景观破坏等一系列问题依然突出。

中央高度重视生态文明建设，先后做出一系列重大决策部署。贯彻落实新的发展理念，加快推进生态文明建设，必须把矿山地质环境恢复和综合治理摆在更加突出位置，充分认识进一步加强矿山地质环境恢复和综合治理的重要性和紧迫性，切实增强责任感和使命感，牢固树立尊重自然、顺应自然、保护自然的理念，坚持绿水青山就是金山银山，强化资源管理对自然生态的源头保护作用，组织动员各方面力量，加强矿山地质环境保护，加快矿山地质环境恢复和综合治理，尽快形成开发与保护相互协调的矿产开发新格局。

一、总体要求

（一）指导思想。

全面贯彻党的十八大和十八届二中、三中、四中、五中全会精神，以邓小平理论、“三个代表”重要思想和科学发展观为指导，深入贯彻习近平总书记系列重要讲话精神，按照“五位一体”总体布局和“四个全面”战略布局，牢固树立和切实贯彻创新、协调、绿色、开放、共享的新发展理念，严格落实《中共中央国务院关于加快推进生态文明建设的意见》和《中共中央国务院关于印发生态文明体制改革总体方案的通知》要求，全面深化改革和依法行政，科学规划、整体推进、突出重点、注重成效，着力完善开发补偿保护经济机制，大力构建政府、企业、社会共同参与的恢复和综合治理新机制，尽快形成在建、生产矿山和历史遗留等“新老问题”统筹解决的恢复和综合治理新局面，全面提高我国矿山地质环境恢复和综合治理水平，为推进生态文明建设、建设美丽中国做出新的贡献。

（二）基本原则。

以“创新、协调、绿色、开放、共享”的新发展理念统领矿山地质环境恢复和综合治理工作，坚决贯彻节约资源和保护环境的基本国策，努力实现国土资源惠民利民新成效。

坚持创新发展理念，破除矿山地质环境恢复和综合治理的投入、政策、科研等机制障碍。创新尾矿残留矿再开发、矿山废弃地复垦利用、集体土地流转利用等政策，引导社会资金、资源、资产要素投入，积极探索利用PPP模式、第三方治理方式，充分调动各方面积极性，加快治理。简化管理程序，推进矿山地质环境恢复治理方案和土地复垦方案编制与审查制度改革。鼓励矿山企业与相关机构开展治理恢复技术科技创新。

坚持协调发展理念，加快完善资源开发与环境保护相互协调的矿产资源开发管理制度体系。落实主体功能区战略，统筹保护与开发，把保护放在优先位置，强化矿产开发管理对生态环境的源头保护作用。调整矿产资源勘查开发布局，编制实施矿产资源规划。严格矿产开发准入，严格生产过程监管，严格责任追究，把矿山地质环境恢复和综合治理的责任落实到矿产开发“事前、事中、事后”的全过程。坚持“谁开发、谁治理”，对新建和生产矿山，严格落实矿山企业保护与治理的主体责任。统筹推进历史遗留和新产生的矿山地质环境问题的恢复治理。

坚持绿色发展理念，倡导和培育绿色矿业，构建矿产资源开发与矿山地质环境保护新格局。深入持续开展矿山复绿行动。推进废弃矿山的山、水、田、林、湖综合治理，宜农则农、宜林则林、宜园则园、宜水则水，充分结合全民义务植树等活动，尽快恢复矿区的青山绿水。发展绿色矿业，建设绿色矿山，鼓励矿山企业按照高效利用资源、保护环境、促进矿地和谐的绿色矿业发展要求，编制实施绿色矿山发展规划，加快建设资源节约型和环境友好型企业。

坚持开放发展理念，将矿山地质环境恢复和综合治理与相关产业发展融合推进。鼓励引进国外矿山地质环境恢复和综合治理的新技术和新模式，积极开展国际合作。拓展绿色矿山建设模式，鼓励矿山企业参与矿山地质公园建设、经营和管理。探索矿山地质环境恢复和综合治理与地产开发、旅游、养老疗养、养殖、种植等产业的融合发展。

坚持共享发展理念，实现矿山地质环境恢复和综合治理的惠民利民新成效。鼓励矿山企业留地留技留利于企业职工和矿区群众，总结推广用矿区土地入股分红参与矿山地质环境恢复和综合治理的经验，引导企业职工、矿区群众积极参与矿山地质环境恢复和综合治理，形成人、矿、地和谐发展。加大对贫困地区矿山地质环境恢复和综合治理的支持力度，助力精准扶贫，增加扶贫工作的“含金量”，让企业职工和当地群众通过矿山地质环境改善有更多获得感。

（三）主要目标。

到2025年，建立动态监测体系，全面掌握和监控全国矿山地质环境动态变化情况。建立矿业权人履行保护和治理恢复矿山地质环境法定义务的约束机制。矿山地质环境恢复和综合治理的责任全面落实，新建和生产矿山地质环境得到有效保护和及时治理，历史遗留问题综合治理取得显著成效。基本建成制度完善、责任明确、措施得当、管理到位的矿山地质环境恢复和综合治理工作体系，形成“不再欠新账，加快还旧账”的矿山地质环境恢复和综合治理的新局面。

二、主要任务

（一）夯实工作基础。

1. 全面调查。由省级国土资源主管部门组织，以市、县为主要单元，开展矿山地质环境详细调查，系统查明在建矿山、生产矿山、废弃矿山、政策性关闭矿山地质环境问题的类型、分布、规模和危害程度。

2. 明确责任。各级地方国土资源主管部门按以下原则认定“新老”矿山地质环境问题：计划经济时期遗留或者责任人灭失的矿山地质环境问题，为历史遗留问题，由各级地方政府统筹规划和治理恢复，中央财政给予必要支持。在建和生产矿山造成的矿山地质环境问题，由矿山企业负责治理

恢复。对于历史遗留损毁土地的认定，依照国家有关土地复垦的法律法规执行。

3. 科学规划。根据矿山地质环境调查和责任划分情况，统筹考虑“新老”矿山地质环境问题，以自然保护区、重要景观区、居民集中生活区的周边和重要交通干线、河流湖泊直观可视范围“三区两线”及基本农田保护区等为重点，全面编制国家、省和市、县级矿山地质环境保护与治理规划，明确保护与治理任务和工作进度，统筹部署，分步实施，确保工作目标实现。

4. 加强监测。充分利用卫星遥感等先进技术，加强监测力量，加快监测基础设施建设，建立系统完善的包括矿山地质环境在内国家、省、市、县四级地质环境动态监测体系，全面系统掌握和监控各类矿山地质环境问题的现状和变化情况。

（二）强化保护预防。

1. 严格矿山开发准入管理。严格执行矿产资源规划，落实规划分区管理制度。在自然保护区，非经主管部门同意，不得新设与资源环境保护功能不相符合的矿业权。自然保护区内已设置的矿业权按有关规定办理。强化源头管理，全面实行矿产资源开发利用方案和矿山地质环境保护与治理恢复方案、土地复垦方案同步编制、同步审查、同步实施的三同时制度和社会公示制度。

2. 加强保护与治理恢复方案的实施。切实加强耕地保护，完善矿山地质环境保护与治理恢复方案和土地复垦方案的编制标准，因矿施策，因地制宜，推进建立矿山地质环境保护和治理恢复方案与土地复垦方案合并编制、简便实用的工作制度。落实方案编制、审查和实施的主体责任，确保方案的科学性、合理性和严肃性。

3. 加强开发和保护过程监管。将矿山地质环境恢复和综合治理的责任与工作落实情况作为矿山企业信息社会公示的重要内容和抽检的重要方面，强化对采矿权人主体责任的社会监督和执法监管。各级地方国土资源主管部门要加大监督执法力度，提高监督执法频率，督促矿山企业严格按照恢复治理方案边开采边治理。对拒不履行恢复治理义务的在建矿山、生产矿山，要将该矿山企业纳入政府管理相关信息向社会公开，列入矿业权人异常名录或严重违法名单。情节严重的，依法依规严肃处理。

4. 加强资源综合利用。推进尾矿和废石综合利用，以尾矿和废石提取有价组分、生产高附加值建筑材料、充填、无害化农用和生态应用为重点，加快先进适用技术装备推广应用，组织实施尾矿和废石综合利用示范工程，不断提高尾矿和废石综合利用比例，扩大综合利用产业规模，减少对生态环境的影响。

（三）加快历史遗留问题的解决。

1. 明确任务要求。各地要将矿山地质环境历史遗留问题的解决作为建设美丽中国的重要任务，纳入当地政府生态环境保护的目标任务，明确要求，分工负责，限期完成，严格考核和问责制度。

2. 加大财政资金投入。各级地方财政要加大资金投入力度，拓宽资金渠道，为废弃矿山、政策性关闭矿山等历史遗留的矿山地质环境恢复治理提供必要支持。

3. 鼓励社会资金参与。按照“谁治理、谁受益”的原则，充分发挥财政资金的引导带动作用，大力探索构建“政府主导、政策扶持、社会参与、开发式治理、市场化运作”的矿山地质环境恢复和综合治理新模式。

4. 整合政策与资金。各地可根据本地实际情况，将矿山地质环境恢复治理与新农村建设、棚户区改造、生态移民搬迁、地质灾害治理、土地整治、城乡建设用地增减挂钩、工矿废弃地复垦利用等有机结合起来，加强政策与项目资金的整合与合理利用，形成合力，切实提高矿山地质环境保护和恢复治理成效。对历史原因造成耕地严重破坏且无法恢复的，按照规定，补充相应耕地或调整耕地保有量。

国土资源部关于推进矿产资源全面节约和高效利用的意见

（国土资发〔2016〕187号2016年12月13日印发）

矿产资源是经济社会发展的重要物质基础和生态环境的构成要素。近年来，我国矿产资源节约和高效利用水平明显提高，但与加快推进生态文明建设要求还有差距。为贯彻落实党中央、国务院关于加快推进生态文明建设的战略决策部署，推进矿产资源全面节约和高效利用，加快转变矿业发展方式，提高矿产资源保障能力，维护资源和生态安全，现提出以下意见。

一、总体要求

（一）指导思想。

全面贯彻党的十八大和十八届三中、四中、五中、六中全会精神，深入贯彻落实习近平总书记系列重要讲话精神，按照统筹推进“五位一体”总体布局和协调推进“四个全面”战略布局的要求，牢固树立和贯彻落实创新、协调、绿色、开放、共享的发展理念，坚持节约资源和保护环境基本国策，认真履行尽职尽责保护国土资源、节约集约利用国土资源、尽心尽力维护群众权益职责，加强管理创新，促进技术创新和利用方式创新，把全面节约和高效利用的要求落实到矿产资源勘查开发全过程，提高先进适用技术转化率和普及率，健全技术标准体系，完善激励约束机制，提高矿产资源开发利用水平和综合效益，促进矿业转型升级和生态文明建设。

（二）基本原则。

坚持保护优先。在矿产资源开发和生态环境保护中，坚定保护就是节约的理念，把保护放在优先位置，坚持在保护中开发、在开发中保护，以最少的矿产资源消耗支撑经济社会持续发展。

坚持高效利用。在矿产资源勘查开发中，坚定高效利用就是节约的理念，对主共伴生矿产资源进行综合勘查、综合评价、综合开采和综合利用，推进优质优用、梯级利用和循环利用，推进废石等废弃物资源化利用，提高资源、经济和生态等综合效益。

坚持改革创新。完善技术指标体系，发挥技术指标强制和引领作用，加强监管，对达标情况进行公开。构建激励约束机制，对于节约和高效利用水平高的给予支持，对于水平低的予以惩戒。

坚持落实责任。全面落实企业主体责任，在综合勘查、综合开采和综合利用等关键环节，严格执行规定和指标要求。加快研发和应用先进技术，提升节约和高效利用水平。

（三）主要目标。到2020年，全面节约和高效利用指标体系和长效机制基本建立，建成矿产资源“三率”（开采回采率、选矿回收率和综合利用率）最低指标和领跑者指标，随技术进步动态调整。激励约束机制健全，监管有效，重要矿产“三率”达标，重点骨干矿山基本达到领跑者标准，矿产资源开发利用综合效益、先进适用技术普及率、矿业生态文明建设水平明显提高。

二、加强勘查开发管理

（四）加强综合勘查。继续推进沉积盆地油铀兼探，加快推进煤铀、油钾、“三气”（天然气、页岩气、煤层气）、煤与煤层气资源综合勘查、综合评价和综合开发利用。在勘查评价主要矿

种的同时，对共伴生矿产进行综合勘查和综合评价。严格矿产资源储量报告矿产综合勘查和综合评价内容审查把关。

（五）强化源头管控。加强规划编制和实施，对沉积盆地等重要矿产按照空间划开、时间错开、有序开发的要求，合理设置矿业权，推进综合利用。严格审查矿产资源开发利用方案中开采顺序、开采方法和选矿工艺、综合开采和综合利用措施是否合理，技术是否先进适用，“三率”是否达到规定要求。

（六）推进监管改革。全面推进矿业权人勘查开采信息公开公示，按照“双随机一公开”要求，加强“三率”监管，将未履行法定义务的矿业权人依法列入异常名录和严重违法名单，督促其落实主体责任。强化矿山储量管理，及时掌握年度动用资源储量、损失量、采出量和保有资源储量。完善压矿管理，加强区域评估，指导建设单位合理选址，避免压覆或少压覆重要矿产资源。

（七）推进综合利用。积极配合有关部门制定政策，对采选产生的废石、矸石等废弃物，在安全、环保的前提下，采取提取有用组分、制作建材、加工成新型材料、井下充填等多种方式，进行资源化利用，提高资源、经济和生态效益。

三、大力研发推广应用先进适用技术

（八）开展技术需求调查。开展重要矿产、废石等资源高效利用技术调查，及时掌握技术现状。鼓励行业协会和科研单位开展技术调查，了解共性关键技术需求，为推动技术创新奠定基础。

（九）构建协同创新机制。依托国家工程技术研究中心、部级重点实验室及各级科技创新平台，支持和鼓励矿山企业、科研院所、高校等产学研有机融合，围绕保障矿产资源安全供给和促进矿业绿色转型，探索建立产业技术创新战略联盟，积极争取国家重点研发计划支持，大力研发先进技术。在煤炭资源绿色开发、天然气水合物探采、油气与非常规油气资源开发、金属资源清洁开发、盐湖与非金属资源综合利用等方面，突破一批核心关键技术，为可持续发展保障、矿业转型升级，提供强有力的科技支撑。

（十）推广应用先进技术。建立矿产资源节约和高效利用先进适用技术推广平台，发布目录，推进信息共享，畅通矿山企业获取先进技术信息渠道，引导研发单位指导矿山企业应用先进适用技术，实施升级改造，提高机械化、信息化、智能化水平。

四、发挥标准规范强制和引领作用

（十一）健全标准规范体系。进一步完善矿产资源勘查、开采、选矿技术标准规范体系，加强培训和执行效果跟踪评估。健全完善矿产资源品级标准，推进矿产资源优质优用、分级利用和循环利用。鼓励行业协会、矿山企业和科研单位组织参与标准编制，推动关键技术和成套技术研究成果转化为国家、行业标准。

（十二）完善矿产工业指标。根据不同矿床类型和开采条件，综合考虑经济、地理条件和资源环境承载力状况，调整完善矿产资源储量估算的一般指标和共伴生矿产综合利用指标。在符合安全、环保的要求下，鼓励综合利用低于一般工业指标的矿产资源。

（十三）完善矿产“三率”指标。制定46种重要矿产“三率”最低指标和领跑者指标，作为开发利用“底线”和“高线”，并根据市场变化和技术进步等适时调整。各省（区、市）和矿山可根据矿产资源禀赋和开采技术条件，制定高于国家指标的“三率”最低指标和领跑者指标。

五、建立长效机制

（十四）建立矿产资源开发利用水平调查评估制度。围绕采矿、选矿和综合利用的重点环节，建成调查评估常态化、科学化、标准化和激励约束差别化的开发利用水平调查评估制度，落实明确调查指标、规范调查流程、合理划分职责、完善指标体系、科学合理评估和完善激励约束机制六项任务。公开调查评估结果，发布“先进名单”和“不达标名单”。进入“先进名单”的，在技术创新项目、绿色矿山建设等方面优先支持；列入“不达标名单”的，按照规定督促整改或惩戒。

（十五）深入开展国土资源节约集约模范县（市）创建。完善创建活动指标标准体系和考核办法，强化地方的监管责任，充分调动矿山企业积极性，促进矿产资源全面节约和高效利用。

（十六）加大政策支持力度。完善支持政策，激励先进，推动矿山企业提升矿产资源开发利用水平。探索研究制定促进矿业发展的采矿临时用地政策。积极配合有关部门落实矿产资源节约和高效利用优惠政策。

各省（区、市）国土资源主管部门要提高认识，高度重视，落实责任，把推进矿产资源全面节约和高效利用工作作为重要任务，结合实际制定具体实施意见，确保落到实处。

农业部政策文件

农业部关于实施农业绿色发展五大行动的通知

各省、自治区、直辖市及计划单列市农业（农牧、农村经济）、畜牧、渔业（水利）厅（局、委、办），新疆生产建设兵团农业局：

为贯彻党中央、国务院决策部署，落实新发展理念，加快推进农业供给侧结构性改革，增强农业可持续发展能力，提高农业发展的质量效益和竞争力，农业部决定启动实施畜禽粪污资源化利用行动、果菜茶有机肥替代化肥行动、东北地区秸秆处理行动、农膜回收行动和以长江为重点的水生生物保护行动等农业绿色发展五大行动。现就有关事项通知如下。

一、充分认识实施农业绿色发展五大行动的重要意义

习近平总书记强调，绿水青山就是金山银山，要坚持节约资源和保护环境的基本国策，推动形成绿色发展方式和生活方式。今年中央1号文件提出，要推行绿色生产方式，增强农业可持续发展能力。各级农业部门要认真学习、深刻领会习近平总书记重要讲话精神，充分认识实施五大行动的重要意义，进一步增强推进农业绿色发展的紧迫感、使命感。

（一）实施农业绿色发展五大行动是落实绿色发展理念的关键举措。绿色发展是现代农业发展的内在要求，是生态文明建设的重要组成部分。近年来，我国粮食连年丰收，农产品供给充裕，农业发展不断迈上新台阶。但由于化肥、农药过量使用，加之畜禽粪便、农作物秸秆、农膜资源化利用率不高，渔业捕捞强度过大，农业发展面临的资源压力日益加大，生态环境亮起“红灯”，我国农业到了必须加快转型升级、实现绿色发展的新阶段。实施绿色发展五大行动，有利于推进农业生产废弃物综合治理和资源化利用，把农业资源过高的利用强度缓下来、面源污染加重的趋势降下来，推动我国农业走上可持续发展的道路。

（二）实施农业绿色发展五大行动是推动农业供给侧结构性改革的重要抓手。习近平总书记指出，推进农业供给侧结构性改革，要把增加绿色优质农产品供给放在突出位置。当前，我国农产品供给大路货多，优质品牌的少，与城乡居民消费结构快速升级的要求不相适应。推进农业绿色发展，就是要发展标准化、品牌化农业，提供更多优质、安全、特色农产品，促进农产品供给由主要满足“量”的需求向更加注重“质”的需求转变。实施绿色发展五大行动，有利于改变传统生产方式，减少化肥等投入品的过量使用，优化农产品产地环境，有效提升产品品质，从源头上确保优质绿色农产品供给。

（三）实施农业绿色发展五大行动是建设社会主义新农村的重要途径。农业和环境最具相融性，新农村的优美环境离不开农业的绿色发展。近年来，随着农业生产的快速发展，农业面源污染日益严重，特别是畜禽养殖废弃物污染等问题突出，对农民的生活和农村的环境造成了很大影响。习近平总书记强调，加快推进畜禽养殖废弃物处理和资源化，关系6亿多农村居民生产生活环境，是一件利国利民利长远的大好事。实施绿色发展五大行动，有利于减少农业生产废弃物排放，美化

农村人居环境，推动新农村建设，实现人与自然和谐发展、农业生产与生态环境协调共赢。

二、深入实施农业绿色发展五大行动

（一）畜禽粪污资源化利用行动。坚持保供给与保环境并重，坚持政府支持、企业主体、市场化运作方针，以畜牧大县和规模养殖场为重点，加快构建种养结合、农牧循环的可持续发展新格局。在畜牧大县开展畜禽粪污资源化利用试点，组织实施种养结合一体化项目，集成推广畜禽粪污资源化利用技术模式，支持养殖场和第三方市场主体改造升级处理设施，提升畜禽粪污处理能力。建设畜禽规模化养殖场信息直联直报平台，完善绩效评价考核制度，压实地方政府责任。力争到2020年基本解决大规模畜禽养殖场粪污处理和资源化问题。

（二）果菜茶有机肥替代化肥行动。以发展生态循环农业、促进果菜茶质量效益提升为目标，以果菜茶优势产区、核心产区、知名品牌生产基地为重点，大力推广有机肥替代化肥技术，加快推进畜禽养殖废弃物及农作物秸秆资源化利用，实现节本增效、提质增效。2017年选择100个果菜茶重点县（市、区）开展示范，支持引导农民和新型经营主体积造和施用有机肥，因地制宜推广符合生产实际的有机肥利用方式，采取政府购买服务等方式培育有机肥统供统施服务主体，吸引社会力量参与，集成一批可复制、可推广、可持续的生产运营模式。围绕优势产区、核心产区，集中打造一批有机肥替代、绿色优质农产品生产基地（园区），发挥示范效应。强化耕地质量监测，建立目标考核机制，科学评价试点示范成果。力争到2020年，果菜茶优势产区化肥用量减少20%以上，果菜茶核心产区和知名品牌生产基地（园区）化肥用量减少50%以上。

（三）东北地区秸秆处理行动。坚持因地制宜、农用优先、就地就近、政府引导、市场运作、科技支撑，以玉米秸秆处理利用为重点，以提高秸秆综合利用率和黑土地保护为目标，大力推进秸秆肥料化、饲料化、燃料化、原料化、基料化利用，加强新技术、新工艺和新装备研发，加快建立产业化利用机制，不断提升秸秆综合利用水平。在东北地区60个玉米主产县率先开展秸秆综合利用试点，积极推广深翻还田、秸秆饲料无害防腐和零污染焚烧供热等技术，推动出台秸秆还田、收储运、加工利用等补贴政策，激发市场主体活力，构建市场化运营机制，探索综合利用模式。力争到2020年，东北地区秸秆综合利用率达到80%以上，基本杜绝露天焚烧现象。

（四）农膜回收行动。以西北为重点区域，以棉花、玉米、马铃薯为重点作物，以加厚地膜应用、机械化捡拾、专业化回收、资源化利用为主攻方向，连片实施，整县推进，综合治理。在甘肃、新疆、内蒙古等地区建设100个治理示范县，全面推广使用加厚地膜，推进减量替代；推动建立以旧换新、经营主体上交、专业化组织回收、加工企业回收等多种方式的回收利用机制，试点“谁生产、谁回收”的地膜生产者责任延伸制度；完善农田残留地膜污染监测网络，探索将地面回收率和残留状况纳入农业面源污染综合考核。力争到2020年，农膜回收率达80%以上，农田“白色污染”得到有效控制。

（五）以长江为重点的水生生物保护行动。坚持生态优先、绿色发展、减量增收、减船转产，逐步推进长江流域全面禁捕，率先在水生生物保护区实现禁捕，修复沿江近海渔业生态环境。加大资金投入，引导和支持渔民转产转业，将渔船控制目标列入地方政府和有关部门约束性考核指标，到2020年全国压减海洋捕捞机动渔船2万艘、功率150万千瓦。开展水产健康养殖示范创建，推进海洋牧场建设，推动水产养殖减量增效。强化海洋渔业资源总量管理，完善休渔禁渔制度，联合有关部门开展海洋伏季休渔等专项执法行动，继续清理整治“绝户网”和涉渔“三无”船舶。实施珍稀濒危物种拯救行动，加强水生生物栖息地保护，完善保护区功能体系，提升重点物种保护等级，加

快建立长江珍稀特有物种基因保存库。力争到2020年，长江流域水生生物资源衰退、水域生态环境恶化和水生生物多样性下降的趋势得到有效遏制，水生生物资源得到恢复性增长，实现海洋捕捞总产量与海洋渔业资源总承载能力相协调。

三、加强组织领导，确保五大行动有序开展

（一）落实工作责任。农业部已经印发果菜茶有机肥替代化肥行动方案，近期将印发其他四大行动方案。各省级农业部门要把推动农业绿色发展五大行动作为当前的重点工作，抓紧研究制定本地区实施方案，明确目标任务、推进路径、责任分工，加大项目、资金、资源整合力度，完善绩效考核、资金奖补、农产品推介展示等激励机制，充分调动地方政府特别是县级政府抓农村资源环境保护的积极性，形成齐抓共管、上下联动的工作格局，确保各项行动有条不紊推进、取得实效。

（二）强化市场引领。要进一步转变工作方式，采取政府购买服务等方式，加大市场主体培育力度，积极发展生产性服务业。充分发挥新型经营主体的引领作用，按照“谁参与谁受益”的原则，充分调动生产经营主体特别是规模经营主体的积极性，鼓励第三方和社会力量共同参与，合力推动农业绿色发展。同时，要建立健全有进有出的运行机制，加强市场监管力度，进一步规范市场主体行为、落实市场主体责任。

（三）创新技术模式。要加强科技创新联盟建设，积极开展产学研协作攻关，加大配套新技术、新产品和新装备的研发力度。抓好试点示范，集成组装一批可复制可推广的技术模式，扩大推广范围，放大示范效应。结合新型职业农民培训工程、现代青年农场主培育计划等，强化技术培训，开展技术交流，提升技术应用水平。

（四）突出重点地区。各地要结合产业发展特色，突出种养大县，优先选择产业基础好、地方政府积极性高的地区，加大资金和政策支持力度，加快实施绿色发展战略。特别是国家现代农业示范区、农村改革试验区、农业可持续发展试验示范区和现代农业产业园要统筹推进五大行动，率先实现绿色发展。

农业部关于推进农业农村大数据发展的实施意见（节录）

（农市发〔2015〕6号．农业部市场与经济信息司2015年12月印发）

各省、自治区、直辖市及计划单列市农业（农牧、农村经济）、农机、畜牧兽医、农垦、农产品加工、渔业厅（局、委、办），新疆生产建设兵团农业局，部机关有关司局、直属事业单位：

为充分发挥大数据在农业农村发展中的重要功能和巨大潜力，有力支撑和服务农业现代化，根据《国务院关于印发促进大数据发展行动纲要的通知》（国发〔2015〕50号）精神，制定本实施意见。

二、明确农业农村大数据发展和应用的总体要求

（四）指导思想。深入贯彻党的十八大和十八届三中、四中、五中全会精神，以邓小平理论、“三个代表”重要思想、科学发展观为指导，贯彻创新、协调、绿色、开放、共享的发展理念，按照“着眼长远、突出重点、加快建设、整合共享”要求，坚持问题和需求导向，坚持创新驱动，加快数据整合共享和有序开放，充分发挥大数据的预测功能，深化大数据在农业生产、经营、管理和服务等方面的创新应用，为政府部门管理决策和各类市场主体生产经营活动提供更加完善的数据服务，为实现农业现代化取得明显进展的目标提供有力支撑。

（六）主要目标。立足我国国情和现实需要，未来5-10年内，实现农业数据的有序共享开放，初步完成农业数据化改造。到2017年底前，农业部及省级农业行政主管部门数据共享的范围边界和使用方式基本明确，跨部门、跨区域数据资源共享共用格局基本形成。到2018年底前，实现“金农工程”信息系统与中央政府其他相关信息系统通过统一平台进行数据共享和交换。到2020年底前，逐步实现农业部和省级农业行政主管部门数据集向社会开放，实现农业农村历史资料的数据化、数据采集的自动化、数据使用的智能化、数据共享的便捷化。到2025年，实现农业产业链、价值链、供应链的联通，大幅提升农业生产智能化、经营网络化、管理高效化、服务便捷化的能力和水平，全面建成全球农业数据调查分析系统。

四、把握农业农村大数据发展和应用的重点领域

（十三）实施农业资源环境精准监测。建立与气象、水利、国土、环保等部门数据共享机制，构建农业资源环境本底数据库。建立农业生物资源、农产品产地环境以及农业面源污染等长期定点、定位监测制度，完善监测评价指标体系，为“一控两减三基本”行动的实施提供数据支撑。开展耕地、草原、林地、水利设施、水资源等数据在线采集，构建国家农林资源环境大数据实时监测网络。逐步公开农业资源环境数据，支持企业开发节水、节肥、节药、农业气象预报等数据产品。

（十四）开展农业自然灾害预测预报。完善干旱、洪涝、冷害、台风等农业重大自然灾害和草原火灾监测技术手段，加强数据实时采集获取能力建设，提高应急响应水平。整理挖掘自然灾害历史数据，加强对灾害发生趋势的研判和预测，掌握灾变规律，强化实时监测与预警，把握最佳防控时机，有效预防和最大程度降低灾害损失。建立农业灾害基础数据库，组织专家团队构建预测模型，开展农业灾害与农业生产数据的关联分析，定期发布灾情预警和防灾减灾措施。

商务部政策文件

商务部等六部门关于推进再生资源回收行业转型升级的意见

各省、自治区、直辖市、计划单列市及新疆生产建设兵团商务、发展改革、工业和信息化、环境保护、住房城乡建设主管部门、供销合作社：

近年来，我国再生资源回收行业发展迅速，行业规模明显扩大，技术水平不断提升，为促进经济绿色、循环和低碳发展，建设资源节约型和环境友好型社会提供了有力支撑。当前，受经济下行的影响，再生资源回收行业面临价格持续下跌，经营成本不断上升等挑战，迫切需要转变发展方式，实现转型升级。为深入贯彻落实《中共中央国务院关于加快推进生态文明建设的意见》（中发〔2015〕12号），推进《再生资源回收体系建设中长期规划（2015-2020年）》（商流通发〔2015〕21号）的实施，加快再生资源回收行业转型升级步伐，现提出以下意见。

一、总体要求

（一）指导思想。全面贯彻党的十八大和十八届三中、四中、五中全会精神，按照党中央、国务院关于推进绿色发展和生态文明建设的决策部署，坚持五大发展理念，以加快转变发展方式、促进行业转型升级为主线，顺应“互联网+”发展趋势，着力推动再生资源回收模式创新，推动经营模式由粗放型向集约型转变，推动组织形式由劳动密集型向劳动、资本和技术密集型并重转变，建立健全完善的再生资源回收体系。

（二）基本原则。

1. 坚持市场运作和政府引导相结合。以市场化运作为主，政府部门加大对市场失灵品种的引导，通过制度规范、政策支持提高回收率。

2. 坚持规范秩序与行业创新相结合。加大法律、法规、标准的建立和健全，规范回收交易行为。通过技术创新、模式创新和服务创新，推动企业转型升级。

3. 坚持突出重点和兼顾其他相结合。以回收、分拣环节为重点，同时着眼于再生资源回收、分拣、运输、加工处理和利用全过程。从产废源头入手，建立健全回收渠道；通过提高分拣加工技术水平，实现与利废环节的有效衔接。

4. 坚持经济效益与社会效益相结合。在实施减量化、再利用、资源化的过程中，始终关注环境保护，避免造成二次污染。促进企业在追求经济效益的同时，注重社会效益，承担社会责任。

二、主要任务

（三）树立行业发展的新理念。再生资源回收是循环经济的重要组成部分，也是生态文明建设的重要内容。面临生态文明建设的新形势，回收企业在关注资源化的同时，应建立环境保护优先的理念。同时，在当前再生资源主要品种价格持续走低、经营成本日益攀升、生存压力较大的情况下，回收企业应摒弃等、靠、要的思想和观念，勇于改革和创新，树立“互联网+”发展的新理念，创新回收模式和组织方式，培育新动能，拓展新空间。

（四）推广“互联网+回收”的新模式。鼓励企业利用互联网、大数据和云计算等现代信息技术和手段，建立或整合再生资源信息服务平台，为上游回收企业与下游拆解和利用企业搭建信息发布、竞价采购和物流服务平台，提高回收企业组织化水平，降低交易成本，优化再生资源回收、拆解利用产业链。以废弃电器电子产品、废弃饮料瓶等为突破口，在有条件的社区、商场等公共场所试点设立智能型自动回收机；以智能信息卡为载体，完善线下回收网点，通过激励机制，鼓励居民与企事业单位主动交投，实现线上信息流和线下物流的统一。鼓励互联网企业参与再生资源移动手机APP、微信和网站回收服务，实现线上交废与线下回收的有机结合。

（五）探索两网协同发展的新机制。推动有条件的城市创新工作体制机制，试点开展再生资源回收与生活垃圾分类回收体系的协同发展，鼓励在重点环节加强对接：一是在收集环节，设置生活垃圾收集容器时充分考虑回收的便利，使可用资源优先得到回收，尽量避免进入垃圾清运体系，在提高资源回收率的同时，实现垃圾减量。二是在回收环节，在有条件的地区推动再生资源回收网点与生活垃圾收集站的整合。三是在转运和分拣环节，探索利用废旧商品回收车辆，实现对垃圾转运站可回收物的运输。四是在处理环节，将废旧商品分拣中心和加工处理基地与垃圾末端处理设施对接建设，提高资源的回收利用率，减少资源浪费。

（六）探索提高组织化的新途径。一是继续鼓励连锁化经营。鼓励龙头企业按照市场规律，通过连锁经营、特许经营（加盟）等方式，整合中小企业和个体经营户，充分利用拾荒人员、社区居民等多方力量，形成稳定、高效、安全、便捷的回收渠道。二是着力推动平台化发展。合理规划和建设再生资源交易平台，通过信息平台整合社会分散的拾荒人员和中小企业，逐步形成集约化组织形式，提高再生资源回收企业规模化和组织化水平。三是提升集聚化水平。对各地历史形成的传统集散地，应加大升级改造力度。推动集散市场由散、乱、差的摊位式集合向企业式集合转变，由单一的商品交易功能向信息交换、价格形成、商品配送和资金结算等多功能方向发展，由单纯的线下交易向线上线下结合转变。完善集散市场信息采集、分析、处理和发布机制，编制发布重点品种价格指数，引导资源合理配置，促进行业有序发展。

（七）探索逆向物流建设的新方式。鼓励有条件的企业与上游生产商、销售商合作，通过“以旧换新”等方式，利用现有物流体系，试点开展废弃电器电子产品等再生资源品种逆向物流体系建设。推动仓储配送与包装绿色化发展，规范物流配送包装。加大废弃物回收物流处理设施投资力度，建设回收物流中心，提高再生资源回收的收集、仓储、分拣、包装、加工水平，借助社会化、专业化物流企业的力量，建立安全、高效、环保的物流系统。

（八）鼓励应用分拣加工新技术。分拣加工企业上游连接拾荒人员，下游连接利用企业，是整个产业链中的关键一环。鼓励研发再生资源回收、分拣、加工设备，提供再生资源分拣加工整体解决方案。鼓励引进现代化、自动化、智能化技术设备，提高分拣加工的科学化、精细化水平，促进与产废环节的充分对接，实现与利用环节的有效衔接。

三、保障措施

（九）建立引导机制。各地商务主管部门要以“再生资源信息管理系统”确定的省级重点联系企业为基础，建立重点联系的分拣加工企业制度，加强与重点联系企业的沟通交流，掌握行业发展情况，了解企业政策需求，协调解决企业发展中的突出困难和共性问题，并及时报送有关行业情况。推出“互联网+回收”和智能回收等具有代表性、典型性和创新性的回收模式并总结、宣传和推广，及时报送商务部；加大宣传力度，提高全社会对再生资源回收体系建设工作的认识。

（十）完善激励机制。对符合条件的融合创新平台和应用示范试点，运用现有财政专项资金给

予支持。发挥投融资引领作用，探索互联网金融、风险投资、天使投资等投融资平台与行业联动发展，完善支持行业创新的融资服务。积极争取土地优惠政策。积极研究将回收行业关键技术研发及应用列入科技计划。对市场失灵品种回收模式给予政策支持。

（十一）强化约束机制。强化再生资源回收利用各环节的污染防治工作，支持污染防治设施建设，加大环保执法力度，依法查处污染环境的企业并向社会公布。严格以环保、节能指标为主要依据的行业准入和退出机制。研究建立再生资源回收生产者、销售者、消费者责任机制。

（十二）健全保障机制。充分发挥行业协会作用，组织重点领域、重点品种标准的制修订工作，加大标准的宣传贯彻力度，推动形成一批符合标准要求的管理水平较高、科技水平领先、经营较规范的再生资源回收企业和园区。研究建立科学合理、功能齐全、统一权威的再生资源标准体系总体框架；完善专业人才培养和健全产学研衔接互动机制；设立职业培训机构，强化回收一线工人的职业教育和培训。

商务部发展改革委工业和信息化部

环境保护部住房城乡建设部供销合作总社

2016年5月5日

关于做好2016年绿色流通有关工作的通知

各省、自治区、直辖市、计划单列市及新疆生产建设兵团商务主管部门：

为贯彻落实《国务院关于推进国内贸易流通现代化建设法治化营商环境的意见》（国发〔2015〕49号）、《商务部关于大力发展绿色流通的指导意见》（商流通函〔2014〕792号）和发展改革委、商务部等10部门《关于促进绿色消费的指导意见》（发改环资〔2016〕353号）等文件要求，进一步推进流通业绿色发展，做好2016年绿色流通工作，现就有关事项通知如下：

一、开展绿色商场示范创建工作

（一）工作目标。

引导流通企业按照《绿色商场》行业标准（SB/T11135-2015，以下简称《标准》）要求，树立绿色经营理念，以资源高效循环利用为方向，建立长效机制，进行节能改造，推广使用节能环保技术和产品，创建一批集门店节能改造、节能产品销售、废弃物回收于一体的绿色商场。2016年首先在购物中心业态进行示范创建工作。

（二）工作程序。

1.企业申报。企业自愿向当地省级商务主管部门提出示范申请，并提供相关材料。

2.地方推荐。省级商务主管部门在企业申请的基础上向商务部推荐1-2家示范企业，并填写绿色商场创建示范推荐表（见附件1）。

3.专家审核。商务部收到各地申请材料后，将委托中国商业联合会组织专家按照《标准》及其评价细则进行审核。专家审核将采取材料审核与现场核查相结合的方式。

4.公示公布。专家审核通过后，商务部将对绿色商场创建示范单位名单进行公示，公示无异议后进行公布。

5.总结推广。绿色商场创建示范单位公布后，商务部将适时组织进行总结交流，推动示范工作的全面开展。

（三）工作要求。

1. 发挥协会作用，大力开展宣传。各地商务主管部门要加强绿色商场示范工作的宣传，发挥行业协会的作用，营造绿色流通的社会氛围，调动流通企业积极性，并引导企业积极参与。

2. 组织好《标准》的贯彻实施和培训工作。各地商务主管部门要加大《标准》的贯彻实施力度，开展各种形式的宣传和培训工作。商务部将委托中国商业联合会组织《标准》宣贯和节能技术设备供应商与流通企业对接活动，请积极组织企业参加。

3. 充分发挥示范带动作用，推进流通业绿色发展。在示范工作中，要引导流通企业按照《标准》要求建立长效机制，支持企业进行节能改造，推广使用节能环保技术和产品，充分发挥绿色商场的示范带动作用，推进当地流通业的绿色发展。

4. 请各地商务主管部门于2016年6月30日前将绿色商场创建示范推荐表及企业申请材料报商务部（流通发展司）。

二、开展2016年零售行业节能调查

（一）调查对象。

调查对象为各省级商务主管部门和部分零售企业。零售企业包括总部（指所在地设在本地的企业总部）和门店。请各省级商务主管部门组织本地不少于10家零售企业总部参加，每家零售企业总部选取2个典型门店。

（二）调查方法。

1. 网上问卷调查. 2. 实地走访.

商务主管部门要做好企业填报的督促审核工作，确保填报质量，并请于2016年6月30日

四、开展2016年流通领域节能宣传活动

在2016年6月全国节能宣传周期间，商务部将开展以“绿色产品进商场、绿色消费进社区、绿色回收进校园”为主题的流通领域节能宣传活动。各地商务主管部门要从本地实际出发，设计宣传方案，充分调动各方面的积极性，运用各种社会媒体和媒介，组织开展形式多样的宣传活动。

（一）绿色产品进商场。将流通领域节能宣传与绿色商场示范工作相结合，鼓励流通企业按照《企业绿色采购指南》和《标准》要求，采购绿色产品；组织节能技术产品设备供应商与流通企业开展对接；引导流通企业开展节能产品促销，引导消费者购买节能产品，促进绿色产品销售。

（二）绿色消费进社区。在社区开展绿色消费的宣传活动，普及生活节能环保小常识，引导居民使用节能环保产品，培养消费者绿色消费、节约消费的意识和习惯。鼓励有条件的地区开设跳蚤市场，促进旧货流通。鼓励企业开设闲置物品网络交易平台，开展“闲置物品交易”活动，促进闲置物品流通。

（三）绿色回收进校园。通过举办节能知识讨论、节能宣传画征集等活动，宣传绿色发展理念，普及绿色回收知识。与流通企业、回收企业合作，建设节能教育实践基地，组织开展参观实践活动，使广大学生从实践中接受节能教育，掌握回收知识和节约技能。

商务部办公厅

2016年3月

规划方案

绿色制造2016专项行动实施方案

（工信部节〔2016〕113号 工业和信息化部2016年3月24日印发）

为加快实施绿色制造工程，全面推行绿色制造，构建绿色制造体系，按照《中国制造2025》专项行动计划统一要求，制定本实施方案。

一、背景

绿色发展是党的十八届五中全会确立的五大发展理念之一，中央经济工作会议明确要求推动绿色发展取得新突破。我国虽然是制造业大国，但并没有完全摆脱高投入、高消耗、高污染的粗放发展模式，资源环境制约十分明显。《中国制造2025》将绿色发展作为主要方向之一，明确提出全面推行绿色制造。开展绿色制造专项行动，实施绿色制造工程，是落实五大发展理念和建设制造强国的重要着力点，也是加快推动生产方式绿色化、增加绿色产品供给、减轻资源环境压力、提高人民生活质量的有效途径，更是推动工业转型升级、培育新的经济增长点、稳增长调结构增效益的关键措施，对促进工业文明与生态文明和谐共融具有重要意义。

二、指导思想

贯彻落实党的十八大及十八届三中、四中、五中全会精神，践行绿色发展理念，按照制造强国建设战略部署，围绕落实绿色制造工程2016年重点任务，以制造业绿色改造升级为重点，加快关键技术研发与产业化，强化试点示范和绿色监管，积极构建绿色制造体系，力争在重点区域、重点流域绿色制造上取得突破，引领和带动制造业高效清洁低碳循环和可持续发展。

三、主要目标

通过实施绿色制造2016专项行动，预期实现以下目标：

（一）进一步提升部分行业清洁生产水平，预计全年削减化学需氧量8万吨、氨氮0.7万吨。筛选推广一批先进节水技术。

（二）建设若干资源综合利用重大示范工程和基地，初步形成京津冀及周边地区资源综合利用产业区域协同发展新机制。

（三）会同财政部启动绿色制造试点示范，发布若干行业绿色工厂创建实施方案或绿色工厂标准。

四、重点工作

（一）实施传统制造业绿色化改造

围绕制造业清洁生产水平提升，发布《水污染防治重点行业清洁生产技术推行方案》，实施重点流域部分行业水污染防治清洁化改造。会同财政部支持一批高风险污染物削减项目，从源头减少汞、铅、高毒农药等高风险污染物产生和排放。在钢铁、造纸等高耗水行业，筛选推广一批先进适用的节水技术。组织开展节能监察和跨区域专项督查，在重点行业实施一批高效节能低碳技术改造示范项目。

（二）开展京津冀及周边地区资源综合利用产业协同发展示范

在尾矿、煤矸石、粉煤灰、脱硫石膏等重点领域，开展资源综合利用重大工程示范，推广应用

一批先进适用技术装备。会同财政部组织实施水泥窑协同处置城市生活垃圾示范工程建设。支持固体废物工程技术研究机构、固体废物资源综合利用与生态发展创新中心等技术创新平台建设。

（三）推进绿色制造体系试点

统筹推进绿色制造体系建设试点，发布绿色制造标准体系建设指南、绿色工厂评价导则和绿色供应链管理试点方案。会同财政部在京津冀、长江经济带、东北老工业基地等区域，选择部分城市开展绿色制造试点示范，创建一批特色鲜明的绿色示范工厂。

五、进度安排

——发布实施方案，启动绿色制造专项行动。（一季度）

——发布《实施2016年高风险污染物削减行动的通知》。（一季度）

——发布《第二批国家鼓励的先进适用节水技术目录》及《国家鼓励的有毒有害原料（产品）替代品目录》（2016年版）。（二季度）

——启动绿色制造工程实施指南重点任务，发布绿色制造标准体系建设指南及绿色工厂评价导则等，开展绿色工厂试点。（二季度）

——会同财政部启动水泥窑协同处置城市生活垃圾示范工程建设。（二季度）

——组织开展节能监察和跨区域专项督查。（三季度）

——发布《京津冀及周边地区资源综合利用产业协同发展重大示范工程实施方案》，推动京津冀及周边地区固体废物综合利用基地建设。（三季度）

六、保障措施

（一）创新机制模式。积极协调中国工程院、中国科学院等机构技术资源，注重发挥行业协会和产业联盟支撑作用，指导绿色制造关键共性技术研发。加强与产业基金、投资公司、政策性银行等机构对接，总结绿色信贷成功经验，进一步拓展支持领域，为绿色制造专项提供支撑。

（二）形成工作合力。加强与发改、财政、环保、科技等部门紧密合作，充分调动地方政府积极性，推动建立部门互动、区域联动、上下齐动的工作机制，营造绿色发展政策环境。建立制造业绿色发展区域协调联动工作机制，加强对地方工作的指导，促进区域间节能环保产业实质性合作。

（三）加大政策支持。利用专项建设基金、清洁生产、工业转型升级等专项资金，支持绿色制造专项行动重点项目。拓展绿色信贷、绿色债券市场，支持设立绿色产业基金。完善绿色产品政府采购和财政支持政策，落实资源综合利用税收优惠政策、节能节水环保专用设备所得税优惠政策。

（四）强化监督管理。积极推进完善绿色制造相关法律法规，依法构建绿色制造管理体系。强化环保执法监督、节能监察、清洁生产审核和生产者责任延伸，加强事中事后监管，严格惩处各类违法违规行为，形成绿色发展长效激励约束机制。

土壤污染防治行动计划

（国发〔2016〕31号 国务院2016年5月28日印发）

土壤是经济社会可持续发展的物质基础，关系人民群众身体健康，关系美丽中国建设，保护好土壤环境是推进生态文明建设和维护国家生态安全的重要内容。当前，我国土壤环境总体状况堪忧，部分地区污染较为严重，已成为全面建成小康社会的突出短板之一。为切实加强土壤污染防治，逐步改善土壤环境质量，制定本行动计划。

总体要求：全面贯彻党的十八大和十八届三中、四中、五中全会精神，按照“五位一体”总体布局和“四个全面”战略布局，牢固树立创新、协调、绿色、开放、共享的新发展理念，认真落实党中央、国务院决策部署，立足我国国情和发展阶段，着眼经济社会发展全局，以改善土壤环境质量为核心，以保障农产品质量和人居环境安全为出发点，坚持预防为主、保护优先、风险管控，突出重点区域、行业和污染物，实施分类别、分用途、分阶段治理，严控新增污染、逐步减少存量，形成政府主导、企业担责、公众参与、社会监督的土壤污染防治体系，促进土壤资源永续利用，为建设“蓝天常在、青山常在、绿水常在”的美丽中国而奋斗。

工作目标：到2020年，全国土壤污染加重趋势得到初步遏制，土壤环境质量总体保持稳定，农用地和建设用地土壤环境安全得到基本保障，土壤环境风险得到基本管控。到2030年，全国土壤环境质量稳中向好，农用地和建设用地土壤环境安全得到有效保障，土壤环境风险得到全面管控。到本世纪中叶，土壤环境质量全面改善，生态系统实现良性循环。

主要指标：到2020年，受污染耕地安全利用率达到90%左右，污染地块安全利用率达到90%以上。到2030年，受污染耕地安全利用率达到95%以上，污染地块安全利用率达到95%以上。

一、开展土壤污染调查，掌握土壤环境质量状况

（一）深入开展土壤环境质量调查。在现有相关调查基础上，以农用地和重点行业企业用地为重点，开展土壤污染状况详查，2018年底前查明农用地土壤污染的面积、分布及其对农产品质量的影响；2020年底前掌握重点行业企业用地中的污染地块分布及其环境风险情况。制定详查总体方案和技术规定，开展技术指导、监督检查和成果审核。建立土壤环境质量状况定期调查制度，每10年开展1次。（环境保护部牵头，财政部、国土资源部、农业部、国家卫生计生委等参与，地方各级人民政府负责落实。以下均需地方各级人民政府落实，不再列出）

（二）建设土壤环境质量监测网络。统一规划、整合优化土壤环境质量监测点位，2017年底前，完成土壤环境质量国控监测点位设置，建成国家土壤环境质量监测网络，充分发挥行业监测网作用，基本形成土壤环境监测能力。各省（区、市）每年至少开展1次土壤环境监测技术人员培训。各地可根据工作需要，补充设置监测点位，增加特征污染物监测项目，提高监测频次。2020年底前，实现土壤环境质量监测点位所有县（市、区）全覆盖。（环境保护部牵头，国家发展改革委、工业和信息化部、国土资源部、农业部等参与）

（三）提升土壤环境信息化管理水平。利用环境保护、国土资源、农业等部门相关数据，建立土壤环境基础数据库，构建全国土壤环境信息化管理平台，力争2018年底前完成。借助移动互联网、物联网等技术，拓宽数据获取渠道，实现数据动态更新。加强数据共享，编制资源共享目录，明确共享权限和方式，发挥土壤环境大数据在污染防治、城乡规划、土地利用、农业生产中的作用。（环境保护部牵头，国家发展改革委、教育部、科技部、工业和信息化部、国土资源部、住房城乡建设部、农业部、国家卫生计生委、国家林业局等参与）

二、推进土壤污染防治立法，建立健全法规标准体系

（四）加快推进立法进程。配合完成土壤污染防治法起草工作。适时修订污染防治、城乡规划、土地管理、农产品质量安全相关法律法规，增加土壤污染防治有关内容。2016年底前，完成农药管理条例修订工作，发布污染地块土壤环境管理办法、农用地土壤环境管理办法。2017年底前，出台农药包装废弃物回收处理、工矿用地土壤环境管理、废弃农膜回收利用等部门规章。到2020年，土壤污染防治法律法规体系基本建立。各地可结合实际，研究制定土壤污染防治地方性法规。（国务院法制办、环境保护部牵头，工业和信息化部、国土资源部、住房城乡建设部、农业部、国家林业局等参与）

（五）系统构建标准体系。健全土壤污染防治相关标准和技术规范。2017年底前，发布农用地、建设用地土壤环境质量标准；完成土壤环境监测、调查评估、风险管控、治理与修复等技术规范以及环境影响评价技术导则制修订工作；修订肥料、饲料、灌溉用水中有毒有害物质限量和农用污泥中污染物控制等标准，进一步严格污染物控制要求；修订农膜标准，提高厚度要求，研究制定可降解农膜标准；修订农药包装标准，增加防止农药包装废弃物污染土壤的要求。适时修订污染物排放标准，进一步明确污染物特别排放限值要求。完善土壤中污染物分析测试方法，研制土壤环境标准样品。各地可制定严于国家标准的地方土壤环境质量标准。（环境保护部牵头，工业和信息化部、国土资源部、住房城乡建设部、水利部、农业部、质检总局、国家林业局等参与）

（六）全面强化监管执法。明确监管重点。重点监测土壤中镉、汞、砷、铅、铬等重金属和多环芳烃、石油烃等有机污染物，重点监管有色金属矿采选、有色金属冶炼、石油开采、石油加工、化工、焦化、电镀、制革等行业，以及产粮（油）大县、地级以上城市建成区等区域。（环境保护部牵头，工业和信息化部、国土资源部、住房城乡建设部、农业部等参与）

加大执法力度。将土壤污染防治作为环境执法的重要内容，充分利用环境监管网格，加强土壤环境日常监管执法。严厉打击非法排放有毒有害污染物、违法违规存放危险化学品、非法处置危险废物、不正常使用污染治理设施、监测数据弄虚作假等环境违法行为。开展重点行业企业专项环境执法，对严重污染土壤环境、群众反映强烈的企业进行挂牌督办。改善基层环境执法条件，配备必要的土壤污染快速检测等执法装备。对全国环境执法人员每3年开展1轮土壤污染防治专业技术培训。提高突发环境事件应急能力，完善各级环境污染事件应急预案，加强环境应急管理、技术支撑、处置救援能力建设。（环境保护部牵头，工业和信息化部、公安部、国土资源部、住房城乡建设部、农业部、安全监管总局、国家林业局等参与）

三、实施农用地分类管理，保障农业生产环境安全

（七）划定农用地土壤环境质量类别。按污染程度将农用地划为三个类别，未污染和轻微污染的划为优先保护类，轻度和中度污染的划为安全利用类，重度污染的划为严格管控类，以耕地为重点，分别采取相应管理措施，保障农产品质量安全。2017年底前，发布农用地土壤环境质量类别划分技术指南。以土壤污染状况详查结果为依据，开展耕地土壤和农产品协同监测与评价，在试点基础上有序推进耕地土壤环境质量类别划定，逐步建立分类清单，2020年底前完成。划定结果由各省级人民政府审定，数据上传全国土壤环境信息化管理平台。根据土地利用变更和土壤环境质量变化情况，定期对各类别耕地面积、分布等信息进行更新。有条件的地区要逐步开展林地、草地、园地等其他农用地土壤环境质量类别划定等工作。（环境保护部、农业部牵头，国土资源部、国家林业局等参与）

（八）切实加大保护力度。各地要将符合条件的优先保护类耕地划为永久基本农田，实行严格保护，确保其面积不减少、土壤环境质量不下降，除法律规定的重点建设项目选址确实无法避让外，其他任何建设不得占用。产粮（油）大县要制定土壤环境保护方案。高标准农田建设项目向优先保护类耕地集中的地区倾斜。推行秸秆还田、增施有机肥、

少耕免耕、粮豆轮作、农膜减量与回收利用等措施。继续开展黑土地保护利用试点。农村土地流转的受让方要履行土壤保护的责任，避免因过度施肥、滥用农药等掠夺式农业生产方式造成土壤环境质量下降。各省级人民政府要对本行政区域内优先保护类耕地面积减少或土壤环境质量下降的县（市、区），进行预警提醒并依法采取环评限批等限制性措施。（国土资源部、农业部牵头，国家发展改革委、环境保护部、水利部等参与）

防控企业污染。严格控制在优先保护类耕地集中区域新建有色金属冶炼、石油加工、化工、焦化、电镀、制革等行业企业，现有相关行业企业要采用新技术、新工艺，加快提标升级改造步伐。（环境保护部、国家发展改革委牵头，工业和信息化部参与）

（九）着力推进安全利用。根据土壤污染状况和农产品超标情况，安全利用类耕地集中的县（市、区）要结合当地主要作物品种和种植习惯，制定实施受污染耕地安全利用方案，采取农艺调控、替代种植等措施，降低农产品超标风险。强化农产品质量检测。加强对农民、农民合作社的技术指导和培训。2017年底前，出台受污染耕地安全利用技术指南。到2020年，轻度和中度污染耕地实现安全利用的面积达到4000万亩。（农业部牵头，国土资源部等参与）

（十）全面落实严格管控。加强对严格管控类耕地的用途管理，依法划定特定农产品禁止生产区域，严禁种植食用农产品；对威胁地下水、饮用水水源安全的，有关县（市、区）要制定环境风险管控方案，并落实有关措施。研究将严格管控类耕地纳入国家新一轮退耕还林还草实施范围，制定实施重度污染耕地种植结构调整或退耕还林还草计划。继续在湖南长株潭地区开展重金属污染耕地修复及农作物种植结构调整试点。实行耕地轮作休耕制度试点。到2020年，重度污染耕地种植结构调整或退耕还林还草面积力争达到2000万亩。（农业部牵头，国家发展改革委、财政部、国土资源部、环境保护部、水利部、国家林业局参与）

（十一）加强林地草地园地土壤环境管理。严格控制林地、草地、园地的农药使用量，禁止使用高毒、高残留农药。完善生物农药、引诱剂管理制度，加大使用推广力度。优先将重度污染的牧草地集中区域纳入禁牧休牧实施范围。加强对重度污染林地、园地产出食用农（林）产品质量检测，发现超标的，要采取种植结构调整等措施。（农业部、国家林业局负责）

四、实施建设用地准入管理，防范人居环境风险

（十二）明确管理要求。建立调查评估制度。2016年底前，发布建设用地土壤环境调查评估技术规定。自2017年起，对拟收回土地使用权的有色金属冶炼、石油加工、化工、焦化、电镀、制革等行业企业用地，以及用途拟变更为居住和商业、学校、医疗、养老机构等公共设施的上述企业用地，由土地使用权人负责开展土壤环境状况调查评估；已经收回的，由所在地市、县级人民政府负责开展调查评估。自2018年起，重度污染农用地转为城镇建设用地的，由所在地市、县级人民政府负责组织开展调查评估。调查评估结果向所在地环境保护、城乡规划、国土资源部门备案。（环境保护部牵头，国土资源部、住房城乡建设部参与）

分用途明确管理措施。自2017年起，各地要结合土壤污染状况详查情况，根据建设用地土壤环境调查评估结果，逐步建立污染地块名录及其开发利用的负面清单，合理确定土地用途。符合相应规划用地土壤环境质量要求的地块，可进入用地程序。暂不开发利用或现阶段不具备治理修复条件的污染地块，由所在地县级人民政府组织划定管控区域，设立标识，发布公告，开展土壤、地表水、地下水、空气环境监测；发现污染扩散的，有关责任主体要及时采取污染物隔离、阻断等环境风险管控措施。（国土资源部牵头，环境保护部、住房城乡建设部、水利部等参与）

（十三）落实监管责任。地方各级城乡规划部门要结合土壤环境质量状况，加强城乡规划论证和审批管理。地方各级国土资源部门要依据土地利用总体规划、城乡规划和地块土壤环境质量状况，加强土地征收、收回、收购以及转让、改变用途等环节的监管。地方各级环境保护部门要加强对建设用地土壤环境状况调查、风险评估和污染地块治理与修复活动的监管。建立城乡规划、国土资源、环境保护等部门间的信息沟通机制，实行联动监管。（国土资源部、环境保护部、住房城乡建设部负责）

（十四）严格用地准入。将建设用地土壤环境管理要求纳入城市规划和供地管理，土地开发利用必须符合土壤环境质量要求。地方各级国土资源、城乡规划等部门在编制土地利用总体规划、城市总体规划、控制性详细规划等相关规划时，应充分考虑污染地块的环境风险，合理确定土地用途。（国土资源部、住房城乡建设部牵头，环境保护部参与）

五、强化未污染土壤保护，严控新增土壤污染

（十五）加强未利用地环境管理。按照科学有序原则开发利用未利用地，防止造成土壤污染。拟开发为农用地的，有关县（市、区）人民政府要组织开展土壤环境质量状况评估；不符合相应标准的，不得种植食用农产品。各地要加强纳入耕地后备资源的未利用地保护，定期开展巡查。依法严查向沙漠、滩涂、盐碱地、沼泽地等非法排污、倾倒有毒有害物质的环境违法行为。加强对矿山、油田等矿产资源开采活动影响区域内未利用地的环境监管，发现土壤污染问题的，要及时督促有关企业采取防治措施。推动盐碱地土壤改良，自2017年起，在新疆生产建设兵团等地开展利用燃煤电厂脱硫石膏改良盐碱地试点。（环境保护部、国土资源部牵头，国家发展改革委、公安部、水利部、农业部、国家林业局等参与）

（十六）防范建设用地新增污染。排放重点污染物的建设项目，在开展环境影响评价时，要增加对土壤环境影响的评价内容，并提出防范土壤污染的具体措施；需要建设的土壤污染防治设施，要与主体工程同时设计、同时施工、同时投产使用；有关环境保护部门要做好有关措施落实情况的监督管理工作。自2017年起，有关地方人民政府要与重点行业企业签订土壤污染防治责任书，明确相关措施和责任，责任书向社会公开。（环境保护部负责）

（十七）强化空间布局管控。加强规划区划和建设项目布局论证，根据土壤等环境承载能力，合理确定区域功能定位、空间布局。鼓励工业企业集聚发展，提高土地节约集约利用水平，减少土壤污染。严格执行相关行业企业布局选址要求，禁止在居民区、学校、医疗和养老机构等周边新建有色金属冶炼、焦化等行业企业；结合推进新型城镇化、产业结构调整和化解过剩产能等，有序搬迁或依法关闭对土壤造成严重污染的现有企业。结合区域功能定位和土壤污染防治需要，科学布局生活垃圾处理、危险废物处置、废旧资源再生利用等设施和场所，合理确定畜禽养殖布局和规模。（国家发展改革委牵头，工业和信息化部、国土资源部、环境保护部、住房城乡建设部、水利部、农业部、国家林业局等参与）

六、加强污染源监管，做好土壤污染预防工作

（十八）严控工矿污染。加强日常环境监管。各地要根据工矿企业分布和污染排放情况，确定土壤环境重点监管企业名单，实行动态更新，并向社会公布。列入名单的企业每年要自行对其用地进行土壤环境监测，结果向社会公开。有关环境保护部门要定期对重点监管企业和工业园区周边开展监测，数据及时上传全国土壤环境信息化管理平台，结果作为环境执法和风险预警的重要依据。适时修订国家鼓励的有毒有害原料（产品）替代品目录。加强电器电子、汽车等工业产品中有害物

质控制。有色金属冶炼、石油加工、化工、焦化、电镀、制革等行业企业拆除生产设施设备、构筑物和污染治理设施，要事先制定残留污染物清理和安全处置方案，并报所在地县级环境保护、工业和信息化部门备案；要严格按照有关规定实施安全处理处置，防范拆除活动污染土壤。2017年底前，发布企业拆除活动污染防治技术规定。（环境保护部、工业和信息化部负责）

严防矿产资源开发污染土壤。自2017年起，内蒙古、江西、河南、湖北、湖南、广东、广西、四川、贵州、云南、陕西、甘肃、新疆等省（区）矿产资源开发活动集中的区域，执行重点污染物特别排放限值。全面整治历史遗留尾矿库，完善覆膜、压土、排洪、堤坝加固等隐患治理和闭库措施。有重点监管尾矿库的企业要开展环境风险评估，完善污染治理设施，储备应急物资。加强对矿产资源开发利用活动的辐射安全监管，有关企业每年要对本矿区土壤进行辐射环境监测。（环境保护部、安全监管总局牵头，工业和信息化部、国土资源部参与）

加强涉重金属行业污染防控。严格执行重金属污染物排放标准并落实相关总量控制指标，加大监督检查力度，对整改后仍不达标的企业，依法责令其停业、关闭，并将企业名单向社会公开。继续淘汰涉重金属重点行业落后产能，完善重金属相关行业准入条件，禁止新建落后产能或产能严重过剩行业的建设项目。按计划逐步淘汰普通照明白炽灯。提高铅酸蓄电池等行业落后产能淘汰标准，逐步退出落后产能。制定涉重金属重点工业行业清洁生产技术推行方案，鼓励企业采用先进适用生产工艺和技术。2020年重点行业的重点重金属排放量要比2013年下降10%。（环境保护部、工业和信息化部牵头，国家发展改革委参与）

加强工业废物处理处置。全面整治尾矿、煤矸石、工业副产石膏、粉煤灰、赤泥、冶炼渣、电石渣、铬渣、砷渣以及脱硫、脱硝、除尘产生固体废物的堆存场所，完善防扬散、防流失、防渗漏等设施，制定整治方案并有序实施。加强工业固体废物综合利用。对电子废物、废轮胎、废塑料等再生利用活动进行清理整顿，引导有关企业采用先进适用加工工艺、集聚发展，集中建设和运营污染治理设施，防止污染土壤和地下水。自2017年起，在京津冀、长三角、珠三角等地区的部分城市开展污水与污泥、废气与废渣协同治理试点。（环境保护部、国家发展改革委牵头，工业和信息化部、国土资源部参与）

（十九）控制农业污染。合理使用化肥农药。鼓励农民增施有机肥，减少化肥使用量。科学施用农药，推行农作物病虫害专业化统防统治和绿色防控，推广高效低毒低残留农药和现代植保机械。加强农药包装废弃物回收处理，自2017年起，在江苏、山东、河南、海南等省份选择部分产粮（油）大县和蔬菜产业重点县开展试点；到2020年，推广到全国30%的产粮（油）大县和所有蔬菜产业重点县。推行农业清洁生产，开展农业废弃物资源化利用试点，形成一批可复制、可推广的农业面源污染防治技术模式。严禁将城镇生活垃圾、污泥、工业废物直接用作肥料。到2020年，全国主要农作物化肥、农药使用量实现零增长，利用率提高到40%以上，测土配方施肥技术推广覆盖率提高到90%以上。（农业部牵头，国家发展改革委、环境保护部、住房城乡建设部、供销合作总社等参与）

加强废弃农膜回收利用。严厉打击违法生产和销售不合格农膜的行为。建立健全废弃农膜回收贮运和综合利用网络，开展废弃农膜回收利用试点；到2020年，河北、辽宁、山东、河南、甘肃、新疆等农膜使用量较高省份力争实现废弃农膜全面回收利用。（农业部牵头，国家发展改革委、工业和信息化部、公安部、工商总局、供销合作总社等参与）

强化畜禽养殖污染防治。严格规范兽药、饲料添加剂的生产和使用，防止过量使用，促进源头减量。加强畜禽粪便综合利用，在部分生猪大县开展种养业有机结合、循环发展试点。鼓励支持畜禽粪便处理利用设施建设，到2020年，规模化养殖场、养殖小区配套建设废弃物处理设施比例达到75%以上。（农业部牵头，国家发展改革委、环境保护部参与）

加强灌溉水水质管理。开展灌溉水水质监测。灌溉用水应符合农田灌溉水水质标准。对因长期使用污水灌溉导致土壤污染严重、威胁农产品质量安全的，要及时调整种植结构。（水利部牵头，农业部参与）

（二十）减少生活污染。建立政府、社区、企业和居民协调机制，通过分类投放收集、综合循环利用，促进垃圾减量化、资源化、无害化。建立村庄保洁制度，推进农村生活垃圾治理，实施农村生活污水治理工程。整治非正规垃圾填埋场。深入实施“以奖促治”政策，扩大农村环境连片整治范围。推进水泥窑协同处置生活垃圾试点。鼓励将处理达标后的污泥用于园林绿化。开展利用建筑垃圾生产建材产品等资源化利用示范。强化废氧化汞电池、镍镉电池、铅酸蓄电池和含汞荧光灯管、温度计等含重金属废物的安全处置。减少过度包装，鼓励使用环境标志产品。（住房城乡建设部牵头，国家发展改革委、工业和信息化部、财政部、环境保护部参与）

七、开展污染治理与修复，改善区域土壤环境质量

（二十一）明确治理与修复主体。按照“谁污染，谁治理”原则，造成土壤污染的单位或个人要承担治理与修复的主体责任。责任主体发生变更的，由变更后继承其债权、债务的单位或个人承担相关责任；土地使用权依法转让的，由土地使用权受让人或双方约定的责任人承担相关责任。责任主体灭失或责任主体不明确的，由所在地县级人民政府依法承担相关责任。（环境保护部牵头，国土资源部、住房城乡建设部参与）

（二十二）制定治理与修复规划。各省（区、市）要以影响农产品质量和人居环境安全的突出土壤污染问题为重点，制定土壤污染治理与修复规划，明确重点任务、责任单位和分年度实施计划，建立项目库，2017年底前完成。规划报环境保护部备案。京津冀、长三角、珠三角地区要率先完成。（环境保护部牵头，国土资源部、住房城乡建设部、农业部等参与）

（二十三）有序开展治理与修复。确定治理与修复重点。各地要结合城市环境质量提升和发展布局调整，以拟开发建设居住、商业、学校、医疗和养老机构等项目的污染地块为重点，开展治理与修复。在江西、湖北、湖南、广东、广西、四川、贵州、云南等省份污染耕地集中区域优先组织开展治理与修复；其他省份要根据耕地土壤污染程度、环境风险及其影响范围，确定治理与修复的重点区域。到2020年，受污染耕地治理与修复面积达到1000万亩。（国土资源部、农业部、环境保护部牵头，住房城乡建设部参与）

强化治理与修复工程监管。治理与修复工程原则上在原址进行，并采取必要措施防止污染土壤挖掘、堆存等造成二次污染；需要转运污染土壤的，有关责任单位要将运输时间、方式、线路和污染土壤数量、去向、最终处置措施等，提前向所在地和接收地环境保护部门报告。工程施工期间，责任单位要设立公告牌，公开工程基本情况、环境影响及其防范措施；所在地环境保护部门要对各项环境保护措施落实情况进行检查。工程完工后，责任单位要委托第三方机构对治理与修复效果进行评估，结果向社会公开。实行土壤污染治理与修复终身责任制，2017年底前，出台有关责任追究办法。（环境保护部牵头，国土资源部、住房城乡建设部、农业部参与）

（二十四）监督目标任务落实。各省级环境保护部门要定期向环境保护部报告土壤污染治理与修复工作进展；环境保护部要会同有关部门进行督导检查。各省（区、市）要委托第三方机构对本

行政区域各县（市、区）土壤污染治理与修复成效进行综合评估，结果向社会公开。2017年底前，出台土壤污染治理与修复成效评估办法。（环境保护部牵头，国土资源部、住房城乡建设部、农业部参与）

八、加大科技研发力度，推动环境保护产业发展

（二十五）加强土壤污染防治研究。整合高等学校、研究机构、企业等科研资源，开展土壤环境基准、土壤环境容量与承载能力、污染物迁移转化规律、污染生态效应、重金属低积累作物和修复植物筛选，以及土壤污染与农产品质量、人体健康关系等方面基础研究。推进土壤污染诊断、风险管控、治理与修复等共性关键技术研究，研发先进适用装备和高效低成本功能材料（药剂），强化卫星遥感技术应用，建设一批土壤污染防治实验室、科研基地。优化整合科技计划（专项、基金等），支持土壤污染防治研究。（科技部牵头，国家发展改革委、教育部、工业和信息化部、国土资源部、环境保护部、住房城乡建设部、农业部、国家卫生计生委、国家林业局、中科院等参与）

（二十六）加大适用技术推广力度。建立健全技术体系。综合土壤污染类型、程度和区域代表性，针对典型受污染农用地、污染地块，分批实施200个土壤污染治理与修复技术应用试点项目，2020年底前完成。根据试点情况，比选形成一批易推广、成本低、效果好的适用技术。（环境保护部、财政部牵头，科技部、国土资源部、住房城乡建设部、农业部等参与）

加快成果转化应用。完善土壤污染防治科技成果转化机制，建成以环保为主导产业的高新技术产业开发区等一批成果转化平台。2017年底前，发布鼓励发展的土壤污染防治重大技术装备目录。开展国际合作研究与技术交流，引进消化土壤污染风险识别、土壤污染物快速检测、土壤及地下水污染阻隔等风险管控先进技术和管理经验。（科技部牵头，国家发展改革委、教育部、工业和信息化部、国土资源部、环境保护部、住房城乡建设部、农业部、中科院等参与）

（二十七）推动治理与修复产业发展。放开服务性监测市场，鼓励社会机构参与土壤环境监测评估等活动。通过政策推动，加快完善覆盖土壤环境调查、分析测试、风险评估、治理与修复工程设计和施工等环节的成熟产业链，形成若干综合实力雄厚的龙头企业，培育一批充满活力的中小企业。推动有条件的地区建设产业化示范基地。规范土壤污染治理与修复从业单位和人员管理，建立健全监督机制，将技术服务能力弱、运营管理水平低、综合信用差的从业单位名单通过企业信用信息公示系统向社会公开。发挥“互联网+”在土壤污染治理与修复全产业链中的作用，推进大众创业、万众创新。（国家发展改革委牵头，科技部、工业和信息化部、国土资源部、环境保护部、住房城乡建设部、农业部、商务部、工商总局等参与）

九、发挥政府主导作用，构建土壤环境治理体系

（二十八）强化政府主导。完善管理体制。按照“国家统筹、省负总责、市县落实”原则，完善土壤环境管理体制，全面落实土壤污染防治属地责任。探索建立跨行政区域土壤污染防治联动协作机制。（环境保护部牵头，国家发展改革委、科技部、工业和信息化部、财政部、国土资源部、住房城乡建设部、农业部等参与）

加大财政投入。中央和地方各级财政加大对土壤污染防治工作的支持力度。中央财政整合重金属污染防治专项资金等，设立土壤污染防治专项资金，用于土壤环境调查与监测评估、监督管理、治理与修复等工作。各地应统筹相关财政资金，通过现有政策和资金渠道加大支持，将农业综合开发、高标准农田建设、农田水利建设、耕地保护与质量提升、测土配方施肥等涉农资金，更多用于优先保护类耕地集中的县（市、区）。有条件的省（区、市）可对优先保护类耕地面积增加的县

（市、区）予以适当奖励。统筹安排专项建设基金，支持企业对涉重金属落后生产工艺和设备进行技术改造。（财政部牵头，国家发展改革委、工业和信息化部、国土资源部、环境保护部、水利部、农业部等参与）

完善激励政策。各地要采取有效措施，激励相关企业参与土壤污染治理与修复。研究制定扶持有机肥生产、废弃农膜综合利用、农药包装废弃物回收处理等企业的激励政策。在农药、化肥等行业，开展环保领跑者制度试点。（财政部牵头，国家发展改革委、工业和信息化部、国土资源部、环境保护部、住房城乡建设部、农业部、税务总局、供销合作总社等参与）

建设综合防治先行区。2016年底前，在浙江省台州市、湖北省黄石市、湖南省常德市、广东省韶关市、广西壮族自治区河池市和贵州省铜仁市启动土壤污染综合防治先行区建设，重点在土壤污染源头预防、风险管控、治理与修复、监管能力建设等方面进行探索，力争到2020年先行区土壤环境质量得到明显改善。有关地方人民政府要编制先行区建设方案，按程序报环境保护部、财政部备案。京津冀、长三角、珠三角等地区可因地制宜开展先行区建设。（环境保护部、财政部牵头，国家发展改革委、国土资源部、住房城乡建设部、农业部、国家林业局等参与）

（二十九）发挥市场作用。通过政府和社会资本合作（PPP）模式，发挥财政资金撬动功能，带动更多社会资本参与土壤污染防治。加大政府购买服务力度，推动受污染耕地和以政府为责任主体的污染地块治理与修复。积极发展绿色金融，发挥政策性和开发性金融机构引导作用，为重大土壤污染防治项目提供支持。鼓励符合条件的土壤污染治理与修复企业发行股票。探索通过发行债券推进土壤污染治理与修复，在土壤污染综合防治先行区开展试点。有序开展重点行业企业环境污染强制责任保险试点。（国家发展改革委、环境保护部牵头，财政部、人民银行、银监会、证监会、保监会等参与）

（三十）加强社会监督。推进信息公开。根据土壤环境质量监测和调查结果，适时发布全国土壤环境状况。各省（区、市）人民政府定期公布本行政区域各地级市（州、盟）土壤环境状况。重点行业企业要依据有关规定，向社会公开其产生的污染物名称、排放方式、排放浓度、排放总量，以及污染防治设施建设和运行情况。（环境保护部牵头，国土资源部、住房城乡建设部、农业部等参与）

引导公众参与。实行有奖举报，鼓励公众通过“12369”环保举报热线、信函、电子邮件、政府网站、微信平台等途径，对乱排废水、废气，乱倒废渣、污泥等污染土壤的环境违法行为进行监督。有条件的地方可根据需要聘请环境保护义务监督员，参与现场环境执法、土壤污染事件调查处理等。鼓励种粮大户、家庭农场、农民合作社以及民间环境保护机构参与土壤污染防治工作。（环境保护部牵头，国土资源部、住房城乡建设部、农业部等参与）

推动公益诉讼。鼓励依法对污染土壤等环境违法行为提起公益诉讼。开展检察机关提起公益诉讼改革试点的地区，检察机关可以以公益诉讼人的身份，对污染土壤等损害社会公共利益的行为提起民事公益诉讼；也可以对负有土壤污染防治职责的行政机关，因违法行使职权或者不作为造成国家和社会公共利益受到侵害的行为提起行政公益诉讼。地方各级人民政府和有关部门应当积极配合司法机关的相关案件办理工作和检察机关的监督工作。（最高人民检察院、最高人民法院牵头，国土资源部、环境保护部、住房城乡建设部、水利部、农业部、国家林业局等参与）

（三十一）开展宣传教育。制定土壤环境保护宣传教育工作方案。制作挂图、视频，出版科普读物，利用互联网、数字化放映平台等手段，结合世界地球日、世界环境日、世界土壤日、世界粮

食日、全国土地日等主题宣传活动，普及土壤污染防治相关知识，加强法律法规政策宣传解读，营造保护土壤环境的良好社会氛围，推动形成绿色发展方式和生活方式。把土壤环境保护宣传教育融入党政机关、学校、工厂、社区、农村等的环境宣传和培训工作。鼓励支持有条件的高等学校开设土壤环境专门课程。（环境保护部牵头，中央宣传部、教育部、国土资源部、住房城乡建设部、农业部、新闻出版广电总局、国家网信办、国家粮食局、中国科协等参与）

十、加强目标考核，严格责任追究

（三十二）明确地方政府主体责任。地方各级人民政府是实施本行动计划的主体，要于2016年底前分别制定并公布土壤污染防治工作方案，确定重点任务和工作目标。要加强组织领导，完善政策措施，加大资金投入，创新投融资模式，强化监督管理，抓好工作落实。各省（区、市）工作方案报国务院备案。（环境保护部牵头，国家发展改革委、财政部、国土资源部、住房城乡建设部、农业部等参与）

（三十三）加强部门协调联动。建立全国土壤污染防治工作协调机制，定期研究解决重大问题。各有关部门要按照职责分工，协同做好土壤污染防治工作。环境保护部要抓好统筹协调，加强督促检查，每年2月底前将上年度工作进展情况向国务院报告。（环境保护部牵头，国家发展改革委、科技部、工业和信息化部、财政部、国土资源部、住房城乡建设部、水利部、农业部、国家林业局等参与）

（三十四）落实企业责任。有关企业要加强内部管理，将土壤污染防治纳入环境风险防控体系，严格依法依规建设和运营污染治理设施，确保重点污染物稳定达标排放。造成土壤污染的，应承担损害评估、治理与修复的法律责任。逐步建立土壤污染治理与修复企业行业自律机制。国有企业特别是中央企业要带头落实。（环境保护部牵头，工业和信息化部、国务院国资委等参与）

（三十五）严格评估考核。实行目标责任制。2016年底前，国务院与各省（区、市）人民政府签订土壤污染防治目标责任书，分解落实目标任务。分年度对各省（区、市）重点工作进展情况进行评估，2020年对本行动计划实施情况进行考核，评估和考核结果作为对领导班子和领导干部综合考核评价、自然资源资产离任审计的重要依据。（环境保护部牵头，中央组织部、审计署参与）

评估和考核结果作为土壤污染防治专项资金分配的重要参考依据。（财政部牵头，环境保护部参与）

对年度评估结果较差或未通过考核的省（区、市），要提出限期整改意见，整改完成前，对有关地区实施建设项目环评限批；整改不到位的，要约谈有关省级人民政府及其相关部门负责人。对土壤环境问题突出、区域土壤环境质量明显下降、防治工作不力、群众反映强烈的地区，要约谈有关地市级人民政府和省级人民政府相关部门主要负责人。对失职渎职、弄虚作假的，区分情节轻重，予以诫勉、责令公开道歉、组织处理或党纪政纪处分；对构成犯罪的，要依法追究刑事责任，已经调离、提拔或者退休的，也要终身追究责任。（环境保护部牵头，中央组织部、监察部参与）

我国正处于全面建成小康社会决胜阶段，提高环境质量是人民群众的热切期盼，土壤污染防治任务艰巨。各地区、各有关部门要认清形势，坚定信心，狠抓落实，切实加强污染治理和生态保护，如期实现全国土壤污染防治目标，确保生态环境质量得到改善、各类自然生态系统安全稳定，为建设美丽中国、实现“两个一百年”奋斗目标和中华民族伟大复兴的中国梦作出贡献。

全国农业现代化规划（2016—2020年）（节录）

（国务院2016年10月17印发）

第五章　绿色兴农　着力提升农业可持续发展水平

绿色是农业现代化的重要标志，必须牢固树立绿水青山就是金山银山的理念，推进农业发展绿色化，补齐生态建设和质量安全短板，实现资源利用高效、生态系统稳定、产地环境良好、产品质量安全。

一、推进资源保护和生态修复

（一）严格保护耕地。落实最严格的耕地保护制度，坚守耕地红线，严控新增建设用地占用耕地。完善耕地占补平衡制度，研究探索重大建设项目国家统筹补充耕地办法，全面推进建设占用耕地耕作层土壤剥离再利用。大力实施农村土地整治，推进耕地数量、质量、生态“三位一体”保护。实施耕地质量保护与提升行动,力争到“十三五”末全国耕地质量提升0.5个等级（别）以上。（国土资源部、农业部牵头，国家发展改革委、财政部、环境保护部、住房城乡建设部、水利部等部门参与）

（二）节约高效用水。在西北、华北等地区推广耐旱品种和节水保墒技术，限制高耗水农作物种植面积。在粮食主产区、生态环境脆弱区、水资源开发过渡区等重点地区加快实施田间高效节水灌溉工程，完善雨水集蓄利用等设施。推进农业水价综合改革，建立节水奖励和精准补贴机制，增强农民节水意识。推进农业灌溉用水总量控制和定额管理。加强人工影响天气能力建设，加大云水资源开发利用力度。（水利部牵头，国家发展改革委、财政部、国土资源部、农业部、中国气象局等部门参与）

（三）加强林业和湿地资源保护。严格执行林地、湿地保护制度，深入推进林业重点生态工程建设，搞好天然林保护，确保“十三五”末森林覆盖率达到23.04%、森林蓄积量达到165亿立方米。开展湿地保护和恢复，加强湿地自然保护区建设。继续推进退耕还林、退耕还湿，加快荒漠化石漠化治理。（国家林业局牵头，国家发展改革委、财政部、环境保护部、水利部、农业部等部门参与）

（四）修复草原生态。加快基本草原划定和草原确权承包工作，全面实施禁牧休牧和草畜平衡制度，落实草原生态保护补助奖励政策。继续推进退牧还草、退耕还草、草原防灾减灾和鼠虫草害防治等重大工程，建设人工草场和节水灌溉饲草料基地，扩大舍饲圈养规模。合理利用南方草地资源，保护南方高山草甸生态。（农业部牵头，国家发展改革委、财政部、水利部等部门参与）

（五）强化渔业资源养护。建立一批水生生物自然保护区和水产种质资源保护区，恢复性保护产卵场、索饵场、越冬场和洄游通道等重要渔业水域，严格保护中华鲟、长江江豚、中华白海豚等水生珍稀濒危物种。促进渔业资源永续利用，扩大水生生物增殖放流规模，建设人工鱼礁、海洋牧场。建立海洋渔业资源总量管理制度，加强渔业资源调查，健全渔业生态环境监测网络体系，实施渔业生态补偿。（农业部牵头，国家发展改革委、财政部、环境保护部、国家海洋局等部门参与）

（六）维护生物多样性。加强农业野生植物资源和畜禽遗传资源保护，建设一批野生动植物保

护区。完善野生动植物资源监测和保存体系，开展濒危动植物物种专项救护，遏制生物多样性减退速度。强化外来物种入侵和遗传资源丧失防控。（农业部、国家林业局、质检总局牵头，国家发展改革委、环境保护部、海关总署等部门参与）

二、强化农业环境保护

（一）开展化肥农药使用量零增长行动。集成推广水肥一体化、机械深施等施肥模式，集成应用全程农药减量增效技术，发展装备精良、专业高效的病虫害防治专业化服务组织，力争到“十三五”末主要农作物测土配方施肥技术推广覆盖率达到90%以上，绿色防控覆盖率达到30%以上。（农业部牵头，工业和信息化部、财政部、环境保护部等部门参与）

（二）推动农业废弃物资源化利用无害化处理。推进畜禽粪污综合利用，推广污水减量、厌氧发酵、粪便堆肥等生态化治理模式，建立第三方治理与综合利用机制。完善病死畜禽无害化处理设施，建成覆盖饲养、屠宰、经营、运输整个链条的无害化处理体系。推动秸秆肥料化、饲料化、基料化、能源化、原料化应用，率先在大气污染防治重点区域基本实现全量化利用。健全农田残膜回收再利用激励机制，严禁生产和使用厚度0.01毫米以下的地膜，率先在东北地区实现大田生产地膜零增长。（农业部、国家发展改革委牵头，工业和信息化部、财政部、国土资源部、环境保护部、国家能源局等部门参与）

（三）强化环境突出问题治理。推广应用低污染、低消耗的清洁种养技术，加强农业面源污染治理，实施源头控制、过程拦截、末端治理与循环利用相结合的综合防治。控制华北等地下水漏斗区用水总量，调整种植结构，推广节水设施。综合治理耕地重金属污染，严格监测产地污染，推进分类管理，开展修复试点。扩大黑土地保护利用试点规模，在重金属污染区、地下水漏斗区、生态严重退化地区实行耕地轮作休耕制度试点。（国家发展改革委牵头，财政部、国土资源部、环境保护部、水利部、农业部、国家林业局等部门参与）

“健康中国2030”规划纲要（节录）

（中共中央 国务院10月25日发布）

第三章　战略目标

到2020年，建立覆盖城乡居民的中国特色基本医疗卫生制度，健康素养水平持续提高，健康服务体系完善高效，人人享有基本医疗卫生服务和基本体育健身服务，基本形成内涵丰富、结构合理的健康产业体系，主要健康指标居于中高收入国家前列。

到2030年，促进全民健康的制度体系更加完善，健康领域发展更加协调，健康生活方式得到普及，健康服务质量和健康保障水平不断提高，健康产业繁荣发展，基本实现健康公平，主要健康指标进入高收入国家行列。到2050年，建成与社会主义现代化国家相适应的健康国家。

第五篇　建设健康环境

第十四章　加强影响健康的环境问题治理

第一节　深入开展大气、水、土壤等污染防治

以提高环境质量为核心，推进联防联控和流域共治，实行环境质量目标考核，实施最严格的环

境保护制度，切实解决影响广大人民群众健康的突出环境问题。深入推进产业园区、新城、新区等开发建设规划环评，严格建设项目环评审批，强化源头预防。深化区域大气污染联防联控，建立常态化区域协作机制。完善重度及以上污染天气的区域联合预警机制。全面实施城市空气质量达标管理，促进全国城市环境空气质量明显改善。推进饮用水水源地安全达标建设。强化地下水管理和保护，推进地下水超采区治理与污染综合防治。开展国家土壤环境质量监测网络建设，建立建设用地土壤环境质量调查评估制度，开展土壤污染治理与修复。以耕地为重点，实施农用地分类管理。全面加强农业面源污染防治，有效保护生态系统和遗传多样性。加强噪声污染防控。

第二节　实施工业污染源全面达标排放计划

全面实施工业污染源排污许可管理，推动企业开展自行监测和信息公开，建立排污台账，实现持证按证排污。加快淘汰高污染、高环境风险的工艺、设备与产品。开展工业集聚区污染专项治理。以钢铁、水泥、石化等行业为重点，推进行业达标排放改造。

第三节　建立健全环境与健康监测、调查和风险评估制度

逐步建立健全环境与健康管理制度。开展重点区域、流域、行业环境与健康调查，建立覆盖污染源监测、环境质量监测、人群暴露监测和健康效应监测的环境与健康综合监测网络及风险评估体系。实施环境与健康风险管理。划定环境健康高风险区域，开展环境污染对人群健康影响的评价，探索建立高风险区域重点项目健康风险评估制度。建立环境健康风险沟通机制。建立统一的环境信息公开平台，全面推进环境信息公开。推进县级及以上城市空气质量监测和信息发布。

“十三五”控制温室气体排放工作方案

（国发〔2016〕61号 国务院2016年10月27日印发）

为加快推进绿色低碳发展，确保完成“十三五”规划纲要确定的低碳发展目标任务，推动我国二氧化碳排放2030年左右达到峰值并争取尽早达峰，特制订本工作方案。

一、总体要求

（一）指导思想。全面贯彻党的十八大和十八届三中、四中、五中、六中全会精神，紧紧围绕统筹推进“五位一体”总体布局和协调推进“四个全面”战略布局，牢固树立创新、协调、绿色、开放、共享的发展理念，按照党中央、国务院决策部署，统筹国内国际两个大局，顺应绿色低碳发展国际潮流，把低碳发展作为我国经济社会发展的重大战略和生态文明建设的重要途径，采取积极措施，有效控制温室气体排放。加快科技创新和制度创新，健全激励和约束机制，发挥市场配置资源的决定性作用和更好发挥政府作用，加强碳排放和大气污染物排放协同控制，强化低碳引领，推动能源革命和产业革命，推动供给侧结构性改革和消费端转型，推动区域协调发展，深度参与全球气候治理，为促进我国经济社会可持续发展和维护全球生态安全作出新贡献。

（二）主要目标。到2020年，单位国内生产总值二氧化碳排放比2015年下降18%，碳排放总量得到有效控制。氢氟碳化物、甲烷、氧化亚氮、全氟化碳、六氟化硫等非二氧化碳温室气体控排力度进一步加大。碳汇能力显著增强。支持优化开发区域碳排放率先达到峰值，力争部分重化工业2020年左右实现率先达峰，能源体系、产业体系和消费领域低碳转型取得积极成效。全国碳排放权

交易市场启动运行，应对气候变化法律法规和标准体系初步建立，统计核算、评价考核和责任追究制度得到健全，低碳试点示范不断深化，减污减碳协同作用进一步加强，公众低碳意识明显提升。

二、低碳引领能源革命

（一）加强能源碳排放指标控制。实施能源消费总量和强度双控，基本形成以低碳能源满足新增能源需求的能源发展格局。到2020年，能源消费总量控制在50亿吨标准煤以内，单位国内生产总值能源消费比2015年下降15%，非化石能源比重达到15%。大型发电集团单位供电二氧化碳排放控制在550克二氧化碳/千瓦时以内。

（二）大力推进能源节约。坚持节约优先的能源战略，合理引导能源需求，提升能源利用效率。严格实施节能评估审查，强化节能监察。推动工业、建筑、交通、公共机构等重点领域节能降耗。实施全民节能行动计划，组织开展重点节能工程。健全节能标准体系，加强能源计量监管和服务，实施能效领跑者引领行动。推行合同能源管理，推动节能服务产业健康发展。

（三）加快发展非化石能源。积极有序推进水电开发，安全高效发展核电，稳步发展风电，加快发展太阳能发电，积极发展地热能、生物质能和海洋能。到2020年，力争常规水电装机达到3.4亿千瓦，风电装机达到2亿千瓦，光伏装机达到1亿千瓦，核电装机达到5800万千瓦，在建容量达到3000万千瓦以上。加强智慧能源体系建设，推行节能低碳电力调度，提升非化石能源电力消纳能力。

（四）优化利用化石能源。控制煤炭消费总量，2020年控制在42亿吨左右。推动雾霾严重地区和城市在2017年后继续实现煤炭消费负增长。加强煤炭清洁高效利用，大幅削减散煤利用。加快推进居民采暖用煤替代工作，积极推进工业窑炉、采暖锅炉“煤改气”，大力推进天然气、电力替代交通燃油，积极发展天然气发电和分布式能源。在煤基行业和油气开采行业开展碳捕集、利用和封存的规模化产业示范，控制煤化工等行业碳排放。积极开发利用天然气、煤层气、页岩气，加强放空天然气和油田伴生气回收利用，到2020年天然气占能源消费总量比重提高到10%左右。

三、打造低碳产业体系

（一）加快产业结构调整。将低碳发展作为新常态下经济提质增效的重要动力，推动产业结构转型升级。依法依规有序淘汰落后产能和过剩产能。运用高新技术和先进适用技术改造传统产业，延伸产业链、提高附加值，提升企业低碳竞争力。转变出口模式，严格控制“两高一资”产品出口，着力优化出口结构。加快发展绿色低碳产业，打造绿色低碳供应链。积极发展战略性新兴产业，大力发展服务业，2020年战略性新兴产业增加值占国内生产总值的比重力争达到15%，服务业增加值占国内生产总值的比重达到56%。

（二）控制工业领域排放。2020年单位工业增加值二氧化碳排放量比2015年下降22%，工业领域二氧化碳排放总量趋于稳定，钢铁、建材等重点行业二氧化碳排放总量得到有效控制。积极推广低碳新工艺、新技术，加强企业能源和碳排放管理体系建设，强化企业碳排放管理，主要高耗能产品单位产品碳排放达到国际先进水平。实施低碳标杆引领计划，推动重点行业企业开展碳排放对标活动。积极控制工业过程温室气体排放，制定实施控制氢氟碳化物排放行动方案，有效控制三氟甲烷，基本实现达标排放，“十三五”期间累计减排二氧化碳当量11亿吨以上，逐步减少二氟一氯甲烷受控用途的生产和使用，到2020年在基准线水平（2010年产量）上产量减少35%。推进工业领域碳捕集、利用和封存试点示范，并做好环境风险评价。

（三）大力发展低碳农业。坚持减缓与适应协同，降低农业领域温室气体排放。实施化肥使用量零增长行动，推广测土配方施肥，减少农田氧化亚氮排放，到2020年实现农田氧化亚氮排放达到峰值。控制农田甲烷排放，选育高产低排放良种，改善水分和肥料管理。实施耕地质量保护与提升行动,推广秸秆还田，增施有机肥，加强高标准农田建设。因地制宜建设畜禽养殖场大中型沼气工程。控制畜禽温室气体排放，推进标准化规模养殖，推进畜禽废弃物综合利用，到2020年规模化养殖场、养殖小区配套建设废弃物处理设施比例达到75%以上。开展低碳农业试点示范。

（四）增加生态系统碳汇。加快造林绿化步伐,推进国土绿化行动，继续实施天然林保护、退耕还林还草、三北及长江流域防护林体系建设、京津风沙源治理、石漠化综合治理等重点生态工程；全面加强森林经营，实施森林质量精准提升工程，着力增加森林碳汇。强化森林资源保护和灾害防控，减少森林碳排放。到2020年，森林覆盖率达到23.04%，森林蓄积量达到165亿立方米。加强湿地保护与恢复，稳定并增强湿地固碳能力。推进退牧还草等草原生态保护建设工程，推行禁牧休牧轮牧和草畜平衡制度,加强草原灾害防治，积极增加草原碳汇,到2020年草原综合植被盖度达到56%。探索开展海洋等生态系统碳汇试点。

四、推动城镇化低碳发展

（一）加强城乡低碳化建设和管理。在城乡规划中落实低碳理念和要求，优化城市功能和空间布局，科学划定城市开发边界，探索集约、智能、绿色、低碳的新型城镇化模式，开展城市碳排放精细化管理，鼓励编制城市低碳发展规划。提高基础设施和建筑质量，防止大拆大建。推进既有建筑节能改造，强化新建建筑节能，推广绿色建筑，到2020年城镇绿色建筑占新建建筑比重达到50%。强化宾馆、办公楼、商场等商业和公共建筑低碳化运营管理。在农村地区推动建筑节能，引导生活用能方式向清洁低碳转变，建设绿色低碳村镇。因地制宜推广余热利用、高效热泵、可再生能源、分布式能源、绿色建材、绿色照明、屋顶墙体绿化等低碳技术。推广绿色施工和住宅产业化建设模式。积极开展绿色生态城区和零碳排放建筑试点示范。

（二）建设低碳交通运输体系。推进现代综合交通运输体系建设，加快发展铁路、水运等低碳运输方式，推动航空、航海、公路运输低碳发展，发展低碳物流，到2020年，营运货车、营运客车、营运船舶单位运输周转量二氧化碳排放比2015年分别下降8%、2.6%、7%，城市客运单位客运量二氧化碳排放比2015年下降12.5%。完善公交优先的城市交通运输体系，发展城市轨道交通、智能交通和慢行交通，鼓励绿色出行。鼓励使用节能、清洁能源和新能源运输工具，完善配套基础设施建设，到2020年，纯电动汽车和插电式混合动力汽车生产能力达到200万辆、累计产销量超过500万辆。严格实施乘用车燃料消耗量限值标准，提高重型商用车燃料消耗量限值标准，研究新车碳排放标准。深入实施低碳交通示范工程。

（三）加强废弃物资源化利用和低碳化处置。创新城乡社区生活垃圾处理理念，合理布局便捷回收设施，科学配置社区垃圾收集系统，在有条件的社区设立智能型自动回收机，鼓励资源回收利用企业在社区建立分支机构。建设餐厨垃圾等社区化处理设施，提高垃圾社区化处理率。鼓励垃圾分类和生活用品的回收再利用。推进工业垃圾、建筑垃圾、污水处理厂污泥等废弃物无害化处理和资源化利用，在具备条件的地区鼓励发展垃圾焚烧发电等多种处理利用方式，有效减少全社会的物耗和碳排放。开展垃圾填埋场、污水处理厂甲烷收集利用及与常规污染物协同处理工作。

（四）倡导低碳生活方式。树立绿色低碳的价值观和消费观，弘扬以低碳为荣的社会新风尚。积极践行低碳理念，鼓励使用节能低碳节水产品，反对过度包装。提倡低碳餐饮，推行“光盘行动”，遏制食品浪费。倡导低碳居住，推广普及节水器具。倡导“135”绿色低碳出行方式（1公里

以内步行，3公里以内骑自行车，5公里左右乘坐公共交通工具），鼓励购买小排量汽车、节能与新能源汽车。

五、加快区域低碳发展

（一）实施分类指导的碳排放强度控制。综合考虑各省（区、市）发展阶段、资源禀赋、战略定位、生态环保等因素，分类确定省级碳排放控制目标。“十三五”期间，北京、天津、河北、上海、江苏、浙江、山东、广东碳排放强度分别下降20.5%，福建、江西、河南、湖北、重庆、四川分别下降19.5%，山西、辽宁、吉林、安徽、湖南、贵州、云南、陕西分别下降18%，内蒙古、黑龙江、广西、甘肃、宁夏分别下降17%，海南、西藏、青海、新疆分别下降12%。

（二）推动部分区域率先达峰。支持优化开发区域在2020年前实现碳排放率先达峰。鼓励其他区域提出峰值目标，明确达峰路线图，在部分发达省市研究探索开展碳排放总量控制。鼓励“中国达峰先锋城市联盟”城市和其他具备条件的城市加大减排力度，完善政策措施，力争提前完成达峰目标。

（三）创新区域低碳发展试点示范。选择条件成熟的限制开发区域和禁止开发区域、生态功能区、工矿区、城镇等开展近零碳排放区示范工程，到2020年建设50个示范项目。以碳排放峰值和碳排放总量控制为重点，将国家低碳城市试点扩大到100个城市。探索产城融合低碳发展模式，将国家低碳城（镇）试点扩大到30个城（镇）。深化国家低碳工业园区试点，将试点扩大到80个园区，组织创建20个国家低碳产业示范园区。推动开展1000个左右低碳社区试点，组织创建100个国家低碳示范社区。组织开展低碳商业、低碳旅游、低碳企业试点。以投资政策引导、强化金融支持为重点，推动开展气候投融资试点工作。做好各类试点经验总结和推广，形成一批各具特色的低碳发展模式。

（四）支持贫困地区低碳发展。根据区域主体功能，确立不同地区扶贫开发思路。将低碳发展纳入扶贫开发目标任务体系，制定支持贫困地区低碳发展的差别化扶持政策和评价指标体系，形成适合不同地区的差异化低碳发展模式。分片区制定贫困地区产业政策，加快特色产业发展，避免盲目接收高耗能、高污染产业转移。建立扶贫与低碳发展联动工作机制，推动发达地区与贫困地区开展低碳产业和技术协作。推进“低碳扶贫”，倡导企业与贫困村结对开展低碳扶贫活动。鼓励大力开发贫困地区碳减排项目，推动贫困地区碳减排项目进入国内外碳排放权交易市场。改进扶贫资金使用方式和配置模式。

六、建设和运行全国碳排放权交易市场

（一）建立全国碳排放权交易制度。出台《碳排放权交易管理条例》及有关实施细则，各地区、各部门根据职能分工制定有关配套管理办法，完善碳排放权交易法规体系。建立碳排放权交易市场国家和地方两级管理体制，将有关工作责任落实至地市级人民政府，完善部门协作机制，各地区、各部门和中央企业集团根据职责制定具体工作实施方案，明确责任目标，落实专项资金，建立专职工作队伍，完善工作体系。制定覆盖石化、化工、建材、钢铁、有色、造纸、电力和航空等8个工业行业中年能耗1万吨标准煤以上企业的碳排放权总量设定与配额分配方案，实施碳排放配额管控制度。对重点汽车生产企业实行基于新能源汽车生产责任的碳排放配额管理。

（二）启动运行全国碳排放权交易市场。在现有碳排放权交易试点交易机构和温室气体自愿减排交易机构基础上，根据碳排放权交易工作需求统筹确立全国交易机构网络布局，各地区根据国家确定的配额分配方案对本行政区域内重点排放企业开展配额分配。推动区域性碳排放权交易体系向

全国碳排放权交易市场顺利过渡，建立碳排放配额市场调节和抵消机制，建立严格的市场风险预警与防控机制，逐步健全交易规则，增加交易品种，探索多元化交易模式，完善企业上线交易条件，2017年启动全国碳排放权交易市场。到2020年力争建成制度完善、交易活跃、监管严格、公开透明的全国碳排放权交易市场，实现稳定、健康、持续发展。

（三）强化全国碳排放权交易基础支撑能力。建设全国碳排放权交易注册登记系统及灾备系统，建立长效、稳定的注册登记系统管理机制。构建国家、地方、企业三级温室气体排放核算、报告与核查工作体系，建设重点企业温室气体排放数据报送系统。整合多方资源培养壮大碳交易专业技术支撑队伍，编制统一培训教材，建立考核评估制度，构建专业咨询服务平台，鼓励有条件的省（区、市）建立全国碳排放权交易能力培训中心。组织条件成熟的地区、行业、企业开展碳排放权交易试点示范，推进相关国际合作。持续开展碳排放权交易重大问题跟踪研究。

七、加强低碳科技创新

（一）加强气候变化基础研究。加强应对气候变化基础研究、技术研发和战略政策研究基地建设。深化气候变化的事实、过程、机理研究，加强气候变化影响与风险、减缓与适应的基础研究。加强大数据、云计算等互联网技术与低碳发展融合研究。加强生产消费全过程碳排放计量、核算体系及控排政策研究。开展低碳发展与经济社会、资源环境的耦合效应研究。编制国家应对气候变化科技发展专项规划，评估低碳技术研究进展。编制第四次气候变化国家评估报告。积极参与政府间气候变化专门委员会（IPCC）第六次评估报告相关研究。

（二）加快低碳技术研发与示范。研发能源、工业、建筑、交通、农业、林业、海洋等重点领域经济适用的低碳技术。建立低碳技术孵化器，鼓励利用现有政府投资基金，引导创业投资基金等市场资金，加快推动低碳技术进步。

（三）加大低碳技术推广应用力度。定期更新国家重点节能低碳技术推广目录、节能减排与低碳技术成果转化推广清单。提高核心技术研发、制造、系统集成和产业化能力，对减排效果好、应用前景广阔的关键产品组织规模化生产。加快建立政产学研用有效结合机制，引导企业、高校、科研院所建立低碳技术创新联盟，形成技术研发、示范应用和产业化联动机制。增强大学科技园、企业孵化器、产业化基地、高新区对低碳技术产业化的支持力度。在国家低碳试点和国家可持续发展创新示范区等重点地区，加强低碳技术集中示范应用。

八、强化基础能力支撑

（一）完善应对气候变化法律法规和标准体系。推动制订应对气候变化法，适时修订完善应对气候变化相关政策法规。研究制定重点行业、重点产品温室气体排放核算标准、建筑低碳运行标准、碳捕集利用与封存标准等，完善低碳产品标准、标识和认证制度。加强节能监察，强化能效标准实施，促进能效提升和碳减排。

（二）加强温室气体排放统计与核算。加强应对气候变化统计工作，完善应对气候变化统计指标体系和温室气体排放统计制度，强化能源、工业、农业、林业、废弃物处理等相关统计，加强统计基础工作和能力建设。加强热力、电力、煤炭等重点领域温室气体排放因子计算与监测方法研究，完善重点行业企业温室气体排放核算指南。定期编制国家和省级温室气体排放清单，实行重点企（事）业单位温室气体排放数据报告制度，建立温室气体排放数据信息系统。完善温室气体排放计量和监测体系，推动重点排放单位健全能源消费和温室气体排放台账记录。逐步建立完善省市两级行政区域能源碳排放年度核算方法和报告制度，提高数据质量。

（三）建立温室气体排放信息披露制度。定期公布我国低碳发展目标实现及政策行动进展情况，建立温室气体排放数据信息发布平台，研究建立国家应对气候变化公报制度。推动地方温室气体排放数据信息公开。推动建立企业温室气体排放信息披露制度，鼓励企业主动公开温室气体排放信息，国有企业、上市公司、纳入碳排放权交易市场的企业要率先公布温室气体排放信息和控排行动措施。

（四）完善低碳发展政策体系。加大中央及地方预算内资金对低碳发展的支持力度。出台综合配套政策，完善气候投融资机制，更好发挥中国清洁发展机制基金作用，积极运用政府和社会资本合作（PPP）模式及绿色债券等手段，支持应对气候变化和低碳发展工作。发挥政府引导作用，完善涵盖节能、环保、低碳等要求的政府绿色采购制度，开展低碳机关、低碳校园、低碳医院等创建活动。研究有利于低碳发展的税收政策。加快推进能源价格形成机制改革，规范并逐步取消不利于节能减碳的化石能源补贴。完善区域低碳发展协作联动机制。

（五）加强机构和人才队伍建设。编制应对气候变化能力建设方案，加快培养技术研发、产业管理、国际合作、政策研究等各类专业人才，积极培育第三方服务机构和市场中介组织，发展低碳产业联盟和社会团体，加强气候变化研究后备队伍建设。积极推进应对气候变化基础研究、技术研发等各领域的国际合作，加强人员国际交流，实施高层次人才培养和引进计划。强化应对气候变化教育教学内容，开展“低碳进课堂”活动。加强对各级领导干部、企业管理者等培训，增强政策制定者和企业家的低碳战略决策能力。

九、广泛开展国际合作

（一）深度参与全球气候治理。积极参与落实《巴黎协定》相关谈判，继续参与各种渠道气候变化对话磋商，坚持“共同但有区别的责任”原则、公平原则和各自能力原则，推动《联合国气候变化框架公约》的全面、有效、持续实施，推动建立广泛参与、各尽所能、务实有效、合作共赢的全球气候治理体系，推动落实联合国《2030年可持续发展议程》，为我国低碳转型提供良好的国际环境。

（二）推动务实合作。加强气候变化领域国际对话交流，深化与各国的合作，广泛开展与国际组织的务实合作。积极参与国际气候和环境资金机构治理，利用相关国际机构优惠资金和先进技术支持国内应对气候变化工作。深入务实推进应对气候变化南南合作，设立并用好中国气候变化南南合作基金，支持发展中国家提高应对气候变化和防灾减灾能力。继续推进清洁能源、防灾减灾、生态保护、气候适应型农业、低碳智慧型城市建设等领域国际合作。结合实施“一带一路”战略、国际产能和装备制造合作，促进低碳项目合作，推动海外投资项目低碳化。

（三）加强履约工作。做好《巴黎协定》国内履约准备工作。按时编制和提交国家信息通报和两年更新报，参与《联合国气候变化框架公约》下的国际磋商和分析进程。加强对国家自主贡献的评估，积极参与2018年促进性对话。研究并向联合国通报我国本世纪中叶长期温室气体低排放发展战略。

十、强化保障落实

（一）加强组织领导。发挥好国家应对气候变化领导小组协调联络办公室的统筹协调和监督落实职能。各省（区、市）要将大幅度降低二氧化碳排放强度纳入本地区经济社会发展规划、年度计划和政府工作报告，制定具体工作方案，建立完善工作机制，逐步健全控制温室气体排放的监督和管理体制。各有关部门要根据职责分工，按照相关专项规划和工作方案，切实抓好落实。

（二）强化目标责任考核。要加强对省级人民政府控制温室气体排放目标完成情况的评估、考核，建立责任追究制度。各有关部门要建立年度控制温室气体排放工作任务完成情况的跟踪评估机制。考核评估结果向社会公开，接受舆论监督。建立碳排放控制目标预测预警机制，推动各地方、各部门落实低碳发展工作任务。

（三）加大资金投入。各地区、各有关部门要围绕实现“十三五”控制温室气体排放目标，统筹各种资金来源，切实加大资金投入，确保本方案各项任务的落实。

（四）做好宣传引导。加强应对气候变化国内外宣传和科普教育，利用好全国低碳日、联合国气候变化大会等重要节点和新媒体平台，广泛开展丰富多样的宣传活动，提升全民低碳意识。加强应对气候变化传播培训，提升媒体从业人员报道的专业水平。建立应对气候变化公众参与机制，在政策制定、重大项目工程决策等领域，鼓励社会公众广泛参与，营造积极应对气候变化的良好社会氛围。

控制污染物排放许可制实施方案

（国办发〔2016〕81号　国务院办公厅2016年11月10日印发）

控制污染物排放许可制（以下称排污许可制）是依法规范企事业单位排污行为的基础性环境管理制度，环境保护部门通过对企事业单位发放排污许可证并依证监管实施排污许可制。近年来，各地积极探索排污许可制，取得初步成效。但总体看，排污许可制定位不明确，企事业单位治污责任不落实，环境保护部门依证监管不到位，使得管理制度效能难以充分发挥。为进一步推动环境治理基础制度改革，改善环境质量，根据《中华人民共和国环境保护法》和《生态文明体制改革总体方案》等，制定本方案。

一、总体要求

（一）指导思想。全面贯彻落实党的十八大和十八届三中、四中、五中、六中全会精神，深入学习贯彻习近平总书记系列重要讲话精神，紧紧围绕统筹推进“五位一体”总体布局和协调推进“四个全面”战略布局，牢固树立创新、协调、绿色、开放、共享的发展理念，认真落实党中央、国务院决策部署，加大生态文明建设和环境保护力度，将排污许可制建设成为固定污染源环境管理的核心制度，作为企业守法、部门执法、社会监督的依据，为提高环境管理效能和改善环境质量奠定坚实基础。

（二）基本原则。

精简高效，衔接顺畅。排污许可制衔接环境影响评价管理制度，融合总量控制制度，为排污收费、环境统计、排污权交易等工作提供统一的污染物排放数据，减少重复申报，减轻企事业单位负担，提高管理效能。

公平公正，一企一证。企事业单位持证排污，按照所在地改善环境质量和保障环境安全的要求承担相应的污染治理责任，多排放多担责、少排放可获益。向企事业单位核发排污许可证，作为生产运营期排污行为的唯一行政许可，并明确其排污行为依法应当遵守的环境管理要求和承担的法律责任义务。

权责清晰，强化监管。排污许可证是企事业单位在生产运营期接受环境监管和环境保护部门实施监管的主要法律文书。企事业单位依法申领排污许可证，按证排污，自证守法。环境保护部门基于企事业单位守法承诺，依法发放排污许可证，依证强化事中事后监管，对违法排污行为实施严厉打击。

公开透明，社会共治。排污许可证申领、核发、监管流程全过程公开，企事业单位污染物排放和环境保护部门监管执法信息及时公开，为推动企业守法、部门联动、社会监督创造条件。

（三）目标任务。到2020年，完成覆盖所有固定污染源的排污许可证核发工作，全国排污许可证管理信息平台有效运转，各项环境管理制度精简合理、有机衔接，企事业单位环保主体责任得到落实，基本建立法规体系完备、技术体系科学、管理体系高效的排污许可制，对固定污染源实施全过程管理和多污染物协同控制，实现系统化、科学化、法治化、精细化、信息化的“一证式”管理。

二、衔接整合相关环境管理制度

（四）建立健全企事业单位污染物排放总量控制制度。改变单纯以行政区域为单元分解污染物排放总量指标的方式和总量减排核算考核办法，通过实施排污许可制，落实企事业单位污染物排放总量控制要求，逐步实现由行政区域污染物排放总量控制向企事业单位污染物排放总量控制转变，控制的范围逐渐统一到固定污染源。环境质量不达标地区，要通过提高排放标准或加严许可排放量等措施，对企事业单位实施更为严格的污染物排放总量控制，推动改善环境质量。

（五）有机衔接环境影响评价制度。环境影响评价制度是建设项目的环境准入门槛，排污许可制是企事业单位生产运营期排污的法律依据，必须做好充分衔接，实现从污染预防到污染治理和排放控制的全过程监管。新建项目必须在发生实际排污行为之前申领排污许可证，环境影响评价文件及批复中与污染物排放相关的主要内容应当纳入排污许可证，其排污许可证执行情况应作为环境影响后评价的重要依据。

三、规范有序发放排污许可证

（六）制定排污许可管理名录。环境保护部依法制订并公布排污许可分类管理名录，考虑企事业单位及其他生产经营者，确定实行排污许可管理的行业类别。对不同行业或同一行业内的不同类型企事业单位，按照污染物产生量、排放量以及环境危害程度等因素进行分类管理，对环境影响较小、环境危害程度较低的行业或企事业单位，简化排污许可内容和相应的自行监测、台账管理等要求。

（七）规范排污许可证核发。由县级以上地方政府环境保护部门负责排污许可证核发，地方性法规另有规定的从其规定。企事业单位应按相关法规标准和技术规定提交申请材料，申报污染物排放种类、排放浓度等，测算并申报污染物排放量。环境保护部门对符合要求的企事业单位应及时核发排污许可证，对存在疑问的开展现场核查。首次发放的排污许可证有效期三年，延续换发的排污许可证有效期五年。上级环境保护部门要加强监督抽查，有权依法撤销下级环境保护部门作出的核发排污许可证的决定。环境保护部统一制定排污许可证申领核发程序、排污许可证样式、信息编码和平台接口标准、相关数据格式要求等。各地区现有排污许可证及其管理要按国家统一要求及时进行规范。

（八）合理确定许可内容。排污许可证中明确许可排放的污染物种类、浓度、排放量、排放去向等事项，载明污染治理设施、环境管理要求等相关内容。根据污染物排放标准、总量控制指标、环境影响评价文件及批复要求等，依法合理确定许可排放的污染物种类、浓度及排放量。按照《国

务院办公厅关于加强环境监管执法的通知》（国办发〔2014〕56号）要求，经地方政府依法处理、整顿规范并符合要求的项目，纳入排污许可管理范围。地方政府制定的环境质量限期达标规划、重污染天气应对措施中对企事业单位有更加严格的排放控制要求的，应当在排污许可证中予以明确。

（九）分步实现排污许可全覆盖。排污许可证管理内容主要包括大气污染物、水污染物，并依法逐步纳入其他污染物。按行业分步实现对固定污染源的全覆盖，率先对火电、造纸行业企业核发排污许可证，2017年完成《大气污染防治行动计划》和《水污染防治行动计划》重点行业及产能过剩行业企业排污许可证核发，2020年全国基本完成排污许可证核发。

四、严格落实企事业单位环境保护责任

（十）落实按证排污责任。纳入排污许可管理的所有企事业单位必须按期持证排污、按证排污，不得无证排污。企事业单位应及时申领排污许可证，对申请材料的真实性、准确性和完整性承担法律责任，承诺按照排污许可证的规定排污并严格执行；落实污染物排放控制措施和其他各项环境管理要求，确保污染物排放种类、浓度和排放量等达到许可要求；明确单位负责人和相关人员环境保护责任，不断提高污染治理和环境管理水平，自觉接受监督检查。

（十一）实行自行监测和定期报告。企事业单位应依法开展自行监测，安装或使用监测设备应符合国家有关环境监测、计量认证规定和技术规范，保障数据合法有效，保证设备正常运行，妥善保存原始记录，建立准确完整的环境管理台账，安装在线监测设备的应与环境保护部门联网。企事业单位应如实向环境保护部门报告排污许可证执行情况，依法向社会公开污染物排放数据并对数据真实性负责。排放情况与排污许可证要求不符的，应及时向环境保护部门报告。

五、加强监督管理

（十二）依证严格开展监管执法。依证监管是排污许可制实施的关键，重点检查许可事项和管理要求的落实情况，通过执法监测、核查台账等手段，核实排放数据和报告的真实性，判定是否达标排放，核定排放量。企事业单位在线监测数据可以作为环境保护部门监管执法的依据。按照“谁核发、谁监管”的原则定期开展监管执法，首次核发排污许可证后，应及时开展检查；对有违规记录的，应提高检查频次；对污染严重的产能过剩行业企业加大执法频次与处罚力度，推动去产能工作。现场检查的时间、内容、结果以及处罚决定应记入排污许可证管理信息平台。

（十三）严厉查处违法排污行为。根据违法情节轻重，依法采取按日连续处罚、限制生产、停产整治、停业、关闭等措施，严厉处罚无证和不按证排污行为，对构成犯罪的，依法追究刑事责任。环境保护部门检查发现实际情况与环境管理台账、排污许可证执行报告等不一致的，可以责令作出说明，对未能说明且无法提供自行监测原始记录的，依法予以处罚。

（十四）综合运用市场机制政策。对自愿实施严于许可排放浓度和排放量且在排污许可证中载明的企事业单位，加大电价等价格激励措施力度，符合条件的可以享受相关环保、资源综合利用等方面的优惠政策。与拟开征的环境保护税有机衔接，交换共享企事业单位实际排放数据与纳税申报数据，引导企事业单位按证排污并诚信纳税。排污许可证是排污权的确认凭证、排污交易的管理载体，企事业单位在履行法定义务的基础上，通过淘汰落后和过剩产能、清洁生产、污染治理、技术改造升级等产生的污染物排放削减量，可按规定在市场交易。

六、强化信息公开和社会监督

（十五）提高管理信息化水平。2017年建成全国排污许可证管理信息平台，将排污许可证申领、核发、监管执法等工作流程及信息纳入平台，各地现有的排污许可证管理信息平台逐步接入。

在统一社会信用代码基础上适当扩充，制定全国统一的排污许可证编码。通过排污许可证管理信息平台统一收集、存储、管理排污许可证信息，实现各级联网、数据集成、信息共享。形成的实际排放数据作为环境保护部门排污收费、环境统计、污染源排放清单等各项固定污染源环境管理的数据来源。

（十六）加大信息公开力度。在全国排污许可证管理信息平台上及时公开企事业单位自行监测数据和环境保护部门监管执法信息，公布不按证排污的企事业单位名单，纳入企业环境行为信用评价，并通过企业信用信息公示系统进行公示。与环保举报平台共享污染源信息，鼓励公众举报无证和不按证排污行为。依法推进环境公益诉讼，加强社会监督。

七、做好排污许可制实施保障

（十七）加强组织领导。各地区要高度重视排污许可制实施工作，统一思想，提高认识，明确目标任务，制定实施计划，确保按时限完成排污许可证核发工作。要做好排污许可制推进期间各项环境管理制度的衔接，避免出现管理真空。环境保护部要加强对全国排污许可制实施工作的指导，制定相关管理办法，总结推广经验，跟踪评估实施情况。将排污许可制落实情况纳入环境保护督察工作，对落实不力的进行问责。

（十八）完善法律法规。加快修订建设项目环境保护管理条例，制定排污许可管理条例。配合修订水污染防治法，研究建立企事业单位守法排污的自我举证、加严对无证或不按证排污连续违法行为的处罚规定。推动修订固体废物污染环境防治法、环境噪声污染防治法，探索将有关污染物纳入排污许可证管理。

（十九）健全技术支撑体系。梳理和评估现有污染物排放标准，并适时修订。建立健全基于排放标准的可行技术体系，推动企事业单位污染防治措施升级改造和技术进步。完善排污许可证执行和监管执法技术体系，指导企事业单位自行监测、台账记录、执行报告、信息公开等工作，规范环境保护部门台账核查、现场执法等行为。培育和规范咨询与监测服务市场，促进人才队伍建设。

（二十）开展宣传培训。加大对排污许可制的宣传力度，做好制度解读，及时回应社会关切。组织各级环境保护部门、企事业单位、咨询与监测机构开展专业培训。强化地方政府环境保护主体责任，树立企事业单位持证排污意识，有序引导社会公众更好参与监督企事业单位排污行为，形成政府综合管控、企业依证守法、社会共同监督的良好氛围。

“十三五”期间，国家组织实施工业污染源全面达标排放等25项重点工程，建立重大项目库，强化项目绩效管理。项目投入以企业和地方政府为主，中央财政予以适当支持。

专栏8　环境治理保护重点工程

（一）工业污染源全面达标排放。

限期改造50万蒸吨燃煤锅炉、工业园区污水处理设施。全国地级及以上城市建成区基本淘汰10蒸吨以下燃煤锅炉，完成燃煤锅炉脱硫脱硝除尘改造、钢铁行业烧结机脱硫改造、水泥行业脱硝改造。对钢铁、水泥、平板玻璃、造纸、印染、氮肥、制糖等行业中不能稳定达标的企业逐一进行改造。限期改造工业园区污水处理设施。

（二）大气污染重点区域气化。

建设完善京津冀、长三角、珠三角和东北地区天然气输送管道、城市燃气管网、天然气储气库、城市调峰站储气罐等基础设施，推进重点城市“煤改气”工程，替代燃煤锅炉18.9万蒸吨。

（三）燃煤电厂超低排放改造。

完成4.2亿千瓦机组超低排放改造任务，实施1.1亿千瓦机组达标改造，限期淘汰2000万千瓦落后产能和不符合相关强制性标准要求的机组。

（四）挥发性有机物综合整治。

开展石化企业挥发性有机物治理，实施有机化工园区、医药化工园区及煤化工基地挥发性有机物综合整治，推进加油站、油罐车、储油库油气回收及综合治理。推动工业涂装和包装印刷行业挥发性有机物综合整治。

（五）良好水体及地下水环境保护。

对江河源头及378个水质达到或优于Ⅲ类的江河湖库实施严格保护。实施重要江河湖库入河排污口整治工程。完成重要饮用水水源地达标建设，推进备用水源建设、水源涵养和生态修复，探索建设生物缓冲带。加强地下水保护，对报废矿井、钻井、取水井实施封井回填，开展京津冀晋等区域地下水修复试点。

（六）重点流域海域水环境治理。

针对七大流域及近岸海域水环境突出问题，以580个优先控制单元为重点，推进流域水环境保护与综合治理，统筹点源、面源污染防治和河湖生态修复，分类施策，实施流域水环境综合治理工程，加大整治力度，切实改善重点流域海域水环境质量。实施太湖、洞庭湖、滇池、巢湖、鄱阳湖、白洋淀、乌梁素海、呼伦湖、艾比湖等重点湖库水污染综合治理。开展长江中下游、珠三角等河湖内源治理。

（七）城镇生活污水处理设施全覆盖。

以城市黑臭水体整治和343个水质需改善控制单元为重点，强化污水收集处理与重污染水体治理。加强城市、县城和重点镇污水处理设施建设，加快收集管网建设，对污水处理厂升级改造，全面达到一级A排放标准。推进再生水回用，强化污泥处理处置，提升污泥无害化处理能力。

（八）农村环境综合整治。

实施农村生活垃圾治理专项行动，推进13万个行政村环境综合整治，实施农业废弃物资源化利用示范工程，建设污水垃圾收集处理利用设施，梯次推进农村生活污水治理，实现90%的行政村生活垃圾得到治理。实施畜禽养殖废弃物污染治理与资源化利用，开展畜禽规模养殖场（小区）污染综合治理，实现75%以上的畜禽养殖场（小区）配套建设固体废物和污水贮存处理设施。

（九）土壤环境治理。

组织开展土壤污染详查，开发土壤环境质量风险识别系统。完成100个农用地和100个建设用地污染治理试点。建设6个土壤污染综合防治先行区。开展1000万亩受污染耕地治理修复和4000万亩受污染耕地风险管控。组织开展化工企业搬迁后污染状况详查，制定综合整治方案，开展治理与修复工程示范，对暂不开发利用的高风险污染地块实施风险管控。全面整治历史遗留尾矿库。实施高风险历史遗留重金属污染地块、河道、废渣污染修复治理工程，完成31块历史遗留无主铬渣污染地块治理修复。

（十）重点领域环境风险防范。

开展生活垃圾焚烧飞灰处理处置，建成区域性废铅蓄电池、废锂电池回收网络。加强有毒有害化学品环境和健康风险评估能力建设，建立化学品危害特性基础数据库，建设国家化学品计算毒理中心和国家化学品测试实验室。建设50个针对大型化工园区、集中饮用水水源地等不同类型风险

区域的全过程环境风险管理示范区。建设1个国家环境应急救援实训基地，具备人员实训、物资储备、成果展示、应急救援、后勤保障、科技研发等核心功能，配套建设环境应急演练系统、环境应急模拟训练场以及网络培训平台。建设国家生态环境大数据平台，研制发射系列化的大气环境监测卫星和环境卫星后续星并组网运行。建设全国及重点区域大气环境质量预报预警平台、国家水质监测预警平台、国家生态保护监控平台。加强中西部地区市县两级、东部欠发达地区县级执法机构的调查取证仪器设备配置。

（十一）核与辐射安全保障能力提升。

建成核与辐射安全监管技术研发基地，加快建设早期核设施退役及历史遗留放射性废物处理处置工程，建设5座中低放射性废物处置场和1个高放射性废物处理地下实验室，建设高风险放射源实时监控系统，废旧放射源100%安全收贮。加强国家核事故应急救援队伍建设。

专栏9　山水林田湖生态工程

（一）国家生态安全屏障保护修复。

推进青藏高原、黄土高原、云贵高原、秦巴山脉、祁连山脉、大小兴安岭和长白山、南岭山地地区、京津冀水源涵养区、内蒙古高原、河西走廊、塔里木河流域、滇桂黔喀斯特地区等关系国家生态安全的核心地区生态修复治理。

（二）国土绿化行动。

开展大规模植树增绿活动，集中连片建设森林，加强“三北”、沿海、长江和珠江流域等防护林体系建设，加快建设储备林及用材林基地建设，推进退化防护林修复，建设绿色生态保护空间和连接各生态空间的生态廊道。开展农田防护林建设，开展太行山绿化，开展盐碱地、干热河谷造林试点示范，开展山体生态修复。

（三）国土综合整治。

开展重点流域、海岸带和海岛综合整治，加强矿产资源开发集中地区地质环境治理和生态修复。推进损毁土地、工矿废弃地复垦，修复受自然灾害、大型建设项目破坏的山体、矿山废弃地。加大京杭大运河、黄河明清故道沿线综合治理力度。推进边疆地区国土综合开发、防护和整治。

（四）天然林资源保护。

将天然林和可以培育成为天然林的未成林封育地、疏林地、灌木林地全部划入天然林，对难以自然更新的林地通过人工造林恢复森林植被。

（五）新一轮退耕还林还草和退牧还草。

实施具备条件的25度以上坡耕地、严重沙化耕地和重要水源地15—25度坡耕地退耕还林还草。稳定扩大退牧还草范围，优化建设内容，适当提高中央投资补助标准。实施草原围栏1000万公顷、退化草原改良267万公顷，建设人工饲草地33万公顷、舍饲棚圈（储草棚、青贮窖）30万户、开展岩溶地区草地治理33万公顷、黑土滩治理7万公顷、毒害草治理12万公顷。

（六）防沙治沙和水土流失综合治理。

实施北方防沙带、黄土高原区、东北黑土区、西南岩溶区以及“一带一路”沿线区域等重点区域水土流失综合防治，以及京津风沙源和石漠化综合治理，推进沙化土地封禁保护、坡耕地综合治理、侵蚀沟整治和生态清洁小流域建设。新增水土流失治理面积27万平方公里。

（七）河湖与湿地保护恢复。

加强长江中上游、黄河沿线及贵州草海等自然湿地保护，对功能降低、生物多样性减少的湿地进行综合治理，开展湿地可持续利用示范。加强珍稀濒危水生生物、重要水产种质资源以及产卵场、索饵场、越冬场、洄游通道等重要渔业水域保护。推进京津冀“六河五湖”、湖北“四湖”、钱塘江上游、草海、梁子湖、汾河、滹沱河、红碱淖等重要河湖和湿地生态保护与修复，推进城市河湖生态化治理。

（八）濒危野生动植物抢救性保护。

保护和改善大熊猫、朱鹮、虎、豹、亚洲象、兰科植物、苏铁类、野生稻等珍稀濒危野生动植物栖息地，建设原生境保护区、救护繁育中心和基因库，开展拯救繁育和野化放归。加强野外生存繁衍困难的极小种群、野生植物和极度濒危野生动物拯救。开展珍稀濒危野生动植物种质资源调查、抢救性收集和保存，建设种质资源库（圃）。

（九）生物多样性保护。

开展生物多样性保护优先区域生物多样性调查和评估，建设50个生物多样性综合观测站和800个观测样区，建立生物多样性数据库及生物多样性评估预警平台、生物物种查验鉴定平台，完成国家级自然保护区勘界确权，60%以上国家级自然保护区达到规范化建设要求，加强生态廊道建设，有步骤地实施自然保护区核心区、缓冲区生态移民，完善迁地保护体系，建设国家生物多样性博物馆。开展生物多样性保护、恢复与减贫示范。

（十）外来入侵物种防治行动。

选择50个国家级自然保护区开展典型外来入侵物种防治行动。选择云南、广西和东南沿海省份等外来入侵物种危害严重区域，建立50个外来入侵物种防控和资源化利用示范推广区，建设100个天敌繁育基地、1000公里隔离带。建设300个口岸物种查验点，提升50个重点进境口岸的防范外来物种入侵能力。针对已入侵我国的外来物种进行调查，建立外来入侵物种数据库，构建卫星遥感与地面监测相结合的外来入侵物种监测预警体系。

（十一）森林质量精准提升。

加快推进混交林培育、森林抚育、退化林修复、公益林管护和林木良种培育。精准提升大江大河源头、国有林区（场）和集体林区森林质量。森林抚育4000万公顷，退化林修复900万公顷。

（十二）古树名木保护。

严格保护古树名木树冠覆盖区域、根系分布区域，科学设置标牌和保护围栏，对衰弱、濒危古树名木采取促进生长、增强树势措施，抢救古树名木60万株、复壮300万株。

（十三）城市生态修复和生态产品供给。

对城市规划区范围内自然资源和生态空间进行调查评估，综合识别已被破坏、自我恢复能力差、亟需实施修复的区域，开展城市生态修复试点示范。推进绿道绿廊建设，合理规划建设各类公园绿地，加快老旧公园改造，增加生态产品供给。

（十四）生态环境技术创新。

建设一批生态环境科技创新平台，优先推动建设一批专业化环保高新技术开发区。推进水、大气、土壤、生态、风险、智慧环保等重大研究专项，实施京津冀、长江经济带、“一带一路”、东北老工业基地、湘江流域等区域环境质量提升创新工程，实施青藏高原、黄土高原、北方风沙带、西南岩溶区等生态屏障区保护修复创新工程，实施城市废物安全处置与循环利用创新工程、环境风险治理与清洁替代创新工程、智慧环境创新工程。推进环境保护重点实验室、工程技术中心、科学

观测站和决策支撑体系建设。建设澜沧江—湄公河水资源合作中心和环境合作中心、“一带一路”信息共享与决策平台。

第十章　健全规划实施保障措施

第一节　明确任务分工

明确地方目标责任。地方各级人民政府是规划实施的责任主体，要把生态环境保护目标、任务、措施和重点工程纳入本地区国民经济和社会发展规划，制定并公布生态环境保护重点任务和年度目标。各地区对规划实施情况进行信息公开，推动全社会参与和监督，确保各项任务全面完成。

部门协同推进规划任务。有关部门要各负其责，密切配合，完善体制机制，加大资金投入，加大规划实施力度。在大气、水、土壤、重金属、生物多样性等领域建立协作机制，定期研究解决重大问题。环境保护部每年向国务院报告环境保护重点工作进展情况。

第二节　加大投入力度

加大财政资金投入。按照中央与地方事权和支出责任划分的要求，加快建立与环保支出责任相适应的财政管理制度,各级财政应保障同级生态环保重点支出。优化创新环保专项资金使用方式，加大对环境污染第三方治理、政府和社会资本合作模式的支持力度。按照山水林田湖系统治理的要求，整合生态保护修复相关资金。

拓宽资金筹措渠道。完善使用者付费制度，支持经营类环境保护项目。积极推行政府和社会资本合作，探索以资源开发项目、资源综合利用等收益弥补污染防治项目投入和社会资本回报，吸引社会资本参与准公益性和公益性环境保护项目。鼓励社会资本以市场化方式设立环境保护基金。鼓励创业投资企业、股权投资企业和社会捐赠资金增加生态环保投入。

第三节　加强国际合作

参与国际环境治理。积极参与全球环境治理规则构建，深度参与环境国际公约、核安全国际公约和与环境相关的国际贸易投资协定谈判，承担并履行好同发展中大国相适应的国际责任，并做好履约工作。依法规范境外环保组织在华活动。加大宣传力度，对外讲好中国环保故事。根据对外援助统一部署，加大对外援助力度，创新对外援助方式。

提升国际合作水平。建立完善与相关国家、国际组织、研究机构、民间团体的交流合作机制，搭建对话交流平台，促进生态环保理念、管理制度政策、环保产业技术等方面的国际交流合作，全面提升国际化水平。组织开展一批大气、水、土壤、生物多样性等领域的国际合作项目。落实联合国2030年可持续发展议程。加强与世界各国、区域和国际组织在生态环保和核安全领域的对话交流与务实合作。加强南南合作，积极开展生态环保和核安全领域的对外合作。严厉打击化学品非法贸易、固体废物非法越境转移。

第四节　推进试点示范

推进国家生态文明试验区建设。以改善生态环境质量、推动绿色发展为目标，以体制创新、制度供给、模式探索为重点，设立统一规范的国家生态文明试验区。积极推进绿色社区、绿色学校、生态工业园区等“绿色细胞”工程。到2017年，试验区重点改革任务取得重要进展，形成若干可操作、有效管用的生态文明制度成果；到2020年，试验区率先建成较为完善的生态文明制度体系，形成一批可在全国复制推广的重大制度成果。

强化示范引领。深入开展生态文明建设示范区创建，提高创建规范化和制度化水平，注重创建的区域平衡性。加强创建与环保重点工作的协调联动，强化后续监督与管理，开展成效评估和经验总结，宣传推广现有的可复制、可借鉴的创建模式。

深入推进重点政策制度试点示范。开展农村环境保护体制机制综合改革与创新试点。试点划分环境质量达标控制区和未达标控制区，分别按照排放标准和质量约束实施污染源监管和排污许可。推进环境审计、环境损害赔偿、环境服务业和政府购买服务改革试点，强化政策支撑和监管，适时扩大环境污染第三方治理试点地区、行业范围。开展省级生态环境保护综合改革试点。

第五节　严格评估考核

环境保护部要会同有关部门定期对各省（区、市）环境质量改善、重点污染物排放、生态环境保护重大工程进展情况进行调度，结果向社会公开。整合各类生态环境评估考核，在2018年、2020年底，分别对本规划执行情况进行中期评估和终期考核，评估考核结果向国务院报告，向社会公布，并作为对领导班子和领导干部综合考核评价的重要依据。

“十三五”国家战略性新兴产业发展规划（节录）

（国发〔2016〕67号 国务院 2016年11月29日）

战略性新兴产业代表新一轮科技革命和产业变革的方向，是培育发展新动能、获取未来竞争新优势的关键领域。“十三五”时期，要把战略性新兴产业摆在经济社会发展更加突出的位置，大力构建现代产业新体系，推动经济社会持续健康发展。根据“十三五”规划纲要有关部署，特编制本规划，规划期为2016—2020年。

（五）深入推进资源循环利用。树立节约集约循环利用的资源观，大力推动共伴生矿和尾矿综合利用、“城市矿产”开发、农林废弃物回收利用和新品种废弃物回收利用，发展再制造产业，完善资源循环利用基础设施，提高政策保障水平，推动资源循环利用产业发展壮大。到2020年，力争当年替代原生资源13亿吨，资源循环利用产业产值规模达到3万亿元。

大力推动大宗固体废弃物和尾矿综合利用。推动冶金渣、化工渣、赤泥、磷石膏等产业废弃物综合利用，推广一批先进适用技术与装备，加强对工业固体废弃物中战略性稀贵金属的回收利用。研发尾矿深度加工和综合利用技术，促进尾矿中伴生有价元素回收和高技术含量尾矿产品开发，提高尾矿综合利用经济性。研发复杂多金属尾矿选冶联合关键技术与装备、清洁无害化综合利用关键技术，研发单套设备处理能力达到每年100—500万吨的尾矿高效浓缩及充填料制备、输送、充填成套工艺技术。开发低品位钛渣优化提质技术，提高钒钛磁铁矿资源综合利用率。

促进“城市矿产”开发和低值废弃物利用。提高废弃电器电子产品、报废汽车拆解利用技术装备水平，促进废有色金属、废塑料加工利用集聚化规模化发展。加快建设城市餐厨废弃物、建筑垃圾和废旧纺织品等资源化、无害化处理系统，协同发挥各类固体废弃物处理设施作用，打造城市低值废弃物协同处理基地。落实土地、财税等相关优惠政策。完善再生资源回收利用基础设施，支持现有再生资源回收集散地升级改造。

加强农林废弃物回收利用。基本实现畜禽粪便、残膜、农作物秸秆、林业三剩物等农林废弃物资源化利用。推广秸秆腐熟还田技术，支持秸秆代木、纤维原料、清洁制浆、生物质能、商品有机肥等新技术产业化发展。鼓励利用畜禽粪便、秸秆等多种农林废弃物，因地制宜实施农村户用沼气

和集中供沼气工程。推广应用标准地膜，引导回收废旧地膜和使用可降解地膜。鼓励利用林业废弃物建设热、电、油、药等生物质联产项目。积极开发农林废弃物超低排放焚烧技术。

积极开展新品种废弃物循环利用。开展新品种废弃物回收利用体系示范，推动废弃太阳能电池、废旧动力蓄电池、废碳纤维材料、废节能灯等新型废弃物回收利用，推广稀贵金属高效富集与清洁回收利用、电动汽车动力蓄电池梯级利用等。支持碳捕集、利用和封存技术研发与应用，发展碳循环产业。

大力推动海水资源综合利用。加快海水淡化及利用技术研发和产业化，提高核心材料和关键装备的可靠性、先进性和配套能力。推动建设集聚发展的海水淡化装备制造基地。开展海水资源化利用示范工程建设，推进大型海水淡化工程总包与服务。开展海水淡化试点示范，鼓励生产海水淡化桶装水，推进海水淡化水依法进入市政供水管网。推进海水冷却技术在沿海高用水行业规模化应用。加快从海水中提取钾、溴、镁等产品，实现高值化利用。

发展再制造产业。加强机械产品再制造无损检测、绿色高效清洗、自动化表面与体积修复等技术攻关和装备研发，加快产业化应用。组织实施再制造技术工艺应用示范，推进再制造纳米电刷镀技术装备、电弧喷涂等成熟表面工程装备示范应用。开展发动机、盾构机等高值零部件再制造。建立再制造旧件溯源及产品追踪信息系统，促进再制造产业规范发展。

健全资源循环利用产业体系。推动物联网电子监管技术在危险废弃物、电子废弃物利用处置等领域应用，支持再生资源企业建立线上线下融合的回收网络。统筹国内外再生资源利用，加强生活垃圾分类回收与再生资源回收的衔接。建设资源循环利用第三方服务体系，鼓励通过合同管理方式，提供废弃物管理、回收、再生加工、循环利用的整体解决方案。全面落实生产者责任延伸制度，鼓励使用再生产品和原料。建立健全覆盖固体废弃物、危险废弃物、再生产品、污染物控制等方面的标准体系。

专栏18　资源循环替代体系示范工程

实施循环发展引领行动，推动太阳能光伏电池、废弃电子产品稀贵金属多组分分离提取和电动汽车动力蓄电池、废液晶等新品种废弃物的回收利用，开展基于“互联网+”的废弃物回收利用体系示范。推进城市低值废弃物协同处置和大宗固体废弃物综合利用加快发展。建立以售后维修体系为核心的旧件回收体系，在商贸物流、金融保险、维修销售等环节和煤炭、石油等采掘企业推广应用再制造产品。鼓励专业化再制造服务公司提供整体解决方案和专项服务。

“互联网+”绿色生态三年行动实施方案

（发改办环资（[2016]70号 国家发展改革委办公厅2016年1月11日印发）

为贯彻落实《国务院关于积极推进“互联网+”行动的指导意见》（国发[2015]40 号，以下简称《指导意见》），确保“互联网＋”绿色生态各项任务落到实处，制订本实施方案。

一、总体要求

推动互联网与生态文明建设深度融合，完善污染物监测及信息发布系统，形成覆盖主要生态要素的资源环境承载能力动态监测网络，实现生态环境数据的互联互通和开放共享。充分发挥互联网在逆向物流回收体系中的平台作用，提高再生资源交易利用的便捷化、互动化、透明化，促进生产生活方式绿色化。

二、主要要点及任务分解

（一）加强资源环境动态监测

1、结合各有关部门对资源、环境、生态等方面的动态监测预警成果，完善部门间数据资源、文献资料等信息共享机制，会同地方政府建立资源环境监测预警数据库和信息共享平台。（责任单位：发展改革委牵头。完成时限：2016 年提出详细落实方案，据方案推动落实）

2、研究建设资源环境动态监测应急系统，根据相关部门建设的单项要素评价监测站点，动态采集数据资源，建设集成信息系统，通过对数据资源进行综合分析和评估，为提出预警和限制性措施提供依据。（责任单位：发展改革委牵头。完成时限：2016 年提出详细落实方案，据方案推动落实）

3、针对能源、矿产资源、水、大气、森林、草原、湿地、海洋等各类生态要素，利用年度土地变更调查和遥感监测成果，结合互联网大数据分析，优化监测站点布局，扩大动态监控范围，构建资源环境承载能力立体监控系统。（责任单位：国土资源部、环境保护部、水利部、农业部、林业局、海洋局根据职责分别落实。完成时限：根据年度任务落实）

4、组织开展农作物、草原等农业生态要素遥感及地面动态监测工作。（责任部门：农业部。完成时限：按年度持续推进）

5、制定《“互联网”＋林业行动计划》。（责任部门：林业局。完成时限：2016 年底前完成）

6、积极推动生态红线监测、生态红线一张图建设。全面强化生态安全的网络化监管。开展重要生态区域、珍惜濒危物种及其栖息地的监测物联网应用工作。开发监测信息管理共享服务平台，提升监测的效率和质量。（责任单位：环境保护部、农业部、林业局、海洋局根据部门职责分别落实。完成时限：2016 年试点，2017 年后逐步扩大范围）

7、建设适应“互联网＋”绿色生态的林业标准体系，开展林业物联网传感区数据接口规范、传感器网络组网设备技术要求等标准的研究工作。（责任单位：林业局、工业和信息化部。完成时限：2016 年开展研究，2017 年起分批出台）

8、加强重点用能单位能耗在线监测和大数据分析，在稳步推进试点的基础上扩大范围。（责任单位：发展改革委。完成时限：2016 年开展试点评估，2017 年后逐步扩大范围）

（二）大力发展智慧环保

9、利用智能监测设备和移动互联网，完善污染物排放在线监测系统，增加监测污染物种类，扩大监测范围，形成全天候、多层次的智能多源感知体系。（责任部门：环境保护部、海洋局。完成时限：2017 年底前完成）

10、建立环境信息数据共享机制，统一数据交换标准，推进区域污染物排放、空气环境质量、水环境质量等信息公开，通过互联网实现面向公众的在线查询和实时发布。（责任部门：环境保护部、海洋局。完成时限：2016 年底前完成）

11、加强企业环保信用数据的采集整理，将企业环保信用记录纳入全国统一信用信息共享交换平台。（责任部门：环境保护部、发展改革委、工业和信息化部。完成时限：2016 年开展试点，

按年度持续推进）

12、完善环境预警和风险监测信息网络，提升重金属、危险废物、危险化学品等重点风险防范水平和应急处理能力。（责任部门：环境保护部、海洋局。完成时限：按年度持续推进）

13、建设全国海洋生态环境监督管理系统。以海洋生态环境监管业务数据为基础，通过多元数据信息综合利用等手段，建立为国家和地方海洋生态环境监督管理与科学决策提供全面支撑的综合信息系统平台，实现数据集成与管理、分析评价与决策、行政审批与管理、政务公开与公众服务能力的全面提升。（责任单位：海洋局。完成时限：2017 年年底前完成）。

14、健全完善网络环境监督管理和宣传教育平台。畅通公众参与渠道，鼓励公众利用网络平台对环境保护案件、线索、问题进行举报，构建政府引导、全民参与的监督管理机制。利用网络平台，宣传环保理念、普及环保知识，提高公众环保意识。（责任单位：环境保护部、农业部、林业局、海洋局根据部门职责分别落实。完成时限：按年度持续推进）

（三）完善废旧资源回收利用和在线交易体系

15、制定《“互联网＋”资源循环行动方案（2016－2020）》，对“十三五”时期资源循环利用产业利用互联网、大数据的方式进行总体布局，确定重点任务，明确保障措施。（责任部门：发展改革委、科技部、工业和信息化部、财政部、环境保护部、住房城乡建设部、商务部。完成时限：2016 年底前印发）

16、起草下发《关于推动再生资源回收行业转型升级的意见》，推动回收行业利用信息技术从松散粗放型向集约型、规模型、产业型、效益型方向转变。（责任部门：商务部。完成时限：2016 年底前印发）

17、支持回收行业利用物联网、大数据开展信息采集、数据分析、流向监测，推广“互联网+”回收新模式。（责任部门：商务部。完成时限：按年度持续推进）

18、选择部分特定产品，支持利用电子标签、二维码等物联网技术跟踪电子废物流向，推动在废弃电器电子产品处理企业的审核评价标准中纳入有关指标要求。（责任部门：发展改革委、环境保护部会同工业和信息化部等部门。完成时限：2016 年11 月）

19、鼓励互联网企业参与搭建城市废弃物回收平台，创新再生资源回收模式。将回收平台共建作为国家循环经济示范城市（县）建设的鼓励支持方向。（责任部门：发展改革委、住房城乡建设部、商务部。完成时限：2016 年9 月）

20、完善报废汽车旧件、二手件、再制造旧件、再制造产品等的相关标准，加快推进汽车保险信息系统、汽车维修系统、“以旧换再”管理系统和报废车管理系统的标准规范和互联互通。推动汽车维修、汽车保险、旧件回收、再制造品、汽车报废拆解等汽车产品售后全生命周期信息的互通共享。（责任单位：发展改革委、工业和信息化部、交通运输部、商务部、保监会。完成时限：2017 年底完善标准制定，2018 年起逐步实现互联互通）

21、鼓励互联网企业积极参与各类产业园区废弃物信息平台建设，以园区循环化改造为切入点，支持一批符合条件的园区开展相关工作。（责任部门：发展改革委、财政部。完成时限：2016 年选择部分区域）

22、推动现有骨干再生资源交易市场向线上线下结合转型升级，逐步形成行业性、区域性、全国性的产业废弃物和再生资源在线交易系统，完善线上信用评价和供应链融资体系，开展在线竞价，发布价格交易指数，提高稳定供给能力，增强主要再生资源品种的定价权。（责任部门：发展

改革委、商务部。完成时限：2016 年底前完成）

23、总结推广典型经验，选择开展废弃物信息平台建设较好的地区，进行经验总结并向全国进行推广。（责任部门：发展改革委、商务部。完成时限：2016 年底前完成）

24、利用“节能周”、“低碳日”等平台，依托有关行业协会、企业开展宣传活动，普及废旧商品回收利用、分类回收的必要性和方式，引导消费者树立绿色循环低碳生活理念。（责任部门：发展改革委、商务部牵头。完成时限：按年度持续推进）

三、保障措施

（一）加强组织领导

各部门要进一步提高对“互联网＋”工作重要性的认识，加强组织领导，各项分解工作的牵头部门（列第一位的为牵头部门）应当明确一名司局级同志负责总体牵头，精心组织实施，狠抓具体落实。

（二）细化分解任务

各部门要按照本方案并结合实际，制订涉及本部门牵头工作的细化工作方案的工作进度安排，将任务分解落实到具体的司局、处室、责任人，做到任务明确、措施具体、责任到人。

（三）加强督促检查

各牵头部门要对每项工作任务的进展情况，实行报告制度。并于每年1 月底前将上一年的工作情况以书面材料形式报发展改革委（环资司）。发展改革委将会同有关部门对落实情况进行跟踪督促，重要情况向“互联网＋”部际联席会议汇报。

水效领跑者引领行动实施方案

(发改环资[2016]876号国家发展改革委 水利部 工业和信息化部 住房城乡建设部
国家质检总局 国家能源局2016年4月21日印发)

本方案所称的水效领跑者是指同类可比范围内用水效率处于领先水平的用水产品、企业和灌区。依据《关于实行最严格水资源管理制度的意见》(国发〔2012〕3号)和《水污染防治行动计划》(国发〔2015〕17号)，为贯彻落实《中共中央关于制定国民经济和社会发展第十三个五年规划的建议》和《中华人民共和国国民经济和社会发展第十三个五年规划纲要》对开展水效领跑者引领行动的有关要求，制定本方案。

一、基本思路

牢固树立创新、协调、绿色、开放、共享五大发展理念，按照“节水优先、空间均衡、系统治理、两手发力”治水方针，落实最严格水资源管理制度，在工业、农业和生活用水领域开展水效领跑者引领行动，制定水效领跑者指标，发布水效领跑者名单，树立先进典型。水效领跑者引领行动实施范围包括用水产品、重点用水行业和灌区，遴选程序为自愿申报、地方推荐、专家评审和社会公示。通过树立标杆、标准引导、政策鼓励，形成用水产品、企业和灌区用水效率不断提升的长效机制，建立节水型的生产方式、生活方式和消费模式。

二、用水产品水效领跑者引领行动

综合考虑产品的市场规模、节水潜力、技术发展趋势以及相关标准规范、检测能力等情况，选择坐便器、水嘴、洗衣机、净水机等生活领域用水产品实施水效领跑者引领行动，逐步扩大到工业、农业和商用等领域用水产品。

(一)用水产品水效领跑者的基本要求

1、水效指标达到国家标准1级以上，且为同类产品的领先水平，具有取得资质认定的检验检测机构出具的第三方水效检测报告或获得经批准的认证机构颁发的节水产品认证证书。

2、产品为量产的定型产品，达到一定销售规模。

3、产品质量性能优良，近一年内产品质量国家监督抽查和执法检查中，该品牌产品无不合格、无质量违法行为。

4、生产企业为中国大陆境内合法的独立法人，具有完备的质量管理体系、健全的供应体系和良好的售后服务能力。

(二)用水产品水效领跑者的遴选和发布

国家发展改革委会同水利部、住房城乡建设部、国家质检总局等负责用水产品水效领跑者引领行动，制定实施细则并组织实施。用水产品生产企业将材料报送所在地的省级发展改革部门，省级发展改革部门会同水行政主管部门、住房城乡建设部门、质量技术监督部门(市场监督管理部门)初步审核后，推荐给国家发展改革委。

国家发展改革委会同水利部、住房城乡建设部、国家质检总局组织专家对上报材料进行评审，专家评审结果在指定媒体向社会公示，公示时间不少于15个工作日。对公示无异议的产品，国家发展改革委、水利部、住房城乡建设部、国家质检总局公告水效领跑者产品目录、水效指标及其生产企业。

用水产品水效领跑者目录每两年发布一次。

(三)对水效领跑者给予激励

建立用水产品水效领跑者指标与水效强制性国家标准衔接的机制。根据节水技术发展、市场水效水平变化等情况，适时将水效领跑者指标纳入水效标准体系。制定激励政策，鼓励水效领跑者产品的技术研发、宣传和推广。

三、用水企业水效领跑者引领行动

综合考虑企业的取水量、节水潜力、技术发展趋势以及用水统计、计量、标准等情况，从火力发电、钢铁、纺织染整、造纸、石油炼制、化工等行业中，选择技术水平先进、用水效率领先的企业实施水效领跑者引领行动。

(一)用水企业水效领跑者的基本要求

1、符合相关节水标准，单位产品取水量指标达到行业领先水平。

2、有取用水资源的合法手续，近三年取水无超计划。

3、建立健全节水管理制度，各生产环节有配套的节水措施；建立了完备的用水计量和统计管理体系，水计量器具配备满足国家标准《用水单位水计量器具配备和管理通则》(GB24789)要求。

4、无重大安全和环境事故，无违法行为。

(二)用水企业水效领跑者的遴选和发布

工业和信息化部会同水利部、国家能源局、国家发展改革委、国家质检总局等负责用水企业水效领跑者引领行动，制定实施细则并组织实施。

企业将材料报送所在地的省级工业和信息化部门、水行政主管部门，省级工业和信息化部门、水行政主管部门会同能源部门、发展改革部门、质量技术监督部门(市场监督管理部门)初步审核后，推荐给工业和信息化部、水利部。

工业和信息化部会同水利部、国家能源局、国家发展改革委、国家质检总局组织专家对上报材料进行评审，专家评审结果在指定媒体向社会公示，公示时间不少于15个工作日。对公示无异议的企业，工业和信息化部、水利部、国家能源局、国家发展改革委、国家质检总局公告用水企业水效领跑者企业名单及单位产品取水量等水效指标。

用水企业水效领跑者企业名单每两年发布一次。

(三)开展水效对标活动

总结用水企业水效领跑者的最佳实践，鼓励企业开展水效对标活动，广泛开展节水技术、标准、管理体系培训，引导企业实施节水技术改造。

四、灌区水效领跑者引领行动

综合考虑灌区的气候地理条件、水资源状况、农作物种类、灌区规模等情况，选择灌溉面积1万亩以上、具有完善的管理机构、安全运行状况良好的大中型灌区实施水效领跑者引领行动。

(一)灌区水效领跑者的基本要求

1、用水效率处于同类型灌区的领先水平。

2、灌区工程管理和用水管理措施到位，满足《节水灌溉工程技术规范》(GB/T50363)要求。

3、灌区具备完善的管理制度，用水计量和调度设施配置完备、技术先进，水效监测和评价符合《全国农田灌溉水有效利用系数测算分析技术指导细则》。

(二)灌区水效领跑者的遴选和发布

水利部会同国家发展改革委负责灌区水效领跑者引领行动，制定实施细则并组织实施。

申报单位将材料报送所在地的省级水行政主管部门、发展改革部门，省级水行政主管部门、发展改革部门初步审核后，推荐给水利部、国家发展改革委。水利部、国家发展改革委组织专家对上报材料进行评审，专家评审结果在指定媒体向社会公示，公示时间不少于15个工作日。经公示无异议后，水利部、国家发展改革委公告灌区水效领跑者名单。

灌区水效领跑者名单每三年发布一次。

(三)发挥示范效应

总结灌区水效领跑者最佳实践，实施灌区续建配套和节水改造，开展现代灌区建设，推广喷灌、微灌、低压管道输水灌溉和水肥一体化等高效节水技术，加强灌区监测与管理信息系统建设，实现精准灌溉。形成符合区域水资源条件的规模化农业灌溉节水模式和先进经验，适时将灌区水效领跑者指标纳入节水标准体系，并转化为制定节水目标、开展考核评价的依据。

五、水效领跑者标志及使用

列入水效领跑者的产品、企业和灌区，应使用统一的水效领跑者标志(样式如下图)。水效领跑者产品可以在产品本体明显位置或包装物上加施水效领跑者标志。鼓励符合条件的企业和灌区在宣传活动中使用水效领跑者标志。

全国农村经济发展“十三五”规划（节录）

（发改农经〔2016〕2257号 国家发展改革委2016年10月27日印发）

第六章　努力建设美丽宜居乡村 推动城乡协调发展

强化规划引领，完善农村基础设施，提升农村基本公共服务水平，改善农村人居环境，加快形成政府主导、多元参与、城乡一体的基础设施和基本公共服务体系。

一、加强农村基础设施建设

实施农村饮水安全巩固提升工程，综合采取改造、配套、升级、联网等方式，进一步提高城镇供水设施覆盖行政村比率、农村集中供水率、自来水普及率、供水保证率、水质达标率，加强农村饮用水水源保护和水质检测能力建设。实施新一轮农村电网改造升级工程，建设结构合理、技术先进、安全可靠、智能高效的现代农村电网，提升供电能力和服务水平，促进全国农村地区基本实现稳定可靠的供电服务全覆盖。积极发展农村清洁可再生能源，加大生物天然气工程和大型农村沼气工程建设力度，在偏远贫困地区有序推进绿色小水电建设，因地制宜发展太阳能、小型风能、省柴节煤炉灶炕，满足农村多能互补、经济便利的用能需要。加快实现所有具备条件的乡镇和建制村通硬化路、通班车，推动一定人口规模的自然村通公路，创造条件推进城乡交通一体化。基本完成现有农村危房改造任务，继续结合农村危房改造推进建筑节能，优先完成建档立卡贫困户危房改造，统筹搞好农房抗震改造，切实保障贫困户住房安全。加强农村信息基础设施建设，推进宽带网络广泛覆盖。支持电信企业加大互联网和移动互联网建设投入，改善县乡互联网服务，建设高速畅通、覆盖城乡、质优价廉、服务便捷的宽带网络基础设施和服务体系。继续深化和扩大电子商务进农村综合示范县工作，推动信息入户。提升农村广播电视覆盖能力和服务能力，加快推进广播电视村村通向户户通升级。创新农村基础设施投融资体制机制，探索并推行农村小型公共基础设施村民自选、自建、自管和政府监管服务相结合的民主管理新机制，建立农村基础设施管护长效机制。

三、推进农村人居环境整治

科学编制县域乡村建设规划，探索建立驻村规划师制度，因地制宜制定村庄规划，明确农村人居环境整治的重点和时序，保持村庄整体风貌与自然环境相协调。继续实行“以奖促治”政策，推进农村环境综合整治。推行县域统一规划、统一建设、统一运行、统一管理的城乡污水垃圾治理，实现 90% 的行政村生活垃圾得到治理。采取城镇管网延伸、集中处理和分散处理等多种形式，加快农村生活污水处理。普遍建立村庄保洁制度，深入开展城乡环境卫生整洁行动。加快推进生态清洁小流域建设，积极推进农村河道综合治理，推行“河长制”等管理机制，改善农村河流生态。

推动农村家庭改厕，全面完成无害化卫生厕所改造任务。强化农村工业企业污染和固体废物排放监管，禁止工业和城市污染向农村扩散。开展农村环境保护体制机制综合改革与创新试点，鼓励社会资本参与农村环境综合整治。

可再生能源发展“十三五”规划（节录）

（发改能源〔2016〕2619号 国家发展改革委2016年12月10日印发）

（四）加快发展生物质能

按照因地制宜、统筹兼顾、综合利用、提高效率的思路，建立健全资源收集、加工转化、就近利用的分布式生产消费体系，加快生物天然气、生物质能供热等非电利用的产业化发展步伐，提高生物质能利用效率和效益。

1、加快生物天然气示范和产业化发展。选择有机废弃物资源丰富的种植养殖大县，以县为单位建立产业体系，开展生物天然气示范县建设，推进生物天然气技术进步和工程建设现代化。建立原料收集保障和沼液沼渣有机肥利用体系，建立生物天然气输配体系，形成并入常规天然气管网、车辆加气、发电、锅炉燃料等多元化消费模式。到2020年，生物天然气年产量达到80亿立方米，建设160个生物天然气示范县。

2、积极发展生物质能供热。结合用热需求对已投运生物质纯发电项目进行供热改造，提高生物质能利用效率，积极推进生物质热电联产为县城及工业园区供热，形成 20 个以上以生物质热电联产为主的县城供热区域。加快发展技术成熟的生物质成型燃料供热，推动 20 蒸吨/小时（14MW）以上大型先进低排放生物质成型燃料锅炉供热的应用，污染

物排放达到天然气锅炉排放水平，在长三角、珠三角、京津冀鲁等地区工业供热和民用采暖领域推广应用，为工业生产和学校、医院、宾馆、写字楼等公共设施和商业设施提供清洁可再生能源，形成一批生物质清洁供热占优势比重的供热区域。到2020年，生物质成型燃料利用量达到 3000 万吨。

3、稳步发展生物质发电。在做好选址和落实环保措施的前提下，结合新型城镇化建设进程，重点在具备资源条件的地级市及部分县城，稳步发展城镇生活垃圾焚烧发电，到2020年，城镇生活垃圾焚烧发电装机达到750万千瓦。根据生物质资源条件，有序发展农林生物质直燃发电和沼气发电，到2020年，农林生物质直燃发电装机达到700万千瓦，沼气发电达到50万千瓦。到2020年，生物质发电总装机达到1500万千瓦，年发电量超过900亿千瓦时。

4、推进生物液体燃料产业化发展。稳步扩大燃料乙醇生产和消费。立足国内自有技术力量，积极引进、消化、吸收国外先进经验，大力发展纤维乙醇。结合陈次和重金属污染粮消纳，控制总量发展粮食燃料乙醇。根据资源条件，适度发展木薯、甜高粱等燃料乙醇项目。对生物柴油项目进行升级改造，提升产品质量，满足交通燃料品质需要。加快木质生物质、微藻等非粮原料多联产生物液体燃料技术创新。推进生物质转化合成高品位燃油和生物航空燃料产业化示范应用。到 2020 年，生物液体燃料年利用量达到 600 万吨以上。

5、完善促进生物质能发展的政策体系。加强废弃物综合利用，保护生态环境。制定生物天然气、液体燃料优先利用的政策，建立无歧视无障碍并入管网机制，研究建立强制配额机制。完善支持生物质能发展的价格、财税等优惠政策，研究出台生物天然气产品补贴政策，加快生物天然气产业化发展步伐。

煤炭工业发展“十三五”规划（节录）

（发改能源〔2016〕2714号 国家发展改革委 国家能源局 2016年12月22日印发）

第二章 指导方针和目标

一、指导思想

全面贯彻党的十八大和十八届三中、四中、五中、六中全会精神，深入贯彻习近平总书记系列重要讲话精神，统筹推进“五位一体”总体布局和协调推进“四个全面”战略布局，牢固树立创新、协调、绿色、开放、共享的发展理念，适应把握引领经济发展新常态，遵循“四个革命，一个合作”的能源发展战略思想，以提高发展的质量和效益为中心，以供给侧结构性改革为主线，坚持市场在资源配置中的决定性作用，着力化解煤炭过剩产能，着力调整产业结构和优化布局，着力推进清洁高效低碳发展，着力加强科技创新，着力深化体制机制改革，努力建设集约、安全、高效、绿色的现代煤炭工业体系，实现煤炭工业由大到强的历史跨越。

三、主要目标

到 2020 年，煤炭开发布局科学合理，供需基本平衡，大型煤炭基地、大型骨干企业集团、大型现代化煤矿主体地位更加突出，生产效率和企业效益明显提高，安全生产形势根本好转，安全绿色开发和清洁高效利用水平显著提升，职工生活质量改善，国际合作迈上新台阶，煤炭治理体系和治理能力实现现代化，基本建成集约、安全、高效、绿色的现代煤炭工业体系。

——集约：化解淘汰过剩落后产能 8 亿吨/年左右，通过减量置换和优化布局增加先进产能 5 亿吨/年左右，到2020年，煤炭产量39亿吨。煤炭生产结构优化，煤矿数量控制在6000处左右，120万吨/年及以上大型煤矿产量占 80%以上，30万吨/年及以下小型煤矿产量占10%以下。煤炭生产开发进一步向大型煤炭基地集中，大型煤炭基地产量占 95%以上。产业集中度进一步提高，煤炭企业数量 3000 家以内，5000 万吨级以上大型企业产量占 60%以上。

——安全：煤矿安全生产长效机制进一步健全，安全保障能力显著提高，重特大事故得到有效遏制，煤矿事故死亡人数下降 15% 以上，百万吨死亡率下降 15%以上。煤矿职业病危害防治取得明显进展，煤矿职工健康状况显著改善。

——高效：煤矿采煤机械化程度达到 85%，掘进机械化程度达到 65%。科技创新对行业发展贡献率进一步提高，煤矿信息化、智能化建设取得新进展，建成一批先进高效的智慧煤矿。煤炭企业生产效率大幅提升，全员劳动工效达到 1300 吨/人•年以上。

——绿色：生态文明矿区建设取得积极进展，最大程度减轻煤炭生产开发对环境的影响。资源综合利用水平提升，煤层气(煤矿瓦斯)产量 240 亿立方米，利用量 160 亿立方米；煤矸石综合利用率 75%左右，矿井水利用率 80%左右，土地复垦率 60%左右。原煤入选率 75%以上，煤炭产品质量显著提高，清洁煤电加快发展，煤炭深加工产业示范取得积极进展，煤炭清洁利用水平迈上新台阶。

第五章 推进煤炭清洁生产

牢固树立绿色发展理念，推行煤炭绿色开采，发展煤炭洗选加工，发展矿区循环经济，加强矿区生态环境治理，推动煤炭供给革命。

一、推行煤炭绿色开采

研究制定矿区生态文明建设指导意见，建立清洁生产评价体系，建设一批生态文明示范矿区。在煤矿设计、建设、生产等环节，严格执行环保标准，采用先进环保理念和技术装备，减轻对生态环境影响。以煤矿掘进工作面和采煤工作面为重点，实施粉尘综合治理，降低粉尘排放。因地制宜推广充填开采、保水开采、煤与瓦斯共采、矸石不升井等绿色开采技术。限制开发高硫、高灰、高砷、高氟等对生态环境影响较大的煤炭资源。加强生产煤矿回采率管理，对特殊和稀缺煤类实行保护性开发。

二、发展煤炭洗选加工

大中型煤矿应配套建设选煤厂或中心选煤厂，加快现有煤矿选煤设施升级改造，提高原煤入选比重。推进千万吨级先进洗选技术装备研发应用，降低洗选过程中的能耗、介耗和污染物排放。大力发展高精度煤炭洗选加工，实现煤炭深度提质和分质分级。鼓励井下选煤厂示范工程建设，发展井下排矸技术。支持开展选煤厂专业化运营维护，提升选煤厂整体效率，降低运营成本。

三、发展矿区循环经济

以经济效益、社会效益、生态效益协同提高为目标，促进煤炭与共伴生资源的综合开发与循环利用。坚持统一规划和集中高效管理，统筹矿区综合利用项目及相关产业建设布局，提升循环经济园区建设水平。支持煤炭企业按等容量置换原则建设洗矸煤泥综合利用电厂，发挥综合利用发电在废弃物消纳处置、矿区供热、供暖、供冷等方面作用。发展煤矸石和粉煤灰制建材，提高煤矸石新型建材的市场竞争力。推进矿井排水产业化利用，提高矿井水资源利用率和利用水平。加强科研创新，探索与煤共伴生的铝、镓、锗等资源利用价值。

四、加强矿区生态环境治理

按照不欠新账、快还旧账的原则，全面推进矿区损毁土地复垦和植被恢复。推进采煤沉陷区综合治理，探索利用采煤沉陷区、废弃煤矿工业场地及周边地区，发展风电、光伏、现代农业、林业等产业。加强统筹规划和资金支持，推进新疆等地区煤田火区治理。构建政府主导、政策扶持、社会参与、开发式治理、市场化运作的治理新模式，加大历史遗留矿山地质环境问题治理力度。

第六章 促进煤炭清洁高效利用

按照“清洁、低碳、高效、集中”的原则，加强商品煤质量管理，推进重点耗煤行业节能减排，推进煤炭深加工产业示范，加强散煤综合治理，推动煤炭消费革命。

一、加强商品煤质量管理

完善商品煤标准体系，制定修订民用煤炭产品等标准，严格限制硫分、灰分、有害元素等指标，鼓励煤炭生产、加工、经营、使用企业制定更严格的商品煤质量企业标准。健全商品煤质量监管体系，强化对商品煤质量监管，重点加强流通环节煤炭质量跟踪监测和管理，限制劣质煤炭销售和使用。推动企业建立商品煤质量保证制度和验收制度，建立商品煤质量档案。

二、推进重点耗煤行业节能减排

发展清洁高效煤电，提高电煤在煤炭消费中的比重。采用先进高效脱硫、脱硝、除尘技术，全面实施燃煤电厂超低排放和节能改造，加大能耗高、污染重煤电机组改造和淘汰力度。坚持“以热定电”，鼓励发展能效高、污染少的背压式热电联产机组。严格执行钢铁、建材等耗煤行业能耗、环保标准，加强节能环保改造，强化污染物排放监控。推进煤炭分质分级梯级利用，鼓励煤-化-

电-热一体化发展，提升能源转换效率和资源综合利用率。

三、推进煤炭深加工产业示范

改造提升传统煤化工产业，在煤焦化、煤制合成氨、电石等领域进一步推动上大压小，淘汰落后产能。以国家能源战略技术储备和产能储备为重点，在水资源有保障、生态环境可承受的地区，开展煤制油、煤制天然气、低阶煤分质利用、煤制化学品、煤炭和石油综合利用等五类模式以及通用技术装备的升级示范，加强先进技术攻关和产业化，提升煤炭转化效率、经济效益和环保水平，发挥煤炭的原料功能。

四、加强散煤综合治理

在大气污染防治重点地区实施煤炭消费减量替代。加强散煤使用管理，积极推广优质无烟煤、型煤、兰炭等洁净煤，在民用煤炭消费集中地区建设洁净煤配送中心，完善洁净煤供应网络。完善民用炉具能效限定值及能效等级标准。全面整治无污染物治理设施和不能实现达标排放的燃煤锅炉，加快淘汰低效层燃锅炉，推广高效煤粉工业锅炉。鼓励发展集中供热，逐步替代分散燃煤锅炉。推广先进适用的工业炉窑余热、余能回收利用技术，实现余热、余能高效回收及梯级利用。

“十三五”全国城镇污水处理及再生利用设施建设规划

（发改环资〔2016〕2849号 国家发展改革委 住房城乡建设部2016年12月31日印发）

一、总体要求

（一）指导思想

深入贯彻党的十八大和十八届三中、四中、五中、六中全会及中央城镇化工作会议精神，落实国务院《水污染防治行动计划》相关要求，牢固树立“创新、协调、绿色、开放、共享”的发展理念，尊重并顺应城镇发展规律，严格遵循“节水优先、空间均衡、系统治理、两手发力”的治水方针，以改善水环境质量为核心，倒逼城镇污水处理设施建设和升级改造，统筹规划、科学引导，加快形成“绿色生态、系统协调”的城镇污水处理及再生利用设施建设格局。

（二）基本原则

尊重自然，统筹规划。全面落实生态文明理念，将污水处理作为改善城镇水生态环境的关键环节，坚持城镇污水处理设施建设与经济社会发展水平相协调，与城镇发展总体规划相衔接，与环境改善需求相适应。

系统协调，提质增效。按照经济适用、节约资源、高效有序的要求，科学规划城镇污水处理设施建设，提高设施运行效率，有效改善水环境质量。加快城镇污水处理设施和管网建设改造，厂网配套、泥水并重，提高污水收集能力，推进污泥无害化处置。

问题导向，突出重点。以修复城市水生态环境、整治城市黑臭水体、缓解水资源紧缺等突出问题为导向，重点优化污水收集与处理设施的空间布局，提高城镇污水处理及再生利用水平，加快推进污水管网改造、排水口及检查井渗漏治理，开展城市建成区初期雨水污染治理。

政府主导，加强监管。坚持政府主导，明确责任主体，加大资金投入，加强政府与社会资本合作。健全有效的监管和绩效考3核制度，健全城市水环境信息公开制度，完善公众参与制度，强化运营监管，全面提升管理水平，确保设施高效、稳定运行。

（三）主要目标

——到2020年底，实现城镇污水处理设施全覆盖。城市污水处理率达到95%，其中地级及以上城市建成区基本实现全收集、全处理；县城不低于85%，其中东部地区力争达到90%；建制镇达到70%，其中中西部地区力争达到50%；京津冀、长三角、珠三角等区域提前一年完成。

——到2020年底，地级及以上城市建成区黑臭水体均控制在10%以内。直辖市、省会城市、计划单列市建成区要于2017年底前基本消除黑臭水体。

——到2020年底，地级及以上城市污泥无害化处置率达到90%，其他城市达到75%；县城力争达到60%；重点镇提高5个百分点，初步实现建制镇污泥统筹集中处理处置。

——到2020年底，城市和县城再生水利用率进一步提高。京津冀地区不低于30%，缺水城市再生水利用率不低于20%，其他城市和县城力争达到15%。

“十三五”期间规划新增污水管网12.59万公里，老旧污水管网改造2.77万公里，合流制管网改造2.88万公里，新增污水处理设施规模5022万立方米/日，提标改造污水处理设施规模4220万立方米/日，新增污泥（以含水80%湿污泥计）无害化处置规模6.01万吨/日，新增再生水利用设施规模1505万立方米/日，新增初期雨水治理设施规模831万立方米/日，加强监管能4力建设，初步形成全国统一、全面覆盖的城镇排水与污水处理监管体系。

建设任务。加大城镇污水管网建设力度，进一步提高污水收集率。优先解决已建城镇污水处理设施配套管网不足问题，强化黑臭水体沿岸的污水截流、收集，新建污水处理设施的配套管网应同步设计、同步建设、同步投运。

“十三五”期间，新增污水管网12.59万公里，其中，设市城市6.62万公里，县城2.92万公里，建制镇3.05万公里。全部建成后，所有设市城市、县城和建制镇均覆盖污水处理设施配套管网，大幅提高污水收集能力。

技术要求。除干旱地区外，新建污水管网要采取分流制系统，污水管网收集能力应与污水处理设施处理能力相匹配。污水管网建设应按照国家有关标准要求严格做好闭水实验，防止检查井、接口渗漏等问题。

2.强化老旧管网改造

建设任务。对年久失修、漏损严重、不合格的老旧污水管网、排水口、检查井进行维修改造，减少管道污泥淤积、超载等保证过流能力，改善因管网破损造成大量地下水等外来水进入而影响排水、治污效能发挥，避免污水渗漏导致管道周边地下水及土壤污染等，确保收集的污水水质、水量稳定。“十三五”期间，改造老旧污水管网2.77万公里，其中，设市城市1.58万公里，县城0.73万公里，建制镇0.46万公里。

技术要求。按照国家有关标准规范要求，以管网的截流、输送污水效能为评价标准，改造后的污水管网要不破损、不漏水，排水顺畅。

3.加强合流制管网改造

建设任务。除干旱地区外，应当按照本地区城镇排水与污水处理规划要求，加快实施合流制排水系统雨污分流改造；难以改造的，要加快建设截流、调蓄等设施。

“十三五”期间，改造合流制管网2.87万公里，其中，设市城市1.70万公里，县城1.17万公里，完成后将促进雨污分流、清污分流及雨水的资源化利用。

技术要求。应结合降雨量情况及建成区管网现状，加快实施雨污分流改造，原有雨污合流管网在清淤、疏通后可作为雨水管，并新建污水管道。暂不具备改造条件的地区，应通过建设调蓄设施、增大截流倍数等措施，预防雨污合流引起的溢流污染。

（四）提升污水处理设施能力

1.新增污水处理设施能力

建设任务。优先支持尚无污水集中处理设施的城市、县城建设污水处理设施，加快解决设施布局不均衡问题，着重提高新建城区及建制镇污水处理能力，并通过以城带乡，设施共享等形式，适当向农村地区延伸。对经济发达地区、水体污染严重地区、环境容量较低地区以及国家和地方确定的重点流域地区，应加快设施建设进度，并执行更严格的排放标准。“十三五”期间，新增污水处理设施规模5022万立方米/日。其中，设市城市2856万立方米/日，县城1071万立方米/日，建制镇1095万立方米/日。

技术要求。坚持集中与分散处理相结合的原则，城镇污水处理厂的布局要充分考虑管网建设需求、河道及景观水体补水、再生水利用等。在人口密集、污水量大的地区，宜采用成熟的集中处理方式。在人口密度较低、水环境容量较大的地区，可结合实际情况，采用技术路线简单、投资规模小、便于维护和管理的方式。敏感区域（重点湖泊、重点水库及近岸海域汇水区域）的新建城镇污水处理设施，应按照水环境质量改善要求，选择脱氮除磷效果好的工艺技术，出水水质应达到相应的标准要求。建成区水体水质未达到地表水Ⅳ类标准的城市，新建污水处理设施出水水质应达到一级A排放标准或再生利用要求。

2.提标改造污水处理设施能力

建设任务。敏感区域以及建成区水体水质未达到地表水Ⅳ类标准的城市，现有污水处理设施未达到一级A排放标准的，均为提标改造对象。“十三五”期间，提标改造城镇污水处理设施规模4220万立方米/日，其中设市城市3639万立方米/日，县城581万立方米/日。

技术要求。应根据污水进水特点、排放和再生利用要求，科学选择提标改造工艺，着力提高设施脱氮除磷能力，提标改造后出水水质应达到一级A排放标准或相关规定的水质标准。有条件的地区，可结合人工湿地等措施，进一步提高出水水质。

（五）重视污泥无害化处理处置

1.建设任务。城镇污水处理设施产生的污泥应进行稳定化、无害化处理处置，鼓励资源化利用。现有不达标的污泥处理处置设施应加快完成达标改造。优先解决污泥产生量大、存在二次污染隐患地区的污泥处理处置问题。建制镇污水处理设施产生的污泥可考虑统筹集中处理处置。

“十三五”期间，新增或改造污泥（按含水率80%的湿污泥计）无害化处理处置设施能力6.01万吨/日。其中，设市城市4.56万吨/日，县城0.92万吨/日，建制镇0.53万吨/日。

技术要求。坚持无害化处理处置原则，结合各地经济社会发展水平，因地制宜选用成熟可靠的污泥处理处置技术。鼓励采用能源化、资源化技术手段，尽可能回收利用污泥中的能源和资源。鼓励将经过稳定化、无害化处理的污泥制成符合相关标准的有机碳土，用于荒地造林、苗木抚育、园林绿化等。污泥处置设施应按照“集散结合、适当集中”原则建设，形成规模效应。

（六）推动再生水利用

1.建设任务。

“十三五”期间，新增再生水利用设施规模1505万立方米/日，其中，设市城市1214万立方米/

日，县城291万立方米/日。

技术要求。按照“集中利用为主、分散利用为辅”的原则，因地制宜确定再生水生产设施及配套管网的规模及布局。结合再生水用途，选择成熟合理的再生水生产工艺。鼓励将污水处理厂尾水经人工湿地等生态处理达标后作为生态和景观用水。再生水用于工业、绿地灌溉、城市杂用水时，宜优先选择用水量大、水质要求不高、技术可行、综合成本低、经济和社会效益显著的用水方案。

（七）启动初期雨水污染治理

建设任务。在全国36个重点城市（直辖市、省会城市、计划单列市）建设初期雨水处理设施规模831万立方米/日，探索初期雨水污染治理模式。

技术要求。从源头控制初期雨水径流污染，通过科学划分排水片区，合理布局雨水管道和调蓄设施，有效收集初期雨水。根据初期雨水的水质，可输送至城镇污水处理设施集中处理，或就地结合景观、绿地等进行处理并资源化利用。

（八）加强城市黑臭水体综合整治

需整治地级及以上城市建成区黑臭水体2000多个，总长度约5800公里，与城市黑臭水体综合整治相关的新增及改造排水管网、新建与提标改造城市污水处理设施等设施建设，已纳入前述主要建设任务。

技术要求。针对城市建成区黑臭水体整治，要重点抓好控源截污。对于污水直排的排污口，建设岸边截流管渠、污水处理设施进行截污；对地下水位高的地区，要从入河排水口、截流干管逐段进行检查，整治管道接口、检查井等渗漏，逐步解决管网“清污混流”的问题；对于合流制管网，要逐步进行改造，建设调蓄、截流等设施，控制溢流污染。加强城中村、城乡结合部畜禽养殖场污染治理，因地制宜推进内源治理、生态修复和活水保质等措施。

（九）强化监管能力建设

1. 建设任务。应用现代化信息技术，强化城镇污水处理设施运营监管能力建设，形成国家、省、地市、县四级城镇排水与污水处理监管体系，增强利用信息化手段的监管、预警与应急能力。

到“十三五”期末，基本形成完善的城市排水与污水处理监测系统，包括国家级排水与污水处理监测站1座、省级监测站38座、地市级监测站288座，县级监测站361座。

技术要求。国家级和省级监测站应具备全指标监测能力和主要指标的流动检测能力；地市级监测站应具备污水管网排查与检测能力和对污水处理厂基本控制项目及部分选择控制项目分析能力；县级监测站应具备日常指标检测能力，满足政府监管需要。鼓励地方采取政府购买服务、委托第三方检测机构等方式满足日常监管需求。建成后，基本实现全国城镇排水与污水处理设施运行监管数据的动态、实时信息监督管理。

三、投资估算与资金筹措

（一）投资估算

“十三五”城镇污水处理及再生利用设施建设共投资约5644亿元。其中，各类设施建设投资5600亿元，监管能力建设投资44亿元。设施建设投资中，新建配套污水管网投资2134亿元，老旧污水管网改造投资494亿元，雨污合流管网改造投资501亿元，新增污水处理设施投资1506亿元，提标改造污水处理设施投资432亿元，新增或改造污泥无害化处理处置设施投资294亿元，新增再生水生产设施投资158亿元，初期雨水污染治理设施投资81亿元。

“十三五”期间地级及以上城市黑臭水体整治控源截污涉及的设施建设投资约1700亿元，已分

项计入规划重点建设任务投资中。

（二）资金筹措

切实落实地方各级人民政府主体责任，加大投入力度，建立稳定的资金来源渠道，确保完成规划确定的各项建设任务。同时，积极引导并鼓励社会资本参与污水处理设施的建设和运营，国家将根据规划任务和建设重点，继续对设施建设予以适当支持，并逐步向“老、少、边、穷”地区倾斜。对暂未引入市场机制运作的城镇污水处理及再生水利用设施，要进行政策扶持、投资引导和适度补贴，保障设施的建设和运营。

（三）保障措施

加大政策支持按照“污染付费、公平负担、补偿成本、合理盈利”的原则，合理制定和调整城镇污水处理收费标准，收费标准要补偿污水处理和污泥无害化处置的成本并合理盈利。加强对自备水源用户污水处理费的征收管理。在征收的污水处理费无法满足处理设施正常运行时，地方政府要积极采取措施适当补偿，确保设施正常运行。各地要对城镇污水处理及再生利用设施建设的规模、布局和用地进行统筹安排，并纳入土地利用总体规划、城镇总体规划和近期建设规划。

创新运作模式完善城镇污水处理及再生利用设施建设投融资体制。积极鼓励跨地区、跨部门的合作，建立全国统一的市场，培育和发展专业化、规模化的污水处理企业，健全以特许经营为核心的市场准入制度，提高产业集中度。推进政府和社会资本合作（PPP）模式在城镇污水处理领域的应用，鼓励按照“厂网一体”模式运作，提升污水处理服务效能，避免“厂网不配套”、“泥水不配套”等问题。

（四）加强技术支撑

完善城镇污水处理及污泥处置技术标准体系，积极推动污水处理及再生利用、污泥处理处置及资源化利用等关键技术的研发、示范和推广应用。加快制定有关技术的评价标准体系和方法。围绕提高城镇污水处理及再生利用设施建设及运营管理的需要，加强专业技术人才、管理人才的建设和培养。

（五）加强宣传引导

综合运用传统媒体和新媒体手段，搭建多层次多方位的信息渠道，大力宣传城镇污水处理和再生利用的各项政策措施及其成效，及时全面客观报道有关信息，形成有利于推进城镇污水处理及再生利用工作的舆论氛围。将城镇污水处理及再生利用知识纳入中、小学教材和课外读物，通过制作公益广告片、宣传册等方式，多渠道多形式做好群众宣传教育工作。

（六）强化监督管理

转变政府职能，加大行业监管力度。加强城镇污水处理及再生利用设施监管能力建设，强化水环境质量改善、污染物削减评估等方面的考核。建立科学、全面、严格的绩效考核制度，合理确定考核指标和标准，并将考核结果作为城镇污水处理运营服务费支付的依据之一。进一步健全信息公开制度，完善公众参与机制，发挥舆论监督、社会监督和行业自律作用。

（七）规划组织实施

城镇污水处理及再生利用工作由省级人民政府负总责，市、县级人民政府负责具体实施。各省（区、市）人民政府要制定本地区城镇污水处理及再生利用设施建设规划，对所属城镇人民政府实行目标责任制管理，加强监督指导。要将《规划》执行情况作为市、县级人民政府目标责任考核和领导干部综合评价的重要 内容。重点流域有关省（区、市）和计划单列市人民政府有关部门在

《规划》实施过程中要加强与《“十三五”重点流域水环境 综合治理建设规划》衔接。有关部门要各司其职，加强协调、密切配合，共同研究制定 有利于《规划》执行的相关政策和措施。发展改革委将继续安排 城镇污水垃圾处理设施建设专项中央预算内投资支持设施建设。住房城乡建设部将对各地实施《规划》加强指导。发展改革委、 住房城乡建设部将加强对《规划》实施情况的评估和监督检查， 推动规划各项任务顺利实施。

节水型社会建设“十三五”规划

（国家发展和改革委员会 水利部 住房和城乡建设部2017年1月17日印发）

一、现状与形势

（一）主要成效

“十二五”时期，党中央国务院相继出台了关于实行最严格水资源管理制度、保障国家水安全等一系列决策部署，推动一批节水供水重大水利工程项目建设。习近平总书记提出了“节水优先、空间均衡、系统治理、两手发力”的新时期水利工作方针，从观念、意识、措施等各方面把节水放在优先位置。全面推进以水资源管理体系、经济结构体系、工程技术体系、行为规范体系等“四大体系”为重点的节水型社会建设工作，水资源利用效率和效益显著提高，基本完成“十二五”规划确定的主要目标和任务。

一是节水制度建设逐步完善。国务院发布《关于实行最严格水资源管理制度的意见》、《水污染防治行动计划》，明确水资源管理“三条红线”，强化经济社会用水取水全过程管控。加强城镇节水，公共供水管网漏损管控。农业水价综合改革积极推进，在全国27个省的80个县实施农业水价综合改革试点。水权制度和水权交易平台建设逐步完善，在内蒙古等7个地区开展水权确权和交易试点工作。

二是节水管理能力不断加强。发布《计划用水管理办法》、《关于严格用水定额管理的通知》、《关于进一步加强城市节约用水工作的通知》、《城市节水评价标准》，进一步强化用水管理，为全面推进节水工作提供支撑。发布了19项高耗水行业取水定额国家标准，为高耗水行业制定供水、节水规划提供依据。建立健全水资源论证制度，开展大型煤电基地、城市新区等规划水资源论证。严格取水许可审批与监管，加快取水许可台账建设。完善城镇居民用水阶梯价格制度，推行非居民用水超定额累进加价制度，水资源有偿使用制度进一步落实。完成国家水资源监控能力建设一期项目，水资源监控能力得到不断加强。

三是节水设施建设取得重大进展。实施336处大型、637处重点中型灌区续建配套和节水改造，区域规模化高效节水灌溉工程建设持续推进，高效节水灌溉面积达到1.2亿亩，农田灌溉水有效利用效率显著提高。对钢铁、石化等七大高耗水行业进行节水技术改造，缺水地区和工业园区加大中水回用和循环用水力度。加快推进城镇供水管网改造，积极推广节水型用水器具，加大污水处理力度，城市污水处理率从2010年的82.3%提高到2015年的90.2%。非常规水源利用力度不断加大，年污水处理再生利用量从27.6亿m^3提高到52.2亿m^3，年集雨工程集水量从5.1亿m^3提高到9.6亿m^3，年海水淡化水量从4000万m^3提高到7400万m^3。

四是节水实践创新发展取得新突破。各地积极探索各具特色的节水型发展模式，华北地区突出总量控制、节水压采，西北能源化工基地推进水权转换、节水增效，东南沿海经济发达地区推行清洁生产、节水治污，东北地区结合转型升级、节水增粮，南方丰水地区严格准入门槛、节水减排。节水技术从着眼于“节约”转向系统性资源回收和循环再利用，由单一设施、单一技术使用向用水系统集成优化、智能化方向发展。缺水地区开展污水深度处理，将再生水、收集雨水等用于生产及生态环境改善。海水淡化和海水直接利用规模持续扩大。城镇再生水、建筑中水利用能力不断提升，分区计量和压力调控等供水管网检漏损控制技术稳步推广。累计推进100个国家级节水型社会和200多个省级节水型社会试点、69个国家级节水型城市建设、近100个省级节水型城市建设，推动一大批节水型企业、单位、居民小区和节水教育基地载体建设，带动和引领各地区各行业节水工作。试点地区万元GDP用水量和万元工业增加值用水量年均下降9%以上，远高于同期全国平均水平。

“十二五”期间，我国国内生产总值提高46%(按不变价计算)，用水量仅增长1.3%，以用水微增长保障了社会各行业高速发展，全国万元GDP用水量下降31%，万元工业增加值用水量下降35%，农田灌溉水有效利用系数提高到0.532。

注：1.带[]为期末达到数，其余为5年累计数。

2.万元国内生产总值用水量，万元工业增加值用水量采用2010年不变价计算。

(二)存在问题

当前我国水资源形势依然十分严峻，用水效率仍然不高，存在的主要问题为：

一是节水制度建设有待完善。节水立法及政策制度尚不完善，已有法规的执行难度大、监管手段少。水资源对经济社会发展的刚性约束不强，尚未发挥应有的倒逼作用。节水职责不明确，节水措施落实不到位。

二是节水内生动力不足。水资源总量控制、定额管理制度亟待进一步完善，尚未形成完善的财税引导和激励政策，部分地区水价形成机制尚不能全面客观反映水资源的稀缺性和供水成本，难以激发用水户的自主节水投入和创新意识。

三是节水设施水平有待提升。农业节水规模化发展程度不高，高效节水灌溉率仅约25%。部分工业行业的生产工艺和关键环节普遍存在用水浪费现象，万元工业增加值用水量约为世界先进水平的2倍。城镇管网漏损率仍居高不下，2015年全国城市公共供水管网平均漏损率达15.2%。

四是节水监管能力还需加强。取用水计量与监控能力不足，城镇和工业用水计量率1约70%，农业灌溉用水计量率仅约55%。强制性的节水产品技术标准体系还不完善，节水产品和设施质量良莠不齐，市场监管薄弱。基层节水管理机构和队伍能力不足，节水社会服务体系尚未形成。

五是节水理念意识还不强。社会公众对我国国情水情认识不足，节水及“洁水”宣传仍需进一步加强。重开源轻节约的惯性做法尚未根本转变，部分地区过多依赖引调水解决缺水问题的思路亟需改变。

(三)面临形势

党中央、国务院提出了全面建成小康社会、坚持五大发展理念、适应经济发展新常态等一系列决策方针政策。未来五年是全面建成小康社会的决胜阶段，是大力推进生态文明建设、转变发展方式的重要战略机遇，也是落实“节水优先”方针、破除国家水安全制约瓶颈的重要时期。国家“十三五”规划纲要明确提出“实行最严格的水资源管理制度，以水定产、以水定城，建设节水型社会”等要求。必须准确把握节水型社会建设的新内涵、新要求，增强忧患意识、责任意识，尊重规律、尊重实际，强化城市建设管理，集中力量着力调整用水结构、提高用水效率，促进经济发展方式加快转变，推动绿色发展，破解水资源水环境制约问题，保障国家水安全，推进生态文明建设。

二、总体思路

(一)指导思想

全面落实党的十八大和十八届三中、四中、五中、六中全会精神，深入学习贯彻习近平总书记系列重要讲话精神，紧紧围绕统筹推进“五位一体”总体布局和协调推进“四个全面”战略布局，牢固树立创新、协调、绿色、开放、共享发展理念，坚持节水优先方针，充分发挥政府引导作用和市场调节作用，强化水资源承载能力刚性约束，严控水资源消耗总量和强度，提升全社会节水意识，把节水贯穿于经济社会发展和生态文明建设全过程，大力提高水资源利用效率和效益，以水资源可持续利用促进经济社会可持续发展。

(二)基本原则坚持总量控制、效率优先。强化水资源刚性约束，实行最严格水资源管理，严格控制用水总量，合理开发利用水资源，大幅提高水资源利用效率。

坚持政府引导、市场调节。加强政府对节水的引导和规制作用，落实目标责任，完善监督考核机制。充分发挥市场对水资源的配置作用，不断增强全社会节约用水的内生动力。

坚持制度创新、科技引领。加强节水制度建设，形成促进高效用水的制度体系。以科技创新为动力，推动各行业节水，建立全社会水资源循环利用体系。

坚持因地制宜、适水发展。根据水资源条件、产业结构和用水水平，因地制宜确定节水目标、方向和重点任务。以水资源承载力为依据，进行产业结构调整、城市规模控制和功能布局优化，构建适水的产业和城镇发展格局。

坚持全民参与、自觉节水。树立节约集约循环利用的资源观，加强节水及“洁水”宣传，增强全民水忧患意识，形成节约用水的社会风尚。

(三)规划目标

1.总体目标

——控总量：全国用水总量控制在6700亿m^3以内，非常规水源利用量显著提升。

——提效率：万元国内生产总值用水量、万元工业增加值用水量较2015年分别降低23%和20%，农田灌溉水有效利用系数提高到0.55以上。

——健体制：水资源管理制度进一步完善，节水约束与考核机制逐步优化，水权水价水市场改革取得重要进展。

——强能力：水资源监控能力显著提高，城镇和工业用水、农业灌溉用水计量率分别达到85%、70%以上，用水计量准确度、可靠性显著提升；节水标准体系进一步完善；研发推广一批先进适用节水技术。

——增意识：提高公众对我国水情的认知，加强公众参与水资源节约保护的能力。

全国北方40%以上，南方 20%以上的县级行政区达到节水型社会标准。

2.分领域目标

(1)农业节水

节水灌溉工程面积达到7.0亿亩左右，节水灌溉率达到63%；新增高效节水灌溉面积1.0亿亩，高效节水灌溉率达到31%；大中型灌区和井灌区节水措施全覆盖；缺水地区大型及重点中型灌区达

到国家节水型灌区标准要求。

(2)工业节水

万元工业增加值用水量降低 20%；规模以上工业企业(年用水量1万m^3及以上)用水定额和计划管理全覆盖；缺水地区的工业园区达到节水型工业园区标准要求。

(3)城镇节水

城市公共供水管网漏损率控制在10%以内，缺水城市再生水利用率达到20%以上；新建公共建筑和新建小区节水器具全覆盖；地级及以上缺水城市全部达到国家节水型城市标准要求。

三、重点任务

(一)加强制度建设，完善节水降耗机制强化水资源承载能力刚性约束。建立水资源承载能力监测预警机制，强化水资源承载能力在区域发展、城镇建设、产业布局等方面的刚性约束，促进经济社会发展与水资源条件相适应。在水资源短缺和生态环境脆弱地区，地下水超采、地表水过度开发地区，探索实行耕地轮作休耕制度，调整种植结构，试行退地减水，扩大耐 旱作物种植比例。严格落实主体功能区规划，生态脆弱区、严重缺水区、地下水超采区实行负面清单管理，坚决压缩产业规模，调整产业结构，限制或禁止发展高耗水产业。坚持集约发展，制定与当地水资源条件相适应的统一空间规划，科学划定城镇开发边界，优化城镇空间布局和发展规模。

建立健全规划和建设项目水资源论证制度。推进重大产业布局、各类开发区等重大规划水资源论证，城市总体规划的编制应充分考虑当地水资源条件，建立严格的项目水资源论证和取水许可管理制度，从严从紧核定许可水量。对取水许可总量已达到或超过控制指标的地区，暂停审批新增取水。

拧紧水资源管理阀门。严格用水定额管理，强化行业和产品用水强度控制。建立先进的用水定额体系，到2020年全面覆盖主要农作物、工业产品和生活服务行业。加大计划用水管理，加强水资源统一调度，对纳入取水许可管理的单位和其他用水大户全部实行计划用水管理。落实节水“三同时”制度，对违反“三同时”制度的企业，责令停止取用水并限期整改。建立节水部门联动执法机制，加强执法检查。

(二)激活市场活力，促发节水内生动力

推进合同节水管理。建立健全激励机制，通过完善相关财税政策、鼓励金融机构提供优先信贷服务等方式，引导社会资本参与投资节水服务产业。落实推行合同节水管理，促进节水服务产业发展，发布操作指南和合同范本。在重点领域和水资源紧缺地区，建设合同节水管理示范试点。

实施水效领跑者行动。定期公布同类可比范围内用水效率最高的用水产品、重点用水企业和灌区名录。带动全行业、全社会向领跑者学习，适时将水效领跑者有关指标纳入强制性国家标准。

完善水资源有偿使用制度。全面推进农业水价综合改革，实行农业用水总量控制、定额管理制度，健全农业水价形成机制，建立农业用水精准补贴和节水奖励机制。合理调整城镇居民生活用水价格，全面推行阶梯水价和超定额累进加价制度。推进水资源税费改革，逐步扩大试点范围。

积极探索建立水权水市场制度。建立健全水权初始分配制度，加快明晰区域的用水初始水权，稳步推进确权，加强用途管制，进一步完善水权交易规则。总结水权试点经验，推进区域间、流域间、流域上下游、行业间、用水户间等多种形式的水权交易。

建立用水产品水效标识制度。发布《水效标识管理办法》，对节水潜力大、适用面广的用水产品实行水效标识制度。依据水效强制性国家标准，开展产品水效检测，确定产品水效等级。做好水效标识制度的社会宣传和市场监督。

严格节水市场准入和监管。完善相关技术标准和节水等绿色产品认证制度；积极推动节水产品认证；编制国家鼓励发展的节水产品(设备)目录和不符合节水标准的淘汰及禁止目录；明确节水认证产品优惠激励机制。对重要节水产品实施年度国家质量监督抽查，依法向社会公告抽查结果。对抽查结果不合格产品的生产企业建立负面信用记录，并纳入全国统一的信用信息共享平台。

(三)加强科技创新，鼓励节水产业发展攻关研发前瞻技术。整合科技资源，推进《水资源高效开发利用》、《国家水安全创新工程实施方案》(2015-2020年)和《水体污染控制与治理科技重大专项》等重点专项实施，加快研发高耗水行业用水工艺、废水深度处理、城市公共供水分区计量、供水管网漏损监测与控制、建筑中水利用、海水淡化等技术及装备。

推广示范适用技术。推动高耗水企业、污水处理企业、科研院所、高等学校等组建产学研技术创新战略联盟，示范推广控源减排和清洁生产先进技术。依据《节水治污水生态修复先进适用技术指导目录》，加快技术成果推广应用，重点推广节水、水污染治理及循环应用、雨水收集利用、城镇污水再生利用等适用技术，促进技术成果转化。

建设节水创新示范区。开展节水型社会创新试点建设，按照科技创新、制度创新与管理创新相结合的原则，以水资源严重短缺、水生态脆弱地区为重点，集中开展全区域、多行业的综合节水集成创新与应用示范。

支持节水产业发展。组织具有先进加工水平和较强技术开发能力的大中型企业发展节水工业，形成规范化和规模化生产能力，建立节水设备和设施的生产加工基地。支持节水产品设备制造企业做大做强，提升节水产品设备的市场竞争力。

完善节水标准体系。完善各省级行政区农业、工业、服务业和城镇生活行业用水定额标准，加快制修订高耗水工业、服务业取水定额国家标准，推行取水定额强制性标准。定期组织开展用水定额评估，指导和推动各地适时修订行业用水定额。抓紧制订节水基础管理、节水评价等国家标准，健全节水标准体系。到2020年完成节水国家标准制修订112项。

农业领域。拟编制(5项)：园林绿地灌溉设计规范、节水灌溉数据库表结构与标识符、节水型灌区评价导则、灌溉设备节水技术要求、喷灌机运行管理规范。

工业领域。拟修订(21项)：工业用水节水术语，工业企业产品取水定额编制通则，工业企业用水管理导则，火力发电、钢铁联合企业、石油炼制、纺织染整产品、造纸产品、啤酒制造、酒精制造、味精制造、医药产品、选煤、氧化铝生产、乙烯生产、毛纺织产品、白酒制造、电解铝生产等15项取水定额，用水单位水计量器具配备和管理通则，企业用水统计通则，企业水平衡测试通则。

拟编制(52项)：企业水量平衡图绘制方法，纯碱行业、白酒行业、酒精行业、毛纺织行业、长丝织造行业、丝绸行业、涤纶行业、铁合金行业等8项节水型企业评价标准，节水型工业园区评价导则，节水评估技术通则，火力发电节水导则，可持续水管理规范，合同节水管理技术通则，项目节水量计算导则，钛白粉、有机硅、精对苯二甲酸、对二甲苯、醋酸乙烯、饮料制造、酵母制造、黄酒制造、罐头加工、制糖、乳制品、皮革和毛皮加工、羽毛(绒)加工、锌冶炼、离子型稀土矿生产、铜选矿、镍冶炼、多晶硅生产、炼铁、炼钢、热轧、冷轧、铁合金冶炼、涤纶、氨纶、再生聚酯、锦纶、维纶、服务业等29项取水定额，冷却塔运行管理规范，炼油企业、造纸企业、化纤长丝制造企业、粘胶纤维企业、酒精企业水系统集成优化实施指南，节水监测通用技术要求，钢铁联合企业、火力发电企业水平衡测试及评价方法。

城镇生活领域。拟修订(7项)：节水型社区评价导则，服务业节水型单位评价导则，水嘴、小便器、淋浴器、便器冲洗阀、蹲便器水效限定值及水效等级。

拟编制(14项)：坐便洁身器能效水效限定值及等级，自动洗车机、洗菜机水效限定值及等级，水嘴限流节水器，公共机构、游泳场所、宾馆、餐饮场所、商场、公共纺织品洗涤节水技术规范，水嘴、便器、淋浴器、便器冲洗阀水效指标测试及性能评价方法。

非常规水资源领域。拟编制(13项)：海水淡化用于饮用水、工业用水水质标准，蒸馏法海水淡化系统设计规范，海水冷却排放要求，反渗透海水淡化药剂动态阻垢性能测试方法，矿井水用于景观环境用水、生活用水、工业用水、城市杂用水技术规范，焦化、造纸、冶炼、矿山酸性废水处理与回用技术规范。

(四)强化监管考核，规范用水节水行为健全节水法规和考核制度。加快推进《节约用水条例》出台，健全节水法律法规。实施水资源消耗总量和强度双控行动，加快建立国家水资源督查制度。推进江河流域水量分配，加快完成53条跨省重要江河流域水量分配。逐级建立用水总量控制和强度控制目标责任制，全面实施最严格水资源管理制度考核。加大节水考核力度，在缺水地区试行把节水作为约束性指标纳入政绩考核。

加快计量监控能力建设。加快国家水资源监控能力建设，对年实际取水量100万m³及以上工业取用水户、公共供水取水户、灌溉面积大于5万亩的重点中型以上灌区渠首实行在线监控。健全水资源计量体系，完善中央、流域和省域水资源管理系统三级平台建设，加强信息共享、互联互通和业务协同。实现城镇供水“一户一表”改造全覆盖，结合农田水利工程建设大力推进农业灌溉用水计量监控，加强取水、用水计量器具配备和管理，鼓励重点高耗水行业建立用水实时监测管控系统，大幅提高工业用水效率及农业灌溉、城镇用水计量率。加强重点监控用水单位监督管理，发布国家重点监控用水单位名录，初步建立重点监控用水单位管理体系和信用体系。

(五)加大宣传力度，提升公众节水意识加强节水“洁水”宣传。实施《全国水情教育规划(2015-2020年)》，构建“人人参与、人人收益”的全民水情教育体系。建设全国水情教育基地。充分利用各种公共教育资源和新闻媒体，广泛发挥民间组织与志愿者作用，鼓励和引导公众自觉参与爱水、节水、护水行动，形成有利于节约用水的生活和生产方式。

强化公众参与。依法公开水资源信息，及时发布水资源管理政策。健全听证、举报等公众参与制度，对涉及群众用水利益的发展规划和建设项目，充分听取公众意见，强化社会监督。

专栏2公众节水意识提升工程

开展“节水中国行”、“节水·在路上”、“人人节水行动”等主题宣传教育活动。建设多层级水情教育基地。建设一批水情教育网络平台、运营微信公众平台、开发推广移动APP、开发智能游戏等；撰写出版一批通俗易懂、图文并茂、形式多样的全国性水情教育指导读物；拍摄制作一批记录片、专题片、微电影、公益广告、影视剧、动画片音频等不同形式的作品。实施水情教育专题团队计划、志愿者招募培训计划、社会骨干师资培训计划等，加强水情教育智库和人才储备建设。

四、重点领域

(一)加强农业高效节水，促进农业现代化优化配置农业用水。按照“先节水、后用水，先挖潜、后扩大，先改建、后新建”的原则，进一步优化供用水结构，完善灌溉供水工程体系，提高灌溉供水保障能力。充分利用天然降水，合理配置地表水和地下水，重视利用非常规水源。在渠灌区因地制宜实行蓄水、引水、提水相结合。在井渠结合灌区实行地表水和地下水联合调度。在井灌区严格控制地下水开采。在不具备常规灌溉条件的地区，利用当地水窖、水池、塘坝等多种手段集蓄雨水，发展非常规旱作节水灌溉。

加快节水灌溉工程建设和技术推广。除有回灌补源和防护林生态保护要求的渠段以外，要对渠道进行防渗处理。在地面灌的灌区，平整土地，合理调整沟畦规格，推广抗旱坐水种和移动式软管灌溉等地面灌水技术，提高田间灌溉水利用率。在井灌区和有条件的渠灌区，大力推广高效节水灌溉。在水资源短缺、经济作物种植和农业规模化经营等地区，积极推广喷灌、微灌等高效节水灌溉。在南方水资源丰富尤其是水网地区，大力推广水稻控制灌溉技术，在节水的同时，减轻农业面源污染。

积极推广农业和生物技术节水措施。合理安排耕作和栽培制度，选育和推广优质耐旱高产品种，提高天然降水利用率。大力推广深松整地、中耕除草、镇压耙耱、覆盖保墒、增施有机肥以及合施用生物抗旱剂、土壤保水剂等技术，提高土壤吸纳和保持水分的能力。在经济作物、蔬菜、果木种植方面，配套和完善节水补灌设备，推广水肥一体化技术，促进现代节水型农业体系的建立。在干旱和易发生水土流失地区，加快推广保护性耕作技术。

实施养殖业节水。加快草原围栏、牧道、棚圈和牧区水利建设，配套发展节水高效灌溉饲草基地，研究和推广草原改良、补播技术，对有灌溉设施的人工草地实施节水灌溉。支持规模化养殖场的标准化改造和建设，实施养殖业节水工程，推进养殖污水无害化处理和适度再生利用，提高畜禽饮水、畜禽养殖场舍冲洗、粪便污水资源化等用水效率，发展节水渔业，推进工厂化循环水养殖和池塘生态循环水养殖。

积极推进农村节水工作。结合新型城镇化和新农村建设，以县级行政区域为单元，实施农村污水处理统一规划、统一建设、统一管理。推动农村节水行动，实施集中供水和污水处理工程，保障农村饮用水安全。安装计量设施，推广使用节水器具。开展宣传活动，树立节水标兵，有条件的地区鼓励开展农村再生水利用，提高水资源重复利用率。

专栏3　节水强农工程

大中型灌区节水改造。根据2011年中央一号文件的有关部署，到2020年，完成规划内434处大型灌区、2157处重点中型灌区续建配套与节水改造任务，全国大型灌区灌溉面积达到3.02亿亩，重点中型灌区灌溉面积达到1.53亿亩。

规模化高效节水灌溉项目。以西北节水增效、华北节水压采、华中节水减排等区域规模化高效节水灌溉为重点，因地制宜发展管道输水灌溉、喷灌和微灌，突出抓好粮食主产区、生态环境脆弱区、水资源开发过度区等重点地区高效节水灌溉工程建设。到2020年，基本建成与水土资源条件、现代农业发展要求相适应的节水灌溉体系。

农业环境突出问题治理节水工程。根据水利部印发《农业环境突出问题地表水过度开发和地下水超采治理专项规划》明确的目标任务，在河北、山东、河南、甘肃、新疆等5省区30个地市开展试点治理工作。2018年，通过实施高效节水改造1540万亩等措施，退减地下水超采和地表水过度开发量，有效缓解地表水挤占和地下水超采问题，有序实现耕地、河湖休养生息。

(二)加强工业节水，促进转型升级优化高耗水行业空间布局。推动火电、钢铁、造纸等高耗水行

业沿江、沿海布局，促使已有高耗水项目转移搬迁。严格控制黄淮海平原、西北地区等资源型缺水地区发展造纸工业及灌溉型造纸原料林，引导和鼓励造纸产能向水资源丰富的南方地区转移。

西北、华北等地区新建电厂应优先利用非常规水源，鼓励采用空气冷却技术。推动高耗水企业向工业园区集中，推广串联式循环用水布局。促进可利用再生水的企业与城市污水处理厂、再生水厂就近布局。推进高耗水工业结构调整。按照推进供给侧结构性改革、化解过剩产能的总体部署，依法依规淘汰高耗水行业中用水超出定额标准的产能，促进产业转型升级。严格实行用水定额管理，合理分配工业企业及项目的用水定额，并根据水资源变化和节水效果定期调整，倒逼企业提高节水能力。引导钢铁、石油和化工、电力、煤炭、造纸、纺织、食品等高耗水行业的既有产能向高效节水方向调整。

对重点工业用水户开展水平衡测试，提出节水整改优化方案，测试结果作为取水许可审批的重要参考。

加大高耗水行业节水改造力度。实施重点用水企业水效领跑者引领行动，推进水效对标达标。实行强制性节水用水措施与标准，完善国家鼓励类和淘汰类工业用水工艺、技术和设备目录，加快对钢铁等高耗水企业实施节水工艺改造。鼓励企业依靠科技进步，积极研发先进适用节水技术。大力推广高效用水工艺、高效冷却工艺、高效洗涤工艺、高效循环用水、污(废)水再生利用、高盐水资源化利用等节水工艺和技术。

专栏4高耗水行业节水改造重点项目

钢铁制定钢铁水效标准和炼铁、炼钢、轧钢等工序用水定额；开展节水优化技术改造，推动水质优化集成技术、高效循环用水集成技术、综合污水脱盐深度处理和高盐废水资源化利用集成技术、焦化酚氰废水和冷轧废水再生回用集成技术、雨水利用技术、蒸汽系统优化、水系统智能管理专家系统的应用。到2020年，重点统计钢铁企业吨钢取水量降至3.2m^3/t，水重复利用率提高到98%以上，外排废水总量下降10%。

煤炭在西部缺水矿区，鼓励推广干法选煤工艺，降低洗选用水量；改进压滤系统，提升压滤能力，提高尾煤压缩机效率；发展节水型煤化工，降低煤化工产品水单耗；继续推动矿井水综合利用，煤炭矿区及周边工业用水优先考虑采用矿井水，支持和鼓励大水矿区发展矿井水产业化利用。到2020年，矿井水综合利用率达到80%左右。

火力发电开展节水优化运行试验和技术改造，提高循环水浓缩倍率，开展雨污分流、梯级利用、分类处理、充分回用，提高火电行业水务管理水平，减少外排水量；研发推广高级氧化和膜处理耦合的污水回用技术，电絮凝及膜处理集成技术，动态水平衡优化技术，循环水高浓缩倍率运行技术，水务自动化管理系统等。到2020年，火电厂每千瓦时发电量耗水降至1千克左右，消耗水量(不含直流冷却水量)比2015年下降8%左右。

石油和化工制定合成氨、甲醇、氯碱等取水定额标准；推动企业实施“清浊分流”改造，建立多层次的废水回用系统；强化水的内部循环，有效提高循环水浓缩倍数。到2020年，万元增加值用水量比2015年降低18%，废水实现稳定达标排放，水重复利用率提高到93%以上。

纺织采用工艺用水梯级利用、冷凝水和冷却水回收利用等方式，推动生产过程中水的清污分流和分质回用；推广高效短流程前处理、低浴比染色等节水工艺；推广实施纺织废水膜法深度处理与回用、喷水织机废水处理回用等技术。到2020年，总取水量年降幅在1.8%左右，行业总取水量控制在29亿吨左右。

制浆造纸推广多段逆流洗涤封闭式洗筛系统；中高浓技术和过程智能控制化控制技术；制浆造纸术循环使用工艺系统优化技术；中段废水物化生化多级深度处理技术；纸机用水封闭循环利用及

白水回用、碱回收及蒸发站污冷凝水的分级及回用等技术等。到2020年，造纸工业吨浆、纸及纸板平均取用水量由2015年的68m³降至58m³，减少14.7%。行业总取用水量减少约8%。

食品重点加强冷凝水、清洗水的回收利用，推动工艺节水集成技术、发酵行业水质优化集成技术、清污分流技术、用水梯级利用技术。发酵行业将降温水、冷凝水、锅炉用水、生产洗涤水等进行统筹集成，分质使用；味精工业部分“废液”转化为氨基酸植物营养液，成为发展绿色有机农业的独特肥料资源。到2020年，吨产品用水降至10.2m³。

建设节水型园区。新建园区在规划布局时要统筹供排水、水处理及水梯级循环利用设施建设，实现公共设施共建共享，鼓励企业间的串联用水，分质用水、一水多用和循环利用。已有园区应将节水作为产业结构优化和循环改造的重点内容，推动企业间水资源利用，强化节水及水循环利用设施建设。建立园区节水、废水处理及资源化专业技术支撑体系。

建设节水型企业。严格实行用水定额管理，根据各地区用水总量红线，科学合理分配企业及项目的用水定额，并根据水资源变化和节水效果定期调整，对日用水量大于500m³的企业逐步开展水循环与梯级利用效率评估，确定改造任务。引导高耗水行业建立用水超定额产能淘汰制度，制定淘汰方案，分年度淘汰落后产能。对重点工业用水户开展用水审计，将审计结果作为取水许可审批的重要参考。加大节水型企业建设力度，通过整体设计、过程控制和深化管理挖掘节水潜力。

（三）加强城镇节水，提高城镇生活用水效率推进城镇供水管网改造。加快对使用年限超过50年、材质落后和受损失修的供水管网进行更新改造，减少供水管网“跑冒滴漏”和“爆管”等情况的发生，到2020年全国城市公共供水管网漏损率控制在10%以内。完善供水管网检漏制度，通过供水管网独立分区计量(DMA)和水平衡测试等方式，加强漏损控制管理，在漏损严重或缺水城市开展供水管网DMA管理示范工程。

推广节水器具使用。加大力度研发和推广应用节水型设备和器具，禁止生产、销售不符合节水标准的产品、设备。推进节水产品企业质量分类监管，以生活节水器具和农业节水设备为监管重点，逐步扩大监督范围，推进节水产品推广普及。公共建筑和新建民用建筑必须采用节水器具，限期淘汰公共建筑中不符合节水标准的水嘴、便器水箱等生活用水器具。鼓励居民家庭选用节水器具，引导居民淘汰现有不符合节水标准的生活用水器具。

加强服务业节水。合理限制高耗水服务业用水，对洗浴、洗车、高尔夫球场等行业实行特种用水价格。强制要求使用节水产品，加快节水技术改造，对非人体接触用水强制实行循环利用。缺水地区严禁盲目扩大用水景观、娱乐的水域面积。

推广建筑中水应用。开展绿色建筑行动，面积超过一定规模的 新建住房和新建公共建筑应当安装中水设施，老旧住房也应当逐步实施中水利用改造。鼓励引导居民小区中水利用，城市居住小区建筑中水主要用于冲厕、小区绿化等生活杂用；公共建筑中水主要用于冲厕。缺水地区的城镇应积极采用建筑中水回用技术。

大力推进节水型城市建设。各地要制定节水型城市建设实施方案，加大规划调控指导力度，落实各部门目标、责任和任务期限。健全城市节水法规制度体系、推进实施节水统计等城市节水工作制度和措施，建立城市节水的数字化管理平台和社会参与机制。积极开展节水型单位和居民小区创建活动。

专栏5城镇节水工程

节水器具进万家行动。建立节水型生活用水器具补贴机制，对通过节水认证、符合规定用水效

率等级的生活用水器具实行节水财政补贴，以节水型坐便器为试点，逐步扩展到淋浴器、水嘴等。

供水管网改造工程。在漏损严重的缺水城市，以分区计量和漏损管网改造为重点，形成一套可复制、可推广的漏损控制技术和管理体系，带动全国公共供水管网漏损改造，到2020年，全国城市公共供水管网漏损率降低到10%左右。

公共机构节水行动。以政府机关、学校、医院等为重点，推进节水技术改造，组织开展节水型单位和节水标杆单位创建，全部省直机关和50%以上的省属事业单位、中央国家机关所属在京公共机构建设成节水型单位。

建筑中水利用示范。以京津冀等北方缺水地区为重点，选择10个城市，实施公共建筑和居民小区2类建筑中水利用示范工程。

(四)推进非常规水源利用，构建多元用水格局

加大雨洪资源、海水、中水、矿井水、微咸水等非常规水源开发利用力度，实施再生水利用、雨洪资源利用、海水淡化工程，把非常规水源纳入区域水资源统一配置。到2020年，全国非常规水源利用量超过100亿m^3，占总供水量的比重由2015年的1.0%提高到2020年的1.6%。

促进再生水利用。以缺水及水污染严重地区城市为重点，加大污水处理力度，完善再生水利用设施，逐步提高再生水利用率。工业生产、农业灌溉、城市绿化、道路清扫、车辆冲洗、建筑施工及生态景观等领域优先使用再生水。具备使用再生水条件但未充分利用的钢铁、火电、化工、造纸、印染等高耗水项目，不得批准其新增取水许可。

推动雨水集蓄与利用。结合海绵城市建设，新建小区、城市道路、公共绿地要完善雨洪资源利用设施，增加对雨洪径流的滞蓄能力，推进雨洪资源化利用。在有条件的山丘区，大力推广雨水集蓄利用，发展集雨节灌。

大力发展海水直接利用和海水淡化。推动沿海地区的高耗水行业开展海水直接利用，支持高耗水工业项目利用海水淡化水作锅炉补给水和工艺用水，大力推进以海水直接利用和采取热电联合淡化海水的方式解决大规模工业用水水源。鼓励有条件的沿海缺水城市，将海水淡化水作为市政新增供水以及应急备用水源的来源之一。推广海水淡化在海岛地区供水保障的应用，鼓励太阳能、风能、潮汐能等非并网新能源耦合海水淡化装置建设。

加大矿井水和苦咸水利用。在大水矿区，推进富余矿井水收集，拓宽矿井水的利用途径；在缺水矿区，重点推进矿井水资源化利用。因地制宜修建矿井水利用和净化设施，把矿井水利用与矿区及周边生活、生产、生态用水有机结合。新建煤炭开采项目要尽量利用矿井水作为工业用水。推进饮用苦咸水水质改良工程，加强苦咸水淡化利用研发，建立苦咸水改良产业体系。

专栏6节水补源示范工程

开展城市污水再生利用综合示范，开展县城雨水、废污水、苦咸水等非常规水源综合利用示范，开展典型矿区矿井水资源化综合利用示范，开展海岛海水淡化应用及改造示范，实施饮水特困乡镇苦咸水淡化和雨水集蓄利用，推进渔船海水淡化利用。

五、区域布局

根据我国不同地区水资源禀赋、水资源和生态环境的压力负荷，未来区域水资源需求、节水潜力以及区域水资源调配和可持续发展对节约用水的要求，按照东北、华北、西北、西南、华中、东南六大区，分区确定节水型社会建设的重点方向和任务。

(一)东北地区：着力提高用水效率

辽宁、吉林、黑龙江3省是我国重要的原材料、装备制造业基地和粮食生产基地。区域水资源分布不均，由东南向西北递减，供水保障程度和灌溉水利用率不高。全区2015年GDP约5.78万亿元，总人口1.1亿人，城镇化率61%；2015年耕地面积4.2亿亩，灌溉面积1.4亿亩，其中节水灌溉面积约4700万亩，高效节水灌溉面积约4200万亩；2015年用水总量630亿m^3。

围绕全面振兴东北地区老工业基地和国家商品粮基地建设的要求，通过节水改造提高粮食生产能力，促进区域产业结构调整。结合资源枯竭、产业衰退地区转型发展，加快高耗水工业节水技术改造，淘汰属于《产业结构调整指导目录(2011年本)(2013年修正)》淘汰类的工艺设备和产品，促进产业转型升级。推进城市老旧供水管网改造，降低漏损；推进城镇污水处理再生利用；大力实施城镇节水改造。到“十三五”末，全区约130个县级行政区达到国家节水型社会标准要求，15个地级及以上缺水城市达到国家节水型城市标准要求。推进规模化节水增粮，中西部地区合理发展滴灌喷灌，积极采用深松整地、抗旱坐水种等措施，具备规模化耕作条件的地区集中连片发展高效节水灌溉。东部三江平原等地区加大水田节水改造力度，减少地下水开采。到2020年，全区新增高效节水灌溉面积约1100万亩。

(二)华北地区：以结构调整促节水

北京、天津、河北、山西、山东、河南6省市是我国政治文化中心和小麦主产区。区域水资源严重紧缺，许多地区水资源开发利用过度，已成为制约经济社会发展的主要因素。全区2015年GDP约18.21万亿元，总人口3.4亿人，城镇化率56%；耕地面积4.0亿亩，灌溉面积2.7亿亩，其中节水灌溉面积约1.4亿亩，高效节水灌溉面积约10700万亩；2015年用水总量760亿m^3。

围绕京津冀协同发展和中原经济区、山东半岛、太原城市群等发展要求，优化供用水结构，大力推进节水型社会建设，严格控制灌溉规模，降低水资源消耗总量和强度。压减钢铁等行业过剩产能，优化产业布局和结构，发展循环经济，推进清洁生产。推进城镇节水改造，加大污水再生利用、雨水集蓄、海水淡化、矿井水等非常规水源利用力度。到“十三五”末，全区约270个县级行政区达到国家节水型社会标准要求，52个地级及以上缺水城市达到国家节水型城市标准要求，缺水城市再生水利用率达到30%以上，区域非常规水源利用量达到25亿m^3，占比由7.4%提高到8.4%。大力推进华北节水压采，以京津冀地区为重点，发展高效节水、实施水源置换、调整种植结构、适度压减灌溉面积，逐步退减地下水超采量和挤占河湖生态用水。到2020年，全区新增高效节水灌溉面积约2980万亩，压减灌溉面积约450多万亩。

(三)西北地区：以水定发展

内蒙古、陕西、甘肃、青海、宁夏、新疆6省区是我国重要的能源基地和生态屏障区。区域水资源短缺，生态环境十分脆弱，水资源利用效率和效益低，生产与生态环境用水矛盾尖锐。全区2015年GDP约5.73万亿元，总人口1.3亿人，城镇化率52%；耕地面积3.9亿亩，灌溉面积1.9亿亩，其中节水灌溉面积约1.1亿亩，高效节水灌溉面积约7000万亩，2015年用水总量1070亿m^3。围绕“丝绸之路经济带”及重要经济区、能源基地等发展要求，以区域水资源承载能力为控制，加强水资源节约集约利用，保障生态基本用水需求，促进资源环境逐步休养生息。严控高耗水行业发展，提高能源化工等重点行业用水效率准入门槛，新建项目或转移产能必须配套先进节水工艺和设备；在重点行业推广空冷、一水多用等节水技术改造，发展循环经济。积极推进城镇节水改造，到“十三五”末，全区约200个县级行政区达到国家节水型社会标准要求，26个地级及以上缺水城市达到国家节水型城市标准要求。加快实施饮用苦咸水水质改良工程，改善苦咸水地区人民的生活质

量。根据水资源承载能力合理确定水土开发和灌溉发展规模，限制和压缩高耗水作物种植面积。推进西北节水增效改造，加快骨干渠道防渗改造，因地制宜推广管灌、滴灌、喷灌，内陆河区、传统井灌区优先发展微灌。在草原牧区合理发展高效节水灌溉饲草料地。到2020年，全区新增高效节水灌溉面积约3570万亩，压减灌溉面积约1200万亩。

(四)西南地区：促进人水和谐

广西、重庆、四川、贵州、云南、西藏6省区经济社会发展相对滞后。区域水资源丰沛，水资源开发利用率、耕地灌溉率较低，水土资源开发利用潜力较大。全区2015年GDP约8.77万亿元，总人口2.5亿人，城镇化率47%；耕地面积3.7亿亩，灌溉面积1.3亿亩，其中节水灌溉面积约5700万亩，高效节水灌溉面积约930万亩；2015年用水总量922亿m3。围绕构建西南生态安全屏障和成渝、滇中、黔中等重要经济区发展要求，加快水利基础设施建设，通过节水促进产业发展水平提升，带动特色农业规模化发展，实现节水脱贫。加快淘汰落后高耗水工艺、设备和产品，推进高耗水行业节水技术改造，提升产业发展水平，加强重点行业取水定额管理，提高工业用水重复利用率，严格控制污染物排放量。积极支持城镇节水改造，到“十三五”末，全区约130个县级行政区达到国家节水型社会标准要求，5个地级及以上缺水城市达到国家节水型城市标准要求。重点改造已有灌区，完善灌排设施，扩大灌溉面积，提高耕地灌溉率。加强节水灌溉、“五小水利”工程建设，重点支持贫困地区基本口粮田、特色 林果业规模化发展，提高农业综合生产能力。到2020年，全区新增高效节水灌溉面积约1325万亩；其中，贫困地区新增和改善灌溉面积近2200万亩，新增高效节水灌溉面积约460万亩。

(五)华中地区：促进节水减排

安徽、江西、湖北、湖南4省区域河湖众多、水网密布，水资源相对丰富，灌排设施基础较好，但降水时空分配不均，灌溉水利用率不高，水污染问题突出，且未来水资源需求增长较快。全区2015年GDP约9.72万亿元，总人口2.3亿人，城镇化率52%；耕地面积2.8亿亩，灌溉面积1.9亿亩，其中节水灌溉面积约3200万亩，高效节水灌溉面积近900万亩；2015年用水总量1166亿m^3。

围绕长江经济带建设及武汉城市圈、长株潭城市群、皖江城市带和鄱阳湖生态经济区等发展要求，以节水促减排，加强污染治理，减少污染物入河量，修复水生态环境。充分发挥沿长江地区产业发展潜力，推动产业结构升级，大力发展循环经济，全面推行清洁生产，提升工业用水循环利用水平，从源头减少用水量和污染物排放量。加快实施城镇节水改造，到“十三五”末，全区约100个县级行政区达到国家节水型社会标准要求，8个地级及以上缺水城市达到国家节水型城市标准要求。加大现有灌区续建配套与节水改造力度，大力推进水稻灌区综合节水技术，因地制宜发展管道输水灌溉。推广水稻控制灌溉与田间水肥高效利用技术，减少灌溉排水，强化农业面源污染的源头控制。在水土适宜地区适度扩大灌溉面积。到2020年，全区新增高效节水灌溉面积约560万亩。

(六)东南沿海地区：节水治污并重

上海、江苏、浙江、福建、广东、海南6省市是我国改革开放和现代化建设的先行地区。区域水资源丰沛，水土资源总体较为匹配，但水污染问题突出，部分地区未来用水增长空间有限。全区2015年GDP约24.06万亿元，总人口3.2亿人，城镇化率68%；耕地面积1.7亿亩，灌溉面积1.5亿亩，其中节水灌溉面积约6800万亩，高效节水灌溉面积约1400万亩；2015年用水总量1555亿m^3。

围绕“海上丝绸之路”及长三角、珠三角等相关发展要求，强化节水，促进产业升级换代，积极推进海水淡化利用。加强高耗水行业节水改造，推进火电、核电直流冷却水循环改造。积极推行城镇节水改造，到“十三五”末，全区约100个县级行政区达到国家节水型社会标准要求，23个地级及以上缺水城市达到国家节水型城市标准要求。重点改造已有灌区，因地制宜推广渠道衬砌技术，适度发展管道输水技术。丘陵山区加强坡耕地改造，充分利用小型水源工程进行灌溉。结合水资源承载能力和城镇化布局，合理调整灌溉面积。到2020年，全区新增高效节水灌溉面积约465万亩。

六、组织实施

(一)健全部门协作机制

建立健全各级节约用水相关部门协作工作机制，按职责分工落实目标责任，完善工作规程，统筹和协调解决节水工作中的重大问题。

(二)建立评估考核机制

加强规划实施的督查及跟踪评估，引入第三方评估机制，根据评估结果对实施责任主体进行考核，确保各项措施落到实处。

(三)完善节水奖励机制

建立完善节水财税奖励机制，对节水型社会建设过程中的先进典型予以奖励。健全节水器具财政补贴政策，完善节水税收金融优惠政策。

(四)建立多元投入机制

建立节水投入稳定增长机制，加大社会投资引导力度，积极引进民营资本投资节水领域，大力推广合同节水、公私合营等模式，研究建立节水奖励基金，逐步形成多元化的投入机制。

(五)健全公众参与机制

建立公开透明的参与机制，保证公众广泛参与各项节水工作的管理和监督。鼓励曝光浪费水资源、破坏节水设施、污染水环境等不良行为。加强节水培训，普及节水知识，提升公众参与能力。

全国农村沼气发展“十三五”规划

(国家发展改革委、农业部2017年1月25日印发)

前言

“十二五”期间，农村沼气快速发展，在改善农村生活条件，促进农业发展方式转变，推进农业农村节能减排及保护生态环境等方面，发挥了重要作用。当前，农村沼气事业发展的外部环境发生了巨大变化，特别是农业生产方式、农村居住方式、农民用能方式的新转变，对农村沼气事业发展提出了新任务和新要求。

习近平总书记在中央财经领导小组第十四次会议上指出，以沼气和生物天然气为主要处理方向，以就地就近用于农村能源和农用有机肥为主要使用方向，力争在“十三五”时期，基本解决大规模畜禽养殖场粪污处理和资源化问题。遵照中央部署和习近平总书记的重要指示精神，发展改革委和农业部会同有关部门、地方主管部门，在大量调查研究和反复论证的基础上，编制了《全国农村沼气发展“十三五”规划》（以下简称《规划》）。《规划》在分析农村沼气发展成就、机遇与挑战、资源潜力等基础上，明确了“十三五”农村沼气发展的指导思想、基本原则、目标任务，规

划了发展布局和重大工程，提出了政策措施和组织实施要求。

《规划》与《中华人民共和国国民经济和社会发展第十三个五年规划纲要》《中共中央国务院关于加快推进生态文明建设的意见》

《全国农业可持续发展规划（2015－2030年）》《全国农业现代化规划（2016－2020年）》《全国农村经济发展“十三五”规划》《可再生能源发展“十三五”规划》等作了衔接。

本规划是“十三五”时期全国农村沼气发展的指导性文件。

一、“十二五”农村沼气发展成就

党中央、国务院始终高度重视发展农村沼气事业，自2004年起，每年中央一号文件都对发展农村沼气提出明确要求。“十二五”期间，国家发展改革委会同农业部累计安排中央预算内投资142亿元用于农村沼气建设，并不断优化投资结构。根据农村沼气发展面临的新形势，2015年调整中央投资方向，重点用于支持规模化大型沼气工程和生物天然气工程试点项目建设，农村沼气迈出了转型升级的新步伐。

（一）增强了能源安全保障能力

农村沼气历史性的解决2亿多人口炊事用能质量提升问题，促进了农村家庭用能清洁化、便捷化。规模化沼气工程在为周边农户供气的同时，也满足了养殖场内部的用气、用热、用电等清洁用能需求。规模化大型沼气工程尤其是生物天然气工程所产沼气用于发电上网或提纯后并入天然气管网、车用燃气、工商企业用气，实现了高值高效利用。到2015年，全国沼气年生产能力达到158亿立方米，约为全国天然气消费量的5%，每年可替代化石能源约1100万吨标准煤，对优化国家能源结构、增强国家能源安全保障能力发挥了积极作用。

（二）推动了农业发展方式转变

农村沼气上联养殖业，下促种植业，是促进生态循环农业发展的重要举措，不仅有效防止和减轻了畜禽粪便排放和化肥农药过量施用造成的面源污染，而且对提高农产品质量安全水平，促进绿色和有机农产品生产，实现农业节本增效，转变农业发展方式发挥了重要作用。据测算，农村沼气年可生产沼肥7100万吨，按氮素折算可减施310万吨化肥，每年可为农民增收节支近500亿元。

（三）促进了农村生态文明发展

农村沼气实现了畜禽养殖粪便、秸秆、有机垃圾等农业农村有机废弃物的无害化处理、资源化利用，缓解了困扰农村环境的“脏乱差”问题。沼气利用不增加大气中二氧化碳排放，具有显著的温室气体减排效应。农户建设农村沼气配套改厨、改厕、改圈，改善了家庭卫生条件。规模化大型沼气工程和规模化生物天然气工程，大幅提升了畜禽粪便、农作物秸秆等农业废弃物集中处理水平和清洁燃气集中供应能力，适应了新时代广大农民对美丽宜居乡村建设的新要求。目前，全国农村沼气年处理畜禽养殖粪便、秸秆、有机生活垃圾近20亿吨，年减排二氧化碳6300多万吨，对实现农村家园、田园、水源清洁，建设美丽宜居乡村、发展农村生态文明起到了积极作用。

（四）转型升级取得了积极成效

2015年农村沼气转型升级以来，中央重点支持建设日产1万立方米以上的规模化生物天然气工程试点项目与厌氧消化装置总体容积500立方米以上的规模化大型沼气工程项目，着重在创新建设组织方式、发挥规模效益、利用先进技术、建立有效运转模式等方面进行试点，实现了四个转变，由主要发展户用沼气向规模化沼气转变，由功能单一向功能多元化转变，由单个环节项目建设向全产业链一体化统筹推进转变，由政府出资为主向政府与社会资本合作转变。一批规模化沼气工程和生物天然气工程，在集中供气、发电上网以及城镇燃气供应等方面取得了积极成效，正在不断探索有价值、可复制、可推广的实践经验。

专栏1 农村沼气发展成就

2003-2015年，在中央投资带动下，经过各地共同努力，农村沼气发展进入了大发展、快发展的新阶段。截至2015年底，全国户用沼气达到4193.3万户，受益人口达2亿人；由中央和地方投资支持建成各类型沼气工程达到110975处，其中，中小型沼气工程103898处，大型沼气工程6737处，特大型沼气工程34处，工业废弃物沼气工程306处。以秸秆为主要原料的沼气工程有458处，以畜禽粪污为主要原料的沼气工程有110517处。全国农村沼气工程总池容达到1892.58万立方米，年产沼气22.25亿立方米，供气户数达到209.18万户。

2015年，中央安排预算内投资20亿元，重点支持建设了25个规模化生物天然气工程试点项目与386个规模化大型沼气工程项目，其中，25个生物天然气项目和3个特大型沼气工程日处理14888.2吨畜禽粪便（含部分冲洗水）、1411.1吨秸秆、620吨能源草、512.7吨酒糟、40吨餐厨垃圾，22.6吨果蔬或其他有机废弃物，可生产沼气102.66万立方米，提纯后生物天然气55.713万立方米，主要用作车用燃料、居民、工业用气，农村沼气转型升级工作取得较为显著成效。

据统计，在同时具备果园、菜园、茶园和畜禽养殖优势的350个（次）大县（以下简称“双优县”）中，共有大、中、小型沼气工程25688处，池容约为658万立方米，部分覆盖了果树、蔬菜和茶叶优势区域，为果（菜、茶）沼畜种养循环发展奠定了很好的基础。长期以来，各地在沼气工程建设中，将果树、蔬菜、茶叶种植与沼渣沼液消纳利用结合在一起，在种养循环方面积累了许多成功经验和做法。

全国乡村服务网点达到11.07万个、县（区）级服务站达到1140处，服务沼气用户3257.62万户，覆盖率达到74.3%，服务体系不断完善，服务能力显著提升；以沼气设计、沼气施工、沼气服务、沼气装备和“三沼”综合利用为主要内容的服务体系初步建立。

二、“十三五”农村沼气发展机遇与挑战

在充分肯定农村沼气发展取得巨大成就的同时，也要清楚地看到，农村沼气的定位、工作思路和发展模式始于2003年的沼气建设政策体系框架，长期的实践积累了丰富的经验，同时也有不少教训。“十三五”时期是农业发展方式的加快转变期，农业现代化的快速发展期，新型城镇化建设的加速推进期，农村沼气发展面临的形势和环境将持续发生重要变化，对农村沼气事业提出了新的更高的要求。

（一）发展机遇

1、生态文明建设对农村沼气事业发展提出了新任务

生态文明建设已纳入到“五位一体”国家总体战略布局，农村生态文明建设的任务也更加重要，农村生态环境向清洁化转变的要求也更加迫切。随着农业集约化程度提高和规模化种养业的快速发展，畜禽粪便随意堆弃、秸秆就地废弃焚烧等问题越来越突出，对大气、土壤和水等生产生活环境造成破坏，导致农业面源污染日趋严重。据测算，全国每年产生农作物秸秆10.4亿吨，可收集资源量约9亿吨，尚有1.8亿吨的秸秆未得到有效利用，多数被田间就地焚烧；规模化畜禽养殖场每年产生畜禽粪污20.5亿吨，仍有56%未得到有效利用。农业发展不仅要杜绝生态环境欠新账，而且要逐步还旧账，要打好农业面源污染治理攻坚战，力争到2020年农业面源污染加剧的趋势得到

有效遏制，实现“一控两减三基本”的目标任务。据测算，建设1处5000立方米池容的规模化大型沼气工程，每年可消纳3万吨粪便或0.6万吨干秸秆，可减少COD排放1500吨或颗粒物排放90吨。因此，发展农村沼气，能够有效处理农业农村废弃物、减少温室气体排放和雾霾产生、改善农村环境“脏、乱、差”状况等，留住绿水青山。

2、农业供给侧改革对农村沼气事业发展提出了新要求

农业供给侧结构性改革的关键是“提质增效转方式、稳粮增收可持续”。为市场提供更多优质安全的“米袋子”“菜篮子”“果盘子”和“茶盒子”等农产品，是农业供给侧结构性改革的重要任务。目前全国大田作物播种面积24.82亿亩，亩均化肥施用量21.9千克，远高于世界平均水平（每亩8千克），是美国的2.6倍，欧盟的2.5倍。果树亩均化肥用量73.4千克，是美国的6倍、欧盟的7倍；蔬菜亩均化肥用量46.7千克，比美国高29.7千克、比欧盟高31.4千克。化肥的过量使用，增加了生产成本，在一些地区导致了土壤板结、地力下降、土壤和水体污染等问题。沼肥富含氮磷钾、微量元素、氨基酸等，可以替代或部分替代大田作物和果（菜、茶）园化肥施用，能够显著改善产地生态环境，生产包括大田作物、水果蔬菜茶叶在内的优质农产品，提升产品品质，有效满足人们对优质农产品日益增长的旺盛需求。据测算，建设1处日产500立方米沼气的规模化沼气工程，每年可生产沼肥1000吨，按氮素折算可减施43吨化肥，沼液作为生物农药长期施用可减施化学农药20%以上。因此，发展农村沼气能够实现化肥、农药减量，推动优质绿色农产品生产，保障食品安全。

专栏2 果（菜、茶）园发展现状

2015年，全国果（菜、茶）园种植面积达5.27亿亩，其中，果园种植面积达1.89亿亩，形成了柑橘、苹果、梨等优势水果产业带；蔬菜种植面积达3亿亩，包括设施蔬菜0.5亿亩，已经形成了华南西南热区、长江中下游、云贵高原、黄土高原、高纬度地区、黄淮海地区等六大优势产区；茶园种植面积0.38亿亩，形成了西南、华南、江南和江北等四大茶叶主产区。据统计，全国果（菜、茶）园种植优势县有1039个，拥有总面积2.32亿亩。

据测算，全国果树亩均化肥施用量达73.4千克，蔬菜亩均化肥施用量达46.7千克，茶叶亩均化肥施用量达30千克。目前，全国果（菜、茶）园化肥年施用量达2900万吨，约占全国化肥施用量的50%。果（菜、茶）园化肥减施潜力巨大。

3、国家能源革命对农村沼气事业发展注入了新动力

我国能源生产供应结构不合理、总体缺口较大。2015年，全国能源消费总量43亿吨标准煤，其中煤炭消费量占比为64%，比重过高；天然气净进口量621亿立方米，对外依存度32.1%。能源生产和消费要立足国内多元供应保安全，形成煤、油、气、核、新能源、可再生能源多轮驱动的能源供应体系。我国在G20峰会和巴黎峰会做出承诺，到2030年非化石能源占一次能源消费比重提高到20%左右。据测算，建设1处日产1万立方米的生物天然气工程，年可产生物天然气365万立方米，可替代4343吨标准煤。据统计，全国每年可用于沼气生产的农业废弃物资源总量约14.04亿吨，可产生物天然气736亿立方米，可替代约8760万吨标准煤。因此，发展农村沼气，可降低煤炭消费比重、填补天然气缺口，进一步优化能源供应结构。

4、新型城镇化建设对农村沼气事业发展提供了新契机

《国家新型城镇化规划（2014-2020年）》的发布开启了积极稳妥、扎实有序推进城镇化建设的新时期，规划到2020年，全国常住人口城镇化率达到60%左右，实现1亿左右农业转移人口和其他常住人口在城镇落户。据国务院发展研究中心研究表明，城镇化率每提高1个百分点，能源消费至少会增长6000万吨以上标准煤。同时，国家鼓励农村人口在中小城市和小城镇就近就地城镇化，这些地区民用燃气短缺、管网铺设投资和输送成本过高，现有的城镇燃气供应体系难以覆盖新型城镇化区域。据测算，每户每年炊事热水平均用天然气284立方米，要实现1亿农业人口转移年需增加沼气118亿立方米沼气。加之，城镇及农村地区经济水平不断提高，对优质清洁便利能源的需求显著增加，也对居住环境提出了更高要求。因此，发展农村沼气，生产供应清洁能源，能够实现新型城镇集中供气供热，满足炊事采暖用能需求。

（二）面临挑战

1、农村沼气的发展方式亟待转型升级

近年来，随着种养业的规模化发展、城镇化步伐的加快、农村生活用能的日益多元化和便捷化、农民对生态环保的要求更加迫切，农村沼气建设与发展的外部环境发生了很大变化。农村户用沼气使用率普遍下降，农民需求意愿越来越小，废弃现象日益突出；中小型沼气工程整体运行不佳，多数亏损，长期可持续运营能力较低，存在许多闲置现象。此外，现有的沼气工程还面临着原料保障难和储运成本过高、大量沼液难以消纳、工程科技含量不高、沼气工程终端产品商品化开发不足等瓶颈，一些工程甚至存在沼气排空和沼液二次污染等严重问题。因此，农村沼气亟待向规模发展、综合利用、效益拉动、科技支撑的方向转型升级。

2015年开始的农村沼气转型升级，在这方面进行了有益的尝试。

2、农村沼气发展的扶持政策亟待完善

农村沼气承担着农村废弃物的处理、农村清洁能源供应、农村生态环境保护等多重社会公益职能，国家应不断健全沼气政策支持体系，加大支持力度。长期以来，国家支持主要体现在前端的投资补助，方式单一，且存在较大的资金缺口，政府和社会资本合作机制尚未有效建立，社会资金投入沼气工程建设运营不足，政府投资放大效应发挥不够。农村沼气持续发展的支持政策还不够系统，农业废弃物处理收费、终端产品补贴、沼气产品保障收购以及流通等环节的政策还有所缺失。沼气转型升级发展以来，大型沼气工程和生物天然气工程建设对用地、用电、信贷等方面的政策需求也在迅速增加。此外，沼气标准体系建设还不够完善，沼气项目建设手续不够清晰，各地执行标准不同，给项目建设、施工、运营和监管带来困难。

3、农村沼气的体制性和制度性障碍亟需破除

沼气可通过开展高值高效利用实现商品化、产业化开发，但在沼气发电上网和和生物天然气并入城镇天然气管网等方面还存在许多歧视和障碍。目前全国地级以上城市和绝大部分县城的燃气特许经营权已经授出，存在生物天然气无法在当地销售或被取得特许经营权的企业对生物天然气压制价格现象。国家出台的《中华人民共和国可再生能源法》《畜禽规模养殖污染防治条例》等法律法规及《关于完善农林生物质发电价格政策的通知》《可再生能源电价附加收入调配暂行办法》等相关政策在沼气领域难以落地，有的电网公司以各种理由阻碍沼气发电上网，沼气发电上网后也无法享受农林生物质电价。这些问题造成了沼气和生物天然气的市场竞争能力不强，制约了农村沼气的发展。

4、农村沼气的科技支撑和监管能力亟需强化

长期以来，中央和地方对沼气技术、适用产品和装备设备的研发投入有限，科研单位和企业缺乏技术创新的动力与积极性，尚未形成与产业紧密结合的产学研推用技术支撑体系。与沼气技术先进的国家相比，我国规模化沼气工程池容产气率和自动化水平有待提高，新技术、新材料的标准和规范急需建立。农村沼气管理体系仍存在注重项目投资建设、忽视行业监管的问题，一些地方在政府与市场之间、政府部门之间还存在边界不清、职能交叉、缺乏统筹等问题。沼气服务体系尽管已基本实现了全覆盖，但服务对象主要是户用沼气和中小型沼气工程，也未建立有效的服务机制和运营模式，服务人员不稳定、服务范围小、服务内容单一、技术水平偏低等问题致使现有沼气服务体系难以维系。

（三）资源潜力

目前，全国可用于沼气的农业废弃物资源潜力巨大。农村沼气原料主要包括农作物秸秆、畜禽粪便、农产品加工剩余物、蔬菜剩余物、农村有机生活垃圾等。据测算，可用于沼气生产的废弃物资源总量约14.04亿吨，其中，秸秆可利用资源量超过1亿吨、畜禽粪便可利用资源量超过10亿吨、其他有机废弃物可利用量超过1亿吨，沼气生产潜力约为1227亿立方米。随着经济社会发展、生态文明建设和农业现代化推进，沼气生产潜力还将进一步增大。其中：

农作物秸秆。主要包括玉米、水稻、小麦、豆类、薯类等作物秸秆，2015年作物秸秆的理论资源量为10.4亿吨，可收集资源量约9亿吨，主要分布在华北平原、长江中下游平原、东北平原等13个粮食主产省（自治区）。作为肥料、饲料、食用菌基料以及造纸等用途共计约7.2亿吨，可供沼气生产利用的秸秆资源量约1.8亿吨，沼气生产潜力约为500亿立方米。

畜禽粪便。主要包括奶牛、肉牛、生猪、肉鸡、蛋鸡等畜禽的粪便。2015年，全国现有猪、牛、鸡三大类畜禽粪便资源量为19亿吨。目前，粪便堆肥化处理量约为8.4亿吨，可供沼气生产利用的畜禽粪便资源量约10.6亿吨，沼气生产潜力约为640亿立方米。

其他有机废弃物。主要包括农产品加工副产物、蔬菜尾菜、农村有机生活垃圾等。2015年，全国粮食加工副产物（米糠、稻壳、玉米芯、糟类）总量约2.1亿吨，可供沼气生产利用的资源量约0.2亿吨；全国果蔬加工废弃物总量约2.6亿吨，可供沼气生产利用的资源量约1.14亿吨；全国农村有机生活垃圾总量约0.8亿吨，可供沼气生产利用的资源量为0.3亿吨。其他有机废弃物可利用量共1.64亿吨，沼气生产潜力约为87亿立方米。

三、总体要求

（一）指导思想

深入贯彻落实“创新、协调、绿色、开放、共享”理念，适应农业生产方式、农村居住方式和农民用能方式的新变化，坚持清洁能源供给、生态环境保护和循环农业发展的三重复合定位，按照种养结合、生态循环、绿色发展的要求，强化政策创新、科技创新和管理创新，加快规模化生物天然气和规模化大型沼气工程建设，大力推动果（菜、茶）沼畜种养循环发展，巩固户用沼气和中小型沼气工程建设成果，促进沼气沼肥的高值高效综合利用，实现规模效益兼顾、沼气沼肥并重、建设监管结合，开创农村沼气事业健康发展的新局面，为建设农村生态文明、转变农业发展方式、优化国家能源结构、改善农村人居环境作出更大的贡献。

（二）基本原则

1、统筹谋划，多元发展

针对各地资源状况和环境承载力情况，统筹谋划，优化农村沼气发展结构和建设布局。鼓励各地建设不同规模和类型的沼气项目，因地制宜发展以生物天然气为主、以沼肥利用为主、以农业农村废弃物处理为主、以用气为主和果（菜、茶）沼畜循环等多种形式和特点的沼气模式，鼓励各地发展沼气沼肥产品多元化利用模式，推动农村沼气转型升级。

2、气肥并重，综合利用

统筹考虑农村沼气的能源、生态效益，兼顾沼气沼肥的经济社会价值。适应市场需求及建设农村清洁能源生产供应体系的需要，积极开拓沼气在城乡居民集中供气、并网发电、车用燃气、工业原料等领域的应用。突出农村沼气供肥功能，以沼气工程为纽带，以沼肥高效利用为抓手，将农作物种植与畜牧养殖有机联结起来，推进种养循环发展。

3、政府支持，市场运作

政府通过健全法规、政策引导、组织协调、投资补助和终端补贴等方式引领农村沼气发展方向，为农村沼气发展创造良好的环境。充分发挥市场机制作用，积极引导社会资本投入农村沼气建设和运营，大力推进沼气工程的企业化主体、专业化管理、产业化发展、市场化运营，不断提高经济效益和可持续发展能力，形成政府、企业、种养大户、终端用户等市场主体共建多赢新格局。

4、科技支撑，机制创新

加强农村沼气科研平台建设，强化科研院所、大专院校和龙头企业密切合作，建设产学研推用一体化沼气技术创新与推广体系。中央与地方联动，发挥地方政府作用，建立种植、养殖业主与农村沼气经营主体等各方利益共享、成本分担的联接机制。统筹推进融资方式、运营模式、监管机制创新。

（三）发展目标

农村沼气转型升级取得重大进展，产业体系基本完善，多元协调发展的格局基本形成，以沼气工程为纽带的种养循环发展模式更加普及，科技支撑与行业监管能力显著提升，服务体系与政策体系更加健全。农村沼气在处理农业废弃物、改善农村环境、供给清洁能源、助推循环农业发展和新农村建设等方面的作用更加突出。

——沼气规模化水平显著提高。新建规模化生物天然气工程172个、规模化大型沼气工程3150个，认定果（菜、茶）沼畜循环农业基地1000个，供气供肥协调发展新格局基本形成。

——户用沼气和中小型沼气工程功能得到巩固和提高。户用沼气和中小型沼气工程的建设成果得到巩固，相关工程得到修复，安全隐患得到消除，功能效益得到优化提升。在“老少边穷”且农户还有散养习惯的地区因地制宜建设户用沼气，在中小型养殖场密布地区有序发展中小型沼气工程。

——“三沼”产品高值高效综合利用水平大幅提升。沼气供气、供暖、发电、提纯生物天然气等多元化利用渠道畅通，效益明显提升；沼渣沼液有机肥、基质、生物农药等多元化功能进一步拓展。新增池容2277万立方米，新增沼气生产能力49亿立方米，达到207亿立方米；新增沼肥2651万吨，按氮素折算替代化肥114万吨。

——生态与社会效益更加显著。农村沼气年新增秸秆处理能力864万吨、畜禽粪便处理能力7183万吨，替代化石能源349万吨标准煤，二氧化碳减排1762万吨，COD减排372万吨，农村地区沼气消费受益人口达2.3亿人以上。沼气和生物天然气作为畜禽粪便等农业废弃物主要处理方向的作用更加突出，基本解决大规模畜禽养殖场粪污处理和资源化利用问题。

专栏3 全国农村沼气“十三五”发展目标

序号	指标		单位	现状值（2015）	目标值（2020）	增速［累计增量］
1	规 模	规模化生物天然气工程	处	25	197	［172］
2		规模化大型沼气工程	处	6972	10122	［3150］
3		中小型沼气工程	处	103476	128976	［25500］
4		户用沼气	万户	4193	4304	［111］
5	能 力	沼气总产量	亿立方米	158	207	5.60%
6		沼肥产量	万吨	7100	9751	7.50%
7	农业生态环境	农业废弃物处理能力	万吨/年	200000	208047	［8047］
8		减排二氧化碳	万吨/年	2860	4622	［1762］
9		减排COD	万吨/年	1209	1581	［372］

四、重点任务

（一）优化农村沼气发展结构

按照全产业链总体设计、统筹谋划，建立从原料保障、厌氧发酵、沼气沼肥利用、运营监管以及社会化服务的一体化体系，培育沼气工程终端产品多元化利用市场，建立新型商业化运营模式，推动规模化生物天然气工程和规模化大型沼气工程加快建设。考虑原料来源、运输半径、资金实力、产品销路等因素，配套建设原料基地，推广中高温高浓度混合原料发酵工艺以及沼气提纯等先进技术。结合果（菜、茶）园用肥需求和布局，发展“‘三园’+沼气工程+畜禽养殖”的模式，认定一批果（菜、茶）沼畜循环农业基地，推动发展生态循环农业。继续巩固户用沼气和中小型沼气工程在农村生产和生活中的重要作用，制定农村户用沼气报废标准，优化改造老旧病池，填平补齐生活污水净化沼气池、沼渣沼液综合利用设施，积极促进沼气建设与生态农业发展有机结合，提升沼气综合功能。

（二）提升三沼产品利用水平

推进沼气高值化利用。大力发展生物天然气并入天然气管网、罐装和作为车用燃料，沼气发电并网或企业自用，稳步发展农村集中供气或分布式撬装供气工程，促进沼气和生物天然气更多用于农村清洁取暖，提高沼气利用效率。

推动沼肥高效利用。将沼渣沼液加工作为规模化生物天然气工程和规模化大型沼气工程项目不可缺少的建设内容，同步实施，同时投产。大力开展沼渣沼液生产加工有机肥、基质、生物农药等多功能利用，试点推广植物营养液、生物活性制剂等高端产品，推广以农村有机生活垃圾作为沼气原料生产沼肥，提高沼气项目综合效益。

推广“‘三园’+沼气工程+畜禽养殖”循环模式。在果（菜、茶）园优势区，开展沼气工程配备沼肥生产设备，配套沼肥暂存调配设施以及园区储肥施肥设施设备、沼肥运输和施用机具、沼液田间水肥一体化灌溉设施建设，使沼气工程有效联接畜禽养殖和高效种植，实现沼肥充分高效利用，保障优质农产品生产。

（三）提高科技创新支撑水平

以促进沼气技术成果转化为主攻方向，依托优势科研团队建设沼气科研创新平台和重点实验室，完善实验室基础设施，购置先进实验仪器设备，建设中试基地。深化科研院所、大专院校和龙头企业之间的合作，加强农村沼气产、学、研技术体系建设，建设一批沼气科研创新团队，集中优势科研资源研发沼气新工艺、新材料、新设备，开展秸秆预处理、稳产高产发酵工艺、多能互补增温保温、沼气提纯罐装、沼肥高效施用等关键环节的技术攻关。结合云计算、大数据、物联网和“互联网+”等新一代信息技术和互联网发展模式，建设覆盖全国的信息化沼气科技服务平台，促进沼气科技成果转化为现实生产力，提高沼气行业科技水平。

（四）加强服务保障能力建设

在户用沼气和沼气工程集中的地区，稳步开展农村沼气服务体系提档升级，优化整合农村沼气服务网点，形成功能齐全、设施完备、技术先进的新型服务网络。创新政府购买公益性服务、市场主体提供经营性服务的运营机制，培育壮大社会化服务队伍，鼓励社会资本进入沼气沼肥的销售、流通、售后服务等环节。

依托科研院所和大专院校的技术力量，大力开展从业人员技能培训，重点推动沼气工程设计、施工标准化，提高沼气人才队伍的专业化和职业化水平。大力培育农村沼气事业新型社会化服务主体和沼气中介服务组织，培育一批沼气行业的骨干企业。

着力提高行业监管能力。加快农村沼气监管由建设项目管理向行业监督管理转变，建立农村沼气产业发展和市场监管系统；建立农村沼气工程、产品检测和评估体系，建设可测量、可识别、可核查、可追溯的信息化监控平台，建设全国沼气远程在线监测系统，对沼气工程实行全周期动态监管。加强沼气生产过程安全管理，加大对沼气易燃易爆等危险特性的宣传和教育力度，认真辨识生产过程的安全风险并落实管控措施，严格动火、进入受限空间等特殊作业管理，提高沼气工程生产安全水平。

五、重大工程

（一）规模化生物天然气工程

功能定位。在天然气市场需求量大和农业废弃物资源量集中的地区，发展以畜禽粪便、秸秆和农产品加工有机废弃物等为原料的规模化生物天然气工程，生产的沼气进行提纯净化，生产的生物天然气通过车用燃气、压缩天然气及并入天然气管网等方式利用，沼渣沼液加工生产高效有机肥及其他高值化产品。

建设规模与内容。单项工程建设规模日产生物天然气1万立方米以上。主要建设内容包括：（1）原料仓储和预处理系统。建设秸秆原料的仓储和预处理设施，建立畜禽粪污输送管道等设施设备或配备运输车。（2）厌氧消化系统。包括进出料、厌氧发酵、增温保温和搅拌等设施设备。（3）沼气利用系统。包括脱硫脱水等净化设备、燃气提纯装备、气柜和管网等储存输配系统以及防雷、防爆、防火等安全防护设施。（4）沼肥利用系统。包括沼渣、沼液存贮设施，沼肥有机肥生产加工设施设备。（5）智能监控系统。包括在线计量和远程监控智能平台。

（二）规模化大型沼气工程

功能定位。在农户居住区较集中、秸秆资源或畜禽粪便较丰富的地区，以自然村、镇或养殖场为单元，建设以畜禽粪便、农作物秸秆为原料的规模化大型沼气工程，生产的沼气用于为农户供气、供暖、发电上网或企业自用等多元化利用，沼渣沼液用于还田、加工有机肥或开展其他有效利用。在果（菜、茶）园和畜禽养殖双优县中，建设一批以畜禽粪便、尾菜烂果等为主要原料的沼气

工程，沼气用于城乡居民炊事取暖及锅炉清洁燃料等领域；突出沼肥供应功能，将沼肥施用于果（菜、茶）园，达到园区内种养平衡，实现良性循环发展。

建设规模与内容。建设厌氧消化装置总体容积500立方米及以上的沼气工程。主要建设内容包括原料预处理单元、沼气生产单元、沼气净化与储存单元、沼气输配与利用单元（包括管网、入户设施、沼气炉具等）、沼气发电及上网单元（包括沼气发电、余热回收、上网设备与监控等）、沼渣沼液综合利用单元等设施设备，配套建设供配电、仪表控制、给排水、消防、避雷、道路、绿化、围墙、业务用房等设施设备。在果（菜、茶）园和畜禽养殖双优县中，按果树、蔬菜和茶叶的沼肥需求量确定整县农村沼气建设的规模，新建以畜禽粪便、尾菜烂果等为主要原料的沼气工程，主要包括原料预处理单元、沼气生产单元、沼气净化与储存单元、沼气输配与利用单元、沼肥存储调质单元、自动控制单元，果（菜、茶）园配套储肥施肥设施设备、沼肥运输和施用机具、沼液田间水肥一体化灌溉施肥设施、沼肥暂存调配设施等设施设备。

（三）户用沼气和中小型沼气工程

功能定位。在“老少边穷”且农户有散养习惯的地区，以及中小型养殖场密布地区，因地制宜发展户用沼气和中小型沼气工程，生产的沼气用于解决农户家庭和养殖场清洁燃气需求，生产的优质沼肥与优势特色产业相结合，创建特色农产品品牌，促进种养业增效增收和美丽乡村建设。

建设内容与规模。建设8～10立方米池容的户用沼气池，同步实施改圈、改厕、改厨。建设厌氧消化装置总体容积在20～500立方米的中小型沼气工程，建设内容主要包括原料预处理池（秸秆粉碎、堆沤）、沼气发酵设施、贮气水封池（基础）、沼液储存池，配套泵、管路、脱硫装置、沼气灶具等设备。有针对性地对有修复价值的老旧病池和沼气工程进行修复改造。

（四）支撑服务能力建设工程

功能定位。适应新时期沼气事业发展需求，从科技创新能力、服务体系队伍和行业监管能力等方面加强顶层设计，统筹推进能力建设工作，建成满足农村沼气事业健康持续发展的支撑保障体系。

建设内容。主要包括：（1）科技创新能力建设。建立健全沼气科技创新研发平台，支持科研单位和教学单位改善实验室基础设施，购置实验仪器设备，配套完善实验室功能，提高科研条件，建设中试基地，增强沼气技术基础研发及成果转化能力。建设国家级科研平台1个，区域级科研平台3个，重点实验室5个。建设企业创新平台，培育设备生产、规模化生物天然气运营、沼气工程设计施工、关键设备生产及后续服务的龙头企业，建设原料分析、发酵条件参数基础实验室，建设规模化服务基地，升级服务设备。（2）服务体系队伍建设。实施沼气实用人才培养工程，建设规模化沼气设计、建设和后续运行服务体系，组建专业技术团队，扶持一批高素质、专业化、功能齐全的沼气工程公司和设计院所，培养一批实用技术人员。（3）行业监管能力建设。建设全国农村沼气数据中心，实地数据采集验证移动站，远程在线监测点，实时传输系统，在线预警诊断平台，购置核心信息系统软件、服务器群、无线数据采集器、网络与安全设备、操作系统等。建设农村沼气数据中心1个，在线监测点3322个。

六、发展布局

综合考虑各地区畜禽粪便、农作物秸秆等资源量，肥料化、饲料化、原料化、基料化等竞争性利用途径，以及地域分异规律、沼气发展基础、经济水平、清洁能源需求等因素，将全国31个省（直辖市、自治区）划分为三类地区：Ⅰ类地区（资源量丰富地区）；Ⅱ类地区（资源量中等地区）；Ⅲ类地区（资源量一般地区）。

专栏4 资源量测算依据

1、畜禽粪便资源量测算。依据《中国统计年鉴-2016年》，查阅2015年全国蛋鸡、肉鸡、奶牛、肉牛、生猪等饲养量，采用《第一次全国污染源普查畜禽养殖业源产排污系数手册》所公布的畜禽粪污产排污系数，蛋鸡取0.17千克/羽/天，肉鸡取0.2千克/羽/天，奶牛取32.86千克/头/天，肉牛取15.01千克/头/天，生猪取2.37千克/头/天。

2、农作物秸秆资源量测算。依据《中国统计年鉴-2016年》，查阅2015年全国玉米、水稻、小麦、大豆、薯类等作物产量，采用《国家发展改革委办公厅农业部办公厅关于开展农作物秸秆综合利用规划终期评估的通知》（发改办环资〔2015〕3264号）所公布的草谷比，华北农区：玉米1.73、水稻0.93、小麦1.34、豆类1.57、薯类1.00；东北农区：玉米1.86、水稻0.97、小麦0.93、豆类1.70、薯类0.71；长江中下游农区：玉米2.05、水稻1.28、小麦1.38、豆类1.68、薯类1.16；西北农区：玉米1.52、小麦1.23、豆类1.07、薯类1.22；西南农区：玉米1.29、水稻1.00、小麦1.31、豆类1.05、薯类0.60；南方农区：玉米1.32、水稻1.06、小麦1.38、豆类1.08、薯类1.41。

专栏5 全国农村沼气原料资源区域划分表

分区	省(市、区)
Ⅰ类地区	河南、山东、四川、湖南、广西、黑龙江、安徽、河北、湖北、辽宁、吉林、江苏
Ⅱ类地区	云南、内蒙古、江西、贵州、甘肃、广东、陕西、重庆、山西、海南
Ⅲ类地区	新疆、西藏、浙江、福建、青海、宁夏、天津、北京、上海

（一）Ⅰ类地区

区域范围：包括黑龙江、吉林、辽宁、河北、山东、河南、安徽、江苏、湖北、湖南、四川、广西12个省（自治区）。

区域特征：按照区位和地形特征不同，该类地区又分两类。

——黑龙江、吉林、辽宁、河北、山东、河南、安徽、江苏等省，是粮食主产区，同时果园、菜园和畜禽养殖双优县较集中，土地消纳沼渣沼液的能力较强，发展种养结合循环农业模式的空间较大；清洁能源需求较大，适宜发展规模化大型沼气和生物天然气。

——湖北、湖南、四川、广西等省（自治区），属于亚热带温带丘陵山区，地形地貌差异显著，大田作物分布较广，菜园、果园、茶园和畜禽养殖双优县均有分布，贫困集中连片区域对户用沼气需求大，丘陵地区适宜发展中小规模沼气工程，平原地区可发展各类沼气工程。

发展任务：在该区域新建规模化大型沼气工程1884处，中型沼气工程4815处，小型沼气工程11000处，规模化生物天然气工程123处，总池容达到886万立方米；新建户用沼气76万户；处理畜禽粪便4551万吨、农作物秸秆588万吨，年沼气总产量32亿立方米。

（二）Ⅱ类地区

区域范围：包括内蒙古、山西、陕西、甘肃、江西、重庆、贵州、云南、广东、海南10个省（直辖市、自治区）。

区域特征：按照区位和地形特征不同，该类地区又分三类。

——内蒙古、山西、陕西、甘肃等省（自治区），属于“镰刀弯”地区，是玉米结构调整的重点地区，也是草食动物养殖优势区，菜园、果园和畜禽养殖双优县均有分布，适宜发展以规模化沼气为纽带的循环农业模式，适度发展生物天然气工程和中小型沼气工程。

——江西、重庆、贵州、云南等省（直辖市），山区面积大，沼气原料资源分散，贫困人口多、扶贫任务重，大田作物分布较广，菜园、果园和畜禽养殖双优县较多，茶园和畜禽养殖双优区也有分布，适宜发展户用沼气和中小型沼气工程。

——广东、海南等省，属于热带亚热带地区，气候条件好，同时畜禽养殖量大，面源污染防治任务重，热带作物分布较广，菜园、果园和畜禽养殖双优县较多，发展规模化沼气需求迫切，海南部分贫困地区有发展户用沼气的需求。

发展任务：在该区域新建规模化大型沼气工程973处，中型沼气工程4000处，小型沼气工程4450处，规模化生物天然气工程39处，总池容达到402万立方米；新建户用沼气34万户；处理畜禽粪便2226万吨、农作物秸秆219万吨，年沼气总产量14亿立方米。

（三）III类地区

区域范围：包括北京、天津、上海、浙江、福建、宁夏、青海、新疆、西藏9个省（直辖市、自治区）。

区域特征：按照区位和地形分异规律的区域特征不同，该类地区又分两类。

——北京、天津、上海、浙江、福建等省（直辖市），人口密集，经济条件优越，优质农产品需求大，清洁燃气需求旺盛，环保要求高，菜园、果园和畜禽养殖双优县较多，茶园和畜禽养殖双优区也有分布，适宜发展规模化沼气工程，因地制宜推广生态循环农业模式。

——宁夏、青海、新疆、西藏等省（自治区），属于生态脆弱区以及水源保护地，环保压力大，适宜推广能源环保型模式；在规模化牲畜养殖集中的牧区和绿洲农业区可适度发展菜沼畜规模化沼气工程。

发展任务：在该区域新建规模化大型沼气工程293处，中型沼气工程1185处，小型沼气工程50处，规模化生物天然气工程10处，总池容达到101万立方米；新建户用沼气1万户；处理畜禽粪便407万吨、农作物秸秆56万吨，年沼气总产量3亿立方米。

七、资金测算与筹措

通过对规模化大型沼气工程和生物天然气工程进行典型设计经济分析，确定了沼气工程的投资强度和补贴标准。在实施过程中还应考虑农业产业结构调整和市场需求变化等因素，结合各地区对中央预算内投资计划上一年度完成情况及实施效果，对各省（市、区）沼气工程数量和投资实行动态调整，保证有序发展。

（一）资金测算

“十三五”期间农村沼气工程总投资500亿元，其中：规模化生物天然气工程181.2亿元，规模化大型沼气工程133.61亿元，中型沼气工程91亿元，小型沼气工程59亿，户用沼气33.3亿元，沼气科技创新平台1.89亿元。

专栏6 投资测算依据

1、规模化生物天然气工程。按照日产1万立方米生物天然气测算，单项工程总投资6680万元；

日产2万立方米生物天然气，单项工程工程总投资11690万元。

2、规模化大型沼气工程。按照新建厌氧发酵装置总体容积1000立方米的沼气工程测算，单项工程总投资450万元。

（二）资金筹措

相关投资主要由企业和个人自主多渠道筹措，充分吸引和调动社会资本积极投入，中央和地方各级财力予以适当补助。中央投资补助标准将根据农村沼气转型升级试点情况和规划实施中期评估进一步调整优化。

八、政策措施

（一）建立多元化投入机制

坚持政府支持、企业主体、市场化运作的方针，大力推进沼气工程建设和运营的市场化、企业化、专业化，创新政府投入方式，健全政府和社会资本合作机制，积极引导各类社会资本参与，政府采用投资补助、产业投资基金注资、股权投资、购买服务等多种形式对沼气工程建设给予支持。支持地方政府建立运营补偿机制，鼓励通过项目有效整理打包，提高整体收益能力，保障社会资本获得合理投资回报。研究出台政府和社会资本合作（PPP）实施细则，完善行业准入标准体系，去除不合理门槛。积极支持技术水平高、资金实力强、诚实守信的企业从事规模化沼气项目建设和管理，鼓励同一专业化主体建设多个沼气工程。积极探索碳排放权交易机制，鼓励专业化经营主体完善沼气碳减排方案，开展碳排放权交易试点。研究建立沼气项目信用记录体系。

（二）完善农村沼气优惠政策

研究建立规模化养殖场废弃物强制性资源化处理制度。完善促进市场主体开展多种形式畜禽养殖废弃物处理和资源化的激励机制，研究建立农业废弃物处理收费机制。完善沼气沼肥等终端产品补贴政策，对生产沼气和提纯生物天然气用于城乡居民生活的可参照沼气发电上网补贴方式予以支持；在实施绿色生态导向的农业政策中，支持农村居民、新型农村经营主体等使用农业废弃物资源化生产的有机肥。比照资源循环型企业的政策，支持从事利用畜禽养殖废弃物、秸秆、餐厨垃圾等生产沼气、生物天然气的企业发展。健全农业废弃物收储运体系，推动将沼气发酵、提纯、运输等相关设备纳入农机购置补贴目录，研究建立健全并落实规模化沼气和生物天然气工程项目用地、用电、税收等优惠政策。

（三）营造产品公平竞争环境

将生物天然气和沼气纳入国家能源和生态战略，落实《可再生能源法》《畜禽规模养殖污染防治条例》《可再生能源发电全额收购保障办法》中对沼气利用的相关规定，破除行业壁垒和歧视，推进生物天然气和沼气发电无障碍并入燃气管网及电网并享受相关补贴，对生物天然气和沼气进行全额收购或配额保障收购，支持规模化沼气集中供气并获得与城镇燃气同等经营许可权利，完善农村集中供气管网建设扶持政策，保障生物天然气、沼气发电、沼气集中供气获得公平的市场待遇。

（四）加快完善沼气标准体系

加快农村沼气标准的制定和修订工作，包括各类沼气工程设计规范、安全设计与运营规范、污染物排放标准、生物天然气产品和并入燃气管网标准、沼肥工程技术规范、沼肥产品等，加强检测认证体系建设，提高行业技术水平，强化对农村沼气及沼肥产品质量和安全监管。研究制定沼气（生物天然气）前期工作编制规程，指导项目单位科学规范开展前期工作。

（五）加强国际合作与交流

在互惠互利的基础上，加强同发达国家企业的合作，学习和借鉴他们的先进技术和管理经验，有目的有选择地引进消化吸收国外先进技术、工艺及关键设备。充分利用国际金融组赠款、贷款以及直接融资等方式，高起点发展农村沼气工程龙头企业，加快产业技术开发步伐，提升产业技术水平。

九、组织实施

（一）加强组织领导

各地要准确把握转型升级新要求，充分认识做大做强农村沼气事业的重要意义，把农村沼气建设纳入地方政府国民经济与社会发展“十三五”规划并提供必要的保障。各级发展改革、农业等部门要加强沟通协调，各负其责，形成合力。深入开展资源与市场需求调查研究，及时应对形势需求，合理优化区域布局。建立农村沼气建设和使用考核评价制度，考核结果作为项目安排和绩效考核的重要依据。

（二）强化行业监管

加强对沼气工程建设到运营全过程监管。进一步健全农村沼气技术监督体系，加强沼气工程质量安全检查，规范市场行为；建立健全项目环境监管体系，严格执行污染物排放监测监督；完善规模化生物天然气工程和规模化大型沼气工程项目管理办法，严格执行项目法人责任制、招标投标制、建设监理制和合同管理制；项目立项、建设、运营等全程公开接受用户和社会的监督、质询和评议。完善项目建设与运行中安全生产制度，建立定期巡回检查、隐患排查、政企应急联动和安全互查等工作机制，确保生产安全。

（三）开展宣传评估

对规划实施情况进行动态监测，及时发现规划实施存在的问题，开展规划实施中期评估和末期评估。利用网络、电视、报纸等媒体，开展农村沼气多形式、多层次、多途径的宣传活动，营造良好的社会舆论氛围。组织开展专业技能培训，对规模化生物天然气工程和规模化大型沼气工程技术和管理人员进行安全生产宣传培训。结合新型职业农民培训工程、农村实用人才带头人素质提升计划，加强沼气服务网站点技术人员和新型经营主体知识更新再培训，着力提高专业化水平。

新型墙材推广应用行动方案

（国家发展改革委办公厅 工业和信息化部办公厅2017年2月6日印发）

新型墙材推广应用是建材工业推进供给侧结构性改革的有效抓手，墙材革新是大力推进生态文明建设，促进循环经济发展的重要举措。自上世纪九十年代以来，墙材革新为建材工业和城乡建设可持续发展做出了重要贡献。但我国城乡区域发展不平衡，空间开发粗放低下，资源约束趋紧，生态环境恶化趋势尚未得到根本扭转，遏制毁田烧砖、节约保护资源，发展本质安全、节能环保、轻质高强的新型墙材也成为建材工业亟待破解的发展难题，也是建材工业坚持创新驱动增强发展内生动力的客观要求。为加快推进墙材革新，推广应用新型墙材，制定本行动方案。

一、总体要求

（一）指导思想

以党的十八大和十八届三中、四中、五中、六中全会精神为指导，牢固树立创新、协调、绿色、开放、共享的发展理念，以提高建筑质量和改善建筑功能为动力，以节约资源和治污减排为中心，以信息技术和智能制造为支撑，以供给侧结构性改革为重点，以试点示范为引领，因地制宜推进“城市限粘、县城禁实、农村推新”，发展绿色新型墙材，提升墙材行业绿色发展、循环发展、低碳发展水平，促进建材行业转型升级。

（二）总体目标

到2020年，全国县级（含）以上城市禁止使用实心粘土砖，地级城市及其规划区（不含县城）限制使用粘土制品，副省级（含）以上城市及其规划区禁止生产和使用粘土制品；新型墙材产量在墙材总量中占比达80%，其中装配式墙板部品占比达20%；新建建筑中新型墙材应用比例达90%。

初步建成基于“互联网+”的墙材革新信息化系统，行业信用评价体系基本建立，政策标准体系进一步完善，产品质量和功能明显提升，墙材生产基本实现绿色化智能化，东部地区农村新型墙材得到规模化普遍应用。

二、加快创新发展

（一）完善产品体系。适应装配式建筑发展需要，重点发展适用于装配式混凝土结构、钢结构建筑的围护结构体系，大力发展轻质、高强、保温、防火与建筑同寿命的多功能一体化装配式墙材及其围护结构体系，加强内外墙板、叠合楼板、楼梯阳台、建筑装饰部件等部品部件的通用化、标准化、模块化、系列化。开发适用于绿色建筑，特别是超低能耗被动式建筑围护结构的新产品。

（二）改善技术装备。加强适用于新型墙材的专用施工机具、辅助材料等研发与生产，重点发展满足各类装配式建筑墙材的装配机具、高性能防水嵌缝密封材料、配套专用砂浆等。提高墙体部品的配套应用技术水平，重点研究开发各类装配式建筑中墙材部品的应用及系统集成技术，包括应用软件开发，墙材部品与主体承重结构的链接技术、支护工艺和节点做法，墙材部品与建筑门窗、排水管线、电路管线等的系统集成技术。

（三）完善标准规范。强化产品标准、设计规范、应用规程间的联动衔接，构建完善标准体系。适应装配式建筑内外墙板设计、生产、施工、验收管理一体化需求，促进关键技术转化为标准规范。制修订新型墙材产品标准，完善产品的相关图集、验收规程等，编制新产品造价信息和预算定额。

（四）搭建创新平台。依托大型企业集团、科研院所、高等院校等，完善产学研用相结合的新型墙材创新体系。鼓励墙材生产与建筑设计、工程建造等上下游互动，组建产业发展联盟。支持创建以新型墙材为特色的技术中心或实验室，建设负有墙材特色的公共研发、技术转化、检验认证等服务平台，强化共性关键技术研发，开发推广科技含量高、利废效果好、拥有自主知识产权的成套技术和装备。

三、推动绿色发展

（五）强化清洁生产。支持新型墙材企业开发利用适用技术实施节能减排技术改造。严格执行《砖瓦工业大气污染物排放标准》和《烧结墙体材料单位产品能源消耗限额》等强制性标准，推广适用于新型墙材生产的能源梯次利用、窑炉烟气脱硫除尘等技术装备，推进合同能源管理、合同环境管理。全面推行清洁生产，开展清洁生产审核，从源头减少污染排放。

（六）提升利用水平。进一步提高资源综合利用水平，继续推进煤矸石、粉煤灰、尾矿、河（湖）淤（污）泥、工业副产石膏、陶瓷渣粉等固废在墙材中的综合利用，扩大资源综合利用范

围，增加资源综合利用总量。研究利用新型墙材隧道窑协同处置建筑垃圾、城镇污泥和河道淤泥等，并制修订窑炉废气排放和相关产品质量标准。支持建设大宗固废综合利用示范基地，推进利废新型墙材企业示范。

（七）推进智能制造。提升企业生产过程自动化水平，重点加强生产过程信息化管理。注重墙材专用装备创新发展和推广应用，深化信息技术与墙材制造技术融合，提高墙材装备数字化、网络化、智能化水平，加快“机器代人”。推广原料配料电子计量精准控制系统、窑炉设备自动化验检测和调控系统、远程在线诊断系统，高精度自动切割、自动掰板、自动码卸坯、机械包装等装备。

（八）引导绿色消费。落实《促进绿色建材生产和应用行动方案》，以装配式建筑、绿色建筑等试点示范工程为切入点，积极开展绿色建材评价标识管理和推广应用工作，加大保护粘土资源、利用新型墙材替代实心粘土砖的宣传力度，引导建筑业和消费者科学选材，促进全国统一、开放、有序的绿色建材市场建设，便利绿色新型墙材消费。

（九）淘汰落后产能。落实《产业结构调整指导目录》，加快淘汰落后产品、技术和设备。立足行业技术进步，适时制修订墙材行业污染物排放、产品能源消耗限额标准，提高墙材行业规范经营要求，对达不到环保、能耗等要求的落后窑炉产能，履行社会责任不到位的，依法依规关停淘汰。研究建立投资准入负面清单制度，提高行业准入门槛，遏制低水平建设，健全墙材落后产能退出机制。

四、强化示范引领

（十）开展试点示范。以绿色建筑为载体，大力推广应用新型墙材。在有条件的地区，积极推进超低能耗被动式建筑应用新型墙材示范工作。建设一批技术先进、引领作用强的装配式建筑围护结构示范工程，重点做好装配式混凝土框架（框筒）结构、钢结构建筑适用的围护结构配套墙材体系应用试点。

（十一）支持农村应用示范。在有条件的乡镇农村，结合美丽乡村建设、绿色农房建造、特色小（城）镇建设、农民住宅防灾减灾节能改造等工程，开展新型墙材应用试点示范，引导在农村自建房中使用节能环保、安全便利的新型墙材，保证农民共享改革发展成果。

（十二）发挥企业带头示范作用。培育具有技术优势、品牌优势、管理优势、文化优势的新型墙材生产示范企业，发挥其技术创新、成果转化、技术推广、市场引领等方面的带动作用，进一步提高产业集中度，推动新型墙材产业向生产规模化、管理现代化、装备自动化、产品标准化发展。

五、提升服务水平

（十三）加强运行监管。完善墙材行业运行监测体系，强化行业运行监测，定期发布墙材供需数据、质量预警、价格指数、试点示范等行业运行信息，及时发现和解决行业运行中的重大问题。建立健全统计制度，完善统计体系。构建墙材革新信息化平台和管理网络。

（十四）建设诚信体系。完善全国建筑市场各方主体不良行为记录认定标准中新型墙材应用相关内容，利用二维码、射频识别等技术建立可追溯的新型墙材信息系统。建立全国统一的墙材供应企业市场行为信用评价体系。健全诚信激励和失信惩戒机制。研究建立黑名单制度，强化社会监督。

（十五）建立“互联网+墙材”系统。推动互联网与墙材行业深度融合，建立集产品生产、施工应用、买卖交易和监督管理于一体的信息系统，新型墙材应用试点工程数据库。发展电子商务，建立墙材供应、采购电子商务和服务平台，提高新型墙材物流信息化和供应链协同水平。在有条件的地区，试点构建“互联网+墙材革新”管理服务体系。

六、落实保障措施

（十六）加强组织领导。强化部门联动，健全完善墙材革新管理机制，实行省、市、县各级墙材革新主管部门职责明确、监督有效的工作机制，形成管理、监督、服务“三位一体”的管理体系。各地墙材革新主管部门要加强对墙材革新工作的组织领导，健全工作机构，将墙材革新工作列入年度重点工作，强化目标管理责任制，完善考核机制。各地要加强墙材革新工作队伍和墙材行业管理能力建设，确保机构稳定，人员充实，强化人员培训，提高执法能力，增强服务意识，提升技术、管理和服务水平。

（十七）完善配套政策。研究制定促进新型墙材发展的政策法规，加大新型墙材与循环经济、环境保护、城市建设等政策法规衔接。完善新型墙材税收优惠政策。适时修订《新型墙材目录》，引导新型墙材发展。各省市可因地制宜，结合各自资源禀赋及需求，制定更严格的《新型墙材目录》，试点推行墙材产品采购信息报告制度，研究推行墙材采购合同示范文本。

（十八）开展协同监管。加强对墙材生产企业的环境监督执法，依法处罚污染环境的违法违规行为。研究试行采用小卫星对烧结砖企业实时监控，坚决查处取土制砖的违规行为。推动建立京津冀、长三角、珠三角等重点区域墙材革新政策协同、信息共享、结果互认的区域协同监管机制；联合区域省级墙材革新管理部门，严格墙材产品监管，对发现的不合格墙材产品依法查处并予以通报。

（十九）加强宣传引导。充分发挥新闻媒体的舆论导向作用，宣传新型墙材推广应用的重要性和迫切性，提高公众对墙材革新政策的理解与参与，营造良好的社会舆论氛围。各地要创建墙材革新工作政务微博和微信公众号，及时发布政务动态、行业资讯、科研成果等。

（二十）发挥行业组织作用。加强行业自律，完善行规行约，引导企业遵规守法、规范经营、诚实守信、公平竞争。发挥协会等行业组织作用，开展技术推广、品牌宣传等，总结推广先进经验。开展国际交流和合作，引进先进技术和管理经验。开展行业内学习交流合作，积极反映企业诉求，提出相关政策建议。

各地要结合本地建材工业和建筑业发展实际，尽快制定本地区实施方案，明确主体责任，扎实推进本地区新型墙材推广应用工作。

工业绿色发展规划（2016-2020年）

（工业和信息化部2016年6月30日印发）

为落实《国民经济和社会发展第十三个五年规划纲要》和《中国制造2025》战略部署，加快推进生态文明建设，促进工业绿色发展，制定本规划。

一、面临的形势

“十二五”时期，工业领域坚持把发展资源节约型、环境友好型工业作为转型升级的重要着力点，把节能减排作为转方式、调结构的重要抓手，大力推进技术改造，推广节能环保新技术、新装备和新产品，逐步完善节能减排工作体系，圆满完成“十二五”目标任务。工业能效和水效大幅提

升，规模以上企业单位工业增加值能耗累计下降28%，实现节能量6.9亿吨标准煤，单位工业增加值用水量累计下降35%，提前一年完成“十二五”淘汰落后产能任务。工业清洁生产先进适用工艺技术大范围示范推广，开展有毒有害原料替代，工业产品绿色设计推进机制初步建立。工业资源综合利用产业规模稳步壮大，技术装备水平不断提高，五年利用大宗工业固体废物约70亿吨、再生资源12亿吨。节能环保产业快速增长，2015年节能环保装备、资源综合利用、节能服务等节能环保产业产值约4万亿元。

未来五年，是落实制造强国战略的关键时期，是实现工业绿色发展的攻坚阶段。资源与环境问题是人类面临的共同挑战，推动绿色增长、实施绿色新政是全球主要经济体的共同选择，资源能源利用效率也成为衡量国家制造业竞争力的重要因素，推进绿色发展是提升国际竞争力的必然途径。我国工业总体上尚未摆脱高投入、高消耗、高排放的发展方式，资源能源消耗量大，生态环境问题比较突出，形势依然十分严峻，迫切需要加快构建科技含量高、资源消耗低、环境污染少的绿色制造体系。加快推进工业绿色发展，也是推进供给侧结构性改革、促进工业稳增长调结构的重要举措，有利于推进节能降耗、实现降本增效，有利于增加绿色产品和服务有效供给、补齐绿色发展短板。

二、总体要求

（一）指导思想

贯彻落实党的十八大及十八届三中、四中、五中全会精神，牢固树立创新、协调、绿色、开放、共享的发展理念，全面落实制造强国战略，坚持节约资源和保护环境基本国策，高举绿色发展大旗，紧紧围绕资源能源利用效率和清洁生产水平提升，以传统工业绿色化改造为重点，以绿色科技创新为支撑，以法规标准制度建设为保障，实施绿色制造工程，加快构建绿色制造体系，大力发展绿色制造产业，推动绿色产品、绿色工厂、绿色园区和绿色供应链全面发展，建立健全工业绿色发展长效机制，提高绿色国际竞争力，走高效、清洁、低碳、循环的绿色发展道路，推动工业文明与生态文明和谐共融，实现人与自然和谐相处。

（二）基本原则

创新驱动，标准引领。促进工业绿色发展科技创新、管理创新和商业模式创新，研发推广核心关键绿色工艺技术及装备。加快完善工业能效、水效、排放和资源综合利用等标准，依法实施绿色监管，引导绿色消费。

政策引导，市场推动。发挥政府在推进工业绿色发展中的引导作用，优化工业结构和区域布局，加强机制创新，形成有效的激励约束机制。强化企业在推进工业绿色发展中的主体地位，激发企业活力和创造力，积极履行社会责任。

改造存量，优化增量。加快传统制造业绿色改造升级，鼓励使用绿色低碳能源，提高资源利用效率，淘汰落后设备工艺，从源头减少污染物产生。积极引领新兴产业高起点绿色发展，强化绿色设计，加快开发绿色产品，大力发展节能环保产业。

全面推进，重点突破。着力解决重点行业、企业和区域发展中的资源环境问题，充分发挥试点示范的带动作用。积极推进新兴产业和中小企业的绿色发展，加快工业绿色发展整体水平提升。

（三）发展目标

到2020年，绿色发展理念成为工业全领域全过程的普遍要求，工业绿色发展推进机制基本形成，绿色制造产业成为经济增长新引擎和国际竞争新优势，工业绿色发展整体水平显著提升。

——能源利用效率显著提升。工业能源消耗增速减缓，六大高耗能行业占工业增加值比重继续下降，部分重化工业能源消耗出现拐点，主要行业单位产品能耗达到或接近世界先进水平，部分工业行业碳排放量接近峰值，绿色低碳能源占工业能源消费量的比重明显提高。

——资源利用水平明显提高。单位工业增加值用水量进一步下降，大宗工业固体废物综合利用率进一步提高，主要再生资源回收利用率稳步上升。

——清洁生产水平大幅提升。先进适用清洁生产技术工艺及装备基本普及，钢铁、水泥、造纸等重点行业清洁生产水平显著提高，工业二氧化硫、氮氧化物、化学需氧量和氨氮排放量明显下降，高风险污染物排放大幅削减。

——绿色制造产业快速发展。绿色产品大幅增长，电动汽车及太阳能、风电等新能源技术装备制造水平显著提升，节能环保装备、产品与服务等绿色产业形成新的经济增长点。

——绿色制造体系初步建立。绿色制造标准体系基本建立，绿色设计与评价得到广泛应用，建立百家绿色示范园区和千家绿色示范工厂，推广普及万种绿色产品，主要产业初步形成绿色供应链。

专栏1 “十三五”时期工业绿色发展主要指标

指　标	2015年	2020年	累计降速
（1）规模以上企业单位工业增加值能耗下降（%）	—	—	18
吨钢综合能耗（千克标准煤）	572	560	
水泥熟料综合能耗（千克标准煤/吨）	112	105	
电解铝液交流电耗（千瓦时/吨）	13350	13200	
炼油综合能耗（千克标准油/吨）	65	63	
乙烯综合能耗（千克标准煤/吨）	816	790	
合成氨综合能耗（千克标准煤/吨）	1331	1300	
纸及纸板综合能耗（千克标准煤/吨）	530	480	
（2）单位工业增加值二氧化碳排放下降（%）	—	—	22
（3）单位工业增加值用水量下降（%）	—	—	23
（4）重点行业主要污染物排放强度下降（%）	—	—	20
（5）工业固体废物综合利用率（%）	65	73	
其中：尾矿（%）	22	25	
煤矸石（%）	68	71	
工业副产石膏（%）	47	60	
钢铁冶炼渣（%）	79	95	
赤泥（%）	4	10	
（6）主要再生资源回收利用量（亿吨）	2.2	3.5	
其中：再生有色金属（万吨）	1235	1800	
废钢铁（万吨）	8330	15000	
废弃电器电子产品（亿台）	4	6.9	
废塑料（国内）（万吨）	1800	2300	

指　　标	2015年	2020年	累计降速
废旧轮胎（万吨）	550	850	
（7）绿色低碳能源占工业能源消费量比重（%）	12	15	
（8）六大高耗能行业占工业增加值比重（%）	27.8	25	
（9）绿色制造产业产值（万亿元）	5.3	10	
注：本专栏均为指导性指标，大多为全国平均值，各地区可结合实际设置目标。			

三、主要任务

（一）大力推进能效提升，加快实现节约发展

坚持节约优先，大力推进能源消费革命，提高工业能源利用效率，促进企业降本增效，加快形成绿色集约化生产方式，增强制造业核心竞争力。

以供给侧结构性改革为导向，推进结构节能。把优化工业结构和能源消费结构作为新时期推进工业节能的重要途径，加强节能评估审查和后评价，进一步提高能耗、环保等准入门槛，严格控制高耗能行业产能扩张。以钢铁、石化、建材、有色金属等行业为重点，积极运用环保、能耗、技术、工艺、质量、安全等标准，依法淘汰落后和化解过剩产能。加快发展能耗低、污染少的先进制造业和战略性新兴产业，促进生产型制造向服务型制造转变。大力调整产品结构，积极开发高附加值、低消耗、低排放产品。大力推进工业能源消费结构绿色低碳转型，鼓励企业开发利用可再生能源，加快工业企业分布式能源中心建设，在具备条件的工业园区或企业实施煤改气或可再生能源替代化石能源，推广绿色照明。实施煤炭清洁高效利用行动计划，在焦化、煤化工、工业锅炉、窑炉等重点用煤领域，推进煤炭清洁、高效、分质利用。

以先进适用技术装备应用为手段，强化技术节能。全面推进传统行业节能技术改造，深入推进重点行业、重点企业能效提升专项行动，加快推广高温高压干熄焦、无球化粉磨、新型结构铝电解槽、智能控制等先进技术。继续推进锅炉、电机、变压器等通用设备能效提升工程，组织实施空压机系统能效提升计划。围绕高耗能行业企业，加快工艺革新，实施系统节能改造，鼓励先进节能技术的集成优化运用，推广电炉钢等短流程工艺和铝液直供，推动工业节能从局部、单体节能向全流程、系统节能转变。提升产品的轻量化水平，推广复合材料、轻合金、真空镀铝纸等高强韧度新型材料，推广超高强度钢热冲压成形技术、真空高压铸造、超高真空薄壁铸造等轻量化成形工艺。普及中低品位余热余压发电、供热及循环利用，积极推进利用钢铁、化工等行业企业的低品位余热向城市居民供热，促进产城融合。实施工业园区节能改造工程，加强园区能源梯级利用，推进集中供热制冷。

以能源管理体系建设为核心，提升管理节能。贯彻强制性能耗标准，在电解铝、水泥行业落实阶梯电价、差别电价等价格政策。推动重点企业能源管理体系建设，将能源管理体系贯穿于企业生产全过程，定期开展能源计量审查、能源审计、能效诊断和对标，发掘节能潜力，构建能效提升长效机制。实施重点行业能效领跑者引领行动，带动行业整体能效提升。围绕中小工业企业节能管理，搭建公共服务平台，组织开展节能服务公司进企业活动，全面提升中小企业能源管理意识和能力。加强工业节能监察，组织开展强制性能耗、能效标准贯标及落后用能设备淘汰等监察，实施重点行业、重点用能企业专项监察和督查，严格执行《节约能源法》和《工业节能管理办法》等法

规。进一步完善覆盖全国的省、市、县三级节能监察体系，支持完善硬件设施、开展业务培训，切实履行监察职能。

专栏2　能效提升工程

重点行业系统改造。钢铁行业实施高温高压干熄焦、烧结烟气循环等技术改造；有色行业实施新型结构铝电解槽、铝液直供、富氧熔炼等技术改造；石化化工行业实施炼化能量系统优化、烯烃原料轻质化、先进煤气化、硝酸生产技术提升等技术改造；水泥行业实施高固气比熟料煅烧、大推力多通道燃烧等技术改造；造纸行业实施纸机高效成型、高效双盘磨浆机等技术改造；纺织行业实施小浴比染色、氨纶单甬道64头纺丝等技术改造。

高耗能通用设备改造。在电机系统实施永磁同步伺服电机、高压变频调速等技术改造。在配电变压器系统实施非晶合金变压器、有载调容调压等技术改造。推广应用新型电力电子器件等信息技术。实施工程机械、农机、内河船舶用柴油机能效提升改造。到2020年，电机和内燃机系统平均运行效率提高5个百分点，高效配电变压器在网运行比例提高20%。

余热余压高效回收利用。在自备电厂实施烟气系统余热深度回收利用、超临界混合工质高参数一体化循环发电等技术改造。推广矿热炉高温烟气净化回收利用、冶金余热余压能量回收同轴机组应用、螺杆膨胀动力驱动等技术。到2020年，中低品位余热余压利用率达到80%。

煤炭清洁高效利用。焦化、煤化工行业重点推动产品结构优化，加大资源加工转化深度，推广整体煤气联合循环发电技术（IGCC）、焦炉煤气制合成氨、甲醇或天然气及煤粉气流床加压气化等技术。工业锅炉优先实施高效节能技术改造或清洁能源替代。工业窑炉重点推进全（富）氧燃烧、蓄热式燃烧、燃料替代及余热利用等技术改造。

园区系统节能改造。开展风能、太阳能等分布式能源和园区智能微电网建设，提高园区可再生能源使用比例。实施园区绿色照明改造，建设园区能源管理中心，加强园区余热余压梯级利用，推广集中供热和制冷。

能效领跑者引领行动。在重点用能行业实施能效领跑者行动，开展企业能效对标达标，定期发布领跑企业名单及其指标，引导企业实施节能技术改造。发布《节能机电设备（产品）推荐目录》和《能效之星产品目录》。

（二）扎实推进清洁生产，大幅减少污染排放

围绕重点污染物开展清洁生产技术改造，推广绿色基础制造工艺，降低污染物排放强度，促进大气、水、土壤污染防治行动计划落实。

减少有毒有害原料使用。修订国家鼓励的有毒有害原料替代目录，引导企业在生产过程中使用无毒无害或低毒低害原料，从源头削减或避免污染物的产生，推进有毒有害物质替代。推进电器电子、汽车等重点产品有毒有害物质限制使用。继续实施高风险污染物削减行动计划，强化汞、铅、高毒农药等减量替代，逐步扩大实施范围，降低环境风险。实施挥发性有机物削减计划，在涂料、家具、印刷、汽车制造涂装、橡胶制品、制鞋等重点行业推广替代或减量化技术。推广无铬耐火材料。

推进清洁生产技术改造。针对二氧化硫、氮氧化物、化学需氧量、氨氮、烟（粉）尘等主要污染物，积极引导重点行业企业实施清洁生产技术改造，逐步建立基于技术进步的清洁生产高效推行模式。在京津冀、长三角、珠三角、东北地区等重点区域组织实施钢铁、建材等重点行业清洁生产

水平提升工程，降低二氧化硫、氮氧化物、烟（粉）尘排放强度。在长江、黄河等七大流域组织实施重点行业清洁生产水平提升工程，降低造纸、化工、印染、化学原料药、电镀等行业废水排放总量及化学需氧量、氨氮等污染物排放强度。推进工业领域土壤污染源头防治，推广先进适用的土壤修复技术装备和产品。

加强节水减污。围绕钢铁、化工、造纸、印染、饮料等高耗水行业，实施用水企业水效领跑者引领行动，开展水平衡测试及水效对标达标，大力推进节水技术改造，推广工业节水工艺、技术和装备。强化高耗水行业企业生产过程和工序用水管理，严格执行取水定额国家标准，围绕高耗水行业和缺水地区开展工业节水专项行动，提高工业用水效率。推进水资源循环利用和工业废水处理回用，推广特许经营、委托营运等专业化节水模式，推动工业园区集约利用水资源，实行水资源梯级优化利用和废水集中处理回用。推进中水、再生水、海水等非常规水资源的开发利用，支持非常规水资源利用产业化示范工程，推动钢铁、火电等企业充分利用城市中水，支持有条件的园区、企业开展雨水集蓄利用。

推广绿色基础制造工艺。推广清洁高效制造工艺，以铸造、热处理、焊接、涂镀等领域为重点，推广应用合金钢无氧化清洁热处理、热处理气氛减量化、真空低压渗碳热处理、感应热处理等高效节能热处理工艺，无铅波峰焊接抗氧化、氮气保护无铅再流焊接、高效节材摩擦焊等焊接工艺，绿色化除油、无铅电镀、三价铬电镀、电镀铬替代等清洁涂镀技术，减少制造过程的能源消耗和污染物排放。推进短流程、无废弃物制造，重点发展近净成形、数字化无模铸造、增材制造、新型防腐蚀等短流程绿色节材工艺技术，以及干式切削加工、低温微量润滑切削加工、铸件余热时效热处理等无废弃物制造技术，减少生产过程的资源消耗。

专栏3　绿色清洁生产推进工程

重点区域清洁生产水平提升行动。在京津冀、长三角、珠三角等重点区域实施大气污染重点行业清洁生产水平提升行动。到2020年，全国工业削减烟粉尘100万吨/年、二氧化硫50万吨/年、氮氧化物180万吨/年。

重点流域清洁生产水平提升行动。在长江、黄河、珠江、松花江、淮河、海河、辽河等重点流域实施水污染重点行业清洁生产水平提升行动。到2020年，全国工业削减废水4亿吨/年、化学需氧量50万吨/年、氨氮5万吨/年。

特征污染物削减计划。以挥发性有机物、持久性有机物、重金属等污染物削减为目标，围绕重点行业、重点领域实施工业特征污染物削减计划。到2020年，削减汞使用量280吨/年，减排总铬15吨/年、总铅15吨/年、砷10吨/年。

绿色基础制造工艺推广行动。重点推广绿色的铸造、锻压、焊接、切削、热处理、表面处理等基础制造工艺技术与装备。到2020年，铸件废品率降低10%，锻造材料利用率提高10%，切削材料利用率提升10%，电镀和涂装行业减少污染物排放30%以上。

中小企业清洁生产推行计划。提升中小企业清洁生产技术研发应用水平，开展政府购买清洁生产服务试点，实施中小企业清洁生产培训计划。继续实施粤港清洁生产伙伴计划，在其他地区推广示范。

工业节水专项行动。围绕钢铁、纺织印染、造纸、石化化工、食品发酵等重点行业实施节水治污改造工程，实施用水企业水效领跑者引领行动，推进节水技术改造，在缺水地区实施工业节水专

项行动，加强非常规水资源利用。

（三）加强资源综合利用，持续推动循环发展

按照减量化、再利用、资源化原则，加快建立循环型工业体系，促进企业、园区、行业、区域间链接共生和协同利用，大幅度提高资源利用效率。

大力推进工业固体废物综合利用。以高值化、规模化、集约化利用为重点，围绕尾矿、废石、煤矸石、粉煤灰、冶炼渣、冶金尘泥、赤泥、工业副产石膏、化工废渣等工业固体废物，推广一批先进适用技术装备，推进深度资源化利用。深入推进承德、朔州、贵阳等资源综合利用基地建设，选择有基础、有潜力、产业集聚和示范效应明显的地区，合理布局，突出特色，加强体制机制和运行管理模式创新，打造完整的工业固体废物综合利用产业链。探索资源综合利用产业区域协同发展新模式，发挥各地优势，推动区域资源综合利用协同发展，实施京津冀地区资源综合利用产业协同发展行动计划，建立若干工业固体废物综合利用跨省界协同发展示范区。

加快推动再生资源高效利用及产业规范发展。围绕废钢铁、废有色金属、废纸、废橡胶、废塑料、废油、废弃电器电子产品、报废汽车、废旧纺织品、废旧动力电池、建筑废弃物等主要再生资源，加快先进适用回收利用技术和装备推广应用。建设一批再生资源产业集聚区，推进再生资源跨区域协同利用，构建区域再生资源回收利用体系。落实生产者责任延伸制度,在电器电子产品、汽车领域等行业开展生产者责任延伸试点示范。促进行业秩序逐步规范，定期发布符合行业规范条件的企业名单，培育再生资源行业骨干企业。

积极发展再制造。围绕传统机电产品、高端装备、在役装备等重点领域，实施高端、智能和在役再制造示范工程，打造若干再制造产业示范区。加强再制造技术研发与推广，研发应用再制造表面工程、疲劳检测与剩余寿命评估、增材制造等关键共性技术工艺，开发自动化高效解体、零部件绿色清洗、再制造产品服役寿命评估、基于监测诊断的个性化设计和在役再制造关键技术。引导再制造企业建立覆盖再制造全流程的产品信息化管理平台，促进再制造规范健康发展。推进产品认定，鼓励再制造产品推广应用。

全面推行循环生产方式。推进钢铁、有色、石化、化工、建材等行业拓展产品制造、能源转换、废弃物处理-消纳及再资源化等行业功能，强化行业间横向耦合、生态链接、原料互供、资源共享。因地制宜推进水泥窑协同处置固体废物，鼓励造纸行业利用林业废物及农作物秸秆等制浆。推进各类园区进行循环化改造，实现生产过程耦合和多联产，提高园区资源产出率和综合竞争力。

专栏4　资源高效循环利用工程

大宗工业固体废物综合利用行动。重点推进冶炼渣及尘泥、化工废渣、尾矿、煤电废渣等综合利用。到2020年，大宗工业固体废物综合利用量达到21亿吨，磷石膏利用率40%，粉煤灰利用率75%。

再生资源综合利用行动。在废旧金属、废弃电器电子产品、报废汽车、建筑废弃物等领域，重点应用和推广高效破碎、稀贵金属成分快速检测、多金属综合回收利用等重大关键技术装备。到2020年，主要再生资源利用率达到75%。

区域资源综合利用行动。在京津冀及周边、长江经济带、珠三角地区、东北等老工业基地，建立10个冶炼渣与矿业废弃物、煤电废弃物、报废机电设备等协同利用示范基地，建设5个共伴生钒钛、稀土、盐湖等资源深度利用示范项目。

再制造示范推广。围绕航空发动机、燃气轮机、盾构机等大型成套设备及医疗设备、计算机服务器、复印机、打印机、模具等开展高端智能再制造示范。围绕数控机床、透平压缩机等装备实施在役再制造示范。到2020年，再制造产业规模达到2000亿元。

（四）削减温室气体排放，积极促进低碳转型

工业是应对气候变化的重点领域，实现2030年碳排放达峰目标，必须在加大工业节能力度的同时，多措并举，推动部分行业、部分园区率先达峰。

推进重点行业低碳转型。结合碳排放重点行业特点，制定重大低碳技术推广实施方案，促进先进适用低碳新技术、新工艺、新设备和新材料的推广应用。研究制定钢铁、建材、有色、化工等重点行业碳排放控制目标和行动方案，提升重点行业碳生产力水平。在重点行业，选择一批减排潜力大、成熟度高、先进适用的重大低碳技术示范推广，促进工业行业碳排放强度下降。

控制工业过程温室气体排放。以减少工业过程二氧化碳、氧化亚氮、氢氟碳化物、全氟化碳、六氟化硫等温室气体排放为目标，以水泥、钢铁、石灰、电石、己二酸、硝酸、化肥、制冷剂生产等为重点，控制工业过程温室气体排放。开展水泥生产原料替代，利用工业固体废物等非碳酸盐原料生产水泥，减少生产过程二氧化碳排放。开展高碳产品替代，引导使用新型低碳水泥替代传统水泥、新型钢铁材料或可再生材料替代传统钢材、有机肥或缓释肥替代传统化肥，减少高碳排放产品消费。

开展工业低碳发展试点示范。继续开展园区试点示范，结合新型工业化产业示范基地建设，加大低碳工业园区建设力度，制定国家低碳工业园区指南，推进园区碳排放清单编制工作，推动园区企业参与碳排放权交易。开展低碳企业试点示范，引导企业实施低碳发展战略，逐步建立低碳企业评价标准、指标体系和激励约束机制，培育低碳标杆企业，增强企业低碳竞争力。鼓励建材、化工等行业实施碳捕集、利用与封存试点示范，促进二氧化碳资源化利用。

专栏5　工业低碳发展工程

绿色能源推广行动。控制和消减煤炭消耗总量，提高太阳能、风能、生物质能、水能等可再生能源使用比例。开展工业园区和企业智能微电网试点示范，鼓励智能微电网接入本地区电力需求侧管理平台。

控制工业过程温室气体排放计划。推广电炉炼钢-热轧短流程工艺，有色金属冶炼短流程工艺，改进电石、石灰生产工艺，减少生产过程二氧化碳排放。改进化肥、己二酸、硝酸、己内酰胺等生产工艺，减少工业生产过程氧化亚氮的排放。实施高温室效应潜能值气体替代，通过采用合理防护性气体、创新操作工艺、开展替代品研发、改进设备使用等措施，大幅度降低工业生产过程含氟气体排放。

工业低碳发展试点示范行动。在钢铁、有色、建材、石化和化工、装备制造等重点行业，开展低碳企业创建试点。在化工、水泥、钢铁等行业实施碳捕集、利用与封存示范，加强二氧化碳在石油开采、塑料制品、食品加工等领域的应用。

（五）提升科技支撑能力，促进绿色创新发展

紧跟科技革命和产业变革的方向，加快绿色科技创新，加大关键共性技术研发力度，增加绿色科技成果的有效供给，发挥科技创新在工业绿色发展中的引领作用。

加快传统产业绿色化改造关键技术研发。围绕钢铁、有色、化工、建材、造纸等行业，以新一

代清洁高效可循环生产工艺装备为重点，结合国家科技重大工程、重大科技专项等，突破一批工业绿色转型核心关键技术，研制一批重大装备，支持传统产业技术改造升级。重点支持钢铁行业研发换热式两段焦炉及高效、清洁全废钢电炉冶炼新工艺，有色行业研发超大容量电解槽、连续吹炼等设备与工艺，化工行业研发流化床多晶硅生产、氯化法钛白粉生产、新一代分离膜及膜器等新工艺及装备，水泥行业研发新型低碳、高标号熟料生产工艺，造纸行业研发高速造纸机智能化控制设备、非木浆黑液高浓度提取及蒸发工艺。

支持绿色制造产业核心技术研发。面向节能环保、新能源装备、新能源汽车等绿色制造产业的技术需求，加强核心关键技术研发，构建支持绿色制造产业发展的技术体系。节能环保产业重点研发煤炭清洁高效利用、朗肯循环等余热高效利用、高耗能行业节能新工艺等节能技术，挥发性有机物在线分析仪、高浓度氨氮废水处理、化工废盐焚烧处理及资源化、污泥高速流体喷射破碎干化等环保技术及装备，以及低品位共伴生矿产资源高效利用、赤泥和电解锰渣资源化利用、钢渣微粉等综合利用技术装备。新能源装备重点研发核心装备部件制造、并网、电网调度和运维管理等关键技术。电动汽车重点推进动力电池、电机、电控等技术研发。

鼓励支撑工业绿色发展的共性技术研发。按照产品全生命周期理念，以提高工业绿色发展技术水平为目标，加大绿色设计技术、环保材料、绿色工艺与装备、废旧产品回收资源化与再制造等领域共性技术研发力度。重点突破产品轻量化、模块化、集成化、智能化等绿色设计共性技术，研发推广高性能、轻量化、绿色环保的新材料，突破废旧金属、废塑料等产品智能分选与高值利用、固体废物精细拆解与清洁再生等关键产业化技术，开展基于全生命周期的绿色评价技术研究。

（六）加快构建绿色制造体系，发展壮大绿色制造产业

强化产品全生命周期绿色管理，支持企业推行绿色设计，开发绿色产品，建设绿色工厂，发展绿色工业园区，打造绿色供应链，全面推进绿色制造体系建设。

开发绿色产品。按照产品全生命周期绿色管理理念，遵循能源资源消耗最低化、生态环境影响最小化、可再生率最大化原则，大力开展绿色设计示范试点，以点带面，加快开发具有无害化、节能、环保、低耗、高可靠性、长寿命和易回收等特性的绿色产品。积极推进绿色产品第三方评价和认证，发布工业绿色产品目录，引导绿色生产，促进绿色消费。建立各方协作机制，开展典型产品评价试点，建立有效的监管机制。

创建绿色工厂。按照厂房集约化、原料无害化、生产洁净化、废物资源化、能源低碳化的原则分类创建绿色工厂。引导企业按照绿色工厂建设标准建造、改造和管理厂房，集约利用厂区。鼓励企业使用清洁原料，对各种物料严格分选、分别堆放，避免污染。优先选用先进的清洁生产技术和高效末端治理装备，推动水、气、固体污染物资源化和无害化利用，降低厂界环境噪声、振动以及污染物排放，营造良好的职业卫生环境。采用电热联供、电热冷联供等技术提高工厂一次能源利用率，设置余热回收系统，有效利用工艺过程和设备产生的余（废）热。提高工厂清洁和可再生能源的使用比例，建设厂区光伏电站、储能系统、智能微电网和能管中心。

发展绿色工业园区。以企业集聚化发展、产业生态链接、服务平台建设为重点，推进绿色工业园区建设。优化工业用地布局和结构，提高土地节约集约利用水平。积极利用余热余压废热资源，推行热电联产、分布式能源及光伏储能一体化系统应用，建设园区智能微电网，提高可再生能源使用比例，实现整个园区能源梯级利用。加强水资源循环利用，推动供水、污水等基础设施绿色化改造，加强污水处理和循环再利用。促进园区内企业之间废物资源的交换利用，在企业、园区之间通

过链接共生、原料互供和资源共享，提高资源利用效率。推进资源环境统计监测基础能力建设，发展园区信息、技术、商贸等公共服务平台。

建立绿色供应链。以汽车、电子电器、通信、机械、大型成套装备等行业的龙头企业为依托，以绿色供应链标准和生产者责任延伸制度为支撑，带动上游零部件或元器件供应商和下游回收处理企业，在保证产品质量的同时践行环境保护责任，构建以资源节约、环境友好为导向，涵盖采购、生产、营销、回收、物流等环节的绿色供应链。建立绿色原料及产品可追溯信息系统。

支持企业实施绿色战略、绿色标准、绿色管理和绿色生产，开展绿色企业文化建设，提升品牌绿色竞争力。引导企业建立集资源、能源、环境、安全、职业卫生为一体的绿色管理体系，将绿色管理贯穿于企业研发、设计、采购、生产、营销、服务等全过程，实现生产经营管理全过程绿色化。培育一批具有自主品牌、核心技术能力强的绿色龙头骨干企业，发挥大型企业集团示范带动作用，在绿色发展上先行先试，引导企业建立信息公开制度,定期发布社会责任报告和可持续发展报告。

专栏6　绿色制造体系创建工程

绿色产品设计示范。推进绿色设计试点示范，开展典型产品绿色设计水平评价试点，培育一批绿色设计示范企业，制定绿色产品标准。到2020年，创建百家绿色设计示范企业、百家绿色设计中心，力争开发推广万种绿色产品。

绿色示范工厂创建。制定绿色工厂建设标准和导则，在钢铁、有色、化工、建材、机械、汽车、轻工、纺织、医药、电子信息等重点行业开展试点示范。到2020年，创建千家绿色示范工厂。

绿色示范园区创建。选择一批基础条件好、代表性强的工业园区，开展绿色园区创建示范工程。到2020年，创建百家示范意义强、综合水平高的绿色园区。

绿色供应链示范。以供应链核心企业为抓手，开展试点示范，实施绿色采购，推行生产者责任延伸制度，在信息通信、汽车、家电、纺织等行业培育百家绿色供应链示范企业。

（七）充分发挥区域比较优势，推进工业绿色协调发展

在区域工业发展中贯彻绿色理念，发挥地区比较优势，加强区域协同，促进区域工业绿色发展。

紧扣主体功能定位，进一步调整和优化工业布局。发挥主体功能区规划的引导作用，根据区域资源承载力和环境容量，确定区域工业发展方向和开发强度。优化开发区域积极发展节能、节地、环保的先进制造业，推动产业结构向高端、高效、高附加值转变，大力提高清洁能源比重，能源和水资源消耗以及污染物排放强度达到或接近国际先进水平。重点开发区域合理开发并有效保护能源和矿产资源，将资源优势转化为经济优势，改造传统产业，大力发展新兴产业，大幅提高清洁生产水平，降低资源消耗、污染物和二氧化碳排放强度。限制开发区域加强开发强度管制，限制进行大规模高强度工业化开发。禁止开发区域不得进行工业化开发。

落实重大发展战略，推动绿色制造示范和产业升级。推动京津冀地区绿色协同发展，围绕北京非首都功能疏解，以产业转移带动区域产业结构优化调整，构建区域资源综合利用协同发展体系，推动煤炭替代和绿色能源消费，提升区域资源能源利用效率，降低污染物排放。大力推动长江经济带生态保护，推进沿江工业节水治污、清洁生产改造，加快发展节能环保、新能源装备等绿色产业，支持一批节能环保产业示范基地建设和发展。

推进区域工业绿色转型，实施区域绿色制造试点示范。进一步提高区域工业资源能源利用效率，降低污染排放，强化资源环境标准约束与引领，探索工业绿色低碳转型的新模式、新机制、新思路。引导试点城市加严能耗、水耗、排放标准，加强科技创新与管理创新，率先实现工业绿色低碳转型。梳理总结试点城市成功经验和做法，形成各具特色的工业绿色转型发展模式，以点带面推动工业绿色转型发展。

（八）实施绿色制造+互联网，提升工业绿色智能水平

推动互联网与绿色制造融合发展，提升能源、资源、环境智慧化管理水平，推进生产要素资源共享，用分享经济模式挖掘资源与数据潜力，促进绿色制造数字化提升。

推动能源管理智慧化。实施数字能效推进计划，鼓励企业通过物联网、大数据、云计算、先进过程控制等技术应用，对能源消耗情况特别是大型耗能设备，实施动态监测、控制和优化管理，提高企业能源分析、预测和平衡调度能力，实现企业能源管理数字化和精细化。加大能源管控中心建设力度，在钢铁、化工、纺织、造纸等行业继续普及和完善能源管控中心建设。积极培育工业节能云服务市场，鼓励广大中小企业利用云计算技术共享能源管理。创新能耗监管模式，推进园区和区域能耗监测系统建设，建立分析与预测预警机制。

促进生产方式绿色精益化。利用移动互联网、云计算、大数据、物联网及分享经济模式促进生产方式绿色转型，推动研发设计、原材料供应、加工制造和产品销售等全过程精准协同，强化生产资料、技术装备、人力资源等生产要素共享利用，实现生产资源优化整合和高效配置。加快形成企业智能环境数据感知体系，落实生态环境保护信息化工程。加快绿色数据中心建设。发展大规模个性化定制、网络协同制造、远程运维服务，降低生产和流通环节资源浪费。推动电子商务企业直销或与实体企业合作经营绿色产品和服务，鼓励利用网络销售绿色产品，满足不同主体多样化的绿色消费需求。利用线上线下融合等模式推动绿色消费习惯形成，增进民众绿色消费获得感。

创新资源回收利用方式。发展“互联网+”回收利用新模式，支持利用物联网、大数据开展信息采集、数据分析、流向监测，鼓励再生资源利用企业与互联网回收企业建立战略联盟、电商业务向资源回收领域拓展以及智能回收机向互联网回收延伸。支持利用电子标签、二维码等物联网技术，跟踪废弃电器电子产品流向。鼓励互联网企业积极参与工业园区废弃物信息平台建设，推动现有骨干再生资源交易市场向线上线下结合转型升级，逐步形成行业性、区域性、全国性的产业废弃物和再生资源在线交易系统。

（九）着力强化标准引领约束，提高绿色发展基础能力

建立完善工业绿色发展标准、评价及创新服务等体系，打造绿色制造服务平台，加快培育壮大节能环保服务业，全面提升绿色发展基础能力。

健全标准体系。聚焦工业绿色发展需求，围绕绿色产品、绿色工厂、绿色园区和绿色供应链构建绿色制造标准体系，提高节能、节水、节地、节材指标及计量要求，加快能耗、水耗、碳排放、清洁生产等标准制修订，提升工业绿色发展标准化水平。充分发挥企业在标准制定中的作用，鼓励制定严于国家标准、行业标准的企业标准，促进工业绿色发展提标升级。积极推进标准互认，鼓励企业、科研院所、行业组织等主动参与国际标准化工作，围绕节能环保、新能源、新材料、新能源汽车等领域，主导或参与制定国际标准，提升标准国际化水平。加强强制性标准实施的监督评估，开展实施效果评价，建立强制性标准实施情况统计分析报告制度。

建立评价机制。加快建立自我评价、社会评价与政府引导相结合的绿色制造评价机制。加快制

定绿色制造评价制度，研究提出绿色制造评价方法和指南，制定分行业、分领域绿色评价指标和评估方法，开发应用评价工具。开展绿色产品、绿色工厂、绿色园区、绿色供应链评价试点，引导绿色生产，促进绿色消费。鼓励引导第三方服务机构创新绿色制造评价及服务模式，面向重点领域开展咨询、检测、评估、认定、审计、培训等一揽子服务，提供绿色制造整体解决方案。强化绿色评价结果应用，建立实施能效、水效和环保领跑者制度，逐步建立评价结果与绿色消费的衔接机制。

夯实数据基础。加快建设覆盖工业产品全生命周期资源消耗、能源消耗、污染物及温室气体排放、人体健康影响等要素的生态影响基础数据库。推动建设包括绿色材料库、设备资源库、绿色工艺库、零件信息库等在内的绿色生产基础数据库和产值数据库。支持钢铁、有色、造纸、印染、电子信息等重点行业建设行业绿色制造生产过程物质流和能量流数据库。建立绿色产品可追溯信息系统，提高绿色产品物流信息化和供应链协同水平。研究制定数据标准和采集方法，完善数据计量、信息收集、监测分析保障体系，开发企业生产数据与数据库公共服务平台对接的软件系统。

强化创新服务。鼓励企业与高校、科研机构、服务机构共建研发中心、实验室、中试基地等科技创新载体，推进建设若干国家绿色创新示范企业和企业绿色技术中心。建立产业绿色创新联盟等创新平台，开展产学研用协同创新。加强绿色制造关键核心技术知识产权储备，构建产业化导向的专利组合和战略布局，建设绿色制造技术专利池，推动知识产权资源共享。提升绿色制造项目甄别、技术鉴定、成果推广、信息交流等服务能力，建立企业、中介机构与金融机构之间的互动机制，利用市场机制和信息化手段，提供知识培训、问题诊断、技术方案、融资支持、效果评估一体化服务。实施绿色制造培训行动计划，完善绿色制造人才培训、咨询、信息等绿色促进服务体系，针对中小企业开展网上培训、免费义诊等。

（十）积极开展国际交流合作，促进工业绿色开放发展

把握“一带一路”建设机遇，全面提升工业绿色发展领域的国际交流层次和开放合作水平，共谋绿色发展，为全球生态安全作出新贡献。

推进绿色国际经济合作。在“一带一路”等国际合作中贯彻绿色发展理念，着眼于全球资源配置，采用境外投资、工程承包、技术合作、装备出口等方式，推动绿色制造和绿色服务率先走出去。钢铁、建材、造纸等行业注重以循环经济模式进行合作，石化化工行业加强境外绿色生产基地建设，积极参与风电、太阳能、核能、电网等国际新能源项目的投资、建设和运营。

强化绿色科技国际合作。紧跟全球绿色科技和产业发展动向，加强工业绿色发展国际交流与合作，充分利用市场规模、装备生产能力、创新环境和人才队伍等方面的优势，吸引全球顶尖研发资源和先进技术转移。加快建立国际化的绿色技术创新平台，加强绿色工业、应对气候变化等领域国际科技合作研究，鼓励国内研发机构与世界一流科研机构建立稳定的合作伙伴关系，广泛开展科研人员交流培训，在更高层次和更广领域推动国际绿色科技合作。

完善对外交流合作长效机制。充分利用多边和双边合作机制，加强节能减排、气候变化、清洁技术、清洁能源开发等方面的交流对话，积极参与工业绿色发展相关谈判和相关规则制定，推动建立公平、透明、合理的全球绿色发展新秩序。加强与联合国开发计划署、全球环境基金等的合作，继续推进与联合国工业发展组织在工业绿色发展领域的合作交流。在中欧、中美及相关国际组织等合作框架下，推动双边及多边政府部门、研究机构、行业协会、相关企业间的交流互动，深入推进中欧绿色产品政策交流与对话，加强中美绿色能源开发利用领域交流合作。支持港澳等地区与内地合作开展节能环保展示交流活动。

四、保障措施

（一）加强组织领导

各级工业和信息化主管部门要充分认识工业绿色发展的重大意义，将推进工业绿色发展作为推动生态文明建设的一项重要任务，加强组织领导，积极会同相关部门健全工作机制，结合实际情况提出加快推进工业绿色发展的目标任务和工作方案，加强地方规划与本规划的衔接。建立责任明确、协调有序、监管有力的工业绿色发展工作体系，切实履行职责，进一步强化目标责任评价考核，加强监督检查，保障规划目标和任务的完成。充分发挥行业协会、产业联盟等的桥梁纽带作用，推动重点行业绿色发展。

（二）创新体制机制

充分发挥市场调节作用，构建工业绿色发展长效机制。深化资源体制改革，通过理顺资源价格体系，建立以市场化为导向的、能够反映市场供求关系、资源稀缺程度、环境损害成本的资源价格形成机制，建立健全用能权、用水权、排污权、碳排放权初始分配制度，创新有偿使用、预算管理、投融资机制，培育和发展交易市场。建立覆盖工业产品全生命周期、全价值链的绿色管理体系。开展能效、水效、环保领跑者引领行动。发布实施《工业节能管理办法》，强化工业绿色发展的法规、标准约束，严格监管，营造良好市场环境。

（三）落实财税政策

加大投入力度，充分利用中央预算内投资、技术改造、节能减排、清洁生产、专项建设基金等资金渠道及政府和社会资本合作（PPP）模式，集中力量支持传统产业改造、绿色制造试点示范、资源综合利用等。落实资源综合利用、节能节水及环保（专用）装备等领域财税支持政策，将绿色节能产品纳入政府采购。

（四）发展绿色金融

以绿色金融支持工业绿色发展，不断扩大工业绿色信贷和绿色债券规模，创新金融产品和服务，积极开展绿色消费信贷业务。积极研究设立工业绿色发展基金，鼓励社会资本投入绿色制造业。建立企业绿色发展水平与企业信用等级评定、贷款联动机制。鼓励金融机构为中小企业绿色转型提供便捷、优惠的担保服务和信贷支持，积极发展融资租赁、知识产权质押贷款、信用保险保单质押贷款。

（五）强化宣传引导

加强舆论宣传引导，开展多层次、多形式的宣传教育，积极开展公益性的宣传活动，大力传播绿色发展理念。充分发挥各类媒体、公益组织、行业协会、产业联盟、公众参与、舆论监督等积极作用，引导消费者树立绿色消费理念，为工业绿色发展营造良好舆论氛围。

轻工业发展规划（2016-2020年）（节录）

（工业和信息化部2016年7月印发）

（三）主要目标

节能减排成效显著。继续推进节能减排，循环经济发展迈上新的台阶。规模以上单位工业增加

值能耗比年下降18%、单位工业增加值用水比2015年下降23%、单位工业增加值二氧化碳排放量比2015年下降22%。

三、重点任务

（五）全面推行绿色制造加大绿色化改造力度。加大食品、皮革、造纸、电池、陶瓷、日用玻璃等行业节能降耗、减排治污改造力度，利用新技术、新工艺、新材料、新设备推动企业节能减排。以源头削减污染物为切入点，革新传统生产工艺设备，鼓励企业采用先进适用清洁生产工艺技术实施升级改造。加快制定能耗限额标准，树立能耗标杆企业，开展能效对标达标活动，大力推广节能新技术。在食品、造纸等行业引导企业建设能源管理中心，利用信息和管理技术提升企业的节能水平。在皮革、铅蓄电池等行业，积极开展重金属挥发性有机物、持久性有机物等非常规污染物削减。进一步落实《高风险污染物削减行动计划》，提高行业清洁生产水平。强化重点行业废水、废气的末端治理，对治污设施实施升级改造，采用成熟、先进的治污技术实现污染物的持续稳定削减。建设统一的绿色产品标准、认证、标识体系。

专栏8：节能减排技术推广工程塑料制品：智能节能贴膜，复合膜行业有机废气高效净化处理回收，水性聚氨酯合成革，高分子材料超临CO2发泡成型技术改造。

皮革：毛皮及制革加工废水循环利用，高吸收染整，无铬鞣制技术，节盐节水技术，污泥资源再利用技术。

造纸：非木材纤维原料清洁制浆技术，置换蒸煮、氧脱木素、纸浆中高浓筛选与漂白、纸机高效成型、多段逆流洗涤封闭筛选、置换压榨双辊挤浆机、纸机白水多圆盘分级与回用、污泥资源化利用技术。

电池：新型节能型汽车起停型铅蓄电池技术，极板连铸连轧/冲网工艺、铅蓄电池管式电极挤膏工艺技术，含重金属废气高效处理技术，铅碳电池技术，废铅蓄电池湿法冶炼技术，铅蓄电池酸循环内化成技术。

陶瓷：高效燃烧、低量排放节能环保窑炉技术。

日用玻璃：玻璃瓶罐轻量化生产技术，节能环保窑炉技术，废碎玻璃加工处理技术。

制糖及发酵：糖厂全自动连续煮糖技术，特种糖生产技术，功能糖酸性水连续蒸煮喷爆及限制性酶解技术，高效菌种应用技术，废母液循环利用，机械式蒸汽再压缩技术，气浮、膜法、酶法等无硫绿色制糖技术。

盐业：热压缩（MVR）母液制造研发与推广先进技术，精制盐“石灰-烟道气”卤水净化技术，真空制盐大粒结晶工艺技术，膜法生产高纯度液体盐技术，岩盐盐穴综合利用技术。

提高资源综合利用水平。提升能源利用效率，扩大太阳能等新能源应用比例。加强水资源综合利用，建立和推行用水定额管理制度，提高废水、污水处理回用率。在造纸、制革等行业采用清污分流、闭路循环、一水多用等措施，提高水的重复利用率。加强废弃物综合利用技术的研发与推广应用，提高工业固废综合利用和再生资源回收利用水平。

石化和化学工业发展规划（2016-2020年）（节录）

二、指导思想、发展原则和规划目标

（一）指导思想

深入贯彻党的十八大和十八届三中、四中、五中全会精神，牢固树立创新、协调、绿色、开放、共享的发展理念，以《中国制造2025》和《国家创新驱动发展战略纲要》为行动纲领，以提质增效为中心，以供给侧结构性改革为主线，深入实施创新驱动发展战略和绿色可持续发展战略，着力改造提升传统产业，加快培育化工新材料，突破一批具有自主知识产权的关键核心技术，打造一批具有较强国际影响力的知名品牌，建设一批具有国际竞争力的大型企业、高水平化工园区和以石化化工为主导产业的新型工业化产业示范基地，不断提高石化和化学工业的国际竞争力，推动我国从石化和化学工业大国向强国迈进。

（二）发展原则

……

3.坚持绿色发展。发展循环经济，推行清洁生产，加大节能减排力度，推广新型、高效、低碳的节能节水工艺，积极探索有毒有害原料（产品）替代，加强重点污染物的治理，提高资源能源利用效率。

……

（三）规划目标

“十三五”期间，石化和化学工业结构调整和转型升级取得重大进展，质量和效益显著提高，向石化和化学工业强国迈出坚实步伐。

4.绿色发展目标。“十三五”末，万元GDP用水量下降23%，万元GDP能源消耗、二氧化碳排放降低18%，化学需氧量、氨氮排放总量减少10%，二氧化硫、氮氧化物排放总量减少15%，重点行业挥发性有机物排放量削减30%以上。

三、主要任务和重大工程

（二）促进传统行业转型升级

严格控制尿素、磷铵、电石、烧碱、聚氯乙烯、纯碱、黄磷等过剩行业新增产能，对符合政策要求的先进工艺改造提升项目应实行等量或减量置换。探索建立落后产能法制化、市场化退出机制，引导企业开展并购重组，发挥市场优胜劣汰的竞争机制和倒逼机制，充分利用安全、环保、节能、价格等措施，推动落后和低效产能退出，为先进产能创造更大的市场空间。利用清洁生产等先进技术改造提升现有生产装置，降低消耗，减少排放，提高综合竞争能力和可持续发展能力。加强应用研发，开拓传统产品应用消费领域，扩大消费量。强化品牌意识，提高产品质量，健全品牌管理体系，打造一批知名度、美誉度较高的国际知名品牌。整合优化生产服务系统，重点发展科技服务、研发设计、工程承包、信息服务、节能环保服务、融资租赁等现代生产性服务业，为行业提供社会化、专业化服务。

专栏4　绿色发展工程

清洁生产　实施挥发性有机物（VOCs）综合整治，加快涂料、胶粘剂、农药等领域有机溶剂替代和生产过程密闭化改造。开发推广光气等高毒原料替代技术，推广催化加氢、绝热硝化等清洁生产工艺。淘汰含铅涂料、根据国家履行国际公约总体计划要求进行淘汰的高风险产品，以及平炉法工艺生产高锰酸钾、间歇焦炭法生产二硫化碳、有钙焙烧法生产重铬酸钠等高污染工艺。

循环经济　推进磷石膏、氟石膏、造气炉渣、电石渣、碱渣等固体废物综合利用，鼓励利用焦炉气、电石炉气、黄磷尾气等生产化学品。开发推广煤化工、染料、农药等行业废水治理及再利用技术。开发推广废旧塑料、轮胎等有机物的回收利用技术。推进二氧化碳在驱油、合成有机化学品、微藻培养等方面的应用示范。加强高温和强放热工艺装置余热综合利用。加强可降解塑料等绿色产品的开发和推广应用。

节能技术装备　加快推广超重力场传质技术、超临界萃取技术等节能技术，加快推广稀土永磁无铁芯电机、电动机用铸铜转子、高能效等级的中小型三相异步电动机、锅炉水汽系统平衡及热回收工艺设备、高效换热器、低温余热发电用螺杆膨胀机、乏汽与凝结水闭式回收设备等节能装备。

钢铁工业调整升级规划(2016−2020年)（节录）

（工业和信息化部2016年10月28日印发）

三、指导思想、基本原则和目标

(一)指导思想

全面贯彻落实党的十八大和十八届三中、四中、五中全会精神，坚持创新、协调、绿色、开放、共享发展理念，积极适应、把握、引领经济发展新常态，充分发挥市场配置资源的决定性作用和更好发挥政府作用，着力推动钢铁工业供给侧结构性改革。以全面提高钢铁工业综合竞争力为目标，以化解过剩产能为主攻方向，促进创新发展，坚持绿色发展，推动智能制造，提高我国钢铁工业的发展质量和效益。

(二)基本原则

……

3.坚持绿色发展。以降低能源消耗、减少污染物排放为目标，全面实施节能减排升级改造，不断优化原燃料结构，大力发展循环经济，积极研发、推广全生命周期绿色钢材，构建钢铁制造与社会和谐发展新格局。

(三)目标

到2020年，钢铁工业供给侧结构性改革取得重大进展，实现全行业根本性脱困。产能过剩矛盾得到有效缓解，粗钢产能净减少1亿—1.5亿吨；创新驱动能力明显增强，建成国家级行业创新平台和一批国际领先的创新领军企业；能源消耗和污染物排放全面稳定达标，总量双下降；培育形成一批钢铁智能制造工厂和智能矿山；产品质量稳定性和可靠性水平大幅提高，实现一批关键钢材品种有效供给。力争到2025年，钢铁工业供给侧结构性改革取得显著成效，自主创新水平明显提高，有效供给水平显著提升，形成组织结构优化、区域分布合理、技术先进、质量品牌突出、经济效益好、竞争力强的发展态势，实现我国钢铁工业由大到强的历史性跨越。

四、重点任务

(六)推进绿色制造

实施绿色改造升级。加快推广应用和全面普及先进适用以及成熟可靠的节能环保工艺技术装备。全面完成烧结脱硫、干熄焦、高炉余压回收等改造，淘汰高炉煤气湿法除尘、转炉一次烟气传统湿法除尘等高耗水工艺装备。全面建成企业厂区主要污染物排放的环保在线监控体系。研发推广先进节能环保技术，开展焦炉和烧结烟气脱硫脱硝、综合污水回用深度脱盐等节能环保难点技术示范专项活动。在环境影响敏感区、环境承载力薄弱的钢铁产能集中区，加快实施封闭式环保原料场、烧结烟气深度净化等清洁生产技术改造。在钢铁产业集聚区，积极探索和实施物流集中铁路运输方案，系统优化物流体系，减少物流过程中无组织排放。

专栏5　绿色改造升级发展重点

1全面推广的节能减排技术

烧结系统高效除尘，出铁场无组织烟气综合治理，转炉煤气干法（半干法）除尘或新型湿法除尘，转炉（电炉）二次、三次除尘、烧结矿余热回收、能源管控中心、钢渣高效处理及深度综合利用、综合污水再生回用等。

2重点推广的节能减排技术

原料场棚化、仓化，烧结烟气循环，烧结烟气多种污染物协同治理，高温高压干熄焦，超高压煤气锅炉发电，中低温烟气余热回收与利用，能源优化调控技术，城市中水再生回用，含铁含锌尘泥综合利用等。

3示范推广的节能减排技术

焦炉烟道气脱硫脱硝，烧结、电炉二噁英防治技术，焦化（冷轧）废水处理回用与“零排放”，竖炉式烧结矿显热回收利用技术，浓盐水的减量处理与消纳，焦炉煤气初冷系统余热高效利用，可再生能源和清洁能源利用等。

4前沿储备的节能减排技术

炉渣余热回收和资源化利用，复合铁焦新技术，钢铁厂物质流、能源流和信息流（大数据）协同优化技术，二氧化碳捕集、利用和储存技术等。

加快发展循环经济。推进资源综合利用产业规范化、规模化发展，大力发展循环经济。随着我国废钢资源的积累增加，按照绿色可循环理念，注重以废钢为原料的短流程电炉炼钢的发展机遇。鼓励产业耦合，建设绿色工业园区，推进钢铁与建材、电力、化工等产业及城市间的耦合发展，实现钢铁制造、能源转换和废弃物消纳三大功能。加快钢铁行业资源能源回收利用产业发展，加强冶金渣、尘泥等固体废弃物的综合利用，加快废钢加工配送体系建设，推广城市中水和钢铁工业废水联合再生回用集成技术。

引导绿色消费。加快钢结构建筑推广应用，支持钢铁企业主动参与钢结构示范产业基地建设，研发生产与钢结构建筑构件需求相适应的定制化、个性化钢铁产品，推广390兆帕及以上高强钢结构用钢，研发防火、防腐高性能钢结构用钢，探索生产标准化程度高的钢结构构配件，建立钢结构构配件统一配送中心，力争钢结构用钢量由目前的5000万吨增加到1亿吨以上。继续深入推进高强钢筋应用，全面普及应用400兆帕(III级)高强钢筋，推广500兆帕及以上高强钢筋，探索建立钢筋加工配送中心。结合汽车轻量化发展、高技术船舶建造、超高效电机推广等工作，鼓励钢铁企业主动

加强与下游产业协同，研发生产高强度、耐腐蚀、长寿命等高品质钢材。

专栏6　绿色改造升级重大工程

1原料场棚化、仓化改造

实施原料场棚化、仓化改造，解决原料场扬尘问题，企业环境空气中颗粒物排放浓度小于1毫克/立方米。

2烟气脱硫脱硝改造

实施焦炉烟道气脱硫脱硝改造工程，二氧化硫、氮氧化物、颗粒物的排放浓度分别达到≤30毫克/立方米、≤150毫克/立方米、≤15毫克/立方米。

3烟气多种污染物协同治理

实施烧结（球团）烟气多种污染物协同治理工程，烟气脱硫效率达98%以上、脱硝效率达到60%以上，二氧化硫、氮氧化物、二噁英的排放浓度分别≤180毫克/立方米、≤300毫克/立方米、≤0.5纳克-毒性当量/立方米；建立脱硫副产物综合利用生产线，实现副产物全部综合利用。

4钢渣高效处理及深度综合利用

建立从钢渣处理、磁选筛分、尾渣应用等全流程的钢渣处理线，有效提取钢渣中含铁物质，降低尾渣中金属铁含量，基本实现全部利用。

5能源管控中心（升级版）

实施能源管控中心升级改造，具备电力、煤气、蒸汽、氧气等能源介质的短期预测、预报、预警功能，实现能源介质智能调控和企业能效综合评估。

全国生态保护“十三五”规划纲要

(环生态[2016]151号环境保护部2016年10月27日印发)

近岸海域污染防治方案

（环境保护部办公厅、发展改革委办公厅、科技部办公厅、工业和信息化部办公厅、财政部办公厅、住房城乡建设部办公厅、交通运输部办公厅、农业部办公厅、林业局办公室、海洋局办公室2017年3月印发）

一、基本形势

我国位于太平洋西岸，既是陆地大国也是海洋大国，拥有辽阔的管辖海域、漫长的海岸线和众多的岛礁。近岸海域是陆地和海洋两大生态系统的交汇区域，陆地和海洋环境因素都对近岸海域环境质量有着十分重要而深远的影响。近岸海域环境质量状况及变化趋势，综合反映了各类涉海排污行为的强度和污染防治工作的成效。做好近岸海域污染防治工作，不仅可以改善海洋生态环境质量，而且能够促进陆域、海域产业结构和空间布局优化，带动各相关行业的生产技术和治污技术进步，有利于实现陆海统筹和区域间的均衡、协调、可持续发展。

海洋在海陆水循环中的作用，使其成为众多污染物的最终归宿。随着经济快速发展和生活水平的提高，以各种方式、通过各种途径排入近岸海域的污染物总量居高不下，近岸海域的环境质量状况不容乐观。

2011年至2015年，我国近岸海域环境质量总体保持稳定，水质优良(一、二类)比例平均为67.0%，劣四类海水水质比例平均为18.0%。其中，渤海水质有所好转，一、二类水质比例上升14.3%，劣四类水质比例下降4.1%；黄海水质总体状况良好，一、二类水质比例上升5.6%，同时劣四类水质比例上升3.7%；东海水质状况极差，且总体呈恶化趋势，一、二类水质比例稳定，劣四类水质比例上升4.3%；南海水质状况良好，一、二类水质比例上升12.7%，劣四类水质比例下降2.0%。195条入海河流中，有43条河流入海断面水质为劣V类。401个直接向海洋排放污(废)水的排污口年排水总量持续增加，2015年达到62.45亿吨，比2011年增加了32%，受纳污(废)水的比例渤海为4%、黄海为17%、东海为63%、南海为16%。局部海域典型生态系统受损严重，其中红树林面积自上世纪50年代以来减少了70%以上，珊瑚礁面积相比上世纪70年代累计丧失了80%，自然岸线占大陆岸线长度的比例已不足50%，近岸海域生态破坏形势严峻。

为落实《水污染防治行动计划》，改善近岸海域环境质量状况，维护海洋生态安全，切实加强近岸海域环境保护工作，制定本方案。

二、指导思想与目标

(一)指导思想

全面贯彻落实党中央、国务院关于生态文明建设的总体部署，细化落实《水污染防治行动计划》关于近岸海域污染防治的目标和任务要求。以改善近岸海域环境质量为核心，加快沿海地区产业转型升级，严格控制各类污染物排放，开展生态保护与修复，加强海洋环境监督管理，为我国经济社会可持续发展提供良好的生态环境保障。

(二)基本原则

质量导向，保护优先。以改善近岸海域环境质量为导向，各项任务措施紧密结合改善环境质量需要，确保水质“只能更好、不能变差”。坚持保护优先，绿色发展，以近岸海域水质改善促进区域产业结构和空间布局优化，提高环境污染治理水平。

河海兼顾，区域联动。按照“从山顶到海洋”“海陆一盘棋”的理念，统筹陆域和海域污染防治工作，推动生态保护区域联动，增强近岸海域污染防治和生态保护的系统性、协同性。

突出重点，全面推进。“十三五”期间，以综合整治黄河口、长江口、闽江口、珠江口、辽东湾、渤海湾、胶州湾、杭州湾、北部湾等海域污染为重点，推进近岸海域污染防治工作，提高工作水平和成效。

综合防治，精准施策。针对各海域环境问题的特点，合理设计防治方案，管理措施与工程措施并举，生态系统自然修复与人工修复相结合，提高污染源排放控制和入海河流水质管理的精细化水平。

(三)主要目标

“十三五”期间，全国近岸海域水质稳中趋好；2020年沿海各省(区、市)近岸海域一、二类海水比例达到目标要求，全国近岸海域水质优良(一、二类)比例达到70%左右；入海河流水质与2014年相比有所改善，且基本消除劣于V类的水体。

2017年底前，全面清理非法或设置不合理的入海排污口；近岸海域汇水区域内的城镇污水处理设施全面达到一级A排放标准(含总氮指标)；研究制订重点海域污染物总量控制技术指南。

2020年底前，沿海地级及以上城市根据地区环境容量、排污许可证发放情况等完成工业固定污染源总氮削减任务；海洋国土空间的生态保护红线面积占沿海各省(区、市)管辖海域总面积的比例不低于30%；全国大陆自然岸线保有率不低于35%，全国湿地面积(含滨海湿地)不低于8亿亩，湿地面积不减少；全国海水养殖面积控制在220万公顷左右。

三、重点任务

(一)促进沿海地区产业转型升级

1. 调整沿海地区产业结构结合“一带一路”建设、京津冀协同发展、长江经济带建设等国家重大战略，实施科技引领，加快沿海地区实现创新驱动发展和绿色发展转型。加快化解船舶、钢铁、水泥等行业过剩产能，推动产业升级，引领新兴产业和现代服务业发展。加快构建沿海现代农业产业体系，优化海水养殖业空间布局。加强工业企业园区化建设，推进循环经济和清洁生产，积极建设生态工业园区，加强资源综合利用和循环利用，实施工业园区废水集中处理。

2. 提高涉海项目环境准入门槛

(1)提高行业准入门槛。从严控制“两高一资”产业在沿海地区布局，严格执行环境保护和清洁生产等方面的法律法规标准和重点行业环境准入条件，从产业结构、布局、规模、区域环境承载力、与相关规划的协调性等方面，严格项目审批，提高行业准入门槛；依法淘汰沿海地区污染物排放不达标或超过总量控制要求的产能。

(2)严格污染物排放控制要求。针对当前海洋环境污染问题的特点，严格执行国家和地方污染物排放标准，强化工业企业总氮和总磷等污染物负荷削减。在超过水质目标要求、封闭性较强的海域，实行新(改、扩)建设项目主要污染物排放总量减量置换。

(3)严控围填海和占用自然岸线的建设项目。严格按照海洋主体功能区规划、海洋功能区划、近岸海域环境功能区划和生态保护红线要求，加强近岸海域建设项目环境准入管理，在环境影响评价、排污许可、入海排污口设置等方面，落实围填海、自然岸线和生态保护红线管控要求。

(二)逐步减少陆源污染排放

1. 开展入海河流综合整治

(1)明确入海河流整治目标和工作重点。开展主要入海河流综合整治，到2020年，纳入《水污染防治行动计划》考核范围的入海河流达到水质目标要求(河流名单及水质目标见附1)；将水质劣于V类的入海河流作为各海区整治工作的重点，包括渤海海域的大旱河等6条河流、黄海海域的李村河等7条河流、东海海域的上塘河和南海海域的淡澳河等7条河流。除此之外，沿海各省(区、市)应对本行政区域内其他入海河流(包括季节性河流)情况进行全面调查、登记，开展入海断面水质监测，根据水环境功能要求，自行确定水质目标，明确环境质量责任。相关管理部门共享入海河流调查登记信息。

(2)编制入海河流水体达标方案。对入海监测断面水质尚未达到沿海省(区、市)《水污染防治目标责任书》水质目标要求的入海河流，沿海各省(区、市)应参照《水体达标方案编制技术指南》(环办污防函〔2016〕563号)，编制本省(区、市)《入海河流水体达标方案》；对于其他入海河流，沿海各省(区、市)可视需要编制《入海河流水体达标方案》。入海河流水体达标方案要客观分析入海河流环境压力，识别主要环境问题，提出年度任务和年度目标，做好与流域控制单元污染防治工作的衔接。在有条件的情况下，可进行污染源-排污口-水体的输入响应分析，测算污染物允许排放量，结合水污染治理的技术经济可行性，明确阶段性污染负荷削减目标，提出切实可行的整治工程清单，实现“一河一策”精准治污。

(3)组织开展入海河流整治。全面落实河长制，从控源减污、内源治理、水量调控等方面，因地制宜地采取工程和管理措施，充分考虑与已批准的相关规划文件衔接。加强组织领导，加大环境监督管理力度，建立长效管理机制，确保入海河流水质逐步改善。在有条件的情况下，采用水环境模型预测污染治理措施的水质改善效果，优化工程项目布局与规模。

(4)时间进度安排。沿海各省(区、市)按照“一河一策”的原则，在调查研究基础上尽快编制完成《入海河流水体达标方案》。2018至2020年，在《入海河流水体达标方案》实施过程中，沿海各省(区、市)逐年对入海河流水质状况、治理成效、工程项目建设与运行、环境监督管理、长效机制建设、投融资模式等情况进行总结分析，形成年度工作报告。

2. 规范入海排污口管理

(1)摸清入海排污口底数。清理入海排污口的范围，包括陆地和海岛上所有直接向海域排放污(废)水的排污口和排污沟(渠)。沿海各省(区、市)对本行政区域内已建成和在建的入海排污口进行全面调查，确定各个排污口的污染治理责任单位，并予以登记(登记表格式见附2)；对近岸海域汇水区域内的城镇污水处理设施进行登记(登记表格式见附3)，判定非法和设置不合理入海排污口(判定条件见附4)；在有条件的地方，可以入海排污口为起点，溯源排查管道布设情况。

(2)清理非法和设置不合理入海排污口。沿海各省(区、市)应编制非法和设置不合理排污口名录，确定各个排污口的具体整治要求，制订非法与设置不合理排污口清理工作方案，并组织开展整治工作，根据实际情况，依法处理。

(3)时间进度安排。2017年6月底前，沿海各省(区、市)完成本行政区域内排污口摸底排查工作，制定非法与设置不合理排污口清理工作方案(含排污口名单)，编制完成近岸海域汇水区域(沿海地级及以上城市)城镇污水处理设施清单。2017年底前，完成非法与设置不合理入海排污口的清理工作。2018年2月底前，沿海各省份编制完成入海排污口清理工作报告(含排污口名单)和近岸海域汇水区域内的城镇污水处理设施达标情况报告(含设施名单)。

3. 加强沿海地级及以上城市污染物排放控制

(1)科学确定污染物排放控制目标

“十三五”期间，沿海地级及以上城市根据近岸海域水质改善需求，结合水域纳污能力，围绕无机氮等首要污染物，因地制宜地确定污染物排放控制指标，并纳入污染物排放总量约束性指标体系。按照《控制污染物排放许可制实施方案》的要求，改变单纯的以行政区域为单元分解污染物排放总量指标的方式，通过差别化和精细化的排污许可证管理，落实企事业单位污染物排放总量控制要求，逐步实现由行政区污染物排放总量控制，向企事业单位污染物排放总量控制转变。

对于工业固定污染源，2017年底前，沿海地级及以上城市按照《控制污染物排放许可制实施方案》和环境保护部相关配套文件要求，结合本地区改善环境质量的需要，确定污染物许可排放浓度和排放量，将所有工业固定污染源污染物许可排放量总和作为该地区工业固定污染源污染物排放总量控制目标。控制指标按照国家排污许可和总量控制相关要求执行。

沿海省(区、市)制定或完善相关考核办法，在入海河流现有水质目标基础上，增加入海河流总氮水质目标，并根据入海河流浓度下降的阶段性目标要求，制定本地区工业固定污染源许可排放量

年度削减计划，并在固定污染源排污许可证中予以明确。

(2)加强沿海地级及以上城市各类污染源治理

通过排污许可严控工业固定污染源排放。环保部门应加强排污许可证实施监管，督促企业采取有效措施控制污染物排放，达到排污许可证规定的许可排放量削减要求；对建设项目实施污染物排放等量置换或减量置换。应当要求相关工业企业严格落实排污许可管理要求，通过加大环保投入、提升清洁生产水平和治污设施提标改造等措施，提高污染治理水平，确保污染物排放达到排污许可要求，并将污水治理措施向当地环境保护部门备案，定期向环境保护部门提交许可证执行报告，包括治污设施建设与运行情况、排污口设置，以及排放污染物的种类、浓度和排放量等。

加强工业集聚区污染治理和污染物排放控制。加强沿海经济技术开发区、高新技术产业开发区、出口加工区等工业集聚区污染治理。新建、升级工业集聚区应同步规划、建设污水集中处理设施或利用现有的污水集中处理设施，污水集中处理设施应具备脱氮除磷工艺，并安装自动在线监控装置。

提高城镇污水处理设施氮磷去除能力。加快现有城镇污水处理设施升级改造，到2017年近岸海域汇水区域内的城镇污水处理设施全面达到一级A排放标准。鼓励有条件的地区在城镇污水处理厂下游采取湿地净化工程等措施，进一步削减污染物入河量。推进城镇污水处理厂达标尾水的资源化利用，减少排入自然水体的污染物负荷。

加强畜禽养殖与农村面源污染控制。对于规模化畜禽养殖，通过加强畜禽养殖废弃物的综合利用和无害化处理等方式，推进畜禽养殖废弃物的减量化、资源化、无害化、生态化处理，减少污染物排放；对于小型分散畜禽养殖、农村生活、农业种植等面源，结合农村环境综合整治工作，通过建设分散型污水处理、生态拦截沟、湿地净化等工程措施，以及提高化肥利用率等途径，减少污染物排放。在具备条件的河口区域开展湿地建设，减少面源污染物入海量。

(3)加强污染物排放控制的监测监控与考核。沿海地级及以上城市将总氮纳入地表水水质例行监测；环境保护部门在监督性监测过程中将总氮作为必测指标，确保有效掌握固定污染源总氮排放状况。相关排污单位应当按照排污许可证的规定，开展自行监测，保障数据合法有效并及时向社会公开。重点排污单位应当安装总氮、总磷自动在线监控装置，鼓励其他排污单位安装总氮、总磷在线监测设备，并与环境保护部门联网。

沿海省(区、市)将总氮纳入河流水质目标考核，并向社会公开。对于排放控制效果好、水质改善明显的地区，环境保护部优先支持该地区污染物减排工程项目纳入《水污染防治行动计划》国家项目库。对于入海河流和近岸海域污染物浓度不降反升、排放控制目标完成情况较差的地区，沿海各省(区、市)应通过区域限批、约谈、挂牌督办等方式督促并指导相关地市采取有效措施加以整改。

(4)时间进度安排。2017年底前，沿海地级及以上城市确定工业固定污染源排放控制目标，提出各类污染源减排重点工程清单，完成《水污染防治行动计划》确定的十大重点行业排污许可证核发。2018年底前，按照国家排污许可证管理名录规定时限完成相关行业排污许可证核发，并严格按证监管，推动污染物减排重点工程建成投运，基本建成总氮监测监控体系。2018-2020年，沿海地级及以上城市全面开展污染物排放控制工作，进行污染物排放控制情况的年度考核。

4.严格控制环境激素类化学品污染

2017年底前，完成环境激素类化学品生产使用情况调查，监控评估水源地、农产品种植区及水

产品集中养殖区风险，实施环境激素类化学品淘汰、限制、替代等措施。

(三)加强海上污染源控制

1.加强船舶和港口污染防治

发布《船舶水污染物排放标准》，按照《船舶与港口污染防治专项行动实施方案(2015-2020年)》相关要求，加快相关法规、标准规范的制修订，持续推进船舶结构调整，协同推进船舶污染物接收设施建设及其与城市公共处理设施的衔接，加强污染物排放监测和监管等，全面推进船舶和港口污染防治工作。到2017年底，沿海港口、码头、装卸站、船舶修造厂具备船舶含油污水、化学品洗舱水、生活污水和垃圾等接收能力，并做好与市政公共处理设施的衔接，实现船舶污染物按规定处置。2020年底前，按照船舶污染物排放标准，完成现有船舶的改造，经改造仍不能达到要求的，依法限期予以淘汰。

2.加强海水养殖污染防控

沿海渔业重点县(市)组织编制《养殖水域滩涂规划》，依法科学划定养殖区、限制养殖区和禁止养殖区；完善水产养殖基础设施，推进水产养殖池塘标准化改造，鼓励沿海省(区、市)开展海洋离岸养殖，支持推广深水抗风浪养殖网箱。发展水产健康养殖，继续组织健康养殖示范创建活动；加强养殖投入品管理，落实《兽药抗菌药及禁用兽药五年专项治理计划》(农质发〔2015〕6号)，加强水产养殖环节用药的监督抽查。2017年底前，沿海各省(区、市)编制完成并发布推进生态健康养殖工作方案。2018年底前，沿海渔业重点县(市)发布县级《养殖水域滩涂规划》。沿海各级渔业主管部门推进水产养殖池塘标准化改造、近海养殖网箱环保改造、海洋离岸养殖和集约化养殖、新创建一批水产健康养殖示范场，加强养殖投入品管理。

3.加强海洋石油勘探开发污染防治

严格按照《海洋环境保护法》《防治海洋工程建设项目污染损害海洋环境管理条例》《海洋石油勘探开发环境保护管理条例》等相关法律法规的要求，强化监督管理，防控海洋石油勘探开发污染。

(四)保护海洋生态

1.划定并严守生态保护红线

在海洋重要生态功能区、海洋生态脆弱区、海洋生态敏感区等区域划定生态保护红线，合理划定纳入生态保护红线的湿地范围，明确湿地名录，并落实到具体湿地地块，明确生态保护红线管控要求，构建红线管控体系。沿海各地的海洋资源开发建设活动应严守生态保护红线；非法占用生态保护红线范围的建设项目应限期退出；导致生态保护红线范围内生态破坏的，应按照生态损害者赔偿、受益者付费、保护者得到合理补偿的原则，进行海洋生态补偿。

2.严格控制围填海和占用自然岸线的开发建设活动

认真执行围填海管制计划，严格控制围填海规模，加强围填海管理和监督，制订并印发实施《建设项目用海控制标准》。重点海湾、自然保护区、海洋特别保护区的重点保护区及预留区、重点河口区域、重要滨海湿地区域、重要砂质岸线及沙源保护海域、特殊保护海岛及重要渔业海域禁止实施围填海；生态脆弱敏感区、自净能力差的海域严格限制围填海；严肃查处违法围填海行为。近岸海域湿地的开发建设活动管理，应按照《湿地保护修复制度方案》(国办发〔2016〕89号)、《关于加强滨海湿地管理与保护工作的指导意见》(国海环字〔2016〕664号)等的规定予以落实。

3.保护典型海洋生态系统和重要渔业水域

加大红树林、珊瑚礁、海藻场、海草床、河口、滨海湿地、泻湖等典型海洋生态系统，以及产卵场、索饵场、越冬场、洄游通道等重要渔业水域的调查研究和保护力度，健全生态系统的监测评估网络体系，因地制宜地采取红树林栽种、珊瑚、海藻和海草人工移植、渔业增殖放流、建设人工鱼礁等保护与修复措施，切实保护水深20米以内海域重要海洋生物繁育场，逐步恢复重要近岸海域的生态功能。

4. 加强海洋生物多样性保护

以生物多样性保护优先区域为重点，开展海洋生物多样性本底调查与编目。加强海洋生物多样性监测预警能力建设，提高海洋生物多样性保护与管理水平。对国家和地方重要湿地，要通过设立国家公园、湿地自然保护区、湿地公园、水产种质资源保护区、海洋特别保护区等方式加强保护，在生态敏感和脆弱地区加快保护管理体系建设。加强海洋特别保护区、海洋类水产种质资源保护区建设，强化海洋自然保护区监督执法，提升现有海洋保护区规范化能力建设和管理水平。定期开展海洋类型自然保护区卫星遥感监测。加大海洋保护区选划力度。开展海洋外来入侵物种防控措施研究。

5. 推进海洋生态整治修复

根据《海洋生态修复项目管理办法》，围绕滨海湿地、岸滩、海湾、海岛、河口、珊瑚礁等典型生态系统，实施“南红北柳”湿地修复、“银色海滩”岸滩整治、“蓝色海湾”综合治理和“生态海岛”保护修复等工程，恢复海岸带湿地对污染物的截留、净化功能；修复鸟类栖息地、河口产卵场等重要自然生境。对位于候鸟迁飞路线上的国际和国家重要湿地、国家级自然保护区和国家湿地公园等予以恢复。在围填海工程较为集中的渤海湾、江苏沿海、珠江三角洲、北部湾等区域，实施生态修复工程。到2020年，恢复滨海湿地总面积不少于8500公顷，修复近岸受损海域40万公顷。实施沿海防护林体系建设工程，构筑坚实的沿海生态屏障。严格控制各种占用大陆和海岛自然岸线的建设活动，保护自然生境和自然岸线，到2020年，整治海岸线长度不少于1000公里。

6. 时间进度安排

2016年底前，在海洋国土空间开展生态保护红线划定和管控工作，发布具有特殊用途或者特殊保护价值的海岛名录。2018年底前，建立海洋生态补偿相关标准和海洋生态补偿机制；启动建设“天地一体化”生态保护红线监管平台。

(五) 防范近岸海域环境风险

1. 加强沿海工业企业环境风险防控

加强沿海环境风险较大的工业企业环境监管。加强沿海工业开发区和沿海石化、化工、冶炼、石油开采及储运等行业企业的环境执法检查，提高环境违法行为的处罚力度，消除环境违法行为。

编制重大突发环境事件应急预案。提升船舶与港口码头污染事故应急处置能力，加强沿海地区突发环境事件风险防控。在沿海地区各级政府突发环境事件应急预案中，应完善陆域环境风险源和海上溢油及危险化学品泄漏对近岸海域影响的应急方案，完善风险防控措施，定期开展应急演练。加强有关部门环境应急能力标准化建设。探索建立健全沿海环境污染责任保险制度。

2. 防范海上溢油及危险化学品泄漏对近岸海域污染风险

开展海上溢油及危险化学品泄漏环境风险评估。以渤海为重点，开展海上溢油及危险化学品泄漏污染近岸海域风险评估，防范溢油等污染事故发生。加强海上溢油及危险化学品泄漏对近岸海域影响的环境监测。

健全海上溢油及危险化学品泄漏污染海洋环境应急响应机制。针对可能污染近岸海域的海上溢油和危险化学品泄漏事故，明确近岸海域和海岸的污染治理责任主体，完善应急响应和指挥机制。按照“统一管理、合理布局、集中配置”原则，配置应急物资库，建设应急物资统计、监测、调用综合信息平台。

四、保障措施

黄河口、长江口、闽江口、珠江口、辽东湾、渤海湾、胶州湾、杭州湾、北部湾等海域周边的各省(区、市)，应以改善海域环境质量状况为核心开展污染综合整治，探索实施海域网格化水质监测，进行河口海湾生态环境调查与评估诊断，有针对性地开展污染治理工作；试点开展重点海域污染物总量控制制度研究，结合“蓝色海湾”等重大工程的部署与安排，全面推进本方案确定的各项任务和措施的落实。

沿海各省(区、市)根据《中共中央国务院关于加快推进生态文明建设的意见》《生态文明体制改革总体方案》《党政领导干部生态环境损害责任追究办法(试行)》《水污染防治行动计划》等文件精神，从组织领导、监管、资金、技术等方面对实施近岸海域污染防治工作予以充分保障，做好公众参与和社会监督工作。

(一)加强组织领导

强化地方政府近岸海域环境保护责任。沿海各省(区、市)要按照《水污染防治行动计划》有关分工和本方案的要求，于2017年底前，制定本省(区、市)近岸海域污染防治实施方案，并报环境保护部备案，同时抄送国务院其他相关部门。地方各级政府对本地区近岸海域环境保护负总责，要将实施方案的各项任务分解落实到各相关部门，确定各项任务的年度工作目标，做好水污染防治行动计划实施方案和本方案的衔接，确保完成各项任务。国务院各有关部门按照部门职责，对本方案的实施予以指导(分工方案见附5)，加强部门协调，及时解决方案实施中出现的问题，适时向国务院报告方案实施情况。

2017年6月底前，沿海各省(区、市)编制完成清理非法和设置不合理入海排污口工作方案，报环境保护部备案，清理工作应于2017年底前完成。2018年至2021年，每年3月底前沿海各省(区、市)向环境保护部报送本省份近岸海域污染防治工作报告以及相关文件，同时抄送国务院其他相关部门。

(二)强化监督管理

国务院有关部门要进一步完善管控措施，建立并实施入海污染物排放总量制度，抓紧确定总氮等重点污染物排放总量和减排目标指标，制定减排方案和考核办法，同时，严格围填海管理，合理有序开发保护沿海滩涂，建立资源环境承载能力监测预警机制，深化规划环评，逐步提高重点产业资源环境效率准入门槛，倒逼沿海地区产业绿色发展。

加强近岸海域环境监测监控能力建设，进一步完善近岸海域、入海河流和直排海污染源监测监控体系，推进近岸海域环境信息共享。定期开展陆源污染与近岸海域环境形势分析，动态跟踪方案实施情况，进行近岸海域环境预警，及时发现和解决近岸海域突出环境问题。加强近岸海域环境保护监督执法能力建设，提高执法队伍素质，严格环境执法，加大执法力度，提高执法效率。实施考核评估，强化考核结果在中央资金分配、区域限批、责任追究等方面的作用。

(三)发挥市场机制作用

地方各级政府要加大资金投入，统筹近岸海域污染防治各项任务，提升资金使用绩效，确保实

现方案目标。充分发挥市场机制作用，建立多元化筹资机制，推行环境污染第三方治理，推进市场化运营，逐步将近岸海域污染防治领域全面向社会资本开放，健全投资回报机制，以合作双方风险共担、利益共享、权益融合为目标，推广运用政府和社会资本合作(PPP)模式。

(四)强化科技支撑

国家和地方要加大对近岸海域污染防治相关科学研究的支持力度，以需求为导向，组织开展近岸海域污染防治共性、关键、前瞻技术研发，加强陆海统筹污染控制、滨海湿地生态保护与修复、近海资源环境承载力、沿海产业结构转型升级等理论和技术方法研究。加强科技成果共享和转化，推广成熟先进的污染治理和近岸海域生态修复等适用技术。

(五)加强公众参与

加强近岸海域环境信息公开和公众参与。按照相关规定公开近岸海域环境质量、海岸带开发利用等信息，组织公众参与海洋环境保护公益活动，提高公众保护海洋环境的意识。各级环境保护部门要按规定公开新建项目环境影响评价信息，重点排污单位要依法及时准确地在当地主流媒体上公开污染物排放、治污设施运行情况等环境信息，接受社会监督。通过公开听证、网络征集等形式，充分了解公众对重大决策和建设项目的意见。健全举报制度，充分发挥环保举报热线和网络平台作用，及时办理公众举报投诉的近岸海域环境问题。

国土资源“十三五”规划纲要（节录）

(国土资发〔2016〕38号2016年4月12日印发)

第二章　指导思想和主要目标

第四节　主要目标

按照国民经济和社会发展的总体目标和战略部署，“十三五”时期国土资源工作的主要目标是：

——国土资源保护更加有效。扣除生态退耕、退地减水等规划期间可减少的耕地，以及东北、西北难以稳定利用的耕地，全国适宜稳定利用的耕地保有量在18.65亿亩以上，基本农田保护面积在15.46亿亩以上，建设占用耕地在2000万亩左右。完成永久基本农田划定工作，确保耕地数量基本稳定，质量有所提升。与发展改革、农业、财政等部门通力合作，确保建成高标准农田8亿亩，力争10亿亩，土地整治补充耕地2000万亩以上。钨、稀土、石墨等优势矿产保护明显加强，地下水、地质遗迹和矿山地质环境得到更加有效保护。

——国土资源保障能力显著增强。新增建设用地总量控制在3256万亩，有效保障新型工业化、信息化、城镇化和农业现代化与基础设施、民生改善、新产业新业态和大众创业万众创新项目用地需求。新发现大中型矿产地300—400处，形成100余个能源资源基地，重要矿产保障程度稳步提高，能源供给结构不断优化。

——国土资源节约集约利用水平普遍提高。建设用地总量得到有效控制，单位国内生产总值建设用地使用面积降低20%，存量建设用地挖潜力度进一步加大，用地控制标准体系健全，节地技术不断推广应用。能源资源开发利用效率大幅提高，矿产开发规模化程度和节约综合利用水平进一步提升，主要矿产资源产出率提高15%。建成绿色矿业发展示范区50个，绿色矿业发展新格局基本形成。

第十七节　树立节约集约循环利用的资源观

树立节约优先、集约利用、循环发展、市场配置、创新引领的理念，在生产、流通、仓储、消费的各个环节强化节约集约。按照“框定总量、限定容量、盘活存量、做优增量、提高质量”的要求，构建覆盖全面、科学规范、管理严格的资源总量控制和节约制度，形成有利于资源节约和高效利用的空间格局、产业结构、生产方式、消费模式。坚持“注重内涵”的资源利用模式，摒弃“外延扩张”的粗放利用模式，更加注重产出效率、集约效益和科技、体制机制创新，大幅提高资源综合利用效益。通过市场规则、市场价格、市场竞争，增强资源节约高效利用的内在动力，抑制资源不合理占用和消费。

第十八节　严格保护耕地和基本农田

严守耕地红线。落实藏粮于地、藏粮于技战略，确保谷物基本自给、口粮绝对安全。加大土地利用规划计划管控力度，严格按规划计划落实耕地保有量、基本农田保护面积。建立耕地保护共同责任机制，明确并强化地方政府监管的主体责任，完善省级政府耕地保护责任目标考核制度，推动落实耕地和基本农田保护领导干部离任审计制度。严格控制建设用地规模，合理安排大中小城镇新增建设用地，人均城市建设用地控制在100平方米以内。严禁突破土地利用总体规划设立新城新区和各类园区，对耕地后备资源不足的地区相应减少建设占用耕地指标。加强对违法违规占用破坏耕地行为的执法检查。

严格永久基本农田划定与保护。完善永久基本农田特殊保护政策措施，按照数量质量生态“三位一体”保护要求，确保基本农田数量不减少、质量有提高。研究制定城市周边永久基本农田划定管理办法，全面划定永久基本农田，将永久基本农田保护任务落地到户、上图入库，实行全天候监测。严格管理、特殊保护永久基本农田，除法律规定的国家重点建设项目选址确实无法避让外，其他任何建设不得擅自改变和占用。加快基本农田信息系统建设。

大力推进土地整治和高标准农田建设。编制实施新一轮全国土地整治规划，切实加强耕地数量保护和质量建设。以粮食主产区和基本农田保护区为重点，实施土地整治重大工程，鼓励社会资金投入，实施耕地质量保护与提升行动，大力开展高标准农田建设，加强高标准农田建后管护，将整治后的耕地划为基本农田，纳入国土资源综合监管平台。到2020年经整治的基本农田质量平均提高1个等级。全面推进建设占用耕地耕作层剥离再利用，将建设占用耕地特别是基本农田的耕作层用于补充耕地的质量建设。对地下水漏斗区、重金属污染区、生态严重退化地区开展综合治理。

第二十节　提高土地资源节约集约利用水平

盘活存量建设用地。实行建设用地总量控制和减量化管理，提高存量建设用地供地比重。严格核定各类城镇新增用地，有效管控新城新区和开发区无序扩张。严格控制农村集体建设用地规模，盘活农村闲置建设用地。出台城镇低效用地再开发激励政策，采取灵活的处置方式和开发模式，鼓励原土地使用权人自主开发、合作开发，合理分配土地收益。大力推进工矿废弃地复垦，稳妥推进低丘缓坡等未利用土地综合开发。制定工业用地等各类存量用地回购和转让政策，降低工业用地比例。明确闲置土地认定标准和程序，加快闲置土地处置，严厉打击浪费和囤积土地行为。

健全节约集约用地控制标准。严格制定完善区域节约集约用地控制标准，加快建立土地承载能力评价技术体系，探索开展区域土地开发利用强度和效益考核。建立由国家和省制定城镇区域投入

产出、平均建筑密度、平均容积率控制标准，各城镇自主确定具体地块土地利用强度的管理制度。严格执行各行业建设项目用地标准，明确控制性要求，加强监督检查。鼓励各地制定地方节约集约用地标准。

加强节地考核评价。健全完善节约集约用地评价考核体系。建立规划节地评价制度，构建规划节地评价指标体系。开展单位GDP建设用地使用面积下降目标评价考核，落实建设用地强度控制目标。完善节约集约用地评价更新制度，持续开展开发区节约集约用地评价，基本完成全国80%地级以上城市、60%县级城市节约集约用地初始评价。落实建设项目节地评价制度。

推广节地模式和技术。总结推广重点城市、重点领域和重要地类节地技术和模式，编制推广节地模式和节地技术推广应用目录，完善用地取得、供地方式、土地价格等激励机制。制定地上地下空间开发利用管理规范，推进建设用地多功能立体开发和复合利用。推动标准厂房建设，引导铁路、公路、水利等基础设施减少工程用地和取弃土用地。继续开展国土资源节约集约模范县（市）创建活动，推进广东省“三旧改造”、浙江省“亩产倍增”行动计划、江苏省“双提升”行动计划和湖北省“国土资源节约集约示范省创建”活动迈向纵深。

第二十一节　提升矿产资源节约与综合利用水平

优化矿产资源开发利用结构。按照“稳油、兴气、控煤、增铀”的思路，加快推进清洁高效能源矿产的勘查开发，积极开发天然气、煤层气、页岩油（气），推进天然气水合物资源勘查与商业化试采，以能源矿产开发利用结构调整推动能源生产消费方式革命。严控煤炭、钼等产能过剩矿产新增产能，淘汰落后产能，有序退出过剩产能。合理调控钨、稀土等优势矿产开发利用总量，稳定磷硫钾等重要农用矿产供给，加强膨润土等重要非金属矿产高效利用，适当控制水泥用灰岩、玻璃硅质材料矿产开发利用规模，规范建材非金属矿产开发秩序。严格执行矿山设计最低开采规模准入管理制度，推进矿山规模化集约化开采，提高矿区企业集中度。支持矿业企业兼并重组，促进矿业集中化和基地化发展，形成以大型集团为主体，大中小型矿山、上下游产业协调发展的资源开发格局。

大力推进绿色矿山和绿色矿业发展示范区建设。推进国家、省、市县三级绿色矿山建设，建立完善分地域、分行业的绿色矿山标准体系，大力倡导绿色勘查，按照绿色矿山标准推进新建矿山设计和建设，加快老矿山改造升级。规划建设50个以上绿色矿业发展示范区，研究建立绿色矿业发展基金，制定与绿色矿业发展相挂钩的激励政策。在资源配置和矿业用地等方面向绿色矿山、绿色矿业企业和绿色矿业发展示范区倾斜。

完善矿产资源节约和综合利用标准。健全矿产资源储量管理技术标准体系，加强共伴生资源综合评价。建立矿产资源开发利用水平调查评估制度，提高矿产资源产出率，完善重要矿产资源开采回采率、选矿回收率、综合利用率等国家标准。定期修订《矿产资源节约与综合利用先进适用技术推广目录》。建立边界品位动态更新机制，加强低品位矿产开发利用管理。鼓励各地结合本地区资源赋存条件，合理确定矿产资源工业品位指标。

健全矿产资源节约与综合利用激励约束机制。对资源利用效率高、技术先进、实施综合勘查开采的矿业企业，加大国土资源政策支持力度，完善鼓励提高矿产资源利用水平的经济政策。实施矿产资源节约与综合利用示范工程，推进矿产资源开发利用科技攻关和示范推广。建立矿业企业高效和综合利用信息公示制度，建立矿业权人“黑名单”制度。

第二十二节　保护海洋生态环境

加强海洋生物多样性保护。实施国家级海洋保护区规范化能力建设工程，新建一批海洋自然保护区、特别保护区和海洋公园。加强滨海湿地保护修复。在全国建立海洋生态红线制度。

加强海域海岸带及海岛保护性建设。加强海岸带修复治理，实施岸滩整治、海湾治理和海岛保护修复等工程，到2020年，整治和修复的海岸线不少于2000公里。加强海岛生态系统保护，推进功能退化地区海域海岸带综合整治，恢复海湾、河口海域生态环境。加强对重大海洋工程特别是围填海项目的环境影响评价，对临港工业集中区和重大海洋工程施工过程实施严格的环境监控。重点推进有居民海岛、拟开发海岛与偏远海岛基础设施改善与环境整治，开展重要生态功能海岛修复和恢复，加强领海基点海岛保护，开展海岛监视监测，规范无居民海岛开发利用秩序。开展“蓝色海湾”整治工程，通过对受损沙滩区域及侵蚀海岸进行修复，保持沙滩相对稳定，防止海岸侵蚀和海洋自然灾害，拓展公众亲水空间；通过对影响海域正常使用、损害海岸健康的海堤、废置堤坝、围塘、海洋工程垃圾和废弃物等进行拆除，开展清淤疏浚，增加水域面积，恢复和增加海湾纳潮量，实现“退堤还海”、“退养还滩”，增强河流泄洪和海域水体交换能力，提升海域海岸带开发的空间潜力，实现水清、岸绿、滩净、湾美、物丰的总体目标。

加强海洋污染治理。切实加强陆海污染源头联防联治，严格监管入海排污口。在大连湾等地区试点，探索建立污染物总量控制制度。建立实施海上排污许可制度。强化船舶污染治理，合理控制海水养殖规模。加快污染海域生态修复，保护海岛、海岸带和海洋生态环境。加强重点流域、区域、海域污染防治目标衔接，强化入海河流断面水质考核。

第二十三节　推进国土综合整治

形成“四区一带”国土综合整治格局。重点在城市化地区、农村地区、重点生态功能区、矿产资源开发集中区和海岸带及海岛开展国土综合整治，修复国土功能。城市化地区，在严格保护历史文化遗产、保持特色风貌的前提下，着力推进城镇低效用地再开发。农村地区，整合相关项目资金，全面推进农村土地综合整治。重点生态功能区，以自然修复为主，加大封育力度，实施生态修复工程。矿产开发集中区，综合运用土地和矿业政策，推动工矿废弃地复垦利用和矿山地质环境综合治理。海岸带和海岛地区，开展蓝色海湾整治行动和生态岛礁工程，修复受损生态系统，提升环境质量和生态价值。

加快推进损毁土地复垦利用。开展损毁土地调查评价，实施土地复垦重大工程，宜耕则耕、宜林则林、宜草则草。明确复垦主体，落实复垦义务，加强复垦监管。加大投入力度，出台支持政策，推行多元投入模式，鼓励各方开展损毁土地复垦利用。

全国土地整治规划(2016-2020年)（节录）

(国土资源部 国家发展和改革委员会2017年1月10日)

第二章 指导思想与主要目标

第四节 规划目标

根据《国民经济和社会发展第十三个五年规划纲要》、《全国主体功能区规划(2011～2020年)》、《全国土地利用总体规划纲要(2006～2020年)》、《国家新型城镇化规划(2014～2020

年)》、《全国高标准农田建设总体规划(2011～2020年)》和《国土资源“十三五”规划纲要》等，提出规划期土地整治的主要目标：

——高标准农田建设加快推进。落实藏粮于地战略，积极推进高标准农田建设，确保“高标准建设、高标准管护、高标准利用”。在“十二五”期间建成4亿亩高标准农田的基础上，“十三五”时期全国共同确保建成4亿亩、力争建成6亿亩高标准农田，其中通过土地整治建成2.3～3.1亿亩，经整治的基本农田质量平均提高1个等级，国家粮食安全基础更加巩固。

——耕地数量质量保护全面提升。落实最严格的耕地保护制度，努力补充优质耕地，加强耕地质量建设。通过土地整治补充耕地2000万亩，其中农用地整理补充耕地900万亩，损毁土地复垦补充耕地360万亩，宜耕未利用地开发补充耕地510万亩，农村建设用地整理补充耕地230万亩；通过农用地整理改造中低等耕地2亿亩左右，开展农田基础设施建设，建成排灌渠道900万公里，建成田间道路600万公里，耕地保护基础更加牢固。

——城乡建设用地整理取得积极成效。落实最严格的节约用地制度，稳妥规范推进城乡建设用地整理。有序开展城乡建设用地增减挂钩，整理农村建设用地600万亩，城乡土地利用格局不断优化，土地利用效率明显提高；稳步推进城镇建设用地整理，改造开发600万亩城镇低效用地，促进单位国内生产总值的建设用地使用面积降低20%，节约集约用地水平进一步提高。

——土地复垦和土地生态整治力度加大。落实生态文明建设要求，切实加强土地修复和土地生态建设。按照宜耕则耕、宜林则林、宜草则草的原则，生产建设活动新损毁土地全面复垦，自然灾害损毁土地及时复垦，大力推进历史遗留损毁土地复垦，复垦率达到45%以上，努力做到“快还旧账、不欠新账”；积极开展土地生态整治，加强农田生态建设，土地资源得到合理利用，生态环境得到明显改善。

——土地整治制度和能力建设进一步加强。落实全面依法治国战略，大力加强土地整治法律制度和基础能力建设。推动制定土地整治条例，完善土地整治规章制度，土地整治制度机制更加健全；加强技术规范标准和人才队伍建设，技术标准体系和人才队伍结构更加完善合理，基础能力明显增强，支撑作用更加有力。

第七节 实行耕地修复养护

加强退化土地修复。开展农田防护与生态环境建设，加强小流域综合治理，实施堤岸和坡面防护等水土保持工程，增强农田抵抗自然灾害的能力。沙漠化地区，按照以水定地的原则，合理利用耕地资源，加强农田防护林建设，增强防风固沙能力。石漠化地区，加大保水保肥保土能力建设，禁止乱砍滥伐，提高水土资源涵养能力。盐碱化地区，将土地整治与盐碱化改良相结合，加强水资源利用管理，多途径改良盐碱地。东北黑土地，综合治理水土流失，实行建设占用耕地表土剥离，实施保护性耕作，有效保护黑土地生产能力。

积极治理污染土地。加强污灌区域、工业用地周边地区污染土地防治，积极推进污染土地综合治理。建设农田生态沟渠、污水净化池塘等设施，净化地表径流及农田灌排水，开展典型流域农业面源污染综合治理。加强重金属污染土地治理，修建植物隔离带或人工湿地缓冲带，优化种植结构。按照“谁治理、谁受益”的要求，积极鼓励和引导社会资源参与污染土地治理。

第十节 推进农村闲置低效土地整理

优先开展“空心村”等土地整理。按照节约用地、改善民生、因地制宜的要求，以“空心村”和“危旧房”整治改造为重点，推进农村建设用地整理。村内有空闲地或宅基地总面积已超出标准

的，原则上不增加宅基地规模，依法引导农村闲置宅基地在本集体经济组织成员之间合理流转，提高宅基地利用效率。结合高标准农田建设，尽可能与周边耕地集中连片，推进村庄内废弃、闲置建设用地治理，增加有效耕地面积、提高耕地质量。同时加强基础设施建设，完善农村道路、水电及生活垃圾和污水处理、休闲绿地、防护林带等基础设施，改善农村人居环境，改变农村脏、乱、差面貌。

加强缩并村庄土地整理。依据规划安排，科学划定农村居民点扩展边界，加强中心村建设，逐步缩并分散、零星居民点，防止农村建设用地盲目扩张。同时按照尊重农民意愿、充分考虑农民实际承受能力的要求，鼓励农民搬迁腾退出原有宅基地，并优先复垦为耕地，腾出的建设用地优先用于农民新居、农村基础和公益设施建设，并支持发展农村非农产业，为农民创业和就近就业提供空间。

加强乡村特色景观保护。开展农村土地整治，要注重保留当地传统农耕文化和民俗文化的特色，保护自然环境和人文景观，促进自然环境与人文环境相和谐。遵循历史传承，对具有历史、艺术、科学价值的传统村落，少数民族特色村寨、民居等进行建设性保护。按照尊重自然、顺应自然、保护自然的理念，依托当地山水脉络、气象条件，整治利用土地，减少对自然的干扰和破坏。实施传统村落保护性整治工程，农村新居建设要保持当地农村特色和风貌。

第五章 落实节约优先战略

有序推进城镇工矿建设用地整理

坚持最严格的节约用地制度，积极推进城镇低效用地再开发和旧工矿改造，优化城镇用地结构，提高城镇综合承载能力，推动产业转型升级，改善城镇人居环境，促进新型城镇化发展。

第十二节 积极推进城镇低效用地再开发

合理确定再开发范围。坚持以人为本，按照有利于提高节约集约用地和提升城镇发展质量的要求，围绕城市产业结构调整、功能提升和人居环境改善，合理确定城镇低效用地再开发范围。重点对老城区、城中村、棚户区、旧工厂、老工业区进行改造开发，加大对国家产业政策规定的禁止类、淘汰类产业用地，不符合安全生产和环保要求的用地，“退二优二”、“退二进三”产业用地整治利用。加强对历史文化遗产的保护。

加强规划统筹引导。要充分利用土地调查成果，开展城镇存量建设用地调查，摸清城镇低效用地的现状和再开发潜力，查清土地权属关系，了解土地权利人意愿。在此基础上，依据城市、镇规划和土地利用总体规划，编制城镇低效用地再开发专项规划，明确改造利用的目标任务、性质用途、规模布局和时序安排，优先安排基础设施、公益设施等用地，统筹城市功能再造、产业结构调整、生态环境保护、历史人文传承等，确保再开发健康有序推进。

完善城镇低效用地再开发激励机制。按照统筹兼顾、多方共赢的要求，协调好参与改造开发各方的利益，建立完善激励机制。在符合规划的前提下，鼓励原国有土地使用权人通过自主、联合、转让等多种方式对其使用的国有建设用地进行改造开发。充分尊重土地权利人意愿，鼓励采取自主开发、联合开发、收购开发等模式，分类推动“城中村”等集体建设用地改造开发。鼓励和引导社会资本参与，调动市场主体参与改造开发的积极性。

第十三节 积极推进旧工矿用地改造

充分挖掘利用旧工矿用地。条件适宜地区，积极实施工矿用地功能置换，在调查评价和治理修复的基础上，结合周边环境将低效工矿用地转型改造利用，提高土地利用效率和综合效益。改善工

矿区配套设施以及环境景观，盘活土地资产，提高工业用地经济密度，实现从粗放型向集约型转变。加强工业用地使用监管，严格落实闲置土地处置办法，防止土地闲置、低效和不合理利用。

优化工矿用地结构和布局。完善工矿用地投资评价机制，促进淘汰效益低、占地多、污染高的落后产业。根据产业链发展需要，建立协调推动机制，科学配置不同类型、不同规模的企业用地，促进产业整体协同发展，提升产业用地综合效益。

加强工矿用地生态修复和景观建设。对土壤、水体污染严重的区域，采取工程技术、生物修复等措施进行专项治理，防止污染扩散。探索污染土壤分类修复改良，提升土壤功能。加强腾退土地有机物污染治理，鼓励采用先进适用技术，引入社会资本参与污染土地治理。鼓励修复和合理开发利用废弃工矿用地，可因地制宜建设公园、绿地、科普基地等。

第十四节 强化节地建设和生态建设

改进城镇建设用地整理方式。按照“区域-单元-项目”多层次，依据城市规划，科学划定整治单元，合理安排开发时序，有序推进土地整治，优化用地结构布局，并着力完善市政基础设施和公共服务设施，加强绿化和市容卫生建设，创造舒适宜人的城镇环境，提升城镇发展质量。

积极探索推行节地技术。总结各类节约集约用地技术和模式，建立健全节约用地激励机制和政策，鼓励充分利用地上地下空间，立体开发综合利用，推广标准厂房等节地技术和模式，降低工业项目占地规模，推动城市内涵发展，提高城镇土地综合承载能力。

提升城镇土地景观生态功能。优化城镇用地结构，提高生态用地比例，扩大城市生态空间，并加强绿心、绿道、绿网等建设，提升城市系统自我循环和净化能力；控制生产用地规模，减少碳排放，推进循环发展、绿色发展、低碳发展；保障生活用地，按照功能分区，合理配套建设居住用房、生活设施、公共服务设施等，创造宜居环境，提高城市生活质量。

加强城镇历史文化保护。城镇建设用地整理，要加强历史文化名城名镇、历史文化街区、民族风情小镇文化资源整体保护，防止大拆大建破坏城镇历史风貌；在新城新区建设中，注重挖掘文化内涵，融入传统文化元素，延续历史文脉，保存地域人文魅力空间。

第六章 贯彻保护环境基本国策

积极推进土地复垦和土地生态整治

坚持绿色发展理念，加大损毁土地复垦力度，努力做到“快还旧账、不欠新账”，保障土地可持续利用，改善土地生态环境，推动形成绿色发展方式，促进人与自然和谐共生。

第十五节 推进土地复垦

加大历史遗留损毁土地复垦。开展损毁土地复垦潜力调查评价，按照宜耕则耕、宜林则林、宜水则水、宜牧则牧的原则，统筹安排复垦土地利用方向、规模和时序，确定复垦的重点区域，确保土地复垦规范有序开展。按照“谁投资、谁受益”的原则，吸引社会投资进行复垦，土地权利人明确的，可采取扶持、优惠措施，鼓励土地权利人自行复垦。稳妥开展工矿废弃地复垦利用试点，在有条件的地区全面实行工矿废弃地复垦利用政策，促进工矿废弃地复垦，改善矿山生态环境。

及时复垦生产建设活动新损毁土地。加强生产建设用地节约集约利用管理，减少损毁面积，降低损毁程度。对新损毁土地，按照“谁损毁、谁复垦”的原则，坚持土地复垦和生产建设相结合，编制土地复垦方案，将土地复垦各项要求落实到生产工艺和建设流程中，确保新损毁土地及时复垦，促进矿产资源开发的生态恢复。确定的复垦任务纳入生产建设计划，土地复垦费用列入生产成本或者建设项目总投资。

加快复垦自然灾害损毁土地。利用已有土地调查成果，开展自然灾害损毁土地评价，对损毁土地进行分类，对可复垦利用的土地，及时采取措施进行复垦。对灾毁程度较轻的土地，鼓励受灾农户和土地权利人自行复垦，有条件的地方政府可对农户进行适当补贴；对灾毁程度较重的土地，可制定灾毁土地复垦规划，由地方政府组织复垦。充分尊重当地群众意愿，结合生态农业发展和生态环境建设，对地处偏远、地质环境较差的灾毁土地，因地制宜实施复垦。

严格控制土地复垦质量。支持土地复垦科学研究和技术创新，推广应用土地复垦先进技术，全面提升土地复垦水平，提高复垦土地质量。加强复垦土地后期管护，有针对性地采取培肥地力等措施，稳步提升复垦土地产能，切实防止复垦土地撂荒。注重土地复垦与生态恢复、景观建设相结合，促进复垦土地景观与周边自然环境相协调。

第十六节 加强生态保护和修复建设

促进生态安全屏障建设。按照生态文明建设要求，实施山水林田湖综合整治，加强生态环境保护和修复，大力建设生态国土。在开展土地整治中，切实加强对国家禁止开发区、重点生态功能区、生态环境敏感区和脆弱区等区域的保护，严格控制对天然林、公益林地、天然草地、河湖、湿地等的开发，生态保护红线原则上按禁止开发区域的要求进行管理，严禁开垦林地、草地等不符合主体功能定位的各类开发活动，严禁任意改变用途，不得在重点国有林区、国有林场内开展土地整治；加强对江河湖库水系、重要交通干道、天然林和草原等的土地生态修复和建设；提高土地生态服务功能，筑牢生态安全屏障。

加强农田生态防护和建设。建立生态保护补偿机制，全面加强农田生态设施建设，增强农田生态服务功能。快速城镇化地区，鼓励城市组团式发展，促进组团间农田和绿色隔离带建设，改善城市生态环境，美化城市景观。平原农业地区，加强耕地保护和基本农田建设，优化农田生态系统，发挥农田的基础生态作用。山地丘陵地区，要大力推进国土综合整治，严格控制非农建设活动，加强坡耕地治理，改善农业生产条件，提高生态系统稳定性。

开展土地生态环境整治示范建设。坚持保护优先、自然恢复为主，针对水土流失、土地沙化、土地盐碱化、土壤污染和土地生态衰退严重的区域，结合退耕还林还草、退耕还湿，治理水土流失，实施土地生态环境综合整治，提高退化土地生态系统的自我修复能力，遏制土地生态环境恶化趋势。

“十三五”装配式建筑行动方案（节录）

（建科[2017]77号住房城乡建设部2017年3月印发）

一、确定工作目标

到2020年，全国装配式建筑占新建建筑的比例达到15%以上，其中重点推进地区达到20%以上，积极推进地区达到15%以上，鼓励推进地区达到10%以上。

鼓励各地制定更高的发展目标。建立健全装配式建筑政策体系、规划体系、标准体系、技术体系、产品体系和监管体系，形成一批装配式建筑设计、施工、部品部件规模化生产企业和工程总承包企业，形成装配式建筑专业化队伍，全面提升装配式建筑质量、效益和品质，实现装配式建筑全

面发展。

到2020年，培育50个以上装配式建筑示范城市，200个以上装配式建筑产业基地，500个以上装配式建筑示范工程，建设30个以上装配式建筑科技创新基地，充分发挥示范引领和带动作用。

二、明确重点任务

（八）促进绿色发展

积极推进绿色建材在装配式建筑中应用。编制装配式建筑绿色建材产品目录。推广绿色多功能复合材料，发展环保型木质复合、金属复合、优质化学建材及新型建筑陶瓷等绿色建材，到2010年，绿色建材在装配式建筑中的应用比例达到50%以上。

装配式建筑要与绿色建筑、超低能耗建筑等相结合，鼓励建设综合示范工程。装配式建筑要全面执行绿色建筑标准，并在绿色建筑评价中逐步加大装配式建筑的权重。推动太阳能光热光伏、地源热泵、空气源热泵等可再生能源与装配式建筑一体化应用。

建筑节能与绿色建筑发展“十三五”规划（节录）

（住房和城乡建设部 2017年2月）

推进建筑节能和绿色建筑发展，是落实国家能源生产和消费革命战略的客观要求，是加快生态文明建设、走新型城镇化道路的重要体现，是推进节能减排和应对气候变化的有效手段，是创新驱动增强经济发展新动能的着力点，是全面建成小康社会，增加人民群众获得感的重要内容，对于建设节能低碳、绿色生态、集约高效的建筑用能体系，推动住房城乡建设领域供给侧结构性改革，实现绿色发展具有重要的现实意义和深远的战略意义。本规划根据《国民经济和社会发展第十三个五年规划纲要》《住房城乡建设事业“十三五”规划纲要》制定，是指导“十三五”时期我国建筑节能与绿色建筑事业发展的全局性、综合性规划。

二、总体要求

(一)指导思想。

全面贯彻党的十八大和十八届三中、四中、五中、六中全会精神，深入学习贯彻习近平总书记系列重要讲话精神，牢固树立创新、协调、绿色、开放、共享发展理念，紧紧抓住国家推进新型城镇化、生态文明建设、能源生产和消费革命的重要战略机遇期，以增强人民群众获得感为工作出发点，以提高建筑节能标准促进绿色建筑全面发展为工作主线，落实“适用、经济、绿色、美观”建筑方针，完善法规、策、标准、技术、市场、产业支撑体系，全面提升建筑能源利用效率，优化建筑用能结构，改善建筑居住环境品质，为住房城乡建设领域绿色发展提供支撑。

(三)主要目标。

“十三五”时期，建筑节能与绿色建筑发展的总体目标是：建筑节能标准加快提升，城镇新建建筑中绿色建筑推广比例大幅提高，既有建筑节能改造有序推进，可再生能源建筑应用规模逐步扩大，农村建筑节能实现新突破，使我国建筑总体能耗强度持续下降，建筑能源消费结构逐步改善，建筑领域绿色发展水平明显提高。

具体目标是：到2020年，城镇新建建筑能效水平比2015年提升20%，部分地区及建筑门窗等关键部位建筑节能标准达到或接近国际现阶段先进水平。城镇新建建筑中绿色建筑面积比重超过50%，绿色建材应用比重超过40%。完成既有居住建筑节能改造面积5亿平方米以上，公共建筑节能改造1亿平方米，全国城镇既有居住建筑中节能建筑所占比例超过60%。城镇可再生能源替代民用建筑常规能源消耗比重超过6%。经济发达地区及重点发展区域农村建筑节能取得突破，采用节能措施比例超过10%。

三、主要任务

(一)加快提高建筑节能标准及执行质量。

加快提高建筑节能标准。修订城镇新建建筑相关节能设计标准。推动严寒及寒冷地区城镇新建居住建筑加快实施更高水平节能强制性标准，提高建筑门窗等关键部位节能性能要求，引导京津冀、长三角、珠三角等重点区域城市率先实施高于国家标准要求的地方标准，在不同气候区树立引领标杆。积极开展超低能耗建筑、近零能耗建筑建设示范，提炼规划、设计、施工、运行维护等环节共性关键技术，引领节能标准提升进程，在具备条件的园区、街区推动超低能耗建筑集中连片建设。鼓励开展零能耗建筑建设试点。

严格控制建筑节能标准执行质量。进一步发挥工程建设中建筑节能管理体系作用，完善新建建筑在规划、设计、施工、竣工验收等环节的节能监管，强化工程各方主体建筑节能质量责任，确保节能标准执行到位。探索建立企业为主体、金融保险机构参与的建筑节能工程施工质量保险制度。对超高超限公共建筑项目，实行节能专项论证制度。加强建筑节能材料、部品、产品的质量管理。

专栏3　新建建筑建筑节能标准提升重点工程

重点城市节能标准领跑计划。严寒及寒冷地区，引导有条件地区及城市率先提高新建居住建筑节能地方标准要求，节能标准接近或达到现阶段国际先进水平。夏热冬冷及夏热冬暖地区，引导上海、深圳等重点城市和省会城市率先实施更高要求的节能标准。

标杆项目(区域)标准领跑计划。在全国不同气候区积极开展超低能耗建筑建设示范。结气候条件和资源禀赋情况，探索实现超低能耗建筑的不同技术路径。总结形成符合我国国情的超低能耗建筑设计、施工及材料、产品支撑体系。开展超低能耗小区(园区)、近零能耗建筑范工程试点，到2020年，建设超低能耗、近零能耗建筑示范项目1000万平方米以上。

(二)全面推动绿色建筑发展量质齐升。

实施建筑全领域绿色倍增行动。进一步加大城镇新建建筑中绿色建筑标准强制执行力度，逐步实现东部地区省级行政区域城镇新建建筑全面执行绿色建筑标准，中部地区省会城市及重点城市、西部地区省会城市新建建筑强制执行绿色建筑标准。继续推动政府投资保障性住房、公益性建筑以及大型公共建筑等重点建筑全面执行绿色建筑标准。积极推进绿色建筑评价标识。推动有条件的城市新区、功能园区开展绿色生态城区(街区、住区)建设示范，实现绿色建筑集中连片推广。

实施绿色建筑全过程质量提升行动。逐步将民用建筑执行绿色建筑标准纳入工程建设管理程序。加强和改进城市控制性详细规划编制工作，完善绿色建筑发展要求，引导各开发地块落实绿色控制指标，建筑工程按绿色建筑标准进行规划设计。完善和提高绿色建筑标准，完善绿色建筑施工图审查技术要点，制定绿色建筑施工质量验收规范。有条件地区适当提高政府投资公益性建筑、大型公共建筑、绿色生态城区及重点功能区内新建建筑中高性能绿色建筑建设比例。加强绿色建筑运营管理，确保各项绿色建筑技术措施发挥实际效果，激发绿色建筑的需求。加强绿色建筑评价标识项目质量事中事后监管。

实施建筑全产业链绿色供给行动。倡导绿色建筑精细化设计，提高绿色建筑设计水平，促进绿色建筑新技术、新产品应用。完善绿色建材评价体系建设，有步骤、有计划推进绿色建材评价标识工作。建立绿色建材产品质量追溯系统，动态发布绿色建材产品目录，营造良好市场环境。开展绿色建材产业化示范，在政府投资建设的项目中优先使用绿色建材。大力发展装配式建筑，加快建设装配式建筑生产基地，培育设计、生产、施工一体化龙头企业；完善装配式建筑相关政策、标准及技术体系。积极发展钢结构、现代木结构等建筑结构体系。积极引导绿色施工。推广绿色物业管理模式。以建筑垃圾处理和再利用为重点，加强再生建材生产技术、工艺和装备的研发及推广应用，提高建筑垃圾资源化利用比例。

专栏4　绿色建筑发展重点工程

绿色建筑倍增计划。推动重点地区、重点城市及重点建筑类型全面执行绿色建筑标准，积极引导绿色建筑评价标识项目建设，力争使绿色建筑发展规模实现倍增，到2020年，全国城镇绿色建筑占新建建筑比例超过50%，新增绿色建筑面积20亿平方米以上。

绿色建筑质量提升行动。强化绿色建筑工程质量管理，逐步强化绿色建筑相关标准在设计、施工图审查、施工、竣工验收等环节的约束作用。加强对绿色建筑标识项目建设跟踪管理，加强对高星级绿色建筑和绿色建筑运行标识的引导，获得绿色建筑评价标识项目中，二星级及以上等级项目比例超过80%以上，获得运行标识项目比例超过30%。

绿色建筑全产业链发展计划。到2020年，城镇新建建筑中绿色建材应用比例超过40%；城镇装配式建筑占新建建筑比例超过15%。

(三)稳步提升既有建筑节能水平。

持续推进既有居住建筑节能改造。严寒及寒冷地区省市应结合北方地区清洁取暖要求，继续推进既有居住建筑节能改造、供热管网智能调控改造。完善适合夏热冬冷和夏热冬暖地区既有居住建筑节能改造的技术路线，并积极开展试验。积极探索以老旧小区建筑节能改造为重点，多层建筑加装电梯等适老设施改造、环境综合整治等同步实施的综合改造模式。研究推广城市社区规划，制定老旧小区节能宜居综合改造技术导则。创新改造投融资机制，研究探索建筑加层、扩展面积、委托物业服务及公共设施租赁等吸引社会资本投入改造的利益分配机制。

不断强化公共建筑节能管理。深入推进公共建筑能耗统计、能源审计工作，建立健全能耗信息公示机制。加强公共建筑能耗动态监测平台建设管理，逐步加大城市级平台建设力度。强化监测数据的分析与应用，发挥数据对用能限额标准制定、电力需求侧管理等方面的支撑作用。引导各地制定公共建筑用能限额标准，并实施基于限额的重点用能建筑管理及用能价格差别化政策。开展公共建筑节能重点城市建设，推广合同能源管理、政府和社会资本合作模式(PPP)等市场化改造模式。推动建立公共建筑运行调适制度。会同有关部门持续推动节约型学校、医院、科研院所建设，积极开展绿色校园、绿色医院评价及建设试点。鼓励有条件地区开展学校、医院节能及绿色化改造试点。

专栏5　既有建筑节能重点工程

既有居住建筑节能改造。在严寒及寒冷地区，落实北方清洁取暖要求，持续推进既有居住建筑节能改造。在夏热冬冷及夏热冬暖地区开展既有居住建筑节能改造示范，积极探索适合气候条件、居民生活习惯的改造技术路线。实施既有居住建筑节能改造面积5亿平方米以上，2020年前基本完成北方采暖地区有改造价值城镇居住建筑的节能改造。

老旧小区节能宜居综合改造试点。从尊重居民改造意愿和需求出发，开展以围护结构、供热系统等节能改造为重点，多层老旧住宅加装电梯等适老化改造，给水、排水、电力和燃气等基础设施和建筑使用功能提升改造，绿化、甬路、停车设施等环境综合整治等为补充的节能宜居综合改造试点。

公共建筑能效提升行动。开展公共建筑节能改造重点城市建设，引导能源服务公司等市场主体寻找有改造潜力和改造意愿建筑业主，采取合同能源管理、能源托管等方式投资公共建筑节能改造，实现运行管理专业化、节能改造市场化、能效提升最大化，带动全国完成公共建筑节能改造面积1亿平方米以上。

节约型学校(医院)。建设节约型学校(医院)300个以上，推动智慧能源体系建设试点100个以上，实施单位水耗、电耗强度分别下降10%以上。组织实施绿色校园、医院建设示范100个以上。完成中小学、社区医院节能及绿色化改造试点50万平米。

(四)深入推进可再生能源建筑应用。

扩大可再生能源建筑应用规模。引导各地做好可再生能源资源条件勘察和建筑利用条件调查，编制可再生能源建筑应用规划。研究建立新建建筑工程可再生能源应用专项论证制度。加大太阳能光热系统在城市中低层住宅及酒店、学校等有稳定热水需求的公共建筑中的推广力度。实施可再生能源清洁供暖工程，利用太阳能、空气热能、地热能等解决建筑供暖需求。在末端用能负荷满足要求的情况下，因地制宜建设区域可再生能源站。鼓励在具备条件的建筑工程中应用太阳能光伏系统。做好“余热暖民”工程。积极拓展可再生能源在建筑领域的应用形式，推广高效空气源热泵技术及产品。在城市燃气未覆盖和污水厂周边地区，推广采用污水厂污泥制备沼气技术。

提升可再生能源建筑应用质量。做好可再生能源建筑应用示范实践总结及后评估，对典型示范案例实施运行效果评价，总结项目实施经验，指导可再生能源建筑应用实践。强化可再生能源建筑应用运行管理，积极利用特许经营、能源托管等市场化模式，对项目实施专业化运行，确保项目稳定、高效。加强可再生能源建筑应用关键设备、产品质量管理。加强基础能力建设，建立健全可再生能源建筑应用标准体系，加快设计、施工、运行和维护阶段的技术标准制定和修订，加大从业人员的培训力度。

专栏6　可再生能源建筑应用重点工程

太阳能光热建筑应用。结合太阳能资源禀赋情况，在学校、医院、幼儿园、养老院以及其他有公共热水需求的场所和条件适宜的居住建筑中，加快推广太阳能热水系统。积极探索太阳能光热采暖应用。全国城镇新增太阳能光热建筑应用面积20亿平方米以上。

太阳能光伏建筑应用。在建筑屋面和条件适宜的建筑外墙，建设太阳能光伏设施，鼓励小区级、街区级统筹布置，“共同产出、共同使用”。鼓励专业建设和运营公司，投资和运行太阳能光伏建筑系统，提高运行管理，建立共赢模式，确保装置长期有效运行。全国城镇新增太阳能光电建筑应用装机容量1000万千瓦以上。

浅层地热能建筑应用。因地制宜推广使用各类热泵系统，满足建筑采暖制冷及生活热水需求。提高浅层地能设计和运营水平，充分考虑应用资源条件和浅层地能应用的冬夏平衡，合理匹配机组。鼓励以能源托管或合同能源管理等方式管理运营能源站，提高运行效率。全国城镇新增浅层地热能建筑应用面积2亿平方米以上。

空气热能建筑应用。在条件适宜地区积极推广空气热能建筑应用。建立空气源热泵系统评可再生能源解决农房采暖、炊事、生活热水等用能需求。在经济发达地区、大气污染防治任务较重地区农

村，结合“煤改电”工作，大力推广可再生能源采暖。价机制，引导空气源热泵企业加强研发，解决设备产品噪音、结霜除霜、低温运行低效等问题。

(五)积极推进农村建筑节能。

积极引导节能绿色农房建设。鼓励农村新建、改建和扩建的居住建筑按《农村居住建筑节能设计标准》GB/T50824)、《绿色农房建设导则》(试行)等进行设计和建造。鼓励政府投资的农村公共建筑、各类示范村镇农房建设项目率先执行节能及绿色建设标准、导则。紧密结合农村实际，总结出符合地域及气候特点、经济发展水平、保持传统文化特色的乡土绿色节能技术，编制技术导则、设计图集及工法等，积极开展试点示范。在有条件的农村地区推广轻型钢结构、现代木结构、现代夯土结构等新型房屋。结合农村危房改造稳步推进农房节能改造。加强农村建筑工匠技能培训，提高农房节能设计和建造能力。

积极推进农村建筑用能结构调整。积极研究适应农村资源条件、建筑特点的用能体系，引导农村建筑用能清洁化、无煤化进程。积极采用太阳能、生物质能、空气热能等

四、重点举措

(一)健全法律法规体系。

结合建筑法、节约能源法修订，将实践证明切实有效的制度、措施上升为法律制度。加强立法前瞻性研究，评估《民用建筑节能条例》实施效果，适时启动条例修订工作，推动绿色建筑发展相关立法工作。引导地方根据本地实际，出台建筑节能及绿色建筑地方法规。不断完善覆盖建筑工程全过程的建筑节能与绿色建筑配套制度，落实法律法规确定的各项规定和要求。强化依法行政，提高违法违规行为的惩戒力度。

(二)加强标准体系建设。

根据建筑节能与绿色建筑发展需求，适时制修订相关设计、施工、验收、检测、评价、改造等工程建设标准。积极适应工程建设标准化改革要求，编制好建筑节能全文强制标准，优化完善推荐性标准，鼓励各地编制更严格的地方节能标准，积极培育发展团体标准，引导企业制定更高要求的企业标准，增加标准供给，形成新时期建筑节能与绿色建筑标准体系。加强标准国际合作，积极与国际先进标准对标，并加快转化为适合我国国情的国内标准。

专栏7　建筑节能与绿色建筑部分标准编制计划

建筑节能标准。研究编制建筑节能与可再生能源利用全文强制性技术规范；逐步修订现行建筑节能设计、节能改造系列标准；制(修)订《建筑节能工程施工质量验收规范》《温和地区居住建筑节能设计标准》《近零能耗建筑技术标准》。

绿色建筑标准。逐步修订现行绿色建筑评价系列标准；制(修)订《绿色校园评价标准》《绿色生态城区评价标准》《绿色建筑运行维护技术规范》《既有社区绿色化改造技术规程》《民用建筑绿色性能计算规程》。

可再生能源及分布式能源建筑应用标准。逐步修订现行太阳能、地源热泵系统工程相关技术规范；制(修)订《民用建筑太阳能热水系统应用技术规范》《太阳能供热采暖工程技术规范》《民用建筑太阳能光伏系统应用技术规范》。

(三)提高科技创新水平。

认真落实国家中长期科学和技术发展规划纲要，依托“绿色建筑与建筑工业化”等重点专项，集中攻关一批建筑节能与绿色建筑关键技术产品，重点在超低能耗、近零能耗和分布式能源领域取

得突破。积极推进建筑节能和绿色建筑重点实验室、工程技术中心建设。引导建筑节能与绿色建筑领域的“大众创业、万众创新”，实施建筑节能与绿色建筑技术引领工程。健全建筑节能和绿色建筑重点节能技术推广制度，发布技术公告，组织实施科技示范工程，加快成熟技术和集成技术的工程化推广应用。加强国际合作，积极引进、消化、吸收国际先进理念、技术和管理经验，增强自主创新能力。

专栏8　建筑节能与绿色建筑技术方向

建筑节能与绿色建筑重点技术方向。超低能耗及近零能耗建筑技术体系及关键技术研究；既有建筑综合性能检测、诊断与评价，既有建筑节能宜居及绿色化改造、调适、运行维护等综合技术体系研究；绿色建筑精细化设计、绿色施工与装备、调适、运营优化、建筑室内健康环境控制与保障、绿色建筑后评估等关键技术研究；城市、城区、社区、住区、街区等区域节能绿色发展技术路线、绿色生态城区(街区)规划、设计理论方法与优化、城区(街区)功能提升与绿色化改造、可再生能源建筑应用、分布式能源高效应用、区域能源供需耦合等关键技术研究、太阳能光伏直驱空调技术研究；农村建筑、传统民居绿色建筑建设及改造、被动式节能应用技术体系、农村建筑能源综合利用模式、可再生能源利用方式等适宜技术研究。

(四)增强产业支撑能力。

强化建筑节能与绿色建筑材料产品产业支撑能力，推进建筑门窗、保温体系等关键产品的质量升级工程。开展绿色建筑产业集聚示范区建设，推进产业链整体发展，促进新技术、新产品的标准化、工程化、产业化。促进建筑节能和绿色建筑相关咨询、科研、规划、设计、施工、检测、评价、运行维护企业和机构的发展。增强建筑节能关键部品、产品、材料的检测能力。进一步加强建筑能效测评机构能力建设。

专栏9　建筑节能与绿色建筑产业发展

新型建筑节能与绿色建筑材料及产品。积极开发保温、隔热及防火性能良好、施工便利、使用寿命长的外墙保温材料和保温体系、适应超低能耗、近零能耗建筑发展需求的新型保温材料及结构体系，开发高效节能门窗、高性能功能性装饰装修功能一体化技术及产品；高性能混凝土、高强钢等建材推广；高效建筑用空调制冷、采暖、通风、可再生能源应用等领域设备开发及推广。

(五)构建数据服务体系。

健全建筑节能与绿色建筑统计体系，不断增强统计数据的准确性、适用性和可靠性。强化统计数据的分析应用，提升建筑节能和绿色建筑宏观决策和行业管理水平。建立并完善建筑能耗数据信息发布制度。加快推进建筑节能与绿色建筑数据资源服务，利用大数据、物联网、云计算等信息技术，整合政府数据、社会数据、互联网数据资源，实现数据信息的搜集、处理、传输、存储和数据库的现代化，深化大数据关联分析、融合利用，逐步建立并完善信息公开和共享机制，提高全社会节能意识，最大限度激发微观活力。

交通运输节能环保“十三五”发展规划（节录）

（交通运输部 交通运输部2016年5月31日印发）

二、总体思路

（一）指导思想。

全面贯彻党的十八大和十八届三中、四中、五中全会精神，按照全面建成小康社会和加快推进生态文明建设的总体要求，把绿色发展理念融入交通运输发展的各方面和全过程，着力提升交通生态环境保护品质，突出理念创新、科技创新、管理创新和体制机制创新，坚持交通运输与节能环保协调发展，大力推进交通运输节能降碳，重点强化基础设施生态保护，全面开展污染综合防治，提升污染应急处置能力，积极推广资源节约集约利用，建立健全绿色交通制度体系，切实加强统计监测和监督考核，有效发挥政府引导作用，充分发挥企业主体作用，加强公众绿色交通文化培育，加快建成绿色交通运输体系。

（二）基本原则。

引领、全面推进。坚持交通运输绿色循环低碳发展，注重强化治理能力建设，加强监管约束和激励引导作用，确保交通运输节能环保发展水平与全面建成小康社会、生态文明建设、污染防治行动计划及应对气候变化等目标相匹配。根据交通运输能源消耗与污染排放特征，从节能降碳、生态保护、污染控制、资源节约和监管考核等方面全面提出发展目标和主要任务。

协调平衡、重点突破。处理好交通运输发展与节能环保的关系，统筹考虑近期与长远发展需求，并与区域、城乡交通运输发展水平相协调；聚焦当前社会关注度高的交通运输节能环保问题，结合国家“三大战略”和国际经验，确定关键领域和重点区域，促进绿色交通发展取得突破性进展。

创新驱动、示范带动。着力培育绿色交通发展新动力，通过理念、技术、体制机制和管理服务的全面创新，充分挖掘交通运输行业节能环保潜力；全面提升节能环保示范的深度和广度，利用专项行动、绿色示范创建等方式从以往的工程项目和企业试点转向区域和领域示范。

开放合作、共享发展。充分发挥市场对资源配置的决定性作用，调动企业作为市场主体的积极性和创造性，丰富行业节能环保推进手段。积极参与应对全球气候变化国际合作,开展国际技术交流，推动我国交通运输绿色发展关键技术取得突破

发展目标

1.总体目标

到2020年，适应全面建成小康社会要求的绿色交通运输体系建设取得显著进展。行业能源利用效率不断提高，能源消费结构得到明显改善；生态保护取得明显成效，国家各项污染防治行动要求得到全面落实，污染事故应急处置能力进一步加强；资源节约集约与循环利用水平全面提升；行业节能环保管理体制机制更加完善，监管与服务能力显著增强。

——行业能源和碳排放强度进一步下降。与2015年相比，营运客车单位运输周转量能耗和CO2排放分别下降2.1％和2.6％，营运货车单位运输周转量能耗和CO2排放分别下降6.8％和8％营运船

舶单位运输周转量能耗和CO2排放分别下降6%和7%，城市客运单位客运量能耗和CO2排放分别下降10%和12.5%,港口生产单位吞吐量综合能耗和CO2排放均下降2%。新能源和清洁能源车辆占比在2015年基础上显著提高。

——行业生态保护取得明显成效。生态保护全面纳入交通建设工程全过程管控，促进交通建设供给品质有效提升，基本实现交通基础建设与生态环境承载能力相适应，交通基础设施建设和运营对生态环境的影响得到有效缓解。

——行业污染物排放得到有效控制。京津冀、长三角、珠三角区域船舶硫氧化物（SOx）、氮氧化物（NOx）和颗粒物（PM）排放总量在2015年基础上分别下降65%、20%和30%。沿海和内河港口分别于2017年底前和2020年底前具备船舶含油污水、生活污水、化学品洗舱水和垃圾接收能力，国家溢油应急设备库布局完善。

——行业资源集约循环利用水平明显提高。岸线资源、土地

资源及通道资源的利用效率明显提升，路面材料、疏浚土、港口及高速公路服务区污水的循环利用率进一步提高

——行业节能环保监管考核能力显著增强。推进交通运输环境监测网建设，加强对国家高速公路、沿海及内河主要港口、长江千线航道等重点监测对象的覆盖,提升船舶污染监视监测能力。

交通运输能耗监测体系建设取得明显进展，绿色交通制度和标准规范体系进一步完善。

2.具体目标。

主要任务

（一）推进交通运输节能降碳。

继续推进交通运输结构调整。优化交通基础设施布局，充分发挥不同运输方式的比较优势和组合效率，推进现代综合交通运输体系建设。优先发展公共交通，鼓励发展城市慢行交通系统，促进城乡客运绿色发展。大力发展多式联运、甩挂运输和共同配送等高效运输组织模式，推动绿色货运发展。发展智能交通系统，鼓励利用“互联网＋”提升交通运输系统运行效率。

提升交通运输装备能效水平。推进运输装备专业化、标准化和大型化。鼓励淘汰老丨日高能耗车辆、船舶和作业机械，推广应用高效、节能、环保的车辆装备，加快推进内河船型标准化。实施道路运输车辆和营运船舶燃料消耗量限值准入制度。

优化交通运输能源消费结构。加大新能源和清洁能源在城市公共交通和客货运输领域的应用。继续推进水运行业应用液化天然气，在港口装卸机械和运输装备中优先使用电能或天然气等作为动力。大力推动靠港船舶使用岸电，制定港口岸电布局建设方案，加快港口和船舶使用岸电设备设施建设。支持加气配套设施在交通运输领域的规划与建设。鼓励太阳能、风能等清洁能源及充换电配套设施在交通基础设施建设运营中的应用。

深化节能降碳制度创新与技术应用。继续组织开展绿色交通示范创建。探索合同能源管理、碳交易、第三方治理等市场机制在行业内的应用，促进交通运输行业节能降碳。制定发布交通运输行业重点节能低碳技术和产品推广目录，优先支持重点节能低碳技术和产品的推广应用。推广应用运输装备节能驾驶、节能操作和绿色维修技术。

（二）强化基础设施生态保护。

加强新建交通基础设施生态保护。交通基础设施规划和建设过程中应按照国家环保相关法律法规要求“严格履行环保程序”实施严格的围填海总量控制和自然岸线控制制度。将生态保护理念贯

穿交通基础设施规划、建设、运营和养护的全过程。积极倡导生态选线、生态环保设计，减少对自然保护区等生态敏感区域的切割影响。综合应用先进的生态工程技术，降低交通基础设施对陆域、水生动植物及其生境的影响，严格落实生态保护和水土保持措施，加强植被保护与恢复，全面提升交通基础设施景观服务品质。推进一批生态友好型公路、港口、航道等交通基础设施的建设。

继续推进已建基础设施生态修复工程。在“十二五”生态修复试点的基础上,针对早期建设由于理念和技术原因导致不能满足‖环保要求的交通基础设施，鼓励开展生态修复。公路方面，重点推进边坡和取弃土场植被恢复、动物通道和湿地生态修复等；水运方江 面，重点推进人工渔礁、过鱼设施、生态护岸等。

（三）全面开展污染综合防治。

加强行业大气污染防治工作。落实珠三角、长三角、环渤海（京津冀）水域船舶排放控制区实施方案，提升船舶大气污染物排放监管能力，控制船舶硫氧化物（SOx）、氮氧化物（NOx）和颗粒物（PM）排放。开展干散货码头粉尘专项治理，全面推进主要港口大型煤炭、矿石码头堆场建设防风抑尘设施或实现封闭储存。推进原油成品油码头油气回收治理。推进运输枢纽场站污染防治。

积极支持淘汰黄标车。鼓励采用温拌沥青等先进工艺，减少交通基础设施建设过程中的废气排放。

组织开展行业水污染防治。鼓励节能环保型船舶建造和既有船舶实施污水储存处置设施改造。推动船舶含油污水、生活污水、化学品洗舱水和垃圾等污染物的接收设施建设，做好船港之间、港城之间污染物转运处置设施的衔接。规范拆船行为，禁止冲滩拆解。进入我国水域的国际航行船舶，按照已加入的国际公约要求实施压载水管理。大力推进港口、运输枢纽、高速公路服务区污水处理和循环利用。

进一步提升污染事故应急能力。健全海上溢油应急指挥机制，完善各级海上溢油应急预案，推动《国家重大海上溢油应急处置预案》出台，建设畅通的应急通讯系统和高效的溢油应急信息服务体系。强化溢油监视能力建设，提高溢油监视预警能力。加强溢油清除能力和水上危险化学品泄漏应急处置能力建设，落实《国家重大海上溢油应急能力建设规划（2015-2020年）》建设任务，提高国家溢油应急设备库运行维护水平。推动重大海上溢油事故应急处置部际联动。加强污染事故应急队伍建设，进一步扶持和规范社会应急清污力量发展。

（四）推进资源节约循环利用。

推进资源节约集约利用。统筹集约利用综合运输线位、运输枢纽、跨江跨海通道等资源。大力推行适应节约土地要求的交通运输工程技术，提高交通建设用地效率。因地制宜采取有效措施减少耕地和基本农田占用。合理有序开发港口岸线资源，发展集约化、现代化和专业化港区，进一步提升港口岸线资源利用效率。

加强资源综合循环利用。积极推动废旧路面、沥青等材料再生综合利用，以及钢材、水泥等主要建材的循环利用。扩大粉煤灰、煤矸石、矿渣、废旧轮胎等工业废料和疏浚土、建筑垃圾在交通基础设施建设运营中的无害化处理和综合利用。鼓励交通建设企业加入区域资源再生综合交易系统，行业内外协同提升资源循环利用水平。

（五）加强节能环保监督管理。

健全绿色交通制度和标准体系。研究制定绿色交通发展制度体系框架，全面涵盖交通运输绿色发展的政策、法规、标准等制度。有序推进绿色交通领域各项相关制度的制修订工作，并加强实施效果评估，形成推动绿色交通发展的长效机制。发布《绿色交通标准体系》，研究制定交通运输用能设备、设施、企业能耗和碳排放强度,交通运输环保和能耗统计分析，交通运输污染防治技术与环保产品，交通运输清洁能源应用，交通运输环境监测和能耗监测等方面的标准。

强化行业节能环保管理。在交通运输基础设施建设过程中严格执行国家环保“三同时”制度和节能评估制度，严格遵守监管所有污染物排放的环境保护管理制度。继续开展交通运输规划和建设项目环境影响评价、项目节能评估工作。鼓励各省、城市及企业结合自身情况编制交通运输绿色发展专项规划，加强节能环保管理体系建设

加强节能环保统计监测。全面实施《全国公路水路交通运输环境监测网总体规划》,有序推进行业环境监测网建设和监测工作开展，提升交通运输环境监测能力。继续推进交通运输环境数据中心建设，逐步完善交通运输行业环境数据报送与共享机制。完善交通运输行业能耗统计平台，继续组织开展营运车辆、船舶能耗监测统计工作，继续推进交通运输重点用能单位开展能耗监测，有序推进省级能耗统计监测体系的建设实施。

（六）服务国家发展重大战略。

支撑京津冀一体化绿色交通发展。大力推进京津冀区域大气污染防治工作，大力推广新能源和清洁能源车辆应用，推动北京、天津、石家庄、保定等绿色交通城市、公交都市示范创建活动。推进环渤海（京津冀）水域船舶大气污染物排放控制区建设,开展千散货码头粉尘专项治理，推进原油成品油码头油气回收治理工作。组织开展京津冀协同发展交通一体化规划环境影响评价，建设京津冀一体化交通运输环境监测与能耗监测系统，定期组织开展行业能耗和环境统计和调查，跟踪落实国家和京津冀区域相关节能环保要求。

推进长江经济带绿色综合立体交通走廊建设。组织开展长江经济带综合交通立体走廊战略环评，进一步科学规划长江干线港口岸线利用，规模化、集约化利用港口岸线资源。推进长江干线生态航道建设，将生态与环保理念融入长江干线航道设计、施工、养护等全过程，推进长江航道生态修复工作。落实《船舶与港口污染防治专项行动实施方案（2015—2020年）》，推进长三角水域船舶大气污染物排放控制区建设，全面推进内河船型标准化，完善船舶污染物接收、转运处置体系。加强跨江沿江通道建设及营运过程中的污染防治和生态保护，强化环境风险防范及应急能力建设。推进长江经济带高等级航道环境监测网建设，探索建立长江经济带交通运输能源消耗和碳排放统计监测制度。提高长江航道环境风险防范能力，加强船舶溢油风险防范和危险化学品运输监管。

构建“一带一路”交通运输绿色发展管理体系。在“一带一路”交通运输发展过程中，全面落实绿色交通发展理念，逐步建立适应不同地区要求的绿色交通标准规范体系和建设管理体系。在公路、港口、航道等交通基础设施的规划、设计、建设、养护过程中，采用严格的生态环保标准规范体系，有效提高生态环保水平。尤其对位于生态脆弱区的交通基础设施工程，强化建设过程中的生态保护,落实建设完成后的生态修复。降低远洋船舶污染物排放水平，探索研究与其他国家和地区共同建立船舶排放控制区的可行性。提高交通运输节能减排技术水平，逐步提高船舶燃料消耗量限值标准。

四、保障措施

（一）完善制度建设。

通过制度设计引导行业绿色发展，提高行业节能环保管理的规范化与制度化。切实强化规划实施的组织领导，对规划目标任务进行分解，并定期开展规划执行情况检查与评估工作，切实落实各部门

责任分工。建立节能环保工作监督考核机制，探索将绿色交通发展绩效考核纳入部门和单位年度工作考核体系。各地区、各单位应结合自身实际制定相应的节能环保专项规划或实施方案，强化规划引领和指导作用。建立定期培训制度，提升节能环保管理水平。

（二）拓展资金来源。

鼓励和支持各地设立交通运输绿色发展专项资金，强化各级财政资金的引导作用。积极利用市场机制，研究探索设立绿色交通产业发展基金,促进交通运输行业应用绿色信贷、绿色债券、绿色保险等创新金融工具，拓宽绿色交通发展融资渠道。鼓励企业加大节能环保资金投入，积极探索运用政府和社会资本合作模式（PPP）。

（三）加强科技创新。

积极支持重点方向科研能力建设，支持相关科研院所提升交通运输节能环保科研条件。加大科技研发力度，重点开展绿色交通基础设施和装备、区域性交通运输能源和环境监测、码头油气回收等方面的专题研究。以重大科研课题为依托，以行业重点科研平台为基地，推进科研人才培养。

（四）培育绿色文化。

加大绿色交通发展理念、节能环保先进技术与管理的培训教育力度，提升企业和行业从业人员的节能环保意识和能力。依托绿色交通示范项目，广泛宣传绿色交通理念，推广节能低碳、生态环保技术和产品。组织开展绿色交通相关主题宣传活动，引导社会公众绿色出行。

（五）强化合作机制。

继续利用多双边渠道，加强与国际组织、国外企业和研究咨询机构等的交流合作，积极吸收借鉴国际先进经验。继续参与国际海运温室气体减排合作，为我国交通运输行业发展和参与国际竞争创造良好的外部条件。继续加强与节能减排、环境保护、资源管理等主管部门和地方政府的合作，搭建绿色交通发展交流平台，促进先进技术推广和经验交流，协同推进绿色交通发展。

“十三五”水资源消耗总量和强度双控行动方案

（水利部、国家发改委2016年10月18日印发）

根据《中华人民共和国国民经济和社会发展第十三个五年规划纲要》和《政府工作报告》要求，为加快推进生态文明建设，推动形成绿色发展方式和生活方式，进一步控制水资源消耗，实施水资源消耗总量和强度双控行动，特制定本方案。

一、总体要求

（一）指导思想。全面贯彻党的十八大和十八届三中、四中、五中全会精神，深入学习贯彻习近平总书记系列重要讲话精神，紧紧围绕统筹推进“五位一体”总体布局和协调推进“四个全面”战略布局，牢固树立创新、协调、绿色、开放、共享的发展理念，认真落实党中央、国务院决策部署，坚持节水优先、空间均衡、系统治理、两手发力，切实落实最严格水资源管理制度，控制水资源消耗总量，强化水资源承载能力刚性约束，促进经济发展方式和用水方式转变；控制水资源消耗强度，全面推进节水型社会建设，把节约用水贯穿于经济社会发展和生态文明建设全过程，为全面建成小康社会提供水安全保障。

（二）基本原则。

坚持双控与转变经济发展方式相结合。以水定需，量水而行，因水制宜，促进人口经济与资源环境相均衡，以水资源利用效率和效益的全面提升推动经济增长和转型升级。

坚持政府主导与市场调节相结合。加强对双控行动的规范和引导，强化政府目标责任考核。完善市场机制，营造良好市场环境，充分发挥市场机制作用，提高水资源配置效率。

坚持制度创新和公众参与相结合。制定完善配套政策，创新激励约束机制，形成促进高效用水的制度体系。加强水情宣传教育，推动形成全社会爱水护水节水的良好风尚。

坚持统筹兼顾与分类推进相结合。统筹考虑区域水资源条件、产业布局、用水结构和水平，科学合理逐级分解双控目标任务。分类推进各行业、各领域重点任务落实。

（三）主要目标。到2020年，水资源消耗总量和强度双控管理制度基本完善，双控措施有效落实，双控目标全面完成，初步实现城镇发展规模、人口规模、产业结构和布局等经济社会发展要素与水资源协调发展。各流域、各区域用水总量得到有效控制，地下水开发利用得到有效管控，严重超采区超采量得到有效退减，全国年用水总量控制在6700亿立方米以内。万元国内生产总值用水量、万元工业增加值用水量分别比2015年降低23%和20%；农业亩均灌溉用水量显著下降，农田灌溉水有效利用系数提高到0.55以上。

二、明确目标责任

（四）健全指标体系。严格总量指标管理，在国务院确定的2020年各省（区、市）用水总量控制目标基础上，健全省、市、县三级行政区域用水总量控制指标体系。2016年底前，各省（区、市）要完成所辖市、县用水总量控制指标分解。推进江河流域水量分配，加快完成53条跨省重要江河流域水量分配，各省（区、市）要有序推进本行政区内跨市、县江河流域水量分配，把用水总量控制指标落实到流域和水源。

严格强度指标管理，把万元国内生产总值用水量、万元工业增加值用水量和农田灌溉水有效利用系数逐级分解到各省、市、县，明确区域强度控制要求（各省（区、市）2020年用水强度控制目标见附表）。2016年底前，各省（区、市）要力争完成所辖市、县用水强度控制指标分解。到2020年，建立覆盖主要农作物、工业产品和生活服务行业的先进用水定额体系，定额实行动态修订。严格用水定额和计划管理，强化行业和产品用水强度控制。

（五）强化目标考核和责任追究。全面实施最严格水资源管理制度考核，逐级建立用水总量和强度控制目标责任制，完善考核评价体系，突出双控要求。对严重缺水地区，突出节水考核要求。考核结果作为干部主管部门对政府领导班子和相关领导干部综合考核评价的重要依据。

建立用水总量和强度双控责任追究制，严格责任追究，对落实不力的地方，采取约谈、通报等措施予以督促；对因盲目决策和渎职、失职造成水资源浪费、水环境破坏等不良后果的相关责任人，依法依纪追究责任。加快建立国家水资源督察制度，加强对各地用水总量和强度控制目标完成情况督察，确保政策措施落到实处。

三、落实重点任务

（六）强化水资源承载能力刚性约束。各省（区、市）要以县域为单元开展水资源承载能力评价，建立预警体系，发布预警信息，强化水资源承载能力对经济社会发展的刚性约束。2016年完成京津冀三省市和试点地区以县域为单元的水资源承载能力评价。

建立健全规划和建设项目水资源论证制度，完善规划水资源论证相关政策措施。各省（区、

市）政府要重点推进重大产业布局和各类开发区规划水资源论证，严格建设项目水资源论证和取水许可管理，从严核定许可水量，对取用水总量已达到或超过控制指标的地区暂停审批新增取水。

（七）全面推进各行业节水。大力推进农业、工业、城镇节水，建设节水型社会，编制实施节水规划。

强化农业节水，加快重大农业节水工程建设，到2020年完成大型灌区续建配套和节水改造任务，加快实施区域规模化高效节水灌溉工程，积极推广喷灌、微灌、集雨补灌、水田控制灌溉和水肥一体化等高效节水技术,开展灌区现代化改造试点，全国节水灌溉工程面积达到7亿亩左右。

强化工业节水，完善国家鼓励和淘汰的用水技术、工艺、产品和设备目录，重点开展火电、钢铁、石化、化工、印染、造纸、食品等高耗水工业行业节水技术改造，大力推广工业水循环利用，推进节水型企业、节水型工业园区建设。到2020年，高耗水行业达到先进定额标准。

强化城镇节水，加快推进城镇供水管网改造，推动供水管网独立分区计量管理，加快推广普及生活节水器具，推进学校、医院、宾馆、餐饮、洗浴等重点行业节水技术改造，全面开展节水型公共机构、居民小区建设。到2020年，地级及以上缺水城市全部达到国家节水型城市标准要求，公共供水管网漏损率控制在10%以内。

（八）加快地下水超采区综合治理。实行地下水取用水总量和水位控制，编制实施全国地下水利用与保护规划。2017年底前完成地下水禁采区、限采区和地面沉降控制区范围划定，编制完成地面沉降区、海水入侵区地下水压采方案。以华北地区为重点，推进地下水超采区综合治理，加快实施《南水北调东中线一期工程受水区地下水压采总体方案》。地方各级政府要依法规范机井建设管理，限期关闭未经批准的和公共供水管网覆盖范围内的自备水井。加快实施国家地下水监测工程，完善地下水监测网络，实现对地下水动态有效监测。

（九）统筹配置和有序利用水资源。合理有序使用地表水、控制使用地下水、积极利用非常规水，进一步做好流域和区域水资源统筹调配，减少水资源消耗，逐步降低过度开发河流和地区的开发利用强度，退减被挤占的生态用水。加快完善流域和重点区域水资源配置，强化水资源统一调度，统筹协调生活、生产、生态用水。大力推进非常规水源利用，将非常规水源纳入区域水资源统一配置。

（十）稳步推进水权制度建设。加快明晰区域和取用水户初始水权，稳步推进确权登记，建立健全水权初始分配制度。2017年底前完成在内蒙古、江西、河南、湖北、广东、甘肃、宁夏7个省区开展的水权试点工作。总结试点经验，研究进一步扩大试点范围，推进区域间、流域间、流域上下游、行业间、用水户间等多种形式的水权交易，因地制宜探索水权交易的方式，统筹推进水权交易平台建设。

（十一）加快理顺价格税费。深入贯彻落实《国务院办公厅关于推进农业水价综合改革的意见》（国办发〔2016〕2号），建立健全农业水价形成机制，建立精准补贴和节水奖励机制，农田水利工程设施完善的地区通过3-5年努力率先完成改革目标。合理制定、调整城镇供水价格，全面推行居民阶梯水价和非居民用水超定额超计划累进加价制度。切实加强水资源费征收管理，确保应收尽收。积极推进水资源税费改革。

（十二）提升水资源计量监控能力。加快推进国家水资源监控能力建设（2016-2018年）项目，2018年底前对年取水量50万立方米以上的工业取水户、100万立方米以上的公共供水取水户和大型灌区及部分中型灌区渠首实现在线监控。完善中央、流域和省水资源管理系统三级平台建设，健全水资源计量体系。加快推进省、市、县各级水资源监控能力建设，实现信息共享、互联互通和业务协同。结合大中型灌区建设与节水配套改造、小型农田水利设施建设，完善灌溉用水计量设施，提高农业灌溉用水定额管理和科学计量水平。

（十三）加强重点用水单位监督管理。建立健全国家、省、市级重点监控用水单位名录，强化取用水计量监控，完善取用水统计和核查体系，建立健全用水统计台账。对重点用水单位的主要用水设备、工艺和水消耗情况及用水效率等进行监控管理。引导重点用水单位建立健全节水管理制度，实施节水技术改造，提高其内部节水管理水平。

（十四）加快推进技术与机制创新。实施国家重点研发计划水资源高效开发利用专项，大力推进综合节水、非常规水源开发利用、水资源信息监测、水资源计量器具在线校准等关键技术攻关，加快研发水资源高效利用成套技术设备。建设节水技术推广服务平台，加强先进实用技术示范和应用，支持节水产品设备制造企业做大做强，尽快形成一批实用高效、有应用前景的科技成果。

开展水效领跑者引领行动，定期公布用水产品、用水企业、灌区等领域的水效领跑者名单和指标，带动全社会提高用水效率。培育一批专业化节水服务企业，加大节水技术集成推广，推动开展合同节水示范应用，通过第三方服务模式重点推进农业高效节水灌溉和公共机构、高耗水行业等领域的节水技术改造。

四、完善保障措施

（十五）加强组织领导。各省（区、市）政府对本地区水资源消耗总量和强度双控工作负总责，要抓紧制定落实方案，明确具体措施和任务分工，创新工作机制，确保双控目标完成。国务院有关部门按照职能分工，加强指导、支持和监督管理。水利部、发展改革委将切实加强统筹协调，会同有关部门共同推进各项工作任务落实。

（十六）创新支持方式。地方各级政府要积极筹措资金，落实相关优惠政策，支持重大节水工程建设、节水型社会建设、取用水计量监控等工作任务的落实。要积极探索合同节水管理等新模式，利用政府和社会资本合作（PPP）模式等，鼓励社会资本进入节水等领域。

（十七）夯实管理基础。积极推进水资源管理法制化进程，加快出台节约用水条例、地下水管理条例，制订和完善取水许可、水效标识管理等方面的规章制度。完善水资源高效利用技术标准体系，加快节水技术和管理标准制修订工作。加强基层水资源管理能力建设，健全管理队伍，加大培训力度，提高水资源管理与社会服务能力。

（十八）强化公众参与。广泛深入开展基本水情宣传教育，强化社会舆论监督，进一步增强全社会水忧患意识和水资源节约保护意识，形成节约用水、合理用水的良好风尚。大力推进水资源管理科学决策和民主决策，完善公众参与机制，地方各级政府要依法公开水资源信息，及时发布水资源管理政策，进一步提高决策透明度，健全听证等公众参与制度，对涉及群众用水利益的发展规划和建设项目，采取多种方式充分听取公众意见。

附表　2020年各省（区、市）用水强度控制目标

地区	万元国内生产总值用水量比2015年下降	万元工业增加值用水量比2015年下降	农田灌溉水有效利用系数
全　国	23%	20%	0.550
北　京	15%	15%	0.750

地区	万元国内生产总值用水量比2015年下降	万元工业增加值用水量比2015年下降	农田灌溉水有效利用系数
天　津	10%	5%	0.684
河　北	25%	23%	0.675
山　西	15%	13%	0.550
内蒙古	25%	20%	0.532
辽　宁	20%	15%	0.592
吉　林	25%	23%	0.582
黑龙江	21%	23%	0.600
上　海	23%	20%	0.738
江　苏	25%	20%	0.600
浙　江	23%	20%	0.600
安　徽	28%	21%	0.535
福　建	33%	35%	0.547
江　西	28%	33%	0.510
山　东	18%	10%	0.646
河　南	25%	25%	0.616
湖　北	30%	30%	0.524
湖　南	30%	30%	0.521
广　东	30%	25%	0.500
广　西	33%	25%	0.500
海　南	25%	25%	0.570
重　庆	29%	30%	0.500
四　川	23%	23%	0.476
贵　州	29%	30%	0.480
云　南	29%	30%	0.472
西　藏	20%	25%	0.450
陕　西	20%	15%	0.570
甘　肃	33%	30%	0.570
青　海	18%	15%	0.500
宁　夏	25%	18%	0.506
新　疆	33%	22%	0.570

农业资源与生态环境保护工程十三五规划

（农业部2016年12月31日印发）

为贯彻党中央、国务院关于加强生态文明建设、推动绿色发展的决策部署，切实加强农业资源与生态环境保护，依据《全国农业现代化规划(2016—2020年)》《全国农业可持续发展规划(2015—2030年)》《农业环境突出问题治理总体规划(2014—2018年)》《全国生态保护与建设规划(2013—2020年)》等规划，编制本规划。

一、发展现状

(一)主要成效

“十二五”以来，党中央、国务院高度重视农业资源保护和生态环境建设，不断加大投入力度，实施了高标准农田建设、旱作节水农业、退牧还草、京津风沙源治理等一系列重大工程，取得积极进展。一是耕地保护基础不断夯实。建成东北黑土地高标准农田面积近4000万亩，西北旱作节水农业示范区约700万亩，湖南重金属污染耕地修复与种植结构调整试点区170万亩，区域农业基础条件和耕地质量得到有效改善。二是草原保护与建设成效显著。2015年，草原综合植被盖度为54%，比2011年提高3个百分点；重点区域天然草原平均牲畜超载率15.2%，比2011年下降12.8个百分点；累计落实草原承包面积42.5亿亩，占草原总面积的72%。草原生态持续恶化的势头得到了初步遏制，局部草原生态状况改善明显。三是水生生物资源养护与生态修复稳步推进。水生生物增殖放流全面开展，海洋牧场建设不断推进，海藻场和海草床建设初见成效，水生生物保护区体系基本建立。四是外来生物入侵防控体系初步构建。建设外来入侵生物防治示范区20个、天敌繁育基地24个、生物替代技术示范基地3个，形成了一批有效防治典型外来入侵生物的办法，推广示范一批综合防控技术。五是农业面源污染防治取得积极进展。建成全国农业面源污染国控监测网络，建设了106个国家级农作物病虫害绿色防控技术集成示范区，新创建了一批国家级畜禽养殖标准化示范场、规模化大型沼气工程和规模化生物天然气工程，在太湖、洱海、巢湖和三峡库区建设了一批流域农业面源污染综合治理示范区。

(二)面临问题

“十三五”时期，农业资源与生态环境保护工作仍面临诸多困难和问题。一是部分区域耕地质量退化问题依然突出。东北黑土区耕地有机质含量下降，理化性状变差，农田生态功能退化；南方部分地区耕地重金属超标，治理难度大；西北旱作农区农田水利基础设施建设欠账多，农田灌溉水有效利用系数还不高。二是草原生态环境依然脆弱。全国草原生态总体恶化局面尚未根本扭转，中度和重度退化草原面积仍占1/3以上。部分地区乱开乱垦、乱采滥挖等破坏草原现象屡有发生。草原旱灾、鼠虫害和毒害草灾害频发，已恢复的草原生态仍很脆弱。三是外来入侵生物蔓延的态势依然存在。入侵我国的外来生物呈现传入数量增多、传入频率加快、蔓延范围扩大、发生危害加剧的严峻态势。据不完全统计，目前入侵我国的外来物种高达529种，每年造成的经济损失超过千亿元，已成为生物多样性利用与保护、经济社会可持续发展的重大威胁。四是渔业物种资源保护形势依然严峻。受拦河筑坝、围湖造田、交通航运和海洋海岸工程等社会经济活动影响，重要水生生物

产卵场、索饵场、越冬场和洄游通道被不同程度污染和破坏，鱼类栖息地持续丧失，天然渔业资源量锐减，水生生物资源严重衰退。五是农业面源污染依然突出。化肥农药兽药等投入品不合理使用、畜禽粪污随意处置、秸秆田间焚烧等现象仍然存在，农膜回收利用率依然不高。六是农业湿地侵占破坏问题依然严重。重要水域农业湿地被破坏、被开发问题仍然存在，水生生物多样性受到破坏，生态系统质量及稳定性下降。

二、总体思路

(一)指导思想

深入贯彻党的十八大和十八届三中、四中、五中、六中全会精神，坚持绿水青山就是金山银山的理念，以绿色生态为导向，以改革创新为动力，以降低利用强度、改善产地环境、发展绿色产品为目标，突出加强重要资源保护，强化重点区域环境治理，促进农业废弃物资源化利用，发展资源节约型、环境友好型、生态保育型农业，努力把过高的资源利用强度降下来，把农业面源污染加重的趋势缓下来，推动农业发展方式加快转变，走产出高效、产品安全、资源节约、环境友好的农业现代化道路，促进农业可持续发展。

(三)保护目标

通过5年努力，实现农业资源永续利用水平明显提升，农业环境突出问题治理取得积极进展，农业生态功能得到改善恢复，农业绿色化发展取得重要进展。

——资源过度开发的趋势得到初步遏制。力争耕地重度污染面积不扩大，土壤清洁率达到80%以上。基本实现农业“一控两减三基本”目标，农田灌溉水有效利用系数超过0.55，主要农作物化肥、农药利用率达到40%，农膜回收率达到80%，养殖废弃物综合利用率达到75%。

——重点区域环境问题治理取得阶段性成效。东北黑土退化区、南方重金属污染区、京津冀地下水超采区、西南石漠化区、草原生态治理区治理技术体系和推进机制基本建立，耕地轮作休耕全面推进，主要农产品产地实现农产品安全达标生产。北方农牧交错带、西北干旱区农业结构适应性水平、可持续发展水平明显提升。

——农业生态功能得到恢复和增强。基本控制草原退化沙化和渔业水域资源荒漠化趋势，草原综合植被盖度达到56%，有代表性的草原类型及珍稀濒危野生动植物资源得到有效保护，重大外来有害入侵物种得到有效遏制。

——绿色生态农业发展机制基本建立。基本构建科学的考评机制、合理化的生态补偿机制、市场化的投入交易机制、法制化的监督问效机制。

三、重点任务

(一)加强耕地质量建设与保护

加快建设高标准农田，开展土地整治、中低产田改造、农田水利设施建设。实施耕地质量保护与提升行动，推广深耕深松、保护性耕作、秸秆还田、增施有机肥、种植绿肥等方式，增加土壤有机质，实行耕地轮作休耕制度试点。恢复和培育土壤微生物群落，构建养分健康循环通道。加强东北黑土地保护，减缓黑土层流失，继续推进南方重金属污染耕地修复及农作物种植结构调整试点。到“十三五”末，建成集中连片、旱涝保收的高标准农田8亿亩，耕地质量平均提升0.5个等级以上。

(二)推进农业投入品减量使用

深入实施测土配方施肥，实施果菜茶有机肥替代化肥行动，引导农民施用有机肥、种植绿肥、

沼渣沼液还田等方式减少化肥使用。继续实施农作物病虫害专业化统防统治和绿色防控，推广高效低风险农药、高效现代植保机械。推广高效低毒低残留兽药，规范抗菌药使用，严厉打击养殖环节滥用兽药行为。到“十三五”末，主要农作物测土配方施肥技术推广覆盖率达到90%以上，绿色防控覆盖率达到30%以上，努力实现化肥农药零增长。

(三)开展农业废弃物资源化利用

加快推进畜禽养殖粪污处理，支持建设规模化养殖场粪便处理利用设施和区域集中收集处理中心，推广污水减量、厌氧发酵、粪便堆肥等生态化治理模式，建设覆盖全链条的病死畜禽无害化处理体系。实施秸秆机械还田、腐熟还田、青黄贮饲料化、食用菌基料化利用，实施秸秆气化、固化成型、材料化致密成型等项目，建立健全秸秆收储运体系。建设一批废旧地膜回收网点和加工厂，推广生产和使用厚度0.01毫米以上的地膜，探索地膜使用量控制机制。

(四)推广高效节水农业模式

大力发展节水农业，加大粮食主产区、严重缺水区和生态脆弱区高效节水灌溉工程建设力度，推广工程节水和农艺节水措施，完善农田灌排基础设施，推广微喷、滴灌、水肥一体等高效节水灌溉设备，优化农作物种植结构，改良耕作制度，推广耐旱低耗水农作物。在华北地下水超采区继续开展耕地轮作休耕试点，在半干旱、半湿润偏旱区以提高降水利用率和利用效率为核心，建设降水高效利用设施，开展粮草轮作，推进种养结合。

(五)强化退化草原治理修复

组织实施新一轮退耕还林还草、退牧还草、京津风沙源草原治理和农牧交错带已垦草原治理。启动新一轮草原生态保护补助奖励政策，围栏封育和补播改良退化沙化草原，全面推进禁牧休牧、划区轮牧和草畜平衡制度落实，实施禁牧补助和草畜平衡奖励，保护和恢复草原生态。加快推动草牧业发展方式转变，改善牧区基础设施条件，促进草牧业持续健康发展。到“十三五”末，全国天然草原年鲜草总产量达10.5亿吨，改良天然草原9亿亩，人工种草保留面积达4.5亿亩。草原自然保护区内有代表性的草原类型及珍稀濒危野生动植物资源得到有效保护。

(八)实施农业湿地保护修复

坚持自然恢复为主与人工修复相结合的方式，推进农业湿地保护修复，加强国家级水生生物湿地自然保护区建设。重点加强长江流域、黄河沿线、东北湿地及云贵高原湿地等区域湿地保护，综合修复生物多样性单一、生态功能下降的湿地。通过污染清理、自然湿地岸线维护、河湖水系连通、植被恢复等手段，逐步恢复农业湿地生态功能，维持湿地生态系统健康。力争到“十三五”末，现有农业湿地面积不萎缩，生物多样性得到有效保护和恢复。

地方报告

北京市“十三五”节能低碳和循环经济展望

为深入贯彻落实《中共北京市委北京市人民政府关于全面提升生态文明水平推进国际一流和谐宜居之都建设的实施意见》和《北京市人民政府关于印发北京市“十三五”时期节能降耗及应对气候变化规划的通知》，进一步动员全社会力量共同推进节能低碳和循环经济发展，实现本市二氧化碳排放总量在2020年达到峰值和“十三五”节能减碳目标，结合本市实际，特制定本行动计划。

一、总体要求

(一)指导思想

深入贯彻落实党的十八大和十八届三中、四中、五中全会精神，认真学习贯彻习近平总书记系列重要讲话和对北京工作的重要指示精神，牢固树立创新、协调、绿色、开放、共享的发展理念，牢牢把握首都城市战略定位，紧紧围绕“节约能源资源、应对气候变化、资源循环利用”主题，坚持“政府引导、全民参与、人人共享”的原则，宣传普及节能低碳和循环经济知识，积极推行绿色生产生活方式和消费模式，充分调动企业和市民参与节能低碳和循环经济发展的积极性、主动性，努力形成全社会崇尚勤俭节约、绿色低碳的生态文明新风尚，为加快建设国际一流的和谐宜居之都作出积极贡献。

(二)行动目标

到2020年，全民践行节能低碳和循环经济理念的积极性、主动性和创造性显著提高，生态文明主流价值观在全社会得到广泛弘扬，节能低碳和循环经济领域新技术、新产品应用取得新突破，全社会参与机制和监督机制进一步完善。到2020年，能效标识Ⅱ级以上的节能家电市场占有率达到90%以上，创建50个低碳社区，培育100家节能低碳和循环经济领域典型企业，创建100家节约型公共机构(其中党政机关20家)，能效“领跑者”试点覆盖30个细分行业。

二、主要内容

(一)营造节能低碳和循环经济文化环境

1.加强主题宣传。打造“节能环保低碳大篷车”品牌，继续实施节能低碳和循环经济理念进社区、进学校等“十进”活动。组建专家讲师团，在中小学校、社区和产业园区开展“绿讲堂”宣讲活动。编印《北京市节能低碳行为100条》，制作节能低碳和循环经济宣传手册、公益广告宣传片等。依托青少年宫、妇女儿童活动中心和各类培训基地，搭建节能低碳和循环经济知识宣传平台。支持新媒体企业建立节能低碳和循环经济信息传播平台，充分利用移动传媒，提高宣传频率。每年组织节能低碳和循环经济主题宣传活动不少于100场，让市民在亲身参与中提高生态文明意识。

2.开展教育培训。把节能低碳和循环经济理念纳入教育体系和公务员培训体系，在共青团、少年先锋队活动阵地设立宣传栏，在党政机关和企事业单位定期开展节能低碳和循环经济知识培训讲座，将绿色办公理念纳入日常培训计划，提高办公设备使用效率。

(二)推动企业扩大绿色产品和服务供给

1.实施创新驱动。支持企业加大节能低碳和循环经济领域技术研发投入，开发一批先进适用的新技术和新产品。鼓励科研机构等企事业单位和市民开展节能低碳和循环经济领域基础性、群众性

技术创新活动。依托节能低碳创新服务平台，每年举办节能低碳和循环经济创新大赛。鼓励电子商务企业通过直销或与实体企业合作经营模式，增加节能低碳和循环经济领域相关产品和服务供给。

2. 推动新技术应用。建立节能低碳和循环经济领域新技术应用成果库，每年组织不少于10场的技术产品交流、供需对接和展

览展示等活动。组织上门对接服务活动，根据行业特点有针对性推广相关技术产品，制定节能低碳系统解决方案。制定发布绿色建筑适用技术推广目录，推广应用节能环保型建筑材料，有序扩大地热能、太阳能等可再生能源的应用规模。畅通节能低碳和循环经济领域咨询服务渠道，定期组织专家为市民提供技术咨询。

(三)推广绿色生活方式和消费模式

1. 扩大绿色消费市场。严把绿色产品准入关，继续推广绿色高效照明产品、低排放汽车、高效节能电机等节能低碳产品。继续开展节能超市创建活动，支持商场、超市等设立节能环保产品销售专区，定期组织优惠促销活动。组织实施家电以旧换新、节能产品补贴活动。积极推广超低能耗建筑，到2020年推广规模达到30万平方米以上。加大能效标识和节能环保产品认证实施力度，引导消费者购买节能产品。

2. 倡导绿色生活方式。推进再生资源回收体系与垃圾分类回收体系对接，研究废旧纺织物等低值可回收物品有效回收利用的政策措施，促进生活垃圾减量。提倡节约用水用电。积极倡导绿

色出行理念，鼓励市民选择步行、骑自行车和乘坐公共交通工具等绿色出行方式。积极推广智能节油装置，有效减少油品消耗。

3. 开展反对浪费行动。严格执行党政机关厉行节约反对浪费条例，充分发挥党政机关示范带动作用。推行科学文明的餐饮消费模式，倡导市民从简用餐，争做“光盘族”。加强粮食生产、收购、储存、运输、加工、消费等环节管理，减少粮食损失浪费。严格执行“限塑令”，禁止销售、使用超薄塑料购物袋；倡导消费者重复使用环保购物袋。

(四)强化各类社会主体的绿色发展责任

1. 建设节能低碳社区。探索街道办事处、居民委员会、居民小区物业公司共建机制，开展节能低碳家庭评选活动，建成一批节能低碳社区。加大对居民小区物业公司的培训管理力度，推广标准化服务机制，探索推行节能低碳物业模式。普及垃圾分类知识，规范垃圾分类标准，统一分类标识，深入推进社区垃圾分类收集。建设社区宣传平台，通过向社区居民发放宣传资料、科普读物及张贴宣传画等方式，普及日常节能低碳和循环经济知识。

2. 强化企业社会责任。开展能源审计和清洁生产审核，支持企业实施节能改造和清洁生产项目。引导企业设立专门管理岗位，负责具体实施节能低碳和循环经济工作。鼓励发展节能低碳和循环经济领域技术咨询、系统设计、工程施工和运营管理等专业化服务业态。

3. 推动公共机构率先垂范。深入推进节约型公共机构建设，率先践行节俭从简的办公方式。推广使用节能环保铅笔、再生纸等办公用品，开展“零待机”能耗活动，推广使用节能插座等新技术和新产品，对公共机构废旧电脑、打印机、电池和包装物等进行回收利用。党政机关、企事业单位食堂不得随意处置餐厨废弃物，要按规定交由具备条件的企业处置或进行就地资源化处理。

4. 发挥社会组织作用。通过政府购买服务、设立公益基金等方式，支持节能低碳和循环经济领域新型社会组织发展。鼓励相关行业协会(商会)参与有关法规规章、发展规划和行业标准等的

研究制定工作，支持其按规定组织论坛、评比和表彰等活动。充分发挥工会、共青团、妇联等

社会团体作用，举办节能低碳和循环经济公益活动，扩大以学生为主体的节能低碳和循环经济志愿服务队伍。

(五)推动互联网与节能低碳和循环经济深度融合

1.建立健全“互联网+”管理服务体系。支持企业利用手机软件(APP)、微信公众号等宣传推介节能超市、废旧物品回收网点、绿色出行等生活信息，为市民提供及时便利的服务。推广可视化、智能化的建筑能耗监测管理系统，对空调、采暖、电梯、照明等实施分项、分区计量控制，实现建筑能耗“可计量、可统计、可考核”。建立基于互联网的投诉举报渠道，鼓励市民积极参与对节能低碳和循环经济政策措施落实情况的监督。

2.完善废旧资源回收利用在线交易体系。整合现有再生资源、餐厨垃圾、电子废物等回收体系，集成开发废旧资源回收利用在线综合服务平台，完善线上信用评价体系。建立健全废旧资源回收积分及兑换交易制度，激发市民参与绿色回收的积极性。

鼓励电子商务和物流企业回收利用废旧包装，推动网购商品包装物减量化和再利用。

(六)发挥先进标杆的示范引领作用

1.树立节能低碳和循环经济领域先进典型。开展重点用能企业与国内外同行业先进企业能效对标活动，在发电、供热、交通、教育、医疗、商场超市、宾馆饭店等重点行业(领域)，创建行业能效“领跑者”标杆企业。集中示范应用低碳环保、建筑节能和可再生能源利用技术，努力将北京城市副中心建设成为“近零碳排放示范区”，可再生能源利用比重达到30%以上。开展节能低碳和循环经济领域先进典型表彰活动，加大奖励力度。

2.推广节能低碳和循环经济领域先进经验。定期评估服务业清洁生产、“城市矿产”示范基地、园区循环化改造等试点工作，总结推广先进经验，探索形成节能低碳和循环经济发展模式，促进节能低碳产业发展。支持各区和相关单位建设节能低碳和循环经济发展成果集中展示区。

三、保障措施

(一)加强组织领导

市应对气候变化及节能减排工作领导小组负责统筹协调“十三五”时期节能低碳和循环经济全民行动计划各项工作，研究解决实施过程中的重大问题，确保行动计划顺利推进。市发展改革委要建立健全日常工作跟踪调度机制，系统推进本市节能低碳和循环经济相关工作；各相关行业主管部门要加强协调配合，认真履行职责，制定细化的专项行动计划或方案，明确时间进度，扎实推进。各区政府要切实担负起本行政区域内节能低碳和循环经济发展主体责任，抓好相关工作的组织落实。

(二)引导社会多元投入

充分发挥本市节能减排专项资金、重大科技成果转化和产业化项目统筹资金等作用，积极引导社会资本参与，加大对“十三五”时期节能低碳和循环经济全民行动计划的资金支持力度。鼓励企事业单位、市民通过认养树木、购买碳汇、减少碳足迹等方式，承担资源节约和环境保护义务。

(三)扩大交流合作

学习借鉴其他国家和地区的先进理念和经验，加强与相关国际组织的信息沟通、资源共享和务实合作，提高本市节能低碳和循环经济工作水平。加强与津冀地区节能低碳和循环经济领域的沟通交流，不断深化务实合作。

山西省循环经济

“十二五”期间，山西省委、省政府高度重视循环经济发展，全面推进循环经济试点省、循环经济统计试点省各项工作，布局开展了城市循环经济标准化试点建设，经济结构调整不断深化，节能减排约束性目标全部完成，生态环境质量持续改善。

“十三五”时期是我省全面建成小康社会的决胜阶段，也是确保转型综改试验区建设取得重大进展的重要时期。党中央提出了“创新、协调、绿色、开放、共享”发展理念，为循环经济发展提供了新思路、新动力，是做好循环经济工作的根本遵循和行动指南。

一、发展现状

2005年国务院印发了《关于加快发展循环经济的若干意见》，2007年我省被列入全国循环经济试点省。全省循环经济经历了“十一五”“十二五”两个发展时期，在省委、省人民政府的大力推动下，我省循环经济发展取得了显著成效，涌现出一批典型模式，建立起了发展路径和保障体系，为调整产业结构、转变发展方式、建设生态文明、促进可持续发展发挥了重要作用。

(一)取得的成效

1.初步建立起循环经济保障体系。

一是发展循环经济纳入法制化轨道，颁布实施了《山西省循环经济促进条例》，陆续出台了《关于支持循环经济发展的投融资政策措施实施意见》《山西省“十二五”节能减排综合性工作方案》《山西省低热值煤发电项目核准实施方案》等政策，为循环经济发展提供了强有力的法规和政策保障。二是将发展循环经济纳入全省国民经济和社会发展规划统筹考虑，印发了《山西省循环经济“十二五”发展规划》，编制完成了《山西省资源节约和综合利用“十二五”规划》《山西省煤矸石综合利用“十二五”规划》《山西省低热值煤发电“十二五”专项规划》《山西省粉煤灰综合利用规划(2014-2020)》等专项规划，分行业、分领域、分步骤地推进循环经济发展。三是有力推进循环经济标准化建设，发布了《工业企业循环经济评价导则》《工业类园区循环经济评价导则》《区域循环经济评价导则》以及煤炭、发电、煤化工、焦化、钢铁、水泥等行业循环经济评价实施指南，为后续开展循环经济运行绩效评价和循环经济认证奠定了基础。

2.循环经济试点示范工作全面展开。

积极争取国家循环经济试点建设。太原、晋城、长治、运城被列为国家循环经济标准化城市建设试点市，太原、大同、晋中相继被列为国家开展餐厨废弃物资源化利用和无害化处理试点，太原、大同、晋城相继被列为全国再生资源回收体系建设试点城市，晋城市、县级孝义市被列入首批国家循环经济示范城市(县)创建名单，朔州市和浮山县被确定为第二批国家资源综合利用“双百工程”示范基地，晋城市被确定为第二批国家低碳试点城市，晋中市被确定为全国首个甲醇汽车试点启动城市，阳泉市被列为全国第四批节水型试点城市，大同、运城、长治三市被列为国家新能源示范城市，朔州市被评为全国首批工业绿色转型试点，太原钢铁集团被列入资源综合利用“双百工程”骨干企业，太原不锈钢产业园区入选第二批国家级循环化改造示范试点园区。

积极布局和推进省级循环经济试点建设。先后确定3批共186个省级循环经济试点单位，基本形成“一市一园”“一县一企”循环经济试点局面。通过试点，全省循环经济理念广泛传播、技术装

备水平显著提高，循环经济运行模式不断创新，引领各行业、各领域、各个层面循环经济纵深发展。在试点基础上，评选出5个县(市)、10个企业作为省级第一批循环经济示范单位，优选出5个园区作为省级循环化改造示范试点园区，正在积极地推进全省循环经济向更高层次开展。

3.工业固废综合利用效率显著提升。

以“优先保证规模消纳、稳步推进高端利用”为原则，大力推进工业固废资源化利用，利用领域逐渐拓宽，技术水平和综合利用效率稳步提升。2015年，全省大宗工业固体废物综合利用率达到65.2%。煤矸石综合利用以低热值煤发电为主，“十二五”期间，全省累计核准开工低热值煤发电项目24个，总装机2199万千瓦，投产后每年可消耗煤矸石8400万吨;粉煤灰综合利用以生产水泥、混凝土、墙体材料、干混砂浆等建筑材料为主要途径，年消纳粉煤灰2000多万吨;脱硫石膏综合利用在水泥缓凝剂、石膏建材制品、路基回填材料等方面开展了较大规模的应用，年利用量约240多万吨，综合利用率达40%。

4.循环经济重点领域建设成效显著。

坚持政府引导支持和企业市场化运作相结合的原则，规范建立多渠道回收和集中分拣相结合的再生资源回收网络，培育了一批规模化、规范化的龙头企业，太原、大同、晋城等国家级试点城市再生资源重点品种的回收率超过60%。以“适度规模、相对集中”为原则，选择有条件的设区城市建设餐厨废弃物资源化利用和无害化处理设施，并鼓励使用餐厨废弃物生产油脂、沼气、有机肥、饲料等，大同市餐厨废弃物循环利用处置项目(日处理餐厨废弃物能力为100吨)已正式投产运行。坚持综合施策、以用促禁的政策导向，大力推进农作物秸秆综合利用，初步形成了肥料化、饲料化、能源化、原料化等多元化利用格局。2015年，秸秆利用量约1600多万吨，综合利用率达到45%。按照“布局优化、企业集群、产业成链、物质循环、集约发展”的要求，推动煤炭、电力、焦化、冶金等传统产业集聚区和有条件的园区实施循环化改造，鼓励园区开展资源集成、能源集成、水系统集成、信息集成等基础设施建设，鼓励现有园区开展增环补链项目建设，园区循环化改造已成为我省经济开发区和产业集聚区发展的重要路径。

5.科技创新支撑能力不断增强。

在发展循环经济的实践中，以主导产业和优势领域为主攻方向，研发推广了一批减量化、再利用、资源化、资源替代、共生链接、系统集成等方面的实用技术。矿山绿色开采技术、保水采煤技术、大型循环流化床锅炉技术、烟气脱硫脱硝技术、“熔渣—非熔渣”气化炉技术等煤炭清洁高效利用技术得到推广应用;煤矸石制取铝硅多元复合新型材料、高铝粉煤灰资源化利用制取氧化铝技术、工业窑炉用赤泥及粉煤灰耐火保温材料技术、绿色高性能水泥外加剂关键技术、煤矸石砖厂余热循环利用技术、铅蓄电池回收利用技术等进行了工业性试验并获得成功;烧结烟气脱硫富集SO2烟气制酸技术、脱硫石膏生产建筑石膏粉及喷涂料技术、钢渣超细粉技术、热熔矿渣生产纤维保温棉技术等一批先进适用的循环经济技术得到应用推广;煤矿废热循环利用技术开发及示范、水煤浆水冷壁气化炉技术开发、3MW风力发电机组成套化技术及装备研究、非晶、纳米晶带材及制品研发等低碳与循环经济发展技术取得阶段性进展。

积极支持循环经济关键技术开发和共性技术推广应用，组织开展煤基重点科技攻关项目，把粉煤灰、煤矸石高效利用关键技术开发与园区示范列入项目计划予以支持。一批循环经济研发项目已列入国家“金太阳”示范工程项目、国家级星火计划项目并得到国家科技型中小企业技术创新基金、国家成果转化引导基金等中央财政专项资金支持，有力地推动了循环经济关键技术研发和科技成果转化。

6.形成了一批发展循环经济的典型模式。

一批特色鲜明、具有示范推广意义的循环经济典型模式起到了引领全省循环经济建设的重要作用。晋城市依托丰富的煤层气资源，统筹考虑煤层气产、储、运、用平衡，形成生产与生活循环链接的循环经济发展模式;同煤塔山工业园区以塔山矿井、同忻矿井为龙头，构建了煤炭—电力—建材、煤炭—电力—化工等产业链条，形成按循环经济理念进行全面规划建设的大型煤炭工业园循环经济发展模式;潞安集团建设了煤焦、煤电、煤油、电化四大循环经济园区，形成煤基多联产、产品多元化为特点的煤炭企业循环经济发展模式;太原钢铁(集团)有限公司坚持推进绿色发展，以低能耗、低污染、大循环的生产方式，形成内陆大型钢铁企业与省会城市和谐发展模式。

二、 总体要求和发展目标

（一）总体要求

全面贯彻党的十八大以来的一系列方针、政策，深入落实习近平总书记系列讲话精神，以生态文明建设为目标，以提质增效、转型发展和改革创新为主线，坚持循环经济发展路径，切实加强循环型产业体系建设，推进园区循环化改造，不断深化社会领域资源循环利用体系建设，创新发展循环经济的体制机制，在试点的基础上，培育一批可推广复制的循环经济示范模式，走出一条资源型地区绿色、循环、低碳发展的转型之路。

(二)发展目标

按照“三年示范引领、五年全面覆盖”的工作部署，构建循环型产业体系，推进园区循环化改造，实施重点领域循环经济工程，逐步建立覆盖全社会的资源循环利用体系，探索循环经济创新体系，建立健全循环经济发展的长效机制，生态文明取得较大进展，可持续发展能力进一步增强，形成布局合理、互动发展、协调推进的循环经济发展格局。

三、主要任务

（一）构建循环型产业体系

全面推行循环型生产方式，实施清洁生产，促进源头减量。以循环发展为引领，加强绿色、循环、低碳发展的深度融合，全面节约和高效利用资源。推动企业循环式生产、产业循环式组合、园区循环式发展，促进资源型产业一体化、循环化发展和新兴战略型产业绿色化、规模化发展，构筑循环经济新优势。

1.构建循环型工业体系

通过路径引领和开展产业废物资源综合利用，推进企业间、产业间共生耦合，形成循环链接的产业体系。

构建煤电一体化循环及资源综合利用体系。按照国家能源局、环保部、工信部《关于促进煤炭安全绿色开发和清洁高效利用的意见》(国能煤炭[2014]571号)的要求，统筹煤炭资源条件、矿山地质环境、水资源承载力和生态环境容量，科学规划煤炭开发利用规模，从生产源头实施减量化，并通过提高煤炭采出率，对产业链上下游生产要素进行合理的优化配置，发挥煤炭资源的更大效用，促进煤炭资源集约安全绿色开发和集中清洁高效利用。

加快煤炭由单一燃料向原料和燃料并重转变，推进煤电一体化融合、煤层气(煤矿瓦斯)抽采利用、煤炭共伴生物和加工副产物综合利用。大力推广可资源化的烟气脱硫、脱氮技术，开展颗粒物(PM2.5)、硫氧化物、氮氧化物、重金属等多种污染物协同控制技术研究与应用，建立和规范全过

程用煤质量保障体系，完善煤炭加工转化产品质量和能效标准，从根本上实现煤炭清洁高效利用与生态文明建设协调发展。

到2020年煤炭资源开发利用率大幅提高，循环经济体系进一步完善，生态环境显著改善，“绿色矿山”建设取得积极成效，资源节约型和环境友好型生态文明矿区取得重要进展。燃煤发电和低热值煤发电并举，大幅提高发电用煤占煤炭能源消耗的比重。低阶煤资源的开发和综合利用取得积极进展，新型煤化工实现高效、环保、低耗发展。煤层气(瓦斯)综合利用率达到75%以上，乏风瓦斯销毁和利用全面开展;火电平均供电煤耗降到320克标准煤/千瓦时;煤矸石综合利用率达到75%，粉煤灰综合利用率达到70%，脱硫石膏综合利用率达到60%，矿井水综合利用率达到80%以上;排矸场和露天矿排土场复垦率达到60%。

造流程循环和协同循环的冶金产业体系。冶金是重要的流程制造产业。按照《中国制造2025》全面推行绿色制造的战略任务，要加快冶金产业的绿色化改造，强化产品生命周期管理，积极推进低碳化、循环化和集约化，提高冶金产业资源利用效率，努力构建具备产品制造、能源转换、废物消纳和再资源化等功能，具有良好的经济环境和社会效益的新一代冶金流程为特点的发展模式。

到2020年，实现产能总体规模适度、存量优化发展、品种差异化得到体现的冶金产业绿色发展升级版。联合焦化企业基本普及干熄焦。冶金产品的工序能耗、吨产品新水消耗达到国家准入生产条件的限额以下。钢铁冶炼废渣综合利用率达到95%以上，大幅度提高赤泥、镁渣等资源综合利用率。

构建多联产和深度延伸的煤化工产业体系。煤化工涉及我省巨大的煤炭能源转化过程，是实现煤炭产业绿色、循环、低碳发展的重要交集点和关键突破口。按照国家发展改革委《关于规范煤化工产业有序发展的通知》(发改产业〔2011〕635号)和《煤化工产业中长期发展规划(2006-2020)》相关要求，大力推进煤炭—能源化工/原料化工一体化发展，突出煤炭基地与煤化工产业集聚，促进区域煤炭资源有效利用、上下游链接，形成园区化、规模化、多联产和促进与电力、冶金、建材等互供、互享以及服务延伸的循环经济发展模式。

到2020年，煤化工升级示范取得明显成效，建立具有我省特色的煤焦油加工产品、焦化苯加工产品以及焦炉煤气延伸产品的标准体系。培育1-2户全国煤化工行业能效“领跑者”企业，合成氨、烧碱(离子膜)、电石等产品综合能耗、新鲜水耗达到或接近国内先进水平。煤制油、煤制烯烃、煤制天然气等符合产业规范条件。

做强做优“消纳利废”的建材产业体系。建材产业不仅互补、互动链接煤炭、冶金、电力、化工等产业的循环节点，而且消纳处理生活垃圾、建筑废弃物，推动和贡献循环型社会的建设。按照国务院办公厅《绿色建筑行动方案》(国办发〔2013〕1号)及国家工信部、住房城乡建设部《促进绿色建材生产和应用行动方案》(工信部联原〔2015〕309号)的要求，大力推进具有在生命周期内减少对自然资源消耗和生态环境影响，具有“节能、减排、安全、便利和可循环”特征的建材产品的生产和应用，推动建材产业与上游产业和社会领域的耦合，消纳利用工业固废和社会领域的废弃物，实现资源循环替代。“消纳利废”的到2020年，绿色建材生产比重明显提升，利废建材产品较好地满足绿色建筑需要，新型墙体材料比重达到70%以上。建材生产中的水泥熟料、平板玻璃、日用陶瓷等综合能耗低于国家限额。

振兴以“绿色制造”为标志的装备制造产业体系。以信息化与制造业深度融合为主线，推进实施《中国制造2025》和《中国制造2025山西行动纲要》，全面推行绿色制造和再制造，加快振兴装备制造产业。促进轨道交通装备、新能源汽车、煤层气装备、煤化工装备、金属工艺装备、智能制造装备等装备制造向“聚集、智能、绿色、服务”方向发展。以先进装备制造增强煤—电—铝、煤—焦—化、煤—气—化、煤—电—材等循环链的基础装备能力，构建起绿色制造与资源型产业互为支撑的循环型模式。

到2020年，装备制造的创新能力得到较大提高，重点企业信息技术集成应用达到国内先进水平，装备制造服务业得到较快发展。规模以上装备制造业工业增加值年均增长13%，绿色制造业增加值占工业比重达到48%，关键工序数控化率达到50%以上。

2、构建循环型农业体系

按照国务院办公厅《关于加快转变农业发展方式的意见》(国办发[2015]59号)及国家发展改革委、农业部、国家林业局《关于加快发展农业循环经济的指导意见》(发改环资[2016]203号)的要求，以循环经济为路径，推进农业资源利用节约化、生产过程清洁化、产业链条生态化、废弃物利用资源化，构建循环型农业体系，走出一条“产业高效、产品安全、资源节约、环境友好”的现代农业发展的道路。

到2020年，转变农业发展方式取得积极进展，农业资源利用和生态环保水平不断提高。农业灌溉用水有效利用系数达到0.55，秸秆综合利用率提高到80%以上，林业“三剩物”综合利用率达80%以上。

发展节约高效的有机种植业。一是发展节约型种植业。二是大力推进节水种植。三是治理土壤面源污染。实施测土配方施肥，合理配比有机肥和化肥施用比例，鼓励农民使用生物有机肥，合理使用高效缓(控)释肥等新型肥料，减少不合理化肥使用量。推行使用低毒低残留农药，实行精准施药和科学用药，探索建立高毒农药可追溯体系，加强农业社会化服务组织对农民使用农药的指导和服务。加快建设农药包装废弃物收集处理系统。到2020年，全省玉米、小麦、棉花、果树、蔬菜、小杂粮等作物推广测土配方施肥面积占农田总播种面积的比例达到85%以上。

建设清洁环保的健康畜禽养殖业。一是推进畜禽养殖清洁生产。二是加强畜禽加工副产物的利用。三是构建农牧业循环经济产业链。

发展林地资源综合利用的生态林业。发展木材精深加工。大力发展“林下经济”。推动林木废弃物资源化利用。构建林业循环经济产业链。

3.构建工农业复合的现代循环农业。推进一产二产化。加快一产三产化。构建一、二、三产业联动发展的现代复合循环经济产业体系。

创新发展低碳农业。发展低碳农业。优化农村能源使用结构。推进农林碳汇建设。

推进重点领域的循环经济建设。秸秆资源化利用。废农用薄膜回收利用。畜禽粪便资源化利用。

4.构建循环型服务业体系。适应经济社会发展更多依靠消费引领、服务驱动的新特征，推进服务主体绿色化、服务过程清洁化，促进服务业与工农业、城镇化融合发展。按照国务院《关于加快发展生产性服务业促进产业结构调整升级的指导意见》(国发〔2014〕26号)及国务院办公厅《关于加快发展生活性服务业促进消费结构升级的指导意见》(国办发〔2015〕85号)提出的要求和任务，积极培育循环型服务业态，充分发挥服务业引领产业价值链提升和倡导绿色低碳消费的积极作用，促进产业提升和消费升级。

到2020年，力争实现循环型服务业规模持续扩大，培育形成一批服务业循环经济的新模式、新

业态。4A级以上旅游景区全面建成环境友好型旅游景区;物流设施能源利用效率明显提高，车辆空驶率稳步降低;一次性用品使用率大幅减少。

构建融合产业与城市循环发展的生产性服务业。围绕工农业全产业链整合优化，充分发挥生产性服务业在研发设计、流程优化、市场营销、物流配送、节能降耗等方面的引领带动作用，推动云计算、物联网、大数据在生产性服务业的应用，促进产业逐步由生产制造型向生产服务型转变，促进循环经济向价值链高端延伸。

推进循环经济产业和产品向价值链高端延伸。延伸再制造服务链。推进节能环保服务。促进生产制造与信息技术融合。推进信息技术服务业绿色化。

发展服务过程和消费方式绿色化的生活性服务业。充分运用产业跨界融合带来的新型消费需求，倡导用绿色、循环、低碳发展理念，加快发展贴近人民群众生活、需求潜力大、带动作用强的生活性服务业，推动生活消费方式由生存型、传统型、物质型向发展型、现代型、服务型转变，促进消费结构升级。

积极发展居民和家庭服务中的循环利用。全程优化零售批发供应链。大力推进餐饮住宿绿色化。

推进重点领域的服务业循环经济建设。低碳、可循环物流业。低碳、清洁化旅游业。

5.推进产业园区循环化改造

按照国家发展改革委、财政部《关于推进园区循环化改造的意见》(发改环资〔2012〕765号)要求，围绕涉及的各类经济开发区、产业园区、专业园区以及重点规划布局的产业集聚区，通过优化空间布局、调整产业结构、突破循环经济关键链接技术、合理延伸产业链并循环链接、搭建基础设施和公共服务平台、创新组织形式和管理机制，实现产业园区资源高效、循环利用和废物“零排放”，增强产业园区的综合竞争力和可持续发展能力。

“十三五”期间，循环化改造成为各类产业园区建设的重要内容。到2020年，国家试点的太原不锈钢产业园区完成循环经济标准化体系建设，实现循环化改造。省级重点推进的循环化改造示范园区取得明显成效。推进示范工程。创新改造模式。

四、推进社会层面循环经济发展

全面推进循环型生活方式，加强资源节约和环境友好型社会建设，推行绿色消费。完善再生资源和垃圾分类回收利用体系，推动再生资源利用产业化。加强再生水回收利用，发展再制造，实施绿色建筑行动和绿色交通行动。加快城乡一体化循环，促进循环型社会建设。

（一）再生资源回收利用体系

按照国家商务部、发展改革委、国土资源部、住房城乡建设部和供销合作总社制定的《再生资源回收体系建设中长期规划(2015-2020)》(商流通发〔2015〕21号)的要求，以发展绿色物流为主线，围绕规范回收秩序、降低回收利用成本和提高回收利用率，构建多元化回收、集中分拣和拆解、安全储存运输和无害化处理的完整的先进的回收体系。到2020年，再生资源回收规模化经营水平大幅提升，技术水平显著提高，主要再生资源回收率达到60%。强化再生资源回收网络。健全生活垃圾回收体系。加强重点再生资源回收。建设再生资源回收服务平台。加快再生资源利用产业化发展。加快餐厨废弃物资源化利用和无害化处理。

（二）加强雨水收集和再生水回收利用

贯彻国务院办公厅《关于推进海绵城市建设的指导意见》(国办发〔2015〕75号)，加强城市雨

水收集利用。加快城市再生水回收利用设施的建设，进一步提高再生水的利用效率，构建城市健康水循环系统。到2020年，主要城市雨水收集利用达到“海绵城市”的规定要求。城市生活污水处理率平均达到90%以上，再生水利用率得到较大提高。推进城市雨水收集利用。推进再生水利用。完善污水处理设施。

（三）实施绿色建筑行动

树立建筑全寿命期理念，转变城乡建设模式，合理改善建筑舒适性。按照国务院办公厅《绿色建筑行动方案》(国办发〔2013〕1号)的要求，从规划设计、标准规范、技术推广、建设运营和产业支撑等方面，全面推动绿色建筑行动。到2020年，基本完成有改造价值的城镇居住建筑及公共建筑节能改造，50%的城镇新建建筑达到绿色建筑标准要求，建筑废物资源化利用水平得到显著提高。推进既有建筑节能改造。促进新建建筑能效提升。开展城镇供热系统节能改造。加快建筑垃圾资源化利用。推进绿色建筑工业化。

（四）构建绿色发展的交通运输体系

基础设施建设环节要体现循环经济的要求。到2020年，基本形成安全便捷、畅通高效、绿色智能的交通运输体系，推进交通运输实现更高质量、更有效率、更加公平、更可持续的发展，交通运输结构性污染得到有效控制。构建绿色综合交通运输体系。引导采用绿色环保型交通工具。倡导绿色出行。

（五）推行绿色消费

绿色消费是循环型社会的重要内涵。在新型消费引领经济发展的新常态下，推进低碳、绿色消费，形成倡导生态文明的主流价值观。树立绿色消费理念。推行绿色生活方式。政府垂范绿色消费。

（六）构建大循环格局。在推动企业内部、园区平台、产业系统实行绿色、低碳发展和资源循环利用的基础上，全方位构建生态文明总体要求的循环经济大战略，推动产业之间、产业与城市之间、城市与乡村之间、生产与生活系统之间的循环式布局、循环式组合、循环式流通，加快构建循环型社会体系，全面推进绿色、循环、低碳发展，实现资源利用可循环、环境容量可承载、经济发展可持续。促进生产与生活系统的循环链接。推进产业与城市循环式布局。促进城市与乡村循环式组合。推进区域合作循环。

黑龙江省节能减排与循环经济发展2016年度报告

黑龙江省发展和改革委员会

一、取得的成效和措施

2016年，在黑龙江省委省政府的正确领导下，我省认真学习贯彻习近平总书记系列重要讲话特别是对我省两次重要讲话精神，按照省十二届人大五次会议通过的《政府工作报告》部署，牢固树立绿色发展理念，积极推进生态文明建设，较好地完成了2016年度节能减排各项工作。2016年，国家下达我省单位GDP能耗下降目标为3.5%，据初步统计，2016年全省单位GDP能耗比上年下降4.5%，比计划降幅多1个百分点；国家下达我省化学需氧量、氨氮、二氧化硫、氮氧化物排放量下降目标分别为1.2%、1.4%、2.2%、2.2%，据初步统计，2016年全省化学需氧量、氨氮、二氧化硫、氮氧化物排放量分别比上年下降1.66%、3.03%、8.15%、8.94%，分别比计划降幅多0.46、1.63、5.95、6.74个百分点。2016年全省节能减排主要目标均超额完成。

一是化解过剩产能取得阶段性成果。先后印发实施《黑龙江省化解煤炭过剩产能实施方案》、《黑龙江省钢铁行业化解过剩产能实现脱困发展实施方案》，全省累计引导退出煤矿16处、退出产能1010万吨，超额完成年度目标任务72万吨，完成610万吨炼钢压减产能的设备封存和验收工作并通过国家检查。

二是能源结构进一步优化。全省新能源装机达759.2万千瓦，同比增长13.1%，其中，风电装机561万千瓦，生物质发电装机79.9万千瓦，光伏发电装机16.6万千瓦。全省新能源装机占全省电力装机比重达27.3%，比上年提高了1.9个百分点。

三是大气污染防治取得较好成效。全省淘汰燃煤小锅炉2210台，完成年度计划的147.1%；淘汰黄标车及老旧车辆14.19万辆，完成年度计划的118.2%，大庆市率先完成“黄改绿”车辆543辆；完成8家电厂超低排放改造并通过环保验收。全省累计削减二氧化硫3.08万吨、氮氧化物4.9万吨，达标天数比例为91.5%，比上年提高5.6个百分点。

四是水污染防治取得显著进展。全省新推进重点和非重点减排工程69项，新增完成201个建制村环境综合整治，新增污水处理能力22万吨/日。全省累计削减化学需氧量2.7万吨、氨氮0.3万吨，劣V类水体比例控制在1.6%以内，达到或好于III类水体比例67.7%，比上年提高8个百分点。

五是土壤污染防治工作扎实开展。全省新增测土配方施肥面积1300万亩；施用有机肥1000万吨，替代化肥2万多吨；农药总用量比上年减少2900多吨。

2016年，全省节能减排主要工作措施：

一是强化制度建设，严格落实责任。组织起草《黑龙江省大气污染防治条例》，经省十二届人大六次会议通过，将于2017年5月1日起施行。省政府多次召开常务会议和专题会议，安排部署大气、水、土壤污染防治和节能减排工作。配合省委以两办文件先后联合印发《党委、政府及有关部门环境保护工作职责》、《黑龙江省党政领导干部生态环境损坏责任追究实施细则（试行）》），先后组织编制《黑龙江省水污染防治工作方案》、《黑龙江省大气污染防治专项行动方案（2016-2018年）》、《黑龙江省土壤污染防治实施方案》并明确分工。

二是注重发挥规划引领和指导作用。组织完成全省“十三五”风力发电、光伏发电、生物质发电和地热能利用等四个新能源专项规划初稿，组织齐齐哈尔、大庆市和四煤城编制可再生能源等规划，组织编制森工林区生物质能产业发展规划（2016-2020年）。组织编制电动汽车充电基础设施专项规划（2016-2020年）、电动汽车充电基础设施管理办法。继续完善城镇污水处理及再生利用、城镇生活垃圾无害化处理设施建设“十三五”规划。

三是把好市场主体准入关。对产能过剩的钢铁、水泥、煤炭、电解铝等高能耗、高污染行业新办的市场主体不予登记注册。对钢铁、煤炭行业转型升级、优化结构的兼并重组类企业，提高服务效率。对已设立并被当地政府明确列入需要淘汰落后产能或强制退出市场名单的企业，依法做好相关企业的变更、注销登记工作。对申办《道路运输证》且车重超过3.5吨的货运车辆，全部进行燃料消耗量限值核查，不符合规定的一律不予办理营运手续。在特种设备安全监察环节，对地市级以上城市建成区内不再为新增10t/h及以下燃煤承压锅炉办理使用登记。

四是加大节能减排技术研发推广力度。将《寒区农业废弃物清洁化利用技术体系应用与示范》、《城市污泥高效处理与资源化利用关键技术研究》等8个课题列入国家和省科技计划支持范围。推荐哈尔滨工大金涛科技股份有限公司真空相变直热机等2项技术列入国家节能技术（产品）推广目录。推荐伊春市黑龙江兴安新能源股份有限公司《移动式太阳能应急保障电站》列入中国应急产品使用指南名录。制定印发《黑龙江省工业重点节能(产品)推广目录(2016)》。认定扶持了节能环保领域首台套产品7项。

五是下大力气做好重点领域节能减排。工业领域如期完成全省万吨耗能工业企业低质燃煤锅炉改造；推动13家工业企业实施节能改造，年实现节能量5.8万吨标准煤；印发实施《黑龙江省石化行业挥发性有机物综合整治推进方案》；开展燃煤电厂超低排放和节能改造。建筑领域新建建筑节能标准执行率达到100%；新建节能建筑2982万平方米，启动超低能耗建筑示范；新增绿色建筑175万平方米，超出年度目标55万平方米。交通运输领域推进公交车“油改气”工程，推广新能源公交车250辆；印发实施《全省治理和淘汰黄标车、老旧车工作实施意见》；铁路单位运输工作量综合能耗13.43吨标准煤/百万换算吨公里，同比降低7.56%。公共机构领域推动黑龙江中医药大学等3所高校实施并网供热改造工程，新增供热建筑面积106万平方米；继续推动公共建筑节能改造示范项目建设，已完成改造面积70余万平方米；全省公共机构人均能耗同比下降2.48%，单位建筑能耗同比下降2.63%。农业农村领域，全省农村实施保护性耕作及秸秆粉碎还田耕作面积4975万亩，垦区秸秆还田率达到73%；推广水稻控制灌溉面积218万亩；生产秸秆青贮饲料400万吨。

六是积极实施节能减排示范试点工程。全年财政共投入节能减排资金25亿元，其中争取中央财政23亿元，省级财政安排2亿元。哈尔滨市谋划实施了“中丹智能供热装备制造寒地产业园”，总投资50亿元，启动区项目8.47万平方米土地已经摘牌。推进哈尔滨市金回报废汽车回收有限公司报废汽车回收拆解等4个项目列入国家资源再生利用重大示范工程。齐齐哈尔市累计完成节能减排财政政策综合示范典型项目214个，总投资126亿元。佳木斯泉林秸秆综合利用项目一期工程正式试运行，累计完成投资28亿元，安装设备11万台套，预计2017年可利用秸秆35万吨。推动七台河“城市矿产”示范基地等国家级循环经济示范试点单位开展终期验收工作。大唐七台河发电有限责任公司《国产600MW亚临界机组综合升级改造技术研究与应用》项目荣获中电联2016年全国电力职工技术成果一等奖。

七是有效发挥经济杠杆调节作用。支付燃煤机组环保电价加价12.25亿元，对实现超低排放机组额外支付加价2400万元，同时对27家燃煤发电企业开展环保电价专项检查，查出价格违法金额1000多万元，已依法处理并督促整改。对哈尔滨、佳木斯、双鸭山3个开展主要污染物排污权有偿出让的试点城市及时制定出让底价。对57个市县完成污水处理费标准调整，对21个实行无害化处理的市县开征生活垃圾处理费。落实节能减排相关增值税税收优惠政策4.74亿元，比上年增加3700万元。银行业金融机构共投放绿色项目贷款832亿元，比上年增加41.5亿元。

八是发挥市场配置资源的决定性作用。印发实施《黑龙江省新增集中供热热源及热网工程投资经营主体公开招标操作要点》，进一步规范、鼓励和吸引社会资本投入。首次将生物质发电纳入公共资源管理范畴，组织开展58万千瓦光伏发电、3万千瓦分散式风电投资主体公开招标，获国家能源局充分肯定并奖励我省20万千瓦光伏发电建设规模。黑龙江科技大学等3所高校通过购买合同能

源管理服务方式实施LED照明节能改造工程。双鸭山市人民医院和北京国泰节水发展股份有限公司实施了省内首个合同节水管理项目。鸡西、讷河市分别与国中水务股份有限公司、启迪桑德环境资源股份有限公司等企业签署了战略合作协议，在城镇污水垃圾处理、讷谟尔河流域生态环境整治等方面进行市场化建设和运营，总投资近50亿元。伊春市积极引入北京、深圳等5家专业治污企业，加快推进环境污染第三方治理。

九是不断扩大节能减排宣传影响。在学校举办节能减排讲座、知识竞赛、科技作品展览等活动，鼓励设立旧物捐赠箱、图书漂流屋实现物品和书籍重复利用。通过妇联组织，在广大家庭和社区中深入开展“低碳家庭 时尚生活”系列主题活动。全省工会系统在生产领域组织开展“我为节能减排做贡献”活动，参与职工50余万人，征集节能减排合理化建议近万条，设立兼职职工节能减排义务监督员1.6万人。

2016年，在全省上下及各方面的共同努力下，我省节能减排工作取得了一定成效，但仍然存在一些突出问题和困难，有待在今后工作中予以解决。

一是需进一步提高对节能减排工作的认识。虽然我省超额完成2016年节能减排目标任务，但2017年面临的工作形势依然严峻，一些地方和部门对节能减排重视程度有所减弱，工作标准有所降低。

二是部分资源型城市工业节能降耗压力较大。大庆、双鸭山、伊春和鹤岗市规模以上万元工业增加值能耗不降反升，且幅度较大。特别受国际原油价格长期低位徘徊影响，大庆市万元工业增加值能耗增长7.3%，对全省工业增加值能耗下降率产生了3.47个百分点的负向拉动。

三是大气污染防治工作难度加大。部分城市集中供热、供气设施建设滞后，管网覆盖不全、热源或气源不足，加大了淘汰燃煤小锅炉工作难度。我省剩余的13万辆黄标车中，仅有2%于2017年底前达到强制报废期限，其余黄标车残值较高，强制淘汰缺乏明确的法律依据。现有秸秆综合利用技术经济可行性普遍不高，难以大规模推广应用，亟待进一步科技攻关。雾霾形成机理尚未完全科学解析，还需找准成因，有的放矢，综合施策。

四是水污染防治项目结构单一，部分项目运行负荷率低。我省水污染物防治项目主要集中在规模化畜禽养殖场（小区）污染治理、城镇生活污水处理和工业企业污染治理等三类重点工程，农业源水污染防治项目有待挖掘和谋划。多数县城人口少且分散，污水垃圾实际处理量低于设计规模，处理设施负荷率低于收益预期，导致社会资本参与热情不高。

五是既有建筑节能改造工作进程放缓。由于国家财政奖励政策的调整，而且地方财力有限，各地已无力继续实施老旧既有居住建筑节能改造工程，2016年仅个别市县自行筹资开展了小范围节能改造。

二、下步工作打算

一是继续推进大气污染防治工作。

二是加快推进水污染防治工作。确保2017年底前，列入国家水污染防治目标责任书中的62个断面，水质优良（达到或优于III类）比例达到53.2%以上。

三是全面启动土壤污染防治工作。力争新增农村测土配方施肥面积1300万亩，垦区实施“三减”示范面积达到1000万亩。

四是不断优化产业及能源结构。

五是继续推动重点领域节能工作。

六是注重运用经济调节手段。

七是转变观念，提高认识，务求实效。

（撰稿：尹中华，黑龙江省发展和改革委员会资源节约和环境保护处）

上海市工业绿色发展

一、“十二五”发展回顾

(一)发展成效

“十二五”期间，上海工业以提高资源能源利用效率、促进生态环境健康发展为目标，聚焦重点行业、重点园区、重点企业、重点产品，以末端治理向过程控制、源头预防转变为主线，健全节能标准体系、实施重点能效提升工程、加大淘汰力度、优化用能结构、扩大清洁生产覆盖面、提高资源综合利用水平、完善节能管理方式、推进节能环保产业发展，取得显著成效。全市规上工业单位增加值能耗由2010年的0.912吨标煤/万元下降至2015年的0.742吨标煤/万元，累计下降22.8%，超额完成“十二五”节能目标。2015年全市全口径工业用能总量为5815.6万吨标煤，工业用能总量占全市比重约51.1%，较2010年降低5个百分点，对我市工业绿色、健康、可持续发展起到了积极作用。

1、源头预防，推进供给侧结构调整

出台国内首份《产业结构调整负面清单及能效指南(2014版)》，制订差别化电价实施办法，以强制性、约束性标准限制高耗能高污染企业的生存空间。“十二五”期间，累计实施产业结构调整项目4208项，减少能源消费435万吨标煤。加大高耗能落后设备淘汰、替代力度，推进21081台高耗能落后机电设备淘汰更新，完成替换11530台S7及以下系列变压器。全面削减分散燃煤，完成5153台分散燃煤(重油)锅炉和工业窑炉的清洁能源替代或关停，减少分散燃煤约300万吨、重油10万吨，减排二氧化碳约171万吨，相应的，工业天然气消费占比从3.8%快速上升至7.6%。大力推广分布式光伏发电，成立“上海市分布式光伏产业联盟”，在本市工业企业屋顶累计推广光伏约200MW。大力推动节能产品惠民工程，累计推广节能灯796.2万只、节能家电329万台，推荐5661个型号高效电机、1670个型号节能工业产品入围国家推广目录，节能产品市场占有率持续提升。

2、过程控制，实施节能减排重点工程

“十二五”期间，组织实施重点节能技术改造项目398项，项目投资57.8亿元，节能量99.43万吨标煤，主要用能产品能效全面提高，10项产品单耗指标达到国内外行业先进水平，本市列入“万家企业低碳行动”的工业企业完成国家下达节能量目标的132.7%。在钢铁、石化、电力等12个重点行业大力推进清洁生产，完成1304家企业清洁生产审核，实施清洁生产方案7753项，节能50.77万吨标煤，节水1446.48万吨，规模以上工业用水重复利用率达到90.6%，单位工业增加值用水量相比2010年下降42.4%，氮氧化物、二氧化硫、氨氮、化学需氧量等主要工业污染物相比于2010年分别下降63.8%、55.7%、50%、27.9%。工业固体废弃物综合利用率保持在97%以上，利用水平、研发能力国内领先。完善上海市工业能效监控平台，建立温室气体排放报告上报制度，完成420家工业重点用能单位能源审计，挖掘节能潜力98万吨标煤。累计制定产品能耗限额标准70项，产品能效等级标准17项，管理类标准58项。

3、培育能力，大力发展节能环保产业

“十二五”期间，认定环境保护、节能节水项目29项，项目投资额3.14亿元，认定使用环境保护、节能节水设备企业224家，设备投资31.36亿元。超超临界发电机组、非晶合金配电变压器、高

效照明及智能控制系统等节能环保技术产品在国内具有明显竞争优势。节能环保领域上市企业35家，产值(主营业务收入)20亿以上企业超过10家。国家和本市备案合同能源管理企业由“十一五”末的52家增至2015年的427家，388项合同能源管理项目获得市财政奖励，节能量19.72万吨标煤。上海临港再制造产业园区成为目前唯一一个同时获得国家发改委、工信部、环保部、国家质检总局等部委批复支持的国家级再制造示范基地，浦东张江建设了上海国家半导体照明新技术产业化基地。依托虹口、杨浦、宝山等生产性服务业园区，形成了一批以花园坊节能环保园为代表的服务业集聚区。

(二)困难与问题

要进一步推进本市工业绿色发展，当前还存在一些困难和问题。一是新项目能效水平有提升空间，大型项目通常在开工前几年完成项目设计，用开工当年的节能技术和水平来衡量，存在节能潜力。二是企业实施节能改造动力不足。节能改造成本上升快，单位节能量的节能成本从2007年的2700元上升至2015年5800元。同时节能监察队伍相对薄弱，节能监察覆盖面还不足。三是工业固废利用面临挑战。本市75%左右的资源综合利用企业分布在104工业区块外，企业面临调整淘汰压力。同时，资源综合利用产业涉及废弃物回收、分类处置、回收利用、产品销售等多个环节，导致废旧资源的回收以个体“游击队”为主，无序竞争和环境不良挤压规范企业的发展空间。

二、“十三五”指导思想和主要目标

（一）指导思想

按照党中央、国务院加快推进生态文明建设的总体要求，坚持“五位一体”发展战略，把绿色作为工业核心竞争力的关键要素，贯彻“智慧节能、清洁高效、循环耦合、绿色发展”方针，持续推进工业节能减排、清洁生产和资源循环利用，以能源消费强度下降为统领、能耗总量控制为优先、完善市场机制为基础、健全法规标准为保障、科技创新应用为驱动，加快构建资源节约、环境友好的产业体系，努力实现工业绿色化、低碳化、循环化发展。

（二）发展目标

实现工业绿色发展“双控三优”目标，“双控”即“控总量、控强度”，“三优”即“优结构、优产业、优管理”。2020年的主要目标包括：

——总量和强度实现双控。本市规模以上工业能源消费总量比“十二五”期末同比下降180万吨标煤；相比2015年，规模以上工业单位增加值能耗下降15%左右。重点排污企业（320家）污染物排放量比2015年下降30%。

专栏一：规上工业单位增加值能耗下降率目标测算

1、规上工业单位增加值能耗下降率逐步减少。“十五”、“十一五”、“十二五”时期，本市单位工业增加值能耗下降率分别为35%、28%、23%，全市单位GDP能耗的下降率分别为22%、20%、26%，两个下降率的差分别为13%、8%、-3%。“十三五”全市节能目标为单位GDP能耗下降17%左右，工业增加值能耗下降目标略低于全市目标是合理的。

2、节能潜力下降、节能成本提升是下降率减少的重要原因。本市高载能行业产品单耗如供电煤耗、精品钢等已达国内行业先进水平，节能潜力空间有限；过去十年中投资相对较小的节能技改项目已基本实施完成，“十一五”期间本市工业节能技改成本约为2700元/吨标准煤，“十二五”期间本市工业节能成本约为5800元/吨标准煤，节能成本大幅提升。

3、“十三五”期间全市规上工业用能量同比下降180万吨标煤。“十三五”期间将持续推进高载能行业结构优化和产业结构调整工作，预计重点行业和区域用能量将出现265万吨标煤左右的减量。通过实施节能技术改造、推广合同能源管理等节能举措，可减少能源消费225万吨。为保障工业占比在合理区域，本市先进制造业大约需要310万吨左右的用能增量，总用能减量在180万吨标煤左右。在“十三五”期间全市年平均经济增速为6.5%、2020年工业增加值占GDP比重为25%的情况下，有望完成规上工业单位增加值下降15%的目标。

——工业用能结构不断优化。工业占全市用能比重下降至48%以下；工业能耗中高载能行业用能比重下降5个百分点左右；清洁能源、非化石能源占比继续上升。

——节能环保产业快速发展。节能环保产业营业收入达到1800亿，关键技术与融资服务体系取得重要进展；工业固体废弃物利用率达到97%以上；单位工业增加值用水量下降20%以上；重点行业实现清洁生产审核全覆盖。

——能效管理水平持续提高。培育一批具有国际水准的绿色产业园区；主要耗能产品单耗达到国内外行业先进水平；推进一批企业建立能源在线监控系统，推广能源管理体系；着力修订制定一批能效标准。

表1：“十三五”工业绿色发展“双控三优”指标体系

序号	指标名称	2020年目标	目标类型
1	规模以上工业用能总量	下降180万吨标煤	约束性
2	规模以上工业单位增加值能耗下降率	15%	约束性
3	规模以上工业单位增加值碳排放强度下降率	17%	约束性
4	工业用能占全市比重	48%	预期性
5	高载能行业占工业用能比重	降低5%	预期性
6	重点排污企业污染物排放削减量	30%	约束性
7	节能环保产业营业收入	1800亿	预期性
8	工业固体废弃物综合利用率	97%	约束性
9	规上工业用水重复利用率	84%	预期性
10	单位工业增加值用水量下降率	20%以上	约束性

三、主要任务

（一）构建绿色制造体系，实现工业可持续发展。对接工信部绿色制造工作要求，制定《上海市绿色制造体系实施方案》，按照“示范一批，推广一批，覆盖一片”的模式，推进绿色产品、绿色工厂、绿色园区、绿色供应链建设。一是积极开发绿色产品，聚焦产品全生命周期绿色管理，实现产品能源资源消耗最低化、生态环境影响最小化、可再生率最大化。推进产品绿色设计试点示范，从源头综合考虑有毒有害材料替代、可回收、材料优化等各因素，开展典型产品绿色设计水平评价试点，实现2020年试点范围内评价全覆盖。二是引导创建绿色工厂，以厂房集约、原料无害、生产洁净、废物资源、能源低碳为目标，制定重点行业绿色工艺、技术和装备推广方案，支持企业

实施绿色战略、绿色标准、绿色管理和绿色生产。三是大力创建绿色产业园区，强化绿色产业园区建设推进机制，优化空间布局，提升园区能源资源利用效率。按照“绿色、智能、金融创新”融合理念，搭建产业园区绿色监控平台体系，根据园区实际情况，分类分批推进分布式光伏光热、绿色照明、重点用能设备更新改造、园区循环化改造、立体绿化等绿色重点工程，整体提升园区能源资源效率和绿色化程度。

（二）优化绿色技术产品选推制度，推动产研融合发展。加大对高新节能技术的研发力度，健全本市节能新技术、新产品的遴选和推广应用制度，一是加快绿色制造产业核心关键技术研发。与市科委联动，实施绿色制造核心关键技术与产品创新工程，研发储备一批具有自主知识产权的核心关键技术。重点研发纳米红外线圈电热、烟气余热有机朗肯循环发电、纳米孔绝热材料等节能技术、大型垃圾焚烧设施炉排系统、无烟柴油和垃圾渗滤液处理技术等环保技术、无损拆解、零部件疲劳剩余寿命评估等再制造技术。二是支持工业绿色发展共性技术研发。开发一批高性能、轻量化、绿色化新材料，突破绿色原料选择、创新设计和应用技术。开发、应用和推广一批符合低能耗、低污染、低排放要求的新型绿色包装。开发、应用一批模块化、仿真化、集成化、易回收和高可靠性等绿色设计工具，拉动绿色研发设计和绿色工艺技术一体化提升。三是创新节能环保产品推广机制。建立节能环保产品评审推广负责制，由节能环保产品评审单位会同相关企业负责产品的推广。搭建节能环保产品线上线下推广平台，通过推介会、展示会，搭建节能环保产品生产企业和用能单位对接平台，示范、推广一批节能环保先进技术装备。搭建“绿品慧”等节能环保产品线上推广平台，扩大节能环保税收优惠政策覆盖面，疏通节能环保产品流通渠道。

（三）强化“互联网”智慧能源管理，打造绿色发展大数据生态系统。深入推进两化融合，运用大数据平台、能源互联网等信息化手段有效推进绿色制造。一是推进企业能源管理智慧化。建设工业重点用能单位能耗信息在线采集和动态监测系统，大力推动企业能源管理中心、可视化用能监控系统建设，加强能源数据的深度挖掘和利用。推广绿色数据中心建设，建立绿色数据中心创建指标体系和运维管理体系，建设10家绿色数据中心示范企业。二是推动园区绿色在线监控。针对能源消费、污染物排放、环境质量、节能环保设施运行等不同要求布局实时监测点位，实现数据实时监控。鼓励园区对已有监控平台进行系统功能改造和升级，积极引进第三方机构参与园区监控平台建设和管理运行，促进监测数据互联共享。三是搭建全市绿色工业大数据服务平台。开发基于云计算技术的绿色工业大数据服务平台，开发潜力诊断挖掘、能耗环保对标、绿色指数评价等功能，促进企业、园区和政府能源环境管理的精细化和科学化。四是创新资源回收利用方式。鼓励发展“互联网回收”模式，支持回收行业利用物联网、大数据开展信息采集、数据分析、流向监测，鼓励再生资源企业与互联网回收企业建立战略联盟、电商业务向资源回收领域拓展以及智能回收机向互联网回收延伸。

（四）聚焦重点领域，加快发展节能环保产业。加大绿色装备技术的研发和应用，推动节能环保战略性新兴产业发展。一是提升发展高效节能产业。推广应用高效节能产品，支持发展大容量高压变频器、非晶合金变压器等节能机电产品，支持高端LED照明技术和产品的研发应用，发展满足建筑节能要求的新型节能建材。培育发展专业节能服务业，鼓励创新合同能源管理运营模式，扩展至新建项目和运营维护领域。二是提速发展先进环保产业。推进电厂超低排放改造设备及袋式除尘核心配件、生活垃圾焚烧及其烟气处理系统成套设备，机动车尾气微粒过滤器等大气污染防治技术产品的研发制造。提升水处理，提升高浓度工业废水、膜法重金属脱除成套装备、城镇污水深度脱氮除磷一体化技术及成套装备等水处理关键组件与设备的生产制造能力。研发土壤微生物修复、植物修复、重金属污泥资源化等土壤污染修复核心技术。推进建立环境污染第三方治理机制，发展环保服务业，在电厂除尘脱硫脱硝、工业污染治理、城镇污水处理等重点领域进行试点示范推广。三是提质发展资源循环利用产业。提升固废综合利用产业能级，拓展脱硫石膏、粉煤灰、冶炼渣的深度利用，发展钢渣精细化利用，高品质氧化铁提纯等技术。积极开发建筑垃圾综合利用的分选技术和设备、污泥消化与干化处理设备、废旧机电及电器电子产品自动拆解设备等配套装备。扩大汽车零部件、机电产品、工程机械等领域再制造规模，支持机器人、航空发动机、高端医疗设备、通信设备等领域再制造核心技术研发攻关和产业化示范。

（五）大力推进能效提升，加快实现节约发展。通过优化结构、创新技术、精益管理等一系列手段全面提升工业能源利用效率。一是提升新建项目能效水平。加强节能评估审查和后评价，严格控制钢铁、石化、电力等高载能行业产能扩张，在节能、环保等方面进一步提高准入门槛。大力推行新建项目合同能源管理机制，引入专业技术机构参与项目能源系统的设计和建设。二是推进重点行业节能改造。针对高载能行业推进专用设备节能改造和余热余压利用，包括钢铁行业的焦炉、烧结节能改造，高炉水渣余热资源利用改造等；石化行业的冷却循环水系统优化改造、低温热综合利用改造；电力行业的脱硫岛烟气余热回收改造、风机运行优化改造等。针对一般制造行业推进通用设备能效提升，包括电子、医药、汽车行业的制冷系统改造；机械、轻工等行业的空压机系统改造；机械行业的电能质量改善改造等。

（六）推进工业低碳转型，持续优化能源消费结构。继续优化能源消费结构，降低化石能源在工业能耗中的比重，鼓励新能源、新技术的应用。一是严控煤炭消费总量。全面完成全市28台集中供热及热电联产燃煤锅炉的天然气替代或者关停。二是优化能源消费结构。推进工业能源消费结构绿色低碳转型，鼓励企业开发利用可再生能源，加快工业企业分布式能源中心建设。推动300MW屋顶光伏建设项目和2MW微风发电示范项目，开展园区智能微网技术优化试点。三是实施能源低碳化改造。鼓励钢铁行业降低铁钢比，减少高炉和炼焦用煤；全面实施燃煤电厂超低排放和节能改造，推进煤炭清洁高效利用。开展工艺过程温室气体减排改造。

（七）突出预防性控制，扩大清洁生产覆盖面。以源头削减污染物产生为目标，扩大清洁生产覆盖面，降低污染物排放强度。一是推进有毒有害物减量化清洁生产技术改造。推进电器电子、汽车、化工、医药等重点行业有毒有害物质限制使用，持续推进高风险污染物和挥发性有机物的减量替代，降低污染物排放强度。二是推进重点行业、基础工艺的清洁生产改造。通过实施先进适用的绿色基础制造工艺等清洁生产技术，推动传统基础制造工艺智能化发展，编制重点行业清洁生产共性技术指南。三是全面落实国家大气、水、土壤污染防治行动专项工作。推进和落实大气污染防治、水污染防治和土壤污染防治重点行业绿色工艺、技术和装备推广方案，建设一批重点行业清洁生产示范项目。四是扩大清洁推进范围、提高清洁生产质量效益。在工业园区探索推行清洁生产的整体模式，推动实现12个重点行业和绿色示范园区创建清洁生产全覆盖，全面挖掘和实施综合利用、污染控制项目。五年落实清洁生产技术改造2000项，每年建成20家清洁生产示范企业。

（八）推行循环生产方式，加速推进资源综合利用。推进各类废弃物高效、高值、深度利用，构建循环经济产业链。一是推动大宗固废深度利用，向精细化、大掺量、高附加值利用方向发展。推广钢渣透水产品、墙体自保温材料、人造轻骨料、建筑加气砌块等的市场应用；推进宝钢冶炼渣、宝山城建物资、嘉定伟翔电子废弃物等资源综合利用示范基地建设。按照废弃物产生分布和合

理运输半径，规划建设若干资源综合利用产业集聚区。二是大力发展再制造产业。重点发展汽车零部件、工程机械、电机产品、通信设备等的再制造；推进临港再制造示范基地的产业集聚和公共服务平台建设；以重点再制造企业为依托，加快完善有利于再制造产业发展的逆向回收物流体系。三是推进再生资源的综合利用。重点开展以“四机一脑”、办公设备、印刷线路板、废旧电池电瓶等为主的废旧电子电器的拆解、分选、处置利用和再制造；进一步推进冶炼煤气、余热余压等的再生利用，提高利用效率。四是推进水资源循环利用。采用高效可靠的水处理技术工艺，提高水循环利用率，推动工业废水处理回用。推广特许经营、委托运营等节水模式，提高节水管理和资源利用率。

（九）支持节能环保产业区域联动和产业链延伸发展。充分把握“长江经济带”和“一带一路”等国家战略的建设机遇，推动绿色科技、绿色制造及绿色服务引进来和走出去。一是加强与长三角以及全国市场的业务对接融合，支持国内其他地区企业拓展布局，在上海设立研发机构、营销中心或企业总部，鼓励本市企业通过技术合作、产业投资、资产重组、服务输出、外设分支机构等多种方式开拓国内市场，增强辐射带动作用。二是积极参与国际竞争与合作，围绕上海建设具有全球影响力的科技创新中心，紧跟全球绿色科技发展动向，加强国际节能低碳和环保领域交流，吸引全球顶尖研发资源和先进技术转移，鼓励国内外科研机构、企业共建联合实验室、研发中心，引导企业以“一带一路”建设为契机，利用境外投资、工程承包、技术合作、装备出口等方式开拓国际市场。三是建立产业联动发展长效机制，推动建立节能减排、气候变化、清洁技术、清洁能源开发等方面的合作交流平台，加强企业人员培训，提升引进来和走出去的能力，推进政府部门、研究机构、行业协会、企业间交流互动，积极参与绿色产品政策和绿色能源开发利用领域的交流合作。

江苏省循环经济

江苏省经济和信息化委员会

一、基本概况

2016年，江苏全省上下按照党中央关于生态文明建设的总体要求，认真贯彻落实党中央和国务院关于节能减排的工作部署，坚持把节能降耗和发展循环经济作为转变经济发展方式、推动产业转型升级、建设生态文明的重要抓手，从落实目标责任、优化产业结构、推动技术进步、完善体制机制、加强执法监管等方面，强化能源消耗总量和强度“双控”关键举措，持续深化节能减排工作，取得了阶段性成效。2016年全省每万元地区生产总值能耗0.41吨标准煤，比2015年下降4.68%，超额完成下降3.7%的年度目标，完成“十三五”能耗强度降低目标进度25.7%，超额完成国家20%的目标进度；全省规模以上工业单位增加值能耗0.66吨标准煤，比上年下降3.96%，顺利完成降低3.9%的年度目标,为全面超额完成全省节能目标任务奠定了坚实基础；2016年全省万元地区生产总值用水量为60.0立方米，较上年下降8.7%，单位工业增加值用水量为16.5立方米，下降率为7.8%，主要节水指标位居全国先进水平；全省工业固体废弃物综合利用率达到96%以上，远高于全国平均水平； 2016年，全省主要污染物二氧化硫、氮氧化物、挥发性有机物排放总量分别同比削减9.24%、9.66%、4.1%，超过4%、4%、2%的年度减排目标。

二、主要做法和举措

（一）严格落实节能目标责任。一是分解落实年度节能目标。按照全省单位地区生产总值能耗降低3.7%的目标要求分解下达13个市2016年度节能目标，加强跟踪监测，按季度发布各市节能目标完成情况晴雨表，对完成目标进度滞后的地区及时发出预警，督促一级预警地区加强分析监测，及时采取降低能耗的有效措施，确保完成年度节能目标任务。二是开展节能目标责任评价考核。牵头会同有关部门开展我省“十二五”节能目标责任评价考核自查，代拟自查报告报请省政府上报国务院，经国家组织考评，结果为“超额完成”等级。会同省发改委等16个部门分组对13个省辖市政府开展2015年节能目标责任评价考核，向社会公告考核结果，并报请省政府印发《关于“十二五”节能目标责任考核结果的通报》（苏政办发〔2016〕112号），通报表扬了9个市政府、39个省市部门、46户万家企业、4个公共机构和15个节能支撑机构。三是做好重大改革事项督查的迎查工作。牵头省相关部门做好我省贯彻落实国务院《2014-2015年节能减排低碳发展行动方案》的自查，向省委深改办报送自查报告。四是推动全社会节能。编制印发《江苏省“十三五”节能规划》，会同省机关事务管理局联合印发《江苏省公共机构“十三五”节能规划》。以发展绿色建筑、建设低碳交通体系和创建节约型公共机构为重点，会同有关部门推动建筑、交通运输、公共机构等重点领域节能降耗。围绕“节能领跑 绿色发展”主题，会同省有关部门组织全省开展节能宣传周活动，开展多种形式的宣传活动，广泛动员全社会参与节能减排降碳。

（二）推进实施节能重点工程。一是实施节能改造工程。突出冶金、化工等主要耗能行业，以锅炉（窑炉）、电机系统节能、余热余压利用、能量系统优化等为重点，推动实施节能改造，全省共组织实施改造项目近900项，新增节能能力175万吨标准煤，其中运用省级专项资金支持项目新增节能能力59万吨标准煤。二是推动用能设备能效提升。继续推进电机能效提升，推动实施《江苏省

配电变压器能效提升实施方案（2015-2017）》，综合运用政策激励、监察执法、差别电价等措施推动落后用能设备淘汰更新，运用省级财政资金对淘汰落后设备并购买使用一、二级能效电机、配电变压器的，按普惠制给予资金奖励（奖励资金168万元，更新投资共1532万元）。三是推进重点用能单位能效提升。组织开展万家企业2015年暨“十二五”节能目标考核，全省万家企业累计节能2980万吨标准煤，超额完成2205万吨标准煤的目标任务。推进能源管理体系建设计划，新增168家企业通过能源管理体系认证或评价，全省累计已有758家建设能源管理体系，占万家企业数的78%，走在全国前列。四是加强节能监察执法。推动节能监察能力建设，徐州、盐城等市县（市）节能监察机构建设取得突破性进展，全省县（市）机构设立比例已达80.5%。下达2016年全省节能监察执法计划，组织开展重大工业节能专项监察，对钢铁、化工、水泥、平板玻璃、铁合金等行业企业执行产品能耗限额标准情况、Y系列电机及高耗能配电变压器淘汰使用情况、燃煤锅炉生产使用情况等开展监察，对6家能耗超限额标准和75家使用淘汰类落后用能设备的企业实施惩罚性电价和淘汰类差别电价，对一批经整改达标的企业取消惩罚性电价和差别类电价措施。

（三）推进工业绿色制造工程。贯彻《中国制造2025江苏行动纲要》，编制发布《江苏省“十三五”工业绿色发展规划》，制定实施2016年度绿色发展推进方案，全面推进工业绿色发展。一是推进绿色制造体系建设。制定印发《江苏省绿色制造体系建设实施方案》，提出了到2020年，创建十个绿色园区、百家绿色工厂、500种绿色产品和若干绿色供应链的目标。二是实施生产过程清洁化改造工程。组织各地参加重点行业清洁生产能力提升网上培训。实施高风险污染物削减行动计划，在涉汞、涉铅、高毒农药等行业，推动实施一批高风险污染物削减清洁生产改造项目，有6个项目列入中央财政资金奖励计划，合计获得奖励资金2784万元。运用省级专项资金，围绕工业煤炭清洁高效利用和钢铁、石化、化工、涉重、农药、印染等重点行业，支持实施一批锅炉、窑炉能源清洁高效利用、水污染物削减项目，其中节水210万吨。推荐徐州市列入国家工业煤炭清洁高效利用示范城市，落实35个支撑项目。三是推进废弃物资源化。指导溧阳中材环保有限公司水泥窑协同处置生活垃圾试点，按季度向工信部报送运行情况；向工信部推荐8项先进资源综合利用技术装备，报送1家废矿物油和13家废塑料综合利用行业规范企业和3家废钢加工行业市场准入。全省工业固废资源综合利用率稳定在96%左右。四是推进绿色制造示范试点。推动绿色数据中心试点省创建，启动3项标准编制工作。推进3家低碳工业园区、6家企业机电产品再制造和4家内燃机再制造开展试点工作，向工信部推荐上报2家再制造产品认定。

（四）推动节能环保产业创新发展。一是实施产业和应用示范项目。贯彻《中国制造2025江苏行动纲要》，结合供给侧结构性改革补短板要求，实施《重大节能环保装备与产品产业化推进方案》，针对节能减排重大需求，加大项目支持力度，运用省级专项资金支持41个节能环保产业化及示范应用项目、11个节能服务业（合同能源管理）项目，合计支持资金3754万元，预计新增销售收入30亿元。二是推广先进节能环保技术。征集发布一批节能环保新技术，累计发布12批节能环保新产品新技术目录，合计202项，鼓励开展应用示范，加大推广力度。三是推进省地联动共建。与盐城市签订省市共建特色产业（节能环保）战略合作协议，推动盐城市按照“五个一”综合培育体系要求，推进节能环保产业创新突破发展。

（五）推进机制创新。一是实施能效领跑者制度。会同省质监局制定《江苏省工业领域能效领跑行动实施方案》， 2016 年先行在钢铁、烧碱、纯碱、造纸行业开展能效“领跑”活动，经企业申报、地方推荐，组织评审及第三方核查、公示等程序，发布8家能效领跑者企业名单及其能效指标和经验做法。通过树立标杆，开展能效对标，促进企业降本增效和节能减排，推动形成工业领域持续提升能效水平的长效机制。二是推进项目节能量交易试点。在苏南试点基础上，自去年7月1日起将盐城市纳入试点范围，全省已完成28笔交易，合计节能量6.955万吨标准煤，起到了抑制高耗能行业产能增长和节能减排效果，发挥了以市场机制配置资源的作用。三是探索区域能评。按照省委领导指示，会同省商务厅、省编办、省发改委等部门开展“区域能评+能效标准”试点调研及方案研究，初步形成了区域能评指导意见。

三、2017年工作思路、主要目标和工作重点

（一）、工作思路

围绕发展循环经济工作大局，全面贯彻创新、协调、绿色、开放、共享五大发展理念，创新机制和举措，加强全社会节能综合协调，扎实推进重点领域、重点行业和重点企业节能，认真贯彻执行《中国制造2025江苏行动纲要》，大力发展绿色制造，推进生产过程清洁化、资源利用高效化、环境影响最小化，促进工业绿色低碳循环和可持续发展。

（二）、主要目标

单位地区生产总值能耗下降3.7%，单位工业增加值能耗下降3.9%，单位工业增加值水耗下降4.4%，工业主要污染物排放下降2%，节能环保产业主营业务收入增长10%以上。

（三）、主要措施

1、扎实抓好节能降耗。一是落实目标责任和工作举措。分解各市“十三五”和2017年度节能目标，落实相关部门任务，明确“十三五”重点工作措施，会同相关部门全面推进工业、建筑、交通运输、公共机构等重点领域节能，严格评价考核，确保完成约束性目标。二是深入开展重点用能单位节能行动。实施重点用能单位节能行动和节能自愿活动。继续推进能源管理体系建设。实施能效“领跑者”制度，深入开展工业领域能效领跑行动，扩大范围筛选发布一批高耗能行业能效领跑者名单及其能效指标，总结经验做法，实施能效赶超计划，形成推动工业领域能效水平不断提升的长效机制。三是推进节能技术进步。持续推进节能改造，突出重点行业，大力组织锅炉（窑炉），电机系统和变压器，余热余压利用，能量系统优化，煤炭、石油节约和替代，绿色照明，数据中心和基站等节能改造。以实施《配电变压器能效提升实施方案（2015-2017）》为重点，继续运用政策激励、监察执法和差别电价等综合措施，加快高效配电变压器推广和高耗能变压器淘汰，推进终端用能产品能效提升。四是加强节能监察执法。制定下达2017年度全省节能监察计划，组织开展重大节能专项监察，严厉查处违法用能行为，对逾期不整改和整改不到位的单位能耗超限额标准、违规使用国家明令淘汰的落后用能设备的，采取惩罚电价措施倒逼用能单位提升技术装备和能效水平。五是扩大项目节能量交易试点。结合落实“对钢铁、有色、建材、石化、化工等高耗能行业新增产能实行能耗等量或减量置换”的政策措施，将试点范围扩大到苏中地区，发挥市场配置资源的决定性作用，引导用能单位节能挖潜，约束高耗能行业能耗增长。

2、大力推进绿色制造。一是开展绿色制造示范创建。深入实施《江苏省绿色制造体系建设实施方案》，以促进制造业全产业链和产品全生命绿色发展为目的，以绿色工厂、绿色产品、绿色园区、绿色供应链为主要建设内容，以企业为主体、市场驱动、政府引导、社会参与，发挥政策推动和示范引领作用，启动绿色制造示范创建工作，到2020年力争在全省范围内建设十家绿色园区和百家绿色工厂，开发500个绿色产品，创建若干绿色供应链。二是推动生产过程清洁化改造。实施《高风险污染物削减行动计划》，继续推动实施一批高风险污染物清洁生产改造工程，从源头减少

汞、铅和高毒农药等高风险污染物产生。以徐州市工业煤炭清洁高效利用示范为重点，推动焦化、煤化工、工业锅炉和工业炉窑煤炭清洁高效利用和低碳化改造。会同有关部门开展高耗水行业水效领跑行动，提高工业领域用水效率。三是加强废弃物资源化利用。以废旧家电、稀贵金属清洁资源化、水泥窑协同处置废弃物、大宗废弃物资源化为重点，推进工业废弃物综合利用基地建设。以推广产业耦合链接方式为重点，推进产业绿色协同链接，促进企业间链接共生、原料互换、资源共享为重点，工业园区低碳循环发展。四是推进再制造等试点示范。加强跟踪指导，持续推进低碳工业园区、机电产品再制造和内燃机再制造试点工作，推动再制造产业规模化发展。继续推动绿色数据中心试点省创建。

3、推动节能环保产业创新发展。一是推动重大技术装备产业化和推广应用。深入实施《重大节能环保装备与产品产业化推进方案》，着力推动一批技术装备和产品示范应用和产业化推广。二是推动盐城节能环保特色产业发展。按照“五个一”综合培育体系，加强省地联动，推动盐城市节能环保产业创新突破发展。三是推动节能环保产业新业态发展。大力推行合同能源管理机制，支持节能服务公司发展，鼓励以“节能管理+物联网”，为用能单位提供设计、诊断、技术改造、运行管理等一条龙服务，推动公共机构、大型公共建筑及重点用能单位优先采用合同能源管理方式实施改造。鼓励环保装备生产企业发挥技术和装备等专业优势，以环境公用设施、工业园区等领域为重点，开展环境污染第三方治理，提高污染治理的产业化、专业化程度，促进环保服务新业态发展。

（撰稿：韩兵祥，江苏省经济和信息化委员会节能和综合利用处处）

山东省循环经济

山东省经济和信息化委员会

2016年，在有关国家部委的大力支持下，山东省委、省政府的正确领导下，在相关省直部门和各市的共同推动下，在社会各界特别是企业界的努力下，山东省循环经济发展取得了突破性进展，有力地推动了全省经济发展模式由高耗能、高污染、低效益型向低能耗、低排放、高效益型的转变,走出了一条适应山东省发展经济的新路子。

一、2016年工作情况

（一）坚持法规引领与示范推广相结合，大力发展循环经济

1.全面落实省委重要改革举措。把2项省委重要改革举措作为工作重点，集中时间，集中人力，强力推进。一是出台《山东省循环经济条例》。按照山东省人大常委会、省政府2016年立法计划，遵照省政府、省人大领导的批示要求，省经信委会同省人大法工委、省政府法制办，在充分调研论证和广泛征求意见的基础上，对《条例》进行了多次修改完善，形成了《条例（草案）》。7月22日，山东省第十二届人大常委会第二十二次会议全票审议通过了《山东省循环经济条例》，并于2016年10月1日起施行，成为全国首部以“循环经济条例”命名的地方性法规。《条例》共6章54条，依据《循环经济促进法》，结合我省实际，从减量化、再利用和资源化、保障措施等几个方面设定了权利义务和法律责任。《条例》的出台，标志着我省循环经济工作进一步走向法制化、规范化和科学化，对于依法促进循环经济发展，提高资源利用效率，保护和改善环境，推进生态文明建设，具有十分重要的现实意义。二是加快推进资源节约和循环利用制度体系建设。落实《山东省人民政府办公厅关于转发省经济和信息化委建立促进资源节约和循环利用制度体系工作方案》（鲁政办字〔2015〕225号），在征求各有关部门意见的基础上，对工作方案进行了责任分工，将涉及的46项需创新的制度落实到13个省直部门，并明确了完成时限。年底进行了调度，2016年需完成的制度31个，现已完成22个。

2.组织召开循环经济工作会议。落实张务锋副省长批示精神，2016年9月26日，省政府在潍坊市召开了全省循环经济工作会议，各市、有关省直部门、部分循环经济试点单位等180多人参加会议，这也是“十一五”以来第一次召开全省循环经济工作会议。会议现场考察了潍柴动力等4家企业，传达学习了郭树清省长重要批示，对《山东循环经济条例》进行了深入解读，通报了全省循环经济发展情况，潍坊市政府等6家单位做典型发言，省发改委等10个部门、16个市和12个试点单位进行了书面交流，张务锋副省长在讲话中，充分肯定了“十二五”时期全省循环经济发展取得的显著成效和宝贵经验，分析了循环经济发展的重要意义和难得机遇，对“十三五”时期全省循环经济工作进行了全面部署。

3.编制《山东省循环经济“十三五”发展规划》。为指导全省循环经济快速发展，2016年初，成立了由山东大学、山东财经大学、省科学院等部门专家组成的《规划》编制起草小组，本着“不重复、不抵触、有特色”的原则，通过整理分析基础材料，深入开展调查研究，广泛征求各方面意见，召开专家论证会，先后对规划进行了多次修改完善，形成了《规划》（送审稿），报省政府办公厅审定后印发实施。

4. 大力培育循环经济示范试点。充分利用国家对循环经济发展的政策支持，积极开展国家循环经济示范试点申报、建设和验收工作。2016年，国家批复聊城市、平原县、招远市为循环经济示范城市（县）建设地区。目前，全省国家循环经济示范试点总数达到44家。按照国家统一要求，组织2个试点单位完成国家终期验收和资金清算工作。其中，临沂金升有色金属产业基地通过国家“城市矿产”示范基地验收，潍坊市通过了国家餐厨废弃物资源化利用和无害化处理试点城市验收工作。这些试点的快速推进，对全省循环经济发展起到有力的带动作用。

5. 积极推广循环经济先进技术和典型经验。一是推广关键链接技术。印发了《关于公布全省循环经济关键链接技术推广目录的通知》，公布了海信集团、民和生物等36家企业的43项循环经济关键链接技术，其中涉及工业领域19项，农业领域16项，民生领域8项。二是完善循环经济典型模式案例。为充分发挥典型模式的示范推广作用，对2015年公布的48个循环经济典型模式案例进行细化充实，其中更新25个，新增19个。三是组织开展经验交流。在临沂组织召开了全省城市矿产现场经验交流会议，推广学习了国家城市矿产示范基地金升集团的好做法；在济宁组织召开了全省生物发酵行业清洁生产现场经验交流会，推广学习了国家循环经济先进单位菱花集团的好做法；在济南召开了全省生物质能现场经验交流会，推广学习了省循环经济示范单位琦泉集团的好做法。这些单位先进经验的学习和推广，对于加快行业循环经济发展，促进行业转型升级、提质增效，发挥了重要作用。

6. 加快推进再制造产业发展。向工信部推荐济南复强动力、潍柴动力再制造、豪迈机械科技、泰安大地强夯重工等4家单位申报再制造产品认定，经国家认定的再制造产品企业达到16家。2016年10月，国家发改委组织对山东能源集团大族激光再制造有限公司开展再制造试点单位验收工作。落实国家发改委来我省调研时提出的“山东再制造要先行先试、先走一步”的要求，印发了《关于对全省再制造产业发展情况进行调研的通知》，从调研情况看，全省具有一定规模的再制造企业38家，产品涉及汽车零部件、机床、矿山机械等100余种，截至3季度，全省再制造发动机7794台，油管1.35万吨，轮胎3.1万条，车床361台，再制造产业实现销售收入9.33亿元，预计全年可实现13.19亿元。通过实施再制造，节约原材料3.8万吨，减排二氧化碳4.7万吨，经济效益和社会效益显著。

7. 扎实开展《条例》宣贯活动。经省政府同意，省经信委会同省政府法制办、省普法办印发《关于认真贯彻实施〈山东省循环经济条例〉的通知》，要求各级各部门要把学习贯彻《条例》摆在更加重要的位置，明确目标，细化措施，抓好落实。组织省电视台、省广播电台、齐鲁晚报等媒体赴临朐采访报道循环经济典型发展模式，在大众日报刊登《山东走出循环经济发展新路子》，引导公众了解、认同、践行循环经济，营造《条例》实施的良好氛围。印发《关于做好〈山东省循环经济条例〉培训工作的通知》，举办3期《条例》培训班，对各市经信委分管主任、节能办主任，各县经信局和重点企业负责人集中2天进行培训，邀请了省人大法工委分管主任对《条例》深入解读，国家和省循环经济领域知名专家做专题报告。

（二）坚持重点突出和全面推进相结合，深入推行清洁生产

1. 认真落实省委常委会工作要点。依法推动反过度包装工作，将反过度包装纳入10月1日施行的《山东省循环经济条例》，规定“产品及其包装物设计，应当符合国家和省有关标准，优先选用生态设计方案和易回收、易拆解、易降解、少污染的材料，减少包装材料的过度使用和包装性废物的产生。禁止违反国家强制性标准对产品进行过度包装”。以《山东省循环经济条例》实施为契

机，强化治理商品过度包装的宣传引导，提高公众抵制商品过度包装的自律意识，进一步推动治理商品过度包装行动计划。

2. 积极推进《山东省清洁生产促进条例》的修订工作。按照省政府立法计划提出修订《山东省清洁生产促进条例》的要求，在贯彻落实上位法的同时，结合山东省煤炭清洁高效利用、散煤清洁利用综合治理、工业产品生态（绿色）设计、清洁生产审核等工作，围绕从源头削减污染、提高资源利用效率、减少大气污染排放进行调查研究，广泛征求各行业协会、政府机关、企事业单位的意见和修订建议，列明修改理据，提出修改思路和倾向性意见，待条件成熟时争取尽快提请省人大常委会审议。

3. 扎实完成国家大气污染防治工作考核。落实 《山东省大气污染防治重点行业清洁生产推行方案》，省经信委会同省环保厅对重点行业清洁生产审核和技术改造项目完成情况进行督查，全省钢铁、水泥、化工、石化和有色金属冶炼等5个行业，共完成清洁生产技术改造项目292个。预计年底前，全省295家重点企业完成378个项目，可顺利完成国家下达的大气污染防治考核目标。

4. 组织实施高风险污染物削减行动。按照《工业和信息化部办公厅财政部办公厅关于组织申报2016年高风险污染物削减行动计划奖励资金项目的通知》要求，省经信委会同省财政厅组织对山东超威电源有限公司清洁生产提升改造项目、山东久力工贸集团有限公司铅酸蓄电池改扩建项目实施效果进行了评估，2个项目通过国家批复，获得高风险污染物削减行动计划奖励资金1136万元。同时，组织对已获得国家奖励资金的山东康洋电源有限公司铅酸蓄电池和极板技术改造项目运行情况进行了全面评估，形成自评估报告并报送国家。会同省环保厅印发《关于对电石法聚氯乙烯生产企业高汞触媒淘汰情况进行检查的通知》，积极推动有关企业落实相关政策要求，进一步提高电石法聚氯乙烯生产行业汞污染防治水平。

5. 大力开展工业产品生态设计试点创建。落实《中国制造2025》，按照《工业和信息化部关于组织开展第二批工业产品生态（绿色）设计示范企业创建工作的通知》要求，推荐龙福环能、三角轮胎等5家企业列入产品工业生态（绿色）设计试点名单。加大绿色设计产品宣传，推荐山东天野塑化有限公司生产的全生物降解地膜（可降解塑料）列入工信部首批绿色设计产品名录。

6. 总结推广清洁生产先进经验和技术。贯彻落实《山东省推进工业转型升级行动计划(2015-2020年)》，引导企业加快采用先进的工艺和技术，省经信委会同省环保厅、省科技厅印发《关于组织推荐清洁生产先进技术的通知》，总结凝练并推广工业领域有利于提高资源利用效率、从源头和全过程控制和减少污染物排放的先进工艺、技术和设备。会同省环保厅、省科技厅组织专家各市上报的材料进行评审，编制印发《山东省清洁生产技术指南III》。

（三）坚持政策引导与规范管理相结合，积极开展资源综合利用

1. 组织开展资源综合利用先进单位表彰。按照省评比达标表彰工作协调小组的复函要求，省经信委会同省人社厅和省公务员局联合印发了《关于组织推荐全省资源综合利用先进单位的通知》，明确了推荐范围、推荐条件和工作程序。经过各市9个部门盖章、3个部门联合上报、处内讨论、专家评审、社会公示，提报委主任办公会研究，最后确定了先进单位名单。省政府以鲁政字〔2016〕299号文件，通报表彰了80个资源综合利用先进单位，主要包括14个市（县）管理单位、57个企业和9个省直管理单位。

2. 突出抓好再生资源综合利用。落实工信部废钢铁、废旧轮胎、废矿物油、废塑料等行业规范条件公告管理暂行办法，推荐龙福环能科技股份有限公司申请列入废塑料行业公告，推荐4家企业

申请废列入废钢铁、废旧轮胎行业公告。工信部批复东营国安化工有限公司列入废矿物油综合利用行业公告名单，济宁力神轮胎循环利用科技有限公司列入废旧轮胎综合利用行业公告名单。截止目前，山东省列入工信部准入公告企业26家，其中废钢铁加工企业13家，废旧轮胎综合利用企业12家，废矿物油综合利用企业1家，入围数量居全国首位。按照工信部要求，对废钢铁加工已公告企业进行监督检查，其中，11家企业正常运转，2家企业（山东绿能再生资源开发有限公司、山东省德泰再生资源有限公司）因市场原因暂时停产。截止11月，全省统计的废钢铁处理量达到141万吨，实现销售收入17亿元，利润7700万元，享受增值税减免800万元；废轮胎处理量17万吨，实现销售收入2.4亿元，利润2300万元；再生铝回收利用4.6万吨，实现销售收入4.8亿元，利润2100万元。

3.积极推进大宗工业固废综合利用。一是落实省政府领导“关于做好再生石膏综合利用，减少天然石膏矿的开采”批示精神，印发《关于抓紧报送再生石膏资源综合利用情况的通知》，对全省再生石膏产生利用情况以及存在的问题进行了摸底，形成了《关于全省再生石膏资源综合利用情况的报告》，研究提出了鼓励再生石膏利用的政策措施。二是推广资源综合利用先进技术。按照《工业和信息化部办公厅关于征集再生资源综合利用先进适用技术的通知》要求，向工信部推荐了山东天力干燥股份有限公司等9家企业的9项技术装备。三是按照《工业和信息化部办公厅关于开展工业固体废物综合利用基地建设试点验收工作的通知》要求，组织招远市对工业固体废物综合利用基地建设情况进行了全面总结，形成自评估报告，并于5月份通过了国家评审验收。

4.推荐京津冀及周边地区工业资源综合利用产业协同发展示范工程。按照《工业和信息化部办公厅关于组织申报京津冀及周边地区工业资源综合利用产业协同发展示范工程项目的通知》要求，向工信部推荐21家企业的21个项目。其中，华嘉资源综合利用有限公司的报废汽车回收拆解综合利用等10家企业的10个项目入围名单，数量居全国首位，领域涉及尾矿、粉煤灰、工业副产石膏、建筑垃圾等工业固废综合利用和报废汽车、废塑料、废矿物油等再生资源回收利用。

5.加强资源综合利用统计分析。国家和省相继取消资源综合利用认定事项后，为更加及时、准确地掌握全省资源综合利用产业发展情况，印发《关于继续做好资源综合利用统计分析工作的通知》。按季度印发全省资源综合利用产业发展情况通报，2016年1-3季度，统计的500家资源综合利用企业，共实现综合利用产品产值231亿元，利用工业固体废物4085.17万吨，同比增加1.2%，全省工业固体废物综合利用率达到85.79%，预计全年可达到86.1%。

三、2017年工作思路

2017年，山东省循环经济与清洁生产工作总的想法是：深入学习实施《山东省循环经济条例》，围绕全省循环经济工作会议精神和《山东省循环经济“十三五”发展规划》的落实，坚持以创新发展、转型升级、提质增效为导向，推动企业、园区、社会三个循环，抓好技术研发、链条延伸、模式创新、试点示范四个重点，强化政府推动、宣传引导、项目支撑、扶持服务、标准规范五项措施，全面推动循环经济与清洁生产工作再上新台阶，为促进生态文明建设做出更大贡献。重点抓好以下工作：

一是着力抓好《山东省循环经济条例》的贯彻实施。把《条例》的贯彻实施作为一项重要任务抓紧抓好抓实，加快配套规章制度建设。重点是：第一，推进山东省循环经济公共服务平台建设，为循环经济发展提供政策、信息等服务，提升公共服务水平。第二，会同统计、环保等有关主管部门制定循环经济评价指标体系，根据资源产出、资源消耗、综合利用和废物产生等主要评价指标，

对下级政府发展循环经济的状况定期进行考核，并将完成情况作为对下级政府及其负责人考核评价的内容。第三，会同质监部门建立产品过度包装不良记录公开制度，定期公布产品过度包装的企业名单，打击过度包装行为。

二是着力抓好全省循环经济工作会议精神和《山东省循环经济“十三五”发展规划》的落实。第一，总结国家、省循环经济示范市（县）、园区循环化改造、城市矿产、餐厨废弃物资源化利用等可复制可借鉴的经验，在全省予以推广学习。第二，从农业秸秆资源化利用入手，总结分析当前我省农业循环经济好经验、好做法、好模式，适时召开现场经验交流会，促进农业循环经济快速发展。第三，发布《山东省循环经济典型模式目录》，为各行业发展循环经济提供有益借鉴。第四，加快再制造产业发展，研究制定《加快再制造产业发展的指导意见》，在发动机、汽车零部件、工程矿山机械、机床加工等领域，培育一批骨干企业，实现再制造产业做大做强。

三是着力抓好清洁生产工作。贯彻落实《清洁生产审核办法》（国家发展和改革委、环境保护部令 第38号），会同省环保厅尽快印发《山东省清洁生产审核实施细则》，依法推进清洁生产审核。主要完成“四个一批”：公布一批超过单位产品能耗限额标准，以及未完成年度或进度节能目标任务的强制审核企业名单；会同省环保厅备案一批开展清洁生产审核的咨询服务机构，并实行动态管理；评估验收一批实施强制性清洁生产审核和申请各级清洁生产、节能减排等财政资金的企业；公布一批清洁生产专家，建立省级清洁生产专家库，发布重点行业清洁生产技术指南和审核指南，组织开展清洁生产培训，为企业开展清洁生产审核提供支持。做好四个一批的同时，要加快实施《山东省大气污染防治重点行业清洁生产推行方案》，确保315家企业完成清洁生产技术改造项目425个，全面完成国家下达的大气污染防治考核目标。落实《水污染防治重点行业清洁生产技术推行方案》，推进造纸、印染等11个重点行业实施清洁生产技术改造，促进水环境质量持续改善。

四是着力抓好资源综合利用工作。加强与省财政厅、国税局、地税局的沟通配合，一方面要研究制定资源综合利用事中事后监管措施，确保资源综合利用税收优惠政策落到实处。另一方面，完善资源综合利用统计报送制度，确定统计对象，保证数据的科学、真实、准确。同时，加强对工信部废钢铁、废轮胎、废塑料、再生铝、废矿物油等已公告企业的监督管理，及时掌握其生产经营和准入条件执行情况，并积极争取更多企业列入公告名单。

四、“十三五”发展指导思想和发展目标

指导思想：

全面贯彻党的十八大和十八届三中、四中、五中、六中全会精神，深入贯彻习近平总书记系列重要讲话精神，牢固树立和贯彻落实创新、协调、绿色、开放、共享的发展理念，凝聚发展循环经济的共识和力量，以资源高效和循环利用为核心，以提高资源产出率和减少废物排放为目标，以减量化、再利用、资源化为抓手，健全政策法规体系、科技支撑体系、技术标准体系以及激励约束机制，提升循环经济的发展水平和质量，发展壮大资源循环利用产业，引领经济转型升级，形成绿色结构、绿色发展方式和绿色消费模式，建设“生态山东”和“美丽山东”。

发展目标：

到2020年，循环型产业体系和循环型社会体系基本形成，循环经济制度体系较为完善，长效发展机制初步建立，资源利用更加集约高效，循环经济理念深入人心，绿色消费模式基本普及，循环经济总体发展水平位居全国前列。

循环型产业体系基本形成。循环型生产方式普遍应用，工业、农业、服务业循环发展提质增

效，三次产业复合型循环经济模式加快发展。

社会层面循环发展成效明显。废弃物资源化利用水平明显提升，建筑和公用设施更加绿色低碳，生产系统和生活系统链接的循环模式得到广泛应用。

循环发展长效机制有效运转。循环经济创新发展有效推进，决策运行机制运转协调，法规制度体系、技术创新体系、统计考核体系进一步健全。

绿色消费模式基本普及。绿色消费理念深入人心，绿色产品使用比例显著提高，节约资源和保护环境成为公众的自觉行动。

到2020年，全省万元GDP能耗比2015年降低17%，能源产出率比2015年提高15%，工业固废综合利用率达到88%，主要品种再生资源回收利用率达到75%，农业灌溉水有效利用系数达到0.646。

（撰稿：逯建康，山东省经济和信息化委员会循环经济和清洁生产处）

浙江省循环经济

一、“十二五”成效与面临形势

（一）“十二五”取得成效

“十二五”期间，浙江省上下贯彻落实习近平总书记“两山”科学论断，扎实推进生态文明建设，全省循环经济发展取得显著成效。国家循环经济试点省建设全面完成，批复的《浙江省循环经济试点实施方案》确定的各项目标任务如期完成，循环经济总体发展水平保持全国前列，2014年顺利通过国家验收。陆续编制出台《浙江省循环经济“991”行动计划（2011—2015年）》、《浙江省园区循环化改造推进工作方案》、《浙江省餐厨垃圾资源化综合利用行动计划》等一系列政策文件，将循环经济发展工作纳入生态省建设考核，为全省面上推动循环经济发展提供了良好的政策机制和环境。循环经济“991”行动计划有效落实，争创循环经济领域主要国家级示范试点近40个，实施循环经济重点项目近1400个、总投资超4000亿元，为全省扩大有效投资、推动经济转型升级提供有力支撑。

总体上看，循环经济发展“十二五”规划实施取得显著成效，规划确定的主要指标全面完成，为“十三五”时期循环经济发展再上新台阶奠定了良好基础。但受宏观环境的影响和发展阶段的制约，全省循环经济发展仍然存在着资源循环利用行业发展困难、企业循环经济发展动力不足、末端资源循环利用和处置能力滞后、监测评估体系不健全等问题，需要通过“十三五”规划的实施逐步加以解决。

（二）面临形势

“十三五”时期，是浙江确保实现“四翻番”目标、高水平全面建成小康社会的决胜阶段。综合判断，我省循环经济发展将处于大有可为的战略机遇期，但也面临加快“补短板”的现实挑战。

加快推进生态文明建设、顺应绿色循环低碳发展新潮流，为全省循环经济发展提供新机遇。“十三五”时期，是国际社会积极应对全球气候变化挑战，签署落实《巴黎协定》的重要时期，必将引领全球新一轮绿色低碳发展进程。也是我国贯彻落实《关于加快推进生态文明建设的意见》和绿色发展理念，实施循环发展引领计划的关键时期，必将兴起绿色循环低碳发展的潮流。为浙江坚持走绿水青山就是金山银山的发展路子，持续加强生态文明建设，大力发展循环经济提供新的机遇。

高水平全面建成小康社会、增强人民群众获得感，对全省循环经济发展提出新期望。“十三五”时期，是实现绿色惠民、增强人民群众对优良生态环境获得感的重要时期。通过发展循环经济，加强资源节约集约循环利用，确保水、大气、土壤等环境质量得到全面改善，真正实现天更蓝、地更净、水更清、山更绿，是“十三五”时期人民群众的新期望。

适应把握引领经济发展新常态、着力推进供给侧结构性改革，对全省循环经济发展提出新要求。“十三五”时期，是我省强化创新驱动、推进新旧动力转换的关键期，也是优化产业结构、全面提升产业竞争力的关键期。在新常态下，循环经济发展方式将逐渐从注重原生资源循环利用为主向注重产业产品延伸为主转变，从产业内部循环为主向三次产业间复合循环为主转变，从生产性领域为主向生产、流通、消费全流程为主转变，也对全省循环经济发展加快“补短板”、提升水平提

出了新要求。

推进“互联网+”行动、发展分享经济，为全省循环经济发展提供新路径。“十三五”时期，随着互联网+、分享经济的发展，新的业态模式和组织形态正加速形成和演化，深刻地影响着经济社会各领域的发展路径。循环经济发展应积极适应新趋势，充分发挥互联网的平台作用，积极发展分享经济，促进形成循环经济发展的新路径。

二、“十三五”循环经济发展指导思想和发展目标

（一）指导思想

全面贯彻落实党的十八大和十八届三中、四中、五中全会精神，深入贯彻习近平总书记系列重要讲话精神，以创新、协调、绿色、开放、共享五大发展理念为引领，按照“绿水青山就是金山银山”的发展路子和建设美丽浙江的总要求，牢固树立节约集约循环利用的新资源观，以提高全社会资源产出率为核心，以科技创新、模式创新和业态创新形成引领循环经济发展新动能，通过体制创新和制度供给激发循环经济发展新动力，全面实施新一轮“991”行动计划，加快推动全省经济社会绿色循环转型，夯实高水平全面建成小康社会的资源环境支撑，为创建全国循环经济示范省打下更加坚实的基础。

（二）发展目标

到2020年，全省资源产出率进一步提高，循环型生产方式广泛推行，绿色消费模式普及推广，覆盖全社会的资源利用体系初步建立，循环经济总体发展水平继续保持全国前列，为创建全国循环经济示范省打下更加坚实的基础。

——资源循环利用效率大幅提高。主要资源产出率达到国家要求，能源、水、土地、矿产等资源利用效率持续提高，再生资源循环利用水平继续保持全国领先水平。到2020年，万元GDP用水量下降到35立方米，单位建设用地生产总值提高到32万元/亩。

——循环型产业体系初步建立。生态循环型工业、现代生态循环农业、绿色循环型服务业稳步发展，循环型生产方式加快推行，实现企业循环式生产、产业循环式组合、园区循环式改造，产业间、区域间、城乡间循环经济协同发展格局基本形成。

——循环型社会建设取得新的进展。建立较为完善的、覆盖全社会的资源循环利用体系，产业废弃物和城市典型废弃物资源化利用水平不断提高。绿色消费理念深入人心，节约能源资源和环境保护的生产方式和消费模式得到全面推广，绿色建筑、绿色出行有效普及。到2020年，全省主要再生资源回收利用率达到75%，工业固体废弃物综合利用率达到95%，农作物秸秆综合利用率达到95%，规模畜禽养殖场整治达标率达100%。

——循环经济发展环境进一步改善。循环经济发展相关改革有效推进，规划政策体系、示范标准体系、监测评估体系进一步健全，支撑循环经济发展的技术创新水平显著提升，有效引导全省循环经济发展。

三、突出九大领域

以提高全社会资源产出率为核心，围绕九大领域，重点在构建循环型产业体系、提高资源循环利用水平、创新体制机制等方面实现明显突破，推动全省循环经济发展水平不断提升。

（一）提升生态循环型工业水平

引导工业绿色循环化发展。加快推动电力、钢铁、有色金属、石油化工、化学、建材、造纸、纺织等行业的循环化改造，积极构建循环经济产业链。推动绿色循环理念融入高端装备等万亿产

业，加强生态设计和绿色产品研发应用，推广绿色循环生产工艺。加快培育节能环保产业等支撑循环经济发展的新兴产业。推进工业与互联网的深度融合，重点引导“互联网+协同制造、智能制造”等新模式。

推进园区生态循环化改造。加快推进国家级和省级园区循环化改造示范试点建设。加强全省园区循环化改造需求调查和潜力摸底，鼓励园区规划设计各具特色的改造路径，实行分类改造指导。推进区域园区整体协同改造，探索园区“打捆”改造模式。继续推进生态工业园区建设，积极培育专业化第三方改造和治理公司，推动开展园区清洁生产审核。加快建立园区能源资源环境管理平台和统计监测体系，强化循环经济技术研发及孵化中心等公共服务设施。

推动企业清洁循环式生产。把循环经济“3R”原则贯穿到企业生产的各环节和全流程，积极引导企业按照物质流的方法，加快构建完善内部小循环，提高原料、能源、水资源等物质的循环利用能力，进一步减少废弃物产生及排放。推行企业产品生态设计，引导企业实施产品全生命周期管理。进一步加大清洁生产审核力度，继续推进重点行业强制性清洁生产审核，扩大自愿性清洁生产审核范围。推动实施企业绿色智能制造，推广物联网技术，加快建设绿色智能工厂。

（二）优化现代生态循环农业结构

优化生态农业布局。优化调整种养业的空间布局及其内部结构，拓展农业生态功能。统筹布局现代生态循环农业示范区，形成区域布局合理、推进机制联动、示范项目集聚的局面。科学布局种养产业、畜禽粪便和农作物秸秆收集处理、沼气工程、沼液配送利用、有机肥加工等配套服务设施，整体构建循环利用体系。

完善农业循环经济产业链。推进农业产业链接循环化，加快推进种养结合，促进养殖场建设与农田建设有机结合，推广生态养殖模式。鼓励发展设施渔业及浅海立体生态养殖，推进水产养殖业与种植业有效对接，重点推广农林牧渔复合型模式，实现畜（禽）、鱼、粮、菜、果、茶协同发展。培育构建“种植业—秸秆—畜禽养殖—粪便—沼肥还田、养殖业—畜禽粪便—沼渣/沼液—种植业”等循环利用模式。

推行农业清洁生产。推行种植业清洁化生产，科学使用化肥、农药等农业投入品，大力推广节地节水节肥技术，深化测土配方施肥，减少化肥用量。全面治理畜禽养殖污染，全面完成年存栏生猪50头以上规模养殖场生态整治扫尾工作，积极推进生猪散养户和规模水禽养殖场扩面整治，确保畜禽养殖排泄物生态消纳或达标排放。

（三）加快绿色循环型服务业发展

推进生产性服务业循环化发展。大力发展多式联运，鼓励使用节能环保和新能源车辆，加快绿色智能仓储建设，逐步构建智慧物流体系。加快推进通信服务业绿色基站建设，开展绿色数据中心建设，鼓励回收废旧通信产品。探索电子商务新模式，降低商贸行业的资源消耗。积极发展节能环保咨询服务业，打造一批从事节能环保技术研发、咨询服务、推广应用的服务平台和机构。

推动生活性服务业绿色循环发展。加快推进旅游景区建设和管理绿色化，鼓励发展绿色旅游饭店，着力提升“互联网+旅游”服务水平，积极构建循环型旅游服务体系。推进餐饮住宿行业绿色化，限制和减少一次性消费品，推进餐厨废弃物规范回收和资源化利用，鼓励服务主体利用新能源新材料和节能节水减排技术。加快零售批发等行业推进废弃物回收利用，鼓励发展现代流通方式。

促进公共服务循环化发展。建设循环型公共机构，制定评价标准，推进无纸化办公，引导公共机构开展节水型、节能型单位建设。推进绿色学校建设，推广应用节能节水等循环经济技术、产

品，提高教材的重复利用水平，加强学校环境整治。鼓励科研机构、高等院校、企业等开展循环经济的科学研究、技术推广和成果转化，争创国家和省级重点实验室。推动文化创意和循环经济深度融合，鼓励体现生态文明、循环经济理念的优秀文化作品的创作推广。

（四）推动循环经济协同发展

推进区域循环经济协同发展。统筹推进全省各地区循环经济协同发展，杭州东部、嘉兴、湖州、绍兴等平原水网地区，重点协同推进园区循环化改造、水资源综合利用、新能源利用、废弃物处理和现代生态循环农业发展等。宁波、温州、台州、舟山等沿海和海岛地区，重点协同推进再生资源利用、海水淡化、可再生能源开发和再制造等。杭州西部、金华、衢州、丽水等地区，协同发展具有山区特色的循环经济。围绕园区循环化改造、水资源综合利用等领域，推进钱塘江、苕溪、甬江等八大流域循环经济协同发展。

促进城乡间循环经济协同发展。围绕餐厨废弃物、建筑废弃物、医疗废弃物、生活垃圾和工业固体废弃物等，统筹布局城市静脉产业基地，提升区域废弃物处置水平。支持农村发展循环经济，推进生活垃圾分类、清洁能源应用和再生资源利用，抓好农业废弃物资源化利用。推进城乡统筹，依托城市的各类废弃物资源化和无害化处置基础设施，协同处置农村难以处置的废弃物。

加强产业循环式组合。加强物质流分析和管理，搭建循环经济技术、市场、产品等公共服务平台，鼓励产业间、企业间建立物质流、资金流、产品链紧密结合的循环经济联合体。推动产业绿色融合发展，促进工业、农业、服务业等产业间循环链接、共生耦合。推动不同行业的企业以物质流、能量流为媒介进行链接共生，实现原料互供、资源共享，促进跨行业的循环经济产业链。

（五）加强资源节约集约利用

强化土地节约集约利用。推进国土资源节约集约示范省建设，全面实施“节约优先”、“藏粮于地”两大战略。坚持最严格节约用地制度，强化土地利用规划管控和用途管制，优化生产生活生态用地比例结构。继续推进“亩产倍增”行动计划，大力盘活城乡存量建设用地，推进城乡低效用地再开发、低丘缓坡荒滩未利用地开发和工矿废弃地复垦利用。

推动能源节约。强化节能目标责任落实，推进高耗能项目“控新汰劣”，全面推进重点领域和重点用能企业的节能管理，确保完成国家下达的节能目标任务。落实全民节能行动计划，大力推进生活、建筑、交通运输等领域节能，实施锅炉（窑炉）淘汰及余热利用等重点工程。实施能效领跑者引领行动，通过树立标杆、政策激励、提高标准，形成推动能效水平不断提升的长效机制。

推进水资源节约。落实最严格水资源管理制度，建立水资源开发利用控制红线、用水效率控制红线和水功能区限制纳污红线。全面推进节水型社会建设，推进节水型单位、企业、小区、灌区等节水载体创建。实施水效领跑者引领行动，建立水效标识制度。推进节水型城市、海绵城市建设。到2020年，全省用水总量控制在224亿立方米以内，全省三分之二县（市、区）达到节水型社会建设标准。

加强原材料节约。以石化、电力、化工、建材、有色金属、纺织印染、造纸等行业为重点，推进原材料节约。严格设计规范、生产规程，改进工艺技术，加强原材料消耗核算，减少不可再生资源的消耗。限制一次性消费品使用，合理区分禁止和限制使用的一次性消费品范围。推广使用可降解、易回收、低成本的包装材料，改进大宗原材料产品包装方式。

（六）促进资源回收与综合利用

提升再生资源回收利用水平。以废旧金属、废旧塑料、废旧纺织品等再生资源为重点，推动

“城市矿产”、“城市油田”、“城市棉田”等建设，引导再生资源企业集聚化规模化发展。逐步开展新兴再生资源回收，推动太阳能光伏电板、动力蓄电池、碳纤维材料和节能灯等新兴材料的回收利用。创新“互联网+”再生资源回收利用模式，完善再生资源回收体系，逐步构建覆盖全省的产业废弃物和再生资源交易系统。

推动再制造产业化高质化发展。以汽车零部件、工程机械、大型工业装备、办公设备、电子产品等为重点，扩大再制造规模，推动再制造集聚发展。建立以售后维修体系为核心的旧件回收体系，规范发展专业化再制造旧件回收企业和区域性再制造旧件回收物流集散中心。鼓励专业化再制造服务公司与钢铁冶金、化工、机械等生产制造企业合作，开展设备寿命评估与检测、清洗与强化延寿等再制造专业技术服务。

加快产业废弃物综合利用。推动粉煤灰、冶金渣、化工渣、工业副产石膏及赤泥等大宗工业固体废弃物的重大共性关键技术研发，拓宽综合利用途径，提高综合利用水平。推进尾矿、废石生产建筑材料和道路工程材料等。强化污泥处置，到2020年集中式污水处理厂和工业污泥处置设施实现全覆盖，县以上城镇污水处理厂污泥无害化处置率达100%。加强农作物秸秆、农林产品加工副产物、畜禽粪便等农林废弃物的资源化利用。

促进城乡典型废弃物资源化利用。加快建立生活垃圾分类处置回收体系，科学确定分类标准，鼓励有条件的城市开展地方专项立法。推动实施餐厨垃圾处理设施建设、收运体系建设、产品应用管理、示范试点推进、产业培育发展，逐步将厨余垃圾纳入处置范围。探索建立建筑垃圾资源化利用的技术模式和商业模式，继续推进生产粗细骨料和再生填料。加强废旧纺织品资源化利用管理，完善相关标准体系，健全回收渠道，加快建设先进处置示范基地。规范园林废弃物收集处置，推动与各类有机废弃物协同处置，开发生物质能源和有机肥。

（七）倡导绿色生活方式

发展分享经济。普及分享经济理念，提高公众参与分享的积极性。支持闲置房屋、闲置车辆、闲置物品的分享使用，推进共享办公、共享储存、共享信息，提高闲置资产的利用效率。培育分享经济企业，创新商业模式，推动服务外包和政府购买服务。鼓励专业分享平台建设，逐步实现分享商品、信息服务的在线交易。完善创新监管和社会信用体系，构建制度保障体系。

鼓励绿色消费。增加绿色产品供给，支持绿色产品认证，完善绿色产品统一标识制度，畅通绿色产品流通渠道，鼓励消费者购买和使用绿色产品。倡导合理消费，力戒奢侈消费，制止奢靡之风。限制过度包装和一次性产品使用，推广节能节水产品、绿色照明产品、再生产品、再制造产品。规范发展二手商品市场，完善相关标准，规范流通秩序。

推广绿色建筑。建立健全绿色建筑标准和规范，积极推进绿色建筑设计和施工，推广使用绿色建材。在党政机关、学校、医院等建筑中全面执行绿色建筑标准。建立覆盖全省的大型公共建筑能耗监测体系，积极稳妥地推进各设区市建立能耗监管平台。新建建筑严格执行节能标准，城镇建筑设计阶段100%达到节能标准要求，施工阶段节能标准执行率达到95%以上。实施既有建筑能效提升工程，加快实施存量建筑节能改造。

倡导绿色出行。鼓励公共交通、自行车和步行等绿色出行方式。加快城市轨道交通、公交专用道、快速公交系统等大容量公共交通基础设施建设，加强自行车专用道和行人步道等城市慢行系统建设，增强绿色出行吸引力。推广节能环保交通运输装备，加快电动汽车充电基础设施建设，进一步扩大城市租赁自行车设施覆盖范围，形成良好的服务和应用环境。

（八）强化循环经济科技创新与应用

加强关键技术研发。围绕稀贵金属再生和深加工、废塑料高值化利用、再制造先进成形、废轮胎常温粉碎和深加工、电路板元器件高效脱除及贵重金属提取等循环经济发展的重大需求，加强科技研发，优先列入省级科技计划（专项、基金）支持领域和攻关方向。支持企业加大技术和装备方面的投入，鼓励资源循环利用企业与科研院所、高等院校组建产学研技术创新联盟。

推广共性关键技术和成套设备。支持再生资源、再制造、产业废弃物资源化、废旧商品回收的关键技术研发和装备产业化示范推广。健全循环经济技术、装备的遴选及推广机制，积极推荐相应的技术、装备及产品列入国家鼓励的循环经济技术、工艺和设备名录，逐步建立应用推广的信息平台。完善重大科技专项推广应用的监督管理体制、绩效评估方法。

支持先进技术装备和产品“走出去”。依托国家“一带一路”战略，大力开拓国际市场，促进具有竞争力的循环经济关键技术装备出口。加快全省节能环保企业“走出去”步伐，培育一批具有国际竞争力的企业。推动再制造产品进入国际市场，实施对标行动，推动再制造产品的性能稳定性、质量可靠性等指标达到欧美国家的准入条件。

（九）推进循环经济体制机制创新

深化体制改革和制度创新。推进资源要素市场化配置改革，建立健全用能权、用水权、排污权初始分配制度。建立完善推动循环经济发展的制度体系，推动实施生产者责任延伸制度、再生产品和再生材料推广使用制度、一次性消费品限制使用制度。加快探索建立生活垃圾强制分类制度、再生产品和再生材料政府强制采购制度、种养业废弃物资源化利用制度等一系列符合省情特点的循环经济发展制度。积极推进环境污染第三方治理。鼓励各地结合实际开展试点，积极探索和推动循环经济发展领域的制度创新。

加快标准规范体系建设。加快推进循环经济标准体系建设，逐步完善产业废弃物综合利用、再生资源回收利用、再制造产品、再生产品及材料、餐厨废弃物资源化利用产品、利废建材等领域产品的地方标准建设。加强循环经济发展工作规范制定，逐步出台区域循环发展评价、园区循环化改造、示范试点验收等相关评价标准和规范。支持开展再生产品、再制造产品认证，培育一批运作规范、社会信誉高、符合国际通行规则的循环经济产品认证机构。

四、打造九大载体

按照“十三五”时期全省循环经济发展的重点领域，以示范试点为主要方式，重点在城市、乡镇、园区、企业、产品、产业链、典型模式、技术、制度等方面，打造循环经济发展的九大载体。

创建一批循环经济示范城市。按照国家发展改革委关于循环经济示范城市（县）创建的有关要求，继续推动循环经济示范城市（县）建设。加快推进台州、衢州、永康、宁海、安吉、海宁等国家级循环经济示范城市（县），以及临安、德清、嘉善、柯桥、玉环、遂昌等省级循环经济示范城市创建工作，按期组织开展评估和验收。继续在全省范围内选择循环经济发展水平较高、循环经济发展模式具有代表性的市、县（市、区），开展省级循环经济示范城市（县）创建试点，逐步推进循环型城市建设。

推进一批循环经济示范乡镇。按照全省特色小镇建设部署，扎实推进已列入创建的循环经济特色小镇的创建工作，继续支持一批具有循环经济理念的特色小镇创建，同时鼓励各类特色小镇发展循环经济。结合全省小城市培育和中心镇建设工作，适时组织开展循环经济示范乡镇创建工作，打造一批以循环型生活为核心、以循环型产业为支撑、生产生活循环链接的循环经济示范乡镇。依托全省美丽乡村建设，适时打造一批资源综合利用水平较高、生态环境质量优良、生态文化繁荣的循环经济示范乡村。

建设一批循环经济示范园区。到2020年力争培育50个省级以上循环化改造示范园区。培育100个以上现代生态循环农业示范区，打造一批绿色循环型服务业发展集聚区。

培育一批循环经济示范企业。围绕钢铁、有色、化工、建材、农业、矿产资源、包装、纺织印染等行业，争创一批国家循环经济示范企业，培育一批省级循环经济示范企业。围绕现代生态循环农业试点省建设，培育1000个现代生态循环农业示范主体。围绕节能环保产业发展，分领域、分行业、分层次培育一批"十百千"龙头骨干企业。围绕再生资源利用及固体废弃物处理，培育一批资源循环利用骨干企业。围绕节水型社会建设，培育一批节水型企业。

推广一批循环经济示范产品。以减量化、再利用和资源化为方向，鼓励研发和生产循环经济示范产品。围绕减量化方向，支持企业研发和生产节能、节水、节材的生产装备和产品，鼓励研发和生产电动汽车、节能空调、节能冰箱等节能环保型产品。围绕再利用方向，鼓励研发和生产以废旧金属、废旧塑料、废旧电子产品、废旧纺织品、废旧纸张、废旧橡胶、废旧玻璃等为原生材料的再生资源利用产品。围绕资源化方向，鼓励研发和生产以工业固体废弃物、农林废弃物、建筑废弃物、餐厨废弃物等为原材料的废弃物高值化利用产品。

构建一批循环经济产业链。围绕能源利用，推动热电联产、区域集中供热，开发余热余能利用、有机废弃物的能量回收，形成多种方式的能源梯级利用产业链。围绕水资源利用，推进中水回用和不同水质的串级使用，形成水和污泥的重复利用产业链。围绕农林渔废弃物处理，构建种植、养殖—废弃物利用产业链。围绕不同产业，构建粮、菜、畜、林、渔、加工、物流、旅游一体化和一、二、三产联动发展的产业循环式组合链。围绕生活中废旧物资和典型废弃物，完善回收体系，构筑可再生、可利用资源的综合利用产业链。

复制一批循环经济典型模式。按照"可复制、可推广"的要求，在区域、园区、企业等各层面，电力、钢铁、有色、化工、建材、轻工、纺织、石化等各行业，工业、农业、服务业等各产业，生产、消费、流通和回收等各环节，总结和推广一批再生资源综合利用、废弃物资源化利用等循环经济发展典型模式，加大宣传推广，以点带面，带动全省循环经济发展水平的整体提升。

完善一批循环经济技术标准。进一步深化循环经济标准化试点工作，围绕园区循环化改造、废弃物资源化回收利用、再制造产业规模化发展等，组织开展循环经济标准化试点，通过总结经验，制定一批循环经济技术标准和规范。逐步制定循环经济示范城市、示范园区、示范乡镇、示范企业等评价标准。完善循环经济产品标准体系，逐步建立健全再生产品及材料、餐厨废弃物资源化利用产品、利废建材等产品标准。

制定一批循环经济制度。

江西省循环经济

一、“十二五”发展情况

“十二五”期间，江西省把发展循环经济作为建设资源节约型、环境友好型社会的重要抓手，循环经济战略地位日益凸显。2014年，国家六部委联合批复《江西省生态文明先行示范区建设实施方案》，明确将发展循环经济作为建设生态文明的基本途径。江西省循环经济发展取得显著成效，初步构建了较为完善的循环型产业体系、资源节约利用体系、资源再生利用体系、科技创新支撑体系和示范推广体系，初步构建了企业、园区、区域和社会多层面协调推进的循环经济发展格局。

(一)规划体系不断完善

在《江西省循环经济发展“十二五”规划》的总体部署下，江西省制定了《江西省节能减排“十二五”规划》、《江西省节能环保产业发展“十二五”规划》、《江西省城镇污水处理及再生利用设施建设“十二五”规划》、《江西省城镇生活垃圾无害化处理设施建设“十二五”规划》等相关规划。在园区循环化改造、“城市矿产”示范基地建设、资源综合利用“双百工程”、循环经济示范城市等重点区域和重点领域，结合国家和省级示范试点工作编制了建设实施方案，形成了较为完善的规划引导体系。

(二)示范试点成果显著

“十二五”期间，江西铜业集团公司等3个国家循环经济示范试点单位顺利通过验收。新获批国家节能减排财政政策综合示范城市1个，国家循环经济示范城市4个，国家级园区循环化改造示范试点4个，国家“城市矿产”示范基地3个，资源综合利用双百工程骨干企业(示范基地)4个，餐厨废弃物资源化利用和无害化处理试点城市2个，再制造试点单位1个，再生资源回收体系建设试点单位1个。此外，我省开展了省级循环经济示范试点工作，累计确定循环经济示范试点城镇18个、循环经济示范试点园区22个、循环经济示范企业68个。通过示范试点建设,带动重点领域循环经深入发展，形成了“猪--沼--果(菜、茶)”农业循环经济、共伴生矿及尾矿综合利用、工业园区循环化发展、“城市矿产”开发利用、林业循环经济、再制造产业六大循环经济发展体系。

(三)技术创新取得突破

“十二五”期间，我省首创“企业科技协同创新体”,力推“以企业为龙头、产学研用一体化”的科技创新模式，技术创新取得重要突破。在清洁生产、矿产资源综合利用、固体废物综合利用、资源再生利用和农林废弃物资源化利用等领域研发了一批具有自主知识产权的先进适用技术，硅衬底高光效GaN基蓝色发光二极管项目、铜冶炼生产全流程自动化关键技术及应用项目、车辆轮轨诱发的环境振动与噪声控制关键技术及产业化项目等获得国家科技进步奖，大极板铜电解自动化生产线成套技术及装备获得国家技术发明奖，多项技术填补了国内空白，并实现了产业化。

(四)资源环境效益显现

“十二五”时期，我省上下牢固树立“生态立省、绿色发展”理念，大力发展循环经济，资源环境效益显著。单位GDP能耗累计下降18.2%，超额完成国家下达的16%约束性目标;万元工业增加值用水量累计下降40.6%，农田灌溉水利用系数提高到0.49，均超额完成国家下达的约束性目标;化学需氧量、氨氮、二氧化硫排和氮氧化物排放量分别下降7.92%、10.47%、11.15%和15.38%,圆满完成

了“十二五”规划目标。再生资源回收利用率、工业固废综合利用率、秸秆综合利用率分别达到65%、57%和85.89%，有力地提高了资源利用水平。

二、总体思路、原则及目标

（一）总体思路

全面贯彻党的十八大和十八届三中、四中、五中、六中全会精神，深入落实习近平总书记系列重要讲话精神，按照“五位一体”总体布局，牢固树立“创新、协调、绿色、开放、共享”的发展理念，紧紧围绕美丽中国的“江西样板”，以加快转变经济发展方式为主线，以优化资源利用方式、提高资源产出率为导向，大力推动产业园区循环化改造，全面构建工农复合型农业循环经济产业导向，深入推进循环经济示范城市(县)建设，健全具有江西省特色的循环经济长效机制，努力形成人与自然和谐共存、经济社会可持续发展的新格局。

（二）规划目标

(一)总体目标

到2020年，建立起完善的循环型工业体系、农业体系、服务业体系和社会体系，产业布局更加合理，资源利用效率大幅提高，循环经济长效机制逐步完善，经济社会可持续发展能力进一步增强，形成布局合理、协调推进的循环经济发展格局。

——循环型产业体系基本形成。全面推动重点工业企业清洁生产，产业园区循环化改造比例大幅提升，循环经济产业链条更加丰富和完善，资源循环利用产业规模快速增长。围绕特色农产品和新型城镇化建设，大力推动农业循环经济发展。进一步拓展服务业循环经济发展领域，发展循环经济服务业。

——资源循环利用水平明显提高。大力推动大宗工业固体废物综合利用和农林废弃物资源化利用，积极推动垃圾分类回收，构建“两网融合”的再生资源回收利用体系，“城市矿产”开发利用加快发展，再制造产业规模和竞争力明显提高，地级市市区餐厨废弃物基本实现资源化利用和无害化处置。

——主要资源消耗强度大幅降低。资源产出率、水资源产出率指标大幅提升，万元生产总值能耗等指标达到国家要求，主要耗能产品单位综合能耗达到全国平均水平，其中铜、石化、钢铁等产品能耗达到国内先进水平。

——长效机制建设进一步完善。发挥生态文明体制改革、机制创新的牵引作用，紧紧抓住制约发展循环经济的薄弱环节和制度障碍，加快建立废弃物收费补贴机制、循环经济重点领域投资引导机制和循环经济企业融资担保机制，加强关键环节制度建设和创新，构建符合江西实际、系统完整的循环经济长效促进机制。

三、主要任务

落实“发展升级、小康提速、绿色崛起、实干兴赣”十六字方针，以构建完善的循环型工业体系、农业体系、服务业体系、社会体系为重点，加快推进生产生活方式绿色化、循环化、低碳化，形成生态与经济社会和谐共生的发展格局。

1.优化循环经济空间布局

遵照《江西省主体功能区规划》要求，充分发挥各地区位优势、产业优势和资源优势，以提高资源配置效率为重点，优化空间布局。

(一)南昌核心区。依托省会城市政治、经济、科教的中心地位，将南昌打造成全省循环经济综

合管理与信息服务中心，建设园区循环化改造示范基地、工农复合型循环经济示范区、城市低值废弃物协同处理基地、水资源及中水高效利用基地、循环经济技术服务基地。

(二)循环型工业六大集聚带。一是以九江为核心，布局石油化工循环经济集聚带;二是以景德镇为核心，布局陶瓷循环经济集聚带;三是以赣州、抚州、鹰潭和上饶为核心，布局有色金属循环经济集聚带;四是以新余、萍乡、九江为核心，布局钢铁循环经济集聚带;五是以宜春为核心，布局生物医药、纺织服装循环经济集聚带;六是以吉安为核心，布局食品工业循环经济集聚带。

(三)立体复合循环农业“四区、三基地”。即在鄱阳湖平原主产区、赣抚平原主产区、吉泰盆地主产区、赣南丘陵盆地主产区等四个主要区域，发展农业循环经济，重点打造南昌市工农复合型循环经济示范区、吉安种养加结合农业循环经济示范基地、新余特色农产品农业循环经济示范基地。

(四)资源循环利用产业“三区、三基地”。“三区”，即萍乡环保产业集聚区、赣州资源综合利用产业集聚区和丰樟高循环经济产业集聚区;“三基地”，即新余钢铁再生资源产业基地、鹰潭(贵溪)铜产业循环经济基地和丰城循环经济产业园。

(五)城市低值废弃物协同处理全覆盖。以南昌为核心，在全省11个地级市建设城市低值废弃物协同处理基地。

(六)在鄱阳湖流域，重点布局中水回用体系，鼓励所有的城市和用水大户企业对中水进行回用。

2.建设循环型工业

经过多年发展，江西省初步形成了以生物医药、电子信息、汽车及零部件、航空、光伏、食品加工等为优势产业，铜冶炼及深加工、石油化工、钢铁、纺织服装、建材等为支柱产业，精钨、稀土、锂电等为特色产业的工业体系。

(一)全面开展园区循环化改造

在石化、钢铁、有色、建材产业集聚区，构建空间布局合理、产业共生耦合、废物交换利用、污染集中治理、服务平台共享的循环化产业园区。到2020年，全部国家级园区、50%以上的省级园区实施循环化改造。

推动石化产业园区和产业集聚区循环化改造。在九江特色石油化工产业基地，采用炼化一体化发展模式，大力发展芳烃等炼油深加工产品，延伸石化产业链，做好废催化剂的综合利用。在永修有机硅产业基地，大力发展以硅橡胶、硅油、硅树脂、硅烷偶联剂、氟硅结合等五条路径为重点的深加工产品，加大副产物的综合利用。在赣州氟化工基地，重点发展氟树脂、氟塑料、氟橡胶、含氟膜材料、含氟电子化学品。在樟树和新干盐产业化基地，大力发展氯和氢深加工系列产品、医药中间体、农药中间体，构建岩盐、盐化工、医药化工、农药化工、生物化工延伸的主导产业链。

推动钢铁产业园区开展循环化改造。在九江沿江新型钢铁产业基地、萍乡粉末冶金基地、棒线精品基地，鼓励转炉渣、含铁尘泥、氧化铁皮回炉烧结，利用高炉渣、转炉渣生产水泥等建材产品。在新余特钢及钢材加工基地，大力推动废钢资源综合利用，深入推动国家“城市矿产”示范基地建设。

推动有色产业园区开展循环化改造。在鹰潭、上饶、南昌铜冶炼及铜产品加工基地、赣州钨和稀土精深加工产业基地、南方稀土战略资源储备基地、宜春新余锂电产业基地，鼓励从冶炼废渣中提取有价组分，从铜冶炼渣、阳极泥中提取稀贵金属;推进冶炼废液的综合利用，从电解液回收镍

等;鼓励从冶炼烟粉尘中回收铟、铅、锌、铜、锑和铋等贵重金属。

推动重点建材产业园区开展循环化改造。在高安建筑陶瓷产业基地、萍乡工业陶瓷产业基地、九江和上饶玻璃纤维及其复合材料产业基地，推动废玻璃、废玻纤、废陶瓷、废复合材料等回收利用并生产建材产品。

(二)大力推动企业循环式生产

按照全生命周期管理理念，推动生态设计、实施节能改造、控制污染物减排、强化清洁生产审核、实施绿色制造工程，推动企业循环式生产。

开展协同生产试点。贯彻落实国家生态设计指引，鼓励企业实施全生命周期管理，在产品设计开发阶段系统考虑原材料选用、生产、销售、使用、回收、处理等各个环节对资源环境造成的影响。在铜冶炼及加工、汽车及零部件、锂电池、纺织服装、锆及制品等领域选择重点产品开展“设计机构+应用企业+处置企业”协同试点。

推广“3R”生产法。贯彻落实重点行业循环型企业评价体系，把减量化、再利用、资源化原则贯穿到企业生产的各环节和全流程。在钢铁、有色、水泥、焦炭、造纸、印染等行业，实施节能技术改造工程。对铜、钢铁、石化、建材、电力等重点行业大气污染物排放进行控制，加强工业企业污染减排。在重金属污染防治重点防控行业和重点企业，全面推行清洁生产审核。

实施绿色制造工程。在石油化工、装备制造、纺织服装、食品加工等领域，支持企业组成联合体实施覆盖全部工艺流程和供需环节系统集成改造，建设100个省级绿色设计平台、100个典型示范联合体、100个绿色工厂，编制绿色制造标准，提高循环式生产能力。

3.建设循环型农业

全面推进农业清洁生产，开展农业面源污染治理，实施农药减量、化肥零增长行动，推动农作物秸秆、畜禽粪污、农膜等农业废弃物资源化利用，推动工农业复合型农业循环经济发展。

(一)全面推进农业清洁生产

加强农业面源污染防治。实施“到2020年农药使用量零增长行动”，在鄱阳湖平原主产区、赣抚平原主产区、吉泰盆地主产区、赣南丘陵盆地主产区等四个主要区域，大力推进统防统治和绿色防控，全面推广高效低毒低残留农药、现代施药机械，科学精准用药，建设一批重要农产品产区病虫害安全用药示范区，合理使用化肥，普及和深化测土配方施肥，改进施肥方式，鼓励使用有机肥、生物肥料和绿肥种植，到2020年全省测土配方施肥技术推广覆盖率达到90%以上，化肥利用率提高到40%，减少农业面源污染和内源性污染。综合治理地膜污染，推广加厚地膜，开展废旧地膜机械化捡拾示范推广和回收利用，加快可降解地膜研发，到2020年农业主产区农膜和农药包装废弃物回收利用显著提高。

综合治理养殖污染。加大畜禽养殖粪污治理力度，支持规模化畜禽养殖场开展标准化改造和建设，实施雨污分流、干湿分离等工艺，推广农牧结合和工业处理等模式，促进粪污减量化、无害化和资源化。到2020年养殖废弃物综合利用率分别达到85%以上。

(二)开展工农业复合型农业循环经济示范区建设

推动农业、农村融合发展的农业循环经济发展。全面总结萍乡罗坊“资源利用节约、生产过程清洁化、废弃物利用资源化”的生态循环农业发展模式。对畜禽养殖过程中产生的粪污进行集中处置和资源化利用，用于生产沼气，为周边乡镇提供清洁能源;利用农作物秸秆、粮食加工废弃物和沼渣沼液生产有机肥，用于绿色农产品生产，实现种植、养殖、加工和新农村建设的有机融合。到

2020年，选择一批条件符合的地区，建设生态循环农业示范区11个，全省农村沼气用户达到200万户。

4.建设循环型服务业

开展服务业清洁生产审核，提升绿色产品和绿色服务供给能力，壮大循环经济服务业，开展资源循环利用第三方服务试点，多层次引导和促进绿色消费，健全循环型服务业体系。

(一)开展服务业清洁生产审核

推进服务业清洁生产审核试点。组织开展绿色商场、绿色景区、绿色饭店、绿色食堂等创建活动，重点在公共机构、住宿餐饮、商品零售、商务办公、洗染、交通运输仓储、汽车修理、公共设施等领域，推动服务设施采用节能、节水器具和绿色建材，积极利用可再生能源，配套建设污水再生利用、雨水收集、垃圾分类和无害化处理系统等，用绿色服务业丰富“江西风景独好”品牌内涵。

(二)壮大循环经济服务业

开展资源循环利用第三方服务试点，鼓励专业企业通过合同管理方式，为产业园区和企业提供废弃物管理、回收、再生加工和循环利用的整体解决方案，与居民社区和医院、学校等公共机构开展生活垃圾资源化、无害化处理合作，促进再生资源与生活垃圾回收处理利用两个网络系统融合发展。培育和扶持一批为循环经济发展提供规划、设计、建设、改造、运营等服务的专业化公司。

(三)引导促进绿色消费

贯彻落实“关于促进绿色消费的指导意见”。培育绿色消费理念，深入开展全民教育，广泛推进“节能减排全民行动计划”等主题宣传。引导居民践行绿色生活方式和消费模式，倡导绿色生活方式，鼓励节能、节水、资源综合利用、再制造、再生产品等绿色产品消费，扩大绿色消费市场，到2020年，能效标识2级以上的空调、冰箱、热水器等节能家电市场占有率达到50%以上。推进公共机构带头绿色消费，全面推行绿色办公，完善绿色采购制度，到2020年全部省级机关和50%以上的省级事业单位建成节水型单位。深入开展全社会反过度包装、反食品浪费、反过度消费等“三反行动”。

5.建设循环型社会

加强城市典型废弃物资源化利用，推动再制造与维修服务产业化发展，促进生产生活系统循环链接，建设资源循环利用(静脉产业)基地，构建循环型社会。

(一)加强城市典型废弃物资源化利用

推动餐厨废弃物资源化利用。总结南昌麦园餐厨废弃物处理厂及赣州市餐厨废弃物资源化利用和无害化处理试点的经验，采用PPP、政府购买服务等方式，在全省范围推广餐厨废弃物利用和无害化处理。鼓励研发餐厨废弃物无害化、资源化、高值化利用技术装备，采用微生物处理等技术工艺，促使餐厨废弃物厌氧发酵生产沼气、高效有机肥及柴油、工业油料等。到2020年，设区以上的城市全部建立起餐厨废弃物单独收集处置利用体系。

构建创新型再生资源回收体系。完善再生资源回收体系，推动和引导回收模式创新。鼓励利用互联网、大数据、物联网、信息管理公共平台等信息化手段，开展信息采集、数据分析、流向监测、优化逆向物流网点布局，针对性地探索创新“互联网+再生资源”的发展模式及路径。加强新余钢铁、宜黄塑料、鹰潭(贵溪)废铜、丰城铝/塑料等重点再生资源回收，建设网点布局合理、管理规范、回收方式多元化、重点品种回收率高的再生资源回收体系示范工程。

(二)推动再制造与维修服务产业化发展

加快推进建设江铃汽车、小蓝机械、萍乡矿山机械、鹰潭铜材、吉安电子、南康家具、丰城市汽车零部件等再制造产业集聚区。力争“十三五”末，培育创建一批涵盖汽车零部件、发动机、机械(工程、矿山、农用)等领域的国家级、省级再制造示范企业、产业示范基地。做大做强恒大高新、鑫通重工、赣州巨龙、江西格林美等条件较成熟的再制造企业，通过兼并重组、组合升级等方式，引导上规模的维修服务企业转化为再制造企业。

(三)促进生产生活系统循环链接

积极发展热电联产、热电冷三联供，进一步推动钢铁、化工等企业余热用于城市集中供暖，探索城市污水处理厂的污泥与其它有机生物质协同生产沼气等清洁能源。鼓励城市污水处理后的再生水用于钢铁、电力、化工等工业生产系统。开展再生水用于农业浇灌的示范应用，完善相关标准。开展钢铁、电力、水泥行业等生产过程协同资源化处理废弃物试点示范，将生活废弃物作为生产过程的原料、燃料，确保资源化利用和安全处置。

(四)建设资源循环利用(静脉产业)基地

在南昌、九江、新余等条件较好的地区，推动生活垃圾焚烧设施、污泥污水处理处置与餐厨废弃物、建筑垃圾、废旧纺织品、园林废弃物等城市低值废弃物的集中协同处置，积极创建国家资源循环利用静脉产业基地。

三、重点工程

按照“十三五”时期我省循环经济发展的主要任务，重点实施园区循环化改造等七大工程，推动循环经济发展再上新台阶。

1. 园区循环化改造工程

实施园区循环化改造工程。推动各类园区实施循环化改造，一是通过强化项目跟踪管理，确保现有5家国家循环化改造示范试点顺利通过验收，新增3-5家园区申报获批国家循环化改造示范试点。二是继续开展省级园区循环化改造工作。三是继续鼓励国家级经济技术开发区、高新技术产业开发区创建国家生态工业示范园区。到2020年，新增12家国家级园区实施循环化改造，推进20家园区创建省级循环化改造示范试点，推动40家省级园区、30家地市级产业园区开展循环化改造工作。

2. 工业固废综合利用工程

实施工业固废综合利用工程。重点推进大宗工业固废综合利用，一是伴生矿及尾矿资源综合利用，在赣州市布局建设低品位难选矿产资源综合利用项目。二是冶金渣综合利用，在贵溪市布局建设铜冶炼废渣综合利用项目。三是粉煤灰、脱硫脱硝副产物综合利用，在南昌等市布局粉煤灰、工业副产石膏生产新型环保墙体材料项目。

3. 农业循环经济与清洁生产促进工程

实施农业循环经济与清洁生产促进工程。一是开展农药减量、化肥零增长行动，鼓励支持专业化统防统治、有机肥资源利用等项目。二是开展农膜减量及残膜回收行动，重点支持建设废旧地膜回收网点和再利用加工厂等项目。三是促进农林剩余物五化利用，大力推广秸秆覆盖、生物菌剂快速腐熟还田和秸秆堆沤还田等技术。四是建设工农复合型循环经济示范基地，重点支持南昌、新余、吉安等地布局建设工农复合型循环经济项目。五是建设种养加结合循环农业示范工程，支持建设养殖废弃物资源化利用项目。

四、城市低值废弃物协同处理工程

实施城市低值废弃物协同处理工程。一是推进城市低值废弃物圈区管理，重点支持1-2家将餐

厨废弃物、园林废弃物、城市污泥、危废处理、生活垃圾处理、建筑垃圾处理等于一体的综合性城市低值废弃物协同处理园区，并创建国家示范基地。二是推进餐厨废弃物无害化处理与资源化利用，在地级市市区布局建设餐厨废弃物无害化处置与资源化利用类项目。三是推进废旧纺织品资源化利用，在奉新县布局建设废旧纺织品综合利用基地。四是推进包装废弃物资源化利用，重点支持布局建设废纸制备再生挂面箱纸板和高强瓦楞原纸等项目。五是推进危险废弃物无害化处置与资源化利用，重点布局建设地区危废处置中心及工业废渣资源化清洁生产示范等项目。六是推进生活垃圾资源化利用，重点支持垃圾焚烧发电、协同生活垃圾处理等项目。

五、资源再生利用提质升级工程

实施资源再生利用提质升级工程。一是完善再生资源回收体系，重点建设逆向物流回收体系、线上线下回收网络建设、“两网融合”等类别项目。二是提升“城市矿产”开发利用水平，重点建设现有国家“城市矿产”示范基地提质增效、园区(基地)外企业入园发展、企业技术装备提升和高值利用等类别项目。三是开展新品种废弃物回收利用示范，重点建设太阳能光伏组件、动力蓄电池、复合材料、节能灯、物流业包装标准化和分类回收利用等类别项目。按照国家“城市矿产”示范基地的规范化要求，对赣州铜铝有色金属循环经济产业园、上饶茶亭工业园(循环经济产业园)、萍乡经济技术开发区、宜黄塑料资源再生利用产业基地等进行改造提升，建成若干省级“城市矿产”示范基地。

六、再制造产业规范化规模化发展工程

实施再制造产业规范化规模化发展工程。一是推动重点品种再制造，在南昌市等地建设汽车零部件、工程机械、大型工业装备、办公设备等产品再制造类项目。二是推动轮胎再制造，重点支持大型轮胎翻新类项目。三是鼓励创建国家级机电产品再制造试点，支持建设再制造企业技术升级改造类项目。四是推进再制造服务体系建设，在南昌、九江、新余、鹰潭等地布局试点专业化再制造服务公司与钢铁、冶金、化工、机械等生产制造企业合作共建装备再制造项目。

七、水资源循环利用工程

实施水资源循环利用工程。一是进一步加强大型城市水资源给排水基础设施建设，完善雨污分流，提高污水和非常规水资源收集率，增强污水集中处理能力，积极推动中水回用。重点支持城市污水处理厂尾水回用等项目。二是着重提高新建城区及建制镇污水收集处理能力，鼓励社区、居民小区、中小城镇因地制宜地建设小型、内部系统循环用水体系，重点支持城镇污水收集管网建设、乡镇污水处理站等项目。三是进一步加强工业园区污水集中收集、集中处理与回收利用体系建设，重点支持园区污水处理提升及回用等项目。

甘肃省循环经济

一、国家循环经济示范区建设成效显著

甘肃省各地、各部门认真贯彻落实《甘肃省循环经济总体规划》（以下简称《总体规划》），立足省情，在打造循环经济载体、完善政策措施、探索发展模式、加快项目建设等方面采取了一系列措施，国家循环经济示范区建设取得了显著成效，《总体规划》发展目标基本实现，循环经济示范区基本建成，具备示范推广的条件。

(一)主要指标基本完成。

《总体规划》确定的24项指标中，资源产出率等20项指标已达到或超额完成规划目标，完成率达到80%以上。其中，资源产出率达到4870元/吨，超出规划目标2.5倍；万元GDP取水量达到175立方米/万元，超额完成19.4个百分点；万元GDP能耗提前1年完成指标任务，超额完成6.82个百分点，位居西部省份前列。工业用水重复利用率、城市生活垃圾无害化处置率、城市污水再生利用率和可再生能源占能源生产总量的比例4项指标基本完成规划目标。

（二）“四位一体”循环体系基本建成

以减量化优先为主要特征的循环型农业、以资源化和再利用为主要特征的循环型工业体系基本形成，以再生资源回收利用和生活废弃物处理为重点的循环型服务业体系和社会层面循环经济加快推进。农业循环经济方面，张（掖）武（威）定（西）特色农副产品加工循环经济基地、甘（南）临（夏）陇（南）生态农牧业循环经济基地建设任务全面完成；示范推广高效农田节水技术、测土配方施肥技术、地表覆盖等保护性耕作技术，节约型农业发展成果显著；秸秆、尾菜、废旧农膜、畜禽粪便等农业废弃物得到有效利用。工业循环经济方面，节能技术改造、淘汰落后产能、合同能源管理、清洁生产技术推广、环保设施改造和新技术运用全面推进，工业固体废弃物综合利用水平逐年提高。循环型服务业方面，将循环经济理念贯穿于传统的生产性服务业和生活性服务业，加快节能环保服务业发展，科学布局全省商贸物流基地和物流节点，基本建成兰州、天水、酒泉、临夏等8个市州城市配送中心和放心食品配送体系；创建绿色旅游饭店84家，节能减排均达到20%。50%以上的旅游饭店、景区采用了绿色能源；在试点宾馆客房放置节能环保标识，逐步减少宾馆客房一次性用品。循环型社会体系建设方面，回收网点、分拣中心和集散市场“三位一体”的再生资源回收利用网络体系初步建立。城镇生活污水和垃圾处理设施已覆盖所有县区，城市污水处理率达到85%，垃圾无害化处理率达到63%。全省公共机构人均综合能耗累计下降16.28%，单位建筑面积能耗下降13.03%。

（三）“五大载体”建设进展顺利

七大循环经济基地建设基本实现规划预期目标，金昌基地被国家发展改革委、财政部确定为西部唯一的全国有色金属新材料战略性新兴产业区域聚集发展试点地区；兰（州）白（银）基地以循环经济重点项目为载体，着重延伸石油化工和有色冶金循环经济产业链，实现工业产值2774亿元；酒（泉）嘉（峪关）基地以大力发展清洁能源为首位产业，着力推进结构调整和煤电铝一体化建设等循环经济重大项目；平（凉）庆（阳）基地扎实推动一批重大煤电化工石油化工项目，打造煤电化冶产业集群，稳步推进煤炭行业的转化升级；天水基地初步建立再制造产业体系，天水星火机床

厂、天水锻压机床公司、天水长开电子科技有限公司等企业通过积极实施设备再制造，实现循环经济产值约1.72亿元；张（掖）武（威）定（西）基地大力推进作物秸秆、废旧农膜、畜禽粪便等废弃物综合利用，种植养殖及加工过程中废弃物的综合利用率得到有效提高；甘（南）临（夏）陇（南）基地坚持发展农牧结合，草食畜牧业和生态保护为重点的生态农牧业循环经济，“农牧互补”的立体生态农业模式进一步推广。园区循环化改造完成阶段性目标，省级以上35个园区循环化改造已基本完成阶段性目标。8个园区列入国家示范试点园区，占全国总数约10%，其他27个园区也正在自主开展循环化改造。构建完成16条循环经济产业链，有色与精细化工、冶金—资源综合利用—冶金化工—新材料等11条产业链的工业增加值年均增速达到13.6%，11条产业链的工业总增加值占全省工业增加值的70%以上。培育循环经济示范企业110户，其中金川公司、酒钢公司、白银公司等企业在各自领域发挥了积极带动作用。重点支撑项目成效显著，自2010年起，我省循环经济项目投资年均达到600亿元以上，对全省固定资产投资增长的贡献率达到近40%；“十二五”期间，全省实施包括节能、节水、资源综合利用、污染减排、清洁能源等领域循环经济项目3729个，总投资4598亿元。

（四）科技支撑能力显著增强

围绕循环经济发展的重点领域和关键技术，攻克了一批共性关键技术，取得一批具有较高水平的科技成果，实施科技支撑项目299项，完成关键技术研发130项，支撑技术产业化70项，推广先进适用技术99项。循环经济领域共获得省级科学技术奖励一等奖、二等奖28项，省级循环经济科技成果437项，专利518项，学术论文300余篇。成立“甘肃省镍钴及稀贵金属工业废弃物资源化再利用重点实验室”等9个重点实验室和工程技术研究中心、3个国家可持续发展实验区和13个省级可持续发展实验区。

（五）试点示范成效显著

金昌市、白银市、通渭县、泾川县、临夏市被国家列为循环经济示范市（县），确定了8个省级循环经济示范县（区）；金昌经济技术开发区等8个园区被国家列为循环化改造示范试点园区；兰州市、白银市被列为国家餐厨垃圾无害化处理资源化利用试点城市；兰州经济技术开发区红古园区被列为国家第五批“城市矿产”示范基地；甘南州、定西市、酒泉市、兰州市先后被列入国家生态文明先行示范区；白银市产业废物综合利用示范基地、白银公司、金川公司、酒钢公司、窑街煤电分别被列为国家首批50家资源综合利用“双百工程”示范基地和骨干企业；金川铜镍多金属矿、窑街煤炭资源被列为首批国家矿产综合利用示范基地；我省被列为全国农村环境连片整治试点省、大型区域性再生资源回收基地试点省，兰州市和武威市分别被列为国家第二批和第三批再生资源回收体系建设试点城市；2014年兰州市被列入节能减排财政政策综合示范城市。各项循环经济示范试点工作处于国家前列，从区域、行业和企业等不同层次，探索出了一批特色发展模式，金昌区域循环经济发展模式和白银企业循环经济发展模式被国家列为循环经济典型模式在全国推广；兰州市通过采暖锅炉清洁能源改造等多项有效措施，大力推进大气污染治理，成效显著，荣获联合国气候变化框架公约组织“今日变革进步奖”。

（六）循环经济长效机制不断健全

省、市、县三级政府均成立了国家循环经济示范区协调推进领导小组，形成了自上而下、相互联动的推进机制；先后制定《甘肃省循环经济总体规划实施方案》、《甘肃省循环经济总体规划实施方案考核办法》、《甘肃省循环经济统计管理办法》和《甘肃省循环经济统计实施方案》等循环经济配套政策，出台《甘肃省循环经济促进条例》等4部地方性法规，使全省循环经济发展有法可依、有章可循；省上设立2.25亿元省级发展循环经济专项资金，部分市州也设立了发展循环经济专项资金，强化了政府的引导推动作用；运用市场机制，设立5亿元甘肃省循环经济产业投资基金；印发实施《甘肃省循环经济统计管理办法》和《统计实施方案》，在全国率先建立了省级循环经济统计考核体系和中小企业循环经济服务平台。形成了以企业咨询、信息共享、智力支撑、平台服务等全方位的循环经济技术服务体系。逐步强化支持循环经济发展的政策措施，制定综合性政策13项、价格政策4项、财政政策2项、税收政策2项，制定修订循环经济地方标准116项，对发展循环经济起到了重要的支撑保障作用，形成了分工明确、紧密协作、重在落实的长效工作机制。

（七）发展循环经济的舆论宣传工作常态化

定期在各类媒体对循环经济示范区建设进行全方位、多角度、多层面的宣传报道，为循环经济健康有序发展营造了良好舆论氛围。组织召开全省循环经济金昌市、白银市现场会，进一步加强了各地各部门间的交流。在“兰洽会”期间举行了循环经济项目推介会和循环经济专题展览，成功举办了“中国•甘肃循环经济国际博览会”和循环经济发展论坛。

二、指导思想和主要目标

（一）指导思想

以科学发展观为指导，全面贯彻党的十八大和十八届三中、四中、五中全会精神，深入贯彻落实习近平总书记系列重要讲话精神，根据国家生态文明建设和循环经济发展战略部署，坚持节约资源和保护环境的基本国策，牢固树立创新、协调、绿色、开放、共享的发展理念，围绕精准扶贫、精准脱贫的工作重点，服务全面建成小康社会的发展大局，按照“继续完善、巩固提升、示范推广、建立循环经济长效机制”的总体发展思路，实施循环发展引领计划，以循环经济引领形成资源安全保障体系、源头减量污染防御体系，促进经济发展方式转变。积极创新多产业复合型区域特色循环经济发展模式，以循环发展促进区域生态环境质量改善，以循环发展方式推进我省绿色经济发展，为建成生态文明省提供重要支撑。

（三）主要目标

到2020年，循环经济示范带动效应全面发挥，循环发展引领计划全面实施，循环经济发展水平进一步提高，资源利用更加集约高效，循环发展方式成为全省经济社会发展的基本循环经济体系不断完善。循环型工业、农业、服务业和社会层面循环经济体系得到全面优化和提升，循环型生产方式广泛推行，各市州形成各具区域特色的循环经济产业发展典型模式。

1. 绿色消费模式广泛普及。绿色价值理念牢固树立，绿色消费理念成为社会共识，奢侈浪费行为得到有效遏制。绿色蔬菜、绿色农副产品、绿色畜禽产品、绿色民族特需用品等产品市场占有率大幅提高；创建50家低碳循环型绿色旅游示范基地；新评定100家绿色饭店；建设30座低碳旅游城市；积极创建互联网+资源回收利用示范应用试点。

2. 循环经济发展长效机制基本形成。市场配置资源作用得到充分发挥，形成有效的循环经济发展激励和约束机制；全省资源循环利用体系基本建成，制定法规标准20项，落实配套循环经济政策10项，编制《循环经济创新驱动发展行动计划》，形成循环经济发展制度创新、技术创新、管理创新长效运行机制。

3. 示范试点带动效应显现。在按期完成国家循环经济示范城市（县）、生态文明先行示范区、园区循环化、矿产资源综合利用示范基地、“城市矿产”示范基地、再生资源回收利用试点城

市等示范试点创建的同时，充分发挥示范试点的带动作用。到2020年，创建省级循环经济示范市（县）12个，完成35个省级及以上园区循环化改造；加快兰州、武威2个国家级再生资源回收体系建设试点城市和酒泉、敦煌区域性大型再生资源回收利用基地等建设；支持白银建设面向西北的再生资源产业基地；新建生态文明小康示范村1500个；创建美丽乡村示范村20个。培育3—5家循环经济上市公司。

4. 资源产出率大幅提高。到2020年，资源产出率比“十二五”末提高15%。社会可持续发展能力显著增强，为精准脱贫和全面建成小康社会提供重要支撑。

甘肃省“十三五”时期循环经济发展主要指标

甘肃省“十三五”时期循环经济发展主要指标

指标名称		单位	2015年	2020年	2020年比2015年提高（%）
综合指标	资源产出率	元/吨	4870	5600	15
	能源消费总量	万吨标准煤	7523	以国家下达指标为准	---
专项指标	单位地区生产总值能耗	吨标准煤	1.10	0.946	-14
	能源产出率（2015基准价）	元/吨标准煤	9026	10495	16.28
	水资源产出率	元/立方米	57.25	85.4	49.17
	单位工业增加值能耗	吨标煤/万元	2	1.66	-17
	工业固体废物综合利用率	%	77.12	75	—
	主要再生资源回收利用率（废钢铁、废有色金属、废纸、废塑料、废橡胶）	%	83.6	88.6	5
	农业灌溉水有效利用系数	-	0.541	0.570	5.36
	工业用水重复利用率	%	85	90	5.88
	城市污水再生利用率	%	20.7	25	20
	城市生活垃圾无害化处理率	%	63	95	50
	秸秆综合利用率	%	80	85	6
	废旧地膜回收率	%	78.5	≧80	1.9
	尾菜处理利用率	%	31.3	50	59.7
相关指标	二氧化硫排放量	万吨	57.06	完成国家下达的“十三五”目标任务	
	氮氧化物排放量	万吨	38.72		
	氨氮排放量	万吨	3.718		
	化学需氧量排放量	万吨	36.57		
	可再生能源占电力总装机	%	58	60	3.44

三、完善循环型工业体系

按照甘肃省“十三五”期间工业发展战略部署，在煤炭及煤化工、电力、冶金、有色、石油化工、化学工业、建材及新材料、轻工医药、装备制造业等工业领域全面推行循环型生产方式，加快工业结构调整和转型升级，促进供给侧改革步伐。实施绿色矿山示范、园区循环化改造、循环经济示范企业培育、燃煤电厂超低排放和节能改造等工程，促进传统产业提质增效，实现资源、产品及其副产物的优化配置。以能源梯级利用、水资源循环利用、废物交换利用、土地节约集约利用，促进企业循环式生产、园区循环式发展、产业循环式组合，构建循环型工业体系。到2020年，全省单位工业增加值能耗、用水量分别比2015年降低17%、30%，工业固体废物综合利用率达到75%，所有国家级工业园区和50%以上省级开发区全部完成循环化改造。

煤炭行业。到2020年，原煤入洗率达到80%；煤矸石综合利用率不低于80%；矿井瓦斯抽采利用率不低于60%，煤矿稳定塌陷土地治理率达到80%以上，排矸场和露天矿排土场复垦率达到90%以上，土地复垦率达到68%以上。

能源行业。到2020年，全省电力装机达到7500万千瓦，可再生能源占电力总装机达到60%以上；所有具备改造条件的现役燃煤电厂实现超低排放；现役燃煤发电机组改造后平均供电煤耗低于320克标准煤/千瓦时。

冶金行业。到2020年，吨钢耗新水量降到3.5立方米，冶炼废渣综合利用率达到95%。

有色金属行业。到2020年，铜冶炼综合能耗降到280千克标准煤/吨，铝锭综合交流电耗降到13100千瓦时/吨。

石油石化行业。到2020年，原油加工综合能耗降到86千克标准煤/吨，乙烯综合能耗降到857千克标准煤/吨，石油石化行业单位工业增加值用水量比2015年减少30%。

化工行业。到2020年，合成氨综合能耗低于1150千克标准煤/吨（原料为天然气），烧碱（离子膜）综合能耗降到315千克标准煤/吨(离子膜法液碱不小于30%)，电石综合能耗降到1.05千克标准煤/吨，行业平均中水回用率达到90%，主要化工废渣综合利用率达到80%。

建材行业。到2020年，水泥熟料综合能耗降到100千克标准煤/吨，平板玻璃综合能耗降到11千克标准煤/重量箱，日用陶瓷综合能耗降到1100千克标准煤/吨，新型墙体材料比重达到68％以上。

中医药行业。加快发展优势品牌。加强技术研发和综合利用。提高中医药加工基地资源综合利用水平。构建主导产品产业链。

食品、包装、制革行业。推动食品行业与上下游产业一体化发展。推进食品加工副产物和废弃物资源化利用。构建食品行业全产业链发展模式。提高包装行业资源利用率。推广包装回收利用新技术。发展特色包装产业集群。推动制革行业继续实施清洁生产。改进生产工艺，推行绿色产品。推进毛皮加工副产物和废弃物资源化利用。

装备制造行业。大力发展再制造。加强绿色产品研发应用。强化企业技术创新和管理。

四、提升循环型农业体系建设水平

以张（掖）武（威）定（西）特色农副产品加工循环经济基地和甘（南）临（夏）陇（南）生态农牧业循环经济基地为依托，建立绿色、低碳、循环、可持续的农业产业体系、生产体系和经营体系，建设现代农业循环经济示范园，完善各具特色的农业循环经济发展模式，走产出高效、产品安全、资源节约、环境友好的农业现代化道路。落实《关于加快发展农业循环经济的指导意见》（发改环资〔2016〕203号），以提高农业资源利用效率和改善农村生态环境为目标，以促进农业

绿色发展为主线，以示范引领为抓手，切实发挥龙头企业带动作用，优化产业组织结构。以高效节水农业、旱作农业、草食畜牧业、优质林果业、设施蔬菜、马铃薯、中药材等特色产业为依托，围绕"1236"扶贫攻坚行动，推进"一县一业"产业对接和"一村一品"产业培育，壮大特色富民产业，结合美丽乡村和生态旅游建设，减轻农村面源污染，提高资源利用效率，助力精准扶贫、精准脱贫，探索以循环经济促进农村地区扶贫脱贫的新途径。到2020年，农业科技贡献率达到57%。

到2020年，林业废弃物综合利用率达到80%以上。加强森林经营和资源保护，推动林业生态效益的发挥。大力发展林下经济，有序利用森林景观。推进林业废弃物资源化利用。

畜牧业。到2020年，草原植被盖度达到53%以上，肉牛、肉羊规模化养殖比重达到50%和60%，秸秆饲料化利用率达到65%以上，规模化养殖场（区）畜禽粪便综合利用率达到75%以上。

工农业复合。到2020年，农产品加工转化率达到55%以上。

五、健全循环型服务业体系

按照"传统服务业循环化改造、现代服务业链条化提升、文化旅游业绿色化扩容"的总体思路，推进服务主体绿色化、服务过程清洁化，促进服务业与其他产业融合发展，落实《关于促进绿色消费的指导意见》（发改环资〔2016〕353号），充分发挥服务业在引导人们树立绿色循环低碳理念，转变消费模式方面的积极作用。

旅游业。到2020年，在全省打造50家建设和管理绿色化的低碳循环型绿色旅游示范基地，在全省新评定100家绿色饭店，在全省建设30座低碳旅游城市。

通信服务业。到2020年，通信基站能耗比2015年降低15%，通信基站废旧铅酸蓄电池回收率达90%以上。

零售批发业。到2020年，营业面积在1万平方米以上的大型超市、百货店、专业店等零售业万元营业额能耗较2015年下降10%；在全省再选择2—3个市州进行试点，全面禁用一次性塑料袋，代之以可降解袋和可堆肥袋。

餐饮住宿业。到2020年，餐饮住宿业单位增加值能耗明显降低，一次性用品使用率大幅度降低。

现代物流业。到2020年，全省建立起低碳、循环、高效的绿色物流体系，物流设施绿色能源利用效率明显提高。

六、推进社会层面循环经济发展

加快社会大宗固废的资源化利用和城市低值固废的收集和利用体系、再生资源和生活垃圾分类回收体系，推动再生资源利用产业化，发展再制造，推进餐厨废弃物资源化利用，实施绿色建筑行动和绿色交通行动，推行绿色消费，实施大循环战略，加快建设循环型社会。

完善再生资源回收体系。到2020年，在全省各县（市、区）全面实施"一县（市、区）一场、一镇（乡）一站、一村一点"的农村生活垃圾处理设施建设，建立"户分类收集、村长效保洁、市场化清运、无害化处理"的收运处理体系。

推动再生资源利用产业化发展。到2020年，废钢铁、废有色金属、废塑料、废纸等重点废旧商品回收总量达到630万吨，利用总量达到550万吨，废钢铁回收利用率达到93%，废有色金属精深利用率达到95%，废纸利用率达到83%，废塑料利用率达到82.5%，废橡胶利用率达到88.5%。

发展再制造。建立旧件回收体系。抓好重点产品再制造。

实施绿色建筑行动。"十三五"期间，争取完成既有居住建筑供热计量和节能改造1000万平方

米以上；到2020年末，30%的城镇新建建筑达到绿色建筑标准要求。

构建绿色综合交通运输体系。到2020年，铁路、公路、民航、邮政、城市轨道交通行业基础设施建设和运营服务环节的资源能源利用效率全面提高，污染排放得到有效控制，兰州、天水城市公交出行分担比率达到35%以上。

推进餐厨废弃物资源化利用。在进一步争取国家3—5个餐厨垃圾试点城市的基础上，到2020年，全省设区城市都要实现餐厨废弃物分类收运和资源化利用。

推行绿色消费。到2020年，能效标识2级以上的空调、冰箱、热水器等节能家电市场占有率达到50%以上。倡导绿色生活方式。建设节水型社会。扩大绿色消费市场。鼓励绿色产品消费。

建设绿色政府。到2020年，新增创建100家节约型公共机构示范单位，全部省直机关和50%以上的省属事业单位建成节水型单位。2016年，公共机构配备更新公务用车总量中新能源汽车的比例达到30%以上，到2020年实现新能源汽车广泛应用。

实施大循环战略。推进产业间循环式组合。促进生产与生活系统的循环链接。加快生态小康村建设。建设循环型市（县）和社区。

宁夏自治区循环经济

一、“十二五”循环经济发展取得成效

（一）循环经济主要指标基本完成

2015年全区能源消费总量为5404.7万吨标准煤，单位GDP能耗为1.998吨标准煤/万元，“十二五”累计下降6.97%；扣除宁东煤化工项目后，全区单位GDP能耗为1.749吨标准煤/万元，比2010年下降16.54%，完成了国家下达的“十二五”期间单位GDP能耗下降15%的目标任务。单位工业增加值能耗为4.712吨标准煤 / 万元，比2010年下降11.39%，六大高耗能行业单位工业增加值能耗下降超过12.6%。全区单位GDP水耗为242立方米/万元，比2010年的440立方米/万元下降45%；万元工业增加值用水量由2010年的64立方米下降到2015年的44立方米，累计下降31.2%。2015年，能源产出率达到5387元/吨标准煤；秸秆综合利用率达到85%；工业用水重复利用率达到75%。

（二）试点示范顺利推进。

“十二五”期间，建设各类循环经济试点34个，其中国家级循环经济试点园区3个（宁东能源化工基地和灵武再生资源循环经济示范园区、中宁工业园区），国家级循环经济试点市（县）3个（石嘴山市、青铜峡市、永宁县），自治区级循环经济试点园区3个，自治区级循环经济试点企业12家，“两型”（资源节约型和环境友好型）创建企业13家。工业领域先后确立国家级循环经济试点单位3家，省级试点单位39家，地市级试点单位48家。实施重点节能、资源综合利用、循环经济和工业污染治理工程59项，争取中央预算内资金12亿元。争取国家循环化改造示范试点园区4个（石嘴山经济技术开发区、中宁工业园区、平罗工业园区、宁东能源化工基地），争取中央预算内资金11亿元，实施循环化改造项目80项。开展了废旧家电、废旧金属等废弃物资源化利用和无害化处理、“城市矿产”等循环经济试点示范工程，灵武再生资源循环经济示范区成为国家城市矿产示范基地。石嘴山市、宁东能源化工基地、宁夏锦绣集团被列入国家资源综合利用“双百工程”示范基地和骨干企业，全区资源综合利用企业500多家，通过认定的154家。

（三）循环发展和综合利用格局基本形成

“十二五”期间，组织实施了煤油气综合利用、兰炭综合整治、粉煤灰综合利用、煤矸石发电等一批重点补链、延链循环经济项目；在煤炭、煤化工、有色、建材等重点行业形成了较为完整的循环经济产业链，“煤—电—电石—PVC—电石渣制水泥”“煤—电—粉煤灰、炉渣、脱硫石膏—新型墙材”“电力—煤炭—冶金—粉煤灰、煤矸石—新型建材”等产业链进一步完善，在宁东、石嘴山等地形成了多个循环经济产业园。对宝丰能源集团、大地循环发展公司等80家企业实施了清洁生产验收审核，实施了300多个清洁生产改造项目。

（四）循环经济工作长效机制基本建立

在循环经济方面，出台了《宁夏回族自治区资源综合利用管理办法》（自治区人民政府令第59号）等规章制度，编制实施了节能减排“十二五”规划和循环经济发展“十二五”规划。自治区成立了节能减排工作领导小组，初步建立了节能统计、监测、考核体系。

二、主要目标

循环经济体系逐步形成。工业、农业、服务业和社会层面循环经济体系基本建立，循环型、清洁型生产方式广泛推行，各市县形成具有区域特色的循环经济产业发展典型模式。

园区循环化改造全面推进。“十三五”期间争取实施吴忠金积工业园区、中卫工业园区等5个国家级循环化改造工程，创建5家绿色示范工业园区。实施园区低成本化改造，加强污水处理等基础设施建设，实现土地节约集约利用、产业间上下衔接、企业间废物资源交换利用等循环化发展。

表2-1　自治区“十三五”节能与循环经济发展指标

指标名称	单位	2015年	2020年	2020年比2015年变化
资源产出率	元/吨	1158	1332	提高15%
能源产出率（2015基准价）	元/吨标准煤	5387	6464	提高20%
万元工业增加值用水量	立方米/万元	44	36	下降18%
万元GDP用水量	立方米/万元	242	182	下降25%
煤炭资源产出率	万元/吨标煤	0.56	0.68	提高21.4%
工业固体废物综合利用率	%	75	80	提高5个百分点
农业灌溉水有效利用系数	/	0.501	0.53	提高0.029
工业用水重复利用率	%	75	80	提高5个百分点
城市污水处理率	%	88.9	95	提高6.1个百分点
城市中水回用率	%	20	50	提高30个百分点
城市生活垃圾无害化处理率	%	80	90	提高10个百分点
秸秆综合利用率	%	80	85	提高5个百分点
农膜回收率	%	76	85	提高9个百分点

三、主要任务

“十三五”期间，围绕“美丽宁夏”建设，加快推进产业转型升级，不断降低能源消耗，大力发展循环经济，提高综合利用水平，深入推进清洁生产，实现绿色可持续发展。到2020年，轻重工业比达到25:75，单位GDP能耗比2015年下降14%，单位工业增加值能耗下降15%，固废综合利用率达到80%，力争完成国家下达的节能目标。

（三）构建循环发展体系，促进协调发展

1. 构建循环型农业体系。

在农业领域加快推动资源利用节约化、生产过程清洁化、产业链接循环化、废物处理资源化，形成农、林、牧多业共生的循环型农业生产方式。构建粮、菜、畜、林、加工、物流、旅游一体化和一、二、三产业联动发展的现代工农复合型循环经济产业体系。“十三五”期间，规模化养殖场养殖粪污综合利用率达到90%以上；化肥和农药使用量零增长，使用效率提高5个百分点；秸秆综合利用率提高5个百分点。

依托全区枸杞、马铃薯和葡萄产业生产基地建设，大力推进枸杞加工生产企业、马铃薯生产加工企业和葡萄酒酿造企业的兼并重组，提高产业集中度，培育龙头企业。推动农副产品深加工，打造以龙头企业为依托的“种植（养殖）—加工—综合利用”循环经济产业链条。推动生物技术在农产品加工增值和综合利用中的应用，大力发展绿色、有机、无公害原料。发展节约型种植业。推进

传统耕作制度改革，实施“耕地质量保护与提升行动”，积极开展作物秸秆机械深翻还田，不断创新种养结合、粮经结合等农作制度，推广“一年两熟”复种模式，提高土地产出效率。推动小麦、玉米、水稻等农作物秸秆的综合利用，因地制宜推广秸秆饲料化、肥料化、基料化、原料化、燃料化等利用方式，推广应用秸秆栽培食用菌，推广规模化沼气工程等。推动农田废弃物的回收利用。建立政府推动、农户参与、企业实施的农用残膜、灌溉器材的回收利用体系，加大农用残膜污染监测、推动机械化回收设备的研发和推广，推广应用标准地膜，引导农民回收旧地膜和使用可降解地膜；在蔬菜主产区，开展尾菜饲料化和肥料化技术提升与示范推广。推进林业废弃物资源化利用，加大人工种草及牧区草原资源的养护力度。大力发展林下种植、林下养殖、森林景观利用和林产品采集加工等林下经济。全面推动林业三剩物的综合利用，加大对废旧木质家具、木质包装的回收利用，在银川等大中城市开展园林废弃物的回收利用体系。在巩固禁牧封育成果基础上，积极探索草原休牧轮牧试点示范，开展天然草原改良、已垦草原治理，建立草原生态保护长效机制，及时对草原进行生态修复，确保畜牧业的可持续发展。

推进畜禽养殖清洁生产，加强畜禽粪污资源化利用。推进适度规模养殖，鼓励养殖与种植相结合。建设标准化畜禽养殖场，推广畜禽清洁养殖、雨污分流、干湿分离和设施化处理技术。科学确定养殖容量，合理控制养殖密度，实现养殖水域空间资源合理利用。鼓励利用盐碱地、采矿塌陷区发展水产养殖。推进废旧网具等废弃物的资源化利用。加强畜禽粪污资源化利用，鼓励利用畜禽粪便发展规模化沼气工程和规模化生物天然气工程。推广堆肥处理、工厂化生产有机肥、好氧发酵农田直接施用技术。构建畜禽粪便—沼气—发电，畜禽粪便—沼气—沼渣、沼液—无害化处理—肥料、农药—农林作物，畜禽加工—副产物—生化制品等产业链。

2. 构建循环型工业体系。

依托骨干企业和园区，发挥企业主体作用，以推进煤炭、钢铁、电力、有色、石化、建材、新能源、新材料、现代装备制造等行业循环生产为重点，促进产业向下游终端产品延伸发展，科学建链、适当延链、合理补链，推进企业间、行业间、产业间共生耦合，形成循环链接的产业体系。

煤炭（煤化工）产业。将重点构建煤炭—电石—精细化工、煤炭—焦化—精细化工、煤炭—气液化—精细化工、煤炭—甲醇—精细化工等产业链，继续加强产业链的建设，发挥政府指导、协调作用，促进科学合理建链发展。改善宁北产业结构，形成电石—石灰氮—氰胺化合物，电石—乙炔—PVC和聚乙烯化合物产业链；加强石嘴山经济开发区在煤炭—电石—精细化工链方面的建设；从煤炭—焦化—芳烃化合物—聚氨酯化合物、煤炭—气液化—碳化合物—聚氨酯化合物、煤炭—气液化—烃类化合物—油燃料和烯烃类化合物方面打造循环经济产业链，构建生态高效的共生体系。

钢铁行业。建立废钢回收体系，支持宁夏钢铁集团、申银特钢等钢铁企业建设废钢加工配送基地。构建高炉炼铁—粗钢冶炼—钢坯—普钢、高炉炼铁—粗钢冶炼—合金钢、特种钢材及其型材、冶炼—钢铁产品—废钢铁—电炉炼钢、烧结—炼铁—炼钢—连铸连轧—建筑钢材等循环经济产业链，做好化解钢铁行业过剩产能工作。到“十三五”末，冶炼废渣综合利用率达到95%。

电力工业。构建发电与相关产业的循环产业链，大力发展粉煤灰、炉渣在基础设施建设、土壤改良、水利、污水处理等领域的应用；研究粉煤灰在化工行业制备硅铝新型化工材料的应用；探索粉煤灰用于煤矿井下防治煤自燃、粉煤灰复垦、回填造地和生态利用，拓展粉煤灰资源化利用途径。继续推广煤—电—电石—PVC—电石渣制水泥、煤—电—粉煤灰、炉渣、脱硫石膏—新型建筑材料等循环经济产业链。

有色工业。重点支持中色（宁夏）东方、天元锰业等大型企业探索有色行业循环经济新模式，提高有色金属资源利用效率。突破钽铌钛下游应用领域的一批核心技术，重点推进钽、铌、钛稀有金属在电子、精密陶瓷、电声光器件、硬质合金、航空航天、生物医药和超导工业领域的延伸及应用。构建钽冶炼—钽粉—电容器—元器件制造、铌冶炼—草酸铌—催化剂—添加剂、钛锭/钛粉—钛合金—氧化物—钛酸盐—功能陶瓷及结构材料、电解二氧化锰—锰酸锂—锂离子电池等产业链。以太阳镁业、惠冶镁业等企业为依托，重点发展镁、镁合金及其系列产品以及新型建筑材料，构建煤—焦—煤气—金属镁—镁合金—镁材—镁渣—水泥产品链。

石化工业。重点提高自治区原油加工能力，力促石油化工与煤化工融合式发展，建立干气制氢、废气制硫磺、能量梯级利用等特色静脉产业链。推动废渣、废气、废水资源化利用，构建石油石化行业循环经济产业链。建立炼化—废催化剂—稀贵金属，炼化—废气—硫磺—化工产品，炼化—废气—供热、发电，炼化—余热余压—发电等产业链。

建材工业。鼓励电厂脱硫石膏用于生产水泥和建筑石膏粉，支持新上水泥窑协同处理生活垃圾和污泥生产线。实现陶瓷产品及复合环保装饰材料规模化生产。构建工业生产—废渣—建材，建筑废弃物、路面材料—建材，水泥生产—余热—发电，水泥—粉尘—水泥，石材—废碎石、石粉—人造石、砖，复合材料—废复合材料—复合材料等产业链。

新能源产业。依托隆基硅、佳晶科技、天通银厦等企业，在企业间形成相互依存、配套协作的密切共生关系，形成高纯硅—多晶硅（单晶硅棒）—晶体加工—多晶硅电池（单晶硅电池）—电池组件—光伏发电系列产品产业链。

新材料产业。依托中色（宁夏）东方、神华宁煤太西活性炭、惠冶镁业等企业，形成生态化、清洁化、循环化、高效化的发展态势，打造原材料—新材料—深加工—综合利用产业链，依托国电投宁夏能源铝业等企业，形成煤—电—铝—铝合金及铝材产业链。依托滨河碳化硅、艾森达新材料等企业，形成碳化硅—氮化硅(碳化硅微粉)—氮化硅耐火材料（碳化硅陶瓷材料）、氧化硅—蓝宝石晶体—微电子衬底材料应用（LEDb半导体、大规模集成电路等衬底材料）、金属原料—粉体材料—氧化物粉末—（ITO、ZnO等）—靶材—平板显示、光伏等产业链。

现代装备制造业。发挥在煤炭采掘、数控机床、风电设备、起重机械等方面的优势，培育银川和石嘴山两个装备制造产业集群。重点发展矿山机械、数控机床、自动化仪器、轴承、风电设备、太阳能光伏发电设备、大型铸件、轨道交通变压器和智能电网设备等高端装备制造业，形成石嘴山—银川—吴忠装备制造产业带。促进银星能源、小巨人机床、共享集团、天地奔牛等企业迅速成长，提升装备配套和专业化水平，推动产业集聚。

3. 构建循环型服务业体系。

按照“传统服务业循环化改造、现代服务业链条化提升、文化旅游业绿色化扩容”的总体思路，在商贸流通业开展绿色流通试点，推行绿色供应链管理，引导企业绿色采购。创建绿色饭店，发展绿色物流，引导服务企业提供绿色服务；继续实施高速公路服务区清洁能源和水资源循环利用试点项目；在旅游业推广景区内风光互补照明、新能源车使用，引导游客低碳出行、绿色消费。推动农旅相融，实施乡村旅游富民工程，提升传统服务业信息化和智能化水平，积极发展现代服务业。

提高物流运行效率，大力发展多式联运，促进多种运输方式合理分工运行。推广可多次利用的周转包装，实现包装物的梯级利用。加快绿色仓储建设，合理规划和优化仓库布局，采用现代化储

存保养技术，降低各类仓储损耗。发挥银川综合保税区的仓储、分拨、配送功能，全力打造中阿电子商务交易平台和中阿合作示范区。

依托中卫旅游经济开发试验区、六盘山旅游扶贫试验区、贺兰山东麓葡萄文化旅游长廊、黄河金岸文化旅游廊道等重点旅游项目建设，打造西部国际文化绿色旅游示范基地，推进旅游景区建设和管理绿色化，积极构建循环型旅游服务体系。

4. 推进社会层面循环经济发展。

引导再生资源加工利用企业在园区集聚发展，加快培育再生资源龙头企业，全面建设城市社区和乡村回收站点、分拣中心、集散市场“三位一体”的再生资源回收网络。推动再生资源分选、拆解、破碎、加工利用技术和装备提质升级，支持再生资源利用企业延长产业链，着力加强深度加工利用，提高产品附加值。开展农用残膜“以旧换新”试点，建立全区农用残膜捡拾、收购、加工利用市场化运作体系。大力推进灵武再生资源循环经济示范区建设，做好废金属、废塑料、废玻璃、废纸等传统再生资源的回收，加强废旧物资再制造。构建生活垃圾分类、资源化、无害化处理体系，实施“以旧换再”试点，对购买再制造产品并交回旧件的消费者进行补贴。发挥中卫市区位及物流优势，与生产商合作发展逆向物流，建立再制造产业发展所需的工程机械、机床、废旧汽车零部件等的逆向回收物流体系。提升餐厨废弃物资源化利用和无害化处理试点城市建设水平，在银川市进一步完善餐饮企业、单位食堂餐厨废弃物定点收集、密闭运输、集中处理体系。

倡导绿色生活方式。广泛宣传和大力倡导节约、低碳、循环的绿色生活理念，制定发布绿色旅游消费公约和消费指南。支持发展共享经济，鼓励个人闲置资源有效利用。在全社会深入开展反过度包装行动、反食品浪费行动和反过度消费行动。鼓励建立绿色批发市场、绿色商场、节能超市、节水超市、慈善超市等绿色流通主体，促进绿色产品销售。积极培育租赁业、旧货业发展，鼓励大中小城市利用群众性休闲场所、公益场地开设跳蚤市场，方便居民交换闲置旧物，通过电商平台提供面向农村地区的绿色产品，拓展绿色产品农村消费市场。鼓励绿色产品消费，加大新能源汽车推广力度，提供新能源汽车应用服务，继续推广高效节能电机、高效照明产品等节能产品。实施绿色建材生产和应用行动计划，推广使用节能门窗、建筑垃圾再生产品等绿色建材和环保装修材料。推广环境标志产品，鼓励选购节水、节能产品。到 2020 年，能效标识 2 级以上的空调、冰箱、热水器等节能家电市场占有率达到 50%以上。

以绿色供给推动绿色消费。出台自治区绿色制造体系建设实施方案，引导企业树立绿色发展理念，把绿色标准贯穿于整个生产经营活动中（包括采购、设计、生产、制造、工艺、运输、销售等），积极采用绿色技术，加大资金投入，更新生产设备，丰富绿色产品的供给结构。鼓励企业加大人才培养力度，加强技术创新，提高生产效率，丰富绿色产品的品种和数量，降低成本和价格。推进企业加快绿色供应链建设，对绿色产品的需求、动态、消费者购买欲望及支付能力进行市场调研，并根据消费者的绿色需求，在营销方案中突出绿色产品的文化特点、品牌标志，不断满足消费者的心理和行为需要。

新疆兵团资源节约和循环经济2016年度报告

新疆兵团发展和改革委员会

一、2016年工作情况

2016年是实施“十三五”规划的开局之年，也是推进生态文明建设的关键之年，在兵团党委、兵团的统一部署，兵团各级牢固树立绿水青山就是金山银山的强烈意识，认真落实节约资源和保护环境的基本国策，进一步加强生态文明建设统筹协调，着力推进循环经济发展，取得了积极成效。

（一）统筹推进生态文明建设。一是认真贯彻习近平总书记、李克强总理关于生态文明建设的重要指示批示精神，牢固树立绿水青山就是金山银山的强烈意识，把生态文明建设放在突出的战略位置，审议印发《兵团党委 兵团关于加强生态文明建设工作的实施意见》，是兵团关于生态文明建设的首个纲领性文件，标志着兵团生态文明建设工作迈上新台阶。二是积极推进生态文明先行示范区建设。在一师阿拉尔市组织开展生态文明先行示范区建设，入选全国第二批生态文明先行示范区，实现了兵团零的突破。制定印发了《第一师阿拉尔市生态文明先行示范区建设实施方案》，明确了目标责任，加强督促检查，以制度创新为重点，先行先试、勇于探索，争取在生态文明制度创新上取得重大突破。

（二）着力推进节能降耗和环境保护。一是开展了“万家企业”节能目标任务考核工作。组织完成了2015年万家企业节能目标责任考核工作，“十二五”期间，兵团60家万家企业累计实现节能量116.93万吨标准煤（含停产企业停产前实现节能量，2015年考核的41家万家企业累计实现节能量93.26万吨标准煤），完成“十二五”万家企业节能目标的244.6%。二是开展了重点行业、重点领域节能环保工作。组织开展了煤炭、钢铁行业能耗情况专项检查，开展“十三五”公共机构节能规划、开展示范单位创建，对六师、十一师、十二师开展公共机构节能工作进行了考核。三是组织做好了固定资产投资项目节能评估审查和登记工作。印发实施固定资产投资项目节能审查办法，全年受理节能评估报告书（表）、登记表24份，对投资项目选用的评估方法和标准是否符合国家节能技术政策大纲和行业节能设计规范标准要求、以及能源消费结构是否合理进行严格把关，严防落后产能、落后工艺技术项目落户兵团，严格控制以煤炭为主要能源的“两高”项目盲目发展，严禁“三高”项目进疆。四是组织实施重点节能环保工程。全年争取中央预算内投资、专项建设基金以及兵团本级节能减排专项资金支持节能重点工程、城镇污水垃圾处理设施建设等26项，拉动社会投资16.43亿元，为提高节能减排能力、推动技术进步、引导社会资金发挥了重要作用。五是组织开展了兵团2016年节能宣传周和低碳日活动，开展了以“节能领跑、绿色发展”为主题的节能宣传周和以“绿色发展、低碳创新”为主题的低碳日活动，进一步加强了能源资源和生态环境国情教育，积极倡导文明、节约、绿色、低碳的消费理念，引导绿色消费行为，营造良好的生态文明建设氛围。

（三）积极推进循环发展。一是印发实施《兵团循环经济发展“十三五”规划》，提出兵团推动循环经济发展的指导思想、基本原则、主要目标、重点任务和保障措施，这是兵团首个循环经济发展规划，进一步推动兵团资源再生利用产业化，形成覆盖全兵团的资源循环利用体系。二是全面推进园区循环化改造工作。石河子经济技术开发区、五家渠经济技术开发区、阿拉尔经济技术开发区作为国家循环化改造示范试点园区，依托产业优势，推进园区绿色循环低碳发展。截止2016

年底，三个园区循环化改造的41项重点支持项目，已完成22项，完成率53.7%，进一步提升了兵团园区循环发展水平。三是积极推动国家循环经济示范市（县）工作。2016年1月，一师十团和二师三十四团被列入国家循环经济示范城市（县）建设范围，以循环经济为核心，不断延长补齐循环产业链，基本形成了城镇（县）的循环经济框架。一师十团以农副产品深加工为主建立了生态型、农工复合型循环经济，以城镇为载体建设符合循环经济发展要求的绿色城镇、绿色生态旅游体系；二师三十四团以低碳循环型生态小城镇为建设目标，依托农业资源、养殖资源、废弃资源，建立种植—养殖—加工—深加工—种植的农工复合型循环经济产业链，实施农业废弃物综合利用工程。四是推进农业循环经济。认真贯彻落实国家《加快发展农业循环经济的指导意见》，在继续发挥秸秆机械还田优势、满足农业需要的基础上，进一步优化农作物种植结构和秸秆利用结构，合理引导秸秆饲料化、原料化、燃料化、基料化等利用方式，实施农业清洁生产示范项目，秸秆综合利用率继续保持较高水平。

二、2017年重点工作

工作思路：2017年，兵团资源节约和循环发展工作要认真贯彻落实习近平总书记、李克强总理关于生态文明建设重要指示批示精神，以及全国生态文明建设工作推进会议和兵团第七次党代会、兵团党委六届十七次全会精神，牢固树立“绿水青山就是金山银山”的强烈意识，牢固树立创新、协调、绿色、开放、共享的发展理念，坚持以人为本、依法推进，坚持节约资源和保护环境的基本国策，以供给侧结构性改革为主线，把生态文明建设放在突出的战略位置，融入经济建设、政治建设、文化建设、社会建设各方面和全过程，推进新型工业化、信息化、城镇化、农业现代化和绿色化协同发展，加快建设美丽兵团、生态兵团。

主要任务：

（一）全力推进生态文明建设。认真贯彻落实兵团党委、兵团关于加强生态文明建设工作的总体部署，研究建立评价考核指标体系，及时了解掌握生态文明建设进展情况及各项政策措施落实情况。结合国家出台“十三五”节能减排综合性工作方案，加强综合协调，制定兵团“十三五”节能减排综合性工作方案，明确目标，落实责任。统筹推进兵团城镇污水处理及再生利用设施和生活垃圾无害化处理设施建设工作，结合《“十三五”全国城镇污水处理及再生利用设施建设规划》、《“十三五”全国城镇生活垃圾无害化处理设施建设规划》和兵团实际，印发兵团城镇污水垃圾处理设施建设“十三五”规划。继续推进一师阿拉尔市生态文明先行示范区建设，力争在体制机制创新上取得更大突破。

（二）深入推进节能降耗。坚持节约优先方针，推动资源利用方式根本转变，全面提高资源利用效率。推进工业、建筑、交通、农业、商贸流通、公共机构等重点领域节能降耗。落实重点用能单位节能目标责任。加强煤炭清洁高效利用，推进燃煤电厂节能改造。加强节能形势分析。强化节能审查，认真落实《固定资产投资项目节能审查办法》和兵团发展改革委《固定资产投资项目节能审查实施办法》，督导各师发展改革部门承接好权限范围的节能审查工作，从源头上杜绝能源浪费，提高能源利用效率，进一步加强能源消费总量管理。做好宣传引导，组织好全国2017年节能宣传周等兵团各级主题宣传活动，加强能源资源和生态环境国情宣传教育。

（三）大力发展循环经济。实施兵团循环经济发展“十三五”规划。推进园区循环化改造，加快推动石河子、五家渠、阿拉尔经济技术开发区循环化改造示范试点。推动循环经济示范城市（县）建设，示范带动全兵团循环经济发展。推进大宗固体废弃物综合利用，大力发展农业循环经

济和秸秆综合利用，推进建筑垃圾、餐厨废弃物资源化利用。结合国家生产者责任延伸制度方案，探索兵团生产者责任延伸制度框架。

（四）切实加强项目管理。组织做好兵团2017年城镇污水垃圾处理设施建设项目、资源节约循环利用重点工程项目投资计划申报，衔接投资计划尽快下达。对新建项目，督导各师发展改革部门、项目单位做好前期工作，确保计划下达后尽快开工建设。对续建项目，督促项目单位尽快复工、加快建设，加快形成实物工作量，尽早建成投产，发挥项目效益。加快项目储备库建设，做好新上项目入库和储备，及时更新项目进展信息。强化项目日常监管，加大监督检查力度，执行好月报制度，发现问题及时督促整改。抓好项目落地和资金监管，确保项目尽快建成达产，完成好兵团下达的项目投资任务。

（撰稿：任志斌，新疆生产建设兵团发展和改革委员会资源节约和环境保护处）

深圳市循环经济

一、"十二五"以来取得成效

"十二五"以来，深圳市高度重视循环经济发展，以建设国家循环经济试点城市、节能减排财政政策综合示范城市为契机，完善循环经济发展环境，推进重点领域节能降耗，加强资源节约和循环利用，为实现深圳有质量的稳定增长、可持续的全面发展打下了扎实基础。

循环经济发展总体水平全国领先。我市"十二五"时期循环经济发展目标主要包括软环境、资源产出、资源消耗、废弃物处置和污染控制等五个方面共23项具体指标。其中，2015年，单位GDP能耗相比2010年下降19.87%，超额完成"十二五"期间累计下降19.5%的目标。水资源产出率和土地产出率分别达0.088万元/立方米和8.76亿元/平方公里，较2010年分别提高76%和78%，能耗水平、水资源产出率、土地产出率均位居全国大中城市前列。我市在能源高效利用、水资源综合利用、土地集约利用等方面，取得了良好成效，循环经济发展水平全国领先。

循环经济发展政策环境逐步改善。在管理体制方面，我市建立了"市、区"两级发展循环经济的管理体制，确保循环经济和节能减排工作按计划统筹协调推进。目前已初步形成三个层次法规政策框架体系，一是在全国率先颁布了《深圳3经济特区循环经济促进条例》；二是出台了《深圳市建筑废弃物减排与利用条例》、《深圳市循环经济与节能减排专项资金管理暂行办法》等节能、节水、资源综合利用等领域的配套法规；三是发布了《〈深圳市循环经济试点实施方案(2010—2015年)〉实施意见》、《深圳市循环经济"十二五"规划》、《深圳市"十二五"城市生活垃圾减量分类工作实施方案》等规划政策。在激励机制方面，设立了循环经济与节能减排专项资金、新能源产业发展专项资金、节能环保产业发展专项资金等，为发展循环经济提供了资金保障。在技术标准体系方面，颁布实施《深圳市绿色建筑评价规范》、《深圳市建筑能耗限额标准》等，进一步健全了我市循环经济技术标准体系。

重点领域节能工作成效显著。工业领域方面，加大对高耗能、高污染落后产能淘汰力度，累计清理淘汰低端企业约1.7万家,超额完成"十二五"期间工业增加值能耗下降目标。积极实施电机能效提升计划，截止2015年底，全市电机能效提升任务累计完成185万千瓦，其中，完成电机系统节能改造量60万千瓦。建筑领域方面，深圳率先在全国实行新建民用建筑100%执行绿色建筑标准，截止2015年底，新建绿色建筑面积1137万平方米，累计绿色建筑面积超过3303万平方米，获得绿色建筑评价标识的项目合计320个，绿色建筑评价标识项目数量和建筑规模均位居全国首位。交通领域方面，大力推广新能源汽车，优化交通方式，截至2015年底，累计推广新能源汽车超过3.8万辆，建成充电站135座、快速充电桩3869个、慢速充电桩15134个，荣获"全球城市交通领袖奖"。全面推广使用国V汽油，淘汰黄标车、老旧车31.2万辆。全市主要港区码头完成装卸作业机械"油改电"改造工程，蛇口集装箱码头成为全球率先在港区推广使用纯电动汽车的港口。

资源节约和综合利用规模大幅提高。非传统水资源开发利用方面，通过推进雨水利用、中水回用等工程，2015年城市再生水利用率达67%，较2010年提高31.1个百分点。建筑废弃物资源化利用和减量化方面，建成建筑废弃物资源化综合利用项目5个，再生处理能力达到620万吨。餐厨废弃物资源化利用和无害化处理方面，全市1816家餐饮服务单位签订了餐厨废弃物收运合同，实际形成处理规模450吨/天，完成国家餐厨废弃物资源化利用与无害化处理试点城市中期评估工作。生活垃圾减量与资源化利用方面，出台了《深圳市“十二五”城市生活垃圾减量分类工作实施方案》。生活垃圾焚烧发电装机达到145MW，城市生活垃圾资源化率超过50%。

二、指导思想和发展目标

（一）指导思想

全面贯彻党的十八大、十八届三中、四中、五中全会和习近平总书记系列重要讲话精神，坚持“四个全面”战略部署，牢固树立“创新、协调、绿色、开放、共享”的发展理念，认真落实我市第六次党代会的部署要求，以质量型增长、内9涵式发展为目标，加速转变经济发展方式，围绕提高资源产出率与能源资源利用效率，以构建工业循环体系、服务业循环体系、社会循环体系及支撑体系为发展重点，推动我市循环经济发展，加快建设资源节约型、环境友好型社会，形成人与自然和谐发展的新格局。

（二）发展战略

推进绿色发展。坚持尊重自然、顺应自然、保护自然，实行最严格的环境保护制度，形成政府、企业、公众共治的环境治理体系。强化生态红线管理，全面推进水、大气等环境的综合治理，深入开展城市绿色提升行动，不断增加城市绿量，增进市民绿色福利，努力建成生态宜居城市。促进循环发展。以优化资源利用方式和提高资源利用效率为核心，大力发展循环经济，推行企业循环式生产、产业循环式组合、园区循环式改造，促进生产、流通、消费过程的减量化、再利用、资源化，构建低投入高产出、低消耗少排放、能循环可持续的经济发展模式，努力建成循环发展示范城市。推动低碳发展。将应对气候变化作为实现发展方式转变的重大机遇，充分发挥控制温室气体排放对促进经济转型的积极作用，建立健全用能权、用水权、排污权、碳排放权初始分配和管理制度，完善低碳发展的政策法规体系，实行能11源和水资源消耗、建设用地等总量和强度双控。大力发展低碳经济，鼓励和引导低碳生活，努力建成国家低碳先锋城市。

（三）发展目标

1. 总体目标：资源产出效率全国领先。到2020年，单位GDP能耗累计下降18.5%（以国家及省正式下达为准），水资源产出率提高到0.118万元/立方米，土地产出率达到13亿元/平方公里。

——资源综合利用效率显著提升。到2020年，城市再生水利用率达到90%，主要再生资源回收率达到60%，建筑废弃物再生处理能力预计达800万吨，生活垃圾分类达标小区覆盖率达90%以上。

——生态文明先行示范区成效明显。到2020年，深圳东部湾区生态文明先行示范区绿色发展卓有成效，资源循环利用体系初步建立，资源利用更加高效，节能减排指标下降幅度超额完成上级政府下达的目标，大气、水、土壤环境质量得到有效改善，环境质量主要指标处于全国前列。

2、具体指标：深圳市循环经济“十三五”规划指标体系主要涉及资源产出和资源循环利用两个方面，总共包含13项具体指标。

三、主要任务

（一）加快转型升级，构建工业循环体系

在工业领域全面推行循环型生产方式，实施清洁生产，促进源头减量。鼓励产业集聚发展，实施园区循环化改造，实现能源梯级利用、水资源节约利用、废弃物循环利用、土地节约集约利用，促进产业结构优化调整、园区循环式发展、企业循环式生产，构建工业循环体系。

1、推进工业绿色低碳化传统产业转型升级。持续增强优势传统产业自主创新能力，以先进制造技术、信息技术改造优势传统产业的生产组织方式，提高产品科技含量和附加值，打造国际知名品牌。优化传统产业区域布局和组织结构，提高产业集中度，加快产业集聚基地建设，鼓励优势传

统企业开展供应链整合，促进传统产业集聚集约发展。以黄金珠宝、钟表、服装、眼镜、家具等行业为重点，推进数字化设计、信息化改造，实现生产自动化、智能化和绿色化。加速发展战略性新兴产业。推进战略性新兴产业高端化、融合化、集聚化、循环化发展，壮大节能环保、新能源和新材料等战略性新兴产业。重点围绕节能环保产业，开展能耗动态监测装备以及大气、地表和地下水等领域环境质量14监测仪器设备研发和产业化，开发分散式污水处理、垃圾焚烧处理、生态修复等技术、装备和环保材料。在新能源汽车、高端材料、高效储能等领域，大力推进技术研发、标准制定、应用示范和产业化，提升先进技术的创新与集成能力。有序推进绿色未来产业。全面贯彻落实深圳市未来产业发展扶持政策，加大生命健康、航空航天、机器人、可穿戴设备和智能装备等未来产业培育发展力度，围绕生命信息、高端医疗、航空电子、无人机、机器人、智能制造成套装备等重点领域，组织实施一批发展前景好、技术水平高、价值含量高的绿色低碳型项目，形成新的经济增长点。培育壮大蓝色经济，优先发展海水淡化、海洋电子信息、海洋生物等产业，打造全国海洋经济科学发展示范市。

2、加快园区循环化改造创新循环化改造模式。鼓励园区引进或培育专业化公司为园区废弃物管理提供“嵌入式”服务，采取合同能源管理方式推进园区及企业节能改造，创新环境服务模式，积极推进污水、垃圾处理等基础设施建设和运行的专业化、社会化。推动技术创新、管理模式和商业模式创新，促进企业内部“小循环”、园区（企业间）“中循环”与社会“大循环”的有机衔接，发挥循环经济整体效益。打造园区循环化改造标杆。开展园区循环化改造示范试15点，实现园区资源高效、循环利用，不断增强园区可持续发展能力。积极推进光明高新技术产业园、坪山自主创新示范区等园区循环化改造国家试点工作，提升园区循环化水平，积累园区循环化改造试点经验。研究制定我市园区循环化改造配套措施，在资金支持、技术服务等方面给予必要支持。在园区空间布局、产业链间循环、资源利用、基础设施和运行管理等重点领域，探索建立园区循环化改造的深圳标准。

3、促进企业循环式生产大力推进清洁生产。加大自愿清洁生产普及力度，鼓励企业开展自愿清洁生产审核。严格实施“双超双有”企业强制性清洁生产审核，在加大对珠宝、印染、钟表等重点行业实施强制清洁生产审核制度监管力度的基础上，逐步适时扩大强制清洁生产审核企业范围。积极开展企业清洁生产示范，建立企业清洁生产年度评估和考核制度。构建多元化的清洁生产技术服务体系，为企业提供优质的相关技术和咨询服务。“十三五”期间形成一批清洁生产标杆企业，到2020年，清洁生产审核企业数达到1500家。深化工业企业节能。加大电力、建材、电子设备制造等重点行业企业节能改造力度，推进重点用能企业能源管理体系和能源管理中心建设。积极落实国家“电机能效提升计划”和“配电变压器能效提升计划”，加大机电设备的能耗诊断和节能改造力度，重点推进万家企业节能低碳行动，加强工业领域需求侧管理，推进终端用能产品能效提升和重点用能行业能效水平对标达标，不断提高企业能效水平。提升工业用水效率。严格实行用水总量控制，实施计划用水与定额管理，开展重点工业行业企业水平衡测试和用水定额修编工作。加强对重点用水户监控，完善监督管理制度，强化用水过程的监控管理。推进工业节水技术研发，推动节水技术改造，提高水重复利用率。充分利用我市海水资源，推进海水淡化示范项目建设，建设一批海水综合利用示范基地，选择重点行业大力推广海水直接利用，扩大海水利用规模，培育海水利用产业链。到2020年，工业用水重复利用率达到94%。综合利用工业废弃物。加强电力、电子信息、服装等行业的废水、废气、固体废弃物的监控与管理，推进一批工业废弃物综合利用项目。建立固体废弃物资源信息交换平台、综合利用与安全处置相结合的固体废弃物处理处置体系，促进各类废弃物在企业内部、生态工业园区内的循环使用和综合利用。积极研发污泥减量处置技术，选择一批污水处理厂试点污泥原位处理技术，实现污泥就地减量、干化和无害化。到2020年，工业固体废弃物处置利用率超过99%。

（二）推进绿色服务，构建服务业循环体系积极推进建筑、交通运输、餐饮酒店、旅游等服务主体17绿色化、服务过程清洁化，配套设施建设低碳化，促进服务业与其他产业融合发展，加快构建服务业循环体系。

1、推进建筑领域节能降耗促进绿色建筑规模化发展。严格执行《深圳市绿色建筑促进办法》等法规规章，新建民用建筑100%执行绿色建筑标准。积极引导绿色生态园区和城区建设，促进绿色建筑规模化、区域化发展。推动大型公共建筑节能改造和强化用能管理，提高用能效率和管理水平。进一步挖掘建筑节能潜力，探索推进超低能耗、零能耗和正能效建筑试点示范。实行绿色规划、设计、施工标准，推广绿色建材和装配式建筑，加快推进建筑工业化，促进绿色建筑和工业化建筑规模化发展。到2020年，全市绿色建筑总面积超过7000万平方米。推进公共建筑节能改造。以大型公共建筑为重点，推进空调、通风、照明、热水等用能系统的节能改造工作，提高用能效率和管理水平。加速推广新能源微电网示范工程项目，加快推进太阳能光伏发电、自然光导照明系统在公共建筑上的应用。积极开展建筑信息模型（BIM）技术推广应用，利用信息技术和数字模型对建设工程项目进行设计、施工、运营，实现建筑全生命期的信息管理。推进物业节能降耗。深入开展智慧城区和智慧社区建设，全面推行绿色物业管理。在建筑建造和管理使用全生命期融入绿色建筑、可持续发展理念，大力推广智能小区、楼宇智能化、空调、照明、供水等方面的技术、产品和商业运营模式，淘汰落后技术和设备，从物业管理的各个系统实现整体节能。建立能耗监测与评估制度。进一步完善公共机构能耗监测平台，实行能耗动态监测。扩大公共建筑能耗监测平台覆盖面，将公共机构重点能耗企业、大型民用建筑等纳入能耗监测平台，实行能耗动态监测，定期统计、分析能耗数据。大力培育第三方中介评价机构，建立公正、公平、客观的评价机制，建立能效评估制度。推进建筑废弃物综合利用。实施建筑废弃物源头减量化，在土地出让环节科学安排土地开发及建筑物拆除所产生的建筑垃圾去处，推广建筑废弃物减量技术，有效减少建筑废弃物产生量。开展建筑废弃物用于建筑工业化部品部件生产和市政道路工程路基垫层等领域的研发工作，建立我市建筑废弃物综合利用技术规范和资源化产品标准。鼓励建筑废弃物现场分类处置，提高建筑废弃物现场处理和资源化利用规模，加快推进建筑废弃物综合利用项目建设，形成建筑废弃物多元化处理模式。到2020年，建筑废弃物再生处理能力达到800万吨。

2、强化交通运输节能减排合理规划城市交通布局。加强城市低碳交通发展规划，推广道路设计低冲击开发模式，以公交走廊作为城市的发展轴，使人口居住和就业沿公交走廊两侧集聚，构建最佳“居住地+公交走廊+就业地”出行组合。积极发展大运量、集约化的交通运输方式，继续深化一体化公交都市建设思路，构建以轨道交通为骨架、常规交通为网络、出租车为补充、慢行交通为延伸的一体化公共交通体系。加强交通能耗监测。通过交通领域碳排放权交易等市场手段，有效减少交通运输碳排放。完善交通运输能耗统计监测和污染物排放统计监测制度，打造能耗和污染物排放统计监测平台，建立标准统一的行业能耗及污染物排放统计数据库，逐步提高交通运输的自动化和信息化管理水平。推广新能源汽车。继续发挥公交行业新能源汽车应用的示范引领作用，加快推进公共交通领域新能源汽车应用。将充电设施纳入城市规划和建筑设计标准规范，加快充电站、充电桩等配套基础设施建设，完善新能源汽车推广相关配套政策，全面推进新能源汽车普及。到2020年，全市公共交通领域推广应用新能源汽车比例达到100%。强化智能交通管理。建设具有国际水平

的交通信息化管理系统，扩大智能交通系统应用领域和范围，提高智能交通系统管理和服务水平。通过设施供给、经济杠杆、行政管理、信息化手段和宣传倡导等综合手段，合理配置交通运输资源，优化城市交通方式结构，缓解全市道路交通压力，减少交通能耗和污染。加快建设绿色港口。强制靠港船舶使用岸电或转用低硫燃油。到2020年全市80%以上的集装箱泊位、客滚和游轮专业化泊位具备向船舶供应岸电能力，集装箱船舶靠港期间岸电使用比例不低于15%。推动在珠三角海域设立船舶排放控制区，进入控制区的船舶强制转用低硫燃油。新增港作船全面使用LNG燃料，柴油港作船探索加装烟气洗涤器或颗粒物捕集器。港口码头内拖车全部完成油改气、油改电。到2020年底，港口生产作业单位集装箱吞吐量综合能耗较2015年下降5%，船舶靠泊期间硫氧化物、氮氧化物、颗粒物与2015年相比分别下降75%、20%、40%。

3、推进餐饮酒店绿色化实施严格用水管理。加强和规范餐饮、酒店等服务业用水管理，实施最严格水资源管理制度。加强行业监管，定期开展我市餐饮酒店业用水专项检查。加大推广使用节水器具力度，完善节水技术标准，加强宣传教育，强化服务业经营者和消费者节水意识，提高全行业用水效率。完善餐厨废弃物综合利用体系。加快推进餐厨废弃物无害化处理与资源化利用试点工作，进一步完善集餐厨废弃物收集、运输、处理及利用一体化的产业链。因地制宜推进餐厨垃圾资源化利用基础设施建设，加快餐厨废弃物资源化利用技术研发，加大推广应用力度，鼓励利用餐厨废弃物生产沼气、生物柴油、工业油脂、有机肥等，逐步建立餐厨废弃物资源化利用体系。建立对餐厨废弃物收集、运输、处理的过程动态监管机制，杜绝潲水油和地沟油的非法流通，强化餐厨废弃物收集、运输及处理的规范化管理。

4、发展绿色生态旅游推进景区绿色管理。结合深圳自然资源和地域人文特色，在旅游景区开发、经营和管理中全面引入绿色设计、节能管理、生态保护、绿色消费等理念，强化旅游资源保护性开发，最大限度降低对资源和环境的损耗，减少各类废弃物的产生，实现景区资源的高效和循环利用。完善景区绿色配套。推广使用节能环保产品，鼓励利用可再生能源，配套建设污水再生利用、雨水收集、垃圾无害化处理系统。支持旅游景区使用节能环保交通工具，开发绿色旅游产品，合理设置垃圾分类回收装置，推进废弃物分类回收和资源化利用。

（三）引导绿色消费，构建社会循环体系以深化节水型社会建设、提升城市垃圾综合利用水平、倡导绿色消费等方面为重点，突出水资源和固体废弃物的循环利用，构建社会循环体系。

1、持续深化节水型社会建设，挖掘全社会节水潜力。树立节约集约循环利用的资源观，实行最严格的水资源管理制度，加强水资源开发利用控制红线管理，继续深化阶梯水价改革。推进供水管网改造，加快前海、横岗等片区再生水管网建设。推广节水产品、器具及节水新技术，推动节水器具标准化建设和管理，提高水资源利用效率，限期淘汰不符合节水标准的用水设施及产品。到2020年，水资源产出率达到0.118万元/立方米。提高水资源循环利用效率。加大污水深度处理再生利用，结合污水处理厂提标改造，使污水处理厂尾水达到各主要河流生态补水的水质水量需求。在前海合作区、南山区、龙岗中心区等区域形成局部分质供水系统，回用至城市杂用水、低品质工业用水，切实节约优质饮用水。结合海绵城市建设，完善雨水收集、调蓄、利用设施，推广以低冲击开发为特色的雨洪利用技术，推进雨洪资源化。到2020年，城市再生水利用率达到90%。

2、提升废弃物综合利用水平

推进生活垃圾分类减量。以政府主导、部门协同、辖区负责、社会参与的方式，全面推动我市生活垃圾分类减量工作。进一步完善生活垃圾分类减量相关管理办法、配套措施和技术标准等，建立生活垃圾分类投放、收集、运输、处理管理信息系统，建立生活垃圾全过程监管制度，规范垃圾分类处理行为，逐步提高居民生活垃圾分类减量处理参与率。到2020年，生活垃圾分类达标小区覆盖率达到90%。扩大垃圾资源化规模。按照国际先进标准新扩建垃圾焚烧等基础设施，加快建成东部环保电厂、老虎坑垃圾焚烧发电厂三期工程、妈湾城市能源生态园等垃圾焚烧厂。借鉴推广“美国再生银行”模式，以返还积分兑换服务等方式引导居民参与“资源回收日”等活动，探索建立规模、经济、高效的可回收物深度回收体系，提高废弃织物、废旧家具等资源回收利用规模。到2020年，生活垃圾焚烧发电装机容量达到485MW。推进电子废弃物资源化。

全面推进废旧手机、废旧电池、废旧家电等废旧电子产品的回收体系建设及其再生资源利用产业化，规范废弃电子产品回收处理行为，逐步建立“龙头企业主导+个体回收+回收基地+信息管理”废旧电子产品回收和综合利用网络。

充分利用我市在互联网方面的优势，促进“互联网+废旧资源回收、监管及交易”，重点推进废旧电子产品等再生资源和再生产品交易平台建设，构建集消费、回收、再生、回用于一体的循环体系，促进静脉产业发展。

强化建筑废弃物安全处置。加强建筑工地、余泥渣土运输车辆和受纳场全过程管理，加大建筑垃圾受纳场选址、建设、运输等环节监管力度。建立全市房屋拆除工程信息共享机制，搭建建筑物拆除工程业主、施工单位与建筑废弃物回收利用企业沟通渠道，明晰建筑物拆除等工程的监管职责，加大全过程监管力度，促进建筑废弃物的分类收集、安全处置和资源化利用。

加强危险废弃物处置。加强重点监管企业的危险废弃物管理，对危险废弃物从产生、收集、贮存、转移、处置进行全过程的监督管理。构建多元化的危险废弃物处理处置平台，进一步完善工业废有机溶剂、含贵金属电镀废液等回收利用处置设施，逐步提升危险废弃物处置能力。提高医疗危险废弃物焚烧处理水平，确保产生的废水、废气、固体废弃物安全达标排放。

3、倡导绿色消费

政府率先垂范绿色消费。政府部门要在节能、节水、节材、节油等方面率先垂范，制定切实可行的绿色办公相关标准和目标，深入推广电子政务，推行无纸化办公，建立办公用品废弃物分类回收体系，建设节约型政府。严格执行强制或优先采购节能环保产品制度，发挥政府绿色采购目录导向作用，提高再生产品和再制造产品的政府采购比重，引导全市绿色消费行为。

构建绿色消费市场。严格绿色准入门槛，大力推行能效标识、节能产品认证和环境标志产品认证等绿色产品认证制度。引导企业打造绿色供应链，主动承担环境保护的社会责任，自觉实施和强化绿色采购。鼓励市民采购节能绿色低碳产品和通过环境标志认证的产品，引导居民节约消费、适度消费，鼓励简易装修，减少一次性用品的消费。全面落实生产者责任延伸制度，探索大型超市和商场建立销售者责任制，鼓励市民绿色消费，逐步形成政府引导，生产者、销售者、消费者共同参与的绿色消费市场体系。

提高绿色消费意识。充分发挥宣传导向作用，加强公益广告传播，发挥微博、微信等新媒体传播优势，加大绿色消费理念宣传力度，重点开展全国节能宣传周、低碳日、地球日等宣传活动。积极开展绿色消费教育，鼓励中小学校创新开展各种形式的专题教育活动，普及绿色消费知识，树立绿色循环消费理念。强化公众绿色消费意识，培养绿色循环消费习惯，推动全社会逐步形成绿色生活方式。

南京市循环经济

一、“十二五”循环经济发展成效

（一）资源能源节约成效突出

在节水方面，“十二五”以来，南京万元单位GDP用水量呈现显著下降趋势，2015年万元GDP用水量、单位工业增加值用水量分别为45、13.1立方米/万元，较2011年分别降低了40.79%、43%。节水器具普及率达到100%。2012年获得“全国节水型社会建设示范市”称号。在节能方面，2015年万元GDP能耗比2011年下降25.5%，超额完成省下达的下降20%的目标任务。2014年被交通运输部批准为绿色循环低碳交通运输发展区域性试点城市；2015年首批通过全国可再生能源建筑应用市示范验收评估。

（二）污染减排力度不断加大

“十二五”期间，大力开展大气环境污染防治，深入推进水环境综合整治，实施大气和水污染物减排工程项目900多个。从严落实控煤措施，实施燃煤锅炉的关停改造，累计完成1247台燃煤锅炉的关停和清洁能源改造，推进电力机组超低排放改造，完成6家企业8台燃煤机组共485万千瓦的超低排放改造。全面推行车用国Ⅴ汽柴油，淘汰黄标车6.1万辆，中心城区公共交通出行比例达35%。推进“三高两低”企业关停整治，共整治“三高两低”企业609家。开展流域水环境综合整治。列入长江流域水污染防治规划的12个骨干重点工程全面完成；实现“治太”重点工程项目58个，太湖流域交界断面水质达到省考标准。开展黑臭河道治理，整治了幸福河等一批黑臭河道。“十二五”末，全市主要污染物化学需氧量、二氧化硫、氨氮和氮氧化物排放分别下降19.49%、24.93%、17.26%和28.41%，污染减排任务顺利完成。

（三）资源综合利用成绩显著

废弃物综合利用水平位于全国前列，2014年获批为国家产业废弃物资源综合利用“双百工程”示范基地。2015年工业固体废物综合利用量为1628.45万吨，工业固体废物综合利用率达到91.5%，综合利用率已超过国家《“十二五”资源综合利用指导意见》和《大宗固体废物综合利用实施方案》中制订的目标。培育了一大批利废企业，资源综合利用认定企业达172家，产生一批重点利废骨干企业。废旧橡胶利用、电子废弃物处理、再生资源利用以及新型建筑材料等综合利用行业发展势头良好。

（四）园区循环化改造稳步推进

全市13个开发区，已有8个开发区开展园区循环化改造工作，其中国家级开发区2家，省级开发区6家。在开展园区循环化改造的8个开发区中，其中4个开发区列入了省级循环化改造试点园区（改造期2014—2016年），4个开发区在2015年已编制完成园区循环化改造方案并通过了专家评审，正在推进实施。南京化学工业园区是全国第一家国家级循环经济标准化试点单位，为全国化工园区打造绿色化工、发展循环经济提供了参考样板。

（五）绿色发展观念进一步增强

截止2015年底，共建成绿色社区291个、绿色学校493所。通过直接推广、强制推广、引导推广三种方式在企业、学校、社区推广节水器具的使用，节水器具普及率达到100%。实施节能产品惠民工程，采取财政补贴等方式，加快高效节能产品的推广，二级及以上能效家电产品市场占有率达到

88%。全面落实《环境标志产品政府采购实施意见》和《环境标志产品政府采购清单》，有关产品政府绿色采购比例达56%。倡导绿色出行方式，中心城区公共交通出行比例达35%。

二、指导思想和目标

（一）指导思想

以邓小平理论、“三个代表”重要思想、科学发展观为指导，全面贯彻党的十八大和十八届三中、四中、五中全会精神，深入贯彻习近平总书记系列重要讲话，特别是视察江苏时重要讲话精神，牢固树立“创新、协调、绿色、开放、共享”的发展理念，紧紧围绕“四个全面”战略布局，坚持现代化国际性人文绿都的城市定位，以资源的高效利用和循环利用为目的，以节能降耗、清洁生产、资源综合利用、构建循环产业链为手段，推进全市能源、资源消耗的减量化，传统行业的生态化改造，加快构建循环型农业、工业、服务业和循环型社会体系，促进企业循环式生产、园区循环式发展、产业循环式组合、社会循环式消费，基本形成覆盖全社会的资源循环利用体系，加快建设资源节约型和环境友好型社会。

（二）发展目标

以“环境美”增创发展优势，认真贯彻循环发展理念，大力推进节能减碳，推进生产方式绿色化转型，发展再制造产业，完善资源回收网络，提升资源综合利用水平，积极践行绿色生活方式，加快推进生产方式和生活方式绿色化，到2020年，基本形成覆盖全社会的资源循环利用体系，初步建成绿色、循环、低碳的生态型经济。资源能源消耗大幅下降，节能、节水、节电、节材工作取得较大进展，重点园区、重点行业、重点企业的能源消耗总量控制取得较大突破。煤炭消费总量控制在3100万吨以内，单位GDP能耗低于0.45吨标煤/万元，全市用水总量控制在45.82亿立方米以下，万元工业增加值用水量降低到13立方米以下，单位地区生产总值建设用地提高到6.20亿元/km2。资源综合利用显著增强，农业、工业、服务业的资源综合利用率进一步提升，基本建立再生资源回收利用体系，资源再生利用比例有较大提升。工业固体废弃物综合利用率达到95%左右，农业废弃物综合利用率达到95%，主要再生资源回收利用率达到85%。

三、重点任务

把循环经济理念贯穿到工业、农业以及服务业的发展过程中，根据南京市经济发展状况、自然资源禀赋、区域地理条件以及生态环境状况等要素，全面建设循环经济产业体系、资源能源节约利用体系、再生资源回收利用体系、循环型社会建设体系、循环经济支撑体系和循环经济创新体系等六大体系。

(一、)构建新型循环经济产业体系

1. 第一产业。全面发展农业循环经济，大力推行节地、节水、节肥、节药、节种技术，提高农业综合生产能力、提升农产品竞争力。加强农业废弃物综合利用。大力推进大中型沼气工程、秸秆育菇基地及生物有机肥厂建设。推广规模化养殖场禽畜粪便利用、污染达标排放、池塘循环水养殖。加大农作物秸秆综合利用，继续完善秸秆机械化全量还田模式，提高秸秆的综合利用效率。

2. 第二产业。以石化、钢铁、电子、汽车等产业为依托，以龙头企业为核心，以循环经济项目为载体，优化配置各类资源，构建循环经济产业链，实现项目间、企业间和产业间首尾相连、环环相扣、物料闭路循环，最大限度地提高资源循环利用率和废弃物综合利用水平，进一步提升产业竞争力。

石化行业。围绕“突破上游，扩大中游，主攻下游”的思路，推动石化产业向高端化、精细化

方向发展，重点打造精细化工产业链。强力推动化工企业“入园进区”，淘汰并转出一批效益差、能耗高的企业。以南京化学工业园区为石油化工集聚发展的重要载体，加快石化产品开发，提高副产物循环利用率，延长石油和基础化工产业链。支持南京化学工业园区创建国家级生态工业园区与国家级循环化改造示范园区。

钢铁行业。围绕“控制总量、调整结构、节能减排”，重点推进南钢和梅钢精品钢基地建设。应用烧结余热回收、热风炉余热利用、焦炉煤气脱硫脱氰等先进技术开展废弃物循环利用，突出抓好冶炼钢渣循环利用。

电力行业。以工业锅炉、窑炉能量梯级利用、废弃物综合利用为目标，通过电力企业与其他工业企业、建材企业的链接，构建较为完整的电厂能量梯级利用和废弃物的循环利用产业链。重点是突出抓好余热、余压、余水以及粉煤灰、脱硫石膏、煤渣等副产品的综合利用。

3. 服务业。积极开展国家服务业综合改革试点工作，以节约资源、减少污染、绿色消费和和绿色服务为目标，积极推进资源消耗、环境影响大的交通运输、餐饮住宿、物流快递、旅游观光、商业贸易等服务业循环化发展，大力培育循环型服务业经济，通过服务业循环化发展进一步带动和促进循环型工业、循环型农业的发展。到2020年服务业增加值占GDP比重达到60%以上。

加快现代物流创新发展。贯彻循环经济理念，推进城市物流管理体制改革，完善物流规划，推动重大基础设施建设和布局优化，加快建设完善龙潭港、禄口空港等物流基地建设。打造有影响的物流基地，加快枢纽城市建设。提升物流企业管理水平，促进物流企业规范化经营。鼓励物流企业间设施共享，提高物流设备循环利用率。

推动商贸旅等绿色发展。支持商贸、餐饮住宿等服务业对现有采暖、照明、制冷等设施进节能改造，鼓励使用太阳能、地热能、中水回用等，进一步提高能源、资源利用效率。积极发展二手商品市场，鼓励家用电器、汽车、机械设备、图书、旧服装等进入二手市场，进行循环利用，减少资源浪费。

(二)完善资源能源节约利用体系

1. 严管土地资源开发。加强建设用地管控，落实建设用地空间管制要求，按照“控制总量、严控增量、盘活存量”的要求，提高用地集聚、集约程度。新增建设用地优先用于鼓励类新兴产业项目，禁止对高能耗、高污染、落后产能项目和不符合产业政策的项目供地。到2020年，单位地区生产总值建设用地提高到6.2亿元/平方公里；加强长江岸线资源集约利用，合理开发、集约利用、有效保护长江岸线稀缺资源，高水平地实施沿江产业开发、城市建设和生态保护。

2. 严格抓水资源管理。实施最严格的水资源管理制度，全面落实水资源开发利用、用水效率和水功能限制纳污等“三条红线”管控措施，实行用水总量控制、水功能区纳污总量控制、水效率控制。到2020年，单位GDP用水量和单位工业增加值新鲜水耗分别小于38立方米/万元和13立方米/万元。

3. 严控煤炭资源消耗。严控煤炭消费增量，建立健全能源消耗强度与能源消费总量“双控”制度。建立煤炭消费总量预测预警机制，对煤炭消费总量增长较快的重点行业和企业进行预警调控。电力、钢铁、水泥不再新增产能，不再批准新建增加煤炭用量的项目。按照国务院“气十条”、“水十条”、“土十条”的有关要求，深入推进重点行业清洁生产审核。实施区域集中供热，关停集中供热覆盖范围内的生活和工业锅炉，推进集中供热覆盖范围外的燃煤锅炉清洁能源改造。到2020年，煤炭消费量控制在3100万吨以内，煤炭消费量占一次能源消费的比重下降至60%。

4. 加强矿产资源利用。加强对矿产资源实行节约使用、循环利用。实行清洁开发、高效生产和生态恢复，延长生态产业链，提升矿山废弃物处理处置和资源化利用水平，提高资源的利用效益。严格执行矿山准入政策，对现有矿山开采实行逐步退出，对砂石开采严加管控。同步实施采矿与矿山地质环境恢复治理，重点开展主城区、重要生态功能保护区和主要交通干线两侧的矿山地质环境治理与矿山复绿工作。

(三)建成再生资源回收利用体系

1. 加快生活垃圾回收利用体系建设。大力推广生活垃圾分类收集和分类处理，扩大垃圾分类覆盖面，研究制定垃圾分类收费方式，鼓励市民进行垃圾源头减量和分类，逐步提高垃圾分类收集水平。统筹建设城市和周边村镇生活垃圾收运系统，推行“组保洁、村收集、镇运转、区处理”的城乡生活垃圾一体化处置模式。推进餐厨废弃物资源化利用和无害化处理，完善餐厨废弃物收运体系，基本实现城区餐厨废弃物集中处理设施全覆盖。到2020年，实现乡村生活垃圾无害化处置率达100%，城市生活垃圾分类收集覆盖率达到90%，城市餐厨废弃物收集率达到90%。

2. 推进建筑垃圾回收利用体系建设。调整完善建筑垃圾和工程渣土处置管理、城市生活垃圾处理费征收管理等相关法规，研究出台城市建筑垃圾、道路建设废弃物等废弃资源利用管理办法，在市区范围建立完善的建筑垃圾分类回收及综合利用设施，形成“点＋线＋面”的综合性建筑垃圾分类回收体系。

3. 构建再生资源回收利用网络体系。抓住作为国家商务部确定的全国首批九个再生资源回收体系建设试点城市之一的契机，全力打造再生资源回收体系，突破传统的再生资源回收模式，进一步推动南京市再生资源回收产业向产业化、连锁化、集约化方向发展。建立以社区回收点为基础、分拣加工中心为依托、集散市场为核心，点面结合，三位一体覆盖城乡的再生资源回收网络体系。到2020年，主要再生资源回收利用率达到85%。

4. 打造再生资源利用新的载体。加快江南环保产业园和江北环保产业园建设。按照总规确定的产业功能分区，推动环保产业园向废弃资源再生利用规模化发展和以静脉产业为主导的生态工业化发展。支持江南环保产业园和江北环保产业园发展静脉产业、再生资源产业及环境服务业。着力做大静脉产业、优先支持城市生活垃圾无害化与资源化龙头企业发展。将两大园区打造成为支撑静脉产业发展的信息交易平台、环境交易和环境科学技术研发基地、长三角静脉产业示范园与资源再生研究基地、南京废弃物资源回收处置利用基地。

(四)着力构建大循环型社会体系

1. 建设循环型城市。以创建国家生态文明先行示范区为抓手，完善城市环保基础设施，提高城镇污水处理率、生活垃圾处理率、城市绿地率和绿化覆盖率，提高城市空气质量。以工业企业和交通运输企业、宾馆、饭店、商贸企业及高校等用能大户为重点，开展节能和废弃物循环利用活动。推动绿色产业、绿色交通、绿色建筑、绿色物流、绿色服务等领域发展，完善循环型城市建设的组织体系和管理机制，建设循环型城市。

实施政府绿色采购。发挥政府的导向与示范作用，将再生材料生产的产品、通过环境标志认证的产品、通过清洁生产审计或通过ISO14000认证的企业的产品列入政府优先采购计划，逐步提高政府采购中可循环使用的产品、再生产品以及节能、节水、无污染的绿色产品的比例。

构建绿色交通体系。贯彻落实公交优先战略，构建方便快捷的公共交通网络体系。加强城市步行和自行车交通系统建设，大力发展城市公共自行车网络。鼓励使用新能源汽车，大力发展清洁能

源交通，提高使用新能源公交车在公交车中的比例。倡导购买小排量、新能源等节能环保型机动车。到2020年，中心城区公共交通机动化分担率达到63%。

推广绿色节能建筑。紧抓大型公共建筑、政府机构、保障性住房等重点领域，强化建筑节能管理，提高建筑节能标准。实施既有公共建筑节能改造，以机关办公建筑和大型公共建筑节能改造为重点。结合旧城改造、小区出新同步推进既有住宅节能改造。到2020年，城区范围内新建民用建筑基本实现禁粘，禁粘区域达90%。新型墙材应用比例达95%以上，城镇新建建筑绿色标准执行率达到100%。

加快新能源业发展。大力发展利用清洁能源，加快天然气基础设施建设，着力推进输宁主干输气管网建设，提高电力行业使用天然气等清洁能源的比重。推广太阳能光伏、地源和水源热泵技术以及分布式能源与热电联供的应用。农村地区大力推广应用沼气、太阳能和生物质能等可再生能源，支持规模畜禽养殖场建设大中型沼气工程，鼓励农村发展户用沼气池。

2. 打造循环型村镇。按照生活富裕、生产先进、生态良好的要求，深入开展美丽乡村创建活动。推进农村环境综合整治和连片整治，全面完成村庄环境综合整治任务，推动农业生产资料和农业生产废弃物循环再利用。加强村旁、宅旁、水旁、路旁以及零星闲置地块的绿化工作，完善村内道路、水系、基础设施和公共服务配套，实现道路硬化、路灯亮化、沟渠净化、环境美化。全面启动江宁谷里—横溪、高淳椏溪—漆桥、浦口老山北麓—滁河南岸、六合竹镇—金牛湖、溧水白马—无想山五大美丽乡村示范片区建设。到2020年，村庄环境整治达标全覆盖，五大美丽乡村示范区全部建成。

3. 创建循环型社区。开展循环型社区创建，广泛开展绿色消费教育，低碳生活家庭创建活动，推行健康文明的生活方式，培育和引导资源节约导向的生产方式和消费行为。引导人们正确购物和环境友好型消费。支持旅馆行业易耗品的反复使用与多次使用，禁止餐饮业使用不可降解的发泡塑料餐具，减少全社会塑料袋的使用。鼓励居民将可循环利用的物资从垃圾中分离出来，分类放置。鼓励居民使用节能和新能源汽车、节能环保家电等节能环保产品，抵制高能耗、高排放产品和过度包装商品，限制一次性用品的使用，开展反过度包装、反食品浪费、反过度消费行动，推动形成勤俭节约、资源循环利用的社会风尚。

（五）建立健全技术创新支撑体系

1. 构建技术创新体系。加大企业创新奖励和支持力度，进一步提高企业承担国家、省、市重大科技专项的比例，大力提升大型企业集团自主创新能力。鼓励支持企业与科研院所和高校建立稳定的研发合作关系，围绕软件、轨道交通、无线通信、生命科学、新能源、节能环保等先导型新兴产业，联合在宁高校和科研院所建立研发、设计和制造中心，攻关循环经济关键技术难题，形成一批具有自主知识产权的循环经济技术创新成果。突出企业的创新主体地位和主导作用。实施“科技企业培育百千万工程”和“小升高”计划，推动创新政策、创新资源、创新人才和创新服务向企业集聚。加大创新型经济领军企业培育力度，实现大中型企业研发机构全覆盖。建立健全科技型中小企业培育体系，发挥中小企业在技术创新、商业模式创新和管理创新方面的生力军作用。

2. 组建研发联盟体系。

3. 发展咨询服务体系。

（六）努力建立再制造业发展体系

再制造是绿色循环经济科学发展的必然要求，再制造能使产品得到多寿命周期循环使用、实现产品自身的可持续发展，节能节材、降低污染，既有经济效益也有社会效益，是循环经济的主导产业之一。

打造重点再制造产品。顺应现代制造业发展大势，引导制造业向分工细化、协作紧密方向发展，加快自动识别、人机智能交互、工业机器人、3D打印等先进制造技术的普及。完善“网＋云＋端”工业信息基础设施，着力构建智能制造支撑体系。重点推进电机、汽车零部件、工程机械等再制造，鼓励开展废旧家电、打印机耗材、通信终端设备、办公用品等产品的回收、拆解、分选和再制造。

建立再制造回收体系。鼓励支持建立以汽车4S店、特约维修站点为主渠道，回收拆解企业为补充的汽车零部件回收体系。规范建立专业化再制造旧件回收企业和区域性再制造旧件回收物流集散中心。

支持再制造技术发展。依托一批具有基础的技术研发单位和企业，建立再制造国家级、省级工程研究（技术）中心和再制造产品质量检验检测中心，鼓励科研院所和企业开展联合攻关，研发废旧机电产品无损拆解、表面预处理、剩余寿命评估等再制造设计、资源化预处理等关键技术提高深度化循环处置利用水平。

(七)大力发展循环经济创新体系

1. 互联网＋平台。在全国省会城市中率先建成循环经济公共信息服务平台。依托循环经济公共信息服务平台，实现大数据集中，提升资源信息价值，为园区及企业提供实用便捷的服务，激发循环经济市场活力，促进线上、线下服务融合，着力打造产业共生体系、市场服务体系和公共服务与管理体系。推进市区范围的产业共生和资源在线交换交易，提升管理咨询、技术服务和绿色金融等服务，实现循环经济的信息集成、政策引导和辅助决策。

2. 互联网＋回收。发挥作为国家电子商务示范城市、国家再生资源回收体系建设试点城市的政策优势，抓住苏商、汪海、凯燕、纸联、物联、怡华等大型龙头企业市场竞争优势，抢占“互联网＋回收”、智能回收阵地，推动再生资源回收企业利用互联网、物联网等现代信息手段，实现线上回收、线下物流的融合发展。

3. 互联网＋建筑。以绿色建筑管理和智慧能源管理为核心，推动建筑虚拟设计、制造与管理，培育一批绿色建筑、能源管理与互联网结合的新型服务业，促进建筑功能、建筑节能水平、绿色建筑性能、建筑产业的变革与提升。

4. 互联网＋制造。大力实施创新驱动战略，加快落实“互联网＋”和“中国制造2025”，制定核心关键技术和重大装备产品质量攻关实施计划，突破一批国内领先、世界先进的核心关键技术。大力推进智能制造。顺应现代制造业发展大势，引导制造业向分工细化、协作紧密方向发展，促进信息技术向市场、设计、生产环节渗透，推动生产方式向柔性、智能、精细转变。积极推进企业智能化改造，加快自动识别、人机智能交互、工业机器人、3D打印等先进制造技术的普及，加大智能装备投入力度，建设一批智能工厂。完善“网＋云＋端”工业信息基础设施，扩大智能产业国际科技合作，着力构建智能制造循环经济支撑体系。

5. 互联网＋城市服务。以推进“智慧南京”建设为抓手，实施“互联网＋”行动计划，大力发展分享经济，推动互联网新理念、新技术、新模式与经济社会各领域深度融合发展。实施大数据战略，推进数据资源开放共享，推进智慧城市产业中心建设，搭建基于云计算的企业公共服务平台、商用数据可信存储及移动应用云平台、电子商务平台、健康管理知识平台等，加快智能交通、智能设施、智能医疗、智能农业、智能金融服务、智能教育与科技、智能公共安全、智能市政服务等领域的发展。

泉港石化工业园区循环经济简介

泉港石化工业区是《福建省湄洲湾石化基地发展规划》确定的湄洲湾石化基地先导区，2007年列为第二批全国循环经济示范试点单位，2008年4月命名为“中国石油化工（泉港）园区”，2012年升格为省级经济开发区，2014年确定为国家级循环化改造示范试点园区。

近年来，园区始终遵循“大型、先进、系列、集约”发展理念，坚持“五个一体化”发展方向，致力于可持续发展，初步建立了结构合理的循环经济产业体系，形成以炼油乙烯为龙头，以有机化工原料、化工新材料、精细化工、合成材料及其后加工产品等石化产业链为特色的循环经济示范产业群。一批节能减排、清洁生产、资源综合利用、公共基础设施建设等项目相继建成，取得了明显的经济、环境、社会效益，2016年实现石化产值643.5亿元，连续五年跻身中国化工园区前20强。

（一）积极抓好延链补链强链

根据福建及周边地区市场空白点和产业链缺失点，规划形成多元化烯烃原料、C4、乙烯、丙烯、苯等五条产业链。紧盯大型央企国企、国内百强民企、世界500强等石化巨头，积极抓好“三维”对接， 通过科学合理布局，把上中游原料“吃干榨尽”，形成较为完善的上中下游化工生产链，产品关联度达到80%以上，实现了资源的最佳配置和充分利用。目前，总投资40.4亿元的福建联合石化EO/EG、福林气体空分等6个项目竣工投产，可新增年产值51亿元。

（二）完善循环经济示范区相配套设施

截止2016年底，泉港石化工业园区先后投入资金30多亿元，完成园区基础设施和自来水厂、临港变电站、公用管廊等“十大公用工程”配套建设。目前，园区公共配套齐全且容量充足，其中：蒸汽供应能力2200吨/小时，工业和生活供水能力10万吨/日，污水集中处理能力10万吨/日，码头装卸能力3057万吨，已建公用管廊长度 12.3公里，消防执勤站1个以及联合石化炼化一体化项目公共安全应急救援指挥中心、环境监测监控中心等设施。

（三）全力推进节能减排工作

2016年，泉港石化工业园区万元地区生产总值综合能耗1.41万元/吨标准煤，比2015年的1.44万元/吨标准煤，比减0.03万元/吨标准煤，下降约2%。近年来，园区循环化改造重点工程的投产，环境效益和经济效益显著。福建联合石化的丁二烯装置尾气回收利用项目和干气回收利用项目相继投产，预计每年可处理碳四烃2.3万吨，年回收利用干气23万吨；福源凯美特火炬气综合利用项目的建成投产，按照联合石化每年排放的尾气总量，通过回收利用装置，每年可节省产能6000万-7000万元，实现尾气减排和效益增值的双丰收；湄洲湾氯碱公司采用数字控制技术，对整流控制系统进行改造，年节约用电82万Kwh；联合石化减压塔节能改造、湄洲湾氯碱离子膜电解槽节能改造、旭能供热热力管道保温节能改造等项目列为省节能专项资金补助项目。

（四）严把项目进驻园区环保关

园区实行企业准入制度，凡入园企业必须是符合国家产业政策的非高危、高污染的工业（加工业）项目。入驻企业需先提交用地申请，由园区向区政府申请准入审查，由发改局组织召开专家评审会对需入驻项目提出审核意见。对入驻项目进行评审，严格执行环保设施与项目建设 “三同时”要求，杜绝高毒害、高污染、高能耗的项目进区。对于不符合规划及准入条件不成熟的项目，坚决不予入驻。

（五）坚持资源开发与节约并举

高度重视石化园区内土地的集约开发，提高工业项目用地投入产出率，全面推进环境管理体系认证，建立健全节能减排管理网络和制度，启动石化清洁示范园区建设，实施清洁生产合作项目，加快企业节能降耗技术改造，形成低投入、低消耗、低排放和高效率的节约型发展方式。

美特火炬气回收装置

南山片区尾气收集和回收利用管廊

福林气体空分装置

南山片区夜景

纵深推进大生态战略 全面促进循环化发展

——2017年贵阳市循环经济发展回顾

2017年，贵阳市抢抓贵州省建设国家生态文明试验区契机，深一层推进大生态战略贵阳行动，以产业生态化、生态产业化为目标，进一步明确了绿色发展、循环发展和低碳发展路径，加强环境保护和综合治理，提高资源节约和综合利用水平，构建绿色低碳高效生态经济体系。在经济继续高速发展的同时，生态环境质量持续提高，全市生产总值增长11.5%，环境空气质量优良率达95.1%。

一、实施大生态战略贵阳行动，强化循环化发展长效机制

2017年，国家生态文明试验区（贵州）实施方案获国务院批准通过，贵州省生态文明建设进入新的发展时期。全省上下围绕“大生态、大健康、大数据”战略，全力推进生态文明建设，奋力开创百姓富、生态美的多彩贵州新未来。贵阳市作为贵州省省会，高一格、快一步、深一层推进，在生态文明建设上“做表率、走前列、当先锋、做贡献”。实施大生态战略贵阳行动，推进生态文明建设体制机制改革，强化长效管理机制，全面推进循环经济建设，奋力打造贵阳循环经济发展升级版。

二、加快推进企业清洁生产，大力促进绿色循环发展

把清洁生产作为发展循环经济、减少资源消耗、控制污染排放、推进生产方式绿色化的主要措施之一，努力帮助企业把减量化、再利用、资源化原则贯穿到生产的各环节和全流程。2017年完成28家重点企业清洁生产审核任务，清洁生产工作取得明显成效。贵阳国家高新技术产业开发区获省级“绿色园区”示范，贵州科伦药业有限公司获省级“绿色工厂”示范，贵州轮胎股份有限公司、贵州开磷集团矿肥有限责任公司获省级“绿色工厂”试点。

贵阳呼叫中心与服务外包产业示范基地

贵州—北京大数据产业发展推介会项目签约仪式

三、加大工业固废循环利用，壮大资源循环利用产业

围绕磷石膏、粉煤灰、赤泥等大宗工业固废综合利用，组织产学研相关研究团队开展基础性应用研究，重点支持赤泥、磷石膏综合利用研究公共服务平台试点建设，编制赤泥、磷石膏相关性状分析报告等，为工业固废综合利用提供更多技术支持。鼓励和支持磷石膏板材、磷石膏复合建材产品、装配式建筑等综合利用项目建设。磷石膏综合利用率超过国内平均水平一倍以上。

四、提高数据采集处理能力，助推循环经济大数据应用

建成以贵阳市生态云平台项目、“互联网+”绿色生态监测项目、林业信息化项目为主的生态大数据建设项目，实现各生态业务系统和信息资源的纵向贯通和横向联动，促进生态业务的协同推进。通过块数据实现环保、国土、住建、交通运输、水利、农业、卫生、林业、气象等部门监测数据互联共享。加强信息节点监测监管，结合智慧城市建设，推广使用“绿色渣运”新型智能环保车，应用渣土管理“大数据”实施信息化监管等。

五、加强综合协调推进，促进循环型社会建设

有序推进高雁、比例坝填埋场技改升级，新建成高雁沼气综合利用系统，建成投运贵阳贝尔蓝德科技有限公司餐厨废弃物资源化利用和无害化处理项目，完成花溪区生活垃圾发电项目主体工程建设等。新建建筑设计审查阶段建筑节能标准执行率100%，在建及竣工阶段建筑节能标准执行率达98%以上，新建绿色建筑比例达到34.42%。以“千园之城”、河道综合整治、市政道路为主推动海绵城市建设。在登高云山森林公园、双溪湿地公园、百花湖森林公园、太阳湖滨河公园等公园设计建设，麦架河、七彩湖、小湾河水环境综合治理，三马片区棚户区改造等项目中，同步实施海绵城市设施及内容。

六、完善再生资源回收体系，引导再生资源企业发展

研究建设再生资源产业聚集平台、信息化管理共享平台、供产销产业链平台、回收利用产业耦合链等，为相关产业园内加工制造业提供各层次、全方位、信息化、系统化再生资源回收利用服务。重点工程包括废旧金属市场、报废汽车回收拆解中心、废弃电器电子产品回收处理中心、再生资源循环产业回收利用基地等。实现废钢材回收利用率78%，废有色金属回收利用率85%，废纸回收利用率86%，废玻璃回收利用率28%，废塑料回收利用率58%，废橡胶回收利用率68%。

鞍山经济开发区

鞍山经济开发区始建于2006年4月，位于鞍山城区西部，面积105平方公里。北有国际空港——桃仙机场，南有国际海港——营口港、大连港，沈大高速、哈大高铁“黄金线”横贯南北，将陆海空三位一体的快捷网络融会贯通。鞍山机场、鞍山职教城、鞍山奥体中心、沈大高速公路鞍山站和哈大高铁鞍山站均坐落在开发区。

“十二五”以来,鞍山经济开发区全面实施工业立区、产城融合发展战略，已形成钢铁深加工、先进装备制造业（高端阀门）、精细化工和现代服务业等四大主导产业，致力于打造国家级钢铁深加工基地、国内重要的高端阀门制造基地、国内知名的煤焦油深加工基地和东北地区最具特色和吸引力的现代服务业集聚区，成为鞍山市经济发展的桥头堡和新引擎。2012年12月获批国家外贸转型升级专业型示范基地——精特钢出口基地，2015年5月获批国家园区循环化改造示范试点园区。

2017年，开发区深入贯彻落实市委、市政府全面振兴钢都全链条部署，围绕“聚焦建设世界级精特钢基地、打造鞍山鞍钢融合发展样板”两大工作主题，对照清单、细化分解、压实责任、扎实推进，把“一条主线、三大任务、四个目标”贯穿全年各项工作的始终，积极推进新能源汽车产业园建设，加快推进鞍山与鞍钢一体化发展承载区建设，加快鞍山经济开发区的循环化改造，促进全区经济的发展,确保2017年各项工作任务全面完成。

一、加速推进转型升级

（一）围绕市委新战略，积极推进新能源汽车产业园建设。一是制定新能源汽车产业园发展规划。二是加快推动重点项目开工建设,中汽动力、新磁电子等一批新能源汽车项目开工和投产。其中，中汽动力新能源汽车动力总

钢铁深加工产业园

现代服务业集聚区

成项目填补我国汽电混合动力总成空白，新磁电子是东北唯一一家生产新能源汽车“小三电”的企业。

（二）围绕与鞍钢融合发展，加快推进鞍山与鞍钢一体化发展承载区建设。一是突出承载地功能。围绕钢铁深加工、先进装备制造、煤焦油深加工、循环经济，确定10个重点合作项目。二是与鞍钢共建物流产业园，实现混合所有制深度融合。与鞍钢合资建设的德邻陆港物流园区一期投入使用。

（三）围绕质量提升行动，加快推进产业升级。一是提升钢铁冶炼装备水平，宝得公司投资7.5亿元新上1250立炼铁高炉、45兆瓦电站、2座500立生石灰双膛窑项目，年底前开工建设。二是军民融合发展促升级。与各专业院所合作，推动磁悬浮轴承、地铁防护系统、热管散热器等民用产品向军民融合转化，提升研发能力，促进产业升级。三是推动服务业提档升级。

（四）围绕振兴实体经济，积极推进供给侧结构性改革。一是全面优化营商环境。二是加大政策扶持，提振民企信心。三是拓展空间，积极融入鞍山大通道建设，高速北出口、机场改扩建征收测计评估已完成。

（五）围绕集聚发展新动能，全面落实创新驱动全链条部署。一是由民企辽宁国远投资建设智能制造创谷，目前已初具规模。二是强力推进“金融+”计划，开发区建投与中信集团合资成立鞍达信金融服务有限公司，计划设立10亿元的产业发展基金。成立中小企业创新发展基金，已投资5000万元，对接5个项目。三是强力推进“科技小巨人企业”计划。

二、加快推进园区循环化改造

鞍山经济开发区作为国家园区循环化改造示范试点园区，循环经济发展以提高产业链循环化和资源综合利用程度为重点，围绕建设国家循环化改造示范区目标、打造 “三带二”循环经济体系、坚持“五个一体化”、 实施“七大任务”。通过延伸钢铁和精细化工循环产业链，共享基础设施和集成运行管理，全面实现能源资源综合利用水平、环境质量水平和经济综合实力的提升，促进鞍山经济开发区在企业、园区和社会三个层面建立“经济持续发展、资源高效利用、环境优美清洁、生态良性循环”的循环经济结构体系。

一是着力加快循环化改造，依靠科技进步，把高新技术和先进适用技术作为园区循环化改造的重要支撑，推进产业循环链接的关键技术突破，实现资源由低值利用向高值利用转变，实现资源优化配置和关键技术、信息的共享，实现经济效益、社会效益和环境效益的有机统一。二是充分发挥市场配置资源的基础性作用，以企业为园区循环化改造的实施主体，引导企业自觉参与循环化改造。三是通过对能量梯级利用、副产物综合利用、废弃物的资源化利用、产业链延伸以及循环经济公共服务平台设施的完善，促使经济增长质量得到有效提高，产业发展模式更加优化，资源、能源消耗水平显著降低，成本和市场竞争优势愈加明显。四是通过循环经济的发展，带动相关产业发展。通过项目的实施，为下游提供了优质的铁精矿和钢材、建材等资源，可以带动周边装备制造、机械加工等产业发展。开发区循环经济的发展也将促进环保产业成长，包括除尘、污水处理和污染防治及其相配套的环保系列产品，环保产业的设计、生产、销售，将引领环保新兴产业形成新的经济增长点。将进一步带动周边交通、物流、商业、金融、房地产、餐饮、会展等相关生产、生活型服务业协同发展。

化工产业园

先进装备制造业产业园

转变发展方式 优化经济结构
构建现代化循环经济新模式不断增长企业新动力

新疆天业（集团）有限公司

一、企业基本情况

新疆天业（集团）有限公司（以下简称“天业集团”）成立于1996年，当时的总资产仅有1.5亿元，销售收入1.3亿元，规模较小、产品单一、技术落后、名不见经传。经过20多年的奋斗，目前已经发展成为我国产业配套完整、技术领先、循环经济特色鲜明的电石法聚氯乙烯龙头企业。目前，企业拥有年产140万吨聚氯乙烯树脂、100万吨离子膜烧碱、245万吨电石、400万吨新型干法电石渣制水泥、180万千瓦热电、20万吨1,4-丁二醇、25万吨乙二醇和600万亩农业滴灌塑料节水器材的生产能力；由天业自主研发的灌溉系统在国内外已累计推广6000万亩。2017年企业总资产已达400多亿元，企业连续多年进入“中国企业500强”和“中国制造业500强”。公司先后被授予全国国有企业创建“四好”领导班子先进集体、“全国五一劳动奖状”、全国第一批循环经济试点企业、循环经济教育示范基地、全国循环经济工作先进单位和全国技术创新示范企业及第二届中国质量奖提名奖、全国绿化模范先进单位、全国物流先进企业、物流百强企业和全国第四届中国工业大奖。回顾天业集团的发展历程，我们深刻体会到，作为兵团第八师的大型国有企业要想不断增强动力，使企业长足发展，一定要深刻贯彻落实党的十八大、十九大精神，打造“实体经济、科技创新、现代金融、人力资源协调发展”的新型产业体系。天业集团不断突破行业发展的重大技术瓶颈，不断构建、完善和提升循环经济的发展新模式，努力优化产业结构、转变发展方式，始终占据产业发展的制高点，是企业实现长期、稳定发展的不竭动力，也是天业集团建设现代化经济新体系的核心所在。

二、实施科技创新，发展循环经济

企业的科技创新能力是企业核心竞争力的重要体现。工欲善其事， 必先利其器。创业创新是企业发展的根本动力。天业集团高度重视创新平台建设，拥有国家认定的企业技术中心、企业院士工作站等7个国家级创新平台，集团有各类专业技术人员1752人，大专以上文化程度占总人数的70%以上，集团公司与中科院大连化物所、清华大

天业多元化循环经济产业

学、浙江大学、南开大学、石河子大学等国内一流大学和科研院所建立了紧密的合作关系，形成了“以项目为载体，企业牵头，优势互补，共同攻关”的产学研用模式。每年投入的研发费用占销售收入的3.2%，科研课题转化为成果比例达到98%以上，先后承担30余项国家级重大科技项目，其中国家863项目4项，国家科技支撑项目5项；获得20余项国家及地方科技进步奖；企业累计主持或参与制定国家及行业地方标准30余项，申请各类专利470余项，6项专利荣获中国专利优秀奖，填补了多项国内和行业空白。

三、 循环经济工作取得的成果

天业集团在发展历程中，始终坚持“绿水青山就是金山银山”的理念，“不断延伸循环经济产业链，实现企业利益与社会效益双赢,构建大绿大美石河子市”的发展思路。天业集团以具有自身特色的循环经济为基础，通过反复的实践和创新。取得多项重大成果：一是干法乙炔配套电石渣干法水泥技术。该技术的成功突破和应用解决了整个电石法聚氯乙烯行业发展的最大瓶颈问题是废渣处理，而且还变废为宝，获得环保和效益的双丰收。二是汞减排集成技术的研发和攻克。随着国际和国内对汞污染问题的高度关注，电石法聚氯乙烯涉汞问题极大的影响了行业可持续发展，天业集团自2007年起通过联合攻关成功开发低固汞触煤、含汞废水处理、高效气相汞回收等汞减排成套集成技术，并于2013年率先在行业内实现百万吨装置低汞化的目标。2015年，集团承担的国家“863”课题—电石法氯乙烯非汞催化关键技术开发与示范项目顺利通过国家验收，形成了具有工业化应用前景的固相非汞催化成套技术。 2016年针对国内外生产氯化聚氯乙烯（CPVC）、氯化聚乙稀（CPE）等氯化高聚物过程中存在的废水排放量大、环境污染严重的弊端，天业集团与清华大学合作，共同开发出具有颠覆性的氯化高聚物清洁生产新技术，从根本上杜绝了废水排放，大幅度提高了资源利用效率，具有巨大的发展前景。三是电石炉气深度净化制乙二醇技术。“十二五”时期，天业集团牢固树立落实“创新、协调、绿色、开放、共享”发展理念，践行五大发展理念。公司主动加强供给侧结构性改革，深入实施创新驱动发展战略，全面推进全产业价值链优化升级、提质增效，打造绿色环绕、工农和谐、商贸融合、生态文明的循环经济产业园。通过技术创新实现产业链的延伸，在国内首套煤-电-电石-聚氯乙烯-电石渣水泥循环经济产业链的基础上，通过自主创新，建成国内首套电石炉气深度净化制乙二醇及1,4丁二醇装置，用高浓度一氧化碳工业尾气生产高值化学品成功延伸了循环经济产业链,构建出工农业一体化循环经济循环经济体系。

四、抢抓“一带一路”新机遇，优化企业经济结构

天业集团敢为人先，不断强抓机遇，创新发展，全力打造天业铁路国际物流港。目前，天业集团 在化工园区已建34公里铁路专用线，并将铁路内线延长11公里通往生产厂区，还有2条装卸线和一条机车走行线，把“天业”牌产品从车间直接辐射到全国各地。集团以“一带一路”为契机，到2016年，全年完成铁路运输总量710.63万吨，实现产品销售（聚氯乙烯树脂、烧碱、1,4-丁二醇、乙二醇）261.89万吨。发运至中亚的西行国际货运班列18列，实现进出口总额3.30亿美元，其中，出口总额3.14亿美元，自产品出口额连续多年位居兵团第一。在线电子商务交易平台实现中、英、俄三个语种交易，销售总额突破1亿元。同时，天业与开发区共同成立新疆丝路广通商贸有限公司，积极建设保税物流中心（B型）、中欧国际货运班列集结中心项目。截止2017集团发国际货运班列126列，天业主要产品聚氯乙烯和烧碱的外贸分别占全国的33%左右，当年发运产品达16.12万吨，已实现108个国家和地区的产品销售。天业铁路专用线成为自治区三大中欧班列集结中心之一，天业集团在丝绸之路上的国际货运班列链接起了与世界的共赢之轨。天业集团成为中国氯碱行业旗舰、高效节水农业示范，全国商贸物流百强企业的循环经济试点典范，大幅提升了国际综合竞争实力。

天业工农商贸物流生命线

天业1,4丁二醇、乙二醇二期厂区外景

五、转变发展方式 构建现代化循环经济新模式 增强企业新动力

十三五期间，天业集团新的领导班子充分发挥"新疆天业"和"天业节水"两个上市公司的平台作用，以习近平总书记"发展循环经济是提高资源利用效率的必由之路。"为指引，全力打造"四新"天业，进一步发展氯碱行业、塑料节水器材产业和高效农业，并不断延伸循环经济产业链，积极打造天业铁路国际物流港，坚持"五位一体"战略布局，坚持"大绿大美"的理念，建设现代化经济新体系。集团聚焦以科技创新为核心的全面创新，优化存量做优增量。全力构建现代工农商贸深度融合循环经济发展新体系。一方面在现有产业基础上实施十大创新工程建设，重塑现有循环经济产业链的综合竞争实力；另一方面实施兵团十户滩新材料工业园区建设，并以磅礴之力建设100万吨/年合成气制乙二醇项目，积极推进上下游一体化、工农业一体化、传统产业与战略性新兴产业、制造服务业与互联网、产业金融资本与商贸物运资本的五大深度融合，即矿产资源开发—电力—电石—聚氯乙烯—高端化工产品—节水器材—高效农业—食品加工—农业产业—商贸物流产业链。这个主导产品产销链，以新疆丰富的煤炭、石灰石和盐资源为起点，以电为载体，以聚氯乙烯树脂及下游产业为链接，通过商贸物流与市场紧密相通，实现产供销运一条龙循环结合，通过优化产业链结构，使各类资源的转换效率大幅度提高，实现绿色、低碳、效益的良好持续的循环经济发展新模式。积极构建出工农商贸深度融合的现代化循环经济新体系，形成企业特色鲜明、工农商贸和谐发展的产业链大循环，并以甲醇系列产品的生产和转化为主线，深入推进烯烃新材料、芳烃新材料、特种纤维新材料产业集群，立足打造国内一流的现代煤化工、盐化工、石油化工多产业耦合的低碳、绿色化工新材料循环经济示范园区，坚持"效益优先"的方针，充分发挥商贸物流经济效益转换作用，推动企业向千亿目标迈进，增强企业发展动力，必将使天业集团成为新疆和兵团区域绿色经济发展的坚实支柱。

天业集团将紧密团结在以习近平同志为核心的党中央周围，高举中国特色社会主义伟大旗帜，锐意进取，埋头苦干，为实现推进现代化建设，为决胜全面建成小康社会、夺取新时代中国特色社会主义伟大胜利、实现中华民族伟大复兴的中国梦、实现人民对美好生活的向往继续奋斗！（撰稿：刘万青）

国兵器
北方动力
陕西渭阳动力技术服务有限责任公司

上海化学工业经济技术开发区

上海化学工业经济技术开发区（以下简称上海化工区）成立于1996年，地处杭州湾北岸，横跨上海金山、奉贤两区，规划面积29.4平方公里，是我国首家以石油化工为主的国家级专业开发区，是国务院规划的国家七大石化产业基地之一。园区根据党中央、国务院确定的转变经济发展方式、走新型工业化道路、实现节能减排和可持续发展的要求，以建设成为“具有国际竞争力的世界级石化基地和循环经济示范基地”为目标，积极探索中国特色的循环经济发展之路，全面展开循环经济建设工作。

一、秉持“五个一体化”的开发理念。上海化工区在开发建设过程中，通过科学论证和研究分析，在吸取了国际化工基地近百年的开发建设经验并借鉴国际跨国公司和国际化工集中区域近几十年经验的基础上，提出了“五个一体化”的开发理念。即产品项目一体化，使企业与企业按产品链关系有机地组合在一起，实现最短空间距离的原料互供，资源共享；“公用辅助一体化”，有效地提高了资源的利用效率，从而使能源利用最大限度地达到减量化；“物流运输一体化”，不仅减少了运输成本，大大降低了物耗，从而提高了效益；“环境保护一体化”的环境建设和管理体系，降低了区域环境和社会风险，促进了经济、社会和环境的持续、稳定、协调发展；建立在“管理服务一体化”基础上的便捷高效的公共服务体系，充分降低企业商务成本，提高区域综合竞争力。“五个一体化”的开发理念是化工区发展循环经济的基础和途径。

二、建设园区循环经济体系。一是通过加大产业链招商，推动产业集聚发展，企业集中布局，形成优势互补、互利共赢的生态产业网络，形成产业的循环经济发展体系。一方面，上海化工区按照石油化工产品链的上下游关系，合理构建循环经济的产业链，实现资源共享和副产品互换的产业共生组合。目前上海化工区已投产的企业中已经形成了以乙烯为主的乙烯产品链和以氯气为核心的氯化工产业链，产品之间的关联度以达到80%以上。另一方面，坚持和完善污染物集中处理，不断完善和扩大集中污水处理厂、固废处理、热电联供，形成集约利用的公用工程。污水处理、固废处理等公用工程根据主体新招商项目同步扩建，污水处理能力由最初的7000吨/天扩展到36500吨/天，集中储罐区进行了3次扩建，危险废物焚烧能力达12万吨/年。公用工程既满足了化工区主体化工项目的需要，又满足了项目对环境保护的要求，更保证了这些公用工程的经济效益。二是通过创新合作、大胆实验，实施余热利用、新能源研究、水资源循环利用等项目，形成资源的循环经济利用体系。

通过在循环经济方面的不断探索和实践，园区内形成了产品的共生组合关系，形成从以石脑油为原料，生产乙烯、丙烯、丁二烯、苯类、再生产二氯乙烷、苯酚丙酮、丁苯橡胶、ABS等，到生产双酚A继而生产聚碳酸酯等4-5级梯次的乙烯产品链，实现了上、中、下游产品之间的梯度利用；建立了资源共享、综合利用体系，形成了以氯化工为核心的氯元素参与多家企业的异氰酸酯、二氯乙烷、聚氯乙稀等的多次重复利用的产业链，使上游的副产品和废弃物得到充分利用。在实现经济高速增长的同时，能源、土地、水资源产出率逐年提高，单位总产值能耗和取水量不断下降、工业固废综合利用率和工业用水重复利用率处于国际一流水平而二氧化硫和化学需氧量的排放量处于较低水平的良性循环。循环经济工作取得了明显的成效。

截至2016年，化工区吸引了英国石油、德国拜耳、巴斯夫、赢创、美国亨斯迈、英威达、杜邦、法国苏伊士、法液空、日本三井化学、三菱化学、西班牙石油等国际化工巨头和中石化、上海华谊集团等国内大型骨干企业落户，外资企业占80%以上，其中，世界化工20强8家、世界500强15家，园区累计批准项目总投资263.24亿美元，累计完成固定资产投资1343.04亿元。园区拥有120万吨乙烯/年、103万吨/年异氰酸酯、100万吨/年苯酚丙酮、28万吨/年聚碳酸酯、20万吨/年MMA、23.8万吨/年ABS异氰酸酯等主体产品生产能力，在世界化工基地中位于前列。2016年，化工区实现销售收入1021.06亿元，完成工业总产值969.68亿元。

经过20年的发展，上海化工区逐步形成以化工新材料为主导的特色产业集群，成为全国集聚国际知名跨国化工企业最多、开放度最大、融入经济全球化程度最高的化工开发区，先后被评为“国家新型工业化产业示范基地”、“国家级经济技术开发区”、“国家生态工业示范园区”、“国家循环经济工作先进单位”。

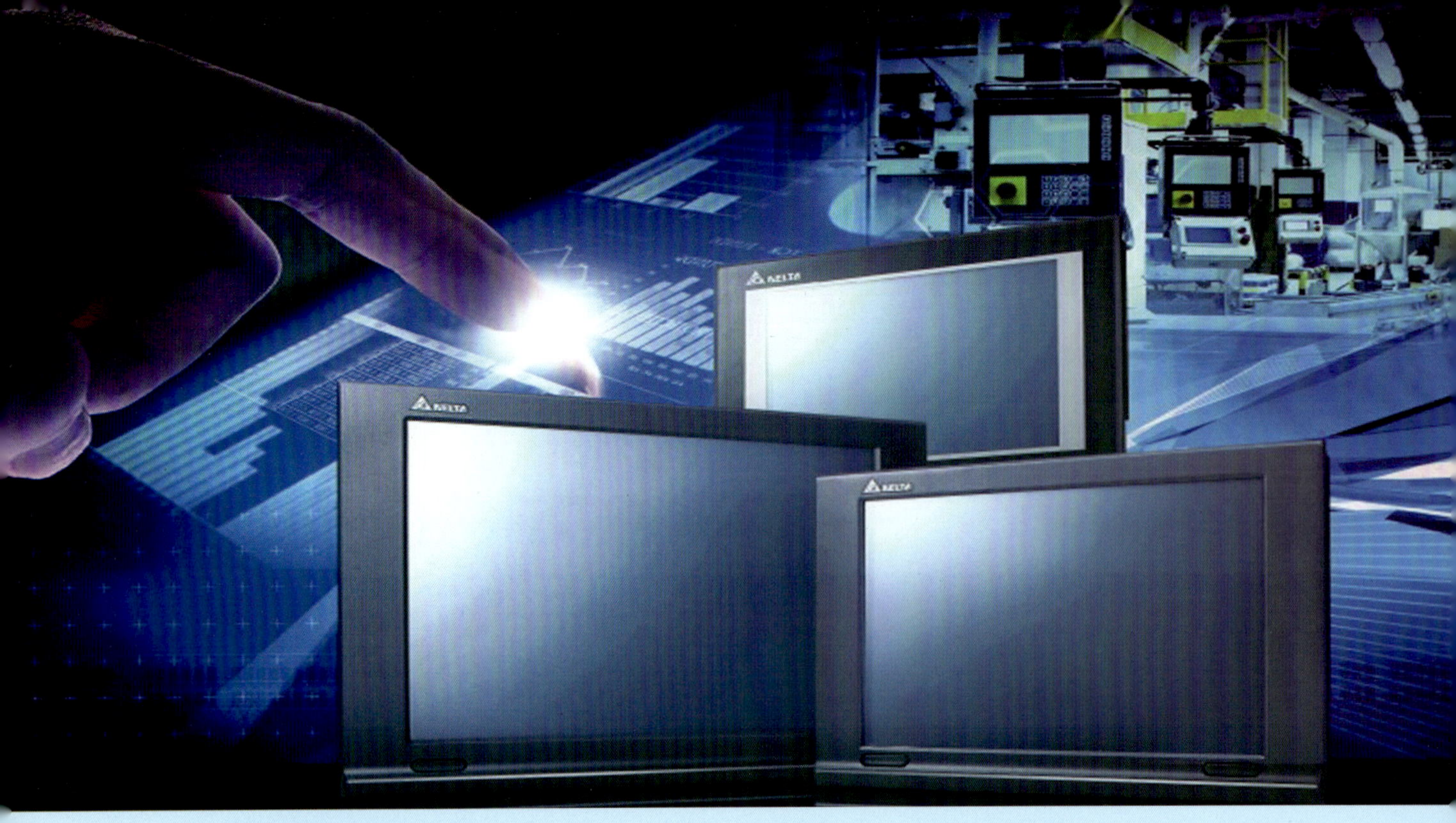

北京天波泰电气技术有限公司

你身边的人机界面专家

人机界面是人与计算机之间传递、交换信息的媒介和对话接口，是计算机系统的重要组成部分，是系统和用户之间进行交互和信息交换的媒介。机器人作为新一代的人机交互界面的突破将引发新一代科技革命！

北京天波泰电气技术有限公司三十年来专注于人机界面产品的研发与推广应用，代理瑞士EAO、奥地利K&N、法国APEM、德国RAFI、美国TE等品牌的开关和连接器。公司拥有专业的研发团队，具有自主设计和生产人机界面设备的能力，包括军用测试平台、舰载设备、车载面板等产品；通过了质量管理体系认证和军工产品质量管理体系认证。

北京天波泰为中国航天科工防御技术研究院、中国运载火箭技术研究院等单位提供优质、可靠、稳定的产品和服务，获得客户的一致好评。不往初心、砥砺前行，不断创新、追求卓越，天波泰一直在努力！

军工产品
质量管理体系认证证书

兹证明
北京天波泰电气技术有限公司

管理体系符合
GJB 9001B-2009 标准

该管理体系适用于

北京现代循环经济研究院绿色供应链研究室

为我国绿色供应链发展提供理论创新和制度支撑

我国随着经济的快速发展和财富的增加，消耗的资源也越来越多，资源浪费与环境破坏事件频繁发生。而绿色供应链是绿色产品所造成的供应链效应，绿色供应链管理追求的是经济效益和绿色效益相统一，达到社会经济的绿色的可持续发展。

北京现代循环经济研究院绿色供应链研究室从供应链角度，为新时代中国经济可持续发展步入经济效益与环境效益协调统一路径的快车道，提供理论创新和制度设立的有效支撑，进行深入广泛的探索研究并形成阶段性成果。

北京现代循环经济研究院研究室的主要研究以关系国计民生的食品安全、医药卫生领域为突破，整合相关各方专业人力资源。举办国内国际论坛和技术讲座。

北京现代循环经济研究院研究室组织编撰和发布绿色供应链技术标准，为行业、园区、企业参与、践行和引领绿色供应链发展提供技术标准支撑体系、环境评价体系以及绿色供应链体系咨询服务体系的研究等。

北京现代循环经济研究院绿色供应链研究室当前的主要研究方向包括：

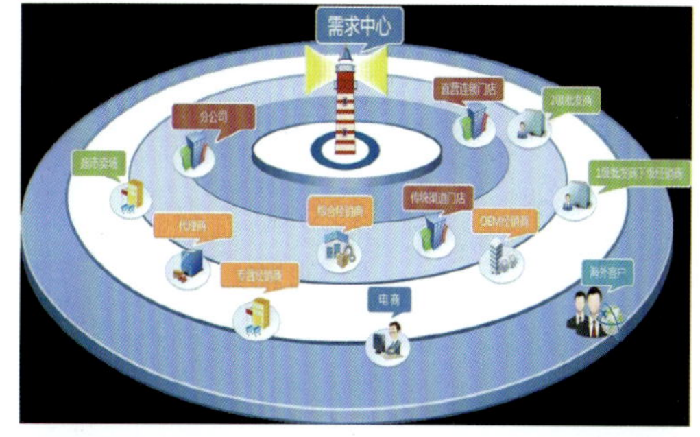

一、针对客户资源提供供应链专业技术的培训服务。

- 仓储技术
- 运输技术
- 物流管理技术
- 物资管理技术
- 供应链可靠性管理
- 战略供应链管理

二、结合目前非遗方面资源现状可开展的服务

- 非遗项目申请申请指南制定及服务
- 非遗项目保护指南制定及服务

三、医药供应链方面的标准起草和发布

- 《医药制造企业绿色供应链实施细则》
- 《医药流通企业绿色供应链实施细则》

宁海：开发“城市矿产”助推循环经济

“城市矿产”是对废弃资源再生循环利用的比喻，“城市矿产”开发被认为是循环经济新军。随着宁海国家级循环经济示范县创建工作的开展，居民处理废弃物的方式正在逐渐改变，主要体现在以下几个方面：

每年可回收10万吨废旧金属的宁海县再生资源交易市场

一、废品回收，市场体量巨大网点管理日趋完善

宁海县再生资源交易市场2014年10月开业，如今已经有20多家从事废旧金属回收拆解的商户入驻，每年可以回收10万吨废旧金属，年回收额超过3亿元。当二期工程建成后，回收量将达到20-30万吨，基本满足全县废旧金属回收需求。据业内人士估计，宁海每年产生的废旧物资超过50万吨，交易额超过20亿元。构成整个产业体系运转的，除了县再生资源交易市场，还有一批龙头回收企业和接近130家废品回收网点以及超过2500名的收废人员。

宁海加强了再生资源回收网络体系建设，目标是建成以再生资源交易中心为核心，中转集散站和龙头回收企业为骨干，规范化网点城乡全覆盖的三级网络。宁海县供销联社以下属40家回收企业为龙头，引领100多家再生资源回收企业布点全县各个角落，并打造10个示范网点。采取政府财政、乡镇、所在村共同出资的方法，建设10个乡镇中转集散站，尝试将分散的废品回收人员进行集中管理，做到收废不见废，在全省率先开通网上收废平台，开通了社区收购站，极大地解决了居民售废难问题。

二、车辆拆解，汽车拆解量不足发展前景非常广阔

宁海县物资再生利用公司是宁海县机动车定点回收拆解单位，每年拆解汽车300多辆、农用车300多辆、摩托车1000多辆。2014、2015年是企业经营最好的两年，全县黄标车专项整治共淘汰了6000多辆车，其中4000多辆就在这里被回收拆解。除了让资源充分利用，汽车拆解也解决了与环境保护息息相关的僵尸车问题。

2000年宁海汽车保有量只有5000辆左右，如今已经突破10万辆。按照汽车15年报废的标准来看，4-5年后，宁海汽车报废量将达到8000辆以上。除了报废车辆将出现激增，汽车拆解业也将面临着另一个“政策春天”——汽车再制造，就是把废旧汽车上没有损坏的配件保留下来，换掉易损件，重新上生产线进行再制造。

三、再生造纸，废纸利用率高环保水平全面提升

茶院乡的宁波市东腾纸业有限公司是宁海两家造纸企业之一。企业自1997年成立以来发展一直非常稳健，长期位列我县纳税50强，年产5万吨瓦楞纸，供应的商家包括全国最大的纸包装企业胜达包装以及纳爱斯集团等知名企业。受益于从2016年下半年开始蔓延至今的纸品涨价潮，加上席卷全国的环保督查风暴让一些无法达标的小型造纸企业纷纷关停，东腾纸业迎来了近年来最好的发展阶段。据估计，企业今年纳税应该在2000万元左右。

在过去，造纸是一个高污染的行业。把收购来的废纸破碎、清除杂质、打浆、制作成瓦楞原纸，将产生大量的废水。随着国家对排污管理的日益严格，造纸企业成为重点整治对象，这种情况得到了根本扭转。目前，东腾纸业安装了水质在线监测系统，连接环保信息中心，省市部门可以实时监督企业排污情况，一旦水质超过排放标准，报警系统就会自动报警。距离企业几十米的茶院溪畔，可以看到有不少村民在悠闲地垂钓。

用于造纸的废纸

生产出来的瓦楞原纸

循环发展　绿色罗定

2016年1月，罗定市被确定为国家循环经济示范市（县）建设地区。为推动循环经济示范市（县）建设，引领罗定绿色循环发展，罗定市认真落实《广东省罗定市建设国家循环经济示范县实施方案（2015-2019年）》确定的目标和主要任务，以提高资源产出率为核心，在生产、流通、消费各环节，推行循环型生产方式和绿色生活方式，构建覆盖全社会的资源循环利用体系，通过开展建设工作推动本市完成节能减排约束性目标，推动建立绿色低碳循环产业体系。

——构建循环共生的产业链网。进一步完善云浮（罗定）循环经济工业园企业间产业耦合共生关系，形成比较完整的产业链网，通过相关产业的横向拓展，形成关联度高的企业集群：一是推动五金制品产业上下游延伸，加强企业之间、行业之间的物质循环，形成“铝材-产品生产加工-电镀-边角料回收-贵金属回收加工”的产业链条；二是以中材水泥、华润水泥两大央企为龙头，延伸水泥产业链，形成“石灰石开采-水泥生产-混凝土-水泥制品-低温余热发电”的产业链条；三是以热电联产为主纽带，集聚一批制药企业，带动中药种植与初加工等产业发展，形成“中药种植-制药-药渣制肥-中药种植”的产业链条。

——打造绿色生态的循环型农业。坚持“绿色、循环”的发展理念，创新建立“公司＋理事会＋农户”的发展模式，因地制宜发展“稻米、肉桂、罗竹、油茶”四大特色生态农业，探索发展“农业-工业”、“种植-养殖-工业-营销”和“农业-工业-旅游业”等循环经济体系，重点打造稻米、油茶和肉桂工农复合型产业链。

——健全生活垃圾资源化利用体系。以打造美丽罗定、宜居罗定为目标，在“一县一场”、“一镇一站”、“一村一点”的基础上，推动农村生活垃圾分类和资源化利用工作，确定符合罗定实际的农村生活垃圾分类方法，并在半数以上乡镇进行全镇试点，争取到2019年实现农村生活垃圾分类覆盖所有乡镇和80%以上的行政村；同步推进罗定市生活垃圾再生资源综合处理项目实施建设，将全市的生活垃圾集中、统一通过水解法进行即时处理，并进行终端分类，促进生活垃圾资源化处理利用，实现全市生活垃圾长效持续治理。

——农村生活污水处理体系建设。加强污水处理设施建设，争取到2019年，在全市的中心村建成1000座无动力“厌氧＋人工湿地”污水处理设施，从源头加强水污染防控和治理，实现水资源的循环利用。

“十三五”期间，罗定市将主动适应经济发展新常态，坚持绿色循环的新发展理念，立足“融入珠三角，沟通大西南，建设粤桂边工业新城”的发展定位，推动主导产业循环化升级改造，打造具有罗定特色的农业循环经济，健全社会层面资源循环利用体系，全力把罗定市打造成为特色鲜明、示范作用明显的生态型循环经济示范市（县），加快建设低碳循环的绿色罗定。

塔山循环经济园区

塔山循环经济园区，是同煤集团根据循环经济“减量化、再利用、资源化”的基本原则，以“集约、绿色、多元、低碳”为特色，规划建设的第一个循环经济园区。是目前全国煤炭行业建成的第一个规划最完整、建设速度最快的高科技高品位高效益的循环经济园区。2007年被列入山西省第一批循环经济试点园区。2011年被确定为“中国循环经济典型模式案例”、“国家首批矿产资源综合利用示范基地”，并于同年获得“中国工业大奖表彰奖”。2012年被国家发改委评为“全国循环经济工作先进单位”。

园区规划占地面积13755亩，规划总投资544亿元，至2016年完成投资384亿元，在2009年初步建成“两矿十厂一条路”的基础上，增环补链，创新发展，形成目前“两矿四化五电九厂一条路”21个项目的新格局：

● 两矿：年产1500万吨塔山煤矿；年产1000万吨同忻煤矿；

● 四化：年产60万吨甲醇项目；年产60万吨烯烃项目；年产10万吨煤基活性炭项目；年产1.2万吨乳化炸药、4750万发雷管火工品项目。

● 五电：塔山坑口电厂一期2×600MW；塔山坑口电厂二期2×660MW；资源综合利用电厂一期4×50MW；资源综合利用电厂二期2×330MW；20MW塔山光伏发电站。

● 九厂：年入洗2300万吨塔山选煤厂；年入洗1600万吨同忻选煤厂；年产5万吨高岭土加工厂；年产2.4亿块煤矸石砖厂；年产1亿块粉煤灰蒸压砖厂；日产4500吨新型干法熟料水泥厂；7000m^3/d塔山污水处理厂；15360m^3/d同忻污水处理厂；4万m^3/d生活污水处理厂。

● 一条路：64.5公里铁路专用线。

塔山园区的循环模式是：以塔山、同忻两座煤矿为龙头，配套建设选煤厂，实现动力煤的洁净生产；选煤厂生产的精煤通过铁路专用线装车外运，筛分煤进入坑口电厂，洗中煤、末煤供资源综合利用电厂发电以及煤化工项目生产甲醇、活性炭，分选出来的煤矸石输送到煤矸石砖厂；电厂排出的粉煤灰、脱硫石膏、炉渣作为水泥厂和粉煤灰砖厂的原料；采煤过程中采出的伴生物高岭岩作为高岭土加工厂的原料；煤矿矿井水和园区企业生活污水进入污水处理厂，处理后用于电厂冷却、井下灭尘、煤炭洗选、园区绿化等，各个生产单位首尾相接，环环紧扣，上一个生产单位产生的废料正好是下一个生产单位的原料，逐层减量利用，循环发展，初步建成了一个以涵盖煤炭、电

60万吨甲醇项目

塔山坑口电厂

塔山园区20MW太阳能光伏电站

年产1.2亿块煤矸石砖塔山建材厂

资源综合利用电厂

力、化工、建材、现代服务等多个产业集聚合成，多个项目承载联动，“煤—电—热、煤—化工、煤—电--建”三条产业链耦合共生、协同运营的循环经济园区。

塔山园区以最小的资源消耗和环境成本，获得了最大的经济效益、生态效益和社会效益。

经济效益：从2007年建设雏形到2016年，园区共创造利润270.3亿元，上缴税费236.3亿元。其中，2016年，园区煤炭产量2958万吨，发电量91亿度，产值169.6亿元，销售收入160.1亿元，实现利税40亿元（利润15.19亿元，上缴税费24.82亿元），在煤炭市场低迷、去产能压力下，仍然取得了较好的经济效益。

生态效益：依据国家制定的循环经济指标体系，同煤集团结合企业自身实际情况，制订了资源产出、消耗、综合利用和废物排放等30项园区指标体系。对园区内各项目单位加大考核力度，用指标指导、督促各单位节能减排。2016年，园区能源产出率为0.75万元/吨标煤，土地产出率3107.13万元/公顷，水资源产出率0.06万元/立方米，原煤生产能耗为0.004吨标煤/吨，SO_2和COD排放量全部达标；工业固废进一步加大了无害化处置和综合利用力度，园区煤矸石砖厂、高岭土厂、粉煤灰砖厂、水泥厂极大地消化利用煤矿煤矸石、电厂粉煤灰、炉渣、脱硫石膏，同时进行填埋、复垦、绿化等无害化处理，处置率达到100%，为保护园区生态环境做出重要贡献。

园区积极开展清洁生产、建设绿色矿山。煤矿采取封闭运输、封闭储存，做到了“采煤不见煤”。电厂提高燃烧效率、进行脱硫脱硝、24小时在线实时监控，做到了“发电不冒烟”。生产、生活污水全部经污水处理厂处理后回用于电厂冷却、建材生产、绿化灌溉等，做到了“废水不外排”。实施大面积、广覆盖、全方位的绿化工程，形成了“三季有花，四季有绿”的花园式园区。

社会效益：塔山园区的发展模式，为资源型企业的发展树立了样板，成为节约资源和保护环境的典范。在园区内建立电力和煤化工项目，就地转化煤炭，变输煤为输电，变输送一次能源为输送清洁能源，保护了环境，同时缓建了铁路运力紧张局面。

循环经济园区通过项目延伸和产业链条拉长的辐射作用，给当地经济社会发展带来了巨大的带动作用。园区工业固废处理、绿化等业务由当地农村承担，有力地推动了当地杨家窑、赵家小村、榆林、窑子坡等农村共同致富。特别是杨家窑村，2016年在塔山煤矿相关产业、项目的带动下，解决农村就业600余人，村年产值由2015年的11189万元增加到11444万元，村民人均收入由2015年的3万元增加到3.5万元，成为山西省企地共建新农村的示范村——塞北第一村。

2017年，同煤集团将按照省委省政府“一个指引，两手硬”的重大思路和要求，深化改革，抢抓机遇，加大循环经济园区建设力度，以塔山园区为示范，完善、做强王坪园区，有步骤地推进东金潘、朔州（朔南-王坪）、保德、机电装备制造园区的建设，更好地服务社会、回报社会。

（大同煤矿集团循环经济园区开发管理委员会）

日处理能力4000立方米塔山污水处理厂

年产1500万吨塔山煤矿

生态花山 智慧新城

花山生态新城，地处武汉东湖国家自主创新基地、青阳鄂循环经济区、武汉新港、大东湖生态水网等重大项目结合部，是武汉城市圈“两型”社会改革先行先试示范区，由湖北省人民政府直属的国有大型控股公司联投集团出资建设。规划范围45平方公里，建设区17平方公里，规划 “两带三区”即严东湖大数据产业带、严西湖信息技术产业带、港口综保自贸区、光谷文化示范区和花山河文创区，打造智慧信息湾区、云上数据湾区、滨河生态湾区、中央文化湾区和滨江自贸湾区五大湾区。

多维低碳目标，构建可持续发展体系

花山生态新城立足于“一江两山四湖”的优越自然生态环境，加快落实各低碳专项规划。落实“绿色发展”理念，大力发展现代服务业，到2020年，实现新城现代服务业占第三产业比重达到90%以上。提高可再生能源利用率，到2020年，实现新城100%的清洁能源使用率，其中可再生能源使用率达到15%以上。全面推广绿色建筑，到2020年，实现新建建筑100%节能达标，绿色建筑占新建建筑比重达到70%以上。建立能源管理系统，实现能耗监管，通过有效的管理手段，降低系统能耗、避免能源浪费。打造内外畅达的公共交通系统，到2020年，公共交通出行占机动车出行分担率达到40%。合理建设慢行绿道系统，至2020年，建设完成总长度134公里城市绿道，实现新城绿道全覆盖。优先发展新能源汽车，加快建设充电桩等配套设施，至2020年，新城内新能源汽车使用率达到25%。严格落实生态底线区，打造生态休闲绿廊，建设亮点生态工程，构建“面-线-点”三位一体的碳汇体系，到2020年，新城绿地率达到65%，其中建设区绿化率达到40%，以保障城市风道的贯通，保护湖泊湿地以及生态排水廊道，加强对极端气候的应对能力。由点到面探索垃圾分类资源化利用，逐步推广实现垃圾减量化、资源化、无害化。

坚持产城融合，创造宜居宜业生态城

花山生态新城的开发建设，坚持联投集团新城板块“产城同规，一二联动，三生统筹，四新并举，五链融合”策略。以生态为基、产业为核、文化为魂，打造以人为本，特色鲜明的产业生态新城。

武汉软件新城

光谷希尔顿酒店

花山生态艺术馆鸟瞰

花山河文创体验区

打造重点工程，实现低碳化运营管理

——低碳产业工程。软件新城。花山河。严东湖。物流产业区。

规划3.4平方公里的武汉软件新城，是光谷-硅谷双谷合作示范项目，已聚集包括IBM、法国阳狮、飞利浦等世界500强在内的信息技术领军企业，初步形成新一代信息技术产业集群，打造华中重要IT服务外包基地和低碳产业高地。项目分为五期建设，一期企业已入驻，二三期于2017年底投入使用，未来提供超10万工作岗位。

规划大东湖生态水网又一核心示范项目“花山河”，将武汉市内水质最好的两个内陆湖——严东湖、严西湖连通,形成占地3.22平方公里的滨水文化区。人工河道全长3.5公里， 60—120米宽。预计总投资200亿以上，项目建成后，将引入和培育近500家文创企业、形成总值超1000亿的产业集群。

规划严东湖大数据产业园，以 “智慧湖北”龙头企业楚天云公司为核心，围绕大数据产业构建产业引擎，打造国家级大数据综合试验区、“大数据+”战略试点样板工程、B2G应用示范园区。

规划港口自贸区，紧邻长江和严东湖，是2017年批复的中国（湖北）自由贸易试验区武汉片区唯一江海联运港口综合体，将修建15个5000吨级泊位的花山港，已建成2个泊位。依托滨江区位优势，将打造以港口景观、湿地观光、宗教文化、生态农业和科技展示为特色的临江产业区。

——低碳能源工程。可再生能源建筑集中连片示范区。

新城启动区2012获批年度可再生能源建筑应用集中连片推广示范区,致力于推广绿色建筑，鼓励新建建筑采用地源热泵、太阳能光伏发电等技术，使用可再生的清洁能源，调整能源结构，降低二氧化碳排放量。

——低碳交通工程。道路体系。新能源汽车。

新城内城际铁路花山南站、武鄂高速花山互通口已投入使用；地铁19号线于2018年启动建设，提高公交出行比例；引进新能源电动车运营公司，电动汽车充电桩将逐步覆盖至新城所有公共停车场；城市道路建成约60%，正加快建设150公里的新城绿道，提高新城健康环境；未来T7有轨电车通车，为出行提供更多便利。

——碳汇建设工程。绿楔—绿廊—绿芯。

花山生态新城绿化率高达60%. 城市主干道绿化率高达50%, 附属绿化率高达40%. 新城建设致力于增加森林及生态系统碳汇, 提高农业与林业适应能力, 提高生态脆弱地区适应能力. 新城三面环湖, 沿湖地区建立50m绿色缓冲区, 在保护水体同时, 增加新城绿量. 新城内已建两个湿地公园, 总面积约100公顷, 对整个园区固碳净水, 调节新城内小气候起到重要的作用; 道路两侧设置植草沟, 在践行海绵城市的同时, 提高城市雨水涵养能力及城市碳汇率。

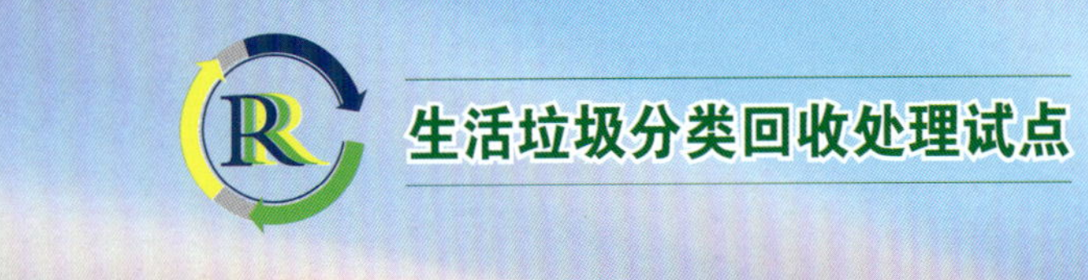

小垃圾大生态 小管理大效应

——湛江市金沙湾片区生活垃圾分类回收处理试点成效

循环经济是新型工业化的重要载体，同时也是湛江实现城市、产业“双转型”的必由之路。2016年，湛江被确定为国家循环经济示范城市建设地区，成为广东省第二个国家循环经济示范城市建设地区。为此，湛江在全国首创提出“三个城市”建设理念，大力建设“海绵城市、循环城市、脚印城市”，并将赤坎区金沙湾片区定为生活垃圾垃圾分类回收和集中处理试点样板区，打造城市循环转型发展样板片区，从社区管理上探索了循环发展、可持续发展的可行性。

金沙湾位于湛江市赤坎区东北部，是湛江市集中连片的新型城市新区。片区内有16个物业小区、14个单位宿舍区和宿舍楼（无物业管理）以及约240户私人住宅，共1.12万户，3.76万人。另有两所学校3400多名学生。2016年6月1日起，金沙湾片区正式实施生活垃圾分类回收和集中处理，片区居民垃圾分类知晓率、参与率、分类收集覆盖率及准确率明显提升，垃圾减量化成效显回收著，社会反映良好。据统计，自2016年6月份开展垃圾分类以来，共回收可垃圾39.6吨，有害垃圾2.2吨，减量幅度达12%。片区环境变得更加亮丽洁净。

我市高度重视金沙湾片区垃圾分类回收和集中处理工作，市长亲自挂帅先后10次带队到现场调研并提出具体要求，并明确提出“区为主、市协调、市直部门配合”管理体制。市住建局、市财政局、市城市综合管理局、市规划局、市供销社等部门大力支持，通力配合。

赤坎区作为实施主体，赤坎区委、区政府高度重视，党政主要领导每月均到现场指导垃圾分类工作，经过八个月的试点，赤坎区摸索出“1533”的做法。“1”就是一个机制，以街道为主、区协调、区直部门配合的管理机制；“5”就是五分法则，“分类、分袋、分放、分运、分责”；第一个“3”是“三个一”，即每天一通报、每周一活动和每月一奖励；第二个“3”是三个措施，即投入、宣传和督导措施。

——“一个机制”明确由街道办负责辖区内生活垃圾分类工作，组织社区居民参与生活垃圾减量工作。

——“五分法则”联通垃圾分类回收全过程。全面落实“分类、分袋、分放、分运、分责”，确保垃圾分类收集、运输、处理等环节衔接到位。一是分类。明确将生活垃圾分为可回收垃圾、厨余垃圾和有害垃圾三大类，为宣传引导居民正确分类、投放提供指引。二是分袋。为更好提高居民垃圾分类的参与度和准确性，赤坎区定制并免费向居民发放三种颜色的垃圾袋，分别是绿色装可回收垃圾，黑色装厨余垃圾，红色装有害垃圾，并在每个垃圾袋上印有该类垃圾的常见类型，方便居民按图分类。每个垃圾袋贴有编码，可准确追溯到每家每户。三是分放。为避免出现分类混放情况，赤坎区结合分类垃圾袋的颜色定制了绿色、黑色、红色三种垃圾桶，并分放到每个住宅区，同时在户外设置环保垃圾屋，方便私人住宅住户和路人投放。在实施初期，安排工作人员佩戴“垃圾分类红袖章”，每天晚上7:00-9:00在分类垃圾桶处检查指导分类情况，对垃圾分类做得好的家庭进行登记，提高居民分类投放的准确率。四是分运。一些地方实施垃圾分类都会出现“居民分类，环卫混运”的情况，严重挫伤了居民的积极性。为更好解决这一问题，政府将转运垃圾的任务转交给市供销社成立的再生资源回收队伍，购置了垃圾清运三轮电动车，在转运过程中回收可回收垃圾，并将有害垃圾放进有害物质存放铁皮屋，确保居民垃圾分类成果，实现垃圾减量化。五是分责。垃圾分类工作是一项系统工程，在垃圾分类回收的过程中涉及到政府、街道、社区、志愿者、物业、环卫、供销社等多方面，各单位在工作中明确角色，正确履行职能，保证了垃圾分类回收全过程有序衔接、顺畅完成。

——“三个一”潜移默化转变居民观念。垃圾分类工作重点和难点在于改变居民观念和习惯。赤坎区通过宣传栏、横幅、户外视频、电梯公告以及电视台、报纸、广播等媒体进行多方位、全覆盖的宣传，做到垃圾分类家喻户晓。同时，坚持“三个一”开展长期有效的引导和宣传，潜移默化地转变居民观念，让市民养成主动参与垃圾分类的良好习惯。一是“每天一通报”。每日定时在片区小区垃圾分类宣传栏以及小区业主微信群向居民通报前一天的垃圾回收情况，让居民清楚垃圾分类减量化成果，同时也提醒居民懂得、记得进行垃圾分类，进一步提高居民垃圾分类意识。二是“每周一活动”。每周六上午8:30-11:00固定在片区海湾路与百金路交界处以及三个居民小区设置垃圾分类宣传工作点与流动回收站，依托团委开展志愿者活动，将宣传点延伸到各个小区，实现全覆盖。特别注重加强对片区学生的宣传，制作垃圾分类倡议书、垃圾分类登记卡，派发给片区学校、幼儿园，通过学校动员学生、学生带动家长的方式，带动片区约5000户家庭实施垃圾分类。每星期五通过校讯通发信息提醒家长，星期六上午将可回收垃圾及有害垃圾带到流动回收站进行投放，对积极参与的学生进行登记印章及奖励小礼品。同时通过微信群和小区短信平台通知业主积极参与活动。这些举措有效提高了片区业主和学生的积极性。逢周六上午就有许多学生带着家长把从家里分类好的可回收垃圾和有害垃圾亲自送到流动回收站投放，风雨无阻，以实际行动支持垃圾分类工作。三是“每月一奖励”。通过垃圾分类工作人员的统计，对垃圾分类做得好的居民每个月进行一次张榜表扬，并发放小奖品。通过街道名义向片区垃圾分类做得好的居民投递感谢信，对居民身体力行支持、配合和参与垃圾分类工作表示感谢，呼吁大家共同携手，齐心合力，秉承绿色发展理念，共建美好家园，提升了居民参与垃圾分类的荣誉感和自豪感。

——“三办法”确保常态长效。一是投入。推广垃圾分类是一项长期系统工程，需大量的、长期的宣传活动和配备大量的基础设备设施，必须健全垃圾分类投入机制。赤坎区把垃圾分类工作专项经费列入了财政预算，保证每年足够的垃圾减量化工作经费投入。活动开展以来，赤坎区借鉴珠海的做法，在海滨东四路和海丰路的路口以及嘉庆苑小区各设置了1座“垃圾环保屋”，有效防止垃圾随风飞及受日晒发臭；制作了一批宣传栏，图文并茂普及垃圾减量化管理工作常识；自创设计并制造6座外形新颖的不锈钢“塑料瓶收集篮”，装配在学校、金沙湾海滨浴场等人流量多的地方，引导群众集中收集可回收垃圾瓶。在君临海岸小区，物业还在每组垃圾桶旁安装洗手盆，进一步提升和宣传了垃圾分类。二是宣传。创新宣传方式，完善宣传机制，街道办在各个小区均建立了“社区一家人”微信平台，充分利用业主微信群、充分利用业主短信平台加大宣传力度。同时充分动员利用“四种人四支队伍”的作用，确保垃圾分类理念和做法入家入户、入脑入心：团委青年志愿者队伍，他们是各种宣传活动的主力军。老年志愿者队伍，组织区老年人大学的垃圾分类志愿者在金沙湾广场和宣传点以形象有趣的快板、相声等节目宣传垃圾分类。广场舞队伍，把广场舞阿姨大伯整合起来，统一佩戴“垃圾分类志愿者”红袖章，在片区集中开展舞蹈宣传活动。学生队伍，在学校定期开展垃圾分类技能和创意展示、垃圾分类有奖知识问答、“绿色骑行”宣传、“垃圾分类”和“城市印象”主题绘画、节目表演等系列活动。“四种人四支队伍”既是宣传者更是参与者，有效带动了广大市民热情参与。三是监督。加强对垃圾分类工作者的引导和监管。垃圾分类回收集中处理涉及面广，任何一个环节出现问题都会导致前功尽弃。赤坎区制定相应的考核检查制度，由街道牵头，社区和物业小区为单位，每月开展工作评估。同时，充分发挥市民的监督作用。市民发现垃圾乱丢弃、环境卫生脏乱差等现象，可通过热线反映和举报，也可现场拍照，登陆“文明赤坎”微信和城管数字中心，在对话框直接发送图片和文字反馈到后台中心，中心派遣工作人员，及时赴现场依法依规处理，促进了工作的有序开展。

（湛江市经济和信息化局、湛江市建设国家循环经济示范城市工作领导小组办公室）

北京现代循环经济研究院

北京现代循环经济研究院是我国第一家成立的从事绿色经济、循环经济和低碳经济理论研究与实践推动的独立的院一级科研机构。国家工商和民政部门正式注册。时任国家发展和改革委员会主任马凯亲自批示指定为国家发改委重点联系单位联系单位。2011年和2016年连续被定为“中国4A级社会组织”。

北京现代循环经济研究院成立10多年来，遵循“做政府的帮手，服务社会” 的宗旨，一直秉承绿色发展理念，加快生态文明建设，致力于绿色发展、循环发展、低碳发展的理论研究和实践，在国家发改委气候司等国务院有关部委司局和省市区有关部门的重视和支持下，成功举办多个全国性和省市大型论坛；接受委托完成科研项目和编制各类规划、试点示范方案20多个。

从2008年起，编辑出版《中国循环经济年鉴》，先后由国家发改委副主任解振华和张勇任主编，每年一卷，已出版发行9卷.

从2010年起，在国家发改委气候司等国务院有关部委的重视和支持下，编辑出版《中国低碳年鉴》，已出版发行7卷。

自2010年起，在国家发改委气候司等重视和支持下，每年组织中国应对气候变化和绿色低碳发展十大新闻评选和发布，新华社、人民日报、中央电视台等近百家主流媒体及时报导，产生了积极、广泛影响。2014年中国应对气候变化和绿色低碳发展十大新闻评选和发布被写入中国应对气候变化政策与行动白皮书。

在国家发展和改革委应对气候变化司等部委司局的支持下，北京现代循环经济研究院主办多届中国应对气候变化和低碳发展十大新闻评选活动

研究院承办的“城市矿产产业高峰论坛”

《中国循环经济年鉴》

《中国低碳年鉴》

研究院主要编著出版的著作有：《循环经济要览》、《产业循环经济》（时任国家发改委主任马凯作序）、《区域循环经济》（曾培炎副总理作序）、《人类共同的选择：绿色低碳发展》等。

研究院将努力宣传、贯彻习近平总书记关于绿色发展理念和生态文明建设的系列讲话精神，宣传展示在习近平总书记为核心的党中央领导下，我国建设生态文明、应对气候变化和绿色低碳循环发展的理念创新、发展战略、实践和举世瞩目的成就、经验。一是把《中国循环经济年鉴》、《中国低碳年鉴》越办越好，使之成为各级党政机关、科研机构、院校、产业、园区、企业以及专家学者、科研、教学的查考工具和大型典籍；二是发挥研究的优势，承担相关科研项目和各类规划、试点示范方案的编制等；三是积极拓展新的领域，宣传、助推我国社会经济绿色转型，为政府部门、产业、园区和企事业单位提供更多更好的服务，为促进生态文明建设和应对气候变化作出新贡献，共筑绿色中国梦。

北京现代循环经济研究院编著出版的部份书籍

北京现代循环经济研究院编制的规划方案和刊物

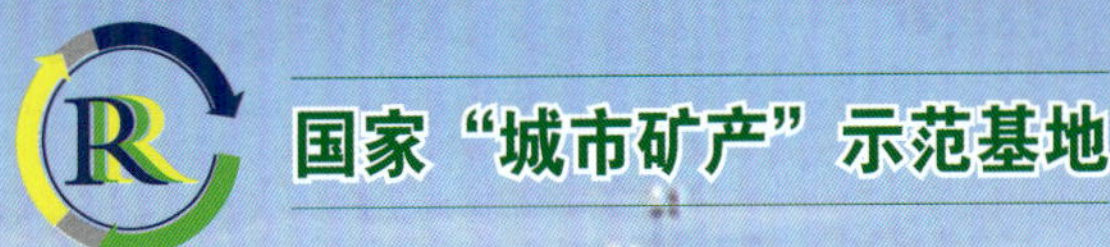

四川保和富山再生资源产业园

循环经济产业发展的引领者

中国金属资源利用有限公司于2012年落户于绵阳游仙经济开发区四川保和富山再生资源产业园——国家“城市矿产”示范基地内，是香港主板的上市公司（港股01636），是香港恒生指数的成分股，是深港通首批交易股之一。

公司主要从事循环经济产业中再生资源有色金属的开发与利用，现已形成了以废旧铜为主的铜加工、再制造的较为完整的产业链。公司已在国内全资控股11家实体公司， 参资1家公司，员工近1000人，尤其在四川绵阳的产业发展已经初具规模，从落户绵阳的四年中，截止2016年底，在绵阳所属企业已累计实现销售收入197.8亿元，已实现税收12.4亿元。公司拥有专利技术38项，“竖炉式氧化炉+节能式平板精炼炉+连铸连轧”、“利用废铜生产低氧铜线坯技 术”和“紫杂铜精炼法连铸连轧生产无氧铜杆技术”等，具有国 内领先水平，获省级科技成果认证。公司生产的产品铜杆、铜排、铜米、铜阳极板、铜丝及其电线电缆、通信网络线缆销售遍布全国二十几个省市地区，稳占川渝两地市场，部分产品出口欧美国家，并与南车集团、铜陵有色、大冶有色、大唐电信、大华股份等上市公司做生产配套，相关产品已经应用在武广高铁工程、广州地铁工程、武汉地铁工程等国家大型重点工程中。公司控股的四川金循环电子商务有限公司交易结算平台利用互联网技术，发展的“互联网+金融+物流+循环经济产业”的运行模式是对行业资源的整合，实现了虚拟与实体产业的有效结合，搭起了资源回收交易、加工、结算的桥梁，用互联网思维改变了再生资源行业从线下到线上交易、结算的经营理念，是一个崭新的营运模式，已累计实现电子交易额1313.73亿，并建成了行业首个智能化定位系统、10个标准化金属加工及仓储物流基地。

公司将乘势国内产业转型升级期发展的大好机遇，把握行业优势、资源优势、人才优势，立足绵阳，实施战略扩张。力争用3年时间把公司打造成千亿级集团企业，成为全球废旧铜标准的制定者，掌握全国废旧铜的定价发言权，为国家提供30万吨铜战略储备。一是建成全国最大的废旧铜加工及再制造企业，形成年熔融加工废旧铜60万吨，铜深加工再制造40万吨的能力；二是建成全国最大的再生资源交易结算平台，建成50个覆盖全国的标准化金属加工、仓储物流及货物交割地，实现大宗商品线上线下的同步交易与结算，实现4000亿电子交易结算额，形成100万吨标准铜加工能力和400万吨标准铜、铝的交易量。

公司依托“中国科技城”四川绵阳和“全球50强港口”湖南岳阳两个新兴战略城市，拥有独一无二的区位优势和资源优势。在未来的发展中，将通过资源整合、并购合作和产业联盟等方式，努力构建中国再生铜生产基地，为中国循环经济产业创造更大的社会价值！

四川省人大常委会副主任黄颜蓉到公司调研

再生铜杆

试点示范

第二、第三批国家“城市矿产”示范基地成功经验模式

2010年，国家发展改革委、财政部启动了国家“城市矿产”示范基地建设工程。示范基地在促进再生资源回收利用产业规范化、规模化发展和提升行业整体水平等方面起到了积极作用，在推动环境治理和节能减排方面取得了重要成效。2015年12月，我们组织相关专家对第二、第三批22家示范基地开展了中期评估工作。在评估过程中，发现了一批成功的经验做法和运营模式。

一、加强体制和制度机制创新

各级政府在推动“城市矿产”示范基地发展的过程中，在加强体制机制创新方面做出了许多有益的探索，形成了联席会议制度、领导干部包干制度、财税优惠制度等相关制度。甘肃省还通过立法形式把经过实践的体制机制进行固化，形成了一批地方循环经济发展法规。

二、推动产业链延伸深和产品高值化

部分园区引入下游制造企业，实施产业链延伸，提高了产品的附加值，增强了园区竞争力。河南大周基地充分利用自身优势，引进高端的金属门窗制品项目、泡沫铝以及铝板带等深加工项目。江苏邳州基地，引入蓄电池制造企业，将拆解出的再生铅生产蓄电池， 2015年园区实现产值97亿元。

三、拓展新思维创新发展模式

一些园区积极拓展新思维，不断创新发展模式和经营理念，形成了很多成功的发展模式。安徽滁州基地采用“互联网+”思维，利用物联网、信息通讯等先进技术打造出集物流管理、废物流监控、生产现场监控、污染排放在线监测于一体的管理体系，形成了报废汽车回收利用行业利用互联网思维经营管理的成功经验。

四、重视技术研发保持产业发展活力

很多园区企业高度重视先进技术、装备的应用，设立技术中心，开发并应用了大量的先进技术，提升了企业效益。北京市华新环保公司结合行业特点自主创新研发，在冰箱/空调处理线采用氮气防火系统，提高生产安全性；在平板电视处理线工位处采用新型负压除尘罩设计，集尘效果比原来提高了30%。山东金升集团建立了国家铜冶炼及加工工程技术中心，研发出新的冶炼高品位废杂铜工艺和装备系统，完全替代国外进口的倾动炉系统，并能解决进口倾动炉设备庞杂、能耗高的问题，大幅提高了经济效益。

关于将天津静海县等61个地区确定为国家循环经济示范城市（县）建设地区的通知

发改办环资[2016]36号

根据《关于开展循环经济示范城市(县)建设的通知》（发改环资[2015]2154号，以下简称《通

知》），国家发展改革委、财政部、住房城乡建设部委托中国国际工程咨询公司（以下简称“中咨公司”）组织专家对各地报送的循环经济示范城市（县）建设实施方案进行了评审。现将有关事项通知如下：

一、原则同意将天津市静海区等61个地区确定为2015年国家循环经济示范城市（县）建设地区（具体名单见附件1），请各建设城市（县）根据中咨公司出具的评审报告（见附件2）认真修改完善实施方案，并将修改后的实施方案（一式二份附电子版），于2016年2月28日前通过省级循环经济综合管理部门、财政部门、住房城乡建设部门联合报送至国家发展改革委（环资司）、财政部（经建司）、住房城乡建设部（城建司）（以下简称“三部委”）备案。

二、各地要把循环经济示范城市（县）建设纳入“十三五”循环经济发展总体规划，作为实现转型发展、建设生态文明的重要途径。要以提高资源产出率为核心，在生产、流通、消费各环节，推行循环型生产方式和绿色生活方式，构建覆盖全社会的资源循环利用体系，通过开展建设工作推动本地区超额完成节能减排约束性目标，推动建立绿色低碳循环产业体系。

三、各建设城市（县）要严格按照相关法律法规和管理规定组织开展支撑项目建设。项目建设要认真履行项目建设管理规定和节能环保要求，严格落实国务院关于化解过剩产能的要求。我委对实施方案的批复不代表对具体项目或具体园区的审核、审批或备案。实施方案中以园区名义出现的必须是《中国开发区审核公告目录》中的园区。

四、各建设城市（县）要加强组织领导，落实任务分工，建立创建工作协调推进机制，做好年度目标的分解和落实。要全面开展资源产出率统计工作，建立定期跟踪评估机制，并于每年1月底前通过省级循环经济发展综合管理部门、财政部门、住房城乡建设部门将上一年工作进展情况报三部委。国家将适时建立循环经济重点工作统计报送制度，具体规定另行印发。

五、省级循环经济发展综合管理部门、财政部门、住房城乡建设部门要加强对建设城市（县）的监督管理，规范项目管理，确保各建设地区、项目承担单位严格执行国家产业政策，环保法规和职业安全标准等。各地要加强对实施方案实施情况的跟踪评估，协调解决循环经济示范城市（县）建设过程中遇到的问题，确保示范城市（县）建设取得实效。

六、国家发展改革委、财政部、住房城乡建设部将对各建设城市（县）的进展情况进行动态跟踪和监督检查，并积极利用现有资金渠道对重点项目给予适当支持。三部委将对建设地区的工作进展情况进行不定期抽查，对工作无实质性进展、存在问题的，责令限期整改，整改后仍达不到要求的，取消建设资格。

七、三部委将根据《通知》要求制定国家循环经济示范城市（县）验收程序和标准，组织专家对申请验收的地区进行评估验收，验收方式包括听取汇报、查阅资料、现场核查、问卷调查、社会公示等。通过验收的，正式确定为“国家循环经济示范城市（区）”或“国家循环经济示范县（市）”。

根据《通知》要求，三部委委托中咨公司对北京市延庆区等31个地区报来的实施方案中的支撑项目调整情况进行了书面审核，对建设指标、任务等内容的调整不予受理。请各有关地区根据中咨公司出具的审核意见（见附件3）认真修改完善实施方案，并将修改完善后的实施方案（一式二份附电子版），于2016年2月28日前通过省级相关部门联合报送至三部委备案。

各地要高度重视循环经济示范城市（县）的建设工作，及时总结建设工作中的典型经验和做法，凝练典型模式案例，并加大宣传推广力度。对实施过程中出现的新情况、新问题要高度重视、

妥善解决，并及时将相关情况反馈三部委。

附件：国家循环经济示范城市（县）建设地区名单

国家发展改革委办公厅财政部办公厅住房城乡建设部办公厅

2016年1月6日

附件：

国家循环经济示范城市(县)建设地区名单

1、天津市：静海区

2、内蒙古自治区：包头市、托克托县

3、辽宁省：沈阳市、鞍山市、建平县

4、吉林省：洮南县

5、黑龙江省：通河县

6、江苏省：徐州市、扬州市、丹阳市

7、浙江省：台州市、安吉县、海宁市

8、安徽省：阜阳市、凤阳县、繁昌县

9、江西省：吉安市、丰城市、樟树市

10、山东省：聊城市、平原县、招远县

11、青岛市：城阳区

12、河南省：洛阳市、新乡市、长葛市

13、湖北省：荆门市、枝江市、潜江市

14、湖南省：长沙市、安化县、安乡县

15、广东省：湛江市、广宁县、罗定市

16、广西壮族自治区：柳州市、富川瑶族自治县

17、四川省：泸州市、浦江县、西充县

18、重庆市：綦江区、合川区、梁平县

19、云南省：曲靖市、祥云县

20、贵州省：六盘水市、铜仁市、岑巩县

21、陕西省：韩城市

22、西藏自治区：拉萨市

23、甘肃省：白银市、临夏市、泾川县

24、宁夏回族自治区：石嘴山市、永宁县、青铜峡市

25、青海省：大通县

26、新疆维吾尔自治区：玛纳斯县

27、新疆生产建设兵团：二师34团、一师10团

关于确定第五批国家循环经济教育示范基地的通知

为落实《循环经济发展战略及近期行动计划》，宣传循环经济理念，根据《国家循环经济教育示范基地管理办法》（发改办环资[2015]2071号），发展改革委、教育部、财政部、旅游局（以下简称四部委）组织专家，对第五批国家循环经济教育示范基地申报单位进行了评审。

经过专家评审、现场考察和网上公示，我们认为山东泉林纸业有限责任公司等7家单位（详见附件1）循环经济特色明显，教育宣传功能较强，具备国家循环经济教育示范基地建设基础，原则同意开展基地建设。现将有关事项通知如下：

一、完善实施方案。各教育示范基地创建单位应根据评审意见（详见附件2）的要求，对实施方案作出调整，并于2015年4月30日前，将完善后的实施方案（附电子版）报四部委备案。逾期不备案的单位视为放弃教育示范基地建设资格。

二、确保创建质量。各教育示范基地创建单位应严格按照实施方案开展创建工作，加大资金投入力度，满足相关建设运营需求，以现有条件为基础，围绕循环经济理念宣传，统一设计、布局、建设接待设施、安保设施、互动设施，强化循环经济产业链的展示功能。

三、提升工作水平。各教育示范基地创建单位应认真履行循环经济宣传教育职能，建立高效的服务团队，以国内循环经济产业体系为框架，以本基地循环经济产业链为重点，不断丰富循环经济宣传教育形式，完善讲解内容，形成具有本地特色的循环经济宣传模式。

四、加强监督管理。省级和市级循环经济发展综合管理、教育、财政、旅游部门应当建立定期协调机制，加强对辖区内教育示范基地的宣传推广和监督管理，对工作中出现的新情况、新问题，要认真研究解决，并及时向四部委报告，确保实现实施方案确定的各项目标任务。教育部门应当协调周边学校与教育示范基地建立稳定合作关系，组织学生定期参观；旅游部门应当将教育示范基地纳入本地旅游线路，列入旅游规划，予以充分开发利用，扩大示范基地的影响力。

附件：第五批国家循环经济教育示范基地建设单位名单

国家发展改革委办公厅教育部办公厅

财政部办公厅国家旅游局办公室

2016年4月18日

附件

第五批国家循环经济教育示范基地建设单位名单

区域	建设单位
山东	山东泉林纸业有限责任公司
	德州市平原县
	烟台双塔食品股份有限公司
河南	新乡市大北农农牧有限责任公司
安徽	滁州市报废汽车循环经济产业园
四川	泸州市纳溪区
	四川森肽集团

关于印发国家循环经济试点示范典型经验的通知

发改环资[2016]965号

为深入贯彻落实党的十八大、十八届三中、四中、五中全会精神，切实发挥国家循环经济试点示范工作在推进绿色循环低碳发展、建设生态文明中的作用，国家发展改革委、财政部综合国家循环经济试点示范验收评估意见，总结了若干可推广的典型经验和做法，现就有关事项通知如下。

一、准确把握推广国家循环经济试点示范典型经验的意义

2005年以来，经国务院批准，国家发展改革委等6部委开展了两批国家循环经济试点示范工作，范围涉及重点行业（企业）、产业园区、重点领域以及省市，共计178家单位。2010年以来，发展改革委、财政部等部门又组织开展了园区循环化改造、“城市矿产”示范基地、餐厨废弃物资源化利用等方面的试点示范工作。各地及各试点单位高度重视，编制了试点实施方案和规划，在各领域各层面探索循环经济发展路径和模式，推动了技术进步和节能减排，促进了生产方式由粗放型向资源节约型和环境友好型转变，支持了节能环保、新能源等战略性新兴产业的发展，取得了良好的经济、社会和环境效益。2013年以来，国家发展改革委等7部委开展了验收及评估工作，近期，发展改革委、财政部等部门对部分重点领域工作开展中期评估，并对试点示范中的探索和做法进行了总结分析，形成了一批有益的典型经验。

“十三五”时期，是实现全面建成小康社会战略目标的决胜期，转变经济发展方式、提高发展质量和效益的任务更加艰巨，全球绿色竞争的挑战更加激烈。加快推动循环经济发展，是全面贯彻落实创新、协调、绿色、开放、共享发展理念的必然要求，推广循环经济试点示范中形成的典型经验，有利于推动循环经济的全面深入发展，提高生态文明建设水平。各有关方面要充分认识推广国家循环经济试点示范典型经验的重要意义，采取切实有效措施，因地制宜，积极推广。

二、国家循环经济试点示范的典型经验做法

经过对试点示范单位的总结评估，并根据循环经济发展面临的主要问题和形势，决定率先推广以下经验做法。

（一）以加强地方立法，完善配套政策为核心的循环经济协同推进机制

要点：针对地方循环经济发展中的政策机制不完善、配套政策不协调等问题，地方应在循环经济促进法规定的原则下，制定省级条例或实施办法，结合国家整体战略、地方经济发展水平和产业特点提出差异性政策；推动设立循环经济发展专项资金、产业投资基金、股权投资基金，形成“投、贷、债”组合的多渠道资金投入模式，支持循环经济重大示范工程建设；建立跨部门的协调机制，加强顶层设计，统筹解决发展循环经济中的问题。

（二）以补链招商、风险共担为关键的产业园区循环发展机制

要点：针对园区产业之间关联度和耦合性不强的问题，依托园区主导产业，加强物质流分析，实行补链招商，增强产业关联度和耦合性。针对产业链运行保障机制不完善、抗风险能力弱的问题，因地制宜建立产业共生耦合发展的风险分担机制。建立由担保公司、银行、企业、中介机构和相关政府部门组成的多元化风险分担体系；推动上下游关联企业采取相互参股或合资等方式，形成

循环发展的利益共同体，协商解决企业发展中遇到的价格波动、技术变化、产品质量、安全生产等问题，增强企业抵御市场风险的能力，构建较为稳定的循环经济产业链。

（三）以废物联单转移、公共信息服务平台为核心的废弃物资源化精细管理机制

要点：针对在物质交换利用、废物循环利用的过程中，企业间由于信息不对称导致的废弃物流通环节多、成本高、监管难度大等问题，分析废弃物产生利用现状，优化产业共生路径。利用互联网、大数据分析共生企业间工业副产物和废弃物产生利用情况，诊断废弃物资源化利用的有效途径，绘制产业共生图，完善废弃物资源化利用交换路径。建立废物转移追溯管理制度，制定废弃物交易分级标准，对参与者进行评级，建立废弃物产生、流通和处置的各环节信息追溯制度，实现对废弃物全过程管理。支持搭建废弃物交换利用信息平台，推动产业共生企业间通过信息平台开展标准化交易，提高废弃物流通转移效率，降低监管成本。

（四）以嵌入式管理、整体解决为核心的产业废物第三方外包式服务机制

要点：针对企业废弃物处理不规范、不专业、形不成规模经济等问题，积极培育和壮大产业废物第三方外包式服务企业，提供废弃物回收、再生加工和循环利用的整体解决方案。在产业园区或集聚区引入专业服务企业，为园区内企业提供点对点服务，与企业生产流程实现无缝对接，对各个环节及终端产生的废物进行回收处理，形成的资源化产品再返回企业作为生产原料，并对难以回收利用的废物进行安全处置，构建形成循环经济产业链。

（五）以立法先行、特许经营、收运处一体化为特点的城市餐厨废弃物处理机制

要点：为斩断餐厨废弃物灰色利益链，解决餐厨废弃物收运难、收运品质差等问题，推动建立行之有效的餐厨废弃物处理机制。先行制定相关法规，推行特许经营和招标制度，由地方政府通过招标方式选择运营主体，建立餐厨废弃物的“收集—运输—处置”一体化运行模式。运营主体统一购置收运车辆，统一管理，同时属地各部门联动配合，协同负责，借助现代化的管控手段，建立完善保障机制，规范原有地沟油收运队伍，加强对非法回收地沟油的打击力度。

（六）以“互联网＋”理念规范、提升传统方式为核心的再生资源回收利用模式

要点：针对再生资源回收难、收集分散、利用水平低等问题，推动行业龙头企业引入“互联网+”理念，建立互联网平台和移动互联网APP，创新回收模式，搭建科学高效的逆向物流体系；利用物联网、大数据开展信息采集、数据分析、流向监测，优化网点布局，在充分利用再生资源的同时，深度挖掘数据资源的价值；推动产业废物、再生资源、再制造产品的在线交易，拓展供给信息渠道，开展在线竞价，发布价格交易指数，降低交易成本，提高资源稳定供给能力。

（七）以定向修复、专业维护、后期承包为特点的再制造技术服务发展模式

要点：为解决大型工业装备再制造过程中的运输难，专业化、定向化特点不突出的问题，支持再制造服务企业对设备使用状况进行全程跟踪，开展智能检测与故障诊断，定期回访收集信息，建立信息服务体系数据库，把设备的相关设计、制造（包含再制造）、销售（包括售后服务）、用户档案纳入信息服务体系，促进资源管理和优化配置；积极发展移动式修复设备，由集中再制造向现场再制造发展；通过出租再制造产品使用权、承包产品后期维护维修等创新商业模式，降低产品使用成本，提高再制造的便利性和操作性，拓展再制造空间。

（八）以生产生活系统链接、生产过程协同处理废弃物为特点的产城融合发展模式

要点：为解决城镇化过程中的能源资源消耗大、废弃物处理处置难等问题，将城市发展和周边企业进行产城一体化规划布局，将生产企业的余热余能引入城市生产和生活用能体系；利用企业高

温作业装置，协同处理城市危险废物、污水处理厂污泥、含能有机废弃物等；将城市生活污水经过处理后引入用水企业的生产系统，实现水资源循环利用和城市水资源消耗减量化；利用城市周边农业废弃物和城市内部的园林废弃物等生物质资源，生产菌类食品、清洁能源或建筑装饰材料。使生产和生活之间实现资源、能源和废弃物统筹利用，降低城市能源与资源消耗和废弃物处理成本，实现城市功能与产业发展协调融合。

（九）以数据统计和测算结合、自我评价为核心的区域资源产出率统计评价机制

要点：针对区域层面资源消耗数据尚未纳入日常统计、资源产出率核算难、资源产出率提升路径不清等问题，具备条件的地区以物质流分析为基础，构建统测结合、可操作的资源产出率测算方式，建立主要资源的物质流账户，摸清资源生产和消耗底数，鼓励具备条件的地区建立完善资源消耗数据的直报系统，支持社会科研机构和第三方系统分析评价资源产出率指标，分析不同情景下的变化趋势，研究资源产出效率的提升路径和具体措施。

三、加强经验推广的组织协调

为帮助各地准确理解典型经验的内涵，我们组织编写了《国家循环经济试点示范典型经验及推广指南》（详见附件）。各地要结合实际，因地制宜做好典型经验推广的组织实施工作，根据经验适用和推广范围，明确责任分工、工作进度和时间安排。要将经验推广工作作为推动绿色发展、建设生态文明的重要举措。各地循环经济发展综合管理部门、财政部门要切实发挥好协调指导的作用，为经验推广提供良好的保障条件，积极支持和指导各地推广经验，开展相关制度探索。各类循环经济示范试点单位，特别是循环经济示范城市（县）建设地区要发挥先行先试作用，在经验推广和总结方面走在前列，发挥示范带动作用。

国家发展改革委、财政部将认真做好综合协调，会同有关部门及时研究解决经验推广过程中出现的新情况和新问题，并将继续对各地发展循环经济中的新经验、新做法及时总结梳理，适时发布。

附件：国家循环经济试点示范典型经验及推广指南

国家发展改革委财政部

2016年5月4日

附件

国家循环经济试点示范典型经验及推广指南

一、以加强地方立法，完善配套政策为核心的循环经济协同推进机制

（一）问题的提出

地方在循环经济发展过程中存在法律法规不完备、政策机制不完善、配套政策不协调等问题，总体规划等顶层设计薄弱，缺乏相关政策保障机制，使得循环经济发展协同推进难。

（二）解决的主要思路

制定省级条例或实施办法，结合国家整体战略、地方经济发展水平和产业特点提出差异性政策；推动设立循环经济发展专项资金、循环经济产业投资基金、股权投资基金，形成“投、贷、债”组合的多渠道资金投入模式，调动社会主体积极性；建立跨部门的协调机制，加强顶层设计，统筹解决发展循环经济中的问题。

（三）主要内容及做法

1、加强顶层设计。编制循环经济发展总体规划或行动计划，保障地方产业发展、城市建设等重点领域体现循环经济理念。

2、推进法规建设。结合地方经济发展实际，制定地方循环经济促进条例或实施办法，制定重点领域的专项法规。

3、强化制度建设。建立发展循环经济工作的协调机制，加强部门协调配合；完善循环经济统计监测制度，为循环经济“可操作、可考核、可评价”提供技术保障；建立循环经济考核评价机制，开展企业、园区、重点领域的循环经济评价；推进循环经济标准化建设制度，支持企业、园区将典型模式、关键链接技术凝练为标准，制定资源循环产品标准，形成循环经济标准体系。

4、完善融资保障。有条件的地方设立循环经济发展专项资金，推动建立循环经济产业投资基金、股权投资基金，积极发展PPP 等新型政府社会资本合作模式，支持循环经济重大工程、重大制度、重要平台建设以及关键技术的研发和推广应用。

（四）推进步骤

1、组建工作协调机制。由发改、财政、环保等相关部门组成，研究循环经济推进过程中的重大问题。

2、编制发展规划。结合循环经济促进法和国家政策，以解决地方实际问题为导向，提出具体化可操作的目标、任务和措施。

3、推进地方立法。制定促进资源循环利用等地方特色或专项配套的法规、条例，建立健全生产者责任延伸制度。

4、建立地方循环经济发展评价指标体系，开展对区域、园区、重点企业发展循环经济的评价，推动落实相关方责任。

5、研究支撑资源循环利用的地方保障机制，加大各级财政资金对循环经济重点工程、项目的支持力度和引领作用。

（五）成本风险及难点

1、立法周期长，如何结合本地实际，在法律基本原则框架下提出的针对性规定需要深入研究。

2、发展循环经济涉及多部门，政策制度多为创新性规定，部门间协调需要花费较大精力。

（六）典型例子及成效

在加强地方立法方面，甘肃省、江苏省、广东省、陕西省、山西省、大连市等制定地方性循环经济促进条例或实施办法。在加强地方推进方面，山东省、浙江省、河南省、江苏省均在国家整体部署下，开展省级层面的示范工作，对园区循环化改造、餐厨废弃物处理、“城市矿产”基地等工作整体推进。在加大支持力度方面，甘肃省、青海省等均设立了财政专项资金，用于支持循环经济发展。

（七）适用范围

具有推进循环经济积极性和意愿、且有较强组织协调能力的地方。

二、以补链招商、风险共担为关键的产业园区循环发展机制

（一）问题的提出

园区企业间的关联度不高，产业链条短，生产的初级加工产品附加值不高，大量副产物或废弃物无法利用，产业之间关联度和耦合性不足；在已进行循环化改造的园区中，产业链运行保障机制不完善，抗风险能力弱，一旦链条中的某个企业由于原料、产品市场价格波动等原因不能正常生

产，就可能影响上下游企业，导致产业链不稳定。

（二）解决的主要思路

依托园区主导产业，加强物质流分析，实行产业链补链招商，增强产业关联度和耦合性；为提高产业链的稳定性，因地制宜建立产业共生耦合发展的风险分担机制，一是建立由担保公司、银行、企业、中介机构和相关政府部门组成的多元化风险分担体系；二是支持产业链上下游关联企业发展联盟，采取相互参股或合资成立公司等，形成循环发展的利益共同体，增强抵御市场风险的能力；园区管委会积极发挥组织协调作用，组织相关企业协商解决发展中遇到的问题；从而构建较为稳定的循环经济产业链，提高产业关联度和耦合度。

（三）主要内容及做法

1、优化园区空间布局。根据物质流和产业关联性，开展园区循环化布局总体设计，改造园区内企业、产业和基础设施的空间布局，促进废弃物就近资源化利用和产业集聚。

2、构建园区循环经济产业链。按照“横向耦合、纵向延伸、循环链接”原则，合理规划设计园区循环经济产业链。围绕产业链进行补链招商，引入补链企业，建设关键项目，合理延伸产业链，提高产品附加值和废弃物资源化利用水平，实现园区内产业共生耦合发展。

3、建立园区产业链接风险防范机制。建立由担保公司、银行、企业、中介机构和相关政府部门组成的多元化风险分担体系，降低发展循环经济的风险。

4、建立产业链上下游关联企业发展联盟。围绕循环经济产业链，成立由相关企业负责人组成的园区“自治”管理机构，协商解决企业发展中遇到的问题，共同抵御市场风险。

（四）推进步骤

1、开展园区物质流和产业关联度分析，规划设计园区循环经济产业链，合理确定园区改造方案，明确主要方向和任务。

2、进行补链招商。立足于园区产业发展现状，围绕规划设计的循环经济产业链，开展补链招商，合理延伸产业链，提高产业耦合度和关联度。

3、建立产业链风险共担机制。一是支持成立产业链接风险专用金，吸引银行、担保公司等社会力量参与；二是建立产业链上下游关联企业发展联盟，鼓励由龙头企业发起成立“自治”管理机构，协商解决企业发展循环经济面临的问题。

（五）需要政府提供的政策机制保障

1、园区在规划设计方面，要求园区主管部门以循环经济理念为指导，优化布局，引导产业集聚发展、循环发展。

2、在循环经济补链项目建设方面，需要政府给予一定的政策优惠，确保项目能顺利建成。

3、建立产业链接风险共担机制，鼓励银行、担保公司参与。

4、对于违约企业，建立相应的惩罚措施。

（六）成本风险及难点

1、由于园区内大量企业相互关联，如果在整个产业链条中有一个企业出现问题，将会影响其他企业生产。

2、如果发展循环经济的经济效益不高，则难以调动银行、担保公司等参与产业链接风险分担体系的积极性。

（七）适用范围

适用于园区企业间有较高产业关联度、企业废弃物资源化利用产业链较为完善，整个产业链面临核心企业和节点企业市场风险影响较大的产业园区。

三、以废物联单转移、公共信息服务平台为核心的废弃物资源化精细管理机制

（一）问题的提出

在一定区域内，废弃物产生与利用的不同主体之间，由于信息不对称难以构建起高效的废弃物回收与再生利用产业链条并实施精细化管理，特别是中小企业的副产物和废弃物分类管理不到位，资源利用效率不高。同时，执法部门难以掌握区域工业固体废物的产生、转移、贮存、处理处置等情况，监管执法难度大。

（二）解决的主要思路

对产业园区或一定区域内废弃物生产者进行全面分析，诊断废弃物产生、分布及资源化利用的有效途径，优化废弃物资源交换路径，绘制产业共生图。结合废弃物产生情况，制定废弃物交易分级标准和参与者评级制度，建立废弃物生产、流通和处置的各环节信息联单制度，实行全过程监管。搭建废弃物交换利用信息服务平台，推动产业共生企业间开展标准化交易。

（三）主要内容及做法

1、绘制产业共生图。加强园区资源流统计，分析产业园区或一定区域内废弃物产生情况，包括产生种类、数量、时间和空间分布特点等；分析废弃物循环利用企业情况，包括利用企业加工能力、技术装备水平等。在此基础上制定优化路径。

2、完善废弃物管理的标准体系。结合废弃物产生及利用特点，组织上下游企业广泛参与，制定废弃物产品分类、分级行业标准，使参与者之间能够进行标准化交易。

3、搭建废弃物交换利用信息服务平台。建设基于互联网的废弃物交换利用信息平台，建立参与者评级制度，根据参与者在交易平台上的交易行为开展信用评级，建立准入和退出机制。

4、实行废物追溯管理。废弃物产生、流通和处置各环节的企业均按照追溯制要求记录信息，如实记录一般工业固体废物产生、转移、处理等环节的相关信息，为环境等监管部门提供参考。

（四）推进步骤

1、分析区域内废弃物产生情况和利用情况，诊断废弃物资源化利用的有效途径，绘制产业共生图，确定最优路径。

2、政府管理部门主导，行业协会广泛参与，针对每个废弃物品种制定废弃物分类、分级标准和参与主体信用评级制度，规范市场交易行为。

3、采取市场化的运作方式，搭建废弃物交换利用信息服务平台，政府支持推动区域内的废弃物生产者与利用者通过信息服务平台开展标准化交易。

4、政府相关管理部门协同推进，建立废弃物生产、流通和处置的各环节联单信息制度，实现信息共享，加强对废弃物产生、转移、处理等环节的全程管理。

（五）需要政府提供的政策机制保障

1、组织专家团队做好基础调研，开展产废企业和利废企业信息填报制度，对废弃物种类、数量进行分析，绘制产业共生图。

2、制定废弃物分类、分级标准体系和参与者评价制度，建立参与者准入退出机制，并在区域内推行。

3、采取招标、竞争性磋商等方式确定信息服务平台建设主体，规范运营管理行为。

4、制定废弃物追溯管理制度，对废弃物产生、运输、利用、处置等各环节主体行为进行规范，并强制执行，适时抽查监督。

（六）成本风险及难点

1、在产业共生图绘制阶段，需要做大量基础调查，需要相应成本投入，产业共生图的科学性至关重要。

2、相关标准制定成本和信息服务平台建设维护和推广成本，注意防范非正规渠道的冲击，保证所有产业共生企业规范运营。

（七）典型例子及成效

天津经济技术开发区实施废弃物资源循环利用的精细化管理，针对企业间关于废物资源综合利用信息不对称的问题，通过组织培训、召开废物处置研讨会，开展信息网络建设等，吸引900 多家企业参与产业共生项目。实施了“一般工业固体废物管理联单制度”试验项目，企业按照联单制度要求，如实记录一般工业固体废物的产生、转移、处理等环节的相关信息，探索出一条切实有效的一般工业固体废物管理模式。

（八）适用范围

该创新模式做法适用于一定区域、产业园区和产业集群内对废弃物资源进行精细化管理和高效率循环利用。

四、以嵌入式管理服务、整体解决为核心的产业废物第三方外包式服务机制

（一）问题的提出

随着产业发展的深入，企业产生的废弃物种类不断增多，处理的规范性、专业性有待提高。特别是大型产业园区内部，行业分布广，废弃物种类多样，如果完全让企业自行处理处置废物，不但成本高昂，而且可能造成资源浪费，带来环境风险。

（二）解决的主要思路

引入或在园区内培育专业化产业废弃物循环利用与安全处理服务企业，作为第三方为园区企业提供外包式服务，提供废弃物回收、再生加工和循环利用的整体解决方案，为园区内企业提供点对点服务，与企业生产流程实现无缝对接，形成废弃物资源循环利用和安全处置第三方服务模式。对各个环节及终端产生的废物进行资源化回收，资源化产品再返回生产企业作为生产原料，构建形成循环经济产业链，对难以回收利用的废物安全处置。

（三）主要内容及做法

1、引入或培育专业化的第三方废弃物管理服务企业。把服务企业纳入到园区发展的总体规划中，补充完善园区的产业链。

2、园区管理部门引导推动服务企业与园区内的生产企业建立伙伴关系。引导服务企业通过主动介入、无缝对接式服务建立与产废企业同步的循环利用网络。

3、创新服务模式。一是“保姆式”服务，给服务对象提供废弃物排放处理整体解决方案，点对点服务，对其产生的所有废弃物进行回收、利用和处理；二是嵌入式对接，介入企业的生产流程进行无缝对接，把废弃物直接运走，不占用生产企业场地，节约企业生产经营成本；三是返回式利用，把某一企业的废弃物分解加工后，作为原材料直接返回给该企业重新利用；四是透明式处理，公开废弃物回收后的分解、加工和重新利用的全过程。

4、搭建废弃物处理处置服务平台。服务企业的生产技术、回收网络、销售网络、物流网络等

与园区整合，并与关联企业紧密合作，为产废企业提供个性化服务。

5、加强技术储备。支持服务企业建立技术研发平台，紧密结合园区内企业生产工艺技术的更新、废弃物性质和数量的变化，进行技术革新，改进服务质量。

（四）推进步骤

1、摸清废弃物家底。在园区管理机构支持下，对园区内的主要生产企业进行全面调查，清晰掌握主要产废企业的废弃物产生种类、数量等信息。

2、提出针对性处理方案。服务企业针对产废企业的废弃物种类特征等制定针对性方案，并与相关企业充分沟通，达成一致。

3、签订协议。在园区管理机构的支持下，服务企业与产废企业签订符合法律法规要求、基于市场行情的第三方服务协议，明确处理价格和双方权利义务关系。

4、建立循环利用体系。园区管理机构支持服务企业和产废企业建立废弃物循环利用体系，并根据市场行情动态调整。

（五）需要政府提供的政策机制保障

1、发挥规划引领作用，在园区规划中纳入产业废物第三方外包式服务的内容。

2、推动签订服务协议。园区管理机构与有关部门协调，确定合理的废弃物处理处置费用，引导服务企业与生产企业合作。

3、提供政策、资金、信息、技术、风险管理等方面的一揽子服务。建立相应的数据信息平台，针对园区废弃物种类、成分、利用方式等制定相应的标准规范，为废弃物交易服务奠定基础。

4、加大对产废单位的环境监管和废物处置监管力度，形成倒逼机制，保障市场机制发挥作用。同时加强对服务企业废物处理处置的监管，确保达到相应的环境标准。

（六）成本风险及难点

1、政府通过强化监管，推动企业将外部化污染内化为成本，使企业有较高意愿将废弃物管理交由第三方服务企业进行处理。

2、园区工业企业的技术、产品、废物随时可能发生变化，要防止市场波动的影响，要求第三方服务企业要有较强的技术、管理和抗风险能力。

（七）适用范围适用于产业关联性弱，企业数量多，行业分布广的大型综合性产业园区或产业集聚区。

五、以立法先行、特许经营、收运一体化为特点的城市餐厨废弃物资源化处理机制

（一）问题的提出

餐厨废弃物资源化与安全处置涉及产生、收集、运输、处置和利用等各个环节，涉及餐饮单位、收运企业、利用企业和监管部门等不同利益主体，同时面临传统自发收集利用模式和旧有利益链条的挑战，各相关主体诉求不同，收集运输和处理处置单位之间的衔接不畅，使得餐厨废弃物引发的食品安全和环境问题日益突出。

（二）解决的主要思路

以餐厨废弃物的产生、收运、处理处置、资源化产品利用的整个生命周期分析为基础，理顺政策与资金的保障和运行机制，构建管理部门、废物产生、收运和处理单位之间“互惠共赢，各司其责”的良好合作关系。地方政府推动立法先行，制定相关法规，明确建立招标或特许经营等机制。由地方政府通过市场方式选择运营主体，减少管理环节，提高运营企业积极性。建立餐厨废弃物的

“收集—运输—处置”一体化运行模式，同时属地各部门联动配合，建立完善保障机制，杜绝非法收运处理。

（三）主要内容及做法

1、研究推动本区域餐厨废弃物管理法规政策的出台。结合地方管理政策，建立完善餐厨废弃物管理政策体系。

2、研究餐厨废弃物处理处置的标准规范。针对餐厨废弃物收集、运输、处理处置技术装备和资源化产品，建立收集、运输和工程技术规范、环境保护标准和资源化产品标准体系。

3、建立市域层面的餐厨废弃物正规收运体系。突出源头管理，控制餐厨废弃物的非正规流向，合理安排餐厨废弃物处置物流，妥善处理原有非正规收运队伍正规化的转变机制和步骤。

4、创新处理处置技术，打通资源化产品下游市场，提高资源化利用率和产品附加值。针对不同区域餐厨废弃物中固、油、水三项组成特点，引入固形物、废油脂和废液的资源化利用路径和关键技术，通过延长深加工产品链，提高资源化产品附加值，增强处理企业生存能力。

5、研究收集运输和处理处置补贴资金筹措与运行机制。开展现有餐厨废弃物处理项目调研，根据各城市财政状况和市场环境，研究废物产生单位缴费和政府补贴机制，逐步实现收集运输和处理处置资金的长期保障和良性运转。

（四）推进步骤

1、组建由发改、住建、财政、环保、农业等市级相关部门和有关专家组成的协调机构，对正规收运体系构建的方法、资源化处理技术路线的选择和政策资金保障机制的制定等提供指导。

2、确定本区域的餐厨废弃物资源化利用和无害化处理体系构建的实施方案和具体计划。

3、通过公开招标等方式确定本区域餐厨废弃物收运、处理企业，与企业签订委托经营协议。

4、根据当地餐厨废弃物分布特点及资源化项目工艺路线，合理测算餐厨废弃物收运成本、运营成本，确定资金补贴标准和拨付机制。

5、将餐饮单位餐厨废弃物处理情况作为卫生工商年检重要内容，督促餐饮单位将餐厨废弃物交给正规收运企业。建立定期联合执法机制，加强对非法收运、处理主体的监管打击力度，严格执法。

6、通过现代互联网技术，建立完善的实时监管体系，防止“地沟油”等餐厨废弃物流向非法渠道，保障体系安全运行。

（五）需要政府提供的政策机制保障

1、出台餐厨废弃物管理法规，规定管理体系中政府各部门职责，规范废物产生单位和收运处理单位行为，加大对非法经营主体的处罚力度，提出政策和资金保障措施等。

2、组织招标，确定收运、处理主体，确定收运、处理补贴标准，建立覆盖全流程的监管体系，加强日常监管。

3、组织力量，加强对非法经营户的联合执法，确保正规收运体系的建立和正常运转。

4、支持餐厨废弃物资源化产品深加工的产业拓展，协调电力、石化、农业等部门，建立餐厨废弃物资源化产品的市场准入机制。

（六）成本风险及难点

1、对于不同地域、不同菜系、不同时间段产生的餐厨废弃物，如何保证处理技术的适应性和稳定性。

2、克服原有非法回收的利益链，需要政府下决心解决，做到不引发社会问题，疏堵结合，探

索将非正规回收纳入正规体系，防止对正规体系造成冲击。

3、需要政府各不同职能管理部门配合联动，形成共同推进的机制。

（七）典型例子及成效

苏州市出台专门法规，对餐厨废弃物排放、收运、处理行为进行规范。成立由副市长担任组长的领导小组，建立工作考核奖惩机制。通过特许经营方式，确定一家企业对全市餐厨废弃物进行统一收运、处理，形成了餐厨废弃物（包括“地沟油”）收集、运输、资源化利用一体化的运行模式。综合运用传感器、RFID、3G 无线通信等核心物联网技术和GPS、GIS 等技术开发出了一套餐厨废弃物全过程监管信息平台，日均回收处理餐厨废弃物350吨，主城区收运覆盖率超过80%。

（八）适用范围

适用于具有一定工作基础的大中城市市区范围餐厨废弃物资源化利用和无害化处理体系的构建。

六、以“互联网＋”理念规范、提升传统方式为核心的再生资源回收利用模式

（一）问题的提出

传统的再生资源回收主要依托走街串巷的个体回收业者，政府规范化管理成本高，再生资源交易信息不对称问题突出，回收环节交易链条过长，流通成本过高，利废企业的再生资源来源分散，价格波动较大，缺乏稳定保障，且再生资源交易无序和不规范，难以满足利废企业规模化、规范化、清洁化的发展要求。同时随着城镇化加快，人口红利逐渐消失，流动回收人员大幅减少，传统自发式回收模式面临转型需求。

（二）解决的主要思路

推动行业内龙头企业引入“互联网+”理念，建立互联网平台和移动互联网APP，搭建科学高效的逆向物流体系，实现回收的“扁平化”、“实时化”、“高效化”；利用物联网、大数据开展信息采集、数据分析、流向监测，优化网点布局，通过提供市场化服务实现盈利；推动产业废物、再生资源、再制造旧件和产品在线交易，拓展供给信息渠道，降低交易成本，提高资源稳定供给能力，推进回收利用一体化运营。

（三）主要内容及做法

1、引入互联网、物联网技术，鼓励回收循环利用企业积极参与城镇和各类产业园区废弃物交换信息平台建设，使资源循环利用全过程规范化、规模化和数据化，提高回收效率，降低运营成本。

2、支持利用电子标签、二维码等物联网技术跟踪废弃物流向，推广废旧产品传感识别与自动回收设备，建设车载、计量、监控和管理一体化的废弃物收运系统，通过信息采集和数据分析，优化回收网点布局和逆向物流体系。

3、推动再生资源、再制造旧件的在线交易，拓展供给信息渠道，推动主要废弃物交易市场向线上线下融合发展转型，逐步搭建行业性、区域性、全国性的废弃物和再生资源在线交易平台。

4、促进利废企业向上整合回收环节、向下延伸产品制造环节，构建回收利用一体化模式，保障废物来源、降低成本，提高产品附加值，形成资源循环利用闭合产业链。

5、开展在线竞价，发布价格交易指数，提高稳定供给能力，增强主要再生资源品种的定价权；推广线上信用评价和供应链融资，在充分利用再生资源的同时，深度挖掘数据资源的价值，积极探索与金融服务等有机融合的商业运营模式。

（四）推进步骤

1、根据城市特点选择不同推进方式，可以采用轻资产的纯互联网回收方式，或由利用企业向

上游回收环节延伸的方式。

2、利用物联网、大数据开展信息采集、数据分析、流向监测，优化逆向物流网点布局。

3、处理好与现有回收队伍和垃圾分类回收的关系。采用收编或规范现有回收人员的方式，形成稳定的网络体系。

4、逐步推行回收的标准化、规范化、互动化，增强消费者体验和便利性。

5、具备条件的品种采用电子标签或RFID 编码进行标识，实现全过程追踪。

6、引导规范的利用企业与上游回收企业建立稳定的合作关系，促进互联网企业和区域性废物回收利用企业的联合经营，建立稳定的废弃物来源。

（五）需要政府提供的政策机制保障

1、建立完善的政策保障机制，协调商务、环卫、环保等相关部门，促进回收和利废企业的深度融合，协调社会、商超单位提供便利。

2、加强废物回收利用全过程管理、监督和执法，推动非正规渠道向规范化回收渠道转移。

（六）成本风险及难点

1、平台建设和运营以市场化机制为主导，居民和企业等主要参与方的意识薄弱，平台建设投资回报周期较长。

2、资源循环利用体系涉及地方主管部门较多，跨部门协作、政策和资金保障难度大，平台商业化运营模式还需要探索。

（七）适用范围

适用于移动互联网发展应用较发达，人口和产业密集，资源循环利用体系初步建立的城市。

七、以定向修复、专业维护、后期承包为特点的再制造技术服务发展模式

（一）问题的提出

再制造产业面临旧件资源回收困难，再制造产品销售渠道不畅，再制造企业专业化定向化程度低等问题，特别是大型装备在后期维护环节运输、装备搬卸难度大，维护技术要求高，制约着再制造服务业发展。

（二）解决的主要思路

引入专业再制造服务企业，对设备使用状况进行全程跟踪，开展智能检测与故障诊断，回访收集信息，建立信息服务体系数据库，把设备的相关设计、制造（包含再制造）、销售（包括售后服务）、用户档案纳入信息服务体系，促进资源管理和优化配置；发展移动式再制造清洗、检测和修复设备，由集中再制造向现场再制造发展；通过出租再制造产品使用权、承包产品后期维护维修等创新商业模式，降低产品使用成本，拓展再制造空间。

（三）主要内容及做法

1、开发基于装备设计和制造过程信息、用户使用过程信息、维修与再制造过程信息共享数据库，建立基于大型装备制造商、用户、再制造企业联盟的信息服务支撑平台，实现大型装备闭环供应链信息管理。

2、再制造企业与原设备用户之间建立稳固的合作关系，跟踪用户的生产设备使用状况，合作进行在线智能检测、故障诊断与信息反馈，实现信息资源价值与闭环供应链的整体效益提升。

3、设计开发快速再制造装备，实现移动式再制造清洗、检测、加工与修复，提高大型装备现场再制造能力。

4、建立再制造产品租赁、产品后期承包维修等服务模式。鼓励装备制造商以产品租赁的方式将产品提供给用户，在产品出现故障或功能寿命到期后提供维修与再制造服务。建立制造商与再制造商之间的委托机制和承包服务机制，响应用户应急维修与再制造的需求，提高售后服务效率。

（四）推进步骤

1、针对典型行业与装备，提出信息服务支撑体系平台架构，建立信息共享数据库。

2、开展可移动式再制造设备设计开发与推广应用。

3、推广再制造产品租赁与承包维修再制造服务模式。

（五）需要政府提供的政策机制保障

1、支持建立制造商、用户、再制造企业闭环供应链协调机制。

2、支持建设基于大型装备制造商、用户、再制造企业产业联盟的信息服务支撑平台。

3、加大关键技术基础研究和创新平台的支持力度。

4、完善有利于再制造产业发展的支持政策。对实施再制造闭环供应链管理的企业、用户以及推广应用租赁再制造服务模式与承包维修再制造服务模式的企业，给予优惠政策。

（六）成本风险及难点

1、在产业层面，需要设计安全高效的共享数据库，建立可靠性高、安全性好的信息服务支撑平台，实现数据快速更新与用户实时交互，避免企业商业秘密外泄。

2、在操作层面，需要协调企业之间的利益，促使生产商、用户、再制造企业达成数据共享的协议，建立高效的闭环供应链管理机制。

3、在技术层面，一是废旧件的剩余寿命评估技术研究，建立废旧零部件的寿命评估数据库，确保再制造产品的可靠性和质量；二是利用激光增材（3D 打印）技术对关键复杂零件实施再制造的研究；三是对不同零件基体采用匹配的集约化材料和工艺进行再制造的研究。

（七）适用范围

适用于大型装备生产制造商、维修再制造商和已经购买大型工业装备，面临装备维修与升级改造的用户，或缺乏大型工业装备投资的中小企业用户。

八、以生产生活系统链接、生产过程协同处理废弃物为特点的产城融合发展模式

（一）问题的提出

城市内部或周边的工业企业在生产过程产生大量余热余能，消耗大量水资源和能源，而城镇化过程中，城市需要大量电、热、气等能源，水资源和各类建筑材料，同时每天产生大量包括危险废物在内的固体废弃物和污水，面临处理处置难题。

（二）解决的主要思路

将城市和周边企业建设进行产城一体化布局，把生产企业的余热余能引入城市生产和生活用能体系；利用企业高温作业装置，协同处理危险废物、污水处理厂污泥、含能有机废弃物等；将城市生活污水经过处理后引入用水企业的生产系统；利用城市周边农业废弃物和城市内部的园林废弃物等生物质资源，生产菌类食品、清洁能源或建筑装饰材料。使生产和生活之间实现资源、能源和废弃物统筹利用，实现城市功能与产业发展协调融合。

（三）主要内容及做法

1、推动城市与企业能源交换利用。将城市电厂等高温作业企业余热余能接入城市生活供热系统。

2、实现城市与企业水资源交换利用。将城市生活污水提高处理标准后，引入用水企业生产系

统；企业废水经过达标处理后，用作城市景观用水，减少水资源消耗，推动水循环利用。

3、实现城市土地的高效集约利用。将农村废弃地、厂矿污染土地、闲置工矿用地转化为生态用地，合理建设绿色生态廊道。

4、推动生产过程协同处理城市废弃物。利用企业高温作业装置，协同处理城市危险废物、污水处理厂污泥、含能有机废弃物等，探索生活垃圾协同处理。

5、推动城市及周边的有机质废弃物资源化利用。将城市周边农作物秸秆等农业废弃物和城市园林废弃物等生物质资源进行集中分类收集和资源化利用，为城市提供食用菌、沼气、有机肥和建筑材料等产品。

6、具备条件的城市可将城市产生的各类低值固体废弃物进行协同处置，对生活垃圾、餐厨废弃物、建筑垃圾、园林废弃物等进行集中处理和资源化利用。

（四）推进步骤

1、系统分析本区域内及周边的产业结构、能源资源消费情况，绘制城市与产业间物质交换图。

2、根据现有产业布局和城市功能定位，因地制宜，明确本地产城能源资源交换利用的重点企业、重点区域和利用方式。

3、城市管理部门采用PPP、特许经营等方式，建设公共资源管廊，如余热余压输送管道、中水利用管网等。

4、推动企业与城市管理部门建立合作关系，实现风险共担，城市管理部门建立必要的收费运行机制，加强对废弃物的管理。

5、新城建设中按照资源流动特点对基础设施进行统一布局，在新建城市主干道路、城市新区、各类园区推行城市综合管廊建设。旧城改造中，注重相关配套设施的完善。

（五）需要政府提供的政策保障

1、立足本地实际进行综合设计，提出符合本地产业特点和城市布局的能源资源交换利用体系。

2、完善运行保障机制，发挥市场机制的决定性作用，制定合理的价格形成机制，吸引社会资本投入。

3、提供必要的保障措施，通过发行城市债、设立基金等方式，拓展融资渠道；在用地、技术等方面提供相应的保障。

（六）成本风险及难点

1、该模式的风险主要来自于企业协同处理城市废弃物所带来的设备稳定运行技术风险和成本上升。

2、对协同处理城市废弃物的企业进行技术改造会影响增加一定成本，影响企业经济效益，需要政府研究建立补偿机制。

（七）典型例子及成效

北京市为解决固体废物处理难等问题，利用水泥企业对城市危险废物、污水处理厂污泥、焚烧厂飞灰等固体废物进行协同资源化处理；为解决城市垃圾、固体废物处理选址难等问题，布局建设了鲁家山静脉产业基地、朝阳循环经济产业园等，对固体废物进行协同处置。

（八）适用范围

该模式对各类城市均有一定的借鉴作用，特别适用于城市范围内及周边地区布局有冶金、水泥、发电等高温作业企业的城市。

九、以数据的统计和测算相结合、自我评价为核心的区域资源产出率统计评价机制

（一）问题的提出

循环经济发展缺乏综合性指标，各地难以综合判断循环经济发展成效、理清薄弱环节，从而提出有针对性的措施。国家提出的资源产出率指标在区域层面缺乏资源消耗的统计支撑，需要建立一套切实可行的资源消耗统计测算体系，以便分析资源产出率提升路径。

（二）解决的主要思路

以物质流分析为基础，构建统测结合、可操作的资源产出率测算方式，建立主要资源物质流账户，摸清资源生产和消耗底数，具备条件的地区建立完善的资源消耗数据直报系统，委托科研机构或其他第三方服务机构对资源产出效率进行分析评价，分析不同情景下的变化趋势，研究提出资源产出效率的提升路径和具体措施。

（三）主要内容及做法

1、建立一套统计与测算相结合的区域层面资源产出率测算方法。以区域经济系统物质流分析为基础，形成兼顾区域公平性、方法可行性、政策操作性的区域层面资源产出率统计测算方法。

2、建立区域层面主要资源的物质流账户。构建主要资源的物质代谢结构图，为结构图中的节点物质设计规范的数据表，利用现有经济和产业统计渠道并结合典型调研和专家测算，获取或折算物质流数据，确定可追溯的数据来源。

3、测算并分析区域层面资源产出率。根据所获各类资源账户数据，测算总资源产出率指标和子类资源（化石能源、金属资源、非金属资源和生物质资源）产出率指标，开展情景分析，研究资源产出率变化范围，形成资源产出率提升目标。

4、构建提升区域层面资源产出率的路线图。以物质流分析和资源产出率指标测算为基础，分析区域层面资源产出率的提升路径，可参考的分析角度包括优化空间布局、调整产业结构、开展技术创新、生产要素替代、再生资源利用等。

5、支持有条件地区开展资源消耗统计直报试点。基于国家的资源产出率统计试点调查方案，选择具备较好条件的地区，开展资源产出率统计核算体系建设与网络直报、数据质量评估、可视化信息发布系统开发等工作。

（四）推进步骤

1、组建工作协调组、专家组。工作协调组由发改、统计等部门和行业协会组成；专家组对物质流分析方法提供指导。

2、研究提出本区域的特征资源。专家组结合本区域资源禀赋和产业结构，提出纳入资源消耗统计的资源种类（应当包括国家确定的14 种资源），建立物质流账户。

3、开展调研和区域验证。开展文献调查、典型企业与地区调研、专家访谈、数据收集分析，将调研结果在一定区域内进行验证，支持有条件的地区开展资源消耗数据直报。

4、测算本区域的资源产出率，分析提出提升路径。

（五）需要政府提供的政策机制保障

1、建立一套简化、规范、可推广的区域层面资源产出率测算方法标准，完善资源产出率以及循环经济评价体系和相关统计制度。

2、协调提供必要的人员、经费保障，建立常态化工作机制，保障资源产出率测算工作开展。

3、引导各地在相关规划中，根据本地区资源消耗特征和经济发展水平制定科学合理的资源产

出率目标和提升路径。

4、鼓励地方建立包括市县层面、园区（开发区）层面的资源消耗数据统计评价机制。

5、引导具有公信力的第三方机构建立资源数据库，对不同对象的资源产出率进行科学评价并定期公布。

（六）成本风险及难点

1、在研究层面，如何充分挖掘和利用现有统计渠道的各种数据，如何拓宽数据来源渠道，如何将来源分散、质量参差不齐的数据进行相互比对校核，保障数据质量。

2、在操作层面，主要是如何建立稳定的经费及人员保障机制，确保该项工作持续开展。

（七）典型例子及成效

浙江省通过主要资源的物质流分析，摸清了该省主要资源生产消费特点，构建了省域层面主要资源消耗账户，支持永康市建立了市域层面的资源消耗数据的直报系统。在此基础上，测算出该省2010-2013 年期间以近10%的资源消耗增长支撑了27%的GDP增长，基于原始资源消耗当量的资源产出率三年提高了15.4%。

区域资源账户的建立为资源精细化管理提供了科学依据，资源产出率的测算与分析，为循环经济发展水平的评价以及资源产出率目标的设定与实现路径提供了相关科学基础。

（八）适用范围

适用尚未建立区域物质资源消耗常规统计体系，但发展循环经济工作积极性高、有较好的产业和经济统计基础、需要开展区域资源产出率统计测算的地区。

关于开展部分餐厨废弃物资源化利用和无害化处理试点城市终期验收和资金清算的通知

发改办环资[2016]1157号

根据《餐厨废弃物资源化利用和无害化处理试点城市中期评估及终期验收管理办法》规定，国家发展改革委、财政部、住房城乡建设部（以下简称三部委）决定开展餐厨废弃物资源化利用和无害化处理试点城市（以下简称试点城市）终期验收和资金清算工作。现将有关事项通知如下：

一、验收范围

本次终期验收范围包括2011年获得三部委批复实施方案的试点城市（名单详见附件1）。2012年、2013年获得三部委批复实施方案的试点城市如满足验收条件，也可按本通知要求申请验收。

列入此次验收范围但未达到验收条件的试点城市，所在地省级循环经济综合管理部门、财政部门、住房城乡建设（市容环卫）部门应在5月23日前向三部委提交推迟终期验收申请，说明逾期原因、拟采取措施和计划验收时间等。未按期提交验收申请或延期验收申请的试点城市，我们将视情况启动验收程序，届时未达到验收要求的，按照不通过验收处理。

二、验收标准

验收以三部委批复的实施方案（或批复同意调整的实施方案）为依据。试点城市新增餐厨废弃物资源化利用能力应达到实施方案设定目标的90%以上，中央财政补助项目基本完成，配套政策基

本落实。（标准详见附件2）

三、验收方式和程序

（一）验收方式

验收采取自评估和第三方机构审核相结合，书面验收和现场验收相结合的方式开展。

（二）验收程序

1.试点城市自评估：各试点城市对项目建设运营情况和目标完成情况进行全面自评估，对基地建设项目进行工程验收，根据项目工程决算等材料对项目建设总投资提出清算资金申请，撰写自评估报告（大纲详见附件3），汇总相关支撑材料，尽快报送至省级循环经济综合管理部门、财政部门、住房城乡建设（市容环卫）部门。

2.省级主管部门审核：省级循环经济综合管理部门、财政部门、住房城乡建设（市容环卫）部门应根据相关规定，对试点城市报送的自评估报告、清算申请额度、支撑材料的真实性和合理性进行审查，并联合出具验收和清算审查意见，于5月23日前报送三部委。

3.第三方复核：三部委委托第三方机构，组织专家对各地循环经济综合管理部门、财政部门、住房城乡建设（市容环卫）部门报送的材料进行复核，并视情况进行现场抽查。第三方机构依据材料审核和抽查情况向三部委提交验收和清算报告。

4.发文确认:三部委根据第三方复核情况，印发正式文件对试点城市验收结果予以确认。

5.结算资金。中央财政根据清算情况，对通过验收的试点城市按核定清算额拨付剩余补助资金，对未通过验收的试点城市收回已拨付中央财政资金的50%，不再拨付剩余补助资金。

各试点城市要抓紧开展验收工作，尽快将验收和清算材料报送至省级循环经济综合管理部门、财政部门、住房城乡建设（市容环卫）部门。省级循环经济综合管理部门、财政部门、住房城乡建设（市容环卫）部门要及时对试点城市报送材料进行审核，按时将审核意见和验收材料报送至三部委。验收工作要严格遵守中央“八项规定”，保证廉洁公正。

国家发展改革委办公厅财政部办公厅
住房城乡建设部办公厅
2016年5月5日

关于开展部分国家“城市矿产”示范基地终期验收和资金清算的通知

发改办环资[2016]1138号

有关省、自治区、直辖市及计划单列市发展改革委（经信委）、财政厅（局），相关国家城市矿产示范基地：

根据《国家“城市矿产”示范基地中期评估及终期验收管理办法》规定，国家发展改革委、财政部（以下简称两部委）决定开展国家“城市矿产”示范基地（以下简称基地）终期验收和资金清算工作。现将有关事项通知如下：

一、验收范围

本次终期验收范围包括2010年和2011年获得两部委批复实施方案的基地（名单详见附件1）。

2012年、2013年获得两部委批复实施方案的基地如满足验收条件，也可按本通知要求申请验收。

列入此次验收范围但未达到验收条件的基地，所在地省级循环经济综合管理部门、财政部门应在5月23日前向两部委提交推迟终期验收申请，说明逾期原因、拟采取措施和计划验收时间等。未按期提交验收申请或延期验收申请的基地，我们将视情况启动验收程序，届时未达到验收要求的，按照不通过验收处理。

二、验收标准

验收以两部委批复的实施方案（或批复同意调整的实施方案）为依据。基地新增再生资源回收利用能力应达到实施方案设定目标的90%以上，中央财政补助项目基本完成，配套政策基本落实。（标准详见附件2）

三、验收方式和程序

（一）验收方式

验收采取自评估和第三方机构审核相结合，书面验收和现场验收相结合的方式开展。

（二）验收程序

1.基地自评估：各基地对基地建设情况和目标完成情况进行全面自评估，对基地建设项目进行工程验收，根据单个项目工程决算等材料对基地建设总投资、中央财政补助项目等提出清算资金申请，撰写自评估报告（大纲详见附件3），汇总相关支撑材料，尽快报送至省级循环经济综合管理部门、财政部门。

2.省级主管部门审核：省级循环经济综合管理部门、财政部门应根据相关规定，对基地报送的自评估报告、清算申请额度、支撑材料的真实性和合理性进行审查，出具对验收和清算审查意见，于5月23日前报送两部委。

3.第三方复核：两部委委托第三方机构，组织专家对各地循环经济发展综合管理部门、财政部门报送的材料进行复核，并视情况进行现场抽查。第三方机构依据材料审核和抽查情况向两部委提交验收和清算报告。

4.发文确认:两部委根据第三方复核情况，印发正式文件对基地验收结果予以确认。

5.结算资金。中央财政根据清算情况，对通过验收的基地按核定清算额拨付剩余补助资金，对未通过验收的基地收回已拨付中央财政资金的50%，不再拨付剩余补助资金。

各基地要抓紧开展验收工作，尽快将验收和清算材料报送至省级循环经济综合管理部门和财政部门。省级循环经济综合管理部门和财政部门要及时对基地报送材料进行审核，按时将审核意见和验收材料报送至两部委。验收工作要严格遵守中央“八项规定”，保证廉洁公正。

国家发展改革委办公厅财政部办公厅

2016年5月4日

关于请组织推荐2016年园区循环化改造重点支持备选园区的通知

发改办环资[2016]1205号

各省、自治区、直辖市及计划单列市、新疆生产建设兵团发展改革委（经信委、工信厅）、财政厅

（局）：

“十二五”时期，为促进园区绿色循环低碳发展，助力经济提质增效，国家发展改革委、财政部积极推进园区循环化改造，确定了100个示范试点园区，取得了很好的示范引领效果。“十三五”规划纲要明确提出：“按照物质流和关联度统筹产业布局，推进园区循环化改造，建设工农复合型循环经济示范区，促进企业间、园区内、产业间耦合共生”，要求推动75%的国家级园区和50%的省级园区开展循环化改造。为落实“十三五”规划纲要要求，国家发展改革委、财政部将继续支持园区循环化改造，引领各地加快推进园区循环发展。现就有关事项通知如下。

一、总体要求

以京津冀、长江经济带等国家战略区域为重点，按照分类指导、重点推进的原则，加快推进园区实施循环化改造，促进园区绿色循环低碳发展，引领周边经济绿色转型。

（一）京津冀地区。重点围绕大幅降低园区大气污染物排放，支持一批以冶金、化工、建材等重化工产业为主导的园区实施循环化改造，支持河北位于城市建成区的冶金、化工、建材等重化工企业“退城入园”。

（二）长江经济带相关地区。重点围绕修复长江生态环境，支持一批以化工、纺织、印染、造纸、酿造等为主导产业的园区实施循环化改造，减少水污染物排放。

（三）其他地区。重点选择一批产业特色鲜明、改造潜力较大的园区实施循环化改造，打造一批园区循环发展的典范。

二、组织推荐

（一）基本条件

1.已按《国家发展改革委办公厅关于开展园区循环化改造需求调查的通知》（发改办环资〔2016〕513号）要求，报送“十三五”循环化改造需求；

2.各地区推荐的园区均应列入《中国开发区审核公告目录》（2007年第18号）或2007年以来经国务院批准的各类开发区、通过验收的国家循环经济试点园区；

3.园区符合土地利用总体规划和城市总体规划；

4.园区内的产业符合国家产业政策；

5.具有明确的园区边界以及园区组织管理机构或投资运营主体；

6.园区具备一定的产业基础和产业规模；

7.园区土地开发利用潜力较大；

8.园区废弃物产生量大，减量化、再利用、资源化和循环化改造潜力较大；

9.园区基础设施较为完善，具备符合国家标准的各项环保设施，近三年未出现重大环境污染事故和群体事件；

10.园区具备循环化改造基础，已开展相关工作；

11.财政部、国家发展改革委确定的节能减排财政政策综合示范城市，国家循环经济示范城市（县）的园区，列入国家或省级循环经济试点的园区优先。

（二）推荐材料

1.省级循环经济发展综合管理部门、财政部门联合推荐文件。

2.园区循环化改造实施方案。各申报园区要结合本地区资源环境、产业发展现状及园区特点，按照《国家发展改革委 财政部关于推进园区循环化改造的意见》（发改环资〔2012〕765号）的要

求，参照《园区循环化改造实施方案编制指南》（见附件），组织编报园区循环化改造实施方案。实施方案要在开展园区物质流分析的基础上，明确提出园区循环化改造的主要目标和重点任务，提出拟建设完成的循环经济重点支撑项目。

3.相关支撑材料。包括园区的批复文件，符合土地利用、城市规划、环境保护规划的相关文件以及国土资源部门确定的四至范围等材料。

三、有关要求

（一）各地要按照“十三五”规划纲要要求，结合本地区实际，制定并组织实施本地区整体推进园区循环化改造的方案，有条件的地区安排专项资金予以引导支持。

（二）各地区要认真做好组织推荐工作，省级循环经济发展综合管理部门、财政部门共同组织专家对园区循环化改造实施方案进行评估审核，择优重点推荐基础条件好、改造潜力大、实施方案扎实的园区列入国家重点支持范围。京津冀、长江经济带地区符合条件的省份限报2个备选园区，其他省份单位限报1个备选园区，对于超报省份，两部门对其报送的全部实施方案不予组织论证。

（三）国家发展改革委、财政部将组织专家对各地报送的实施方案及相关材料进行论证，按照“成熟一批、推进一批”的原则，依据相关程序予以批复。财政部、国家发展改革委将根据当年财政预算情况，安排中央财政资金予以适当支持。

各地区应高度重视园区循环化改造工作，加强组织领导，认真做好备选园区的论证和推荐工作，确保申报材料的真实性、准确性和实施方案的科学性、可行性。请各地于2016年5月20日前，将推荐材料一式两份（附1张光盘）分别报送国家发展改革委（行政服务大厅、环资司）、财政部（经建司）。

附件：园区循环化改造实施方案编制指南（略）

国家发展改革委办公厅

财政部办公厅

2016年5月11日

关于开展第二批再制造试点验收工作的通知

发改办环资[2016]1362号

各省、自治区、直辖市及计划单列市发展改革委（经信委），各第二批再制造试点企业，有关单位：

为贯彻落实《循环经济发展战略及近期行动计划》，推进我国再制造产业发展，2013年，我委组织开展了第二批再制造试点，在全国范围内选择了28家基础较好的单位，探索再制造产业发展的政策、管理制度和监管体系，为建立再制造相关技术标准、市场准入条件、流通监管体系等提供经验。试点期为3年，目前已经到期。为总结试点经验，根据《关于确定第二批再制造试点的通知》（发改办环资[2013]506号）的要求，我委将组织开展第二批再制造试点验收工作。现就有关事项通知如下：

一、验收范围及内容

（一）验收范围。所有第二批再制造试点单位（名单附后）。

（二）验收内容。国家发展改革委正式批复的实施方案落实情况，主要内容包括：

1、主要目标和指标的完成情况；

2、主要任务的完成情况，要重点说明旧件逆向物流回收体系、再制造生产线、再制造产品质量体系等的建设及运行情况；

3、再制造生产能力及实际达产情况，再制造生产企业要说明再制造产品类型、产销量和产值等，再制造技术服务类企业要说明服务的类型、数量和产值，旧件回收体系试点企业要说明旧件回收规模、产值等；再制造专业设备生产企业要说明设备类型、产销量和产值等；

4、保障措施的实施情况及实施效果等，包括ISO9000、ISO14000等管理体系建设及运行情况，再制造标识使用情况；

5、试点期间遇到的主要问题及解决方案；

6、在旧件回收、再制造技术及质量管理、再制造产品销售等方面的典型经验。

二、验收程序

（一）试点单位自查。符合验收范围的各试点单位进行自查，按照验收内容的要求准备自查报告及相关材料。

（二）组织验收。我委将委托第三方机构组织相关部门和专家成立评估验收工作组，赴试点单位进行现场验收，主要程序包括：听取试点单位工作报告，查阅自查报告、项目相关资料、管理文件、产品性能检测报告等材料，实地查验项目建设及运行情况，专家质询，交流意见和提出建议。统一验收时间为2016年9月-11月。

（三）验收报告。第三方机构汇总专家意见，形成验收报告报送我委，主要内容包括：试点工作概述，试点工作开展情况评价，是否通过验收的结论及相关意见和建议等。

（四）复核公示。我委对第三方机构提交的验收报告进行审核，将验收结论进行网上公示。

（五）验收公告。通过验收和未通过验收的试点单位名单，我委将以公告的形式对外公布。

三、有关要求

（一）此次验收是对试点工作的全面评估，也是对再制造产业发展的系统总结，为下一步研究再制造管理制度、政策措施、技术标准等提供重要支撑。请各有关地区指导和督促辖区内的再制造试点单位抓紧开展自查工作，做好验收的各项准备工作。

（二）本次验收为一次性验收，自接到通知起，各试点单位不得申请延期或方案调整。自查后达不到验收要求的，要及时报告我委（环资司），申请撤销试点资格，我委将不再组织现场验收。

（三）验收结论为“通过”、“原则通过”和“不通过”。通过验收（或原则通过）的试点单位，可继续标识我委、国家工商总局发布的再制造产品标志，可按照规定申请中央预算内资金补助、支持再制造产品推广等相关政策支持；未通过验收的试点单位，不再享受相关政策支持。

附件：第二批再制造试点单位名单（略）

国家发展改革委办公厅

2016年5月30日

关于同意冀州经济开发区等18个园区循环化改造实施方案的通知

发改办环资[2016]1447号

有关省、自治区、直辖市、新疆生产建设兵团发展改革委（经信委、工信厅）、财政厅（局）：

根据《国家发展改革委办公厅 财政部办公厅关于请组织推荐2016年园区循环化改造重点支持备选园区的通知》（发改办环资〔2016〕1205号，以下简称《通知》）确定的推荐条件和相关要求，我们委托中国国际工程咨询公司组织专家对你们报送的园区循环化改造实施方案进行了论证。现将有关事项通知如下：

一、论证通过冀州经济开发区等18个园区的循环化改造实施方案并确定为循环化改造重点支持园区（具体见附件1）。请按照中咨公司的论证意见（见附件2），认真修改完善实施方案，并于7月31日前将修改完善后的实施方案（附光盘）一式二份分送国家发展改革委（环资司）、财政部（经建司）备案。

二、各地要充分认识园区循环化改造的重要意义，把园区循环化改造作为园区转型升级，实现绿色循环低碳发展，提升综合竞争力和可持续发展能力的重要抓手，切实加强组织领导，完善政策措施，明确部门分工，形成协调统一、共同推进的工作机制，确保园区循环化改造目标任务如期完成。京津冀、长江经济带园区要结合国家区域发展战略，在实施循环化改造时有效减少涉气涉水污染物排放。国家级经济技术开发区要认真贯彻《国务院办公厅关于完善国家级经济技术开发区考核制度促进创新驱动发展的指导意见》（国办发〔2016〕14号），将园区循环化改造工作纳入考核评价体系，强化推进机制。化工园区要按照国家有关要求规范园区布局和产业链提升，大力推进智慧园区建设，加快绿色转型、循环发展。

三、各地要加强对方案实施情况的跟踪监督，督促园区严格按照批复的实施方案和国家有关法律法规规定开展建设工作。要加强园区循环化改造项目的管理，严格执行国家产业政策、环保法规和职业安全标准。园区循环化改造项目如需调整，要及时报国家发展改革委、财政部批准。请于实施期内每年年底前将园区循环化改造进展情况分别报送国家发展改革委（环资司）、财政部（经建司）。

四、我们根据符合园区循环化改造方向及相关要求的项目投资规模分档，对园区进行一次性定额补助（见附件1）。部分省市补助资金视年度预算情况，分年度下达。各地要根据批复的实施方案，在按论证意见调整后的拟申请中央财政资金支持的重点项目范围内（见附件2），统筹安排使用中央财政补助资金，专项用于园区循环化改造，补助资金比例不得高于项目总投资的15%，单个项目补助额度不得超过2000万元。省级循环经济发展综合管理部门、财政部门要制定园区循环化改造管理办法，规范项目管理、严格资金拨付、加强考核验收等，确保中央财政补助资金高效、规范使用。请于实施期内每年年底前将中央财政补助资金使用情况分别报送财政部（经建司）、国家发展改革委（环资司）。

五、国家发展改革委、财政部将会同有关部门对园区循环化改造进展情况不定期组织抽查，对达不到要求的，责令限期整改，经整改仍达不到要求的，扣回中央财政补助资金。

各地要根据园区循环化改造进展情况及时提出考核验收申请。两部门将组织专家，对实施方案实施情况进行考核验收。验收不通过的，按有关规定扣回中央财政补助资金。

六、签订承诺书。园区所在市（包括计划单列市、副省级省会城市、地级市）、州、盟、区（指直辖市市辖区县）人民政府要与国家发展改革委、财政部签订承诺书。请填写《推进园区循环化改造工作承诺书》（样式见附件3），并由市（州、盟、区）级人民政府加盖公章，于7月31日前分别提交国家发展改革委（环资司）、财政部（经建司）。各地在填写承诺书时，请与两部门沟通确认。

七、各地要加强调研，及时总结园区循环化改造中的好经验、好做法并进行宣传推广，对实施过程中出现的新情况、新问题要高度重视，认真研究，妥善解决，并及时向国家发展改革委（环资司）、财政部（经建司）反馈。

附件：园区循环化改造重点支持名单（略）

国家发展改革委办公厅
财政部办公厅
2016年6月8日

关于同意农业清洁生产示范项目验收的通知

发改办环资[2016]1451号

有关省、自治区、新疆生产建设兵团发展改革委、财政厅、农业厅（委、办、局）：

自2012年起，国家发展改革委、财政部、农业部共同组织开展了蔬菜废弃物利用、生猪养殖、农用地膜回收利用等农业清洁生产示范项目建设，先后批复新疆、甘肃、山东、河北、河南、湖南、广西、四川、吉林、辽宁、黑龙江、内蒙古、陕西13个省（区）及新疆建设兵团的273个项目，并利用财政专项资金予以支持，取得了积极成效。按照《国家发展和改革委员会、财政部、农业部关于开展农业清洁生产示范项目建设的通知》有关规定，农业清洁生产示范项目财政补助资金实行先行拨付70%，后期项目建成并经验收合格后拨付剩余补助资金的方式。根据近期地方组织验收以及国家发展改革委会同农业部抽查核查情况，2012年-2015年农业清洁生产示范项目整体进展顺利，实施效果较好。经过专家评审，有148个项目通过验收，具备拨付剩余补助资金的条件（详见附件）。现就有关事项通知如下：

一、加强资金监管。各级财政部门要尽快将中央财政补助资金拨付项目实施单位，同时要加强资金使用的监督管理。

二、加强项目跟踪监管。示范市（县）政府要加强统筹协调，做好后续配套政策的落实；农业部门负责项目的后期服务和管理，督促项目实施单位加强项目资料归档和管理。

三、总结交流经验。各地发展改革、财政、农业等相关部门要认真梳理在实施农业清洁生产示范项目过程中采取的积极有效措施，总结成功经验。各有关部门要密切配合，形成合力，推广各地好的经验做法，进一步加强理念创新、模式创新、制度创新和技术创新，不断加大工作力度。

国家发展改革委办公厅财政部办公厅农业部办公厅
2016年6月12日

大事记

2016年中国循环经济大事记

一 月

1月5日　中共中央总书记、国家主席、中央军委主席习近平在重庆召开推动长江经济带发展座谈会，听取有关省市和国务院有关部门对推动长江经济带发展的意见和建议。他强调，推动长江经济带发展必须从中华民族长远利益考虑，走生态优先、绿色发展之路，使绿水青山产生巨大生态效益、经济效益、社会效益，使母亲河永葆生机活力。

习近平指出，长江拥有独特的生态系统，是我国重要的生态宝库。当前和今后相当长一个时期，要把修复长江生态环境摆在压倒性位置，共抓大保护，不搞大开发。要把实施重大生态修复工程作为推动长江经济带发展项目的优先选项，实施好长江防护林体系建设、水土流失及岩溶地区石漠化治理、退耕还林还草、水土保持、河湖和湿地生态保护修复等工程，增强水源涵养、水土保持等生态功能。要用改革创新的办法抓长江生态保护。要在生态环境容量上过紧日子的前提下，依托长江水道，统筹岸上水上，正确处理防洪、通航、发电的矛盾，自觉推动绿色循环低碳发展，有条件的地区率先形成节约能源资源和保护生态环境的产业结构、增长方式、消费模式，真正使黄金水道产生黄金效益。

1月5日　国家发展改革委、工业和信息化部、环境保护部、商务部、质检总局发布了《电动汽车动力蓄电池回收利用技术政策（2015年版）》。

1月6日　国家发展改革委办公厅、财政部办公厅、住房城乡建设部办公厅发出《关于将天津静海县等61个地区确定为国家循环经济示范城市（县）建设地区的通知》（发改办环资[2016]36号），要求各地要把循环经济示范城市（县）建设纳入“十三五”循环经济发展总体规划，作为实现转型发展、建设生态文明的重要途径。要以提高资源产出率为核心，在生产、流通、消费各环节，推行循环型生产方式和绿色生活方式，构建覆盖全社会的资源循环利用体系，通过开展建设工作推动本地区超额完成节能减排约束性目标，推动建立绿色低碳循环产业体系。

1月11日　国家发展和改革委印发《“互联网+”绿色生态三年行动实施方案》的通知。

方案总体要求：推动互联网与生态文明建设深度融合，完善污染物监测及信息发布系统，形成覆盖主要生态要素的资源环境承载能力动态监测网络，实现生态环境数据的互联互通和开放共享。充分发挥互联网在逆向物流回收体系中的平台作用，提高再生资源交易利用的便捷化、互动化、透明化，促进生产生活方式绿色化。

《方案》主要包括加强资源环境动态监测、大力发展智慧环保、完善废旧资源回收利用和在线交易体系三大任务。在完善废旧资源回收利用和在线交易体系中特别提到:选择部分特定产品，支持利用电子标签、二维码等物联网技术跟踪电子废物流向，推动在废弃电器电子产品处理企业的审核评价标准中纳入有关指标要求。

1月11～12日　2016年全国环境保护工作会议在北京召开。国务院总理李克强、副总理张高丽作出重要批示。李克强总理批示指出：2015年，全国环保系统按照党中央、国务院决策部署，扎实做好环境保护工作，在推进污染治理、严格环境执法、深化环保领域改革等方面都取得新进展。新的

一年，望牢固树立五大发展理念，统筹把握好发展与保护的关系，以改善大气、水、土壤环境为重点，注重发挥市场机制的作用，加强污染治理和生态保护，加大农村环境综合整治力度，加快发展节能环保产业，严格环境风险管控，为实现经济发展与环境改善双赢、全面建成小康社会作出更大贡献。

环境保护部部长陈吉宁作工作报告强调，要将改善环境质量这个核心贯穿到环保工作的各领域和全过程，加快转变思想观念、工作思路和方式方法，为“十三五”环保工作开好局、起好步。一是紧紧围绕改善环境质量这个核心，改革和完善总量控制制度。二是推进省以下环保机构监测监察执法垂直管理。三是深化环评制度改革。四是建立覆盖所有固定污染源的企业排污许可制。

1月12日　内燃机再制造产业联盟一届四次理事会议在北京召开。原机械工业部部长何光远、再制造技术国家重点实验室徐滨士院士等联盟顾问，中国内燃机工业协会、中国汽车工业协会、中国工程机械工业协会、中国农机工业协会、中国船舶工业协会等行业协会，以及联盟各理事单位代表出席会议。自工业和信息化部启动实施内燃机再制造推进计划以来，内燃机再制造产业规模实现稳步增长，表面修复工程技术开发应用取得积极进展，产品社会认知度得到显著提升。截至2015年，内燃机再制造产业联盟成员单位已具备再制造整机15万台，增压器23万台，发电机、起动机230万台，水泵、燃油泵、机油泵50万台的年生产能力。

1月14日　工业和信息化部节能与综合利用司在北京组织召开节能与综合利用标准化工作座谈会。

1月15日　北京生态设计与绿色制造促进会在京成立，中国工程院院士丁文江担任第一届会长。同期，举办了首期“生态设计与绿色制造大讲堂”活动。

1月21日　国家发展改革委发布了《“互联网+”绿色生态三年行动实施方案》的通知。方案总体要求，推动互联网与生态文明建设深度融合，完善污染物监测及信息发布系统，形成覆盖主要生态要素的资源环境承载能力动态监测网络，实现生态环境数据的互联互通和开放共享。充分发挥互联网在逆向物流回收体系中的平台作用，提高再生资源交易利用的便捷化、互动化、透明化，促进生产生活方式绿色化。

《方案》提出，要加强资源环境动态监测，会同地方政府建立资源环境监测预警数据库和信息共享平台。研究建设资源环境动态监测应急系统，组织开展农作物、草原等农业生态要素遥感及地面动态监测工作。制定《“互联网”＋林业行动计划》。积极推动生态红线监测、生态红线一张图建设。建设适应“互联网＋”绿色生态的林业标准体系等。

《方案》还提出，大力发展智慧环保，利用智能监测设备和移动互联网，完善污染物排放在线监测系统，增加监测污染物种类，扩大监测范围，形成全天候、多层次的智能多源感知体系。加强企业环保信用数据的采集整理，将企业环保信用记录纳入全国统一信用信息共享交换平台。完善环境预警和风险监测信息网络，提升重金属、危险废物、危险化学品等重点风险防范水平和应急处理能力等。

《方案》强调，要完善废旧资源回收利用和在线交易体系，制定《“互联网＋”资源循环行动方案（2016－2020）》，起草下发《关于推动再生资源回收行业转型升级的意见》，支持回收行业利用物联网、大数据开展信息采集、数据分析、流向监测，推广“互联网＋”回收新模式等任务。

1月25日　环境保护部印发《关于授予上海市崇明县、广东省珠海市等22个市、县（市、区）“国家生态市、县（市、区）”称号的公告》。

二 月

2月1日 国务院印发《关于煤炭行业化解过剩产能实现脱困发展的意见》，对今后一个时期化解煤炭行业过剩产能、推动煤炭企业实现脱困发展提出要求、明确任务并作出部署。

《意见》提出，将坚持市场倒逼、企业主体，地方组织、中央支持，综合施策、标本兼治，因地制宜、分类处置，将积极稳妥化解过剩产能与结构调整、转型升级相结合，实现煤炭行业扭亏脱困升级和健康发展。

《意见》明确，从2016年开始，用3至5年的时间，煤炭行业再退出产能5亿吨左右、减量重组5亿吨左右，较大幅度压缩煤炭产能，适度减少煤矿数量，煤炭行业过剩产能得到有效化解，市场供需基本平衡，产业结构得到优化，转型升级取得实质性进展。

《意见》明确了进一步化解煤炭行业过剩产能、推动煤炭企业实现脱困发展的9项主要任务：严格控制新增产能，加快淘汰落后产能和其他不符合产业政策的产能，有序退出过剩产能，推进企业改革重组，促进行业调整转型，严格治理不安全生产，严格控制超能力生产，严格治理违法违规建设，严格限制劣质煤使用。

《意见》提出了完成上述目标和任务的若干政策措施，包括加强奖补支持、做好职工安置、加大金融支持、盘活土地资源、鼓励技术改造和其他支持政策等方面。

2月1日 国家发展改革委、农业部、国家林业局联合印发《关于加快发展农业循环经济的指导意见》，提出要全面贯彻落实党中央、国务院关于大力推进生态文明建设的战略部署，加快发展农业循环经济，提高农业资源利用效率和改善农村生态环境，促进一、二、三产业融合发展，全面推动资源利用节约化、生产过程清洁化、产业链接循环化、废弃物处理资源化，增强农业可持续发展能力，加快转变农业发展方式的指导思想、遵循原则和“十三五”期间主要目标、重点领域、主要任务和保障措施等。同时，要求各地有关部门结合实际，科学谋划本区域农业循环经济发展，明确重点任务、重点工程和推进措施，加强沟通协调，研究出台支持政策。

指导思想：全面贯彻落实党中央、国务院关于大力推进生态文明建设的战略部署，加快发展农业循环经济，以提高农业资源利用效率和改善农村生态环境为目标，以促进农业绿色发展为主线，以示范引领为抓手，切实发挥龙头企业带动作用，优化产业组织结构，促进农林牧渔与二、三产业融合发展，全面推动资源利用节约化、生产过程清洁化、产业链接循环化、废弃物处理资源化，增强农业可持续发展能力，加快转变农业发展方式。

主要目标：到2020年，建立起适应农业循环经济发展要求的政策支撑体系，基本构建起循环型农业产业体系。生态循环农业产业不断发展，科技支撑能力不断增强，农林废弃物处理资源化程度明显提高，人居环境和生态环境显著改善，农业可持续发展能力不断提升。建设和推广一批具有示范引领作用的农业、林业和工农复合型的循环经济示范园区、示范基地、示范工程、示范企业和先进适用技术，总结凝练一批可借鉴、可复制、可推广的农业循环经济发展典型模式，推动农业发展方式转变。

力争到2020年，农田灌溉水有效利用系数达到0.55，主要农作物化肥利用率达到40%以上，农膜回收率达80%以上，农作物秸秆综合利用率达到85%以上，规模化养殖场(区)畜禽粪便综合利用率达到75%，林业废弃物综合利用率达到80%以上。

重点领域和主要任务：(一)推进资源利用节约化。推进土地节约集约利用。推进水资源节约高效利用。引导农业投入品科学施用。促进农业领域节能降耗。(二)推进生产过程清洁化。加强农业面源污染防治。推进农产品加工和林业清洁生产。(三)推进产业链接循环化。构建农业循环经济产业链。构建林业循环经济产业链。构建复合型循环经济产业链。(四)推进农林废弃物处理资源化。推进农村生活废弃物循环利用。推进秸秆综合利用。推进畜禽粪便资源化利用。推进农产品加工副产物综合利用。推进废旧农膜、灌溉器材、农药包装物回收利用。推进林业废弃物资源化利用。

保障措施：(一)完善制度标准。(二)推进工程建设。(三)加大政策扶持。

2月2日　环境保护部批准《烧碱、聚氯乙烯工业废水处理工程技术规范》《固体废物22种金属元素的测定电感耦合等离子体发射光谱法》等五项标准为国家环境保护标准，自2016年3月1日起实施。

2月4日　环保部通报2015年全国城市空气质量总体呈转好趋势，全国338个地级及以上城市平均达标天数比例为76.7%，73个城市空气质量达标，占21.6%，达标城市主要分布在福建、广东、云南、贵州、西藏等省份。全国338个地级及以上城市均按空气质量新标准要求，开展包括细颗粒物(PM2.5)、可吸入颗粒物(PM10)、二氧化硫(SO_2)、二氧化氮(NO_2)、一氧化碳(CO)和臭氧(O_3)等6项指标的监测。监测结果表明，338个城市PM10、SO_2和NO_2三项可比指标平均浓度同比分别下降7.4%、16.1%、6.3%。从各指标平均浓度来看，SO_2、NO_2、CO和O_3等4项指标均达标，PM2.5、PM10分别超过年均值二级标准42.9%、24.3%。

2月17日　国家发展改革委、中宣部、科技部、财政部、环境保护部、住房城乡建设部、商务部、质检总局、旅游局、国管局十部门印发关于促进绿色消费的指导意见的通知（发改环资[2016]353号）。《意见》围绕贯彻党的十八届五中全会和习近平总书记重要讲话精神，落实绿色发展理念，从消费角度提出了加快生态文明建设、推动经济社会绿色发展的要求，明确了促进绿色消费的总体要求、主要目标、主要任务和政策措施。

《意见》指出，促进绿色消费，既是传承中华民族勤俭节约传统美德、弘扬社会主义核心价值观的重要体现，也是顺应消费升级趋势、推动供给侧改革、培育新的经济增长点的重要手段，更是缓解资源环境压力、建设生态文明的现实需要。

《意见》提出，到2020年，绿色消费理念成为社会共识，长效机制基本建立，奢侈浪费行为得到有效遏制，绿色产品市场占有率大幅提高，勤俭节约、绿色低碳、文明健康的生活方式和消费模式基本形成。

《意见》明确了着力培育绿色消费理念、引导居民践行绿色生活方式和消费模式、全面推进公共机构带头绿色消费、大力推动企业增加绿色产品和服务供给、深入开展全社会反对浪费行动等5个方面的主要任务，提出了健全法律法规、完善标准体系、健全标识认证体系、完善经济政策、加强金融扶持等5个方面的政策措施。

2月24日　环境保护部部长陈吉宁主持召开环境保护部常务会议，传达贯彻国务院有关会议精神，审议并原则通过《生态环境监测网络建设方案实施计划（2016-2020）》和《摩托车污染物排放限值及测量方法（中国第四阶段）》两项国家标准。

2月24～28日　国家发改委环资司赴云南开展农业循环经济专题调研，并召开农业循环经济座谈会，就工农复合型产业发展模式进行了深入探讨。

2月25日　全国工业节能与综合利用工作座谈会在海口召开。会议指出，“十二五”期间，工

业和信息化部坚持把工业节能减排作为转方式调结构的重要抓手，全面实施节能减排技术改造，大力推广节能环保新技术、新装备和新产品，逐步完善节能减排工作体系。经过五年不懈努力，工业能效、资源综合利用和清洁生产水平均显著提升。五年间，规模以上工业单位增加值能耗累计下降28%，单位工业增加值用水量累计下降35%左右，大宗工业固废资源综合利用率达到约50%，重点行业主要污染物排放强度明显下降，提前一年完成“十二五”淘汰落后产能任务。

会议强调，党中央、国务院的战略部署和习近平总书记重要讲话，为“十三五”期间加快建设制造强国、深入推进工业节能减排、积极谋划工业绿色发展，指明了前进方向，提出了更高要求。《中国制造2025》将绿色发展放在了重要位置，工业绿色发展是提升制造业国际竞争力的必然选择，也是推进生态文明建设的内在要求。在应对国际金融危机和气候变化背景下，推动绿色增长、实施绿色新政是全球主要经济体的共同选择，发展绿色经济、抢占未来全球竞争的制高点已成为国家重要战略。全面实施绿色制造工程是制造强国建设的战略任务，也是推进供给侧结构性改革的重要举措。推进供给侧结构性改革的重点是工业，工业绿色发展是实现“三去一降一补”的重要途径之一。积极培育节能环保等战略性新兴产业，必须补上绿色发展这块“短板”，进一步降低企业能耗、物耗等生产成本，加快增加绿色产品供给，引导绿色消费，既是落实中央绿色发展理念的具体体现，也是顺应百姓期待、回应百姓关切的民生工程。

会议提出，2016年工业节能与综合利用系统要全面落实制造强国建设战略，践行绿色发展理念，强化法规标准监管，创新完善政策机制，构建绿色制造体系，全面谋划，整体推进，为“十三五”工业绿色发展开好局、起好步。重点抓好以下六个方面工作：

一是实施传统制造业清洁化改造。推进重点区域、重点流域、重点行业清洁生产技术改造，实施水污染防治重点行业清洁生产技术推行方案，建设一批清洁化改造示范项目，提升清洁生产水平。

二是开展工业能效提升行动。组织重点高耗能行业，开展能效“领跑者”计划。选择部分煤炭消费量大的城市，实施煤炭清洁高效利用行动计划。推进全国工业节能监测分析平台建设。强化节能监察，积极探索建立节能监察新机制。

三是推进资源高效综合利用。全面推行循环型生产方式，深化工业资源综合利用基地建设试点，实施水泥窑协同处置生活垃圾污泥示范工程，推进资源再生利用产业规范化、规模化发展，开展电器电子产品生产者责任延伸试点，加快推进五省市甲醇汽车试点。

四是大力发展节能环保产业。组织实施一批先进环保装备应用示范工程，发布一批落后技术装备负面清单。编制发布能效之星、节能机电产品推荐目录，提升终端用能工业产品能效，推进工业电机系统节能技术创新和优化升级。实施高端再制造、智能再制造、在役再制造工程，推进再制造产品认定。

五是积极构建绿色制造体系。聚焦重点区域，依托重点城市，选择重点行业，组织实施绿色制造试点示范。加快建立健全绿色标准，开发绿色产品，创建绿色工厂，建设绿色园区，打造绿色供应链，强化绿色监管和示范引导，全力推进区域工业绿色转型发展。

六是营造良好政策法规环境。加强工业节能监察队伍建设，实施电器电子产品有害物质限制使用管理办法，推动出台资源综合利用税收优惠政策实施细则，积极拓展绿色信贷、绿色债券、产业基金等金融政策支持，进一步加大政策支持力度。

三 月

3月8～11日 国家发改委环资司组织有关专家赴四川德阳、攀枝花和西昌开展大宗固体废弃物综合利用专题调研，并召开资源综合利用座谈会，就钒钛战略资源、磷石膏、冶炼渣、共伴生矿等综合利用政策、技术、基地建设等方面听取了意见建议。

3月10日 工信部节能司发出《2016年工业节能与综合利用工作要点》，明确按照中央经济工作会议及全国工业和信息化工作会议部署，落实《中国制造2025》，以实施绿色制造专项行动为抓手，着力抓好绿色制造体系建设试点示范、生产过程清洁化改造、能源利用高效低碳化改造、水资源利用高效化改造、工业资源综合利用，发展节能环保产业，全面推行绿色制造，促进工业转型升级。全国规模以上工业万元增加值能耗下降4%，万元工业增加值用水量下降4.5%，工业生产过程清洁化水平和大宗工业固体废物综合利用率进一步提高，为实现“十三五”工业绿色发展打下坚实基础。

3月16日 十二届全国人大四次会议表决通过了《中华人民共和国国民经济和社会发展第十三个五年规划纲要》。3月17日，“纲要”正式发布。

“纲要”提出了今后5年经济社会发展的主要目标。“生态环境质量总体改善”作为目标之一首次提出，具体包括以下内容：生产方式和生活方式绿色、低碳水平上升，能源资源开发利用效率大幅提高，能源和水资源消耗、建设用地、碳排放总量得到有效控制，主要污染物排放总量大幅减少，主体功能区布局和生态安全屏障基本形成。

“纲要”提出，到2020年，万元GDP用水量较2015年下降23%，单位GDP能源消耗较2015年降低15%，单位GDP二氧化碳排放较2015年降低18%，非化石能源占一次消费能源比重要达到15%。森林覆盖率达到23.04%，森林蓄积量达到165亿立方米。地级及以上城市空气质量优良天数比率达到80%以上，细颗粒物未达标地级及以上城市浓度较2015年下降18%。达到或好于III类水体比例达70%，劣V类水体比例小于5%。化学需氧量、氨氮、二氧化硫、氮氧化物排放总量较2015年减少10%、10%、15%、15%。

“纲要”提出，加强海洋资源环境保护。深入实施以海洋生态系统为基础的综合管理，推进海洋主体功能区建设，优化近岸海域空间布局，科学控制开发强度。严格控制围填海规模，加强海岸带保护与修复，自然岸线保有率不低于35%。严格控制捕捞强度，实施休渔制度。加强海洋资源勘探与开发，深入开展极地大洋科学考察。实施陆源污染物达标排海和排污总量控制制度，建立海洋资源环境承载力预警机制。建立海洋生态红线制度，实施“南红北柳”湿地修复工程和“生态岛礁”工程，加强海洋珍稀物种保护。加强海洋气候变化研究，提高海洋灾害监测、风险评估和防灾减灾能力，加强海上救灾战略预置，提升海上突发环境事故应急能力。实施海洋督察制度，开展常态化海洋督察。

“纲要”“加快改善生态环境”篇提出，以提高环境质量为核心，以解决生态环境领域突出问题为重点，加大生态环境保护力度，提高资源利用效率，为人民提供更多优质生态产品，协同推进人民富裕、国家富强、中国美丽。

加快建设主体功能区。强化主体功能区作为国土空间开发保护基础制度的作用，加快完善主体功能区政策体系，推动各地区依据主体功能定位发展。

推进资源节约集约利用。树立节约集约循环利用的资源观，推动资源利用方式根本转变，加强全过程节约管理，大幅提高资源利用综合效益。全面推动能源节约。全面推进节水型社会建设。强化土地节约集约利用。加强矿产资源节约和管理。大力发展循环经济。倡导勤俭节约的生活方式。建立健全资源高效利用机制。加大环境综合治理力度，创新环境治理理念和方式，实行最严格的环境保护制度，强化排污者主体责任，形成政府、企业、公众共治的环境治理体系，实现环境质量总体改善。

加强生态保护修复。坚持保护优先、自然恢复为主，推进自然生态系统保护与修复，构建生态廊道和生物多样性保护网络，全面提升各类自然生态系统稳定性和生态服务功能，筑牢生态安全屏障。全面提升生态系统功能。推进重点区域生态修复。扩大生态产品供给。维护生物多样性。

发展绿色环保产业。培育服务主体，推广节能环保产品，支持技术装备和服务模式创新，完善政策机制，促进节能环保产业发展壮大。扩大环保产品和服务供给。发展环保技术装备。

3月23日 国家发展改革委、国务院扶贫办、国家能源局、国家开发银行、中国农业发展银行发出《关于实施光伏发电扶贫工作的意见》（发改能源[2016]621号），提出在2020年之前，重点在前期开展试点的、光照条件较好的16个省的471个县的约3.5万个建档立卡贫困村，以整村推进的方式，保障200万建档立卡无劳动能力贫困户（包括残疾人）每年每户增加收入3000元以上。其他光照条件好的贫困地区可按照精准扶贫的要求，因地制宜推进实施。

3月29日 国家发展改革委召开全国发展改革系统资源节约和环境保护工作电视电话会议。国家发展改革委副主任张勇出席会议并讲话，国家发展改革委副秘书长范恒山出席会议。

张勇指出，2015年环资系统认真落实党中央、国务院的决策部署，加强战略谋划和宏观统筹，聚焦突出问题，推动机制创新，激发市场活力，全年单位国内生产总值能耗下降5.6%，超额完成全年及“十二五”目标任务，成为新常态下的新亮点。

张勇深入分析了新常态下环资工作面临的新机遇、新挑战、新任务，提出了做好环资工作的原则。一是调适理念、转变思维，牢固树立新资源观。要推动资源节约集约循环利用，用最少的资源环境成本取得更大的经济社会效益。二是围绕中心、服务大局，在供给侧改革中发挥生力军作用。要围绕去产能、去库存、去杠杆、降成本、补短板等重点任务，精准发力、主动作为。三是转变职能、创新方法，发挥市场在资源配置中的决定性作用。要深入推进简政放权、放管结合、优化服务，促进环保成本内部化，打好政策组合拳，形成推动绿色发展的内生动力。四是以人为本、注重实效，让人民群众更有获得感。要加强环境质量管理，强化排污者主体责任，推动区域流域联防联控等，切实解决群众关心的环境质量问题。

张勇要求，2016年环资工作要落实创新、协调、绿色、开放、共享发展理念，高举生态文明大旗，紧扣绿色发展主线，在落实中谋划、在谋划中落实，确保“十三五”开好局、起好步。一是精心部署“十三五”。谋划好环资领域“十三五”时期的重大工程、重大项目、重要举措、重大政策。二是全面推进生态文明建设。制定生态文明建设目标评价考核办法，抓好先行示范，建立统一规范的国家生态文明实验区。三是深入推进节能降耗。开展全民节能行动，实行能耗总量和强度双控，落实目标责任，制定用能权有偿使用和交易制度试点方案，完善节能法规标准。四是大力发展循环经济。实施循环发展引领行动计划，制定生产者责任延伸制度方案，推动节水型社会建设和非常规水资源利用，加快节水制度创新。五是解决突出环境问题。加快城镇污水垃圾处理设施建设，落实大气、水、土壤污染防治三大行动计划，制定培育环境治理和生态保护市场主体的意见，深化第三方污染治理试点。六是加强项目管理。用好中央预算内投资、专项建设基金，加快项目储备库建设，强化项目日常监管。七是加快发展节能环保产业，促进节能环保产品和服务质量的整体提升。八是强化系统联动和队伍建设，打造一支忠诚干净担当的环资队伍。

北京市、江苏省、浙江省、江西省、重庆市（经信委）有关负责同志作了交流发言。国务院节能减排工作领导小组成员单位，国家发展改革委相关司局及国家节能中心、能源所、中咨公司、节能协会、循环经济协会代表在主会场参加会议，各省、自治区、直辖市及计划单列市、副省级省会城市、新疆生产建设兵团设分会场。

4月8日 国家发展改革委会同环境保护部、工业和信息化部研究制定了《清洁生产评价指标体系制（修）订计划（第二批）》发布。

4月14日 全球清洁炉灶联盟中国委员会启动仪式在京举行。国家发展改革委应对气候变化司相关负责人、全球清洁炉灶联盟首席执行官、联盟中国理事万科集团董事会主席等共同出席启动仪式并发表讲话。全球清洁炉灶联盟于2010年由美国前国务卿希拉里•克林顿和联合国基金会共同发起成立，现有53个国别伙伴，中国政府于2012年正式加入。联盟旨在通过开展广泛国际合作，推广全球清洁高效炉灶技术和市场的发展，以保护公众特别是妇女健康，减少温室气体排放和环境污染。2015年12月，在全球清洁炉灶联盟中国理事中国气候变化事务特别代表解振华的见证下，全球清洁炉灶联盟中国委员会在巴黎气候大会中国角边会举行成立仪式。

4月18日 环境保护部、中宣部、中央文明办、教育部、共青团中央、全国妇联六部委近日联合发布《全国环境宣传教育工作纲要（2016~2020年）》，对于进一步加强生态环境保护宣传教育工作，增强全社会生态环境意识，牢固树立绿色发展理念，全面推进生态文明建设具有重要意义。

《纲要》对“十三五”时期全国环境宣传教育工作进行了全面部署，明确了“十三五”全国环境宣传教育工作的基本原则、主要目标。“十三五”时期，全国环境宣传教育工作要按照“围绕中心，服务大局”、“正面引导，主动作为”、“统筹推进，形成合力”、“与时俱进，改革创新”的原则，构建全民参与环境保护社会行动体系，推动形成自上而下和自下而上相结合的社会共治局面。积极引导公众知行合一，自觉履行环境保护义务，力戒奢侈浪费和不合理消费，使绿色生活方式深入人心，形成与全面建成小康社会相适应，人人、事事、时时崇尚生态文明的社会氛围。

4月18日 国家发展改革委办公厅、教育部办公厅、财政部办公厅、国家旅游局办公室印发《关于确定第五批国家循环经济教育示范基地的通知》，原则同意山东泉林纸业有限责任公司等7家单位具备国家循环经济教育示范基地建设基础，开展基地建设。

4月19日 工业和信息化部节能与综合利用司组织召开了区域工业绿色转型发展试点工作金融模式创新研讨会。会议介绍了区域工业绿色转型发展试点工作的背景、内涵、推进机制及目前各城市的进展状况，并针对金融助力区域绿色转型重点介绍了一批四川省攀枝花市绿色转型项目。会上，金融机构、行业协会和科研机构代表就工业绿色转型的融资模式创新、重点项目对接等进行了热烈讨论，从风险分担机制、平台建设、引入民间资本等角度提出了建议。

4月21日 国家发展改革委、水利部、工业和信息化部、住房城乡建设部、国家质检总局国家能源局发出《关于印发《水效领跑者引领行动实施方案》的通知》。

基本思路是：牢固树立创新、协调、绿色、开放、共享五大发展理念，按照“节水优先、空间均衡、系统治理、两手发力”治水方针，落实最严格水资源管理制度，在工业、农业和生活用水领域开展水效领跑者引领行动，制定水效领跑者指标，发布水效领跑者名单，树立先进典型。水效领

跑者引领行动实施范围包括用水产品、重点用水行业和灌区，遴选程序为自愿申报、地方推荐、专家评审和社会公示。通过树立标杆、标准引导、政策鼓励，形成用水产品、企业和灌区用水效率不断提升的长效机制，建立节水型的生产方式、生活方式和消费模式。综合考虑产品的市场规模、节水潜力、技术发展趋势以及相关标准规范、检测能力等情况，选择坐便器、水嘴、洗衣机、净水机等生活领域用水产品实施水效领跑者引领行动，逐步扩大到工业、农业和商用等领域用水产品。

4月21日 为纪念“4•22”世界地球日，“绿色中国—东方莱茵之梦”环保公益活动在京举办。活动以“践行绿色生活，建设绿色中国”为主题，分为主场宣传、3公里健步走、“环保•心沟通”主题沙龙3个环节，并对外进行“4个发布”：发布活动LOGO、发布《环保科普手册》、发布“环保创新与绿色生活方式”众筹项目、发布《我为碧水蓝天做贡献》倡议。

4月22日 工业和信息化部办公厅发出《关于征集工业资源综合利用先进适用技术装备的通知》（工信厅节函〔2016〕264号），为贯彻落实《中国制造2025》，深入推进工业绿色发展，加快资源综合利用先进适用技术装备推广应用，提升资源利用效率，工业和信息化部将开展工业资源综合利用先进适用技术装备征集工作，在此基础上编制《工业资源综合利用先进适用技术装备目录（2016年）》。

4月25日 第十二届全国人大常委会第二十次会议召开，环境保护部部长陈吉宁受国务院委托，就2015年度全国环境状况和环境保护目标完成情况作报告。

陈吉宁在报告中说，国民经济和社会发展第十二个五年规划纲要》确定的环境约束性指标均如期完成，2015年《政府工作报告》确定的主要污染物减排年度目标超额完成。2015年，全国化学需氧量、二氧化硫、氨氮、氮氧化物排放总量同比分别下降3.1%、5.8%、3.6%、10.9%，比2010年分别下降12.9%、18%、13%、18.6%；森林覆盖率由2010年的20.36%提高到21.66%，森林蓄积量增加到151亿立方米。

陈吉宁在报告中说，2015年，全国环境质量进一步改善，但环境污染重、生态受损大、环境风险高等问题仍然突出。在空气质量方面，全国338个地级及以上城市中，有73个城市达标，占21.6%；优良天数比例76.7%，重度及以上污染天数比例3.2%；细颗粒物（PM2.5）年均浓度50微克/立方米，超标42.9%，可吸入颗粒物（PM10）年均浓度87微克/立方米，超标24.3%；二氧化硫（SO2）、二氧化氮（NO2）、臭氧（O3）、一氧化碳（CO）年均浓度分别为25微克/立方米、30微克/立方米、134微克/立方米、2.1毫克/立方米，均达标。空气质量总体呈改善趋势，但污染程度仍较高，部分地区冬季雾霾天气频发高发。细颗粒物和可吸入颗粒物作为首要污染物的超标天数占总超标天数八成多。

2016年环境保护工作的主要目标是：全国地级及以上城市空气质量优良天数比例达到77%，未达标城市细颗粒物浓度下降3%；地表水达到或好于Ⅲ类水体比例达66.5%，劣Ⅴ类比例控制在9.2%以内；化学需氧量、氨氮、二氧化硫、氮氧化物排放量分别下降2%、2%、3%、3%。

4月27日 国家发改委环资司组织召开全国墙材革新办公室主任座谈会，研究新形势下推进墙材革新工作的政策措施，总结了“十二五”时期墙材革新工作取得的成绩，通报了新型墙材专项基金政策调整相关情况，提出了新型墙材推广体系和产业升级的研究方向，并就“十三五”墙材革新工作思路、新型墙材推广行动方案制定、基金管理办法修订、新型墙材目录修订以及今年工作安排等方面听取各地墙材革新办公室主任意见并提出了工作要求。

五 月

5月3日 国务院办公厅印发《关于健全生态保护补偿机制的意见》（国办发〔2016〕31号）。《意见》提出健全生态保护补偿机制的指导思想是：坚持“四个全面”战略布局，按照党中央、国务院决策部署，牢固树立创新、协调、绿色、开放、共享的发展理念，不断完善转移支付制度，探索建立多元化生态保护补偿机制，逐步扩大补偿范围，合理提高补偿标准，有效调动全社会参与生态环境保护的积极性，促进生态文明建设迈上新台阶。这是做好生态保护补偿工作的总要求。《意见》明确了健全生态保护补偿机制应遵循的四条原则：一是权责统一、合理补偿；二是政府主导、社会参与；三是统筹兼顾、转型发展；四是试点先行、稳步实施。

《意见》提出健全生态保护补偿机制的目标任务是：到2020年，实现森林、草原、湿地、荒漠、海洋、水流、耕地等重点领域和禁止开发区域、重点生态功能区等重要区域生态保护补偿全覆盖，补偿水平与经济社会发展状况相适应，跨地区、跨流域补偿试点示范取得明显进展，多元化补偿机制初步建立，基本建立符合我国国情的生态保护补偿制度体系，促进形成绿色生产方式和生活方式。

5月4日 国家发展改革委、财政部发布《关于印发国家循环经济试点示范典型经验的通知》，向全国推广一批循环经济典型经验和做法，推动循环经济全面深入发展，提高生态文明建设水平。

“十一五”期间，我国在重点行业、产业园区、重点领域及省市层面，选择了178家单位进行广泛试点，探索形成了60个循环经济典型模式案例。“十二五”期间，我国选择循环经济发展薄弱环节开展专项试点示范工作，包括100个园区循环化改造示范试点、100个餐厨废弃物资源化利用和无害化处理试点、49个国家“城市矿产”示范基地、42个再制造试点、28个循环经济教育示范基地和101个循环经济示范城市（县）建设地区等。近日，国家发展改革委、财政部在对国家循环经济试点示范单位验收和评估的基础上，总结凝炼出9条典型经验向全国推广。

为探索循环经济发展路径和模式，国家发展改革委会同财政部等部门开展了一系列试点示范工作。“十一五”期间，在重点行业、产业园区、重点领域及省市层面，选择了178家单位进行广泛试点，探索形成了60个循环经济典型模式案例。“十二五”期间，选择循环经济发展薄弱环节开展专项试点示范工作，包括100个园区循环化改造示范试点、100个餐厨废弃物资源化利用和无害化处理试点、49个国家“城市矿产”示范基地、42个再制造试点、28个循环经济教育示范基地和101个循环经济示范城市（县）建设地区等。通过这些试点示范工作，形成了一批有益的典型经验，也为循环经济制度创新积累了丰富经验。

国家发展改革委、财政部在对国家循环经济试点示范单位验收和评估的基础上，总结凝练出9条典型经验向全国推广。在循环经济的组织推动和评价方面，形成了循环经济协同推进机制和区域资源产出率统计评价机制；在推动城市循环发展方面，形成了产城融合发展模式和城市餐厨废弃物处理机制；在促进园区循环发展方面，形成了产业园区循环化改造机制、废弃物资源化精细管理机制和产业废物第三方外包式服务机制；在发展资源循环利用产业方面，形成了“互联网＋”再生资源回收利用模式和再制造技术服务发展模式。

为帮助各地准确理解典型经验的内涵，国家发展改革委、财政部同时发布了典型经验推广指南，从问题的提出、解决的主要思路、主要内容及做法、推进步骤、需要政府提供的政策机制保

障、成本风险及难点、适用范围等方面进行详细说明，要求各地结合实际，因地制宜做好推广典型经验的组织实施工作。这些经验和做法的推广，有助于各地在"十三五"时期推动循环经济的全面深入发展，提高生态文明建设水平。

5月11日 国家发展改革委办公厅 财政部办公厅印发《关于请组织推荐2016年园区循环化改造重点支持备选园区的通知》。总体要求。以京津冀、长江经济带等国家战略区域为重点，按照分类指导、重点推进的原则，加快推进园区实施循环化改造，促进园区绿色循环低碳发展，引领周边经济绿色转型。（一）京津冀地区。重点围绕大幅降低园区大气污染物排放，支持一批以冶金、化工、建材等重化工产业为主导的园区实施循环化改造，支持河北位于城市建成区的冶金、化工、建材等重化工企业"退城入园"。（二）长江经济带相关地区。重点围绕修复长江生态环境，支持一批以化工、纺织、印染、造纸、酿造等为主导产业的园区实施循环化改造，减少水污染物排放。（三）其他地区。重点选择一批产业特色鲜明、改造潜力较大的园区实施循环化改造，打造一批园区循环发展的典范。

5月16日 国家发展和改革委员会、环境保护部部修订后的《清洁生产审核办法》予以发布，于2016年7月1日起正式实施。

5月23日 国务院印发《土壤污染防治行动计划》，对今后一个时期我国土壤污染防治工作做出了全面部署。

总体要求：全面贯彻党的十八大和十八届三中、四中、五中全会精神，按照"五位一体"总体布局和"四个全面"战略布局，牢固树立创新、协调、绿色、开放、共享的新发展理念，认真落实党中央、国务院决策部署，立足我国国情和发展阶段，着眼经济社会发展全局，以改善土壤环境质量为核心，以保障农产品质量和人居环境安全为出发点，坚持预防为主、保护优先、风险管控，突出重点区域、行业和污染物，实施分类别、分用途、分阶段治理，严控新增污染、逐步减少存量，形成政府主导、企业担责、公众参与、社会监督的土壤污染防治体系，促进土壤资源永续利用，为建设"蓝天常在、青山常在、绿水常在"的美丽中国而奋斗。

工作目标：到2020年，全国土壤污染加重趋势得到初步遏制，土壤环境质量总体保持稳定，农用地和建设用地土壤环境安全得到基本保障，土壤环境风险得到基本管控。到2030年，全国土壤环境质量稳中向好，农用地和建设用地土壤环境安全得到有效保障，土壤环境风险得到全面管控。到本世纪中叶，土壤环境质量全面改善，生态系统实现良性循环。

主要指标：到2020年，受污染耕地安全利用率达到90%左右，污染地块安全利用率达到90%以上。到2030年，受污染耕地安全利用率达到95%以上，污染地块安全利用率达到95%以上。

5月24日 中国工程机械学会维修工程分会、中国设备管理协会工程机械维修委员会和中国工程机械学会盾构再制造创新战略联盟共同在京组织举办了机电产品再制造试点工作研讨会。工信部节能与综合利用司和中国中铁、中国铁建、中国中车、山推股份、广西柳工股份、徐工集团、厦工股份等机电产品再制造试点企业以及海瑞克、北方重工、中交天和等盾构主机厂商、关键零部件企业代表参加会议。会议围绕机电产品再制造试点政策、再制造技术及产业发展、全断面隧道掘进机和旋挖钻机等工程机械再制造进展情况、再制造产品认定等议题进行了交流。

5月24～25日 由再制造技术国家重点实验室主办的"2016世界再制造峰会"在北京召开，论坛主席由中国工程院徐滨士院士担任，国内有关部委和欧洲再制造技术中心、波兰科学院、欧洲汽车零部件再制造协会等国外科研机构、行业协会的代表出席会议，来自中国、美国、英国、德国、波兰、荷兰等10余个国家的专家学者、工程师和企业家共200余位代表参加会议，相互交流近年来再制造领域的最新研究成果，探讨再制造领域的热点问题，分析再制造产业的发展形势，共商促进再制造国际合作交流的措施，展示国内外再制造最新产品和技术。

会议期间召开了“中英再制造高层论坛”，中方有关部门的代表与英国驻华大使馆、英国标准化协会、英国再制造与再利用研究中心等英方代表就推动再制造标准化国际合作等议题展开交流，中英双方与会代表均希望以会议为契机，进一步加强双方的交流与合作，不断推动再制造产业规范化发展，为中英两国实现低碳、可持续发展作出积极贡献。

5月26日　最高人民法院出台了《关于充分发挥审判职能作用为推进生态文明建设与绿色发展提供司法服务和保障的意见》。《意见》将环境资源案件分为涉环境污染防治和生态保护案件、涉自然资源开发利用案件、涉气候变化应对案件、生态环境损害赔偿诉讼案件等四大类，并明确了各类案件的审判重点、审理原则和司法政策。

《意见》明确，要牢固树立严格执法、维护权益、注重预防、修复为主、公众参与的现代环境司法理念，严格执行环境资源法律制度，依法保护人民群众环境权益，加大预防原则的适用力度，落实以生态环境修复为中心的损害救济制度，坚持专业审判与公众参与相结合。

《意见》强调，依法审理涉环境污染防治和生态保护案件，尤其是要加强对人民群众普遍关心的大气、水、土壤、海洋等环境污染案件的审理。依法审理涉土地、矿产、林业等自然资源开发利用相关案件，注重保障自然资源合理开发利用与促进资源节约、环境保护相协调，维护市场交易秩序，保障自然资源和生态环境安全。

围绕气候变化应对的需要，《意见》要求，强调依法妥善审理好涉及碳排放、能源节约、绿色金融以及生物多样性保护等方面的纠纷案件，促进各项减缓和适应气候变化政策的落实。此外，《意见》还提出，从有效维护环境公共利益和国家所有者权益出发，强调依法审理各类生态环境损害赔偿诉讼案件。

5月26日　由中国环境保护部、联合国环境规划署共同举办的《可持续发展多重途径》和《绿水青山就是金山银山：中国生态文明战略与行动》报告发布会在内罗毕环境署总部召开，中国环境保护部部长陈吉宁、联合国环境规划署执行主任施泰纳出席发布会并分别致辞。

陈吉宁强调，中国政府高度重视生态文明建设，将保护环境、节约资源作为基本国策，努力在发展中破解经济与环境之间的矛盾。中共十八大以来，习近平主席明确提出“绿水青山就是金山银山”、“保护生态环境就是保护生产力，改善生态环境就是发展生产力”，将生态文明建设推向新的高度，体制改革、环境治理、生态保护的进程明显加快，取得积极成效。

陈吉宁指出，中国的生态文明强调经济、政治、社会、文化与生态环境的深度整合、“五位一体”，以可持续发展、人与自然和谐为目标，将绿色理念融入生产生活的各个环节。同时强调政府与市场两个维度的制度创新：强化地方政府改善环境质量的责任，将生态环境纳入政府绩效考核体系，对官员任期内的生态环境损害进行终身追究；建立自然资源资产产权制度、资源有偿使用和生态补偿制度，不断完善污染治理和生态保护的市场体系。此外，中国生态文明注重加强环境基础设施建设，为改善生态环境质量提供硬件支撑。注重动员全社会的共同参与，通过广泛的宣传教育，鼓励公众生活、消费方式的绿色化。

陈吉宁表示，希望中国在生态文明建设方面的理念和实践能为其他国家提供借鉴，并与各国一起，探索生态环境与经济社会协调发展的成功范式，为全球可持续发展、为人类更加美好的未来做

出应有的贡献。

施泰纳在致辞中指出，可持续发展的内涵丰富，实现路径具有多样性，不同国家应根据各自国情选择最佳的实施路径。中国的生态文明建设是对可持续发展理念的有益探索和具体实践，为其他国家应对类似的经济、环境和社会挑战提供了经验借鉴。

5月28日　国务院印发《土壤污染防治行动计划》，这是当前和今后一个时期全国土壤污染防治工作的行动纲领。

《行动计划》立足我国国情和发展阶段，着眼经济社会发展全局，以改善土壤环境质量为核心，以保障农产品质量和人居环境安全为出发点，坚持预防为主、保护优先、风险管控，突出重点区域、行业和污染物，实施分类别、分用途、分阶段治理，严控新增污染、逐步减少存量，形成政府主导、企业担责、公众参与、社会监督的土壤污染防治体系。

《行动计划》提出，到2020年，全国土壤污染加重趋势得到初步遏制，土壤环境质量总体保持稳定，农用地和建设用地土壤环境安全得到基本保障，土壤环境风险得到基本管控。到2030年，全国土壤环境质量稳中向好，农用地和建设用地土壤环境安全得到有效保障，土壤环境风险得到全面管控。到本世纪中叶，土壤环境质量全面改善，生态系统实现良性循环。

《行动计划》坚持问题导向、底线思维，坚持突出重点、有限目标，坚持分类管控、综合施策，确定了十个方面的措施：一是开展土壤污染调查，掌握土壤环境质量状况。二是推进土壤污染防治立法，建立健全法规标准体系。三是实施农用地分类管理，保障农业生产环境安全。四是实施建设用地准入管理，防范人居环境风险。五是强化未污染土壤保护，严控新增土壤污染。六是加强污染源监管，做好土壤污染预防工作。七是开展污染治理与修复，改善区域土壤环境质量。八是加大科技研发力度，推动环境保护产业发展。九是发挥政府主导作用，构建土壤环境治理体系。十是加强目标考核，严格责任追究。

制定实施《土壤污染防治行动计划》是党中央、国务院推进生态文明建设，坚决向污染宣战的一项重大举措，是系统开展污染治理的重要战略部署，对确保生态环境质量改善、各类自然生态系统安全稳定具有重要作用。至此，与已经出台的《大气污染防治行动计划》和《水污染防治行动计划》一起，针对我国当前面临的大气、水、土壤环境污染问题，三个污染防治行动计划本届政府已经全部制定发布实施。

5月30日　国家发展改革委、财政部、国土资源部、环境保护部、水利部、农业部、林业局、能源局、海洋局等9部门印发《关于加强资源环境生态红线管控的指导意见》（发改环资〔2016〕1162号），《指导意见》围绕贯彻党中央、国务院关于加快生态文明建设、健全生态文明制度体系的决策部署，立足指导红线划定工作，推动建立红线管控制度，明确了加强红线管控的总体要求、基本原则、管控内涵、指标设置、管控制度和组织实施。

《指导意见》指出，统筹考虑资源禀赋、环境容量、生态状况等基本国情，根据我国发展的阶段性特征及全面建成小康社会目标的需要，合理设置红线管控指标，构建红线管控体系，健全红线管控制度，构建人与自然和谐发展的现代化建设新格局。

《指导意见》提出了红线管控的内涵及主要指标设置，要通过划定并严守资源消耗上限、环境质量底线、生态保护红线，强化资源环境生态红线指标约束，将各类经济社会活动限定在红线管控范围以内。设定资源消耗上限，合理设定全国及各地区资源消耗“天花板”，对能源、水、土地等战略性资源消耗总量实施管控，强化资源消耗总量管控与消耗强度管理的协同；严守环境质量底

线，以改善环境质量为核心，以保障人民群众身体健康为根本，与地方限期达标规划充分衔接，分阶段、分区域设置大气、水和土壤环境质量目标；划定生态保护红线，根据涵养水源、保持水土、防风固沙、调蓄洪水、保护生物多样性，以及保持自然本底、保障生态系统完整和稳定性等要求，在重点生态功能区、生态环境敏感区和脆弱区等区域，以及森林、草原、湿地、海洋等领域划定生态保护红线，严格自然生态空间征（占）用管理，有效遏制生态系统退化的趋势。

《指导意见》要求，从建立红线管控目标确定及分解落实机制、完善与红线管控相适应的准入制度、加强资源环境生态红线实施监管、加强统计监测能力建设、建立资源环境承载能力监测预警机制、建立红线管控责任制等6个方面，加快形成源头严防、过程严管、责任追究的红线管控制度体系，并对加强红线管控组织领导、明确部门工作重点、鼓励公众参与等方面提出了明确要求。

5月30日～6月5日　由全国政协副主席马飚带队就加强农作物秸秆综合利用问题赴山东、河南进行专题调研。在京部分政协委员、政协提案委员会、国家发改委环资司、农业部等部门参加调研。调研组就秸秆资源化利用现状、收储运体系、技术装备水平、共性及难点问题等，先后在济南、郑州召开座谈会，广泛听取当地有关田等情况。“加强农作物秸秆综合利用”是今年全国政协确定的重点提案之一，这次调研也是为7月上旬召开全国政协双周协商座谈会做前期准备。

5月30日　工业和信息化部办公厅发出《关于印发《工业和通信业节能与综合利用领域标准制修订管理实施细则（暂行）》的通知》（工信厅节〔2016〕87号），规定了工业和通信业节能与综合利用领域的国家标准和行业标准的立项、起草、审查、报批、批准、发布、出版、复审、修改等标准制修订的主要程序及要求。

5月30日　由中国循环经济协会和台湾财团法人中技社联合主办的2016两岸循环经济发展论坛在台北召开。本次论坛以“资源再生利用”为主题，来自两岸的专家学者、企业家等约60人参加了论坛。中国循环经济协会赵副会长凯致辞中指出，在新形势、新常态下，召开两岸循环经济发展论坛对促进两岸共同发展具有重要意义，并介绍了近十年大陆循环经济发展取得的成就和“十三五”期间循环经济的发展方向。

六　月

6月1日　国家发展改革委、教育部、科技部、工业和信息化部、环保部、住房城乡建设部、交通运输部、农业部、商务部、国资委、新闻出版广电总局、国管局、全国总工会、共青团中央发出《关于2016年全国节能宣传周和全国低碳日活动的通知》（发改环资[2016]1179号），决定今年6月12日至18日为全国节能宣传周，6月14日为全国低碳日。广泛宣传生态文明主流价值观，培育和践行节约集约循环利用的资源观，加快改善生态环境，提高资源利用效率，努力建设资源节约型和环境友好型社会，深入进行全民节能低碳宣传教育，大力倡导勤俭节约的社会风尚，在全社会营造节能降碳的浓厚氛围。

6月2日　环境保护部向发布《2015中国环境状况公报》。公报指出，2015年，在党中央、国务院的高度重视下，各地区、各部门以改善环境质量为核心，着力解决突出环境问题，全力打好环境治理攻坚战，严格环保执法监管，深化生态环保领域改革，着力推动转方式调结构，持续加大生态和农村环境保护，强化环境保护宣传教育，生态文明建设和环境保护工作取得积极进展。

公报显示，2015年全国城市空气质量总体趋好，首批实施新环境空气质量标准的74个城市细颗

粒物（PM2.5）平均浓度比2014年下降14.1%。全国338个地级以上城市中，有73个城市环境空气质量达标，占21.6%；265个城市环境空气质量超标，占78.4%。480个城市（区、县）开展了降水监测，酸雨城市比例为22.5%，酸雨频率平均为14.0%，酸雨类型总体仍为硫酸型，酸雨污染主要分布在长江以南一云贵高原以东地区。

全国423条主要河流、62座重点湖泊（水库）的967个国控地表水监测断面（点位）开展了水质监测，Ⅰ～Ⅲ类、Ⅳ～Ⅴ类、劣Ⅴ类水质断面分别占64.5%、26.7%、8.8%。以地下水含水系统为单元，潜水为主的浅层地下水和以承压水为主的中深层地下水为监测对象的5118S个地下水水质监测点中，水质为优良级的监测点比例为9.1%，良好级的监测点比例为25.0%，较好级的监测点比例为4.6%，较差级的监测点比例为42.5%，极差级的监测点比例为18.8%。338个地级以上城市开展了集中式饮用水水源地水质监测，取水总量为355.43亿吨，达标取水量为345.06亿吨，占97.1%。

冬季、春季、夏季和秋季，劣四类海水海域面积分别占中国管辖海域面积的2.2%、1.7%、1.3%和2.1%。污染海域主要分布在辽东湾、渤海湾、莱州湾、江苏沿岸、长江口、杭州湾、浙江沿岸、珠江口等近岸海域。

全国308个开展功能区声环境监测的地级以上城市昼间监测点次达标率平均为92.4%，比2014年上升1.1个百分点；夜间监测点次达标率平均为74.3%，比2014年上升2.5个百分点。各类城市功能区声环境质量昼间达标率均高于夜间。

截至2015年底，全国共建立各种类型、不同级别的自然保护区2740个，总面积约14703万公顷。其中陆地面积约14247万公顷，占全国陆地面积的14.8%。国家级自然保护区428个，面积9649万公顷。

全国现有森林面积2.08亿公顷，森林覆盖率21.63%，活立木总蓄积164.33亿立方米。草原面积近4亿公顷，约占国土面积的41.7%。

全国有30个省（区、市）遭受洪涝灾害，与常年相比，因灾死亡人口减少76%，为历史最低；受灾人口、受灾面积、倒塌房屋分别减少46%、45%、85%。全国旱情总体偏轻，全年耕地受旱面积、人畜饮水困难数量均较常年同期明显偏少；与常年相比，作物受灾面积、因旱粮食损失、因旱饮水困难人数分别减少52%、51%、65%。受厄尔尼诺的影响，2015年入春以来，森林火险等级持续居高不下；进入夏季，北方重点林区雷击火一度急剧高发；入秋，南方地区降水持续偏多；入冬，北方气温偏高，冷空气活动频次少、强度弱。预计，本次超强厄尔尼诺将继续衰减，但对气候的影响仍将持续。

《2015中国环境状况公报》由环境保护部会同国土资源部、住房和城乡建设部、交通运输部、水利部、农业部、国家卫生和计划生育委员会、国家统计局、国家林业局、中国地震局、中国气象局、国家能源局和国家海洋局等主管部门共同编制完成，是反映中国2015年环境状况的公开年度报告。

6月12日　国家发展改革委和北京市人民政府联合在北京举办了2016年全国节能宣传周暨北京市节能宣传周活动启动仪式，国家发展改革委副主任张勇致辞并宣布2016年全国节能宣传周启动。北京市政府副市长隋振江出席了启动仪式。教育部、工业和信息化部、住房城乡建设部、交通运输部、农业部、商务部、国资委、国管局、全国总工会、共青团中央、全国妇联、中央军委后勤保障部、中直机关等13个部门和单位,北京市有关部门、重点用能单位、节能环保企业代表以及中央、北京市新闻媒体代表参加启动仪式。

张勇指出，党的十八届五中全会提出的创新、协调、绿色、开放、共享五大理念，是破解发展难题、厚植发展优势的必然选择。节能降耗是推进绿色发展、建设生态文明的重要内容和有效抓手。党的十八届五中全会和国家“十三五”规划《纲要》提出实行能源消费总量和强度双控行动，明确“十三五”全国单位GDP能耗下降15%、2020年能源消费总量控制在50亿吨标准煤以内，这意味着未来5年能源消费年均增速需保持在3.1%以下，比“十二五”要低0.5个百分点，节能和控制能源消费总量任务艰巨。要实现“十三五”节能目标，必须牢固树立节约集约循环利用的新资源观，扎实推进能源生产和消费革命。

张勇强调，节能宣传周是全国节能工作的重要平台。今年全国节能宣传周的标识，充分体现了节能优先、把节能工作贯彻于经济社会发展各领域全过程的绿色发展要求。各地方、有关部门将围绕宣传主题，以贯彻落实五中全会新发展理念、“十三五”规划《纲要》为总纲，以推进生态文明、促进绿色发展为主线，以提高全民节能意识、培养全民节能习惯为重点，加大宣传力度，确保取得实实在在的成效。

启动仪式上，与会领导分别为第八届全国生态文明（建设节约型社会）主题招贴画设计大赛优秀作品获奖代表、“北京市2016年节能环保低碳教育示范基地”称号的单位代表颁奖和授牌，国美、苏宁、京东、天猫等企业签署了“推广节能产品、倡导绿色消费”宣言，启动了全国绿色出行系列宣传活动。

今年全国节能宣传周期间，有关部门、各地方将围绕“节能领跑 绿色发展”的主题，举行绿色产品进商场、文艺作品征集、节能科技示范、生态文明宣传教育、超低能耗建筑示范、节能减排农村行、公益视频展播、发送主题短信等活动，通过传播节能理念、普及节能知识、推广节能技术、提升全民意识，推动形成崇尚节约节能、绿色低碳消费与低碳环保的社会风尚。

6月13日 第六次中德循环经济与环保技术分论坛在北京举行。此次分论坛是第八届中德经济技术合作论坛的重要组成部分。中德双方围绕“创新推动循环发展”这一主题，设置了“固体废弃物循环利用领域的科技创新”、“废弃物中的二次资源回收产业发展”和“废水处理与回收”等三个议题。会议上，中德双方研究机构和企业分享了废弃电器电子产品回收及资源化、废水处理、废弃动力电池回收利用、中德金属生态城建设进展等方面的实践和取得的进展。国家发改委环资司副司长马荣出席此次会议并致辞。

6月16日 由中国新闻社主办的第七届“低碳发展•绿色生活”公益展在京开幕。展览以“拥抱低碳＋”为主题，设置了节能产品试用等多个互动体验展位，展出了大量低碳绿色主题摄影作品，同时举办了“中国低碳榜样”发布仪式。中宣部、工业和信息化部和国资委等部门出席开幕式。

6月23日 环境保护部授予吉林省通化县等10个县（市、区）“国家生态县（市、区）”称号。

6月24日 中国循环经济协会、废旧纺织品综合利用产业技术创新战略联盟在北京市召开了“废旧纺织品回收利用领域团体标准编制启动会”。中国纺织工业联合会、中国化学纤维工业协会、中国标准化研究院、中国地质大学（北京）、北京服装学院、广东省纺织协会等行业组织、科研院所、大专院校、企业代表等50多人参加此次会议。会议由废纺联盟常务副秘书长顾明明主持。

6月25～26日 由中国循环经济协会主办的“2016中国循环经济发展论坛”在北京隆重开幕。本次论坛以“创新引领循环经济发展”为主题，重点围绕绿色发展的顶层设计，循环经济理念与实践创新、制度与机制创新、技术与模式创新进行深入研讨，聚焦经济新常态下，如何抓住机遇、应对挑战，从供给侧结构性改革、国家创新体系建设、中国制造2025、互联网+循环利用、绿色金融体

系、绿色供应链构建等方面研讨如何加快建立资源循环利用产业体系，激发新动能，创造新优势的思路和对策。

第十届全国政协副主席、中国工程院原院长徐匡迪院士作了题为“以科技创新推动循环经济发展”的致辞。徐匡迪从着力解决经济发展与资源环境矛盾，建设生态文明，实现可持续发展的战略高度，从循环经济成功案例和国内外比较中，强调了科技创新对发展循环经济的重要性和紧迫性，只有不断创新才能做大做强循环经济，为建设美丽中国作出贡献！

中国气候变化事务特别代表、全国政协人口资源环境委员会副主任、国家发展和改革委员会原副主任解振华作了题为“落实发展新理念，创新引领循环经济新发展”的主旨演讲，从贯彻五大发展理念，落实《巴黎气候协定》，阐述了新形势下如何深化循环经济发展，提出要在发展理念、体制机制、商业模式、关键技术等方面，大胆创新，激发循环发展的新动能，增强循环发展新动力。

著名经济学家、清华大学国情研究院院长胡鞍钢作了题为“中国‘十三五’：引领绿色革命”的演讲，系统解析了绿色发展理念，“十三五”的规划目标和任务。

美国麦克唐纳创新集团董事长兼CEO、国际著名建筑设计师威廉•麦克唐纳作了题为“增值循环——创造循环经济优势”的主题演讲，用大量案例说明，增值循环的本质是要改变线性增长模式，实现经济、环境、社会效益三者的最大化；循环经济必须从设计开始，不断改进，提升价值，才能创造循环经济的发展优势。埃森哲战略与可持续性业务全球董事总经理彭莱先生从500多个循环经济成功案例中，总结提炼了5种循环经济商业模式，继而说明循环经济是替代传统增长模式的最佳模式，并展示了发展循环经济的美好前景——价值4.5万亿美元的市场潜力。

同济大学可持续发展与管理研究所所长诸大建回顾了国内外循环经济发展的三个阶段和10年我国循环经济发展取得的显著成绩及对世界的贡献。他认为2016年将是循环经济发展“第三波”的起点，未来循环经济发展要在政府、企业、消费者、研究者四个方面进行深化。

来自全国人大环资委、国家发改委、工信部、环保部等相关司局，部分地区发改委和工信委，相关行业协会，大专院校和研究机构，国际NGO组织，企业及会员代表，以及新闻媒体500余人参加了此次论坛。论坛开幕式由中国循环经济协会会长赵家荣主持。

6月28～29日　中国工业节能与清洁生产协会节水与水处理分会在青岛举办了“工业节水治污技术交流研讨会”，相关水处理专家学者、企业代表等300余人参会。会议围绕工业节水治污、浓盐水综合利用、高难度工业废水处理新技术新装备和工业废水“零排放”应用技术等进行了交流探讨。

6月30日　工业和信息化部印发《工业绿色发展规划（2016-2020年）》，提出到2020年，绿色发展理念成为工业全领域全过程的普遍要求，工业绿色发展推进机制基本形成，绿色制造产业成为经济增长新引擎和国际竞争新优势，工业绿色发展整体水平显著提升。

能源利用效率显著提升。工业能源消耗增速减缓，六大高耗能行业占工业增加值比重继续下降，部分重化工业能源消耗出现拐点，主要行业单位产品能耗达到或接近世界先进水平，部分工业行业碳排放量接近峰值，绿色低碳能源占工业能源消费量的比重明显提高。

资源利用水平明显提高。单位工业增加值用水量进一步下降，大宗工业固体废物综合利用率进一步提高，主要再生资源回收利用率稳步上升。

清洁生产水平大幅提升。先进适用清洁生产技术工艺及装备基本普及，钢铁、水泥、造纸等重点行业清洁生产水平显著提高，工业二氧化硫、氮氧化物、化学需氧量和氨氮排放量明显下降，高风险污染物排放大幅削减。

绿色制造产业快速发展。绿色产品大幅增长，电动汽车及太阳能、风电等新能源技术装备制造水平显著提升，节能环保装备、产品与服务等绿色产业形成新的经济增长点。

绿色制造体系初步建立。绿色制造标准体系基本建立，绿色设计与评价得到广泛应用，建立百家绿色示范园区和千家绿色示范工厂，推广普及万种绿色产品，主要产业初步形成绿色供应链。

6月30日　工业和信息化部节能与综合利用司在银川市组织召开了工业清洁生产工作座谈会。会议强调了在新形势下推进绿色制造、促进工业绿色发展的重要性和紧迫性；通报了“十三五”推进绿色制造总体思路，并对2016年清洁生产工作提出明确要求。会议通报了2016年上半年工业清洁生产工作进展情况，并就高风险污染物削减行动计划、产品绿色设计、重点行业清洁化改造、推进环保装备产业发展、电器电子产品有毒有害物质限制使用管理办法、汽车产品有害物质和可回收利用率管理要求等重点工作进行了沟通交流。

6月　国家发展改革委组织专家对第二、第三批22家“城市矿产”示范基地开展了中期评估工作，发现了一批成功的经验做法和运营模式。

一是加强体制和制度机制创新。级政府在推动“城市矿产”示范基地发展的过程中，在加强体制机制创新方面做出了许多有益的探索，形成了联席会议制度、领导干部包干制度、财税优惠制度等相关制度。甘肃省还通过立法形式把经过实践的体制机制进行固化，形成了一批地方循环经济发展法规。

二是推动产业链延伸深和产品高值化。部分园区引入下游制造企业，实施产业链延伸，提高了产品的附加值，增强了园区竞争力。河南大周基地充分利用自身优势，引进高端的金属门窗制品项目、泡沫铝以及铝板带等深加工项目。江苏邳州基地，引入蓄电池制造企业，将拆解出的再生铅生产蓄电池， 2015年园区实现产值97亿元。

三是拓展新思维创新发展模式。一些园区积极拓展新思维，不断创新发展模式和经营理念，形成了很多成功的发展模式。安徽滁州基地采用“互联网+”思维，利用物联网、信息通讯等先进技术打造出集物流管理、废物流监控、生产现场监控、污染排放在线监测于一体的管理体系，形成了报废汽车回收利用行业利用互联网思维经营管理的成功经验。

四是重视技术研发保持产业发展活力。很多园区企业高度重视先进技术、装备的应用，设立技术中心，开发并应用了大量的先进技术，提升了企业效益。北京市华新环保公司结合行业特点自主创新研发，在冰箱/空调处理线采用氮气防火系统，提高生产安全性；在平板电视处理线工位处采用新型负压除尘罩设计，集尘效果比原来提高了30%。山东金升集团建立了国家铜冶炼及加工工程技术中心，研发出新的冶炼高品位废杂铜工艺和装备系统，完全替代国外进口的倾动炉系统，并能解决进口倾动炉设备庞杂、能耗高的问题，大幅提高了经济效益。

6月　《全国生态环境十年变化（2000～2010年）调查评估报告》发布。调查评估结果表明：全国生态环境脆弱，生态系统质量和服务功能低。

调查评估结果显示，十年间，全国森林、灌丛、草地生态系统质量总体向好，城镇、农田生态系统格局变化剧烈，森林、湿地生态系统人工化趋势明显。农业生产与开发导致的水土流失、土地沙化、石漠化等问题依然严重，城镇化、工业化与资源开发导致的流域生态破坏、城镇人居环境恶化、自然海岸线丧失、野生动植物自然栖息地减少等问题加剧。全国生态安全形势依然严峻，生态环境风险增加，生态保护与发展矛盾突出。主要存在以下几个问题：

一是生态系统类型复杂多样，格局局部变化剧烈。二是生态系统质量低，森林与草地质量有所提高。三是生态系统服务功能低，不能满足社会经济可持续发展要求。四是生态环境脆弱，人工化加剧，生态环境问题依然突出。

《报告》提出7点建议：落实生态保护新理念，完善国家生态保护策略。改革现有生态环境管理体制，落实生态保护责任。明确“生态用地”类型，划定并严守生态保护红线，构建科学合理的生态安全格局。坚持保护优先，统筹区域重大生态保护与恢复工程，改变目前生态保护与恢复项目多头管理的局面。增强城镇和城市群生态功能，促进城镇化健康发展。强化城镇生态安全意识和要求，严格控制城镇无序扩张与超大规模。推进流域综合管理，保障流域生态安全。增强生态保护科技支撑，建立生态调查评估常态化机制。

七 月

7月1日　工业和信息化部召开了“节能服务进企业”活动启动会。工业和信息化部党组成员、副部长辛国斌出席会议并讲话。

辛国斌指出，工信部部将推进工业节能作为贯彻十八届五中全会精神、落实绿色发展理念、加强生态文明建设的重要举措。按照《中国制造2025》要求，我部制定了《绿色制造工程实施指南》，组织实施了工业绿色发展专项行动，制定了工业能效提升、煤炭清洁高效利用等行动计划，扎实推进工业节能与绿色发展。

7月2日　家发改委环资司召开《中国节水技术政策大纲》）修订工作启动会。会议初步确定了新版《大纲》的结构，明确了各领域任务。修订工作预计将在2017年底前完成。

《大纲》自2005年我委会同4部委发布以来，作为引导节水技术研究和产业发展的纲领性文件，在我国节水工作中发挥了重要的作用。此次修订之后，《大纲》将继续保持对各领域节水工作的引导性，也将更加符合当前我国的经济社会发展现状。

7月9日　生态文明贵阳国际论坛2016年年会在贵阳举行。中共中央政治局常委、全国政协主席俞正声出席开幕式并发表主旨演讲。

俞正声指出，中国作为全球应对气候变化事业的积极参与者，一直本着负责任、合作精神和建设性态度参与《巴黎协定》谈判，为《巴黎协定》最终达成作出了重要贡献。《巴黎协定》的签署标志着世界各国在共同应对气候变化挑战方面迈出了关键一步，彰显了全人类携手同行、共同保护地球的坚定决心和务实态度，中国对《巴黎协定》的全面落实充满信心。

俞正声强调，中国是生态文明建设的倡导者和实践者，中共十八大将生态文明建设纳入中国特色社会主义事业总体布局，提出大力推进生态文明建设、建设美丽中国、实现中华民族永续发展的总体要求。中共十八届五中全会进一步提出了创新、协调、绿色、开放、共享的发展理念，将绿色发展作为“十三五”乃至更长时期经济社会发展的基本理念。

潘基文在视频贺信中说，生态文明贵阳国际论坛所从事的事业，正在推动着全球绿色转型和持续发展这个目标逐步成为现实。期待各方在生态论坛这个舞台上，更多分享生态文明建设的智慧，携手走上一条以人为本、绿色环保的道路。7月10日下午，年会圆满闭幕，发布了《2016贵阳共识》。

7月11日　国家发展改革委办公厅、工业和信息化部办公厅、财政部办公厅、环境保护部办公

厅、国家统计局办公室、国家能源局综合司印发《关于做好2016年度煤炭消费减量替代有关工作的通知》。一是切实重视煤炭消费减量替代工作。严格煤炭消费量控制，实行煤炭消费减量替代，是推进大气污染治理、落实能源消耗总量和强度"双控"、建设生态文明、实现绿色发展的重要举措。重点地区和城市一定要从战略和全局高度，充分认识做好这项工作的重要性和紧迫性，增强忧患意识和责任意识，将思想行动统一到中央的决策部署上来，把煤炭消费减量替代工作作为加强宏观调控、调整经济结构、转变发展方式的重要抓手，摆在更加突出位置，加强领导、综合施策、狠抓落实，下更大气力，确保完成2016年和2013～2017年煤炭消费减量替代目标。二是完善煤炭消费减量替代工作方案。重点地区和城市要进一步完善和细化煤炭消费减量替代工作方案，量化任务、明确措施，提出重点项目清单，要将减量替代目标分解落实到下一级政府和重点用煤企业。新建耗煤项目要明确煤炭消费减量替代明细，新增用煤应纳入替代工作方案，作为新增量统筹平衡；煤炭削减量不能按照压减的过剩行业或落后产能规模进行估算，要根据压减的实际产量进行科学测算。要结合"十三五"能耗总量和强度"双控"目标任务、大气污染防治要求以及本地区实际，研究制定2020年煤炭消费减量目标，谋划好"十三五"及中长期煤炭消费减量工作。重点地区应于今年7月底前将2016年煤炭消费减量目标报国家发展改革委（环资司），并抄送环境保护部、国家能源局。三是严控高耗煤项目新增产能。重点地区和城市要严格落实国务院《关于化解产能严重过剩矛盾的指导意见》（国发[2013]41号）、《关于钢铁行业化解过剩产能实现脱困发展的意见》（国发[2016]6号）、《关于煤炭行业化解过剩产能实现脱困发展的意见》（国发[2016]7号）、《关于促进建材工业稳增长调结构增效益的指导意见》（国办[2016]34号），以及《关于促进我国煤电有序发展的通知》（发改能源[2016]565号）等文件要求，对钢铁、煤炭、水泥熟料、平板玻璃等产能过剩产业和面临潜在过剩风险的煤电行业，要严控（严禁）新增产能，加快淘汰落后产能和化解过剩产能，严格执法，显著减少产能过剩行业的煤炭消费量。四是加快推进煤炭消费减量工程和措施。重点地区、重点城市要围绕重点领域、重点企业，加快实施燃煤电厂超低排放和节能改造、余热余压利用、能量系统优化、电机系统节能等节能改造工程；积极推进燃煤锅炉节能环保综合提升工程，加快淘汰落后燃煤锅炉，加大高效锅炉推广力度，全面推进燃煤锅炉和燃煤工业窑炉节能环保改造，加强节能环保监管；加快推进产城融合，实施余热暖民工程，充分利用低品位余热进行供热，发展高效清洁背压热电联产代替分散燃煤供热。落实《商品煤质量管理暂行办法》、《关于促进煤炭安全绿色开发和清洁高效利用的意见》、《煤炭清洁高效利用行动计划（2015～2020）》、《工业领域煤炭清洁高效利用行动计划》要求，促进煤炭高效清洁利用；强化燃煤锅炉整治、农村散煤治理；推进"煤改气"、"煤改电"，大力发展可再生能源，大幅削减散煤使用；推进用能预算管理体系建设，推动用能用煤管理精细化、科学化，实现用能用煤的高效配置。五是做好2015年度煤炭消费减量替代工作的监督考核。

7月15日 环境保护部印发《"十三五"环境影响评价改革实施方案》。

7月18日 工业和信息化部、国国家发展和改革委员会、国家质量监督检验检疫总局发布2016年度能效"领跑者"企业名单2016年第39号公告2016年度对乙烯、合成氨、水泥、平板玻璃、电解铝行业能效"领跑者"遴选工作，遴选出了达到行业能效领先水平的"领跑者"企业16家，以及达到能耗限额国家标准先进值要求的入围企业20家。

7月27日 国务院总理李克强主持召开国务院常务会议，听取了上半年钢铁、煤炭领域去产能情况汇报，认为，化解过剩产能是深化供给侧结构性改革的一项重点任务。要按照中央经济工作会议

部署和政府工作报告要求，坚持地方主责、企业主体，发挥市场机制作用，更有效推动去产能。一要继续以钢铁、煤炭行业为重点，对环保、能耗、安全等不达标，生产不合格或淘汰类产品的企业和产能，坚决依法依规处置或关停。落实差别化水、电价格和严控新增授信等措施，推动企业淘汰落后产能。注重运用法治化、市场化手段，支持企业加快兼并重组，提高产业集中度，并妥善做好职工转岗等工作。多措并举，确保完成今年化解过剩粗钢产能4500万吨左右、煤炭产能2.5亿吨以上的硬目标。二要改造和提升传统产能，提高环保、质量、安全等标准和工艺水平，对仍在使用落后设备和工艺的企业不批新增用地，不办理生产、排污等许可。三要抓典型严问责。对违反国务院及有关部门明令，在产能过剩领域新上项目、新增产能或淘汰产能死灰复燃的，国务院有关部门要派出调查组深入了解、严肃追责。对企业偷排偷放、超标排放，要依法按日计罚、限产停产、查封扣押。对不达标和淘汰落后产能不力的企业要向社会公开，实施信用约束和惩戒。

八 月

8月4日　钢铁煤炭行业化解过剩产能和脱困发展工作部际联席会议召开全国电视电话会议，传达学习国务院领导同志近期有关去产能工作的重要指示和批示，通报前7个月各地区钢铁煤炭去产能工作进展和专项执法行动开展情况，并对下一步去产能工作进行部署。国家发改委主任、部际联席会议召集人徐绍史出席会议并讲话。部际联席会议各成员单位负责人出席会议。

会议指出，推进供给侧结构性改革，是党中央、国务院作出的重大战略决策，钢铁煤炭去产能又是供给侧结构性改革的重头戏、主战场。习近平总书记多次强调，“三去一降一补”，摆在首位的是去产能，主要去钢铁煤炭行业过剩产能。李克强总理在今年的政府工作报告中和国务院会议上多次强调，要把钢铁煤炭行业化解过剩产能作为重点。张高丽副总理、马凯副总理、王勇国务委员多次召开专题会议，对去产能工作作出全面部署。各地各有关方面要认真学习，深刻领会党中央、国务院领导同志指示批示精神，进一步提高思想认识，增强使命感、责任感和紧迫感，加紧推进去产能各项工作，确保完成今年的目标任务。

会议强调，各地、各有关部门在贯彻落实党中央、国务院部署，推进去产能方面做了不少工作，取得了一定的成效。但总体看，地区之间进展不平衡。少数地区对去产能工作的重要性、紧迫性认识不足，担心去产能会影响经济发展；面对工作中的困难和挑战，信心不足，办法不多，存在畏难情绪；有的地区和企业因为钢铁煤炭价格回升，去产能的决心出现了动摇。这些情况必须引起高度重视。各地区、各部门及有关企业，要按照党中央、国务院的部署，直面存在的困难和问题，进一步坚定信心和决心，迎难而上，加紧推进各项工作。

会议强调，钢铁煤炭化解过剩产能是一项十分复杂的工作，任务十分艰巨，时间十分紧迫。要坚决贯彻党中央、国务院的决策部署，勇于担当，攻坚克难，以背水一战的决心和壮士断腕的勇气，把各项工作抓紧抓实抓细，确保今年目标任务顺利完成。

8月9日　国家发展改革委环资司印发《循环发展引领计划》（征求意见稿）向社会公开征求意见的公告。

8月　环资司会同农业部科教司组织编制国家农业循环经济示范基地建设方案。下一步将在农业基础较好的地区，选择一批具有明确实施主体的工农复合型农业循环经济产业基地（园区），在减量化、再利用、资源化、清洁生产等农业循环经济的关键环节和领域开展示范基地建设，解决区域内农业生态环境问题，推动农业发展方式转变。

8月23日　国家发改委发关布于《循环发展引领计划》（征求意见稿）

公开征求意见情况的通告。于2016年8月9日至8月21日向社会公开征求意见。征求意见期间，有关行业协会、研究机构、企业和社会公众等40多个单位和个人通过电子邮件和网上留言方式提出了100多条相关意见和建议。其中，“循环经济标准体系”、“再制造产业发展”、“建筑垃圾资源化利用”等建议对进一步完善该《计划》具有积极的借鉴意义，我们将对有关意见进行认真研究，在修改时予以考虑。在此，对社会各界的支持一并表示感谢。

8月27日　由中国金融四十人论坛（CF40）及旗下北方新金融研究院（NFI）联合主办的首届天津绿色金融论坛在天津开幕。应对气候变化司副司长李高应邀参加本次论坛，并就如何推动气候投融资以促进低碳发展工作发表主题演讲。天津市和人民银行领导出席会议并讲话，银监会、证监会、保监会等单位和相关银行、金融机构代表以及部分专家学者参加了本次会议。

8月　中共中央办公厅、国务院办公厅印发了《关于设立统一规范的国家生态文明试验区的意见》及《国家生态文明试验区（福建）实施方案》，并发出通知，要求各地区各部门结合实际认真贯彻落实。

主要目标：设立若干试验区，形成生态文明体制改革的国家级综合试验平台。通过试验探索，到2017年，推动生态文明体制改革总体方案中的重点改革任务取得重要进展，形成若干可操作、有效管用的生态文明制度成果；到2020年，试验区率先建成较为完善的生态文明制度体系，形成一批可在全国复制推广的重大制度成果，资源利用水平大幅提高，生态环境质量持续改善，发展质量和效益明显提升，实现经济社会发展和生态环境保护双赢，形成人与自然和谐发展的现代化建设新格局，为加快生态文明建设、实现绿色发展、建设美丽中国提供有力制度保障。

九　月

9月2日　国家发改委张勇副主任主持召开国务院节能减排工作领导小组联络员会议，进一步研究完善《“十三五”节能减排综合工作方案》（以下简称工作方案），并对下一步工作提出要求。中组部、中宣部、中直管理局等中央部门和国务院节能减排工作领导小组成员单位共34个单位，以及委内16个司局负责同志约80人参加了会议。

会上，国家发改委环资司汇报了《工作方案》的主要内容、征求意见及修改完善情况，环保部规财司介绍减排方面的有关情况。各有关部门和单位围绕修改完善《工作方案》提出了具体意见。

张勇强调，《工作方案》是“十三五”国家节能减排的纲领性文件，各部门要高度重视，共同做好各项工作：　一是认真修改完善。研究各单位意见，加强部门的沟通协调，把《工作方案》做得更扎实，更好地指导工作。二是抓紧按程序报批。尽快报请委主任办公会审议，按程序报请国务院节能减排工作领导小组审议。三是抓好措施落实。节能减排涉及领域量多面广，各项重点任务牵头单位要承担起牵头职责，对负责的任务进行认真梳理，各部门要合理设定指标，参加单位要发挥主动性，积极参与，对《工作方案》涉及的有关事项在本系统做好贯彻落实及部署安排，确保完成“十三五”节能减排约束性目标任务。

9月6日　国内外多家机构在上海共同举办“绿色金融国际研讨会”。这是二十国集团(G20)杭州峰会之后，绿色金融发展话题再次进入国际社会讨论范围。对此，专家指出，在中国积极推动及各

国共同努力下，本次G20杭州峰会在推进绿色金融全球发展方面达成了多项成果，各国发展绿色金融的共识正在增强。未来，如果各国能加强绿色金融领域资源、技术的共享，全球绿色金融发展将迈上一个新高度。

关于绿色金融这一概念，各国在认识上一直存在差异，本次G20杭州峰会求同存异，明确了绿色金融的定义。G20绿色金融研究小组认为，绿色金融是指能产生环境效益从而支持可持续发展的投融资活动。本次峰会明确了绿色金融的目的、范围及面临的挑战，并提出了7项可选措施以推动绿色金融发展。

G20峰会期间，联合国环境署和蚂蚁金服集团签署战略合作协议，双方宣布共同发起成立全球首个金融科技企业的绿色金融联盟。

在推动绿色金融发展方面，中国的积极主动值得称赞。中国"十三五"发展规划提出了绿色发展理念以及构建绿色金融体系的战略。近日，中国央行等七部委印发了《关于构建绿色金融体系的指导意见》，提出发展绿色信贷、设立绿色发展基金及发展绿色保险等多项措施。

除了讨论概念、原则及指导意见，在实际行动上中国也走在前面。数据显示，中国是全球3个建立了"绿色信贷指标体系"的国家之一，绿色信贷已经占国内全部贷款余额的10%；2016年前7个月，中国发行的绿色债券已经达到1200亿元人民币，占全球同期发行绿色债券的40%左右，中国已成为全球最大的绿色债券市场。

英国气候债券倡议组织首席执行官肖恩•基德尼指出，中国在推动绿色金融发展方面取得了显著成效。预计到2020年，中国将每年发行3000亿元人民币的绿色债券，这将为绿色项目的投资者提供重要机会。

9月9日　2016年国际保护臭氧层日纪念大会在北京举行。我国政府高度重视保护臭氧层履约工作，实现了《蒙特利尔议定书》规定的各阶段履约目标，已经累计淘汰消耗臭氧层物质25万多吨，占发展中国家的一半左右。

"十二五"期间，我国共淘汰5.9万吨含氢氯氟烃的生产量和4.5万吨的消费量，分别占基线水平（2009—2010年平均值）的16%和18%；削减含氢氯氟烃产能8.8万吨，占应削减的总产能的16%，超额完成了第一阶段含氢氯氟烃淘汰10%履约目标。

联合国在2015年通过了全球2030年可持续发展目标，环境保护是其中三大核心之一，特别是应对气候变化问题，是本世纪人类的一个重大挑战。下一步，中国将继续大力推动绿色低碳替代技术的开发和应用，加大技术创新和推广力度，出台《含氢氯氟烃重点替代技术推荐目录》，修订完善替代品标准法规，并通过产业政策、政府绿色采购、绿色产品认证、舆论宣传引导等方式鼓励和支持绿色低碳替代技术的研发和推广。

9月13日　绿色企业与社会责任研讨会暨第三届联合国工业发展组织绿色产业培训班在成都举办。全国政协常委、经济委员会副主任李毅中，联合国工业发展组织总干事李勇，工业和信息化部节能与综合利用司司长高云虎出席会议。

高云虎在会上围绕绿色发展与企业的社会责任作了讲话。他强调，从国际上看，绿色发展是大势所趋，推进工业绿色发展，是我国形成绿色是我国形成绿色发展方式的必然要求。全面推行绿色制造，是推动工业转型升级的重要举措。他指出，企业是绿色发展社会责任的承担者和发展绿色产业的承担者，要强化产品全生命周期绿色管理，开发绿色产品、建设绿色工厂、打造绿色供应链。既要充分尊重和发挥市场在资源配置中的决定性作用，也要发挥政府的引导和推动作用，努力创造更加公平的市场竞争环境，推动形成全社会时时、事事、人人重视和实践生态文明的氛围。

9月28日　农业部发出《关于印发农业综合开发区域生态循环农业项目指引（2017-2020年）的通知》，提出总体目标：2017年～2020年建设区域生态循环农业项目300个左右，积极推动资源节约型、环境友好型和生态保育型农业发展，提升农产品质量安全水平、标准化生产水平和农业可持续发展水平。绩效目标：以提高区域范围内农业资源利用效率和实现农业废弃物“零排放”和“全消纳”为目标，建立起养分综合管理计划、生态循环农业建设指标体系等管理制度，使循环模式、技术路线、运行机制和政策措施四者有机结合，区域内化肥农药不合理使用得到有效控制，努力实现“零”增长；畜禽粪便、秸秆、农产品加工剩余物等循环利用率达到90%以上，大田作物使用畜禽粪便和秸秆等有机肥氮替代化肥氮达到30%以上；农产品实现增值10%以上，农民增收10%以上，农业生产标准化和适度规模经营水平明显提升，实现资源节约、生产清洁、循环利用、产品安全。

9月29日　国家发展改革委副主任张勇主持召开全国生态环境建设部际联席电视电话会议，科技部、财政部、国土资源部、环境保护部、住房城乡建设部、水利部、农业部、国家统计局、国家林业局、中国气象局等成员单位有关负责同志在主会场参加会议并发言；北京、天津、河北、山西、内蒙古、陕西、贵州、广西、云南、湖北、湖南、四川、重庆、青海、西藏等省(自治区、直辖市)政府副秘书长及有关部门负责同志在分会场参加了会议。国家发展改革委范恒山副秘书长主持了会议。

张勇副主任指出，“十二五”期间，国家累计安排京津风沙源治理、岩溶石漠化治理、青海三江源保护、西藏生态安全屏障建设等重点区域综合治理工程中央预算内投资256亿元，完成综合治理面积1252万公顷，工程建设取得了显著成效，实现了土地沙化、石漠化、水土流失面积“三减少”，森林覆盖率、草原产草量、水源涵养量“三增加”，农业生产条件、农民收入水平、地方生态文明意识“三改善”。通过多年实践，各地积累了许多成功经验，为今后工程建设提供了众多有效治理模式，走出了一条生态与经济双赢的新路子。

十 月

10月13日　由中国国家发展改革委、美国能源部主办的第七届中美能效论坛在北京举行。会上，国家发展改革委副主任张勇表示，近年来，中国推进节能降耗工作取得显著成效，已成为世界第一节能大国。未来，中国将通过推进能源生产和消费革命，优化能源结构等举措，全面推进节能降耗。

中美能效论坛是中美能效合作的重要平台，也是落实中美战略与经济对话成果的具体举措。论坛每年举行一次，由两国轮流举办。张勇介绍，过去十年来，中国的节能减排工作取得了显著成效。“2006年至2015年中国单位GDP能耗累计降低34%，节约能源达15.7亿吨标准煤，相当于少排放二氧化碳35.8亿吨，以年均5.2%的能源消费增速支持了GDP年均9.6%的增长。”

10月17～19日　国家发改委环资司赴山东、江苏进行专题调研，实地了解秸秆综合利用新技术和新模式，听取地方政府和企业的意见建议。调研组一行现场调研了济南圣泉集团植物秸秆综合利用产业链、江苏金麦穗新能源科技公司利用秸秆石墨化后生产刹车片项目，召开江苏省秸秆综合利用座谈会，听取了江苏省秸秆综合利用的主要做法、典型经验和意见建议，与有关专家和企业就当前秸秆综合利用存在的主要问题、下一步推进思路进行了深入交流。

11月18日 水利部、国家发展改革委近日联合印发《"十三五"水资源消耗总量和强度双控行动方案》。方案突出以水定需、量水而行、因水制宜，强调约束性指标与"十三五"规划纲要、最严格水资源管理制度、水污染防治行动计划等保持统一及目标措施的针对性和可操作性。

根据方案，到2020年全国水资源消耗总量和强度双控管理制度基本完善，双控措施有效落实，双控目标全面完成，初步实现城镇发展规模、人口规模、产业结构和布局等经济社会发展要素与水资源协调发展。各流域、各区域用水总量得到有效控制，地下水开发利用得到有效管控，严重超采区超采量得到有效退减，全国年用水总量控制在6700亿立方米以内。万元国内生产总值用水量、万元工业增加值用水量分别比2015年降低23%和20%；农业亩均灌溉用水量显著下降，农田灌溉水有效利用系数提高到0.55以上。

10月19日 国家发改委环资司组织召开"推进资源环境类PPP项目实施座谈会"，与来自社会资本环保企业、咨询机构、金融机构、地方政府和环境污染第三方治理试点的代表围绕资源环境类PPP项目的实施现状、制约因素和破解对策进行深入研讨。。

10月20日 国务院发出《关于开展第二次全国污染源普查的通知》（国发〔2016〕59号），在全国范围内开展污染源普查，普查对象是中华人民共和国境内有污染源的单位和个体经营户。普查范围包括：工业污染源，农业污染源，生活污染源，集中式污染治理设施，移动源及其他产生、排放污染物的设施。普查标准时点为2017年12月31日，时期资料为2017年度资料。2016年第四季度至2017年底为普查前期准备阶段，重点做好普查方案编制、普查工作试点以及宣传培训等工作。2018年为全面普查阶段，各地组织开展普查，通过逐级审核汇总形成普查数据库，年底完成普查工作。2019年为总结发布阶段，重点做好普查工作验收、数据汇总和结果发布等工作。

为加强组织领导，国务院决定成立第二次全国污染源普查领导小组，负责领导和协调全国污染源普查工作。领导小组办公室设在环境保护部，负责普查的日常工作。领导小组成员单位要按照各自职责协调落实相关工作。

10月20日 2016年通信行业节能减排大会暨节能创新成果应用交流会在京召开，大会由工业和信息化部信息通信发展司、中国通信企业协会指导，中国通信企业协会通信网络运营专业委员会主办，以"绿色通信 创新未来"为主题，聚焦行业热点问题，关注节能前沿技术，推动信息通信业可持续发展。

工信部信息通信发展司在会上介绍了"十二五"期间通信行业深入推进节能减排技术进步和科技创新，深化节能减排管理体系建设，积极开展老旧高耗能设备退网，推广节能减排新技术应用，推动构建绿色信息通信网络，节能减排工作取得显著成效，提前并超额完成了"十二五"节能减排目标。并提出通信行业要抓住发展机遇，牢固树立绿色发展新理念，促进节能减排和低碳发展，力争到"十三五"末，信息通信网络全面应用节能减排技术，高能耗老旧通信设备基本淘汰，能耗基本达到国际先进水平，通信行业促进社会节能减排水平进一步提高。

会上，基础电信运营商、节能产品制造商、研究机构及专家介绍了相关节能技术及应用方案，分享交流了节能降耗的经验和做法。

10月22日 住房城乡建设部、国家发展和改革委员会、国土资源部、环境保护部印发《关于进一步加强城市生活垃圾焚烧处理工作的意见》，到2017年底，建立符合我国国情的生活垃圾清洁焚烧标准和评价体系。到2020年底，全国设市城市垃圾焚烧处理能力占总处理能力50%以上，全部达到清洁焚烧标准。

10月25日　为促进中欧工业节能减排政策交流与合作，落实中欧工业对话磋商机制第五次全会商定的合作事项，工业和信息化部与欧盟委员会内部市场、工业、创业与中小企业总司在京共同召开中欧工业能效与减排工作组第七次会议。部节能与综合利用司与欧盟委员会内部市场、工业、创业与中小企业总司工业转型和先进价值链司，以及欧盟商会、中国工业节能与清洁生产协会等中欧相关行业协会、政策研究机构、企业代表40余人参加会议。

会议总结了工作组第六次会议以来的工作进展，围绕中欧最新发布的绿色工业政策，以及生态设计政策实践、绿色工厂创建、建筑垃圾资源化再利用、绿色供应链管理等议题进行了深入交流。会议高度评价了中欧在工业产品生态设计方面的合作成果，并商定了下一步合作内容。

10月27日　国务院印发《关于印发"十三五"控制温室气体排放工作方案的通知》（国发〔2016〕61号），对"十三五"时期应对气候变化、推进低碳发展工作做出全面部署。

《方案》提出，到2020年，单位国内生产总值二氧化碳排放比2015年下降18%，碳排放总量得到有效控制。氢氟碳化物、甲烷、氧化亚氮、全氟化碳、六氟化硫等非二氧化碳温室气体控排力度进一步加大。碳汇能力显著增强。支持优化开发区域碳排放率先达到峰值，力争部分重化工业2020年左右实现率先达峰，能源体系、产业体系和消费领域低碳转型取得积极成效。全国碳排放权交易市场启动运行，应对气候变化法律法规和标准体系初步建立，统计核算、评价考核和责任追究制度得到健全，低碳试点示范不断深化，减污减碳协同作用进一步加强，公众低碳意识明显提升。到2020年，能源消费总量控制在50亿吨标准煤以内，单位国内生产总值能源消费比2015年下降15%，非化石能源比重达到15%。大型发电集团单位供电二氧化碳排放控制在550克二氧化碳/千瓦时以内。

《方案》从8个方面提出了"十三五"控制温室气体排放的重点任务。一是低碳引领能源革命。加强能源碳排放指标控制，大力推进能源节约，加快发展非化石能源，优化利用化石能源。二是打造低碳产业体系。加快产业结构调整，加快发展绿色低碳产业，打造绿色低碳供应链。积极发展战略性新兴产业，大力发展服务业，2020年战略性新兴产业增加值占国内生产总值的比重力争达到15%，服务业增加值占国内生产总值的比重达到56%；控制工业领域排放，2020年单位工业增加值二氧化碳排放量比2015年下降22%，大力发展低碳农业，增加生态系统碳汇到2020年，森林覆盖率达到23.04%，森林蓄积量达到165亿立方米。加强湿地保护与恢复，稳定并增强湿地固碳能力。推进退牧还草等草原生态保护建设工程，推行禁牧休牧轮牧和草畜平衡制度，加强草原灾害防治，积极增加草原碳汇，到2020年草原综合植被盖度达到56%。探索开展海洋等生态系统碳汇试点。三是推动城镇化低碳发展。加强城乡低碳化建设和管理，建设低碳交通运输体系，加强废弃物资源化利用和低碳化处置，倡导低碳生活方式。四是加快区域低碳发展。实施分类指导的碳排放强度控制，"十三五"期间，北京、天津、河北、上海、江苏、浙江、山东、广东碳排放强度分别下降20.5%，福建、江西、河南、湖北、重庆、四川分别下降19.5%，山西、辽宁、吉林、安徽、湖南、贵州、云南、陕西分别下降18%，内蒙古、黑龙江、广西、甘肃、宁夏分别下降17%，海南、西藏、青海、新疆分别下降12%。推动部分区域率先达峰，支持优化开发区域在2020年前实现碳排放率先达峰。创新区域低碳发展试点示范，选择条件成熟的限制开发区域和禁止开发区域、生态功能区、工矿区、城镇等开展近零碳排放区示范工程，到2020年建设50个示范项目。以碳排放峰值和碳排放总量控制为重点，将国家低碳城市试点扩大到100个城市。探索产城融合低碳发展模式，将国家低碳城（镇）试点扩大到30个城（镇）。深化国家低碳工业园区试点，将试点扩大到80个园区，组织创建

20个国家低碳产业示范园区。推动开展1000个左右低碳社区试点，组织创建100个国家低碳示范社区。支持贫困地区低碳发展。五是建设和运行全国碳排放权交易市场。2017年启动全国碳排放权交易市场。到2020年力争建成制度完善、交易活跃、监管严格、公开透明的全国碳排放权交易市场，实现稳定、健康、持续发展。六是加强低碳科技创新。加强气候变化基础研究，加快低碳技术研发与示范，加大低碳技术推广应用力度。七是强化基础能力支撑。完善应对气候变化法律法规和标准体系，加强温室气体排放统计与核算，建立温室气体排放信息披露制度，完善低碳发展政策体系，加强机构和人才队伍建设。八是广泛开展国际合作。深度参与全球气候治理，推动务实合作，加强履约工作。

10月27日　环境保护部发出《关于印发《全国生态保护“十三五”规划纲要》的通知》，要求大力推进生态文明建设，按照山水林田湖系统保护的要求，通过强化生态监管、完善制度体系，促使生态空间得到保障、生态质量稳中有升、生态功能逐步改善，从而维护国家生态安全。

《纲要》提出，要建立生态空间保障体系。加快划定生态保护红线。推动建立和完善生态保护红线管控措施。推动建立和完善生态保护红线补偿机制。

《纲要》提出，制定发布《关于划定并严守生态保护红线的若干意见》。按照自上而下和自下而上相结合的原则，各省(区、市)在科学评估的基础上划定生态保护红线，并落地到水流、森林、山岭、草原、湿地、滩涂、海洋、荒漠、冰川等生态空间。2017年底前，京津冀区域、长江经济带沿线各省(区、市)划定生态保护红线；2018年底前，各省(区、市)全面划定生态保护红线；2020年底前，各省(区、市)完成勘界定标。在各省(区、市)生态保护红线的基础上，环境保护部会同相关部门汇总形成全国生态保护红线，向国务院报告，并向社会公开发布。

《纲要》指出，推动建立和完善生态保护红线管控措施。到2020年，基本建立生态保护红线制度。各地组织开展现状调查，建立生态保护红线台账系统，识别受损生态系统类型和分布。制定实施生态系统保护与修复方案，选择水源涵养和生物多样性保护为主导功能的生态保护红线，开展一批保护与修复示范。定期组织开展生态保护红线评价，及时掌握生态保护红线生态功能状况及动态变化。推动建立和完善生态保护红线补偿机制。

主要目标：到 2020 年，生态空间得到保障，生态质量有所提升，生态功能有所增强，生物多样性下降速度得到遏制，生态保护统一监管水平明显提高，生态文明建设示范取得成效，国家生态安全得到保障，与全面建成小康社会相适应。具体工作目标：全面划定生态保护红线，管控要求得到落实，国家生态安全格局总体形成；自然保护区布局更加合理，管护能力和保护水平持续提升，新建 30-50 个国家级自然保护区，完成 200个国家级自然保护区规范化建设，全国自然保护区面积占陆地国土面积的比例维持在 14.8%左右（包括列入国家公园试点的区域）；完成生物多样性保护优先区域本底调查与评估，建立生物多样性观测

网络，加大保护力度，国家重点保护物种和典型生态系统类型保护率达到95%；生态监测数据库和监管平台基本建成；体现生态文明要求的体制机制得到健全；推动60-100个生态文明建设示范区和一批环境保护模范城创建， 生态文明建设示范效应明显。

10月28日　国家发展改革委、水利部、住房城乡建设部、农业部、工业和信息化部、科技部、教育部、国家质检总局、国家机关事务管理局发出《关于印发全民节水行动计划的通知》（发改环资[2016]2259号），推进各行业、各领域节水，在全社会形成节水理念和节水氛围，全面建设节水型社会。

我国水资源时空分布不均，人均水资源量较低，供需矛盾突 出，加之受经济结构、发展阶段和全球气候变化影响，水资源短 缺已经成为经济社会可持续发展的突出瓶颈制约，高效合理利用水资源成为我国经济社会可持续发展和生态文明建设的重要内 容。《国民经济和社会发展第十三个五年规划纲要》提出要实施 全民节水行动计划，在农业、工业、服务业等各领域，城镇、乡村、社区、家庭等各层面，生产、生活、消费等各环节，通过加 强顶层设计，创新体制机制，凝聚社会共识，动员全社会深入、 持久、自觉的行动，以高效的水资源利用支撑经济社会可持续发展。

“节水行动”包括：农业节水增产行动；工业节水增效行动；城镇节水降损行动；缺水地区节水率先行动；产业园区节水减污行动；节水产品推广普及行动；节水产业培育行动；公共机构节水行动；节水监管提升行动；全民节水宣传行动。

十一月

11月3日 第十六届中国塑料回收和再生大会在厦门召开。工业和信息化部节能与综合利用司、环境保护部固废中心、海关总署监管司、中国合成树脂供销协会塑料循环利用分会、中国废塑料协会以及来自全国31个省市自治区和港澳台、欧美、日本等10个国家和地区的产业界代表500余人参加了会议。

工业和信息化部节能与综合利用司负责人在会上强调，再生资源产业发展已成为绿色环保产业的重要组成部分，是推动绿色增长的新动能，大力推动再生资源产业发展对于促进供给侧结构性改革、补绿色发展短板、建设生态文明具有重要意义。废塑料循环利用产业是再生资源产业的重要组成部分，“十三五”时期将大力推动“新塑料经济”发展，提升行业技术装备水平，培育龙头骨干企业，引导产业不断发展壮大。相关政府部门和产业界专家就2017年政策趋势以及产业发展国际新趋势等议题发表了专题演讲，与会代表围绕行业企业管理创新、商业模式创新等问题进行了交流讨论。

11月7日 国家发改委和国家能源局发布《电力发展“十三五”规划》。《规划》提出，坚持安全发展核电的原则，加大自主核电示范工程建设力度，着力打造核心竞争力，加快推进沿海核电项目建设，深入开展内陆核电研究论证和前期准备工作。

节能减排。力争淘汰火电落后产能2000万千瓦以上。新建燃煤发电机组平均供电煤耗低于300克标煤/千瓦时，现役燃煤发 电机组经改造平均供电煤耗低于 310克标煤/千瓦时。火电 机组二氧化硫和氮氧化物年排放总量均力争下降50%以上。30 万千瓦级以上具备条件的燃煤机组全部实现超低排放，煤电机组二氧化碳排放强度下降到 865克/千瓦时左右。火电 厂废水排放达标率实现100%。电网综合线损率控制在6.5%以内。

11月9日 在中国(长沙)住宅产业化与绿色建筑产业博览会上，创新的绿色建筑技术与产品，展示出了我国建筑产业的新气象。

11月10日 水利部部长陈雷在水利部、国家发展改革委召开的视频会议上说，经国务院同意，水利部、国家发展改革委近日联合印发《“十三五”水资源消耗总量和强度双控行动方案》。方案突出以水定需、量水而行、因水制宜，强调约束性指标与“十三五”规划纲要、最严格水资源管理制度、水污染防治行动计划等保持统一及目标措施的针对性和可操作性。

根据方案，到2020年全国水资源消耗总量和强度双控管理制度基本完善，双控措施有效落实，双控目标全面完成，初步实现城镇发展规模、人口规模、产业结构和布局等经济社会发展要素与水资源协调发展。各流域、各区域用水总量得到有效控制，地下水开发利用得到有效管控，严重超采区超采量得到有效退减，全国年用水总量控制在6700亿立方米以内。万元国内生产总值用水量、万元工业增加值用水量分别比2015年降低23%和20%；农业亩均灌溉用水量显著下降，农田灌溉水有效利用系数提高到0.55以上。

11月22日 国务院办公厅印发《关于建立统一的绿色产品标准、认证、标识体系的意见》，就贯彻落实《生态文明体制改革总体方案》提出的“建立统一的绿色产品体系”作出部署。

《意见》指出，要以供给侧结构性改革为战略基点，坚持统筹兼顾、市场导向、继承创新、共建共享、开放合作的基本原则，充分发挥标准与认证的战略性、基础性、引领性作用，创新生态文明体制机制，增加绿色产品有效供给，引导绿色生产和绿色消费，全面提升绿色发展质量和效益，增强社会公众的获得感。到2020年，初步建立系统科学、开放融合、指标先进、权威统一的绿色产品标准、认证与标识体系，实现一类产品、一个标准、一个清单、一次认证、一个标识的体系整合目标。

《意见》明确了7个方面重点任务。一是统一绿色产品内涵和评价方法，基于全生命周期理念，科学确定绿色产品评价关键阶段、关键指标，建立相应评价方法与指标体系。二是构建统一的绿色产品标准、认证与标识体系，发挥行业主管部门职能作用，建立符合中国国情的绿色产品标准、认证、标识体系。三是实施统一的绿色产品评价标准清单和认证目录，依据标准清单中的标准实施绿色产品认证，避免重复评价。四是创新绿色产品评价标准供给机制，优先选取与消费者吃、穿、住、用、行密切相关的产品，研究制定绿色产品评价标准。五是健全绿色产品认证有效性评估与监督机制，推进绿色产品信用体系建设，运用大数据技术完善绿色产品监管方式，建立指标量化评估机制，公开接受市场检验和社会监督。六是加强技术机构能力和信息平台建设，培育一批绿色产品专业服务机构，建立统一的绿色产品信息平台。七是推动国际合作和互认，积极应对国外绿色壁垒。

《意见》提出了4项保障措施。一是加强部门联动配合，建立绿色产品标准、认证与标识部际协调机制，统筹协调相关政策措施。二是健全绿色产品体系配套政策，加强重要标准研制，建立标准推广和认证采信机制，推行绿色产品领跑者计划和政府绿色采购制度。三是营造绿色产品发展环境，降低制度性交易成本，各有关部门、地方各级政府应结合实际促进绿色产品标准实施、认证结果使用与效果评价，推动绿色产品发展。四是加强绿色产品宣传推广，传播绿色发展理念，引导绿色生活方式。

11月23～25日 2016中国国际循环经济展览会在北京国家会议中心举办。本届展览会主题为“创新驱动循环经济发展”，由中国循环经济协会、中国国际贸易中心共同主办。

展览期间，共有200余家企业参展，涵盖工业循环经济、农业循环经济、资源再生利用再制造、垃圾资源化、绿色设计与绿色制造、节能低碳与清洁生产、循环文化与绿色消费等领域，同期共举办17场专业论坛、14场项目推介会、技术对接会等。据主办方介绍，本次展览目的在于搭建一个资源循环利用技术、装备交易与展示的平台，促进企业间的交流与合作，推动技术创新，提升循环发展水平。

本届展会期间，欧盟组织包括13个国家、38家企业、13个欧洲区域商协会、4个国家级机构、2

个国家级研究机构和基金会的欧盟循环经济代表团参加本届展会。

11月24日 国务院印发《“十三五”生态环境保护规划》。《规划》是落实统筹推进“五位一体”总体布局和协调推进“四个全面”战略布局的重大举措，是以“创新、协调、绿色、开放、共享”五大发展理念指导生态环保领域的战略安排，是实现生态文明领域改革、补齐全面小康环境短板的有效途径。

《规划》提出，以提高环境质量为核心，实施最严格的环境保护制度，打好大气、水、土壤污染防治三大战役，加强生态保护与修复，严密防控生态环境风险，加快推进生态环境领域国家治理体系和治理能力现代化，不断提高生态环境管理系统化、科学化、法治化、精细化、信息化水平，为人民提供更多优质生态产品，为实现“两个一百年”奋斗目标和中华民族伟大复兴的中国梦作出贡献。到2020年，生态环境质量总体改善。生产和生活方式绿色、低碳水平上升，主要污染物排放总量大幅减少，环境风险得到有效控制，生物多样性下降势头得到基本控制，生态系统稳定性明显增强，生态安全屏障基本形成，生态环境领域国家治理体系和治理能力现代化取得重大进展，生态文明建设水平与全面建成小康社会目标相适应。

《规划》要求，要强化源头防控，夯实绿色发展基础；深化质量管理，大力实施三大行动计划；实施专项治理，全面推进达标排放与污染减排；实行全程管控，有效防范和降低环境风险；加大保护力度，强化生态修复；加快制度创新，积极推进治理体系和能力现代化；实施一批国家生态环境保护重大工程，强化项目环境绩效管理。

《规划》提出了“十三五”生态环境保护的约束性指标和预期性指标。其中约束性指标12项，分别是地级及以上城市空气质量优良天数比率、细颗粒物未达标地级及以上城市浓度下降、地表水质量达到或好于Ⅲ类水体比例、地表水质量劣Ⅴ类水体比例、森林覆盖率、森林蓄积量、受污染耕地安全利用率、污染地块安全利用率，以及化学需氧量、氨氮、二氧化硫、氮氧化物污染物排放总量减少。预期性指标主要包括地级及以上城市重度及以上污染天数比例下降、近岸海域水质优良（一、二类）比例、湿地保有量、新增沙化土地治理面积等。

11月24日 由中国循环经济协会主办的“循环经济技术创新与投融资论坛”在国家会议中心举行，国家发改委副秘书长范恒山作主旨演讲。欧盟方面由环境总司丹尼尔•伽列禾总司长带队出席论坛。作为2016中国国际循环经济展览会的系列活动之一，论坛以“面对产业结构升级调整下的资本与循环经济融合之道”为主题，对推进循环经济产业创新发展、投融资体系建设、产业升级转移等内容进行了深入研讨。国家发展改革委、工信部、国家开发银行有关领导，银行、信托、券商、基金、私募投资及企业界代表等200余人参加论坛。

范恒山指出，新常态下，发展循环经济已成为全面建成小康社会的内在要求、供给侧结构性改革的重要内容、新型城镇化建设的有力支撑。发展循环经济已进入新的历史阶段，将更多依靠创新驱动，既需要政府强化政策和制度供给，也需要金融机构创新金融支持方式、加大支持力度，还需要企业不断加强技术创新，通过着力创新引领循环经济实现新发展。一是要加强理念创新，把发展循环经济融入国家重大发展战略；二是要加强改革创新，建立有利于循环经济发展的长效机制；三是要加强模式创新，提高循环经济发展的组织化、产业化水平；四是要加强科技创新，突破产业共生、资源循环的技术瓶颈；五是要加强行为创新，实现循环经济发展操作的新突破。

11月27日 国家发展和改革委员会发布2016年 第27号公告，称：根据节能法和国务院有关规定，国家发展改革委会同有关部门，对各省（区、市）“十二五”节能目标完成情况、措施落实情

况进行了考核，考核结果已经国务院审定同意，现公告如下：

北京、河北、上海、江苏、浙江、安徽、河南、湖北、广东、贵州10个省（市）考核结果为超额完成等级；天津、山西、内蒙古、辽宁、吉林、黑龙江、福建、江西、山东、湖南、广西、海南、重庆、四川、云南、西藏、陕西、甘肃、青海、宁夏20个省（区、市）考核结果为完成等级；新疆考核结果为基本完成等级。

对考核结果为超额完成等级的北京、河北、上海、江苏、浙江、安徽、河南、湖北、广东、贵州10个省（市）予以通报表扬。

11月29～30日　为推动工业用水效率提升，促进工业绿色发展，工业和信息化部节能与综合利用司在广东省湛江市召开工业节水技术交流现场会。会议围绕工业重点行业节水示范项目成果和经验以及先进节水工艺、技术和装备等开展了交流，并实地调研了相关节水示范项目。工业和信息化部财务司、水利部水资源司、部分地区工业和信息化主管部门以及2015年工业转型升级资金支持的节水示范项目相关企业、有关行业协会、科研院所等单位代表参加会议。

十二月

12月2日　全国生态文明建设工作推进会议在浙江省湖州市召开。中共中央总书记、国家主席、中央军委主席习近平日前对生态文明建设作出重要指示强调，生态文明建设是“五位一体”总体布局和“四个全面”战略布局的重要内容。各地区各部门要切实贯彻新发展理念，树立“绿水青山就是金山银山”的强烈意识，努力走向社会主义生态文明新时代。

习近平强调，要深化生态文明体制改革，尽快把生态文明制度的“四梁八柱”建立起来，把生态文明建设纳入制度化、法治化轨道。要结合推进供给侧结构性改革，加快推动绿色、循环、低碳发展，形成节约资源、保护环境的生产生活方式。要加大环境督查工作力度，严肃查处违纪违法行为，着力解决生态环境方面突出问题，让人民群众不断感受到生态环境的改善。各级党委、政府及各有关方面要把生态文明建设作为一项重要任务，扎实工作、合力攻坚，坚持不懈、务求实效，切实把党中央关于生态文明建设的决策部署落到实处，为建设美丽中国、维护全球生态安全作出更大贡献。

中共中央政治局常委、国务院总理李克强作出批示指出，生态文明建设事关经济社会发展全局和人民群众切身利益，是实现可持续发展的重要基石。近年来，各地区各部门按照党中央、国务院决策部署，采取有效措施，在推动改善生态环境方面做了大量工作，取得积极进展。希望牢固树立新发展理念，以供给侧结构性改革为主线，坚持把生态文明建设放在更加突出的位置。着力调整优化产业结构，积极发展生态环境友好型的发展新动能，坚决淘汰落后产能。着力通过深化改革完善激励约束制度体系，建立保护生态环境的长效机制。着力依法督察问责，严惩环境违法违规行为。着力推进污染防治，切实抓好大气、水、土壤等重点领域污染治理。依靠全社会的共同努力，促进生态环境质量不断改善，加快建设生态文明的现代化中国。

中共中央政治局常委、国务院副总理张高丽在会上传达了习近平重要指示和李克强批示精神并讲话，进一步部署推进全国生态文明建设工作。他表示，在以习近平同志为核心的党中央坚强领导下，我国生态文明建设取得了重大进展和积极成效。但总体上看我国生态文明建设水平仍滞后于经济社会发展，生态环境恶化趋势尚未得到根本扭转。要切实贯彻新发展理念，坚持绿水青山就是金

山银山，把党中央、国务院关于生态文明建设的决策部署落到实处，开创社会主义生态文明新时代。

张高丽强调，要强化主体功能定位，加快优化国土空间开发格局，大力推进绿色城镇化和美丽乡村建设。要结合推进供给侧结构性改革，建立绿色循环低碳发展产业体系。要加强生态环境保护和治理，加大环境督查工作力度，着力解决生态环境方面的突出问题，以看得见的成效取信于民。要坚持节约优先，在转变资源利用方式上狠下功夫，促进资源节约循环高效使用。要加快推进生态文明体制改革，把生态文明建设纳入制度化、法治化轨道。各地区各部门要牢固树立“四个意识”，锐意进取，真抓实干，为建设美丽中国作出新的贡献。

浙江省、福建省、江西省、贵州省、青海省和国家发展改革委、环境保护部负责同志作会议发言。中央和国家机关有关部门、各省区市和计划单列市、新疆生产建设兵团负责同志等参加会议。

12月5日　国家能源局印发《生物质能发展“十三五”规划》，旨在推进生物质能分布式开发利用，扩大市场规模，完善产业体系，加快生物质能专业化多元化产业化发展步伐。

《规划》提出，到2020年，生物质能基本实现商业化和规模化利用。生物质能年利用量约5800万吨标准煤。生物质发电总装机容量达到1500万千瓦，年发电量900亿千瓦时，其中农林生物质直燃发电700万千瓦，城镇生活垃圾焚烧发电750万千瓦，沼气发电50万千瓦;生物天然气年利用量80亿立方米;生物液体燃料年利用量600万吨;生物质成型燃料年利用量3000万吨。

《规划》确定，发展布局和建设重点，包括大力推动生物天然气规模化发展，到2020年，初步形成一定规模的绿色低碳生物天然气产业，年产量达到80亿立方米，建设160个生物天然气示范县和循环农业示范县。积极发展生物质成型燃料供热，稳步发展生物质发电，加快生物液体燃料示范和推广。推进燃料乙醇推广应用。大力发展纤维乙醇。立足国内自有技术力量，积极引进、消化、吸收国外先进经验，开展先进生物燃料产业示范项目建设;适度发展木薯等非粮燃料乙醇。合理利用国内外资源，促进原料多元化供应。选择木薯、甜高粱茎秆等原料丰富地区或利用边际土地和荒地种植能源作物，建设10万吨级燃料乙醇工程;控制总量发展粮食燃料乙醇。统筹粮食安全、食品安全和能源安全，以霉变玉米、毒素超标小麦、“镉大米”等为原料，在“问题粮食”集中区，适度扩大粮食燃料乙醇生产规模。加快生物柴油在交通领域应用。对生物柴油项目进行升级改造，提升产品质量，满足交通燃料品质需要。建立健全生物柴油产品标准体系。开展市场封闭推广示范，推进生物柴油在交通领域的应用。

《规划》提出，到2020年，生物质能产业新增投资约1960亿元。其中，生物质发电新增投资约400亿元，生物天然气新增投资约1200亿元，生物质成型燃料供热产业新增投资约180亿元，生物液体燃料新增投资约180亿元。

12月5日　中国进出口银行成功发行2016年第一期绿色金融债券，期限5年，金额为10亿元人民币，最终发行利率3.28%，略低于当天市场水平。这期债券是我国政策性银行发行的首单绿色金融债券。

12月10日　国家发展改革委发出《关于印发<可再生能源发展“十三五”规划>的通知》（发改能源[2016]2619号）。《规划》提出，到2020年，我国水电将新增装机约达6000万千瓦，新增投资约5000亿元；我国新增风电装机约8000万千瓦，新增投资约7000亿元；我国新增各类太阳能发电装机约7000万千瓦，新增投资约1万亿元。在此基础上，加上生物质发电投资、太阳能热水器、沼气、地热能利用等，我国“十三五”期间可再生能源或将新增投资2.5万亿元。比“十二五”期间

增长近39%。

《规划》提出，到2020年，我国全部可再生能源年利用量要达到7.3亿吨标准煤。其中，商品化可再生能源利用量5.8亿吨标准煤；我国全部可再生能源发电装机要达到6.8亿千瓦，发电量1.9万亿千瓦时，占全部发电量的27%；我国各类可再生能源供热和民用燃料总计约替代化石能源1.5亿吨标准煤；我国风电项目电价可与当地燃煤发电同平台竞争，光伏项目电价可与电网销售电价相当；结合电力市场化改革，我国要基本解决水电弃水问题，限电地区的风电、太阳能发电年度利用小时数全面达到全额保障性收购的要求；要建立一次能源消费总量中可再生能源比重及全社会用电量中消纳可再生能源电力比重的指标管理体系。到2020年，各发电企业的非水电可再生能源发电量与燃煤发电量的比重应显著提高。

12月16日　工业和信息化部节能与综合利用司、中国有色金属工业协会召开有色金属行业工业节能与绿色发展评价中心启动会。工业和信息化部节节能与综合利用司司长高云虎，有色金属协会会长陈全训出席会议并讲话。

高云虎指出，为加快转变政府职能，充分发挥第三方机构对工业节能与绿色发展工作的支撑保障作用，工业和信息化部在有色金属、建材等重点行业以及地方省市组织开展了工业节能与绿色发展评价中心的遴选培育工作。希望通过这项工作，培育一批技术实力雄厚、行业影响力大、公益性强的节能与绿色发展第三方机构，为政府节能和绿色发展政策的制定落实提供支撑，为企业提供专业的咨询服务和技术支持，帮助工业企业节能降耗、降本增效，实现绿色发展。

12月20日　国务院发出《关于印发"十三五"节能减排综合工作方案的通知》，指出"十二五"节能减排工作取得显著成效。各地区、各部门认真贯彻落实党中央、国务院决策部署，把节能减排作为优化经济结构、推动绿色循环低碳发展、加快生态文明建设的重要抓手和突破口，各项工作积极有序推进。"十二五"时期，全国单位国内生产总值能耗降低18.4%，化学需氧量、二氧化硫、氨氮、氮氧化物等主要污染物排放总量分别减少12.9%、18%、13%和18.6%，超额完成节能减排预定目标任务，为经济结构调整、环境改善、应对全球气候变化作出了重要贡献。

"十三五"节能减排的主要目标：到2020年，全国万元国内生产总值能耗比2015年下降15%，能源消费总量控制在50亿吨标准煤以内。全国化学需氧量、氨氮、二氧化硫、氮氧化物排放总量分别控制在2001万吨、207万吨、1580万吨、1574万吨以内，比2015年分别下降10%、10%、15%和15%。全国挥发性有机物排放总量比2015年下降10%以上。

12月20～22日　按照《国务院关于甘肃省循环经济总体规划的批复》（国函[2009]150号）要求，国家发改委环资司副司长马荣带领评估组赴甘肃进行实地调研。评估组听取了甘肃省人民政府相关部门的专题汇报，查阅了相关文件资料，现场查看了兰州市、白银市、金昌市部分循环经济重点项目建设运营情况。

评估组肯定了甘肃省落实《总体规划》、发展循环经济的有关做法，同时要求甘肃省在梳理总结典型模式和成功经验的基础上，按照生态文明建设的总体要求，进一步巩固循环经济发展成果。

12月22日　中共中央办公厅、国务院办公厅发布《生态文明建设目标评价考核办法》，明确突出公众获得感，对各省区市实行年度评价、五年考核机制，以考核结果作为党政领导综合考核评价、干部奖惩任免的重要依据。

考核办法指出，生态文明建设目标评价考核在资源环境生态领域有关专项考核的基础上综合开展，采取评价和考核相结合的方式。年度评价应当在每年8月底前完成，目标考核在五年规划期结

束后的次年开展并于9月底前完成。

考核办法明确，年度评价以绿色发展指标体系为参照，主要评估各地区资源利用、环境治理、环境质量、生态保护、增长质量、绿色生活、公众满意程度等方面的变化趋势和动态进展，生成各地区绿色发展指数。年度评价结果纳入目标考核。

目标考核内容主要包括国民经济和社会发展规划纲要中确定的资源环境约束性指标，以及党中央、国务院部署的生态文明建设重大目标任务完成情况。

12月22日 国家发展改革委、科技部、工业和信息化部、环境保护部发出关于印发《"十三五"节能环保产业发展规划》的通知，规划到2020年，节能环保产业快速发展、质量效益显著提升，高效节能环保产品市场占有率明显提高，一批关键核心技术取得突破，有利于节能环保产业发展的制度政策体系基本形成，节能环保产业成为国民经济的一大支柱产业。

一是产业规模持续扩大，吸纳就业能力增强。节能环保产业增加值占国内生产总值比重为3%左右，吸纳就业能力显著增强。二是技术水平进步明显，节能环保装备产品市场占有率显著提高。拥有一批自主知识产权的关键共性技术，一些难点技术得到突破，装备成套化与核心零部件国产化程度进一步提高，主要节能环保产品和设备销售量比2015年翻一番。三是产业集中度提高，竞争能力增强。到2020年，培育一批具有国际竞争力的大型节能环保企业集团，在节能环保产业重点领域培育骨干企业100家以上。形成20个产业配套能力强、辐射带动作用大、服务保障水平高的节能环保产业集聚区。四是市场环境更加优化，政策机制更加成熟。全国统一、竞争充分、规范有序的市场体系基本建立，价格、财税、金融等引导支持政策日趋健全，群众购买绿色产品和服务意愿明显增强。

12月26日 最高人民法院、最高人民检察院、公安部、环境保护部在北京联合召开新闻发布会，通报《最高人民法院、最高人民检察院关于办理环境污染刑事案件适用法律若干问题的解释》，自2017年1月1日起施行。

12月27日 国家发展改革委、财政部、环境保护部、国家统计局发出《关于印发《循环经济发展评价指标体系（2017年版）》的通知》（发改环资[2016]2749号），各地要在使用循环经济评价指标体系的基础上，将本地应用中出现的问题和建议及时报送国家发展改革委、财政部、环境保护部、国家统计局。国家有关部门将根据实际情况对指标体系进行补充完善。

数据资料

国家统计局统计数据

（国家统计局提供）

一、环境资源

表1-1　土地状况（2016年）

项目	面积（万平方公里）
耕地	134.9
园地	14.3
林地	252.9
牧草地	219.4
其他农用地	23.7
居民点及工矿用地	31.8
交通运输用地	3.7
水利设施用地	3.6

注：本表数据来源于国土资源部。

表1-2　主要河流基本情况

名称	流域面积（平方公里）	河长（公里）	年径流量（亿立方米）
长　江	1782715	6300	9857
黄　河	752773	5464	592
松花江	561222	2308	818
辽　河	221097	1390	137
珠　江	442527	2214	3381
海　河	265511	1090	163
淮　河	268957	1000	595

注：本表数据由水利部提供，为2002年至2005年进行的第二次水资源评价数据。

表1-3 水资源情况

年 份 地 区	水资源总量 (亿立方米)	地 表 水资源量	地 下 水资源量	地表水与地下 水资源重复量	人均水资源量 (立方米/人)
2000	27700.8	26561.9	8501.9	7363.0	2193.9
2005	28053.1	26982.4	8091.1	7020.4	2151.8
2006	25330.1	24358.1	7642.9	6670.8	1932.1
2007	25255.2	24242.5	7617.2	6604.5	1916.3
2008	27434.3	26377.0	8122.0	7064.7	2071.1
2009	24180.2	23125.2	7267.0	6212.1	1816.2
2010	30906.4	29797.6	8417.0	7308.2	2310.4
2011	23256.7	22213.6	7214.5	6171.4	1730.2
2012	29526.9	28371.4	8416.1	7260.6	2186.1
2013	27957.9	26839.5	8081.1	6962.7	2059.7
2014	27266.9	26263.9	7745.0	6742.0	1998.6
2015	27962.6	26900.8	7797.0	6735.2	2039.2
2016	32466.4	31273.9	8854.8	7662.3	2354.9
北 京	35.1	14.0	24.2	3.1	161.6
天 津	18.9	14.1	6.1	1.3	121.6
河 北	208.3	105.9	133.7	31.3	279.7
山 西	134.1	88.9	104.9	59.7	365.1
内蒙古	426.5	268.5	248.2	90.2	1695.5
辽 宁	331.6	286.2	120.9	75.5	757.1
吉 林	488.8	420.7	154.7	86.6	1782.0
黑龙江	843.7	720.0	285.9	162.2	2217.1
上 海	61.0	52.7	11.3	3.0	252.3
江 苏	741.7	605.8	164.0	28.1	928.6
浙 江	1323.3	1306.8	255.5	239.0	2378.1
安 徽	1245.2	1179.2	219.3	153.3	2018.2
福 建	2109.0	2107.1	450.7	448.8	5468.7
江 西	2221.1	2203.2	501.9	484.0	4850.6
山 东	220.3	121.2	164.8	65.7	222.6
河 南	337.3	220.1	190.2	73.0	354.8
湖 北	1498.0	1468.2	313.6	283.8	2552.6
湖 南	2196.6	2189.5	475.4	468.3	3229.1
广 东	2458.6	2448.5	570.0	559.9	2250.6
广 西	2178.6	2176.8	529.2	527.4	4522.7
海 南	489.9	486.3	118.3	114.7	5360.0
重 庆	604.9	604.9	112.3	112.3	1994.7
四 川	2340.9	2339.7	593.3	592.1	2843.3
贵 州	1066.1	1066.1	251.3	251.3	3009.5
云 南	2088.9	2088.9	699.7	699.7	4391.7
西 藏	4642.2	4642.2	1028.0	1028.0	141746.6
陕 西	271.5	249.2	107.4	85.1	713.9
甘 肃	168.4	160.9	108.7	101.2	646.4
青 海	612.7	591.5	282.5	261.3	10376.0
宁 夏	9.6	7.5	18.6	16.5	143.0
新 疆	1093.4	1039.3	610.4	556.3	4596.0

表1-4 供水用水情况

年份/地区	供水总量(亿立方米)	地表水	地下水	其他	用水总量(亿立方米)	农业	工业	生活	生态	人均用水量(立方米/人)
2000	5530.7	4440.4	1069.2	21.1	5497.6	3783.5	1139.1	574.9		435.4
2005	5633.0	4572.2	1038.8	22.0	5633.0	3580.0	1285.2	675.1	92.7	432.1
2006	5795.0	4706.8	1065.5	22.7	5795.0	3664.4	1343.8	693.8	93.0	442.0
2007	5818.7	4723.9	1069.1	25.7	5818.7	3599.5	1403.0	710.4	105.7	441.5
2008	5910.0	4796.4	1084.8	28.7	5910.0	3663.5	1397.1	729.3	120.2	446.2
2009	5965.2	4839.5	1094.5	31.2	5965.2	3723.1	1390.9	748.2	103.0	448.0
2010	6022.0	4881.6	1107.3	33.1	6022.0	3689.1	1447.3	765.8	119.8	450.2
2011	6107.2	4953.3	1109.1	44.8	6107.2	3743.6	1461.8	789.9	111.9	454.4
2012	6141.8	4963.0	1134.2	44.6	6141.8	3880.3	1423.9	728.8	108.8	454.7
2013	6183.4	5007.3	1126.2	49.9	6183.4	3921.5	1406.4	750.1	105.4	455.5
2014	6094.9	4920.5	1116.9	57.5	6094.9	3869.0	1356.1	766.6	103.2	446.7
2015	6103.2	4971.5	1069.2	62.5	6103.2	3851.5	1334.8	794.2	122.7	445.1
2016	6040.2	4912.4	1057.0	70.8	6040.2	3768.0	1308.0	821.6	142.6	438.1
北京	38.8	11.3	17.5	10.0	38.8	6.0	3.8	17.8	11.1	178.6
天津	27.2	19.1	4.7	3.4	27.2	12.0	5.5	5.6	4.1	175.0
河北	182.6	51.5	125.0	6.0	182.6	128.0	21.9	25.9	6.7	245.2
山西	75.5	39.5	31.7	4.4	75.5	46.7	12.9	12.6	3.3	205.6
内蒙古	190.3	98.3	88.8	3.2	190.3	139.2	17.4	10.6	23.1	756.5
辽宁	135.4	74.2	57.0	4.2	135.4	84.9	19.6	25.3	5.6	309.1
吉林	132.5	87.2	44.9	0.4	132.5	91.1	20.9	14.3	6.3	483.0
黑龙江	352.6	184.8	166.8	1.0	352.6	313.8	20.6	15.6	2.5	926.6
上海	104.8	104.8	0.0	0.0	104.8	14.5	64.4	25.1	0.8	433.5
江苏	577.4	561.0	8.9	7.5	577.4	270.8	248.5	56.1	2.0	722.9
浙江	181.1	178.5	1.6	1.1	181.1	81.0	48.4	46.3	5.5	325.5
安徽	290.7	256.1	32.0	2.5	290.7	158.6	93.1	33.4	5.6	471.2
福建	189.1	182.8	5.6	0.7	189.1	84.2	68.6	33.1	3.1	490.3
江西	245.4	235.1	8.2	2.1	245.4	154.2	60.5	28.5	2.2	535.9
山东	214.0	123.3	82.3	8.4	214.0	141.5	30.6	34.2	7.6	216.2
河南	227.6	105.0	119.8	2.8	227.6	125.6	50.3	38.7	13.0	239.4
湖北	282.0	273.1	8.8		282.0	137.0	91.4	52.4	1.1	480.5
湖南	330.4	315.1	15.2	0.1	330.4	195.1	89.0	43.5	2.8	485.7
广东	435.0	418.8	14.3	1.8	435.0	220.5	109.2	99.9	5.4	398.2
广西	290.6	278.0	11.5	1.1	290.6	198.3	49.8	39.7	2.7	603.3
海南	45.0	41.9	2.9	0.2	45.0	33.1	3.1	8.3	0.5	492.3
重庆	77.5	76.0	1.4	0.2	77.5	25.5	30.7	20.2	1.1	255.6
四川	267.3	253.9	12.0	1.4	267.3	155.9	55.8	49.8	5.8	324.7
贵州	100.3	96.5	3.1	0.8	100.3	56.4	25.7	17.4	0.9	283.1
云南	150.2	145.3	3.7	1.2	150.2	105.2	21.1	21.1	2.8	315.8
西藏	31.1	28.6	2.5	0.0	31.1	26.9	1.5	2.5	0.3	949.6
陕西	90.8	55.5	33.3	2.0	90.8	57.6	13.7	16.4	3.1	238.8
甘肃	118.4	90.5	24.8	3.0	118.4	94.7	11.1	8.3	4.1	454.5
青海	26.4	21.5	4.8	0.1	26.4	19.9	2.6	2.8	1.1	447.1
宁夏	64.9	59.4	5.3	0.2	64.9	56.3	4.4	2.2	2.0	966.5
新疆	565.4	445.9	118.6	0.9	565.4	533.3	11.7	13.9	6.5	2376.6

注：1.生态用水仅包括部分河湖、湿地人工补水和城市环境用水。
2.2012年起，生活用水量中的牲畜用水量调整至农业用水量中。

表1-5 分地区废水中主要污染物排放情况（2016年）

地区	废水排放总量（万吨）	废水中主要污染物排放量						废水中主要污染物排放量					
		化学需氧量（万吨）	氨氮（万吨）	总氮（万吨）	总磷（万吨）	石油类（吨）	挥发酚（吨）	铅（千克）	汞（千克）	镉（千克）	六价铬（千克）	总铬（千克）	砷（千克）
全　国	7110954	1046.53	141.78	212.11	13.94	8838.7	381.2	52930.5	613.0	11219.4	15535.4	52877.5	41946.7
北　京	166419	8.71	0.56	1.86	0.07	20.8	0.1	19.5	1.3	2.0	55.3	69.4	8.2
天　津	91534	10.33	1.56	2.39	0.16	38.5	0.1	155.4	53.5	12.0	55.5	274.0	11.3
河　北	288795	41.12	6.15	8.31	0.55	554.5	11.7	333.6	33.1	5.1	2084.5	4707.2	16.0
山　西	139291	22.71	3.26	4.49	0.34	447.3	171.1	76.8	5.5	33.0	21.8	145.4	114.6
内蒙古	104696	16.95	2.13	2.80	0.15	237.9	6.2	2066.6	19.8	542.5	45.7	107.8	3877.4
辽　宁	228202	25.82	5.14	7.19	0.28	320.1	8.1	81.2	2.2	11.7	87.7	845.8	10.1
吉　林	97073	17.74	2.32	3.39	0.25	323.7	0.8	219.4	5.4	70.9	64.1	116.8	1594.1
黑龙江	138335	29.63	4.37	6.07	0.32	174.0	37.0	31.1	10.3	5.3	61.0	116.4	33.7
上　海	220759	14.75	3.84	6.51	0.32	512.9	1.2	213.7	13.7	22.4	595.6	1773.2	147.6
江　苏	616624	74.65	10.28	17.02	1.13	559.6	22.6	739.0	2.8	18.1	1921.9	6540.3	56.9
浙　江	430857	46.15	7.30	12.49	0.79	244.4	2.5	524.8	9.0	68.2	2394.9	7411.2	187.4
安　徽	240666	49.63	5.63	8.60	0.45	439.3	2.7	1124.5	84.1	104.3	188.9	644.7	1711.5
福　建	237016	39.16	5.33	7.36	0.64	153.0	0.3	398.2	2.2	43.7	674.8	4519.6	375.9
江　西	221092	55.47	6.04	8.23	0.60	407.9	20.6	8602.0	90.6	1817.5	732.3	1496.5	12940.0
山　东	507591	53.05	7.80	13.24	0.85	426.3	31.2	570.8	6.1	59.1	500.0	6465.8	436.9
河　南	402055	46.43	6.48	10.17	0.54	425.1	2.6	1389.2	14.6	176.9	641.1	2808.0	330.7
湖　北	274787	51.99	6.84	9.76	0.62	498.4	11.9	1751.6	7.9	301.4	1034.1	1810.1	1777.9
湖　南	298757	60.26	8.11	12.57	0.83	313.1	18.8	14564.8	90.3	4494.1	719.7	2299.7	4311.3
广　东	938261	96.42	14.39	20.76	1.37	367.2	3.2	4200.3	43.2	589.9	1488.4	4669.5	522.1
广　西	193186	41.60	4.62	6.43	0.46	146.8	2.7	1300.9	9.4	131.1	255.5	653.8	450.3
海　南	44097	7.59	1.10	1.53	0.09	9.8	0.0	21.1	0.5	12.0	31.3	63.5	11.2
重　庆	202061	25.57	3.61	5.16	0.32	199.5	2.0	113.1	0.5	4.8	264.7	494.2	4.5
四　川	352826	67.68	8.01	11.32	0.85	323.9	0.9	1137.4	19.1	94.0	263.9	1143.2	525.3
贵　州	100720	25.59	3.08	4.25	0.39	136.6	1.7	41.7	3.0	12.3	654.8	786.0	133.4
云　南	181089	37.38	4.35	6.26	0.48	161.1	0.6	4158.9	37.6	645.6	100.6	156.2	7399.1
西　藏	6143	2.74	0.34	0.43	0.03	0.0		10.4	0.3	2.9	0.9	4.3	28.6
陕　西	166565	18.73	2.51	3.78	0.36	694.3	10.4	1002.3	17.7	316.9	162.5	709.4	1391.5
甘　肃	66325	16.15	2.26	3.12	0.19	194.6	1.7	7228.8	15.4	1569.6	133.2	1068.3	1701.2
青　海	27275	7.03	0.94	1.37	0.13	129.4	1.1	559.4	4.7	33.2	3.3	6.0	936.5
宁　夏	33949	11.97	0.93	1.45	0.13	65.4	2.2	5.1	1.3	1.0	237.4	636.8	52.8
新　疆	93907	23.54	2.50	3.83	0.25	313.0	5.2	288.9	7.8	17.9	60.0	334.5	848.9

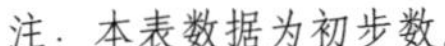
注：本表数据为初步数。

表1-6　主要城市废水中主要污染物排放情况（2016年）

城　　市	工业废水排放量（万吨）	工业化学需氧量排放量（吨）	工业氨氮排放量（吨）	城镇生活污水排放量（万吨）	生活化学需氧量排放量（吨）	生活氨氮排放量（吨）
北　京	8515	2381	114	157680	63904	5138
天　津	18022	10967	1120	73440	77431	14417
石家庄	13022	23788	3998	43147	3457	1231
太　原	3879	1024	83	26014	9385	2793
呼和浩特	2339	2006	217	16246	16517	3148
沈　阳	5547	4074	590	41254	30817	9077
长　春	2548	3206	474	21278	22330	3423
哈尔滨	4235	4092	364	37747	60587	10775
上　海	36599	14388	1525	183780	128545	36601
南　京	21624	9036	539	70486	83350	10730
杭　州	28382	17571	765	55167	30389	7692
合　肥	5130	2689	252	40258	68306	6321
福　州	3696	2433	151	38474	61487	8534
南　昌	10258	5022	380	22252	47755	6828
济　南	5993	2777	186	28518	25815	4119
郑　州	6710	5182	453	68432	22796	8965
武　汉	12623	5632	561	78367	78918	11342
长　沙	4287	6497	585	61497	34258	6519
广　州	19325	9448	550	141562	106424	19206
南　宁	3834	8189	368	31622	50842	6755
海　口	507	184	12	15862	6198	2922
重　庆	25875	18316	1169	176021	236657	34782
成　都	9262	6479	368	131680	93239	9873
贵　阳	3768	2187	131	30189	19627	3282
昆　明	3622	6355	194	51104	9268	3793
拉　萨	198	359	12	3042	11409	1431
西　安	4030	1416	96	66846	25452	2886
兰　州	3342	900	67	17531	30937	4270
西　宁	1775	2367	225	10131	15098	3609
银　川	3672	4697	551	10680	14255	2820
乌鲁木齐	4658	4100	436	17749	11111	3858

注：本表数据为初步数。

表1-7 分地区废气中主要污染物排放情况（2016年）

单位：万吨

地　区	二氧化硫	氮氧化物	烟(粉)尘
全　国	1102.86	1394.31	1010.66
北　京	3.32	9.61	3.45
天　津	7.06	14.47	7.81
河　北	78.94	112.66	125.68
山　西	68.64	67.28	68.15
内蒙古	62.57	64.53	59.90
辽　宁	50.77	61.53	64.91
吉　林	18.81	30.07	21.87
黑龙江	33.82	53.97	44.71
上　海	7.42	16.63	7.95
江　苏	57.01	93.03	47.17
浙　江	26.84	38.04	18.23
安　徽	28.16	50.76	32.13
福　建	18.93	26.18	23.79
江　西	27.69	41.93	33.31
山　东	113.45	122.94	87.38
河　南	41.36	80.83	42.89
湖　北	28.56	39.14	27.58
湖　南	34.68	42.06	26.21
广　东	35.37	84.27	28.17
广　西	20.11	30.29	26.19
海　南	1.70	6.20	2.08
重　庆	28.83	21.77	9.58
四　川	48.83	45.10	27.27
贵　州	64.71	37.79	20.43
云　南	52.62	44.69	24.76
西　藏	0.54	5.52	1.65
陕　西	31.80	38.03	28.74
甘　肃	27.20	25.80	18.03
青　海	11.37	9.42	14.86
宁　夏	23.69	19.78	20.12
新　疆	48.07	59.98	45.67

注：本表数据为初步数。

表1-8　主要城市废气中主要污染物排放情况（2016年）

单位：吨

城市	工业二氧化硫排放量	工业氮氧化物排放量	工业烟(粉)尘排放量	生活二氧化硫排放量	生活氮氧化物排放量	生活烟尘排放量
北京	10257	23412	7874	22943	11652	24630
天津	56701	88338	57314	13879	8308	15223
石家庄	85815	106023	52705	31212	9918	41310
太原	15707	39215	41174	86692	8399	31872
呼和浩特	52316	39561	79103	28370	5015	21455
沈阳	37530	42044	30130	23875	5201	28605
长春	21893	37459	24451	7344	1600	8000
哈尔滨	26217	63102	21781	83997	30881	154406
上海	67383	78685	72782	6843	4322	1512
南京	28639	79440	48591	163	318	100
杭州	39499	42311	20414	996	334	236
合肥	9011	21102	11483	2166	364	1456
福州	39196	30329	67548	2329	324	1096
南昌	13800	10107	33926	243	710	201
济南	28458	34502	54678	15934	2012	7714
郑州	22943	33814	21097	15883	4942	10560
武汉	17917	47919	54089	6864	2919	1800
长沙	6634	9287	6893	4298	579	1432
广州	20726	20867	8951	79	246	34
南宁	9382	20776	9694	8748	1068	4631
海口	593	415	156	71	119	35
重庆	172966	100522	83787	115248	8309	4752
成都	17318	24538	12534	10366	2589	1296
贵阳	40373	21210	8475	29523	1977	8541
昆明	51347	35134	13853	4859	651	2287
拉萨	519	2454	131	614	66	270
西安	4914	6169	2853	42636	7919	28215
兰州	19192	28558	15892	7959	1611	3746
西宁	23303	13983	28348	8725	2252	8105
银川	24366	26006	11220	15810	1887	8370
乌鲁木齐	42494	46767	38411	7168	3322	5600

注：本表数据为初步数。

表1-9 分地区固体废物处理利用情况（2016年）

单位：万吨

地区	一般工业固体废物产生量	一般工业固体废物综合利用量	一般工业固体废物处置量	一般工业固体废物贮存量	一般工业固体废物倾倒丢弃量	危险废物产生量	危险废物综合利用量	危险废物处置量	危险废物贮存量
全国	309210	184096	65522	62599	32.23	5347.30	2823.71	1605.80	1158.26
北京	629	543	87	0	0.00	17.83	8.28	9.41	0.15
天津	1490	1475	15	0		15.90	3.25	12.68	0.03
河北	33236	18455	13818	1287	0.00	93.73	73.16	21.70	5.46
山西	28845	13950	11835	3104	0.41	36.94	22.35	15.24	2.00
内蒙古	24762	11359	6245	7329	1.81	235.53	68.21	136.72	91.43
辽宁	22822	9363	3253	10286	5.97	75.37	33.57	37.17	6.97
吉林	4006	2234	1069	734	0.01	200.55	62.26	66.73	74.39
黑龙江	6940	3582	1675	1685	1.61	57.48	24.51	29.10	8.99
上海	1680	1608	73	1	0.00	64.89	28.88	35.78	1.19
江苏	11649	10662	742	283	0.37	350.98	177.13	157.74	30.18
浙江	4263	3951	312	27	0.28	233.08	89.48	147.20	13.46
安徽	12653	10830	1182	1113	0.28	137.11	69.54	31.49	37.84
福建	4449	3091	1166	247	0.01	86.62	56.67	27.33	14.11
江西	12665	4909	866	6907	11.37	63.93	42.51	20.44	3.69
山东	22510	18976	1390	2352	0.05	1188.28	975.27	203.91	82.59
河南	14256	10486	3254	541	0.00	74.23	32.13	42.16	1.83
湖北	8193	4715	1588	2138	0.32	101.15	55.95	45.09	2.11
湖南	5320	3994	543	907		307.20	246.29	21.43	43.17
广东	5610	4904	550	174	1.16	206.19	85.35	121.21	1.79
广西	6938	4487	281	2268	0.41	190.77	129.02	31.72	32.80
海南	330	211	61	65	0.02	14.77	0.22	13.42	1.29
重庆	2344	1848	395	157	1.10	54.09	28.72	24.06	1.91
四川	11765	4612	3838	3584	0.06	247.48	148.11	81.09	22.59
贵州	7753	4530	2044	1221	0.07	40.35	26.57	11.97	2.71
云南	13122	6690	4083	2765	1.52	220.27	124.36	40.13	59.89
西藏	426	13	42	391	0.00				
陕西	8648	6639	1441	579	0.05	65.26	18.36	35.90	15.21
甘肃	5091	2628	1554	964		120.16	74.47	15.39	39.29
青海	14669	7325	3	7352	0.44	462.05	32.65	5.69	424.25
宁夏	3618	1886	1135	610		49.66	35.63	13.27	1.14
新疆	8530	4140	983	3527	4.92	335.42	50.81	150.60	135.82

注：本表数据为初步数。

表1–10　主要城市固体废物处理利用情况（2016年）

单位：万吨

城　市	一般工业固体废物产生量	一般工业固体废物综合利用量	一般工业固体废物处置量	一般工业固体废物贮存量
北　京	629.10	542.53	86.99	0.19
天　津	1489.99	1474.97	15.05	0.09
石家庄	1444.65	1371.84	34.44	40.43
太　原	2588.56	1329.47	1137.19	121.91
呼和浩特	805.78	352.76	399.91	53.32
沈　阳	587.51	457.34	85.73	44.54
长　春	538.19	531.28	6.96	
哈尔滨	573.79	508.51	2.10	63.21
上　海	1680.10	1607.51	73.44	0.69
南　京	2016.69	1729.45	183.68	104.56
杭　州	427.48	368.21	59.31	6.32
合　肥	991.99	791.85	172.39	111.03
福　州	489.05	478.04	11.21	0.10
南　昌	155.71	147.91	8.25	0.16
济　南	918.74	910.88	7.71	0.28
郑　州	1585.88	1321.07	204.35	60.97
武　汉	1308.61	1314.25	52.11	33.30
长　沙	141.34	132.84	8.73	0.03
广　州	498.92	471.34	24.61	3.10
南　宁	174.45	149.29	13.21	13.42
海　口	3.74	3.35	0.40	
重　庆	2343.66	1848.38	394.85	157.34
成　都	295.85	227.91	70.45	0.38
贵　阳	1417.78	554.71	838.22	25.25
昆　明	2069.54	780.28	1269.36	19.90
拉　萨	237.74	2.65	25.02	229.97
西　安	192.10	167.75	25.10	0.06
兰　州	291.05	280.72	10.07	0.55
西　宁	408.72	412.36	3.29	4.99
银　川	902.39	334.96	309.39	261.19
乌鲁木齐	767.46	706.71	59.23	1.51

注：本表数据为初步数。

表1-11　环保重点城市空气质量情况（2016年）

城　市	二氧化硫年平均浓度(μg/m³)	二氧化氮年平均浓度(μg/m³)	可吸入颗粒物(PM_{10})年平均浓度(μg/m³)	一氧化碳日均值第95百分位浓度(mg/m³)	臭氧(O_3)日最大8小时第90百分位浓度(μg/m³)	细颗粒物($PM_{2.5}$)年平均浓度(μg/m³)	空气质量达到及好于二级的天数(天)
北　京	10	48	92	3.2	199	73	198
天　津	21	48	103	2.7	157	69	226
石家庄	41	58	164	3.9	164	99	172
唐　山	46	58	127	4.1	178	74	200
秦皇岛	28	48	87	2.9	149	46	280
邯　郸	42	55	151	3.9	160	82	189
保　定	39	58	147	4.4	174	93	155
太　原	68	46	125	3.3	140	66	232
大　同	48	29	78	2.7	134	37	320
阳　泉	62	48	131	2.7	168	63	202
长　治	61	40	114	3.7	155	69	219
临　汾	83	34	120	5.0	136	74	244
呼和浩特	28	42	95	2.8	148	41	283
包　头	31	39	105	2.7	146	47	269
赤　峰	32	19	77	2.0	127	37	310
沈　阳	47	40	94	1.7	162	54	249
大　连	26	30	67	1.5	155	39	299
鞍　山	39	34	93	2.2	138	56	290
抚　顺	27	33	78	2.1	162	44	284
本　溪	36	33	74	2.1	137	45	316
锦　州	52	37	81	2.0	180	55	246
长　春	28	40	78	1.6	141	46	291
吉　林	23	30	69	1.5	151	42	290
哈尔滨	29	44	74	1.8	103	52	282
齐齐哈尔	23	23	61	1.5	98	36	333
牡丹江	18	26	68	1.5	104	37	329
上　海	15	43	59	1.3	164	45	276
南　京	18	44	85	1.8	184	48	242
无　锡	18	47	83	1.8	186	53	245
徐　州	35	42	118	2.2	153	60	238
常　州	22	42	90	1.6	175	53	246
苏　州	17	51	72	1.5	167	46	252
南　通	25	36	70	1.3	174	46	263
连云港	25	30	87	1.6	158	46	280

表1-11　环保重点城市空气质量情况（2016年）（续一）

城　市	二氧化硫年平均浓度(μg/m³)	二氧化氮年平均浓度(μg/m³)	可吸入颗粒物(PM_{10})年平均浓度(μg/m³)	一氧化碳日均值第95百分位浓度(mg/m³)	臭氧(O_3)日最大8小时第90百分位浓度(μg/m³)	细颗粒物($PM_{2.5}$)年平均浓度(μg/m³)	空气质量达到及好于二级的天数(天)
扬　州	23	32	87	1.6	163	51	262
镇　江	24	38	80	1.4	162	50	268
杭　州	12	45	79	1.3	171	49	260
宁　波	13	39	62	1.2	149	38	310
温　州	13	41	69	1.3	140	38	334
湖　州	17	37	68	1.3	196	46	243
绍　兴	15	38	69	1.4	146	46	292
合　肥	15	46	83	1.6	150	57	253
芜　湖	21	45	75	1.8	116	53	294
马鞍山	20	34	75	2.0	158	49	272
福　州	6	30	51	1.1	116	27	361
厦　门	11	31	47	0.9	102	28	360
泉　州	11	27	48	1.0	109	28	360
南　昌	17	33	78	1.6	138	43	318
九　江	21	28	73	1.3	142	50	287
济　南	37	48	146	2.3	178	76	168
青　岛	21	36	89	1.4	146	46	293
淄　博	59	53	133	2.9	182	77	168
枣　庄	36	29	137	1.6	170	77	188
烟　台	22	35	76	1.5	137	40	317
潍　坊	37	35	124	1.8	180	64	202
济　宁	42	42	114	2.0	169	70	209
泰　安	36	39	113	2.4	200	65	169
日　照	21	38	101	1.9	158	59	236
郑　州	29	56	143	2.8	177	78	159
开　封	28	40	122	2.7	152	72	227
洛　阳	38	48	129	3.5	189	79	160
平顶山	30	43	125	2.1	165	75	192
安　阳	52	51	155	4.7	154	86	178
焦　作	40	48	141	3.9	166	85	175
三门峡	33	39	127	3.0	162	66	199
武　汉	11	46	92	1.7	160	57	237
宜　昌	14	35	97	1.7	126	62	247
荆　州	23	34	100	1.8	156	60	237

表1-11　环保重点城市空气质量情况（2016年）（续二）

城　市	二氧化硫年平均浓度(μg/m³)	二氧化氮年平均浓度(μg/m³)	可吸入颗粒物(PM_{10})年平均浓度(μg/m³)	一氧化碳日均值第95百分位浓度(mg/m³)	臭氧(O_3)日最大8小时第90百分位浓度(μg/m³)	细颗粒物($PM_{2.5}$)年平均浓度(μg/m³)	空气质量达到及好于二级的天数(天)
长　沙	16	38	73	1.4	150	53	266
株　洲	25	35	83	1.4	142	51	284
湘　潭	25	37	85	1.4	142	51	286
岳　阳	21	25	72	1.4	158	49	284
常　德	19	23	80	1.8	136	56	267
张家界	7	21	72	2.2	124	48	307
广　州	12	46	56	1.3	155	36	310
韶　关	16	26	51	1.6	134	33	341
深　圳	8	33	42	1.1	134	27	354
珠　海	9	32	42	1.1	144	26	346
汕　头	14	21	48	1.2	132	30	357
湛　江	10	14	39	1.2	138	26	356
南　宁	12	32	62	1.3	114	36	348
柳　州	21	24	66	1.6	123	44	316
桂　林	17	27	64	1.7	135	47	306
北　海	9	13	44	1.3	136	28	350
海　口	6	16	39	0.9	107	21	361
重　庆	13	46	77	1.4	141	54	289
成　都	14	54	105	1.8	168	63	214
自　贡	15	33	99	1.5	116	73	223
攀枝花	38	34	65	2.2	112	32	366
泸　州	18	29	87	0.9	154	64	233
德　阳	12	26	88	1.4	159	53	248
绵　阳	11	36	78	1.6	136	49	279
南　充	12	31	82	1.3	111	57	276
宜　宾	19	30	78	1.4	133	56	266
贵　阳	13	29	64	1.1	130	37	350
遵　义	11	32	69	1.2	112	44	339
昆　明	17	28	55	1.5	122	28	362
曲　靖	22	20	55	1.3	132	31	356
玉　溪	17	19	42	2.5	100	25	365
拉　萨	8	24	80	1.0	151	28	313
西　安	20	53	137	3.1	162	71	192
铜　川	22	35	104	2.2	170	59	210

表1-11　环保重点城市空气质量情况（2016年）（续三）

城　市	二氧化硫年平均浓度($\mu g/m^3$)	二氧化氮年平均浓度($\mu g/m^3$)	可吸入颗粒物(PM_{10})年平均浓度($\mu g/m^3$)	一氧化碳日均值第95百分位浓度(mg/m^3)	臭氧(O_3)日最大8小时第90百分位浓度($\mu g/m^3$)	细颗粒物($PM_{2.5}$)年平均浓度($\mu g/m^3$)	空气质量达到及好于二级的天数(天)
宝　鸡	13	39	111	2.2	158	59	239
咸　阳	20	49	149	2.6	174	82	170
渭　南	22	47	139	2.7	173	76	173
延　安	28	48	92	3.0	148	44	290
兰　州	19	57	132	2.9	144	54	243
金　昌	37	17	104	1.9	128	32	304
西　宁	31	42	113	3.2	128	49	271
银　川	57	37	111	2.6	147	56	252
石 嘴 山	68	29	114	2.4	158	47	236
乌鲁木齐	14	53	115	3.8	112	74	246
克拉玛依	7	18	55	1.9	128	30	330

注：本表数据为初步数。

表1-12　分地区城市生活垃圾清运和处理情况（2016年）

地区	生活垃圾清运量(万吨)	无害化处理厂数(座)	卫生填埋	焚烧	其他	无害化处理能力(吨/日)	卫生填埋	焚烧	其他
全国	20362.0	940	657	249	34	621351	350103	255850	15398
北京	872.6	27	14	7	6	24341	9141	10400	4800
天津	269.0	9	4	5		10800	5100	5700	
河北	725.2	51	39	10	2	23140	12480	10100	560
山西	469.4	23	18	5		13456	9644	3812	
内蒙古	345.3	28	26	2		11969	9619	2350	
辽宁	933.1	33	27	2	4	25603	22513	1780	1310
吉林	534.1	28	21	4	3	15095	9395	4700	1000
黑龙江	541.9	34	27	4	3	16306	11763	3000	1543
上海	629.4	14	5	7	2	23530	11230	11300	1000
江苏	1562.3	61	31	30		55403	22310	33093	
浙江	1433.5	61	25	35	1	48250	13558	34492	200
安徽	540.0	28	17	11		18087	9037	9050	
福建	657.0	26	11	14	1	19431	5865	13066	500
江西	399.5	17	16	1		10505	9865	640	
山东	1466.3	66	38	24	4	42484	20074	20550	1860
河南	915.4	45	40	5		24757	19907	4850	
湖北	880.1	44	29	12	3	25136	11340	12521	1275
湖南	681.6	33	29	4		23013	18833	4180	
广东	2391.0	76	48	24	4	71217	39972	30045	1200
广西	411.2	25	20	5		12651	8851	3800	
海南	188.7	10	6	4		6133	2233	3900	
重庆	494.1	24	21	3		11753	7353	4400	
四川	886.7	44	30	14		24500	12400	12100	
贵州	294.0	18	14	4		9290	6890	2400	
云南	432.1	29	21	8		11079	4179	6900	
西藏	46.1	6	6			1151	1151		
陕西	532.8	22	20	1	1	18075	16425	1500	150
甘肃	257.2	20	18	2		7840	4919	2921	
青海	82.0	8	8			2253	2253		
宁夏	112.2	9	8	1		4460	2960	1500	
新疆	378.7	21	20	1		9643	8843	800	

表1-12 分地区城市生活垃圾清运和处理情况（2016年）（续）

地 区	无害化处理量(万吨)				粪便清运量(万吨)	粪便无害化处理量(万吨)	生活垃圾无害化处理率(%)
		卫生填埋	焚 烧	其 他			
全 国	19673.8	11866.4	7378.4	428.9	1299.2	647.1	96.6
北 京	871.2	472.8	272.5	126.0	204.0	190.5	99.8
天 津	253.3	113.4	140.0		28.4	6.4	94.2
河 北	709.2	408.4	288.6	12.2	92.6	17.8	97.8
山 西	444.1	320.3	123.8		35.3	1.0	94.6
内蒙古	341.4	302.2	39.2		60.0	12.0	98.9
辽 宁	870.2	756.0	66.4	47.8	85.9	18.4	93.3
吉 林	460.9	298.5	130.6	31.9	62.5	39.2	86.3
黑龙江	436.9	307.3	85.0	44.6	120.7	32.7	80.6
上 海	629.4	329.6	272.9	26.9	159.7	53.2	100.0
江 苏	1561.2	451.9	1109.3		65.9	47.2	99.9
浙 江	1433.2	598.5	834.8		75.4	62.5	100.0
安 徽	539.6	258.1	281.5		13.0	8.3	99.9
福 建	646.7	206.0	421.4	19.3	4.0	2.9	98.4
江 西	379.4	348.7	30.7		7.8	6.2	95.0
山 东	1466.3	705.3	707.5	53.4	22.2	22.2	100.0
河 南	903.9	746.6	157.4		36.9	17.6	98.8
湖 北	843.1	444.9	374.6	23.6	16.4	4.4	95.8
湖 南	680.8	565.7	115.1		2.8	2.3	99.9
广 东	2300.6	1476.8	785.9	37.9	89.3	54.2	96.2
广 西	406.9	329.3	77.6		7.7	3.9	99.0
海 南	188.6	58.5	130.1		0.6	0.4	99.9
重 庆	494.1	299.4	194.6		45.7	10.8	100.0
四 川	874.2	512.3	361.9		15.9	5.6	98.6
贵 州	278.3	237.8	40.4		0.9		94.7
云 南	401.7	155.8	245.9		15.1	7.5	93.0
西 藏	42.0	42.0			0.1		91.2
陕 西	525.0	506.5	13.0	5.5	7.3	5.9	98.5
甘 肃	187.1	154.7	32.4		16.2	9.7	72.8
青 海	78.9	78.9			1.4		96.3
宁 夏	110.2	76.0	34.3		5.7	4.7	98.3
新 疆	315.4	304.4	11.0		0.2		83.3

表1-13　全海域未达到第一类海水水质标准的海域面积(2016年)

单位：平方公里

项　目	第二类水质海域面积	第三类水质海域面积	第四类水质海域面积	劣于第四类水质海域面积
总　计	49310	31020	17770	37420
渤　海	9950	5690	3130	5000
黄　海	12160	7440	3260	2530
东　海	22740	8070	8060	21950
南　海	4460	9820	3320	7940

表1-14　环境污染治理投资

指　　标	2012	2013	2014	2015	2016
环境污染治理投资总额(亿元)	8253.5	9037.2	9575.5	8806.3	9219.8
#城镇环境基础设施建设投资	5062.7	5223.0	5463.9	4946.8	5412.0
#燃气	551.8	607.9	574.0	463.1	532.0
集中供热	798.1	819.5	763.0	687.8	662.5
排水	934.1	1055.0	1196.1	1248.5	1485.5
园林绿化	2380.0	2234.9	2338.5	2075.4	2170.9
市容环境卫生	398.6	505.7	592.2	472.0	561.1
工业污染源治理投资	500.5	849.7	997.7	773.7	819.0
当年完成环保验收项目环保投资	2690.4	2964.5	3113.9	3085.8	2988.8
环境污染治理投资总额	1.53	1.52	1.49	1.28	1.24
占国内生产总值比重(%)					

注：1.城镇环境基础设施建设投资中增加了县城基础设施建设投资。
2.2016年工业污染源治理投资和当年完成环保验收项目环保投资为初步数。

表1-15 工业污染治理投资完成情况

单位：万元

年份 地区	工业污染治理完成投资	治理废水	治理废气	治理固体废物	治理噪声	治理其他
2000	2347895	1095897	909242	114673	13692	214390
2005	4581909	1337147	2129571	274181	30613	810396
2006	4839485	1511165	2332697	182631	30145	782848
2007	5523909	1960722	2752642	182532	18279	606838
2008	5426404	1945977	2656987	196851	28383	598206
2009	4426207	1494606	2324616	218536	14100	374349
2010	3969768	1295519	1881883	142692	14193	620021
2011	4443610	1577471	2116811	313875	21623	413831
2012	5004573	1403448	2577139	247499	11627	764860
2013	8496647	1248822	6409109	140480	17628	680608
2014	9976511	1152473	7893935	150504	10950	768649
2015	7736822	1184138	5218073	161468	27892	1145251
2016	8190041	1082395	5614702	466733	6236	1019974
北　京	98770	3235	94599	465		472
天　津	103597	2334	63218	21	10	38014
河　北	248465	11061	230068	80	80	7176
山　西	300742	18504	228807	2817	53	50561
内蒙古	406191	39959	320819	20950	158	24306
辽　宁	193853	8003	180275	3999	307	1270
吉　林	98402	910	48397	35	50	49010
黑龙江	173809	14854	154168	4282		505
上　海	519488	80144	331860	582	9	106892
江　苏	747786	158518	469245	3723	710	115590
浙　江	601869	101044	369172	20354	16	111284
安　徽	415486	69977	207750	42620	123	95016
福　建	226267	73455	62751	56956	102	33002
江　西	104485	23972	70413	4132	215	5753
山　东	1264063	115007	966722	29049	1135	152150
河　南	651538	30863	551861	1480	153	67182
湖　北	369051	39707	98518	208465	367	21994
湖　南	127037	31960	81056	93		13928
广　东	264812	70168	187475	2413	708	4049
广　西	130433	10906	104591	14096		840
海　南	16138	2701	12271	1155		11
重　庆	37141	3489	26666	4504		2482
四　川	116049	30509	62672	6862	92	15914
贵　州	56904	11637	40980	3570	79	637
云　南	127174	16567	93983	15147	755	721
西　藏	1116	15	47			1054
陕　西	194913	18884	157196	2302	1036	15495
甘　肃	109742	34162	56999	10732	10	7839
青　海	96249	5830	85164	338		4917
宁　夏	242101	36037	178048	4206	69	23741
新　疆	146370	17984	78910	1305		48170

注：本表数据为初步数。

二、能源

表2-1 能源生产总量及构成

年份	能源生产总量(万吨标准煤)	占能源生产总量的比重(%)			
		原煤	原油	天然气	一次电力及其他能源
1978	62770	70.3	23.7	2.9	3.1
1980	63735	69.4	23.8	3.0	3.8
1985	85546	72.8	20.9	2.0	4.3
1990	103922	74.2	19.0	2.0	4.8
1991	104844	74.1	19.2	2.0	4.7
1992	107256	74.3	18.9	2.0	4.8
1993	111059	74.0	18.7	2.0	5.3
1994	118729	74.6	17.6	1.9	5.9
1995	129034	75.3	16.6	1.9	6.2
1996	133032	75.0	16.9	2.0	6.1
1997	133460	74.3	17.2	2.1	6.5
1998	129834	73.3	17.7	2.2	6.8
1999	131935	73.9	17.3	2.5	6.3
2000	138570	72.9	16.8	2.6	7.7
2001	147425	72.6	15.9	2.7	8.8
2002	156277	73.1	15.3	2.8	8.8
2003	178299	75.7	13.6	2.6	8.1
2004	206108	76.7	12.2	2.7	8.4
2005	229037	77.4	11.3	2.9	8.4
2006	244763	77.5	10.8	3.2	8.5
2007	264173	77.8	10.1	3.5	8.6
2008	277419	76.8	9.8	3.9	9.5
2009	286092	76.8	9.4	4.0	9.8
2010	312125	76.2	9.3	4.1	10.4
2011	340178	77.8	8.5	4.1	9.6
2012	351041	76.2	8.5	4.1	11.2
2013	358784	75.4	8.4	4.4	11.8
2014	361866	73.6	8.4	4.7	13.3
2015	361476	72.2	8.5	4.8	14.5
2016	346000	69.6	8.2	5.3	16.9

注：电力折算标准煤的系数根据当年平均发电煤耗计算(下表同)。

表2-2 能源消费总量及构成

年 份	能源消费总量（万吨标准煤）	占能源消费总量的比重（%）			
		煤 炭	石 油	天然气	一次电力及其他能源
1978	57144	70.7	22.7	3.2	3.4
1980	60275	72.2	20.7	3.1	4.0
1985	76682	75.8	17.1	2.2	4.9
1990	98703	76.2	16.6	2.1	5.1
1991	103783	76.1	17.1	2.0	4.8
1992	109170	75.7	17.5	1.9	4.9
1993	115993	74.7	18.2	1.9	5.2
1994	122737	75.0	17.4	1.9	5.7
1995	131176	74.6	17.5	1.8	6.1
1996	135192	73.5	18.7	1.8	6.0
1997	135909	71.4	20.4	1.8	6.4
1998	136184	70.9	20.8	1.8	6.5
1999	140569	70.6	21.5	2.0	5.9
2000	146964	68.5	22.0	2.2	7.3
2001	155547	68.0	21.2	2.4	8.4
2002	169577	68.5	21.0	2.3	8.2
2003	197083	70.2	20.1	2.3	7.4
2004	230281	70.2	19.9	2.3	7.6
2005	261369	72.4	17.8	2.4	7.4
2006	286467	72.4	17.5	2.7	7.4
2007	311442	72.5	17.0	3.0	7.5
2008	320611	71.5	16.7	3.4	8.4
2009	336126	71.6	16.4	3.5	8.5
2010	360648	69.2	17.4	4.0	9.4
2011	387043	70.2	16.8	4.6	8.4
2012	402138	68.5	17.0	4.8	9.7
2013	416913	67.4	17.1	5.3	10.2
2014	425806	65.6	17.4	5.7	11.3
2015	429905	63.7	18.3	5.9	12.1
2016	436000	62.0	18.3	6.4	13.3

表2-3 综合能源平衡表

单位：万吨标准煤

项　　目	1990	1995	2000	2005	2010	2014	2015
可供消费的能源总量	96138	129535	144234	254619	365588	426095	429960
一次能源生产量	103922	129034	138570	229037	312125	361866	361476
回收能		2312	3087	7452	8958		
进口量	1310	5456	14327	26823	57671	77325	77451
出口量(-)	5875	6776	9327	11257	8803	8271	9784
年初年末库存差额	-3219	-491	-2424	2564	-4363	-4825	817
能源消费总量	98703	131176	146964	261369	360648	425806	429905
在总量中：							
农、林、牧、渔业							
	4852	5505	4233	6860	7266	8094	8232
工　业	67578	96191	103014	187914	261377	295686	292276
建筑业	1213	1335	2207	3486	5533	7520	7696
交通运输、仓储和							
邮政业	4541	5863	11447	19136	27102	36336	38318
批发、零售业和							
住宿、餐饮业	1247	2018	3251	5917	7847	10873	11404
其他行业	3473	4519	6118	10484	15052	20084	21881
生活消费	15799	15745	16695	27573	36470	47212	50099
在总量中：							
终端消费	94289	124252	140476	250877	337469	413162	417494
#工业	63239	89473	96871	177775	238652	283420	280206
加工转换损失量	2264	3634	2472	3882	14294	17020	17191
#炼焦	905		526	855	1595	2731	4099
炼油	326		781	1273	1960	2115	2230
回收能						14578	14492
损失量	2150	3289	4016	6610	8885	10201	9712
平衡差额	-2565	-1641	-2730	-6751	4940	289	55

注：1.电力、热力按等价热值折算,因此加工转换损失量中不包括发电、供热损失量。
村办工业包括在工业中(下表同)。
2.进口量包括我国飞机、轮船在国外加油量；出口量包括外国飞机、轮船在我国加油量。

表2-4　按行业分能源消费量

项　　目	能源消费总量（万吨标准煤）	煤炭消费量（万吨）	焦炭消费量（万吨）	原油消费量（万吨）	汽油消费量（万吨）
消 费 总 量	429905.10	397014.07	44058.75	54088.28	11368.46
农、林、牧、渔业	8231.66	2625.00	49.49		231.33
工业	292275.96	375649.96	43922.98	54052.43	477.08
采掘业	19258.44	30220.73	236.27	1024.18	40.39
煤炭开采和洗选业	10168.06	28492.80	63.00	0.03	10.64
石油和天然气开采业	4266.09	185.52		987.50	11.29
黑色金属矿采选业	1658.89	377.56	157.54		3.73
有色金属矿采选业	1171.81	199.34	8.67		7.03
非金属矿采选业	1309.44	847.61	7.03		3.49
开采辅助活动	336.95	116.17		36.64	4.13
其他采矿业	347.20	1.73			0.08
制造业	244919.56	179475.65	43646.39	53027.99	403.38
农副食品加工业	4201.26	2584.91	141.25	0.03	28.48
食品制造业	1806.68	1617.20	3.09		10.13
酒、饮料和精制茶制造业	1475.74	1185.00	1.18		6.63
烟草制品业	229.37	43.01			0.63
纺织业	7135.66	4729.70	1.93		13.89
纺织服装、服饰业	919.52	257.15	1.59	0.01	11.89
皮革、毛皮、羽毛及其制品和制鞋业	628.57	155.32		0.02	6.87
木材加工和木、竹、藤、棕、草制品业	1327.24	506.94	1.43	0.04	7.06
家具制造业	375.65	57.52	1.89	0.01	5.19
造纸和纸制品业	4027.67	4669.25	0.77	0.04	6.14
印刷和记录媒介复制业	466.14	81.18			6.56
文教、工美、体育和娱乐用品制造业	392.09	123.67	3.33		8.18
石油加工、炼焦和核燃料加工业	23182.81	47400.18	64.81	49491.16	3.26
化学原料和化学制品制造业	49009.38	29976.56	3579.08	3536.22	35.52
医药制造业	2248.34	1510.60	0.79		10.82
化学纤维制造业	1902.68	1090.19			0.95
橡胶和塑料制品业	4417.52	977.86	3.46	0.04	20.88
非金属矿物制品业	34495.17	31194.78	904.24	0.21	30.08
黑色金属冶炼和压延加工业	63950.51	33512.33	37336.40	0.02	11.32
有色金属冶炼和压延加工业	20707.01	14499.44	564.61	0.01	6.67
金属制品业	4635.12	460.08	100.19	0.01	22.33
通用设备制造业	3525.44	301.29	684.25	0.03	31.19
专用设备制造业	1841.57	285.00	67.91	0.08	25.93
汽车制造业	3179.35	430.97	129.32	0.02	35.33
铁路、船舶、航空航天和其他运输设备制造业	886.31	166.53	2.72	0.01	7.12
电气机械和器材制造业	2584.19	730.92	12.00		26.45
计算机、通信和其他电子设备制造业	3143.34	149.46	14.31	0.01	14.54
仪器仪表制造业	315.46	20.39	2.69	0.01	5.84
其他制造业	1669.17	686.62			1.70
废弃资源综合利用业	188.07	66.48	21.67		0.81
金属制品、机械和设备修理业	52.52	5.11			0.99
电力、煤气及水生产和供应业	28097.96	165953.58	40.32	0.27	33.31
电力、热力生产和供应业	26123.75	165382.48	38.56	0.27	25.97
燃气生产和供应业	685.43	520.17	1.74		3.39
水的生产和供应业	1288.78	50.93			3.94
建筑业	7696.41	878.07	6.68		408.58
交通运输、仓储和邮政业	38317.66	491.60	3.02	35.85	5306.59
批发、零售业和住宿、餐饮业	11403.69	3863.65	40.06		243.29
其他行业	21880.78	4158.66	5.35		2108.47
生活消费	50098.96	9347.13	31.16		2593.11

表2-4　按行业分能源消费量（续）

项　　目	煤油消费量（万吨）	柴油消费量（万吨）	燃料油消费量（万吨）	天然气消费量（亿立方米）	电力消费量（亿千瓦小时）
消 费 总 量	2663.72	17360.31	4662.00	1931.75	58019.97
农、林、牧、渔业	1.10	1492.88	0.94	0.92	1039.83
工业	21.16	1516.37	3133.03	1234.48	41549.99
采掘业	2.44	490.51	31.56	163.15	2377.66
煤炭开采和洗选业	1.72	165.03	0.43	14.42	883.79
石油和天然气开采业		47.50	28.47	143.06	459.26
黑色金属矿采选业	0.07	82.87	0.04	0.01	344.82
有色金属矿采选业	0.43	30.60	1.51	1.05	325.26
非金属矿采选业	0.22	70.80	0.18	0.12	225.74
开采辅助活动		93.60	0.93	4.49	25.72
其他采矿业		0.13			113.08
制造业	18.64	960.46	3092.90	718.63	31178.09
农副食品加工业	0.50	47.78	1.78	5.72	641.29
食品制造业	0.05	15.99	3.59	9.87	239.46
酒、饮料和精制茶制造业	0.08	11.22	0.64	6.19	162.13
烟草制品业		1.78	0.42	1.74	52.75
纺织业	0.15	14.76	7.12	6.24	1561.63
纺织服装、服饰业	0.04	13.82	0.61	1.75	216.93
皮革、毛皮、羽毛及其制品和制鞋业	0.12	5.37	0.93	0.23	158.23
木材加工和木、竹、藤、棕、草制品业	0.52	11.86	0.17	0.70	254.36
家具制造业	0.01	7.26	0.27	1.52	92.78
造纸和纸制品业	0.05	17.79	12.10	9.32	634.92
印刷和记录媒介复制业	0.05	6.58	0.36	2.33	111.98
文教、工美、体育和娱乐用品制造业	0.05	7.86	0.87	2.86	73.11
石油加工、炼焦和核燃料加工业	0.15	18.31	1873.59	137.99	779.92
化学原料和化学制品制造业	3.44	113.30	903.27	259.18	4754.04
医药制造业	0.16	10.51	1.38	7.25	315.19
化学纤维制造业	0.07	2.03	2.99	3.07	362.05
橡胶和塑料制品业	0.27	25.03	7.28	7.66	1174.69
非金属矿物制品业	2.46	293.05	207.40	84.03	3105.42
黑色金属冶炼和压延加工业	0.24	68.11	3.80	44.05	5332.61
有色金属冶炼和压延加工业	0.73	44.94	44.74	42.52	5505.47
金属制品业	0.92	29.93	6.67	16.25	1264.19
通用设备制造业	2.50	36.17	1.13	10.93	774.40
专用设备制造业	0.90	47.01	1.34	7.57	430.99
汽车制造业	0.61	37.97	0.79	19.26	769.06
铁路、船舶、航空航天和其他运输设备制造业	1.89	19.81	3.91	12.55	182.75
电气机械和器材制造业	0.72	24.63	1.86	4.90	706.17
计算机、通信和其他电子设备制造业	0.27	13.25	2.14	7.88	938.62
仪器仪表制造业	0.42	4.36	0.31	0.78	87.40
其他制造业	0.72	1.63	0.23	2.63	455.89
废弃资源综合利用业	0.02	4.20	0.67	0.99	29.88
金属制品、机械和设备修理业	0.53	4.17	0.53	0.68	9.79
电力、煤气及水生产和供应业	0.08	65.40	8.57	352.70	7994.23
电力、热力生产和供应业	0.08	60.74	8.38	343.66	7434.60
燃气生产和供应业		2.54	0.16	8.79	148.37
水的生产和供应业		2.13	0.03	0.26	411.26
建筑业	12.50	555.71	53.51	2.16	698.67
交通运输、仓储和邮政业	2504.88	11162.80	1439.49	237.62	1125.61
批发、零售业和住宿、餐饮业	11.68	257.74	18.95	51.29	2122.04
其他行业	83.27	1384.15	16.08	45.44	3918.63
生活消费	29.13	990.66		359.81	7565.21

表2-5 人均生活能源消费量

年 份	平均每人生活消费能源（千克标准煤）	煤 炭（千克）	电 力（千瓦小时）	液化石油气（千克）	天然气（立方米）	煤 气（立方米）
1983	106.6	127.7	13.4	0.6	0.1	1.5
1984	113.5	134.9	15.3	0.6	0.4	1.6
1985	126.7	148.7	21.2	0.9	0.4	1.3
1986	127.3	148.3	23.2	1.1	0.6	1.3
1987	132.1	152.1	26.4	1.1	0.7	1.6
1988	141.0	159.1	31.2	1.2	1.4	1.6
1989	139.3	152.4	35.3	1.4	1.5	2.4
1990	139.2	147.1	42.4	1.4	1.6	2.5
1991	139.0	143.0	47.2	1.8	1.6	3.2
1992	134.2	126.9	54.9	2.1	1.8	4.4
1993	133.5	123.2	62.5	2.5	1.5	4.6
1994	129.3	109.5	72.7	3.2	1.7	6.3
1995	130.7	112.3	83.5	4.4	1.6	4.7
1996	120.5	83.0	87.7	5.9	1.7	6.4
1997	119.3	77.2	98.6	6.2	1.7	8.9
1998	119.0	73.1	104.2	6.9	1.9	9.7
1999	121.8	69.9	108.6	6.8	2.1	9.3
2000	132.0	67.0	115.0	6.8	2.6	10.0
2001	136.0	66.1	126.5	6.7	3.3	9.4
2002	146.0	65.7	138.3	7.6	3.6	9.8
2003	166.0	69.9	159.7	8.6	4.0	10.1
2004	191.0	75.4	184.0	10.4	5.2	10.7
2005	211.0	77.0	221.3	10.2	6.1	11.1
2006	230.0	76.6	255.6	11.5	7.8	12.7
2007	250.0	74.1	308.3	12.4	10.9	14.1
2008	254.0	69.1	331.9	11.0	12.8	13.9
2009	264.0	68.5	366.0	11.2	13.3	12.5
2010	273.0	68.5	383.1	10.5	17.0	12.5
2011	294.0	68.5	418.1	12.0	19.7	10.9
2012	313.0	69.0	460.4	12.1	21.3	10.2
2013	335.0	68.0	515.0	13.6	23.8	7.9
2014	346.1	67.8	526.0	15.9	25.1	7.1
2015	365.4	68.2	551.7	18.6	26.2	5.9

注：计算消费量所使用的人口数为平均人口数。

表2-6 平均每万元国内生产总值能源消费量

年份	万元国内生产总值能源消费量（吨标准煤/万元）	万元国内生产总值煤炭消费量（吨/万元）	万元国内生产总值焦炭消费量（吨/万元）	万元国内生产总值石油消费量（吨/万元）	万元国内生产总值原油消费量（吨/万元）	万元国内生产总值燃料油消费量（吨/万元）	万元国内生产总值电力消费量（万千瓦小时/万元）
国内生产总值按1980年可比价格计算							
1980	13.14	13.30	0.94	1.91	2.01	0.67	0.66
1981	12.33	12.56	0.81	1.93	1.81	0.59	0.64
1982	11.81	12.20	0.76	1.56	1.65	0.53	0.62
1983	11.34	11.80	0.71	1.44	1.56	0.49	0.60
1984	10.57	11.18	0.66	1.29	1.37	0.43	0.56
1985	10.08	10.72	0.62	1.21	1.25	0.37	0.54
1986	9.75	10.38	0.63	1.17	1.23	0.36	0.54
1987	9.36	10.03	0.62	1.11	1.15	0.34	0.54
1988	9.03	9.65	0.59	1.08	1.09	0.31	0.53
1989	9.04	9.64	0.59	1.08	1.08	0.32	0.55
1990	8.85	9.47	0.62	1.03	1.06	0.30	0.56
国内生产总值按1990年可比价格计算							
1990	5.23	5.59	0.37	0.61	0.62	0.18	0.33
1991	5.03	5.36	0.35	0.60	0.60	0.17	0.33
1992	4.63	4.84	0.33	0.57	0.56	0.15	0.32
1993	4.32	4.51	0.33	0.55	0.52	0.14	0.31
1994	4.05	4.24	0.30	0.49	0.46	0.12	0.31
1995	3.90	4.09	0.32	0.48	0.44	0.11	0.30
1996	3.66	3.79	0.32	0.48	0.43	0.10	0.29
1997	3.36	3.41	0.27	0.48	0.43	0.09	0.28
1998	3.13	3.10	0.26	0.45	0.40	0.09	0.27
1999	3.00	2.97	0.23	0.45	0.40	0.08	0.26
2000	2.89	2.67	0.21	0.44	0.42	0.08	0.26
国内生产总值按2000年可比价格计算							
2000	1.47	1.35	0.11	0.22	0.21	0.04	0.13
2001	1.43	1.32	0.11	0.21	0.20	0.04	0.14
2002	1.43	1.30	0.11	0.21	0.19	0.03	0.14
2003	1.51	1.41	0.12	0.21	0.19	0.03	0.15
2004	1.60	1.48	0.13	0.22	0.20	0.03	0.15
2005	1.63	1.52	0.16	0.20	0.19	0.03	0.16
国内生产总值按2005年可比价格计算							
2005	1.40	1.30	0.13	0.17	0.16	0.02	0.13
2006	1.36	1.28	0.13	0.17	0.15	0.02	0.14
2007	1.29	1.20	0.13	0.15	0.14	0.02	0.14
2008	1.21	1.14	0.12	0.14	0.13	0.01	0.13
2009	1.16	1.12	0.13	0.13	0.13	0.01	0.13
2010	1.13	1.09	0.12	0.14	0.13	0.01	0.13
国内生产总值按2010年可比价格计算							
2010	0.87	0.84	0.09	0.11	0.10	0.01	0.10
2011	0.86	0.86	0.09	0.10	0.10	0.01	0.10
2012	0.82	0.84	0.09	0.10	0.10	0.01	0.10
2013	0.79	0.81	0.09	0.10	0.09	0.01	0.10
2014	0.75	0.73	0.08	0.09	0.09	0.01	0.10
2015	0.71	0.66	0.07	0.09	0.09	0.01	0.10